Microsoft Visual C++ 6.0
Manual del programador

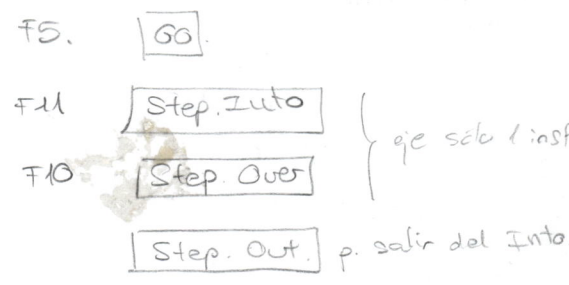

INFORMATICA Y COMUNICACIONES
LIBRERIA TECNICA

C/ General Yagüe, 49
28020 MADRID
Teléfonos:
570 95 44
570 95 37

CONSULTORES EDITORIALES
ÁREA DE INFORMÁTICA Y COMPUTACIÓN

Antonio Vaquero Sánchez
Catedrático de Lenguajes y Sistemas Informáticos
Escuela Superior de Informática
Universidad Complutense de Madrid
ESPAÑA

Gerardo Quiroz Vieyra
Ingeniero de Comunicaciones y Electrónica
por la ESIME del Instituto Politécnico Nacional
Profesor de la Universidad Autónoma Metropolitana
Unidad Xochimilco
MÉXICO

Microsoft Visual C++ 6.0
Manual del programador

Beck Zaratian

Traductores:

M.ª PILAR QUIJADA ARTEAGA
Universidad de Murcia

JOSÉ IGNACIO SÁNCHEZ GARCÍA
Universidad de Castilla-La Mancha

Revisión técnica:

ANTONIO VAQUERO SÁNCHEZ
Catedrático de Lenguajes y Sistemas Informáticos
Escuela Superior de Informática
Universidad Complutense de Madrid

MADRID • BUENOS AIRES • CARACAS • GUATEMALA • LISBOA • MÉXICO
NUEVA YORK • PANAMÁ • SAN JUAN • SANTAFÉ DE BOGOTÁ • SANTIAGO • SÃO PAULO
AUCKLAND • HAMBURGO • LONDRES • MILÁN • MONTREAL • NUEVA DELHI • PARÍS
SAN FRANCISCO • SIDNEY • SINGAPUR • ST. LOUIS • TOKIO • TORONTO

Microsoft Visual C++ 6.0. Manual del programador

No está permitida la reproducción total o parcial de este libro, ni su tratamiento informático, ni la transmisión de ninguna forma o por cualquier medio, ya sea electrónico, mecánico, por fotocopia, por registro u otros métodos, sin el permiso previo y por escrito de los titulares del Copyright.

DERECHOS RESERVADOS © 1999, respecto a la primera edición en español, por
McGRAW-HILL/INTERAMERICANA DE ESPAÑA, S. A. U.
Edificio Valrealty, 1.ª planta
Basauri, 17
28023 Aravaca (Madrid)

Traducido de la primera edición en inglés de
Microsoft® Visual C++® 6.0 Programmer's Guide
ISBN: 1-57231-866-X

Copyright © 1998, por Beck Zaratian
Copyright de la edición original en lengua inglesa © 1998 por Microsoft Corporation

Publicado por McGraw-Hill/Interamericana de España por acuerdo con el editor
Original. Microsoft Corporation. Redmond. Washington. EE.UU.

ISBN: 84-481-2127-9
Depósito legal: M. 2.319-1999

Editores: José Domínguez Alconchel y Carmelo Sánchez González
Preimpresión: MonoComp, S. A.
Impreso en Impresos y Revistas, S. A. (IMPRESA)

IMPRESO EN ESPAÑA - PRINTED IN SPAIN

A Christine

Contenido

Agradecimientos		**xi**
Introducción		**xiii**
Lo que ya debería saber		xiv
Breve historia de Visual C++		xv
Lo que contiene este libro		xvii
Código de ejemplo		xix
El CD que se acompaña		xx
Unas cuantas definiciones		xxii
Lecturas complementarias		xxiii

Parte I. **Fundamentos**

Capítulo 1.	**El entorno**	**3**
	Barras de herramientas y menús	5
	Ventanas de entorno	7
	Ayuda en línea	12
	Biblioteca MSDN	14
	Trabajar fuera del entorno	24
Capítulo 2.	**AppWizard**	**25**
	Ventajas de AppWizard	25
	Ejecución de AppWizard	28
	Creación de una DLL con AppWizard	45

Parte II.   Editores

Capítulo 3.   El editor de texto **53**

Inicio del editor de texto 53
Documentos 55
Navegar a través de un documento 63
Búsqueda de texto 69
Ayudas para programar 73
El comando Advanced 77
Comandos no vinculados 79
Introducción a las macros 82
Personalización del editor 84
Edición de texto fuera de Developer Studio 85

Capítulo 4.   Recursos **87**

Recursos del sistema 88
El archivo de guiones de recurso de RC 88
El archivo de cabecera Resource.h 90
Ejemplo de un recurso AppWizard 93
Introducción del programa de ejemplo DiskPie1 94
Menús y teclas aceleradoras 97
Recursos de cadena y la barra de estado 110
Mapas de bits, barras de herramientas, iconos y cursores 117
Añadir código a DiskPie1 136
Comandos no vinculados (De nuevo) 151
Reducción de los datos de recursos 153

Capítulo 5.   Cuadros de diálogo y controles **165**

El guión de diálogo 166
El editor de diálogo 168
Ejemplo 1: Revisión de un diálogo About 179
Ejemplo 2: Un diálogo no modal sencillo 182
Ejemplo 3: Añadir un diálogo a un programa AppWizard 191
Aplicaciones basadas en diálogo 199

Parte III.   Ayuda a la programación

Capítulo 6.   ClassWizard **217**

Acceder al ClassWizard 218
El diálogo ClassWizard 219
La WizardBar 230
Cómo ClassWizard reconoce las clases 233
Creación de una clase de diálogo con ClassWizard 235

Capítulo 7.	**La Gallery**	**239**
	Ejemplo: Añadir una Property Sheet	241
	Ejemplo: Añadir una pantalla de presentación y un reloj	242
	Creación de un componente personalizado	244

Parte IV. Controles ActiveX

Capítulo 8.	**Uso de controles ActiveX**	**271**
	Un poco de trasfondo	272
	Contenedores de control	274
	Comunicación entre el contenedor y el control ActiveX	286
	Escritura de una aplicación contenedor	293
	Trabajar sin el editor de diálogo	300
Capítulo 9.	**Escritura de controles ActiveX utilizando MFC**	**305**
	Herramientas de Visual C++ para la creación de controles ActiveX	305
	ControlWizard	307
	Licencias	313
	Ejemplo 1: Un control ActiveX Do-Nothing	318
	Ejemplo 2: El control ActiveX Tower	320
	Añadir páginas de propiedad a un proyecto de control ActiveX	340
Capítulo 10.	**Escritura de controles ActiveX utilizando ATL**	**345**
	ATL y aplicaciones de contenedor	346
	ATL y controles ActiveX	349
	Ejemplo 1: El control ActiveX Pulse	360
	Ejemplo 2: El control ActiveX TowerATL	394
	Comparación de modelos de componente	415

Parte V. Temas avanzados

Capítulo 11.	**El depurador**	**419**
	Versión de depuración frente a versión final	420
	Uso del depurador	421
	Puntos de ruptura	421
	Cómo devuelve el control al depurador un punto de ruptura	422
	Construir una versión de depuración	425
	La interfaz del depurador	425
	Ejemplo: Desarrollo y depuración del programa ShockWave	442
	Casos especiales de depuración	456
Capítulo 12.	**Optimización de la compilación**	**463**
	Introducción a la optimización	464

Cambios de optimización 477
De depuración a final 489
Evaluación del rendimiento de Visual C++ 491

Capítulo 13. Personalización de Visual C++ **497**

El diálogo Options 497
El diálogo Customize 500
Barras de herramientas 504
Adición de un comando al menú Tools 508
Macros 514
Añadidos de Developer Studio 522

Parte VI. Apéndices

Apéndice A. Formatos de archivo ASCII y ANSI **531**

Apéndice B. Clases MFC soportadas por ClassWizard **537**

Apéndice C. Introducción a VBScript **543**

Variables 544
Operadores 546
Control del flujo del programa 547
Objetos 552
Depuración de una macro VBScript 554
Funciones de librería 555

Agradecimientos

Las segundas ediciones son más fáciles de escribir que las primeras, una máxima de escritor que uno comienza a cuestionarse a mitad de camino de la segunda edición. Mas he disfrutado escribiendo (o al menos ampliando) este libro, sobre todo debido a que he tenido otra vez la ayuda de gente dedicada. Aunque el equipo de Microsoft Press que ha manejado la edición anterior se ha desplazado a otras tareas, un regalo en el dinámico universo de la publicación de libros, sus contribuciones todavía perduran en el libro, selladas para siempre con su cuidado y competencia.

Para la primera edición, Lucinda Rowley hizo de editora del proyecto, dedicando mucho tiempo y una atenta mirada en la revisión de los manuscritos, mientras gestionaba mil otras tareas (en esta edición, titulada *Microsoft Visual C++ 6.0. Manual del programador,* apodé a Lucinda como «la editora con la que sueña todo escritor». Todavía lo siento así). La editora del manuscrito Vicky Thulman leyó y releyó cada frase, y los editores técnicos Linda Ebenstein y Jim Johnson aseguraron que aquellas frases eran precisas.

Saul Candib actuó como editor del proyecto para esta edición, mientras que Jim Fuchs, Mary DeJong y Michael Hochberg sirvieron como editores técnicos, revisando cuidadosamente el nuevo material. Labrecque Publishing, de San Francisco, proporcionó la edición del manuscrito, la composición de páginas, la corrección y la gestión de la producción; por estos servicios, gracias a Chrisa Hotchkiss, Curtis Philips, Lisa Bravo, Andrea Fox y Lisa Labrecque.

Por supuesto, la ayuda no vino solamente de las oficinas de Press y Labrecque, sino también de los laberínticos vestíbulos del Edificio 42 del campus de Microsoft, sede del departamento de Visual C++. Como anteriormente, Laura Hamilton actuó generosamente como enlace, de lo cual estoy contento por no haber tenido que escribir un libro como este sin su ayuda. Laura es una magnífica editora, y puede reclamar reconocimiento sobre muchas de las cosas buenas tanto de este libro como de la versión en línea del *Manual del usuario de Visual C++.*

Esta edición se construye con la ayuda de muchas personas del grupo de Visual C++ (y de otras partes) que ofrecieron valiosas sugerencias y correcciones de la primera edición. Otros revisaron el nuevo material de esta edición, representando un esfuerzo colectivo que asegura la continua precisión y viabilidad del libro. Mi agradecimiento a (en orden alfabético) Dennis Andersen, Cathy Anderson, Chuck Bell, Diane Berkeley, Patricia Cornette, Stacey Doerr, Chris Flaat, Jocelyn Garner, Anita George, Eric Gunnerson, Karl Hilsmann, Mark Hopkins, Simon Koeman, Chris Koziarz, Louis Lafreniere, Martin Lovell, Michael Maio, Bruce McKinney, Diane Melde, Daryn Robbins, Steve Ross, David Schwartz, Scott Semyan, Terri Sharkey, George Shepherd, Kathy Shoesmith, Suzanne Sowinska, Yefim Sigal, Chuck Sphar, Yeong-Kah Tam, Donn Trenton y Laura Wall. Algunas de estas personas son amigos que conozco desde hace años. Otros nunca los he visto cara a cara, comunicándonos solamente a través de los milagros gemelos del correo electrónico y de Federal Express.

Barbara Ellsworth, de Microsoft, merece una mención especial, ya que sin ella el libro nunca se habría escrito. Gracias, Barb.

Introducción

Este libro trata de Microsoft Visual C++. No sobre el lenguaje C++ ni sobre la librería MFC, sólo de Visual C++ en sí mismo.

Cierto, Visual C++ ya viene con un tipo de guía del programador, llamada ayuda en línea. La amplitud del sistema de ayuda le inspirará probablemente la segura creencia de que lo que quiere conocer está allí en algún lugar. Pero ese es el problema de la ayuda en línea: trabaja mejor cuando conoce lo que está buscando. Este libro complementa la ayuda en línea, pero no la sustituye. Los propósitos y estilos de los sistemas de ayuda y de la palabra escrita son inherentemente demasiado diferentes como para que uno sustituya al otro. Donde uno proporciona información, el otro enseña; si entiende lo que quiero decir. Donde uno tiene amplitud, el otro tiene profundidad. Si se presentan los hechos fríos tan bruscamente como sea posible, la ayuda en línea no se puede permitir su elaboración, dándole en cambio una lista de pasos a seguir para completar alguna tarea, pero que rara vez se toma tiempo para dibujar una visión amplia. Obtiene el *cómo* que le informa pero no el *porqué* que le enseña.

Este libro pretende hacerle usuario experto de Visual C++. Se despliega en una lógica progresión de material, que demuestra cómo interactúan las partes del todo, clarifica con ejemplos de código, y generalmente actúa como tutor. Es más, puede sentarse con él en su silla favorita. Estas son exactamente las ventajas que no tiene la ayuda en línea. La ayuda, por otra parte, ofrece inmediatez y amplitud. Los muchos megabytes del texto de ayuda pueden tratar cada oscura esquina del Visual C++, mientras que este libro cubre solamente lo esencial.

Comience con este libro para adquirir una sólida base en el arte de Visual C++, luego vuelva a la ayuda en línea a medida que se haga más experto y sus preguntas sean más difíciles. Paradójicamente, cuanto más adepto sea al producto, de mayor servicio le será la ayuda en línea.

El libro es más viejo que su título. La primera edición apareció como *Manual del propietario de Microsoft Visual C++*, convirtiéndose en la guía oficial de Microsoft para la versión 5 de Visual C++. Pero Microsoft ha retitulado esta segunda edición para situarla como parte de un conjunto de cinco volúmenes de *Manuales del Programador* que documenta las herramientas de desarrollo de Visual Studio 98, incluyendo Visual Basic, Visual J++, Visual FoxPro y Visual InterDev. Las *Guías* funcionan, no obstante, independientemente, por lo que si su interés se restringe a Visual C++, ha ido al lugar correcto. Cualesquiera similitudes que existan entre este *Manual* y los otros se detienen en la cubierta, ya que los otros libros son copias impresas de la ayuda en línea, reproducciones exactas de la documentación en línea que viene con cada producto. Encontrará este libro muy diferente de los otros *Manuales* del conjunto.

Microsoft tiene buenas razones para renombrar el libro, pero me apena perder el título original. Elijo *Manual del propietario* para transmitir tan claramente como sea posible el objeto del libro para asegurar que usted, el lector, tenga una idea de lo que cubre y de lo que no. Hace cien años, en una era mucho más tolerante con los títulos largos, podría haber añadido algo como *Es un Tutorial, Guía y Referencia dirigida a obtener mayor conocimiento y familiaridad con el compilador Microsoft Visual C++, sin apartarse de los interesantes aunque antiguos temas del lenguaje de programación C++ y la biblioteca Microsoft Foundation Class*. Reconozco que ese título escolar no sería del todo preciso. Visual C++ está tan integralmente vinculado al lenguaje C++ y a la librería MFC que es imposible hablar inteligentemente de Visual C++ y mientras permanecer callados sobre los otros dos temas. Los capítulos que siguen presentan muchos ejemplos con fragmentos y programas, el propósito de los cuales es ilustrar algunos aspectos de Visual C++. El código debe tener comentarios, no es útil de otro modo, y las descripciones de los programas de ejemplo necesariamente desbordan de términos técnicos y MFC. Pero estas apariciones son aisladas y no nos distraen del principal objetivo sobre cómo utilizar el compilador. Hay otros libros excelentes que explican la programación C++ y la biblioteca MFC.

Este libro describe la versión 6 de Visual C++, pero los propietarios de versiones anteriores pueden también beneficiarse de su lectura. Algunos aspectos de Visual C++ han cambiado considerablemente desde las versiones anteriores, pero muchas otras áreas han cambiado poco o nada. Hoy en día, Visual C++ incluye un paquete engañoso y delgado que contiene unos cuantos folletos, algún material impreso y un CD-ROM o dos. Pero como ha leído hasta ahora, probablemente se haya dado cuenta de la inmensa cantidad de material que existe de Visual C++. Yo lo llamo «compilador» solamente porque no encuentro un nombre mejor. Además de un compilador, Visual C++ proporciona un enlazador, una utilidad de construcción, un depurador, un editor de textos, editores de recursos, un entorno de desarrollo, la biblioteca Microsoft Foundation Class (MFC), bibliotecas de tiempo de ejecución, muchos miles de líneas de código fuente y mucho más. Repetimos: este libro no examina todas las cosas. Mi intención es ayudarle a ser un maestro de Visual C++, no enterrarle con minucias.

LO QUE YA DEBERÍA SABER

Un libro de esta clase tiene que comenzar en la curva de aprendizaje en algún lugar por encima del punto cero. Comience demasiado bajo, y las discusiones se harán desesperadamente desordenadas con explicaciones preliminares. Comience demasiado alto, y el autor perderá a mucha de su audiencia (además de parecer un tonto). El truco está en hablar al lector con una amplia variedad de habilidades e intereses, aunque sin perder nadie como cuando se habla de esoterismo e insultos ni cuando se presentan los fundamentos. El libro no hace grandes demandas. Supongo que ya está familiarizado con los lenguajes de programación C y C++, que ha programado antes en Windows, y tiene al menos unos conocimientos mínimos de MFC. No tiene necesidad de ser un experto, pero encontrará el código y texto de los ejemplos más fácil de seguir si comprende las ideas básicas, como punteros, clases y mensajes. Afortunadamente, no hay nada abstracto sobre el compilador. Es solamente software.

BREVE HISTORIA DE VISUAL C++

Uno puede hacer caso de que las raíces de Visual C++ no comenzaron con Microsoft, sino con Borland. Algunos lectores pueden recordar Turbo Pascal, que llevó al DOS la idea del entorno de desarrollo integral o IDE. IDE es también otra abreviatura en un campo ya demasiado cargado para ellas. Significa sólo que el editor y el compilador trabajan conjuntamente y los dos son accesibles desde el mismo lugar. Escribe su código fuente en el editor, pulsa el botón Compilar para lanzar el compilador, y cuando encuentre un error, el compilador sitúa el cursor del editor en la sentencia errónea, listo para que corrija el problema. La idea es proporcionar un entorno para el desarrollo de programas que el programador nunca tenga que abandonar.

El lenguaje C se hizo popular en esta época (*c.* 1987) y Turbo Pascal pasó a Turbo C. Microsoft contaba con un producto similar denominado QuickC. Yo fui contratado para hacer algún trabajo de programación asociado con QuickC y acabé escribiendo unos cuantos capítulos de un libro «cómo hacer» incluido en el paquete, titulado *C para usted mismo* (el título no fue idea mía). QuickC se vendió como un producto solitario, pero fue incluido además como parte del compilador Microsoft C, que fue llamado Big C. Por esa época, Big C se estableció en la versión 5. Sus competidores incluían nombres de lo que ahora parece un misterio pasado: Computer Innovations, Datalight, Lattice, Manx. Algunos otros de aquella época han sobrevivido, sobre todo Borland y Watcom (ahora PowerSoft). Sus buenos productos continúan proporcionando una saludable competencia a Microsoft.

El objetivo de emparejar QuickC con Big C era que los programadores pudieran escribir código en el IDE conveniente de QuickC. QuickC ofrecía tiempos de compilación rápidos, en gran parte debido a que hacía sólo los intentos más ligeros de optimización de código (hablaremos de optimización más adelante en este libro y veremos cómo puede afectar a los tiempos de construcción). Por lo que respecta a la optimización, QuickC era feliz de registrar algunas variables, insertar unas pocas instrucciones LEAVE y hacerlo todo en un día. El resultado fue que se convirtió en un compilador rápido. Después de que un programa se depuraba y ejecutaba en QuickC, el programador podía crear luego una versión definitiva con Big C, que hacía una optimización de código mucho más seria. No era inusual recortar el 15 por 100 o más del tamaño del programa cuando se compilaba con Big C.

QuickC y Turbo C introdujeron a muchos en la programación C, pero nunca consiguieron un permanente afecto de los desarrolladores. Por una cosa, los editores de ambos productos no eran muy buenos (el editor de QuickC fue posteriormente incorporado en el Microsoft QuickBasic y todavía existe hoy en Microsoft Windows 95 como el editor de DOS Edit.com). Otro problema con los IDE bajo DOS era que consumían mucha memoria, dejando poca para ejecutar el programa que se estaba desarrollando. A menudo se tenía que salir del IDE para ejecutar y depurar su programa. Muchos programadores que utilizaban QuickC en el trabajo de desarrollo (incluyéndome a mí mismo) confiaban solamente en la versión de línea de órdenes.

Pero entonces llegó Windows 3.0.

Windows 3.0 y especialmente 3.1 nos introdujeron en el área de los IDE serios para ordenadores personales. Las restricciones de memoria desaparecieron. Y si iba a programar en Windows, un entorno Windows parecía el lugar natural para hacerlo. Estaba claro que programar *para* Windows *en* Windows produce mejores productos. Windows es algo pensado con la mente, y trabajar en este entorno todo el día proporciona un mejor instinto sobre lo que un programa debería hacer o no.

Para sorpresa de muchos, Microsoft concentró sus esfuerzos en apuntalar lo interno de su compilador C, en vez de actualizar su interfaz para la nueva era. Cuando salió la versión 7, era todavía un producto basado en DOS que se ejecutaba tanto en una caja DOS de Windows o con un gestor de memoria extendida (venía con el 386Max de Qualitas incluido en la caja). Como concesión, la versión 7 ofrecía un IDE en modo carácter llamado Entorno de trabajo del Programador que era incómodo para los estándares de hoy. Sin embargo, el Entorno de trabajo demostraba una evolución natural desde los días del QuickC. Muchas órdenes de sus menús parecen aún modernas, como Nuevo, Abrir, Guardar como, Construir y Abrir proyecto.

La contribución importante que hizo la versión 7 al mundo de la programación no era su IDE, sino el soporte para C++. Por primera vez, Microsoft diseñó su compilador «C/C++» para enfatizar su nueva naturaleza dual. Era como ver a una célula sufrir mitosis. El soporte afectaba a algo más que una simple expansión del compilador para que reconociera nuevas órdenes del superconjunto C++. La versión 7 de C/C++ introducía además la versión 1 de la biblioteca Microsoft Foundation Class, junto con código fuente. C++ no sería un vehículo tan popular de la programación Windows de hoy sin este competente conjunto de clases prescritas, que Microsoft sabiamente proporcionó a los desarrolladores.

Con la siguiente versión definitiva, Microsoft abandonó la mayoría de sus productos orientados a DOS. Microsoft C/C++ versión 8, que lucía un IDE Windows real, se conocía como Visual C++ versión 1. El nombre centró el éxito del primer Visual Basic, pero los dos productos nunca fueron demasiado buenos. Donde Visual Basic permite al desarrollador construir un programa de trabajo de Windows con muchos clics y poco código, Visual C++ crea solamente archivos fuente iniciales mediante bibliotecas especiales de enlace dinámico llamadas asistentes. Como veremos en el Capítulo 2, los asistentes ahorran bastante trabajo repetitivo de la presentación de trabajo de desarrollo, la clase de trabajo común a muchos programas Windows escritos con MFC.

Después de Visual C++ 1.5, Microsoft decidió no invertir ningún esfuerzo más en el soporte de la programación de 16 bits. Visual C++ 2 todavía ofrecía soporte de 16 bits, pero desde entonces Visual C++ crea solamente aplicaciones de 32 bits. Nunca hubo Visual C++ 3. El número de las versiones saltó desde la 2 a la 4 para sincronizar Visual C++ y MFC, creando así una pequeña fuente de confusión. La consolidación tuvo una corta vida, no obstante, ya que Visual C++ y MFC utilizaron de nuevo diferentes números de versiones.

La popularidad de Internet ha influido claramente en el diseño de productos, y en su cuarta versión Visual C++ introdujo nuevas clases de bibliotecas diseñadas para la programación en Internet. La versión 5 añadió además algunas nuevas clases, pero se concentró más en mejorar la interfaz del producto para proporcionar un sistema mejor de ayuda en línea, mejores posibilidades de macros y soporte para compartir clases y otro código dentro de un equipo de desarrolladores. La versión 5 integraba la Active Template Library (Biblioteca activa de plantillas) y mejoraba significativamente la capacidad del compilador para optimizar código. Como veremos en posteriores capítulos, la versión 6 amplía estas mejoras bastante más.

LO QUE CONTIENE ESTE LIBRO

El libro se divide en seis partes principales, cada una cubre un tema general de Visual C++ y su entorno de desarrollo. Las discusiones son intencionadamente básicas hasta el Capítulo 3, que cubre el editor de textos. Esto nos ayuda a garantizar que cualquier lector, sea iniciado o experto, es capaz de navegar con éxito por el entorno de desarrollo de Visual C++ y escribir código fuente con el editor de textos. Al comenzar el Capítulo 4, las discusiones se hacen gradualmente más técnicas.

Parte I. Fundamentos

Mucho de lo que llamamos Visual C++ es realmente su entorno de desarrollo, denominado Microsoft Developer Studio. La distinción entre los dos no es importante y normalmente los términos son intercambiables. Pero no puede utilizar Visual C++ de modo efectivo hasta que no aprenda a utilizar Developer Studio (Developer Studio suena bastante a Visual Studio, pero no existe relación entre ellos, por lo que puede olvidar todo sobre Visual Studio a lo largo del libro).

El Capítulo 1 es una sesión de orientación, que presenta Developer Studio y describe las principales ventanas que encontrará cuando trabaje con el entorno. El capítulo explica además cómo utilizar Microsoft Developer Network (MSDN), que sirve como sistema de ayuda en línea para todos los productos de Microsoft, incluido Visual C++.

El Capítulo 2 presenta AppWizard, el programa asistente de Visual C++, que crea archivos de inicio para una aplicación Windows típica utilizando MFC. Utilizaremos el AppWizard a lo largo del libro para crear algunos de los programas de ejemplo.

Parte II. Editores

Visual C++ proporciona tres editores diferentes, uno para crear el texto del código fuente, otro para los menús y archivos gráficos y el tercero para los cuadros de diálogo. Cada editor tiene su propio capítulo, comenzando por el editor de textos en el Capítulo 3. Este capítulo examina las órdenes del menú importantes, muestra las teclas rápidas para abrir documentos de texto e introduce las macros.

El Capítulo 4 describe el editor de gráficos multitalento de Visual C++, utilizado para crear recursos que incluyen menús, mapas de bits, iconos y barras de herramientas. Este capítulo es extenso, como consecuencia de la cantidad de material que necesita cubrir. Un programa de ejemplo denominado DiskPie1 toma forma a medida que progresa el capítulo. Cada sección principal describe primero cómo utilizar el editor de gráficos para crear un elemento particular de la interfaz, tal como un menú o una barra de herramientas, y luego lo demuestra agregando el elemento al programa DiskPie1. Al final del capítulo el programa es una utilidad práctica que visualiza el uso del disco y la memoria en forma de un diagrama de pastel.

El Capítulo 5 cubre el editor de diálogos y muestra cómo utilizar Visual C++ para diseñar cuadros de diálogo y crear aplicaciones basadas en cuadros de diálogo, como el Mapa de caracteres de Windows y las utilidades de Marcador de teléfonos. El capítulo muestra varios ejemplos, incluyendo uno que crea una hoja de propiedades, también conocida como diálogo con pestañas.

Parte III. Ayuda a la programación

Los capítulos de la Parte III muestran cómo utilizar dos herramientas esenciales de Visual C++ para el desarrollo rápido de programas. El Capítulo 6 introduce el ClassWizard, que es difícil de describir pero fácil de amar. Cuando desarrolle aplicaciones MFC, encontrará el ClassWizard de inestimable valor para crear y gestionar las clases.

La Gallery, que se describe en el Capítulo 7, ofrece una colección de componentes añadidos que puede incorporar en sus proyectos con sólo unos cuantos clics del ratón. Visual C++ incluye una serie de componentes ya preparados que consisten tanto en código fuente de clase como en controles ActiveX. El Capítulo 7 muestra además cómo crear sus propios componentes de la Gallery.

Parte IV. Controles ActiveX

El Capítulo 8 introduce los controles ActiveX y muestra cómo utilizarlos en sus aplicaciones. Los Capítulos 9 y 10 adoptan la táctica opuesta y explican cómo escribir un control ActiveX utilizando bien MFC o la Active Template Library (ATL). El Capítulo 9 presenta un ejemplo bastante documentado denominado Tower que le lleva paso a paso a través de la creación y codificación de un control ActiveX que se basa en MFC.

El Capítulo 10 crea entonces el mismo control utilizando la Active Template Library, proporcionando una clara ilustración de las diferencias entre las dos soluciones. Los resultados se pueden utilizar en cualquier aplicación que soporte controles ActiveX.

Parte V. Temas avanzados

El Capítulo 11 cubre el tema esencial del depurador, uno de los elementos más perfectos de Visual C++. El capítulo examina el interior del depurador, describe las ventanas del depurador y las barras de herramientas, para demostrar luego las posibilidades del depurador fijando los fallos ocultos en un programa de ejemplo.

Después de depurar una aplicación, querrá volver a las optimizaciones del compilador para crear una versión definitiva. El Capítulo 12 trata el tema que se suele comprender mal de la optimización del compilador, mostrando exactamente lo que hacen cada uno de los muchos conmutadores del Visual C++ y por qué. Cuando llegue al Capítulo 13 habrá pasado bastante tiempo en el entorno Developer Studio, suficiente para conocer lo que quiere y lo que preferiría cambiar. Este capítulo muestra cómo personalizar Visual C++ para adecuarlo a su gusto. Muestra además, a través de ejemplos, cómo programar macros y utilidades añadidas que se integren sin costuras en Developer Studio.

Parte VI. Apéndices

El Apéndice A presenta las tablas estándar que enumeran los caracteres ASCII y ANSI. Puede encontrar la tabla ANSI del Apéndice A más útil que la información similar de la ayuda en línea porque la tabla muestra los números octales de los caracteres. Existe una buena razón para esto. Como veremos en el Capítulo 5, la inclusión de caracteres ANSI en mayúsculas en el texto del diálogo requiere el número del carácter en octal. Armado con esta información, puede añadir símbolos útiles, tales como © y ¼ a las cadenas de caracteres visualizadas en el diálogo.

El Apéndice B describe brevemente las clases MFC que soporta ClassWizard, y sirve como referencia rápida diseñada para ayudarle a seleccionar la base más apropiada para su nueva clase.

El Apéndice C proporciona una introducción a Microsoft Visual Basic Scripting Edition, más conocido como VBScript. Visual C++ incorpora VBScript como lenguaje de macros, por lo que una introducción es útil si nunca antes ha utilizado VBScript o un dialecto similar del Visual Basic. Aunque grabar macros en Visual C++ no requiere conocimiento alguno de VBScript, puede crear una macro de propósito general solamente utilizando programación VBScript.

CÓDIGO DE EJEMPLO

Casi todos los ejemplos de este libro están escritos en C++ y utilizan MFC (las dos excepciones son un programa demostración del cursor en el Capítulo 4 y una pequeña utilidad basada en la consola que se presenta en el Capítulo 13). Pero me baso en C en algunos de los fragmentos de código dentro del texto. No encuentro a C++ tan bueno como C como medio para ilustrar sucintamente una idea de programación, y además de las ventajas de la claridad y la brevedad, C sirve como un tipo de *lengua franca* entre los programadores de hoy. En teoría, los programadores de C++ comprenden el C a solas, pero lo inverso no es necesariamente cierto. Por otra parte, C no tiene forma de mostrar las aplicaciones MFC. Algunas veces presento código C y C++ equivalente cuando creo que la idea es suficientemente importante y las diferencias significativas para garantizar la traducción.

Muchos de los capítulos del libro cubren temas que se muestran mejor con ejemplos, y he intentado incluir programas de ejemplo que sean a la vez interesantes, útiles e ilustrativos. Algunos de los programas se crean con el AppWizard y otros no, simulando así tan amplio abanico de prácticas de programación como sea posible. Casi todos los programas van acompañados de una discusión en el texto del libro. El texto incluye además el listado del código fuente, por lo que no necesita abrir un archivo en el editor para seguir la discusión. El código de los programas opta por la claridad sobre la elegancia, por lo que no dude que verá secciones de código que usted gestionaría de forma diferente en sus propios desarrollos. Por ejemplo, he incluido muy poca comprobación de errores en los programas. Los programas fueron creados en Windows 95, pero muchos han sido probados bajo Microsoft Windows NT.

EL CD QUE SE ACOMPAÑA

Los archivos del proyecto de todos los programas de ejemplo están en el CD que se adjunta en la cubierta final del libro. Para copiar todos los proyectos en su disco duro, ejecute el programa Instalar siguiendo estos pasos:

1. Haga clic en el botón de Inicio de la barra de tareas de Windows y seleccione la orden Ejecutar.

2. Teclee «*d*:\instalar» en el diálogo de Ejecutar, donde *d* representa la letra de la unidad de su CD-ROM.

El programa Instalar copia más de 3 Mb de archivos desde el CD en su disco duro, ubicándolos en una subcarpeta denominada Manual del programador de Visual C++ (o cualquier nombre que especifique). La ejecución de Instalar es totalmente opcional, y puede recuperar los archivos manualmente del CD si lo prefiere. Encontrará todos los ficheros situados en la subcarpeta Codigo.

Las subcarpetas anidadas se refieren al número de capítulo donde se describe el programa y el nombre del proyecto. La subcarpeta Capitulo.05\MfcTree, por ejemplo, contiene todos los archivos necesarios para construir el programa MfcTree presentado en el Capítulo 5. Cada carpeta de proyecto tiene una subcarpeta que contiene el archivo ejecutable del programa, por lo que puede ejecutar un programa ejemplo sin tener que construirlo. Si quiere seguir la discusión en el texto construyendo el ejemplo, inicie Visual C++ y elija la orden Open Workspace del menú File. Explore la carpeta del proyecto de su disco duro y haga doble clic sobre el archivo DSW del proyecto.

Los nombres de proyecto de los programas de ejemplo ocupan ocho caracteres o menos. Este convenio se acomoda a aquellos lectores que prefieren utilizar un editor de textos antiguo que pueda no reconocer nombres de archivo largos. Algunas unidades de CD antiguas tienen también problemas con los nombres de archivo largos.

El CD que se acompaña incluye un programa que escribí llamado Index*. Index no es un programa de ejemplo, por lo que no lo encontrará en ningún lugar de los capítulos del libro. Index proporciona el índice del libro, realizando una búsqueda del texto completo a través de todos los capítulos y de los apéndices. Le asegura que si se menciona un tema en

---

* Nota del Editor: El programa Index hace referencia a la versión inglesa del libro, reconociendo tan sólo texto en inglés. La correspondencia de páginas con la versión española del libro es tan sólo aproximada. El programa Index no se ha adaptado a la versión española por ser técnicamente inviable dicha adaptación.

cualquier parte del libro, puede encontrarla. El programa es realmente un formulario electrónico de lo que los bibliógrafos llaman concordancia, dada una o más palabras, le dice en qué páginas y en qué párrafos aparecen las palabras. Para utilizar el programa, copie los archivos Index.exe, Index.hlp e Index.key desde el CD a su disco duro, asegurándose de que sitúa los tres archivos en la misma carpeta. O puede ejecutar Index directamente desde el CD si lo prefiere. Aquí tiene cómo aparece el programa:

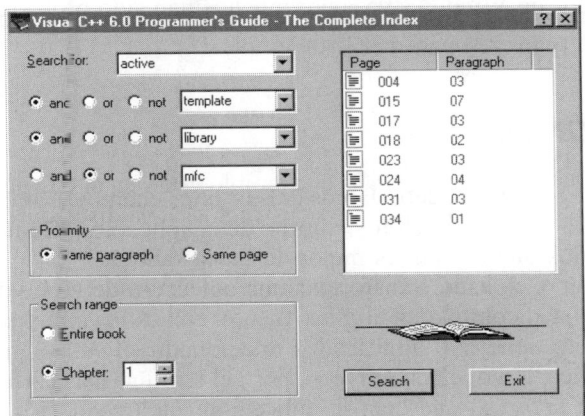

Las cuatro cajas de combinación de la ventana de diálogo de Index aceptan una sola palabra. Las palabras pueden formar una frase tal como «Active Template Library», o simplemente especifican palabras no conectadas que aparecen juntas en el mismo párrafo o en la misma página. El programa también busca plurales y variaciones de la palabra formadas por *-ed* e *-ing*, y es suficientemente inteligente para contabilizar ligeros cambios en el deletreo. Si se buscan las palabras *edit*, *handle* y *debugg*, por ejemplo, también localiza apariciones de las palabras *edits, handling* y *debugged*. No distingue entre mayúsculas y minúsculas, una simplificación que en raras ocasiones puede generar coincidencias inesperadas, como cuando Index localiza la palabra *guiding* cuando se busca el acrónimo GUID. Para ejecutar una búsqueda, haga clic en el botón Search o bien en el icono del libro.

Los cuatro cuadros de combinación recuerdan búsquedas anteriores de palabras, por lo que no tiene que volver a teclear una entrada. Para volver a llamar una palabra que introdujo anteriormente, despliegue el cuadro de lista y seleccione la palabra. Los mensajes de ayuda desplegables explican otras características del programa. Simplemente haga clic en el botón con el pequeño signo de interrogación de la esquina superior derecha del diálogo y luego haga clic en la ventana de control o en el área de un grupo. Los usuarios de Windows NT 3.51 o superior deben presionar la tecla F1 para obtener la ayuda.

Index identifica cada párrafo de cada página por un número, tal como 2 o 7. Así puede recorrer una página para encontrar un párrafo particular indicado por el programa, recordando estas reglas que determinan lo que el programa considera lo que es un párrafo:

- El título de una figura constituye un párrafo separado, como ocurre con cada fila de una tabla.

- Cada línea de código fuente (exceptuando las líneas en blanco) representa un párrafo.
- Un párrafo parcial al principio de la página no cuenta como un párrafo separado, porque Index supone que el texto pertenece al párrafo del final de la página precedente.

El programa Index reconoce los operadores booleanos AND, OR y NOT. Si tiene un poco oxidada la lógica booleana de las búsquedas de texto completo, el Capítulo 1 describe cómo utilizar los mismos operadores cuando se busca en el sistema de ayuda en línea de MSDN. Consulte la Tabla 1.1 (pág. 22) para ver los ejemplos.

UNAS CUANTAS DEFINICIONES

Antes de introducirnos de lleno en el libro, deberíamos definir unos cuantos términos, tales como construir, proyecto, destino, configuración y entorno de la aplicación. Como utilizaré estas palabras en los capítulos que siguen, es mejor definirlas ahora.

Construir significa compilar y enlazar, transformar una colección de archivos fuente en una aplicación ejecutable. Usted compila un archivo fuente; enlaza los archivos objeto; construye un proyecto. Proyecto tiene dos significados relacionados. Puede significar el producto final —esto es, la aplicación que construye—, pero el término más correctamente se refiere a la colección de archivos que crea la aplicación, incluyendo los archivos fuente, las cabeceras precompiladas, los guiones de recursos, los archivos gráficos y cualquier cosa más que se requiera para construir el programa. Visual C++ le permite abrir sólo un proyecto a la vez, lo que significa que tiene preparado el acceso a todos los archivos del proyecto y puede editar, construir o depurar. Cada proyecto puede tener cualquier número de subproyectos anidados, una organización que tiene sentido cuando está desarrollando un programa que consista en más de un elemento ejecutable. Por ejemplo, podría desarrollar una aplicación como proyecto principal mientras mantiene una biblioteca de enlace dinámico auxiliar en un subproyecto separado.

Cuando construya un proyecto, la aplicación que cree es de uno de los dos tipos, o final o bien de depuración. Visual C++ utiliza algunas veces el término *destino* para referirse al tipo construido. El destino final del proyecto es el programa ejecutable que proporciona a sus usuarios finales. El destino depuración es un ejecutable con el que trabaja durante el desarrollo del programa. Las opciones del proyecto, conocidas como configuración, determinan el tipo del ejecutable, final o de depuración, que Visual C++ crea cuando construye el proyecto.

La biblioteca MFC de clases generales se diseñó para hacer la programación Windows más sencilla representando el API Win32 como un conjunto de clases de objetos. Un programa que utilice MFC saca provecho del código probado que sirve como entorno de trabajo de la aplicación, y que gestiona muchas tareas de las que la aplicación habría tenido que cuidar de no existir MFC. El único coste de estos servicios ocultos son un tamaño del ejecutable potencialmente grande y cierta rigidez interna de los módulos comunes a la mayoría de programas MFC. A través de sus clases, el entorno de trabajo dicta la estructura de la aplicación pero no los detalles. Sin embargo, MFC no restringe seriamente la creatividad de los programadores, como se evidencia por la cantidad de aplicaciones Windows escritas con MFC.

LECTURAS COMPLEMENTARIAS

Recomendar libros es una responsabilidad desagradable y no hay que tomarla a la ligera. Los libros son caros, no sólo en términos de dinero, sino especialmente en términos de tiempo. Dicho esto, aquí tiene unas cuantas obras que creo representan mejoras que merecen la pena para los programadores que utilizan Visual C++. Todas han sido publicados por Microsoft Press, pero eso es porque no he salido mucho.

- Para empezar a aprender MFC, creo que no puede haber nada mejor que el libro *Programación en Windows 95 con MFC,* de Jeff Prosise. Está bien escrito, es claro y es consistente con su tema sin distraerse con nada más.

- Otro buen trabajo sobre MFC es *Programación avanzada con Microsoft Visual C++*, de David Kruglinski. No se deje engañar por el título, este libro se concentra en MFC, cubriendo los temas que el libro de Prosise no cubre, como la gestión de bases de datos y OLE. Las discusiones y todos los ejemplos de programas suponen que el lector utiliza Visual C++.

- Si es novato en la programación Windows, querrá profundizar en lo básico y preferirá programar en C más que en C++, considere el libro *Programación en Windows 95*, de Charles Petzold y Paul Yao. El último de una serie de ediciones de los cuales el primero apareció hace una década, este libro es famoso por su claridad y contiene el tema de la programación Windows. Tenga en cuenta las advertencias, aunque, excepto para el último capítulo, el libro no menciona C++ o MFC.

- Para obtener una buena introducción a ActiveX, pruebe *Understanding ActiveX and OLE*, de David Chappell. Aunque no tiene nada que decir sobre Visual C++ y muy poco sobre programación, este libro legible ofrece una buena panorámica de un tema complejo.

Retroalimentación

Si tiene cualquier sugerencia sobre futuras ediciones de este libro, escríbame una línea. Intentaré leer cada parte de los correos electrónicos que reciba (soy bastante diligente en estas cosas), aunque no puedo prometer una respuesta. Puede llegar a mí a través de Internet en *beckz@witzendsoft.com*.

Parte I

Fundamentos

Capítulo

1 El entorno — 3

2 AppWizard — 25

Capítulo

1

El entorno

El paquete de Visual C++ incluye muchas piezas separadas, como por ejemplo editores, compiladores, enlazadores, utilidad make, un depurador y otras herramientas diseñadas para la tarea de desarrollar los programas C/C++ para Microsoft Windows. Afortunadamente, el paquete también incluye un entorno de desarrollo llamado Developer Studio. Developer Studio reúne todas las herramientas de Visual C++ en un todo integrado, permitiéndole visualizar y controlar el proceso de desarrollo completo a través de un sistema consistente de ventanas, diálogos, menús, barras de herramientas, teclas de atajo y macros. Para utilizar una analogía, el entorno es como una habitación de control con monitores, marcadores y palancas desde donde una sola persona puede operar con las máquinas de una fábrica en crecimiento. El entorno es prácticamente todo lo que *ve* en Visual C++. Todo lo demás corre entre bastidores bajo su administración.

La distinción entre el producto Visual C++ y su entorno Developer Studio sirve de poco, porque el último representa completamente al primero. En vez de tratar con otro nombre más, este libro aplica el término Visual C++ en un sentido general que se refiere de forma intercambiable tanto al producto entero como a su entorno de desarrollo. Microsoft sí que ha adoptado este curso, y los usuarios de versiones anteriores notarán que las ventanas etiquetadas anteriormente Developer Studio se han vuelto a titular Visual C++. Haremos resucitar el nombre antiguo en el último capítulo, sin embargo, cuando discutamos cómo pueden integrarse los programas de utilidad con el programa de Developer Studio para convertirse en parte del entorno.

Vamos a empezar este capítulo con un resumen de algunos de los muchos servicios que proporciona el entorno Visual C++ y que están diseñados para ayudarle en el desarrollo de programas. Los números de capítulo entre paréntesis indican en qué parte del libro examinaremos estos servicios con detalle:

- Las ventanas que proporcionan visualizaciones de aspectos diferentes del proceso de desarrollo, desde listas de clases y archivos fuente a mensajes del compilador (este capítulo).
- Acceso de menú a un extenso sistema de ayuda en línea (este capítulo).
- Un editor de texto para la creación y mantenimiento de archivos fuente (Capítulo 3), un editor inteligente para diseñar cuadros de diálogo (Capítulo 5), y un editor de gráficos para crear otros elementos de interfaz, como por ejemplo mapas de bits, iconos, cursores de ratón y barras de herramientas (Capítulo 4).
- Asistentes que crean archivos iniciadores para un programa, dándole un inicio de cabecera en la tarea mundana de ajustar un proyecto nuevo. Visual C++ proporciona asistentes para distintos tipos de programas de Windows, incluyendo aplicaciones estándar con bases de datos opcionales y soporte de Automatización (Capítulo 2), bibliotecas de enlace dinámico, aplicaciones basadas en diálogo (Capítulo 5), extensiones para un servidor Web utilizando el Internet Server API (ISAPI) y los controles Active X (Capítulos 9 y 10).
- ClassWizard, un asistente que ayuda a mantener clases para las aplicaciones MFC (Capítulo 6).
- Componentes ejecutables temporales mantenidos por la Gallery (Capítulo 7) que añaden características instantáneas a sus programas.
- Un excelente depurador (Capítulo 11).
- Acceso conveniente y lógico a las órdenes a través de menús y barras de herramientas. Puede personalizar los menús y las barras de herramientas existentes en Visual C++ o crear otras nuevas (Capítulo 13).
- La posibilidad de añadir sus propias herramientas de entorno a través de macros y bibliotecas de enlace dinámicas añadidas (Capítulo 13). Usted mismo puede desarrollar estas adiciones o comprarlas a distintos vendedores.

La Figura 1.1 muestra una vista típica de la ventana principal de Visual C++. El aspecto de entorno ha cambiado sólo ligeramente desde la versión anterior, y su estilo y muchos de sus comandos permanecen inalterados. Si está familiarizado con el entorno Developer Studio de las versiones anteriores de Visual C++ u otros productos de Microsoft, puede que desee leer sólo por encima este capítulo para hojear las nuevas características, especialmente el sistema de ayuda en línea revisado. Si nunca antes ha utilizado Visual C++, encontrará que, como cualquier programa de Windows, puede que implique algunas instalaciones. No subestime su profundidad, igual que cuando piensa que ha descubierto todo sobre Visual C++, se abre otro pasillo. Pero la interfaz es inteligente y por ello se perdona que fomente la experimentación, que es siempre el mejor profesor.

Este capítulo es un inicio que le introduce a la estructura del entorno de Visual C++ y describe la interfaz y ventanas que encontrará cuando trabaje en un proyecto de desarrollo. No nos preocuparemos sobre las herramientas individuales y las órdenes de menú en este momento, ya que cada capítulo siguiente describe al menos un menú y una barra de herramientas y los distintos comandos que contienen. Una vez Developer Studio también sirvió como entorno de host para Visual J++ y Visual InterDev, pero aquí nos centramos sólo en cómo se aplica el entorno a Visual C++ y los proyectos de C/C++.

EL ENTORNO   5

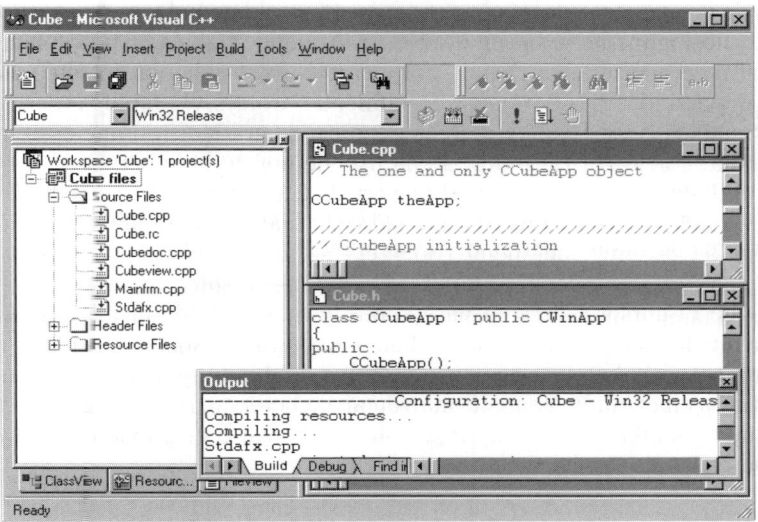

Figura 1.1. Una vista típica de la ventana principal de Visual C++.

BARRAS DE HERRAMIENTAS Y MENÚS

Visual C++ incluye un arsenal de barras de herramientas predefinidas que proporcionan acceso con un solo clic para los comandos utilizados más frecuentemente. Y si no ve lo que necesita, puede aumentar la colección de barras de herramientas del entorno con barras de herramientas personalizadas de su propio diseño. Cada barra de herramientas está diseñada por un nombre que aparece en la tira del título de la barra:

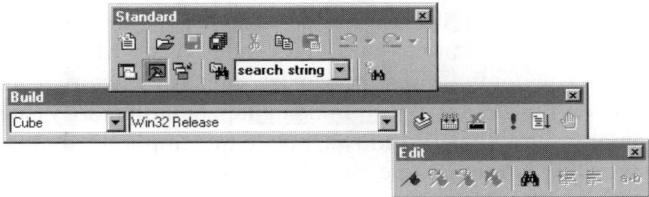

Como se describe en la siguiente sección, las barras de herramientas a menudo se «acoplan» dentro de la posición, en cuyo caso desaparece la tira del título. Por ejemplo, la Figura 1.1 muestra cómo son las barras de herramientas Standard, Build y Edit en sus ubicaciones acopladas en la parte superior de la ventana principal de Visual C++. El ajuste de la barra de herramientas es decisión suya. Puede desplazar las barras de herramientas por la pantalla, ajustar sus formas rectangulares y arrastrar un borde y hacer cualquier instalación de barras de herramientas visibles o invisibles. Aunque puede preferir tener

6 MICROSOFT VISUAL C++ 6.0. MANUAL DEL PROGRAMADOR

algunas barras de herramientas tales como Standard y Build en todo momento, otras barras de herramientas normalmente se hacen visibles sólo cuando trabaja en una ventana que las necesita. La barra de herramienta Debug, por ejemplo, es visible por defecto sólo durante una sesión de depuración. Las barras de herramientas Colors y Graphics (descritas en el Capítulo 4, «Recursos») son visibles sólo en el editor de gráficos, porque es el único sitio donde las necesita. La Figura 1.2 muestra una lista de nombres de barras de herramientas contenidas en el diálogo Customize, en el que puede activar o desactivar la visibilidad de barra de herramientas haciendo clic en un cuadro de diálogo. Para abrir el diálogo, haga clic en el comando Customize del menú Tools (el Capítulo 13, «Personalización de Visual C++», tiene mucho más que decir sobre el diálogo Customize).

A medida que el cursor del ratón pasa sobre un botón de barra de herramientas, el botón cambia a una forma de apariencia resaltada. La barra de estado en la parte inferior de la ventana principal visualiza una descripción breve del botón, y si el cursor descansa de forma momentánea en el botón, aparece una ventana emergente de «herramienta de consejo» que contiene el nombre del botón. Si se solicita, Visual C++ puede incluso visualizar versiones aumentadas de sus barras de herramientas:

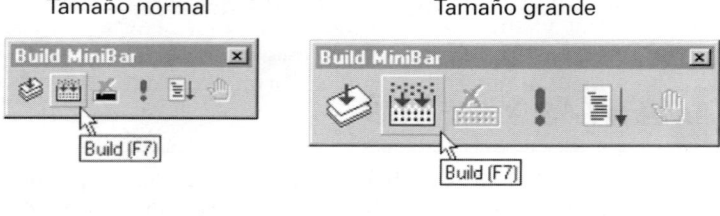

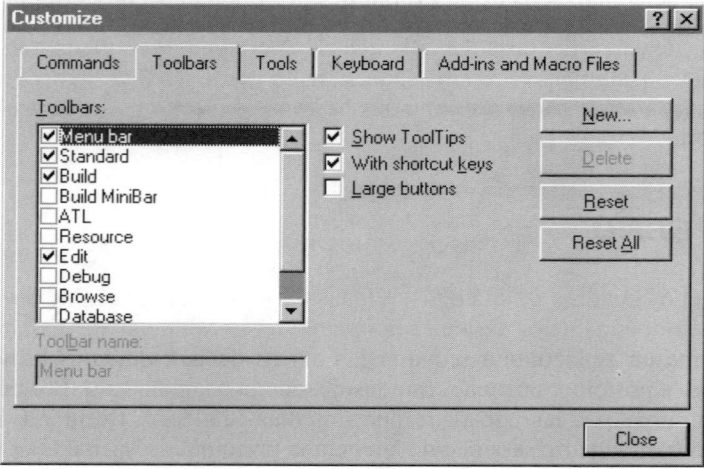

Figura 1.2. Activando y desactivando las barras de herramientas en el diálogo Customize.

Tanto las opciones de herramienta de consejo como las de aumento se controlan en el cuadro de diálogo Customize que se muestra en la Figura 1.2.

La barra de menú de Visual C++ es una forma especial de barra de herramientas. Aunque puede esconder la barra de menú sólo en modo de pantalla completa, también se comporta de forma muy parecida a la barra de herramientas normal. Los nombres de menú en la barra de menú de Visual C++ toman el mismo aspecto realzado que los botones de la barra de herramientas cuando el cursor del ratón pasa sobre ellas. Cuando hace clic en un nombre de menú para abrir un menú hacia abajo, el nombre parece retroceder en la pantalla. Con un menú abierto, deslice el cursor desde un nombre de menú a otro para abrir otros menús.

Menús contextuales

El entorno de Visual C++ responde casi siempre a los clics del botón derecho del ratón, que normalmente visualiza un menú contextual emergente con órdenes apropiadas a la situación. Incluso cuando no hay ventanas abiertas en Visual C++, haciendo clic en el botón derecho sobre el área de cliente vacía hace aparecer un menú con órdenes que hacen visibles las ventanas y activan y desactivan las barras de herramientas. Para mostrar el mismo menú, haga clic en el botón derecho sobre cualquier parte de la barra de herramientas, excepto en su tira de título. Experimente con el botón derecho a medida que trabaje y descubrirá un montón de otros atajos útiles.

Puede arrastrar barras de herramientas y la barra de menú a posiciones nuevas en la pantalla haciendo clic y manteniendo cualquier área de la barra que no sea un botón o nombre de menú. Si la tira de título de la barra de herramientas no es visible, las barras de separador vertical que aparecen en muchas de las barras de herramientas son un buen lugar para «coger» una barra para arrastrarla. Debido a la característica de acoplamiento, desplazar barras en Visual C++ algunas veces no es tan sencillo como pueda esperar. La sección siguiente ahonda en los secretos de las ventanas de reposicionado y las barras de herramientas en la pantalla.

VENTANAS DE ENTORNO

Además de sus muchos cuadros de diálogos, Visual C++ viualiza dos tipos de ventanas, llamadas ventanas de documento y ventanas acoplables. Las ventanas de documento son ventanas hijas enmarcadas que contienen texto de código de fuente y documentos de gráfico. El menú Window enumera las órdenes que visualizan las ventanas de documento en la pantalla en una administración en cascada o repetida. Todas las demás ventanas de Visual C++, incluyendo las barras de herramientas e incluso la barra de menú, son acoplables. El entorno tiene dos ventanas principales acoplables, llamadas Workspace y Output, que se hacen visibles por medio de las órdenes en el menú View. Otras ventanas acoplables, descritas en el Capítulo 11, «El depurador», aparecen durante una sesión de depuración.

Esta sección primero mira algunas de las características comunes a todas las ventanas acoplables y a continuación examina las ventanas Workspace y Output individualmente.

Una ventana acoplable se puede adjuntar a la parte superior, inferior o a los bordes laterales del área de cliente de Visual C++, o se puede desconectar para que flote libremente en cualquier parte de la pantalla. Las ventanas acoplables, tanto si flotan como si se acoplan, siempre aparecen en la parte superior de las ventanas de documento. Esto le asegura que las barras de herramientas flotantes permanecen visibles a medida que cambia el centro de atención de una ventana a otra, pero también significa que las ventanas del documento pueden perderse ocasionalmente. Esto puede ser desconcertante las primeras veces que ocurra, pero tenga fe en que la ventana de documento todavía está ahí. Si está trabajando con código de fuente en el editor de texto, por ejemplo, y a continuación activa una ventana acoplable que ocupa el área de cliente de Visual C++ en su totalidad, el documento de código fuente puede desaparecer, enterrado bajo la ventana nueva. Si la ventana superpuesta se acopla en la posición, no puede traer la ventana de documento fuente de vuelta a la parte superior. La única solución es desactivar la ventana superpuesta o arrastrarla fuera del camino. Veremos cómo activar y desactivar las ventanas acoplables en un momento.

A medida que arrastre una ventana acoplable, aparece un esquema que se desplaza y que muestra que la nueva ubicación de la ventana estará donde suelte el botón izquierdo del ratón. El esquema es una confusa línea gris hasta que se pone en contacto con un borde del área de cliente de entorno o el borde de otra ventana acoplada, en cuyo punto el esquema cambia a una fina línea blanca. El cambio es una clave visual para notificar que el arrastre de la ventana hará que se acople en su lugar junto al borde más cercano. Una barra de herramientas se acopla en una posición horizontal diferente junto al borde superior o inferior del área de cliente y en una posición vertical cuando se coloca junto al lado izquierdo o derecho. Puede volver a orientar la ubicación de la barra de herramientas presionando la tecla MAYÚS mientras que arrastra la barra de herramientas.

Hacer que una ventana se acople en el tamaño y posición deseados, algunas veces lleva varios intentos. Para acoplar una ventana de modo que ocupe el área de cliente entera, arrástrela hacia arriba hasta que el cursor del ratón entre en contacto con el borde superior del área de cliente, y a continuación suelte el botón del ratón. Para lograr que la ventana acoplada vuelva al tamaño más pequeño, arrastre la ventana hasta que el cursor toque el borde izquierdo del área de cliente. Esto fuerza a la ventana a abrirse, permitiéndole arrastrar la ventana por su barra de título a una ubicación diferente.

Cuando arrastra una ventana acoplable alrededor de la pantalla, la ventana puede parecer que tenga inteligencia propia, aferrándose tenazmente a uno de los bordes de la ventana principal de Visual C++ o a cualquier otra ventana acoplada con la que entre en contacto. Puede impedir esto de dos formas: el primer método es presionar la tecla CTRL mientras que desplaza la ventana para suprimir temporalmente su rasgo de acoplamiento; el segundo método funciona sólo para ventanas, no para barra de herramientas, deshabilitando la posibilidad de acoplamiento de la ventana hasta que la habilite otra vez. Haga clic a la derecha dentro de la ventana y elija el comando Docking View desde el menú contextual de la ventana para desactivar el icono de cuadro de comprobación del comando. El menú Window también proporciona acceso al comando Docking View, como se muestra en la Figura 1.3.

La inhabilitación de un rasgo de acoplamiento de ventana afecta el comportamiento de la ventana de varios modos:

EL ENTORNO   9

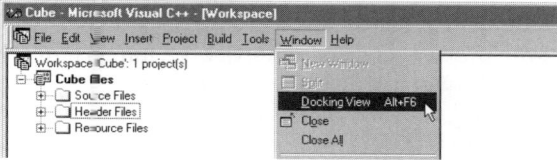

Figura 1.3. Intercambiar el modo de acoplamiento de una ventana con el comando Docking View.

- La ventana aparece como una ventana de documento normal, con botones en la barra de título que minimizan, maximizan y cierran la ventana.

- La posición de la ventana se administra junto con cualquier ventana de documento abierta cuando elige el comando Cascade o Tile desde el menú Window.

- La ventana no se puede desplazar por encima del área de cliente de la ventana principal de Visual C++ como lo puede hacer cuando está en modo de acoplamiento.

- Dado el centro de entrada, la ventana puede cerrarse con el comando Close en el menú Window. De lo contrario, el comando Close no afecta a una ventana en modo de acoplamiento, incluso si se le ha prestado atención.

Cuando se acopla una ventana o barra de herramientas, aparecen en la parte superior o en el borde izquierdo de la ventana cordoncillos elevados fácilmente distinguibles, llamados a veces barras de agarre, como se muestra en la Figura 1.4. Al hacer dos veces clic en las barras de agarre hace que una ventana o barra de herramientas flote libremente; haciendo dos veces clic en la barra de título de la ventana o barra de herramientas flotante hace que vuelva a su posición acoplada anterior. También puede arrastrar una ventana por sus barras de agarre a otra ubicación acoplada o que flote libremente.

La configuración de ventanas que crea en Visual C++ dura tanto como el proyecto o hasta que usted la cambie. La próxima vez que abra el proyecto, las ventanas aparecen como las dejó. Sin embargo, las ventanas que pertenecen a programas de utilidad ejecutados dentro del entorno no están sujetas a las reglas del entorno. Dichas ventanas no son

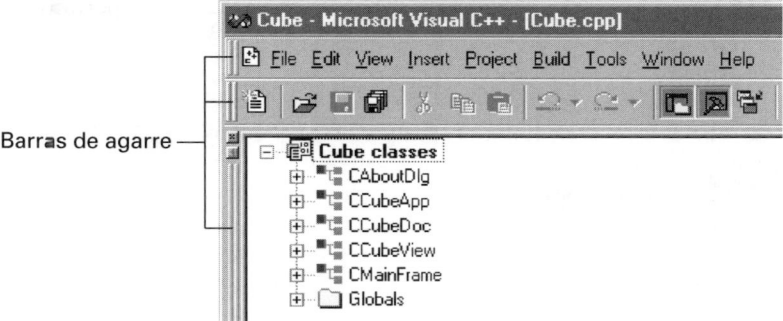

Figura 1.4. Cuando están acopladas, las ventanas, barras de herramientas y barras de menú tienen barras de agarre realzadas.

documentos ni ventanas de acoplamiento, y sus características vienen determinadas por el programa de utilidad, no por Visual C++.

Las ventanas Workspace y Output

Visual C++ visualiza información sobre un proyecto en las ventanas acoplables Workspace y Output, que se muestran en las Figuras 1.1, 1.6 y 1.7. Nos encontraremos con estas importantes ventanas a lo largo del libro, especialmente la ventana Workspace, por ello merece la pena dedicar algo de tiempo examinando cómo funcionan.

Para hacer visible la ventana Workspace o Output, haga clic en su nombre en el menú View, como se muestra en la Figura 1.5 (el comando no es un conmutador, así que al hacer clic otra vez no hará la ventana invisible). Las ventanas también se activan por sus propios botones en la barra de herramientas Standard, que cuando se hace clic sobre ellas hacen visibles o invisibles las ventanas.

Además de utilizar los botones de herramientas, puede esconder las ventanas Workspace y Output de otros modos:

- Si la ventana es flotante, haga clic en el botón Close de la barra de título de la ventana.

- Si la ventana es acoplada, haga clic en el botón pequeño X ubicado encima o a la derecha de las barras de agarre de la ventana (véase la Figura 1.4).

- Haga clic a la derecha de la ventana para visualizar un menú contextual y elija el comando Hide o Close. El comando que aparece en el menú depende de si el modo de acoplamiento de la ventana está activado o desactivado, pero ambos comandos tienen el mismo efecto.

- Si está inhabilitada la característica de acoplamiento de la ventana, haga clic en la ventana para centrar la atención sobre ella y elija el comando Close del menú Window.

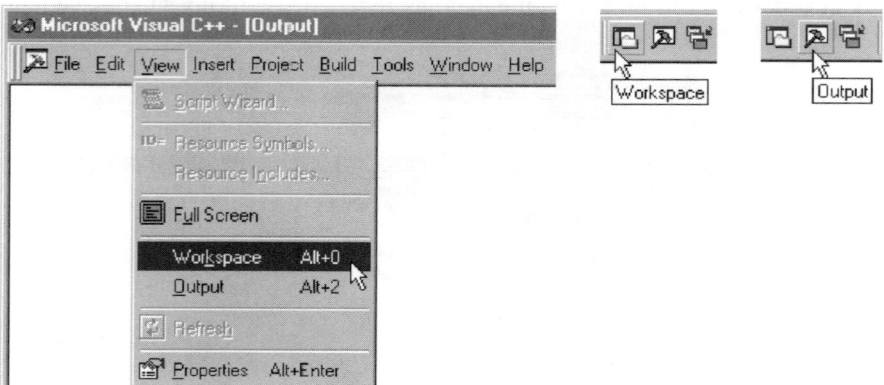

Figura 1.5. Visualización de las ventanas Workspace y Output. Los botones de herramientas están en la barra de herramientas Standard.

La ventana Workspace presenta perspectivas diferentes de su proyecto. Seleccione una pestaña en la parte inferior de la ventana para visualizar una lista de clases de proyecto, recursos, fuentes de datos o archivos. Haga clic en los botones pequeños de más (+) o menos (–) en la ventana para expandir o contraer una lista. Al expandir la lista de clases, por ejemplo, visualiza los nombres de funciones miembro, como se muestra en la primera pantalla de la Figura 1.6. Hacer dos veces clic en el texto de una cabecera de lista adyacente a una carpeta o icono de libro tiene el mismo efecto que hacer clic en el botón de cabecera más/menos.

La ventana Workspace puede visualizar hasta cuatro paneles de información, descritos aquí:

- **ClassView.** Enumera clases y funciones miembro en el proyecto. Para abrir el archivo fuente de clase en el editor de texto Visual C++, haga dos veces clic en la clase deseada o en la función de la lista.

- **ResourceView.** Enumera los datos de recurso de proyecto, como cuadros de diálogos y mapas de bits. Al igual que con el panel Class View, haciendo dos veces clic en un elemento de datos en la lista Resource View abre el editor apropiado y carga el recurso.

- **FileView.** Enumera los archivos fuente del proyecto. La copia de un archivo fuente a la carpeta de proyecto no añade automáticamente el archivo a la lista en el panel File View. Debe añadir específicamente archivos nuevos al proyecto utilizando la orden Add To Project del menú Project.

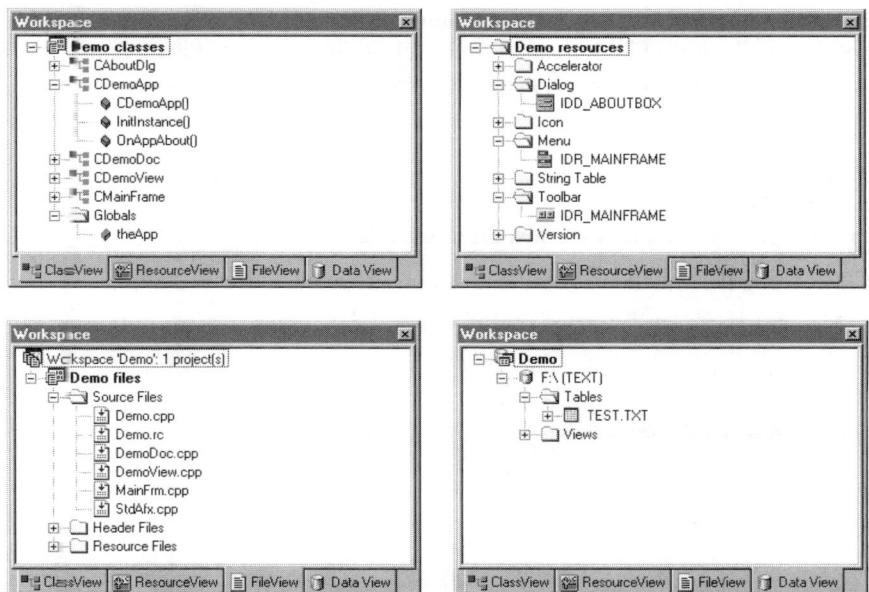

Figura 1.6. Cuatro paneles de la ventana Workspace.

- **Data View.** Visualiza información sobre las fuentes de datos para proyectos de bases de datos. La pestaña Data View sólo aparece en los proyectos de base de datos hospedados por la Edición Empresarial de Visual C++ que están conectados a la fuente de datos y que cumple el estándar de Conectividad de bases de datos abiertas (ODBC).

Al hacer clic en el botón de la derecha del ratón en la ventana Workspace visualiza un menú contextual que contiene comandos utilizados a menudo. Los comandos del menú dependen del elemento sobre el que se ha hecho clic. Al hacer clic en el archivo fuente del panel File View, por ejemplo, visualiza un menú contextual que le permite abrir o compilar rápidamente el archivo. También puede activar y desactivar los paneles individuales de Workspace. Haga clic en el botón de la derecha de cualquier pestaña en la parte inferior de la ventana Workspace para visualizar un menú contextual y elija a continuación el comando deseado de la lista de menú para hacer el panel visible o invisible.

La ventana Output (que se muestra en la Figura 1.7) tiene cuatro pestañas, llamadas Build, Debug, Find In Files 1 y Find In Files 2. La pestaña Build visualiza los mensajes de estado desde el compilador, enlazador y otras herramientas. La pestaña Debug se reserva para notificaciones desde el depurador, advirtiéndole de ciertas condiciones, como por ejemplo las excepciones inmanejables y las violaciones de memoria. Cualquier mensaje que genere su aplicación a través de la función API *OutputDebugString* o la biblioteca *afxDump* también aparece en la pestaña Debug.

Las dos pestañas restantes de la ventana Output visualizan los resultados de la orden Find In Files elegida desde el menú Edit (esta útil característica, parecida al comando *grep* de UNIX, se examina con más detalle en el Capítulo 3, «El editor de texto»). Por defecto, los resultados de la búsqueda Find In Files aparecen en la pestaña Find In Files 1 de la ventana Output, pero un cuadro de comprobación en el diálogo Find In Files le permite desviar la salida a la pestaña Find In Files 2. La ventana Output también puede contener otras pestañas. Veremos en el Capítulo 13 cómo añadir una herramienta personalizada para que Visual C++ pueda visualizar los mensajes en su propia pestaña de la ventana Output.

AYUDA EN LÍNEA

Visual C++ proporciona tres fuentes diferentes de ayuda en línea:

- Archivos HLP estándar visualizados con el visualizador WinHlp32.
- Mensajes de ayuda emergentes en diálogos.
- La Microsoft Developer Network Library, conocida como MSDN.

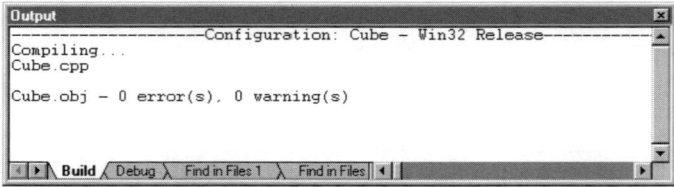

Figura 1.7. La ventana Ouput.

Los archivos de HLP estándar cubren comandos y ventanas del entorno, y se visualizan sólo si pulsa la tecla F1 cuando se selecciona el comando Use Extension Help del menú Help, o si Visual C++ puede determinar un contexto no específico para un tema de ayuda. Por ejemplo, considere esta línea en un documento fuente típico abierto en el editor de texto:

```
DECLARE_MESSAGE_MAP()    // Macro de mapa de mensaje MFC
```

El efecto de presionar F1 en este caso depende de la posición del signo caret que parpadea en la ventana del editor de texto. Si el signo caret está dentro o al principio del nombre de la macro y la extensión de ayuda está desactivada, al presionar F1 abre la ventana MSDN Library y visualiza la información sobre la macro DECLARE_MESSAGE_MAP. Si, por el contrario, el signo caret está en una línea en blanco, no hay contexto claro para la ayuda en línea. En este caso, al pulsar la tecla F1 produce información sobre la ventana del editor de texto, visualizada en el visualizador WinHlp32:

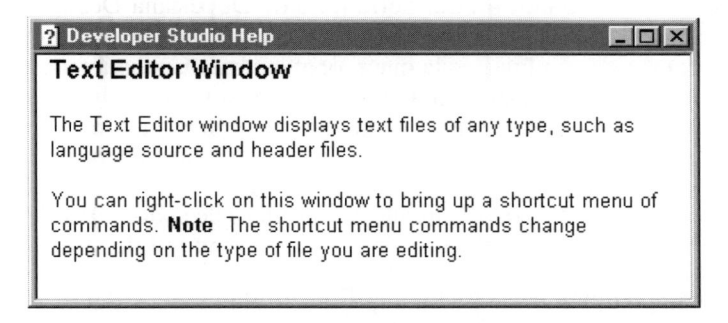

Los mensajes emergentes, la segunda fuente de ayuda en línea, están disponibles en muchos cuadros de diálogo visualizados en el entorno. Las etiquetas y las visitas ocasionales hacen lo que pueden para aclarar el propósito de cuadros de edición y botones en un diálogo, pero cuando las etiquetas no son suficientes, siempre puede consultar más información sobre un control particular a través de cualquiera de estos métodos:

- Centrar la atención sobre el control y pulsar la tecla F1. Al hacer clic en un cuadro de comprobación o botón de radio para prestarle atención, puede que active o desactive un interruptor. Si esto no es lo que quiere, recuerde almacenar el cambio a su ajuste anterior cuando haya terminado de leer el mensaje de ayuda.
- Haga clic en el control para mostrar el botón emergente What's This? Si el control es un cuadro de edición, haga clic en el botón derecho del ratón del texto de etiqueta de control en lugar de en el propio cuadro de edición. Haciendo clic en el botón What's This? visualiza la ayuda de texto para el control.
- Haga clic en el botón del signo de interrogación en el ángulo superior derecho del cuadro de diálogo, y a continuación haga clic en el control sobre el que desea información.

Estos tres métodos tienen el mismo efecto ejecutando WinHlp32 para visualizar un breve mensaje emergente como el que se muestra en la Figura 1.8. El mensaje desaparece cuando hace clic en un botón del ratón o pulsa una tecla.

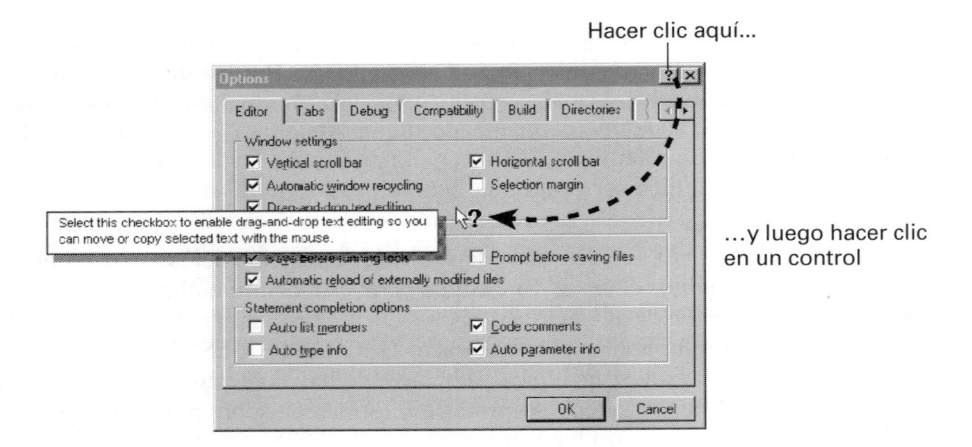

Figura 1.8. Obtención de ayuda en un diálogo típico de Developer Studio.

La tercera fuente para ayuda en línea es la que probablemente utilizará más a menudo mientras trabaje en Visual C++. MSDN es generalmente lógica y fácil de utilizar, mas es también inmensa. Como veremos en la sección siguiente, al utilizar la biblioteca MSDN en todo su potencial, requiere algo de práctica.

BIBLIOTECA MSDN

Anteriormente disponible sólo por suscripción, la MSDN Library sirve ahora como sistema de ayuda en línea para todo el equipo de herramientas de desarrollo de Visual Studio, incluyendo Visual C++. Como se comparte igual en todas las herramientas, MSDN corre como una aplicación separada y no está estrechamente integrada en un solo entorno de desarrollo. Para acceder a MSDN desde dentro de Visual C++, no debe estar seleccionado el comando Use Extension Help del menú Help. Al elegir los comandos Contents, Search o Index del menú Help de Visual C++ hace que el entorno corra MSDN ejecutando el programa Windows\HH.exe, que carga la tabla MSDN de contenidos desde el archivo MSDNVS98.col, ubicado en la carpeta MSDN98\98VS\1033 (el nombre de la carpeta que contiene refleja los ajustes de localización de sistema; 1033 es un código de lenguaje para el inglés de Estados Unidos).

La Biblioteca proporciona un inmenso tesoro de información, tocando casi cada faceta de las herramientas de programación de Microsoft y programación de Win32. Comprime miles de artículos, cubriendo todo, desde Visual C++ a Visual J++, desde MCF a ActiveX, y desde la función *abs* a la z-ordenación. MSDN también incluye el texto completo de varios libros respetados publicados por Microsoft, como por ejemplo *Hardcore Visual Basic,* de Bruce McKinney, e *Inside Ole, 2nd Edition,* de Kraig Brockschmidt. También puede encontrar los artículos de la Knowledge Base, asuntos recientes de *Microsoft System Journal,* documentación completa de aplicaciones y kits de desarrollo de controlador de dispositivo, textos de conferencias, código de fuente de ejemplo y mucho más. La interfaz no está perfectamente concebida para esta versión, pero todo el volumen de información de MSDN es verdaderamente asombroso.

El sistema de ayuda MSDN almacena su texto en una serie de archivos «amigos», reconocibles por su extensión CHM; la extensión se refiere al formato de HMTL compilado en el que están escritos los archivos. Los archivos CHM son volúmenes individuales de la enciclopedia MSDN, cada uno contiene artículos dedicados a un tema particular, como por ejemplo ActiveX o la referencia API completa de Win32. Cada archivo está emparejado con un archivo de índice separado que tiene el mismo nombre y una extensión CHI. Durante la instalación de MSDN, la instalación de programa escribe todos los archivos de índice CHI a su disco duro pero copia del CD-ROM sólo aquellos archivos CHM que solicite de forma explícita. Los archivos CHM toman una lista de todo el espacio de disco, de modo que probablemente preferirá instalar sólo aquellos temas que con probabilidad visitará más a menudo. Durante la ejecución de MSDN tiene acceso a todos los archivos CHM, tanto si están en su disco duro como si se han quedado en los CD. Si el programa no puede localizar un archivo CHM solicitado en su disco duro, le pide que reemplace el CD correcto. Los temas de MSDN que debería entonces instalar en su sistema depende así de la frecuencia con la que prevé utilizar MSDN, los temas que le interesan más y las ganas que tiene de intercambiar CD.

La primera vez que invoca la MSDN Library para buscar un artículo, crea el archivo de palabra clave MSDNVS98.chw, que contiene una lista de palabras individuales utilizadas en todos los artículos junto con los punteros de dónde debe aparecer cada palabra en el texto. Compilar referencias de palabras clave de este modo acelera las búsquedas de palabras y frases particulares, como veremos en un momento. La creación de un archivo de palabras clave es cosa de una sola vez que puede tardar varios minutos, durante lo cual el mensaje animado le informa de lo que está sucediendo:

El proceso requiere muchos megabytes de espacio de disco duro en la carpeta TEMP del sistema. Si la variable de entorno TEMP actualmente apunta a un disco RAM de tamaño insuficiente, resetee la variable en su archivo AutoExec.bat y vuelva a arrancar el ordenador buscando la primera vez en MSDN. Después de que MSDN haya creado el archivo de palabra clave, puede restablecer la instalación TEMP original.

La Figura 1.9 muestra un artículo de MSDN visualizado en la ventana de dos paneles de Biblioteca. Los dos paneles están diseñados para trabajar juntos, el panel de la izquierda aceptando criterios de entrada para el artículo que desea y el de la derecha visualizando el propio artículo.

Los artículos aparecen una vez en el panel derecho de la ventana, conectado con otros artículos relacionados a través de una web de enlaces de hipertexto. Los enlaces de hipertexto, también conocidos como hipervínculos, son palabras o frases especiales dentro del texto del artículo. Los enlaces están subrayados y aparecen en un color distintivo que los hace reconocibles inmediatamente. Cuando el cursor pasa sobre un enlace de hipertexto en la ventana MSDN Library, el cursor toma la forma de una mano señaladora (Fig. 1.10).

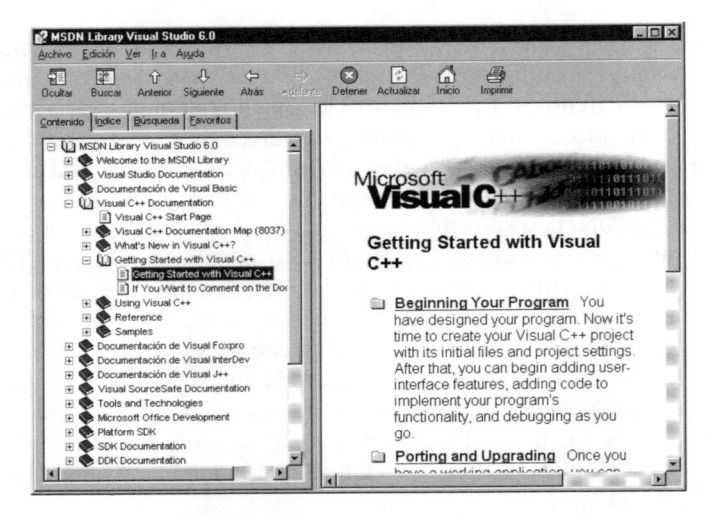

Figura 1.9. Acceso a la ayuda en línea a través de la aplicación MSDN Library.

Haciendo clic en cualquier parte de un enlace elimina el artículo actual de la ventana MSDN y lo reemplaza con otro artículo nuevo referenciado por el enlace de hipertexto. El efecto es muy parecido al de la exploración Web en Internet.

Manejar la mitad derecha de la ventana MSDN es extremadamente fácil, no necesita más que desplazar la ventana si es necesario para leer el texto de ayuda y hacer clic en los enlaces de hipertexto que parezcan interesantes. Sólo aparece un tema cada vez, de modo

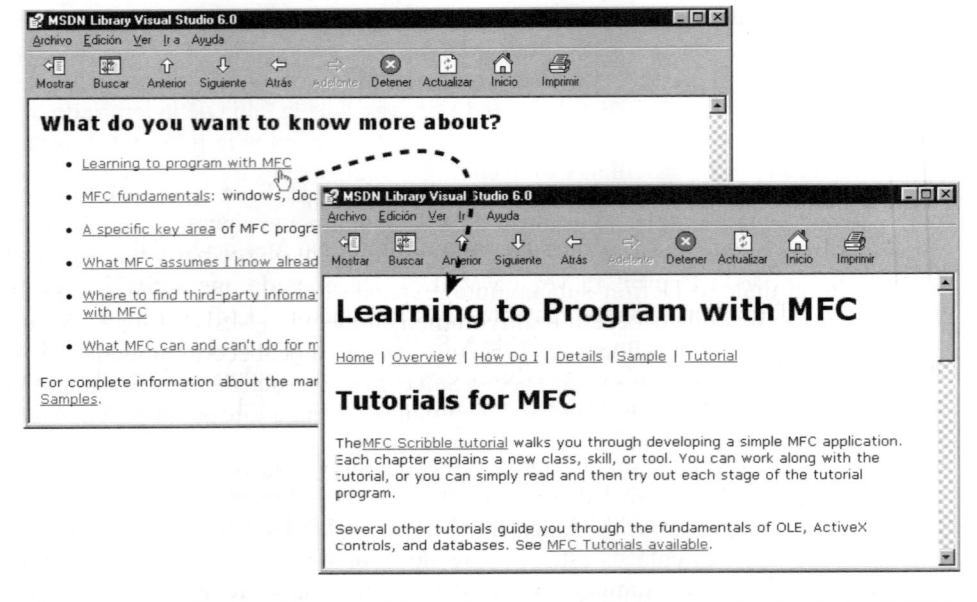

Figura 1.10. Haga clic en un hipervínculo para ir de un artículo de la MSDN a otro.

que está siempre limpio y despejado. Para más área de visualización, puede apagar el panel izquierdo de la ventana haciendo clic en el botón de la herramienta Esconder, aunque desafortunadamente la ventana entera se encoja como un resultado en lugar de mantener un tamaño constante. Puede encontrar más fácil colapsar o expandir el panel izquierdo arrastrando la barra divisoria vertical izquierda o derecha, manteniendo así el tamaño general de la ventana MSDN.

El panel de la ventana izquierda mantiene cuatro pestañas, etiquetadas Contenido, Índice, Búsqueda y Favoritos. Cada pestaña proporciona un medio diferente de navegar el ancho mar de ayuda en línea.

Pestaña Contenido

MSDN agrupa los temas según el tema del asunto bajo cabeceras y subcabeceras, una administración que forma una tabla de contenidos. Es como la tabla de contenidos de un libro, sólo que interactiva. Empieza buscando un tema general, a continuación explora los caminos de información que empiezan a ser cada vez más específicos para encontrar objetos que le interesen. La tabla de contenidos da mejor servicio cuando tiene en la cabeza una idea general, el depurador por ejemplo, o programación con OpenGL, y desea ver qué documentos están disponibles para ese tema.

Si elige la orden Contents del menú Help de Visual C++, abre la ventana MSDN y visualiza la tabla de contenidos. Expanda la tabla hasta que encuentre el título del artículo que está buscando, haciendo dos veces clic en las cabeceras (identificadas por iconos de libros) o haciendo clic en los botones del signo más pequeño (+) que se muestran en la Figura 1.9. Los títulos de artículos en la tabla de contenidos yacen al final de una cadena jerárquica, cada uno distinguido por un icono que representa una lámina de papel con un ángulo en forma de oreja de perro. Haciendo dos veces clic en un título en la lista abre el artículo en el panel de la derecha de MSDN.

Por defecto, la tabla de contenidos resume toda la colección de artículos de MSDN. Puede estrechar la visualización definiendo una rama de la tabla de la jerarquía de contenidos como un subconjunto de información. Los subconjuntos le permiten centrarse en temas de una categoría particular. Como ejemplo, aquí se muestra cómo crear un subconjunto de artículos que pertenezcan sólo a la MFC Reference:

1. Elija el comando Definir subconjunto del menú Ver de MSDN.
2. En el diálogo Definir subconjunto, expanda la tabla de contenidos haciendo dos veces clic en la cabecera multivolumen etiquetada «MSDN Library Visual Studio 6.0», y a continuación haga lo mismo con las subcabeceras anidadas «Visual C++ Documentation» y «Reference». Seleccione la subcabecera llamada «Microsoft Foundation Class Library and Templates» y haga clic en el botón Agregar para crear el subconjunto.
3. Teclee un nombre para el nuevo subconjunto en el cuadro de edición en la parte superior del diálogo Definir subconjuntos, y a continuación haga clic en los botones Guardar y Cerrar.

Para cambiar de subconjuntos cuando esté utilizando la ayuda interactiva, seleccione un subconjunto de la lista desplegable etiquetada Subconjunto activo:

Pestaña Índice

La pestaña Índice está normalmente donde debería dirigirse primero para buscar ayuda en línea, en particular cuando tiene una idea razonablemente clara del tema en el que está buscando. La pestaña Índice visualiza un índice exhaustivo de todo el conjunto de archivo de MSDN, muy parecido al índice de un libro impreso. Para localizar una entrada de índice, teclee una palabra clave en el cuadro de edición en la parte superior del diálogo. A medida que teclea, el índice en el cuadro de la lista se desplaza automáticamente hacia la contraseña tecleada. Por ejemplo, el índice MSDN incluye las entradas «exception handling», «handling exceptions» y «C++ exception handling», así que tecleando cualquiera de estos términos localiza los temas que pertenecen al tema de manejo de excepción. Cuando encuentra la entrada del índice que desea, haga dos veces clic. Si la entrada sólo tiene como destino un solo artículo, MSDN lo visualiza inmediatamente; de lo contrario aparece el diálogo Temas encontrados que enumera todos los artículos a los que se refiere la entrada de índice, como se muestra en la Figura 1.11. Abra un artículo en el diálogo haciendo dos veces clic en el título de la lista o seleccionando el título y haciendo clic en el botón Visualizar.

Pestaña Búsqueda

MSDN es más que un conjunto pasivo de archivos de ayuda. También incluye un motor de búsqueda que escanea el archivo de palabra clave MSDNVS98.chw para determinar qué archivos de tema contienen una palabra o frase específica, un proceso llamado búsqueda de texto entero. Las búsquedas de texto entero se lanzan desde la pestaña de Búsqueda de MSDN (Fig. 1.12), permitiéndole buscar los temas que contienen una palabra o frase específica. El motor de búsqueda MSDN es inteligente, capaz de entender variaciones de palabras, comodines, asociaciones booleanas y el operador de proximidad NEAR. Aunque el uso eficaz de estas características requiere más cálculos y programación de su parte, le permiten refinar tales parámetros para aumentar las probabilidades de encontrar sólo los temas que más le interesan. Después de examinar las distintas opciones disponibles desde la pestaña Búsqueda, nos centraremos en cómo refinar una búsqueda utilizando comodines y operadores.

En la parte superior de la pestaña, teclee la palabra o frase que desee buscar, encerrando las frases entre comillas dobles para distinguirlas de las palabras individuales (las comillas simples se ignoran). Por ejemplo, al buscar las palabras visualizadas en la Figura 1.12 encuentra sólo temas que contienen la frase «exception handling». Tecleando las

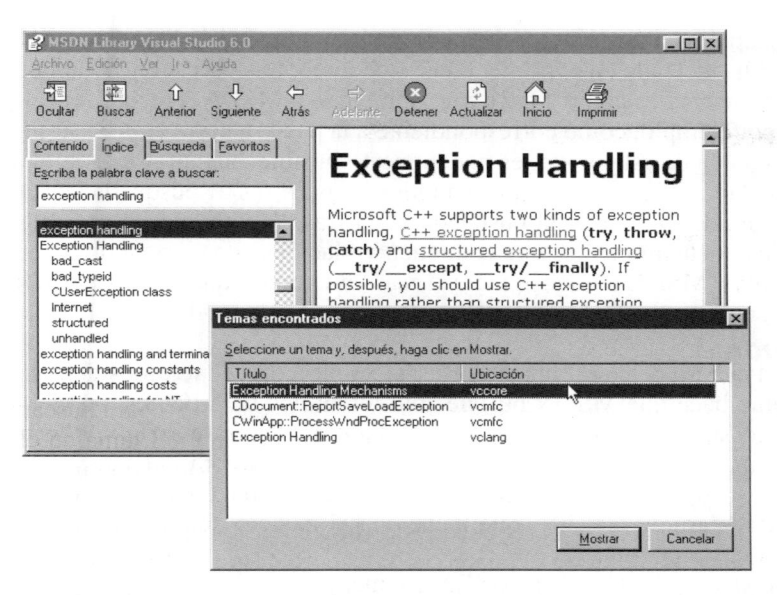

Figura 1.11. La pestaña Índice proporciona un índice exhaustivo de los artículos de MSDN.

mismas palabras sin las comillas significa que desea buscar temas que contengan las palabras «exception» y «handling», pero no necesariamente coincidiendo juntas como frase. La búsqueda de comillas no es posible.

Tres cuadros de comprobación en la pestaña Búsqueda gobiernan los cambios, a través de los cuales puede especificar además cómo y dónde buscar. El cuadro de comprobación Buscar en anteriores le permite limitar las búsquedas sólo para los artículos ya enumerados en la pestaña Búsqueda. Al activar el cuadro de diálogo Buscar palabras similares le indica

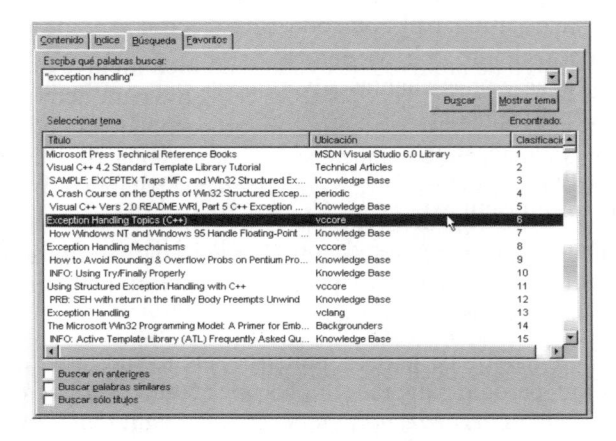

Figura 1.12. La pestaña Búsqueda permite buscar temas que contienen palabras o temas específicos.

a MSDN que acepte palabras que son variaciones gramaticales de la palabra de búsqueda (o palabras) que ha tecleado en el primer cuadro de texto. Las variaciones implican sufijos de palabras comunes, tales como *s, ed* e *ing*, obligando a MSDN a reconocer las palabras *edits* y *edited,* por ejemplo, como correspondiente a la palabra clave *edit.* Si se amplían los criterios de búsqueda de este modo, es por supuesto posible encontrar más temas. El cuadro de Buscar palabras similares se aplica a todas las palabras de búsqueda tecleadas en el cuadro de edición, de modo que la búsqueda de la frase *handle exception* con el cuadro activado también encuentra temas que contienen variaciones de cierre, como por ejemplo *handled exceptions.* MSDN reconoce incluso esas variaciones que no contienen la palabra clave completa, encuentra palabras como *handler* y *handled* cuando busca la palabra clave *handling.*

Al activar el cuadro de comprobación Buscar sólo títulos reduce considerablemente la búsqueda, porque hace que MSDN busque sólo los títulos de artículos, no el cuerpo del texto dentro de los artículos. De este modo, la búsqueda de la frase *exception handling* con el cuadro de comprobación activado encuentra títulos tales como «Exception Handling Topics (SEH)» y «Type-Safe Exception Handling», pero no otros temas relacionados tales como «Compiler Warning C4530», que menciona el manejo de excepción dentro de su texto.

Cuando se completa la búsqueda, MSDN enumera los títulos de todos los artículos que mencionan la cadena de búsqueda y visualiza el número de artículos localizados en el ángulo superior derecho de la lista. La lista se clasifica en rango descendente, determinada por el número de veces que la cadena de búsqueda solicitada aparece en el documento del tema. Para clasificar la lista por título o ubicación de artículo, haga clic en el botón en la parte superior de la columna de la lista apropiada. Al hacer dos veces clic en una entrada de lista en la pestaña Búsqueda visualiza el artículo con todas las cadenas parejas que concuerdan con el texto, permitiéndole localizar rápidamente cada aparición de una cadena. Las cadenas realzadas se repiten a menudo en el texto y puede parecer que distrae un poco, dando al artículo el aspecto de una nota de rescate. Para eliminar los realces de la visualización, elija dos veces el comando Resaltes del menú Ver o haga clic en los botones de herramientas Anterior y Siguiente para desplazarse temporalmente a otro artículo y a continuación volver. También puede utilizar el comando Buscar en este tema del menú Edición para encontrar texto dentro del artículo visualizado.

Aquí tiene algunas reglas básicas y unas cuantas advertencias para formular los parámetros de búsqueda en la pestaña Búsqueda:

- Las búsquedas no son sensibles a las mayúsculas, así que puede teclear una frase de búsqueda en mayúsculas o minúsculas.

- Por defecto, MSDN encuentra sólo palabras enteras. Por ejemplo, una búsqueda de *key* no encuentra «keyboard». Los comodines pueden anular este comportamiento predeterminado, como se ha explicado brevemente.

- Puede buscar cualquier combinación de letras y números, incluyendo los caracteres sencillos (*a, b, c, 1, 2, 3,* etc.), pero no palabras simples tales como *an, and, as, at, be, but, by, do, for, from, have, he, in, it, near, not, of, on, or, she, that, the, there, these, they, this, to, we, when, which, with* y *you*. MSDN ignora estas palabras cuando intenta que concuerde el texto, de modo que la búsqueda *handle exceptions* puede también encontrar temas que contengan la frase «handle the exception» o «handle an exception».

- MSDN acepta apóstrofos en una cadena de búsqueda, pero ignora otros signos de puntuación, como puntos, comas, dos puntos, punto y coma y guiones. Esto asegura que se encontrarán las cadenas independientemente del contexto, pero también abre oportunidades a las combinaciones falsas. La búsqueda de la frase *exception handling,* por ejemplo, puede que localice un tema no relacionado que contenga texto como este:

    Messages are an exception. Handling a message...

Comodines y operadores

Se puede formar una cadena de búsqueda como una expresión general utilizando el signo de interrogación estándar (?) y asterisco (*), si los caracteres no están dentro de de signos de interrogación dobles. El comodín del signo de interrogación representa un único carácter en la expresión, de modo que la búsqueda de la cadena *80?86* pueda encontrar «80286», «80386» y «80486» (pero no «8086»). El comodín de asterisco representa cualquier secuencia de cero o más caracteres. La búsqueda de *wnd*, por ejemplo, localiza texto tal como «wnd», «Cwnd», «HWND» y «wndproc». El comodín de asterisco asegura que MSDN encuentra todas las palabras relacionadas por una palabra raíz común. Para localizar palabras como «keyboard», «keystroke» y «keypress», por ejemplo, teclee *key** en lugar de *key* como cadena de búsqueda. Naturalmente, este enfoque puede resultar en aciertos de búsquedas no relacionadas, como «keyword» y «key_type». Los operadores pueden refinar más los criterios de búsqueda para minimizar tales efectos secundarios no deseados.

MSDN reconoce los operadores booleanos AND, OR y NOT y el operador de proximidad NEAR. El mejor modo de describir los efectos de estos operadores es a través de los ejemplos que se muestran en la Tabla 1.1. El operador NEAR presupone que las cadenas están «próximas unas a otras» cuando se separan por no más de ocho palabras reconocidas. MSDN no proporciona medios de especificar un criterio diferente para determinar la proximidad.

Para conectar dos palabras por un operador, teclee el operador entre las palabras separadas por espacios, como se muestran en la Tabla 1.1; no tiene importancia si las letras están en mayúsculas o minúsculas. También puede hacer clic en el botón de la flecha (►) adyacente al cuadro de combinación y seleccionar el operador deseado del menú emergente pequeño.

Los operadores no tienen órdenes implicadas de precedencia, y MSDN evalúa las expresiones en el orden normal de izquierda a derecha. Utilice paréntesis si es necesario para asociar cadenas con operadores sin dejar lugar a dudas. MSDN ignora los paréntesis dentro de las comillas dobles, de modo que no es posible buscar los archivos de temas para observación parentética. La pestaña Búsqueda trata cada espacio en blanco como una cadena de búsqueda como un operador AND, presuponiendo AND en la ausencia de los operadores, paréntesis o comillas dobles. De este modo, introduciendo cualquiera de las cadenas de búsqueda en la pestaña Búsqueda tiene el mismo efecto:

debug AND window AND breakpoint   *debug window AND breakpoint*
(debug AND window) breakpoint   *debug window breakpoint*

Tabla 1.1. Los efectos de los operadores de cadena en la pestaña de Búsqueda de MSDN

Operador	Ejemplo	Resultado
AND	`debug AND window`	Encuentra temas que contienen tanto la cadena *debug* como *window* en cualquier lugar dentro del texto, pero no temas que contienen sólo una de las cadenas.
OR	`mfc OR «foundation library»`	Encuentra temas que contienen una o las dos cadenas.
NOT	`ellipse NOT cdc`	Encuentra temas que sólo contienen la primera de las cadenas dadas, pero no las dos. El ejemplo de la izquierda especifica que los temas que contienen la cadena *ellipse* deberían obviarse si también contienen la palabra *cdc*, ignorando así los temas sobre la función *CDC::Ellipse*.
NEAR	`handl* NEAR exception`	Encuentra temas en los que las cadenas dadas están separadas por no más de ocho palabras.

Las versiones anteriores del sistema de ayuda InfoViewer permitían el uso de los equivalentes del lenguaje C de los operadores booleanos, reemplazando AND, OR y NOT con los operadores ampersand (&), la barra vertical (|) y el signo de exclamación (!). MSDN ignora estos caracteres, así que todos tienen el efecto del operador AND.

Estrategias de búsqueda

El método que debería utilizar para buscar en la ayuda en línea depende no tanto de lo que esté buscando como de lo bien que pueda describir lo que está buscando. Si puede asociar una o dos palabras clave con un tema, la búsqueda a través del índice de MSDN es normalmente el modo más eficaz de encontrar temas de interés. Al igual que el índice de un libro, el índice de MSDN proporciona una conexión entre una palabra clave y una lista relativamente pequeña de artículos relevantes, permitiéndole concentrarse en la información que necesita. Por otro lado, una búsqueda de texto entero extiende una red más grande, que se presenta a menudo con muchos más artículos a seleccionar que los que ha referenciado en el índice. Los resultados de su búsqueda dependen de lo cuidadosamente que escriba las cadenas de búsqueda y haga uso de los operadores de cadena. Después de llevar a cabo una búsqueda de texto completo, puede resultar una tarea ardua el estudio minucioso de cada artículo en la lista de búsqueda buscando sólo lo que mejor responde a su pregunta.

Si el área del tema es nueva para usted, puede que prefiera una visión e información de fondo general. En este caso, la tabla MSDN de contenidos puede ser su mejor recurso. Empiece mirando la organización general de la tabla de contenidos para ver qué hay ahí. Algunas veces unos cuantos índices o búsquedas de texto completo le ayudarán a ubicar una región de la tabla sobre la que centrar la atención. Después de que haya encontrado un tema interesante de este modo, puede determinar dónde aparece el título del tema en la tabla de contenidos haciendo clic en el botón Buscar de la barra de herramientas de

MSDN Los botones Anterior y Siguiente seleccionan el artículo adyacente listado en la tabla de contenidos, permitiéndole explorar a través de los artículos relacionados en secuencias. Muchos temas empiezan con una fila útil de enlaces de hipertexto estándar que le llevan a una página inicial, una vista general de un tema, una lista de preguntas hechas con frecuencia, etc.

Pestaña Favoritos

Cuando recorra las sendas de texto de ayuda yendo de un artículo a otro, deseará inevitablemente volver atrás a un artículo por el que ya ha pasado. La pestaña Favoritos, que se muestra en la Figura 1.13, le ayuda en esta tarea, manteniendo una lista de marcadores que etiquetan los artículos seleccionados de modo que pueda volver a ellos inmediatamente. Las etiquetas son como la lista de lugares favoritos o marcadores mantenidos por un explorador Web, y los encontrará de un valor incalculable para volver a trazar sus pasos cuando esté explorando la ayuda en línea. Los títulos añadidos a la lista quedan permanentemente enumerados hasta que se eliminen, así que la pestaña Favoritos aparece a su izquierda tal y como la dejó cuando inició el programa MSDN.

El título del artículo actual, es decir, el artículo visualizado en el panel derecho, aparece en la parte inferior de la pestaña Favoritos. Haga clic en el botón Añadir para añadir el título a la lista; haciendo dos veces clic en la lista se vuelve a invocar el artículo.

Acceso al World Wide Web

Incrustando el explorador Internet Explorer, MSDN puede alcanzar otras fuentes de información en el Web dondequiera que sea. Un artículo puede contener direcciones de Inter-

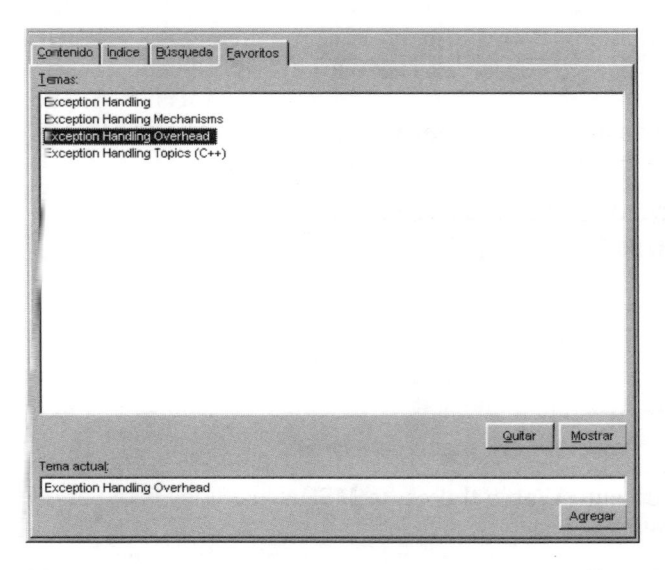

Figura 1.13. La pestaña Favoritos guarda una lista de los artículos que puede desear volver a visitar.

net (localizadores fuente universales o URL) como enlaces de hipertexto, de modo que MSDN abra una página Web igual de bien que cualquier otro artículo de la biblioteca.

Para especificar un sitio Web destino, elija el comando URL del menú Ir e introduzca la dirección del sitio. La Figura 1.14 muestra un ejemplo.

TRABAJAR FUERA DEL ENTORNO

La mayor parte de las herramientas de Visual C++ las tiene disponibles sólo desde dentro del entorno de Developer Studio, pero el compilador, enlazador, compilador de recursos y el programa make son una excepción. Estos programas se ejecutan como utilidades de 32 bits basadas en la consola. Cuando construya una aplicación compilando y enlazando, Visual C++ genera el programa make para ejecutar el compilador y el enlazador. Sus mensajes de salida, que normalmente van al mecanismo de salida estándar del sistema, se capturan y visualizan en la ventana Output del entorno. Es posible construir aplicaciones sin el entorno ejecutando cuatro programas desde la línea de comandos, como NMake.exe, CL.exe, Link.exe y RC.exe.

Pero trabajar fuera de Developer Studio no es práctico. La lista de características enunciadas al principio de este capítulo le da idea de la riqueza de ayuda con la que el entorno contribuye al desarrollo del programa, especialmente (pero no exclusivamente) para el desarrollo de C++, utilizando la biblioteca MFC. A no ser que tenga archivos fuente de legado en el lenguaje C y un archivo make sobre el que trabajar y que no desee molestar, casi seguro que encontrará el trabajo de desarrollo más fácil y mucho más productivo dentro del entorno. El Capítulo 3, «El editor de texto», explica cómo quedarse con su editor de texto antiguo, si lo prefiere, pero el Developer Studio es mucho más que un editor de texto. Sin él se le quita la sustancia a Visual C++. Cada capítulo de este libro describe cómo utilizar parte del entorno para crear y mantener programas C/C++. Este capítulo es sólo el principio.

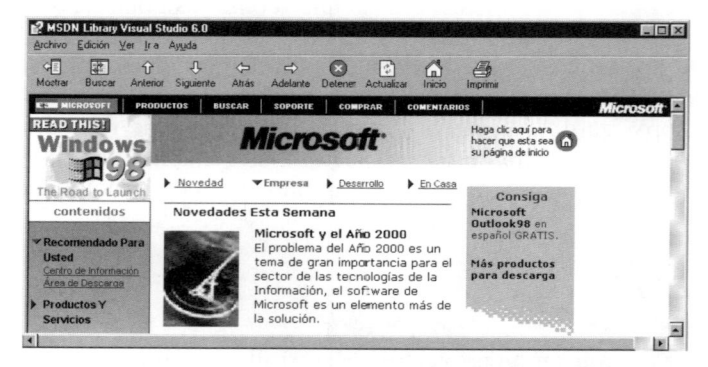

Figura 1.14. Acceso a un sitio Web a través de MSDN.

Capítulo

2

AppWizard

Una de las tecnologías más destacables de Visual C++ son sus «asistentes». Cada asistente se especializa en configurar un proyecto para un tipo particular de programa, proporcionándole un avanzado inicio para la creación de un proyecto nuevo de modo que no tenga que empezar partiendo desde cero. Si se ejecuta como una biblioteca de enlace dinámico en el entorno de Developer Studio, un asistente consulta los rasgos que quiera para su programa nuevo, a continuación genera archivos fuente de inicialización en los que se ha hecho gran parte del código rutinario de los rasgos solicitados. Visual C++ proporciona una variedad de asistentes para proyectos especiales tales como los controles ActiveX y las utilidades incorporadas de Developer Studio. Hay incluso un asistente que le ayuda a crear sus propios asistentes personalizados. Encontraremos algunos de estos tipos de proyectos en capítulos posteriores, pero este capítulo se concentra en el asistente insignia de Visual C++, llamado AppWizard. Excepto por algunas diferencias de redacción, AppWizard ha cambiado poco en la versión 6 con respecto a las versiones anteriores. Si ha utilizando el AppWizard antes, puede saltarse este capítulo con toda tranquilidad.

VENTAJAS DE APPWIZARD

AppWizard se especializa en ajustar un proyecto de desarrollo para una aplicación típica Windows de C++ que utilice la biblioteca Microsoft Foundation Class.
 Si desea escribir su programa en C o prefiere no utilizar MFC, olvide AppWizard. Utilice en su lugar el Win32 Application Wizard, ya que AppWizard no le servirá para nada. Las versiones anteriores de AppWizard se diseñaron especialmente para crear aplicaciones basadas en la arquitectura documento/visualización, en la que los datos de

programa se mantienen por los objetos de documento y se presentan al usuario a través de los objetos de visualización. La propia MFC está muy influenciada por dicha estructura de programa. AppWizard se ha hecho más flexible en la última versión de Visual C++, capaz de preparar aplicaciones sin soporte de documento incorporado, una opción adecuada para muchos programas más pequeños que no leen ni crean archivos. Puede invocar este tipo compacto de lógica «arquitectura de sólo visualización» en lugar de documento/visualización, dado que la aplicación creada contiene una clase de visualización que maneja la visualización, pero no proporciona una clase correspondiente para un objeto de documento. AppWizard también puede crear una aplicación basada en diálogo que no dependa de documento/visualización, haciendo de interfaz con el usuario en su lugar a través de un único cuadro de diálogo. El Capítulo 5, «Cuadros de diálogo y controles», describe cómo crear las aplicaciones basadas en diálogos en Visual C++ con o sin AppWizard.

Cada clase en el proyecto generado obtiene su propio archivo de implementación y archivo de cabecera. Todo el código fuente en los archivos va desde funciones matriz vacías a elementos de programa enteramente formados, como por ejemplo una barra de herramientas y un cuadro Acerca de que el usuario puede invocar desde el menú Ayuda. AppWizard aporta código para una variedad de rasgos de programas, incluyendo:

- Interfaces de un solo documento, de multidocumento y basadas en diálogos.
- Una barra de acoplamiento, una barra de estado y soporte de impresión.
- Menús con comandos para operaciones típicas, como Abrir, Guardar, Imprimir, Cortar, Copiar y Pegar.
- Filtros iniciadores para ayuda sensible al contexto.
- Un cuadro Acerca de que visualiza la información de programa y el icono MFC.
- Soporte de Base de datos.
- Soporte OLE/ActiveX para documentos compuestos, Automatización y controles ActiveX.
- Soporte para Mensajería API (MAPI) y Conectores Windows.

En este capítulo veremos cómo utilizar AppWizard para crear un proyecto nuevo que viene precargado con estas y otras características. Para darle una idea de cuánto trabajo le ahorra AppWizard, la Figura 2.1 le muestra cómo es una aplicación típica que se acaba de construir con archivos de proyectos que genera AppWizard. No es necesaria ninguna otra programación.

AppWizard se ejecuta sólo una vez al inicio de un proyecto, ofreciendo suficientes opciones para iniciarle en los primeros pasos, pero nada más. Sin embargo, no queda completamente abandonado, porque AppWizard le configura el proyecto de modo que le permita continuar el desarrollo utilizando otras herramientas de Visual C++, como ClassWizard. Por ejemplo, encontrará sentencias de comentarios especiales cuando vea los archivos fuente que genera AppWizard. Como veremos en el Capítulo 6, ClassWizard utiliza los comentarios para monitorizar las clases de proyecto.

El número de archivos fuente que genera AppWizard para un proyecto depende de los rasgos de su solicitud; la Tabla 2.1 muestra una lista típica. Cada archivo de im-

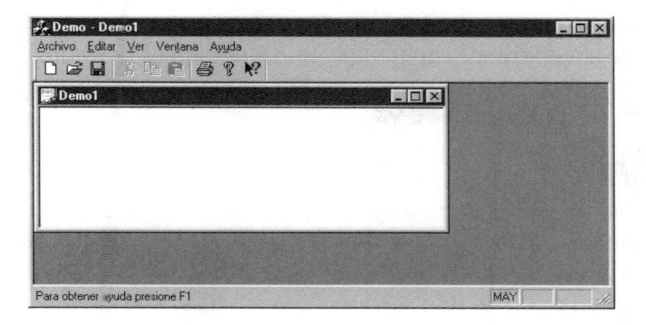

Figura 2.1. Una aplicación básica creada por AppWizard.

plementación en la lista tiene un archivo de cabecera correspondiente con el mismo nombre.

Puede que esté tentado de descartar AppWizard como medio de entrenamiento para los principiantes, puesto que limita demasiado a un programador experto. Y si crea regularmente los mismos tipos de proyectos, el iniciar un proyecto nuevo copiando y revisando los archivos fuente de un proyecto anterior puede tener desventajas con respecto a considerar AppWizard para crear un conjunto nuevo de archivos. Pero la tecnología de asistente de Visual C++ ha madurado tanto que es un error evitar AppWizard porque de algún modo parezca demasiado fácil. En menos de 60 segundos puede pasar por encima de los a menudo arduos procesos de instalación de un proyecto de desarrollo y empezar inmediatamente la codificación de la salida. Y puede confiar en que el código fuente que escribe AppWizard está libre de errores, una seguridad que no tiene cuando corta y pega código

Tabla 2.1. Archivos fuente generados normalmente por AppWizard. La palabra en cursiva *proyecto* representa el nombre del proyecto

Archivo	Descripción
proyecto.cpp	Archivo fuente principal de aplicación.
*proyecto*View.cpp	Código fuente para la clase de visualización del programa.
*proyecto*Doc.cpp	Código fuente para la clase de documentación del programa.
MainFrm.cpp	Código fuente para la clase *CMainFrame*. Derivado tanto del *CFrameWnd* de MFC como de *CMDIFrameWnd*, esta clase controla la ventana principal del programa.
StdAfx.cpp	Utilizado para construir un archivo de cabecera precompilado llamado *proyect*.pch. Este archivo contiene un formulario compilado de los archivos include del MFC usados por el proyecto, cuyos nombres empiezan con el prefijo «*Afx*». Los datos resultantes hacen al archivo de cabecera precompilado extenso, a menudo de 6 Mb. Pero el archivo de cabecera reduce significativamente tiempo en la construcción al ahorrar al compilador el trabajo de recompilar cada vez el mismo código que no cambia.
project.rc	Contiene datos de recurso del proyecto (descrito en el Capítulo 4, «Recursos»).
Resource.h	Contiene sentencias **#define** para las constantes explícitas del proyecto.

entre objetos. Si el tipo de programa que tiene en mente es del tipo en que AppWizard se especializa, no lo dude. Puede ahorrarse mucho tiempo configurando el proyecto con AppWizard.

EJECUCIÓN DE APPWIZARD

Un proyecto AppWizard comienza con el comando New en el menú File del entorno:

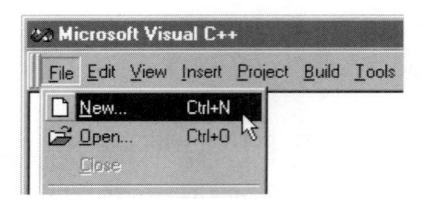

Haciendo clic en New visualiza la pestaña Projects del cuadro de diálogo New, que enumera los asistentes de Visual C++. Para ejecutar el AppWizard que crea un proyecto para una aplicación típica de Windows, seleccione el icono etiquetado MFC AppWizard (exe), como se muestra en la Figura 2.2. Nos centraremos en este AppWizard por ahora. Un AppWizard hermano invocado por el icono MFC AppWizard (dll) ajusta su proyecto para el desarrollo de una biblioteca de enlace dinámico, como veremos más adelante en el capítulo.

Introduzca un nombre para el proyecto. Como se mencionaba anteriormente, AppWizard utiliza el nombre del proyecto para identificar distintos archivos en el proyecto, así que mantenga el nombre razonablemente corto. Una vez que se crea un proyecto, no hay un modo práctico de cambiar su nombre. Por defecto, Visual C++ coloca los proyectos

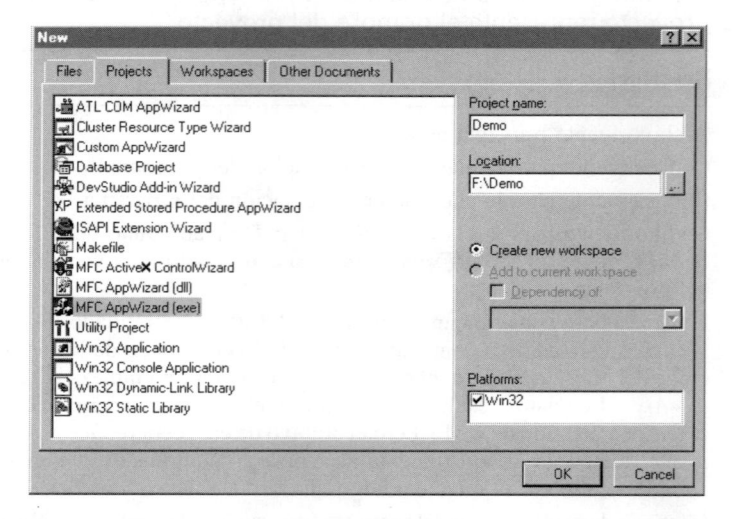

Figura 2.2. Para crear un proyecto para una aplicación típica de Windows, seleccione el icono MFC AppWizard (exe).

AppWizard en la carpeta Common\MsDev98\MyProjects; si prefiere otra ubicación, especifique un camino en el cuadro de texto Location. El botón OK no se activa hasta que seleccione un icono en la lista e introduzca un nombre de proyecto.

Cuando haga clic en OK, AppWizard presenta una serie de hasta seis pasos en forma de cuadros de diálogo. En cada paso, el lado izquierdo del cuadro de diálogo visualiza una imagen que le da una clave visual de los ajustes que el diálogo solicita. Haga clic en el botón Finish en cualquier paso para terminar AppWizard y acepte los ajustes predeterminados en los pasos siguientes. Para dar un paso hacia delante o hacia atrás a través de la serie de cuadros de diálogo, haga clic en el botón Next o en el botón Back.

Paso 1: Interfaz de programa

En el paso 1 del AppWizard, que se muestra en la Figura 2.3, especifica el tipo de aplicación que desea, eligiendo o la interfaz de sólo documento (SDI), la interfaz de múltiples documentos (MDI) o la interfaz basada en un diálogo. Para crear una aplicación Windows simple que no requiera un objeto de documento para leer información de un archivo de disco, desactive el cuadro de comprobación etiquetado Document/View Architecture Support.

Para una aplicación SDI que maneje sólo un objeto de documento cada vez, active el botón de radio Single document. Esta selección también es adecuada para una aplicación que no se ajuste de forma explícita con la arquitectura documento/visualización. Una aplicación SDI tiene menos sobrecarga que una aplicación MDI comparable, de manera que el archivo ejecutable de la aplicación SDI es más pequeño.

Una aplicación MDI tiene la ventaja de ser capaz de manejar cualquier número de documentos en seguida, visualizando cada documento en una ventana separada. El usuario puede trabajar en ventanas de documento diferentes y guardar cada documento como un archivo separado. Como veremos en los siguientes capítulos, el entorno de Visual C++ es

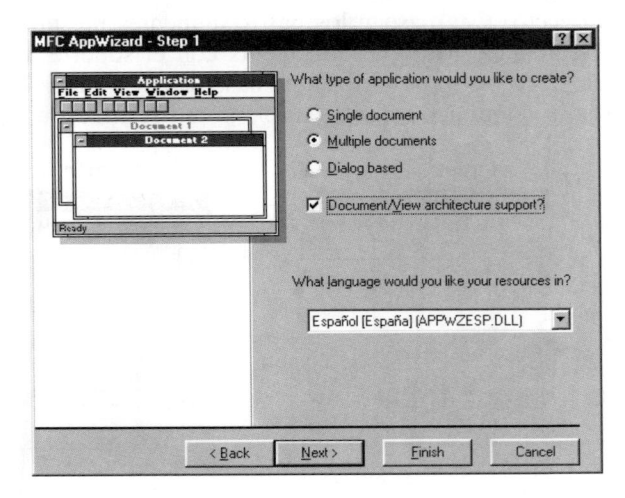

Figura 2.3. Seleccione la interfaz de aplicación en el paso 1 de AppWizard.

en sí mismo un ejemplo de una aplicación MDI, capaz de visualizar tanto texto como información de no texto en distintas ventanas del editor.

La tercera opción de interfaz crea una aplicación basada en un diálogo. Esta selección es adecuada para un programa de utilidad pequeño que no requiera una ventana principal, porque el usuario interactúa con el programa a través de un solo cuadro de diálogo. Una interfaz basada en un diálogo no limita tanto como pueda parecer, y el Capítulo 5, «Cuadros de diálogo y controles», demuestra cómo crear una aplicación basada en un diálogo que visualice un cuadro de diálogo de hoja de propiedad que pueda aceptar y visualizar una gran cantidad de información. La utilidad Marcador de teléfono que viene con Windows es un ejemplo de una aplicación basada en diálogo.

Como el Capítulo 5 trata en detalle las aplicaciones basadas en diálogo, la opción de interfaz basada en diálogo no se describe aquí. Sin embargo, mucha de la información de este capítulo se aplica a las aplicaciones basadas en diálogos.

El paso 1 de AppWizard también consulta el lenguaje nacional en el que desea la interfaz de su programa. Las lenguas disponibles dependen de las bibliotecas AppWizard que haya instalado en su sistema; haga clic en el botón de la flecha adyacente al cuadro de texto para visualizar las opciones de lenguaje. Cada lenguaje depende de su biblioteca de enlace dinámica instalada por defecto en la carpeta Common\MsDev98\bin\ide. El nombre de un archivo de biblioteca toma la forma Appwz*xxx*.dll, donde *xxx* representa un código de tres letras para el lenguaje; por ejemplo, *enu* para inglés de los Estados Unidos, *deu* para alemán y *esp* para español estándar. La Figura 2.4 muestra cómo es el menú Archivo en tres idiomas diferentes para una aplicación generada por AppWizard.

Paso 2: Soporte de base de datos

El paso 2 de AppWizard (que se muestra en la Figura 2.5) pregunta qué soporte de base de datos desea instalar para su proyecto. Este paso y los pasos siguientes presuponen que seleccionó la opción Single document o Multiple documents con el soporte documento/visualización en el paso 1. Si su proyecto no utiliza una base de datos, haga clic en el botón Next para saltar este paso y continuar con el paso 3. Como se muestra en la Fi-

Figura 2.4. El menú Archivo de una aplicación en diferentes idiomas.

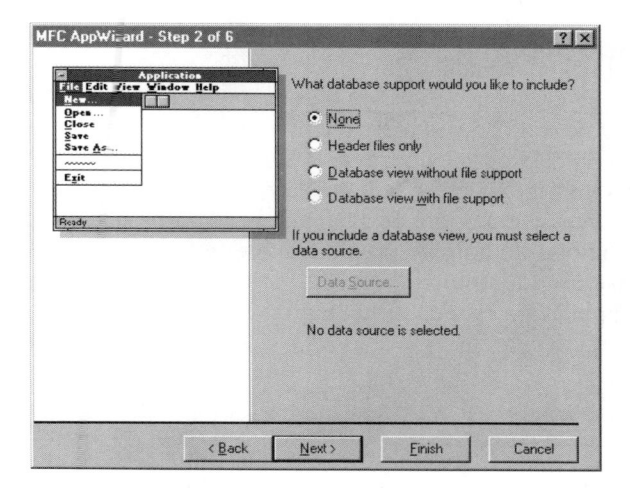

Figura 2.5. Seleccione el soporte de base de datos en el paso AppWizard.

gura 2.5, cuatro botones de radio determinan la extensión del soporte de la base de datos que AppWizard añade al proyecto:

- **None.** Excluye las bibliotecas de soporte de base de datos de la construcción del proyecto. Si su proyecto no utiliza una base de datos, seleccione el botón de radio None para impedir que se añada código innecesario a los archivos de proyecto. Puede añadir soporte de base de datos a su proyecto un poco más tarde.

- **Header files only.** Incluye archivos y bibliotecas de cabecera de bases de datos en la construcción, pero AppWizard no genera ningún código fuente para las clases de bases de datos. Puede escribir todo el código fuente usted mismo. Esta opción es adecuada para un proyecto que no utilice inicialmente una base de datos pero al que planifique añadir soporte de base de datos en el futuro.

- **Database view without file support.** Incluye archivos de cabecera de bases de datos y bibliotecas, y también crea una visualización de registro y conjunto de registros. La aplicación resultante soporta documentos pero no serialización.

- **Database view with file support.** El mismo ajuste que el anterior, excepto que la aplicación resultante tiene soporte tanto para documentos de base de datos como para serialización.

Si decide incluir una visualización de base de datos utilizando una de las dos últimas opciones, no puede continuar con el paso siguiente hasta que defina una fuente para los datos.

Fuentes de datos

Para definir una fuente de datos, haga clic en el botón Data Source para visualizar el cuadro de diálogo Database Options que se muestra en la Figura 2.6.

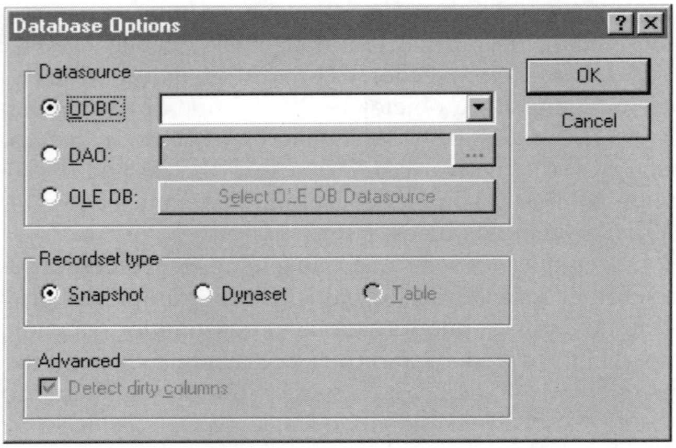

Figura 2.6. Identifica una fuente de datos en el cuadro de diálogo Database Options.

El cuadro de diálogo Database Options solicita una fuente de datos que cumple los estándares de Conectividad de base de datos abierta (ODBC), Objetos de acceso a datos Microsoft (DAO) o base de datos OLE (OLE DB). Las funciones ODBC están implementadas en controladores específicos a un sistema de administración de base de datos, como por ejemplo Microsoft Access, Oracle o dBase. Visual C++ proporciona una colección de controladores ODBC; hay otros disponibles de distintos vendedores. Para obtener una lista de controladores incluidos con Visual C++, consulte el artículo titulado «ODBC Driver List» de la ayuda en línea.

Cuando selecciona ODBC como el tipo de fuente de datos para su programa, AppWizard genera código que invoca al ODBC Driver Manager, que pasa cada invocación al controlador apropiado. El controlador interactúa a su vez con el sistema de administración de base de datos de destino utilizando el Lenguaje de consultas estructurado (SQL). El soporte ODBC le asegura que una aplicación puede acceder a datos en diferentes formatos y configuraciones.

Al seleccionar ODBC, activa una lista desplegable de todas las fuentes de datos registradas con el Administrador de fuente de datos de ODBC. Una fuente de datos incluye tanto datos como la información necesaria para acceder a los datos. Para registrar o dejar de registrar una fuente de datos, ejecute el Administrador haciendo dos veces clic en el icono de ODBC de 32 bits en el Panel de control. Visual C++ normalmente ajusta el Administrador durante la instalación, pero si necesitase una instalación personalizada de Visual C++, el Administrador puede que no exista en su sistema. Si el icono de ODBC de 32 bits no aparece en Panel de control, ejecute el programa Setup de Visual C++ otra vez e instale los archivos de soporte de base de datos ODBC necesarios.

DAO es el estándar para los productos de Microsoft tales como Access y Visual Basic. Al utilizar el motor de base de datos Microsoft Jet, DAO proporciona un conjunto de objetos de acceso, incluyendo objetos de base de datos, objetos tabledef y querydef y objetos recordset. Aunque DAO funciona mejor con los archivos MDB como los creados por Microsoft Access, un programa DAO también puede acceder a fuentes de datos ODBC a través de Microsoft Jet.

OLE DB es una nueva estrategia de acceso a datos que permite a una aplicación de cliente, llamado consumidor, recuperar información desde cualquier fuente de datos equipada con un traductor de datos, llamado proveedor. El proveedor, que aparece en la aplicación de consumidor como un conjunto de objetos de Modelo de objeto de componente (COM), generalmente no crea los datos, pero en cambio sirve como intermediario para acceder a la información en su forma nativa (sea la que sea) y la pasa al consumidor en forma reconocible. La Figura 2.7 ilustra cómo el consumidor comunica con el proveedor, no con el creador original de la fuente de datos.

Una ventaja de OLE DB es que no tiene que haber ningún acuerdo a priori entre consumidor y proveedor sobre el formato de los datos. Como mínimo, el proveedor es responsable de la traducción de datos en una forma que el consumidor entienda, normalmente en un formato tabular. Un proveedor también puede añadir mejoras a los datos en bruto, como por ejemplo procesamiento de consulta o clasificación según criterios específicos. La selección de la opción OLE DB en el diálogo Database Options de AppWizard es el primer paso para la creación de una aplicación de consumidor de datos, no un proveedor de datos. La opción genera código tomado de una biblioteca de plantillas de clase, llamadas Plantillas de consumidor OLE DB, que proporcionan ajustadores para los objetos de clase OLE DB, como *CDataSource* y *CSession*. Visual C++ proporciona otro asistente, ATL COM AppWizard, que ayuda a escribir aplicaciones de proveedor. El Capítulo 10, «Escritura de controles ActiveX utilizando ATL», tiene más que decir sobre ATL COM AppWizard y la Biblioteca de plantillas activa, aunque desde la perspectiva de la escritura de los controles ActiveX, no de los proveedores de OLE DB.

Tipo recordset

Especifique el tipo recordset que utilizará su programa seleccionando uno de los tres botones de radio en la sección Recordset Type del cuadro de diálogo Database Options. Los botones de radio gobiernan las tres opciones descritas a continuación:

- **Snapshot.** Una imagen instantánea recordset mantiene una visualización de datos como los datos que existían en el momento en que se creó la imagen instantánea.

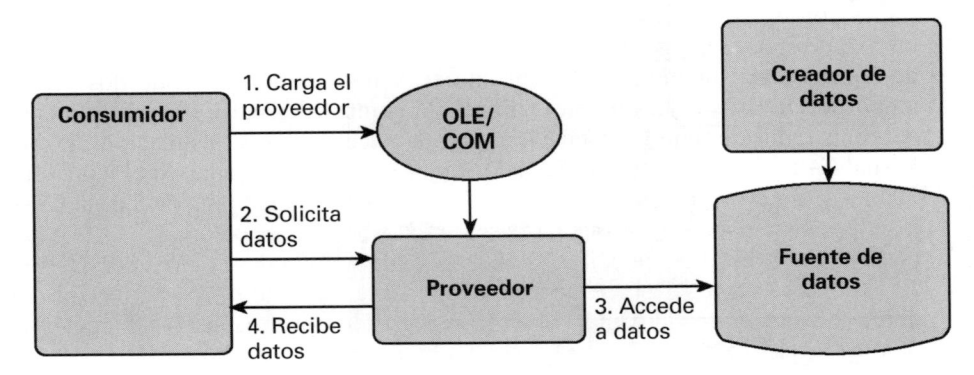

Figura 2.7. Interacción típica en OLE DB entre el consumidor y el proveedor de datos.

Una imagen instantánea es estática, lo que significa que el conjunto de registros no refleja los cambios en los datos originales hasta que se refrescan a través de una invocación a la función *Requery* de clase *CDRecordset* o *CDaoRecordset*.

- **Dynaset.** Los contenidos de un recordset dynaset son dinámicos, lo que significa que el conjunto de registros se actualiza automáticamente para reflejar los cambios más recientes en los registros subyacentes. Sin embargo, un dynaset mantiene un conjunto fijo de registros. Una vez que se crea el dynaset, los registros nuevos creados por otros usuarios no se añaden al conjunto.

- **Table.** La opción Table está habilitada sólo cuando se selecciona DAO para el tipo de fuente de datos. Esta opción le permite que su programa utilice objetos DAO para manipular datos en una tabla base. Cuando haga clic en OK para cerrar el cuadro de diálogo Database Options con el botón de radio Table seleccionado, aparece otro cuadro de diálogo en el que puede elegir las tablas que desea que instalen su programa.

Paso 3: Soporte OLE y ActiveX

En el paso 3 de AppWizard (Fig. 2.8), ajuste el tipo deseado de OLE y de soporte ActiveX para su programa. Los cinco botones de radio en la parte superior del cuadro de diálogo controlan el tipo de soporte de documento compuesto que AppWizard añade a su programa. Aquí tiene las descripciones de las opciones de soporte de documento compuesto:

- **None.** AppWizard no genera ningún código para el soporte de documento compuesto.

- **Container.** AppWizard crea un programa que pueda contener objetos enlazados e incrustados.

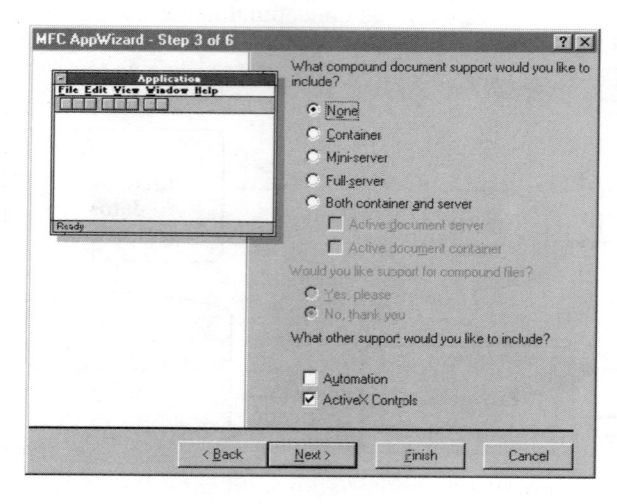

Figura 2.8. Especifique el soporte OLE/ActiveX en el paso 3 de AppWizard.

- **Mini-server.** El programa funciona como un miniservidor, capaz de crear objetos de documento compuestos que una aplicación de contenedor pueda incorporar en sus propios documentos. El documento resultante se le presenta al usuario como un documento sencillo, pero en realidad está formado de fuentes diferentes. Un miniservidor crea objetos que una aplicación de contenedor puede incrustar pero no un enlace. Una aplicación de miniservidor no puede correr como un programa autónomo, pero en su lugar se debe lanzar por un contenedor. Microsoft Draw es un ejemplo de un miniservidor.

- **Full-server.** El programa que AppWizard crea puede funcionar como una aplicación de servidor completo, que posee los atributos de un miniservidor más las capacidades adicionales. Al igual que un miniservidor, una aplicación de servidor completo se puede lanzar por un contenedor, pero también puede correr como una aplicación de Windows autónoma. AppWizard añade soporte para almacenar datos para los archivos de disco, así que una aplicación de servidor completo puede soportar enlaces así como incrustación.

- **Both container and server.** AppWizard genera código que permite que su programa funcione tanto como una aplicación de contenedor capaz de incrustar objetos como una aplicación de servidor capaz de proporcionar objetos.

La selección de una opción para documentos compuestos, ya sea para un contenedor o aplicación de servidor, le permite elegir soporte adicional para los documentos Activos. Los documentos Activos proporcionan un mayor grado de integración entre el cliente y el servidor que los documentos incrustados normales, permitiendo que un documento mantenido por una aplicación aparezca dentro de la ventana de otra aplicación. La Figura 2.9 muestra un ejemplo de este tipo de integración, en el que Internet Explorer, el contenedor en este caso, ha abierto un documento creado por el servidor Microsoft Word.

Si desea que su contenedor o programa de servidor pueda serializar los datos compuestos, es decir, guardar documentos y objetos en el disco, seleccione el botón de radio para solicitar soporte para archivos compuestos. Aunque conceptualmente un solo archivo, en

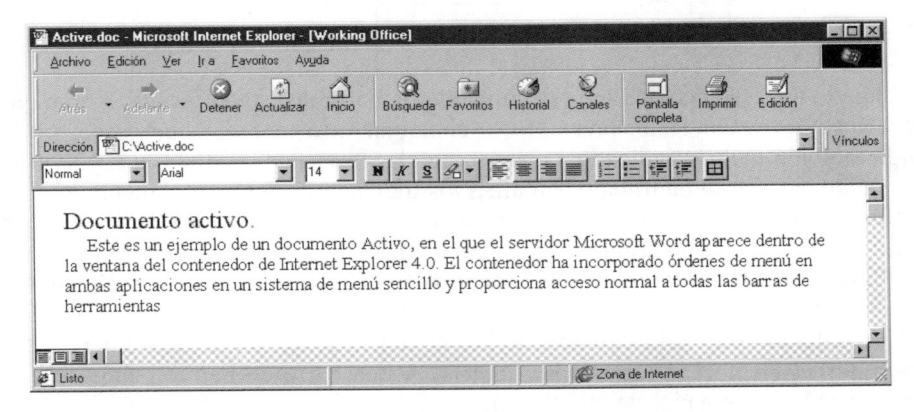

Figura 2.9. Ejemplo de un documento de contenedor y de servidor Activo funcionando juntos.

realidad un archivo compuesto representa un consorcio de archivos diferentes, un archivo que contiene el documento y otros archivos que contienen los objetos enlazados al documento. Cuando se guarda un documento compuesto, el contenedor es responsable de escribir su propio objeto de documento en el disco. Entonces pasa a los servidores una solicitud para que ellos guarden en el mismo «almacenaje» sus objetos respectivos que está utilizando el contenedor.

Dos cuadros de comprobación en la parte superior del cuadro de diálogo del paso 3 le preguntan por el soporte de control Automation y ActiveX. Por defecto, AppWizard activa la opción ActiveX Controls; si su programa no incrusta los controles ActiveX, deseleccione el cuadro de comprobación. Esta decisión no es irrevocable, y puede añadir soporte fácilmente para los controles ActiveX a un programa de MFC más tarde incluyendo una sola línea de código. Para una explicación de cómo volver a activar el soporte de control ActiveX a un programa MFC existente, consulte el Capítulo 8, «Uso de controles ActiveX».

Paso 4: Características de interfaz de usuario

El paso 4 de AppWizard, que se muestra en la Figura 2.10, le da control sobre qué elementos de interfaz de usuario creará AppWizard para su programa.

AppWizard automáticamente genera código y datos para un sistema de menú, barra de herramientas y barra de estado para la ventana principal del programa. La barra de herramientas contiene botones que imitan los comandos de menú, y la barra de estado visualiza mensajes de ayuda descriptiva para los botones de barra de herramientas y comandos. Un mensaje de ayuda aparece en la barra de estado cuando el cursor descansa momentáneamente en un comando de menú o botón de barra de herramientas, como se ilustra aquí:

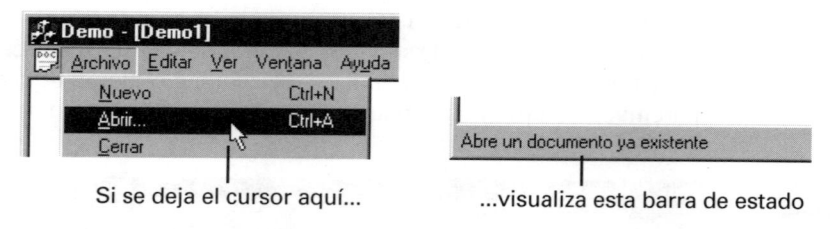

Cuando no se selecciona ningún comando, la barra de estado visualiza un mensaje del tipo «Ready» o «For Help, press F1», o cualquier otro mensaje que desee. La barra de estado también incluye indicadores para las teclas CAPS LOCK, NUM LOCK y SCROLL LOCK del teclado. El marco de trabajo actualiza los indicadores automáticamente a medida que ejecuta su programa, así que no necesita añadir código para incorporar la característica.

Los botones de radio etiquetados Normal e Internet Explorer ReBars ofrecen dos estilos diferentes para la barra de herramientas de la aplicación. Al seleccionar la opción ReBars genera código para la barra de herramientas utilizando la nueva clase *CReBar* de MFC, resultando un estilo de barra de herramientas sencillo que se encuentra en Visual C++, Internet Explorer y otras aplicaciones. A una barra de herramientas sencilla se le puede cambiar el tamaño, de ahí el término «rebar», y visualiza botones sencillos que se realzan sólo cuando el cursor del ratón pasa sobre ellos. Los temas de menús, barras de herramientas y barras de estado se examinan con más detalle en el Capítulo 4, «Recursos».

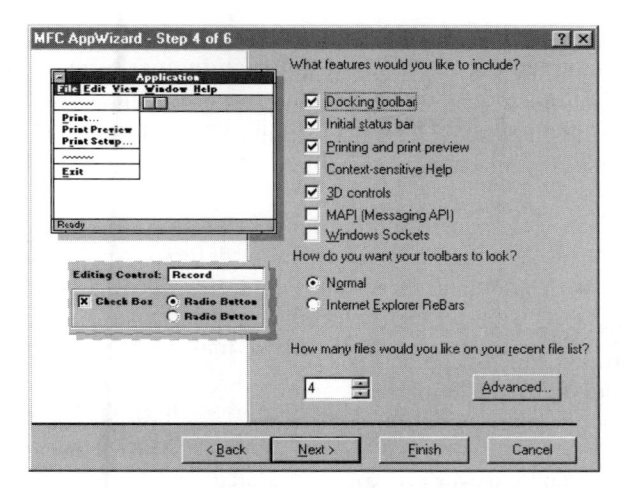

Figura 2.10. Seleccione las características de interfaz de usuario para su programa en el paso 4 del AppWizard.

Soporte de impresión

Por defecto, AppWizard activa el cuadro de diálogo Printing And Print Preview. Esta opción añade código de iniciación a una visualización de aplicación que anula las funciones virtuales de *CView* de MFC.

```
/////////////////////////////////////////////////////////////////////
// Impresión de CDemoView

BOOL CDemoView::OnPreparePrinting(CPrintInfo* pInfo)
{
    // preparación predeterminada
    return DoPreparePrinting(pInfo);
}

void CDemoView::OnBeginPrinting(CDC* /*pDC*/, CPrintInfo* /*pInfo*/)
{
    // TODO: añadir inicialización extra antes de imprimir
}

void CDemoView::OnEndPrinting(CDC* /*pDC*/, CPrintInfo* /*pInfo*/)
{
    // TODO: añadir limpieza después de imprimir
}
```

Las anulaciones proporcionan funcionalidad de esqueleto para la impresión en un programa documento/visualización, pero tiene más trabajo por delante antes de que su programa pueda imprimir de forma inteligente un documento. Para una buena descripción de cómo añadir capacidades de impresión a un programa MFC, consulte el Capítulo 10, «Impresión y vista preliminar», en *Programación de Windows 95 con MFC*, de Jeff Prosise. La ayuda en línea de MSDN también proporciona información en una serie de artículos que comienzan con «Temas de impresión y de vista preliminar». Localice el artículo tecleando su título en la pestaña Search de MSDN con el cuadro de comprobación seleccionado Search Titles Only.

Ayuda en línea

Al activar el cuadro de diálogo etiquetado Context-Sensitive Help, le indica al AppWizard que desea que su programa proporcione ayuda en línea. AppWizard añade código fuente y una colección de archivos al proyecto que le inicia creando un sistema de ayuda completa. AppWizard se encarga de documentar todos los comandos y los botones de barras de herramientas que añade a su programa, como por ejemplo Nuevo, Abrir, Cortar y Pegar. Las descripciones son claras y están bien escritas, sin necesidad de más trabajo de su parte. Sólo necesita mejorar el archivo de ayuda documentando esos comandos que usted mismo añade al programa. Esta sección describe primero el sistema de ayuda que crea AppWizard, a continuación explica brevemente cómo mejorarlo con su propio texto de ayuda.

Cuando solicita ayuda sensible al contexto para su programa, AppWizard crea una subcarpeta llamada HLP en la carpeta de proyecto. Entre los archivos de la subcarpeta HLP está un archivo de tema llamado AfxCore.rft. Si solicita soporte de impresión para su proyecto, AppWizard añade otro archivo de tema llamado AfxPrint.rtf. Escrito en formato rich-text, AfxCore.rtf y AfxPrint.rtf contienen texto de ayuda describiendo los rasgos con los que AppWizard ha contribuido al proyecto. La subcarpeta HLP también contiene un archivo de proyecto de ayuda que tiene el mismo nombre que el proyecto y una extensión HPJ. Cuando construye su proyecto, Visual C++ ejecuta un archivo por lotes llamado MakeHelp.bat antes de lanzar el compilador. MakeHelp.bat ejecuta la utilidad Makehm.exe Help Maintenance, que lee definiciones de símbolo en el archivo Resource.h y crea un archivo de mapa de ayuda, reconocible por su extensión HM. El archivo por lotes ejecuta a continuación el compilador de ayuda Hcrtf.exe, que reúne información trazada desde el mapa de ayuda, el archivo HPJ del proyecto y el texto en los archivos RTF, para crear un archivo HLP que el visualizador de ayuda Windows WinHlp32 pueda leer.

AppWizard sólo escribe instrucciones fuente que corran WinHlp32 y carguen el archivo HLP de proyecto en respuesta a las solicitudes de usuario para obtener ayuda. Toda la interfaz de ayuda se lleva a cabo a través de cuatro entradas añadidas al mapa de mensaje en el archivo MainFrm.cpp de proyecto.

```
BEGIN_MESSAGE_MAP(CMainFrame, CFrameWnd)
    :
    ON_COMMAND(ID_HELP_FINDER, CFrameWnd::OnHelpFinder)
    ON_COMMAND(ID_HELP, CFrameWnd::OnHelp)
    ON_COMMAND(ID_CONTEXT_HELP, CFrameWnd::OnContextHelp)
    ON_COMMAND(ID_DEFAULT_HELP, CFrameWnd::OnHelpFinder)
END_MESSAGE_MAP()
```

Cada entrada en el mapa apunta a una de las tres funciones proporcionadas por el marco de trabajo de MFC. Las funciones se invocan en respuesta a diferentes sucesos, cada función invoca WinHlp32 y visualiza el texto apropiado desde el archivo de ayuda de proyecto. La tabla siguiente describe cuándo se invocan las funciones:

Esta función se invoca...	Cuando el usuario...
OnHelpFinder	Selecciona el comando Temas de Ayuda del menú Ayuda.
OnHelp	Pulsa la tecla F1 para recibir ayuda en el contexto actual.
OnContextHelp	Pulsa MAYÚS+F1 o hace clic en el botón Ayuda de la barra de herramientas.

Al seleccionar el comando Temas de Ayuda del menú Ayuda visualiza un cuadro de diálogo Temas de Ayuda en el visualizador WinHlp32, como se muestra en la Figura 2.11. El usuario puede navegar en el cuadro de diálogo Temas de Ayuda para encontrar ayuda sobre el tema deseado.

AppWizard también añade un botón Ayuda a su barra de herramientas del programa, de forma parecida al botón de signo de interrogación pequeño que aparece en el ángulo superior derecho de los cuadros de diálogo de Developer Studio. Al hacer clic en el botón Ayuda, cambia la imagen del cursor a una flecha con un signo de interrogación. El usuario puede hacer clic a continuación en cualquier parte de la ventana del programa, incluyendo los comandos de menú, la barra de estado y los botones de barra de herramientas:

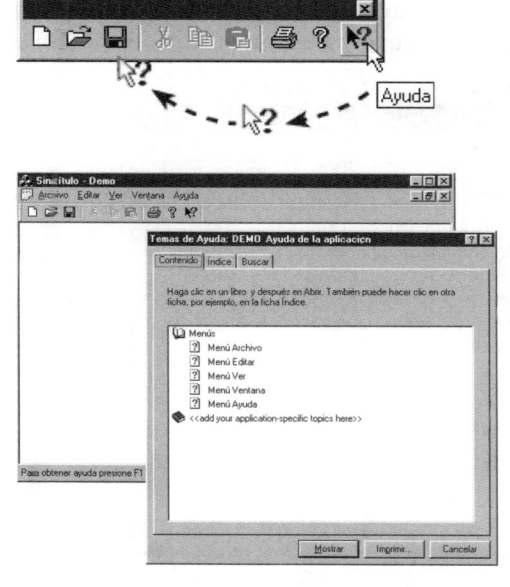

Figura 2.11. El cuadro de diálogo Temas de Ayuda.

Al invocar la herramienta Ayuda hace que el programa ejecute WinHlp32, que visualiza una ventana de ayuda describiendo el elemento sobre el que ha hecho clic. Por ejemplo, al solicitar ayuda haciendo clic en el botón Guardar como se ilustraba anteriormente visualiza la ventana de ayuda que se muestra en la Figura 2.12.

Para mejorar el sistema de ayuda con descripciones de otros rasgos que puede programar usted mismo, cargue AfxCore.rtf en un procesador de texto que reconozca el formato rich-text. No utilice la utilidad Bloc de notas que viene con Windows para esta tarea. Aunque el Bloc de notas lee documentos en formato rich-text, no guarda información esperada por el compilador de ayuda. Los documentos rich-text están en formato ASCII normal, así que si fuera necesario puede realizar cambios en un momento con el editor de texto.

El primer paso en la creación de su propio texto de ayuda es buscar la cadena «<<YourApp>>» y reemplazar cada coincidencia con su nombre de aplicación. Los paréntesis angulados (<< >>) en el documento encierran el texto de resguardo que sugiere el tipo de texto de ayuda que usted debería añadir. Reemplace tanto las sugerencias como los paréntesis con texto nuevo. Quite cualquier parte de los temas que no conciernan a su aplicación, llevando su pista para formateado necesario del texto colocado en el archivo por AppWizard. Los temas en el archivo se deben separar con un corte de página manual.

La autoría de ayuda es un tema largo y no es posible hacer aquí una descripción completa. La ayuda en línea describe cómo utilizar la utilidad Help Workshop proporcionada con Visual C++ para construir sobre el sistema de ayuda que crea AppWizard.

El botón Advanced

En el ángulo inferior derecho del cuadro de diálogo del paso 4 de AppWizard hay un botón que cuando se le hace clic visualiza un cuadro de diálogo con dos pestañas titulado

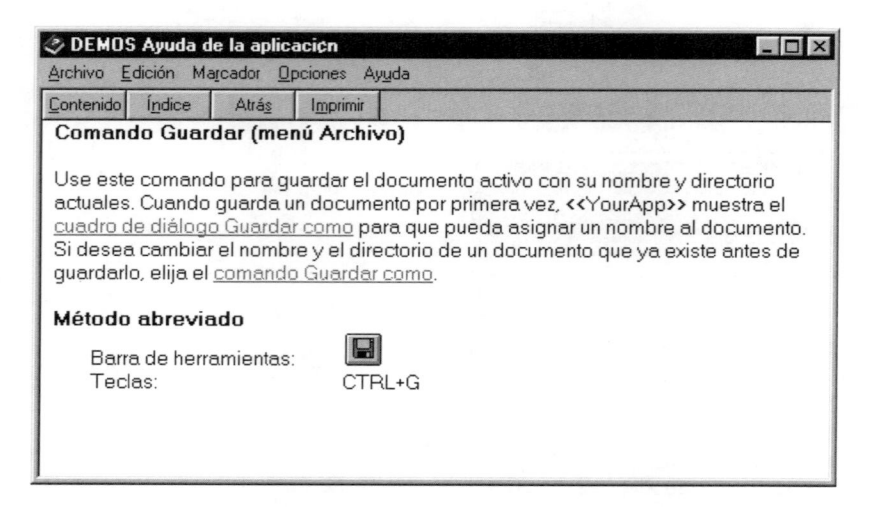

Figura 2.12. Ventana de Ayuda para el comando Guardar del programa.

Advanced Options. La primera pestaña, etiquetada Document Template Strings, le permite volver a escribir ciertas cadenas de carácter almacenadas en los datos del programa que se utilizan por Windows y el marco de trabajo MFC. Si seleccionó el cuadro de diálogo Active Document Server en el tercer paso del AppWizard, debe especificar en la pestaña de Document Template Strings una extensión de archivo para sus archivos de documento de aplicación. Teclee la cadena de extensión en el primer cuadro de edición de la pestaña, como se muestra a continuación.

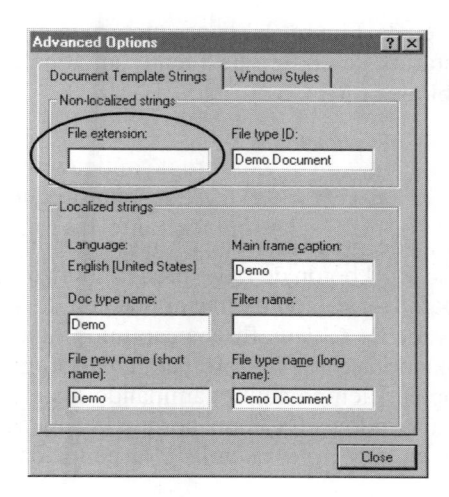

El sistema reconoce archivos con esta extensión como pertenecientes a su aplicación de servidor del mismo modo que asocia archivos DOC, por ejemplo, con Microsoft Word. AppWizard rellena los cuadros que quedan con cadenas apropiadas para su aplicación, que puede aceptar o revisar como desee. Echaremos un vistazo a estas cadenas con más detalle en el Capítulo 4 en la sección titulada «La cadena de documento» (página 113).

La segunda pestaña del diálogo, etiquetada Window Styles, le permite controlar el aspecto de su ventana principal de programa, y si seleccionó la opción Multiple Document en el paso 1, el aspecto de sus ventanas de documento de programa. Al seleccionar el cuadro de diálogo Use Split Window en la parte superior de la pestaña Window Styles, añade esta función a un archivo MainFrm.cpp del proyecto SDI:

```
BOOL CMainFrame::OnCreateClient( LPCREATESTRUCT /*lpcs*/,
    CCreateContext* pContext)
{
    return m_wndSplitter.Create( this,
        2, 2,
        CSize( 10, 10 ),
        pContext );
}
```

Un proyecto MDI recibe una función parecida a *OnCreateClient* en su archivo ChildFrm.cpp. Para una aplicación SDI, la función *OnCreateClient* activa barras divisorias en su ventana principal de programa. Un comando Dividir en el menú Ver del programa activa la barra divisoria, permitiendo que su programa visualice información en uno, dos o cuatro paneles diferentes de la misma ventana. Para una aplicación MDI, AppWizard ubica el comando Dividir en el menú Ventana del programa donde controla las barras divisorias utilizadas en el editor de texto de Visual C++.

Paso 5: Uso de la biblioteca MFC

El paso 5 de AppWizard, que se muestra en la Figura 2.13, pregunta por el estilo de programa que desea crear, si desea comentarios de código de fuente adicional, y cómo prefiere que se enlace su programa a la biblioteca MFC.

Estilo de proyecto

AppWizard ofrece dos variaciones del estilo de programa determinado por botones de radio en la parte superior del diálogo del paso 5. El botón de radio predeterminado, etiquetado MFC Standard, es la opción correcta para la creación de una aplicación de Windows normal con una clase de visualización derivada de *CView*. En los capítulos siguientes de este libro, utilice el ajuste MFC Standard cuando use AppWizard para crear programas de ejemplo, de modo que merezca la pena emplear tiempo aquí examinando los efectos del segundo botón de radio. El botón se etiqueta Windows Explorer porque la aplicación que crea AppWizard tiene una interfaz similar en aspecto y usuario a la conocida utilidad Explorador que viene con Windows.

La ventana principal de la aplicación de tipo Explorador está dividida en dos paneles contiguos, cada panel muestra una visualización diferente y cada uno está gobernado por su clase propia. La clase de visualización para el panel izquierdo deriva del *CTreeView* de

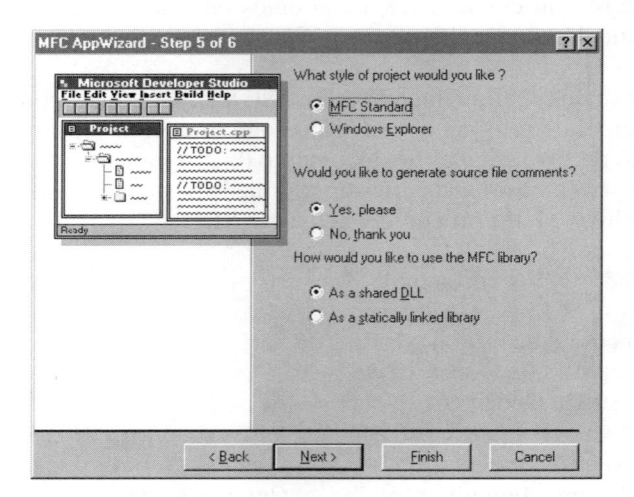

Figura 2.13. Selección de comentarios de archivo fuente y opciones de biblioteca de MFC.

MFC, haciendo el panel apropiado para visualizar una lista de elementos relacionados a través de una jerarquía tipo árbol, como por ejemplo una lista de personal de una compañía, un árbol genealógico o la composición de archivos y carpetas en el disco duro. La clase de visualización que se corresponde con el panel derecho se deriva de *CListView*, diseñado para visualizar una lista de elementos que pertenecen de alguna manera a la selección actual en el panel izquierdo. Al igual que el Explorador, la barra de herramientas del programa contiene cuatro botones adicionales que modifican el aspecto del panel, permitiendo al usuario elegir diferentes administraciones de visualización de iconos grandes o pequeños. Aquí tiene una idea de cómo puede aparecer una aplicación de tipo Explorador típica:

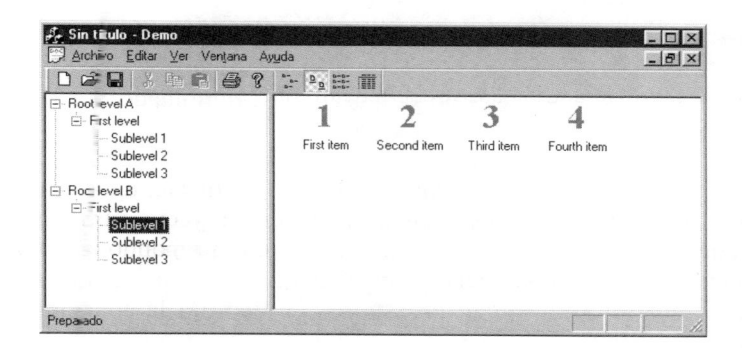

Los elementos en el control de visualización de árbol que componen el panel izquierdo tienen botones más y menos que expanden o colapsan la lista. La aplicación añade los botones y las líneas de jerarquía instalando etiquetas de estilo en la estructura CREATESTRUCT de la ventana:

```
BOOL CLeftView::PreCreateWindow(CREATESTRUCT& cs)
{
    cs.style |= TVS_HASLINES | TVS_HASBUTTONS | TVS_LINESATROOT;
    return CTreeView::PreCreateWindow(cs);
}
```

Todavía no hemos hablado de los editores de Visual C++ con los que examinará y cambiará un programa, pero si está interesado en revisar el código fuente para la aplicación simple de la imagen superior, encontrará archivos de proyecto en el CD que se acompaña en la carpeta Codigo\Capitulo.02\Demo. El proyecto Demo se creó utilizando AppWizard, eligiendo la opción Single Document en el paso 1 y la opción Windows Explorer en el paso 5, y aceptando los valores predeterminados de AppWizard para las selecciones que quedan. Demo es un proyecto rudimentario, creado sólo para sugerir el tipo de código que debería añadir a una aplicación de tipo Explorador generada por AppWizard. El Capítulo 3, «El editor de texto», y el Capítulo 4, «Recursos», describen con más profundidad cómo utilizar los editores de Visual C++ para acceder a los proyectos de visualización como los encontrados en el CD que se acompaña.

Comentarios de archivo fuente

Al solicitar comentarios de archivo fuente, hace que AppWizard añada notas útiles «para hacer» al código fuente generado. Las notas aparecen como comentarios similares a los que se muestran aquí, sugiriendo instrucciones fuente que deberían añadir para hacer operable una función o característica:

```
void CDemoDoc::Serialize(CArchive& ar)
{
    if (ar.IsStoring())
    {
        // TODO: añadir aquí código de almacenamiento
    }
    else
    {
        // TODO: añadir aquí código de carga
    }
}
```

Al seleccionar la opción para añadir comentarios de archivo fuente, también hace que el AppWizard localice un archivo ReadMe.txt en la carpeta del proyecto. El archivo ReadMe actúa como una tabla de contenidos para el proyecto entero, proporcionando descripciones breves de todos los archivos que genera AppWizard.

Vinculación a la biblioteca MFC

La tercera consulta en el paso 5 determina cómo se enlaza su programa a MFC. Por defecto, se selecciona el botón de radio As A Shared DLL, lo que significa que AppWizard instala la aplicación para enlazar dinámicamente con la biblioteca MFC contenida en un archivo separado. Este tipo de vínculo reduce significativamente el tamaño de la aplicación del ejecutable y resulta normalmente en un uso más eficaz de los recursos del sistema.

Sin embargo, la vinculación dinámica a MFC requiere la presencia del archivo de biblioteca Mfc*nn*.dll, donde *nn* representa el número de versión MFC. El archivo se encuentra normalmente en la carpeta Sistema o Sistema 32 de Windows. Si su aplicación se enlaza dinámicamente a MFC y distribuye la aplicación para uso general en sistemas que puede que no tengan la biblioteca Mfc*nn*.dll, debería proporcionar el archivo a los usuarios como parte de su paquete de aplicación. Si su aplicación utiliza Unicode, proporcione el archivo Mcf*nn*u.dll en su lugar. Microsoft le permite distribuir libremente los archivos de biblioteca con su aplicación. Su programa de instalación de aplicación puede buscar la presencia del archivo de biblioteca MFC en el disco duro del usuario y copiar el archivo a la carpeta Sistema si no está ya ahí. El archivo Msvcrt.dll debe copiarse también si no existe, porque MFC utiliza la versión compartida de la biblioteca de tiempo de ejecución. Las bibliotecas permanecen compatibles hacia atrás con las aplicaciones más antiguas, así que su programa de instalación no necesita copiar el MFC ni los archivos de biblioteca de tiempo de ejecución C si la carpeta Sistema de usuario ya contiene versiones más nuevas de los archivos.

Hay consideraciones adicionales si su aplicación vinculada dinámicamente está pensada para mercados exteriores donde es probable que corra en la instalación de sistemas para idiomas diferentes. El archivo de biblioteca MFC contiene datos en cadena tales como texto de diálogo y mensajes de ayuda a los que puede acceder un programa. Debe asegurarse de que su aplicación no accede y visualiza cadenas de biblioteca escritas en un idioma que no sea el lenguaje nativo del usuario. Hay dos modos de solucionar este problema. La solución más simple es escribir su aplicación de modo que utilice su propia cadena de datos exclusivamente sin acceder a texto proporcionado por la biblioteca (el Capítulo 4, «Recursos», trata este tema con más detalle). Puede distribuir Mfc*nn*.dll independientemente de los ajustes regionales de usuario.

La segunda solución implica la escritura de su programa de instalación de manera que consulte el sistema de huésped para su idioma local, copie el archivo redistribuible Mfc*nnxxx*.dll a la carpeta Sistema, y renombre el archivo Mfc*nn*loc.dll (el *xxx* en el nombre del archivo representa el código de tres letras para el idioma del host, como *deu* para el alemán y *esp* para el español estándar). Para obtener más información sobre este tema, consulte las Notas Técnicas 56 y 57 en la ayuda interactiva, localizadas a través de la entrada «MFC components» en el índice MSDN.

Si prefiere enlazar su aplicación de forma estática a MFC, seleccione el botón de radio etiquetado As A Statically Linked Library. La vinculación estática significa que su aplicación no depende de la presencia del archivo de biblioteca MFC, aunque todavía necesite el archivo Msvcrt.dll. El coste del vínculo dinámico es un tamaño de ejecutable más grande y potencialmente el uso ineficaz de la memoria. La vinculación de forma estática a MFC no es posible con la Edición de aprendizaje de Visual C++.

La opción de vinculación MFC que elija en el paso 5 es sólo el ajuste inicial para el proyecto, y puede seleccionar una opción diferente en cualquier momento durante el desarrollo. Antes de construir el desarrollo, elija el comando Settings del menú Project, y en la pestaña General del cuadro de diálogo, elija vinculación dinámica o vinculación estática.

Paso 6: Clases y nombres de archivo

El sexto y último paso desglosa las clases que AppWizard creará para el proyecto. Para cambiar el nombre de una clase, selecciónelo en la lista e introduzca un nombre nuevo en el cuadro de texto Class Name. Otros cuadros de texto muestran los nombres de los archivos que AppWizard crea para el código fuente de clase. Los nombres sólo son sugerencias, y puede introducir los nombres de archivos nuevos para todas las clases en la lista, excepto la clase de aplicación (llamada *CDemoApp* en la Figura 2.14). El archivo fuente que contiene la clase de aplicación toma su nombre del proyecto, y por ello no puede modificarse.

Cuando hace clic en el botón Finish, AppWizard visualiza una hoja de resumen que enumera las características que ha seleccionado del proyecto (Fig. 2.15). El resumen le da una oportunidad final para cancelar el proyecto. Haciendo clic en OK hace que AppWizard cree el proyecto en la ubicación enumerada en la parte inferior de la hoja de resumen.

CREACIÓN DE UNA DLL CON APPWIZARD

Si tiene intención de desarrollar una biblioteca de enlace dinámico en lugar de una aplicación de Windows normal, seleccione el icono de AppWizard de MFC (dll) en el cuadro de

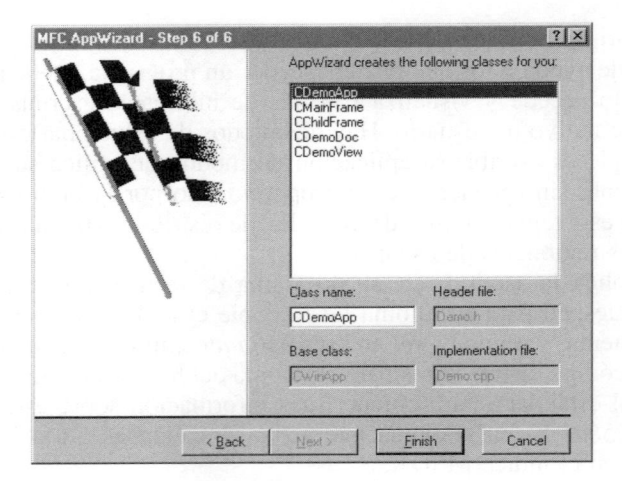

Figura 2.14. Especificación de nombres de clases en el paso 6 del AppWizard.

diálogo New (consulte la Figura 2.3). Este AppWizard particular visualiza sólo el simple paso que se muestra en la Figura 2.16, que solicita información del tipo de cómo debería enlazar su biblioteca de enlace dinámico con MFC.

El asistente ofrece tres opciones de vinculación diferentes, cada una con ventajas e inconvenientes. Las dos primeras opciones resultan en una biblioteca de enlace dinámico que cualquier programa Win32 puede acceder. La tercera opción limita más porque crea una biblioteca de enlace dinámico que se puede utilizar sólo por aplicaciones u otras bibliotecas que también utilicen MFC. Las opciones de vinculación se describen a continuación.

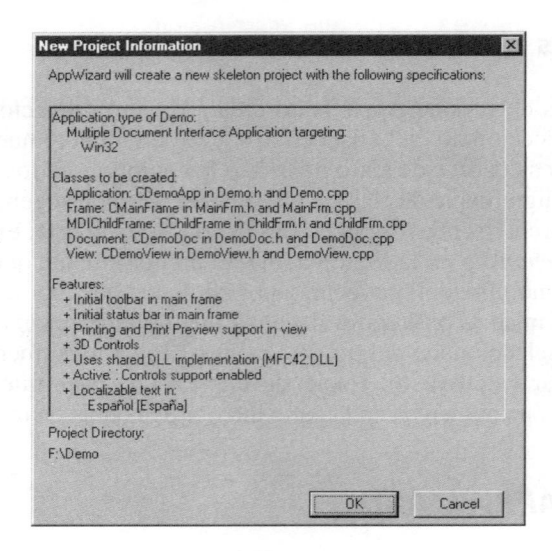

Figura 2.15. Resumen de las características de un proyecto seleccionadas en AppWizard.

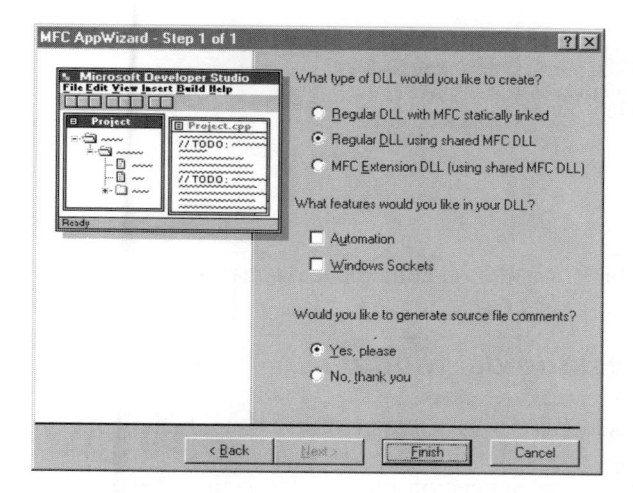

Figura 2.16. Ajuste de un proyecto DLL con AppWizard.

- **Regular DLL with MFC statically linked.** Su biblioteca de enlace dinámico se vincula estáticamente a MFC, permitiéndole que se ejecuten en cualquier sistema Win32 sin depender de la presencia del archivo de biblioteca de MFC.

- **Regular DLL using shared MFC DLL.** Para poder ejecutarla, su biblioteca de enlace dinámico necesita acceso a la versión correcta del archivo de biblioteca de MFC. Esto reduce el tamaño del ejecutable terminado, pero puede que requiera la distribución del archivo de biblioteca de MFC con su producto, como se ha explicado en la sección anterior. Considere este tipo de opción especialmente si su biblioteca de enlace dinámico está diseñada para operar con aplicaciones que enlazan dinámicamente a la misma versión de MFC, dado que un solo ejemplo de MFC puede entonces dar servicio a las aplicaciones que se invocan y a su biblioteca.

- **MFC Extension DLL (using shared MFC DLL).** Esta opción es parecida a la opción anterior, con la diferencia importante de que el proceso que invoca se debe enlazar también dinámicamente a la versión correcta de la biblioteca MFC. Un MFC Extension DLL proporciona clases que mejoran o suplementan la funcionalidad de las clases MFC existentes. Para más información sobre la escritura de una extensión DLL de MFC, consute la Nota Técnica 33, «DLL Version of MFC», en la ayuda en línea de MSDN.

Seleccione el cuadro de comprobación Automation si desea mostrar su biblioteca de enlace dinámico a los clientes Automation, como por ejemplo Microsoft Excel y Visual Basic. Seleccione el cuadro de comprobación de Windows Sockets para añadir soporte para la comunicación en Internet o en cualquier sistema de red que utilice el protocolo TCP/IP. Al seleccionar soporte Windows Sockets, hace que AppWizard añada una invocación a la función *AfxSocketInif* de MFC:

```
BOOL CDemoApp::InitInstance()
{
```

```
        if (!AfxSocketInit())
        {
            AfxMessageBox(IDP_SOCKETS_INIT_FAILED);
            return FALSE;
        }

    return TRUE;
    }
```

Por supuesto, debe escribir el código de comunicación real usted mismo.

Administración del estado del módulo

Para mantener la naturaleza sencilla de las bibliotecas de enlace dinámico, el código que AppWizard genera para un proyecto de biblioteca es austero si se compara con todo el código fuente que escribe para una aplicación normal. Un solo archivo CPP nombrado para el proyecto contiene un mapa de mensaje y el constructor de clase. El archivo también incluye un bloque de comentario que explica que las funciones exportadas en la biblioteca puede que no necesiten invocar una macro AFX_MANAGE_STATE de MFC. Depende de si su biblioteca se enlaza estática o dinámicamente al DLL de biblioteca de MFC. La vinculación estática a MFC no requiere AFX_MANAGE_STATE, pero como los ajustes de los enlazadores para su proyecto pueden cambiar fácilmente durante el desarrollo, es mejor presuponer desde el principio que una biblioteca de enlace dinámico que utilice servicios MFC enlaza dinámicamente a la biblioteca MFC. Las funciones exportadas que invocan MFC deberían por lo tanto empezar invocando una macro AFX_MANAGE_STATE como esta:

```
    extern "C" __declspec( dllexport ) void WINAPI ExportedFunction()
    {
        #ifdef _AFXDLL
            AFX_MANAGE_STATE( AfxGetStaticModuleState() );
        #endif
        :
    }
```

Dentro de cada almacenaje local de hilo, MFC mantiene un puntero a una estructura llamada el estado del módulo, que contiene información específica sobre módulo en proceso que actualmente está servido por la biblioteca MFC. Cuando una aplicación introduce una función exportada en su biblioteca de enlace dinámico, el estado del módulo pertenece a la aplicación que invoca, no a su biblioteca. Antes de pasar la ejecución al MFC, la función exportada debería alterar primero el puntero para referenciar el propio estado de módulo de DLL. Este es el propósito de la macro AFX_MANAGE_STATE, que temporalmente cambia el puntero del estado de módulo para referenciar el módulo actual, es decir, su biblioteca de enlace dinámico, a continuación restablece el puntero original cuando la función exportada sale del ámbito y vuelve a la aplicación de invocación. AFX_MANAGE_STATE no es necesaria para exportar funciones invocadas por la propia biblioteca de MFC, como por ejemplo *InitInstance* y las funciones de manejadores enumeradas en un mapa de mensajes, porque MFC se encarga de instalar cuidadosamente el módulo de estado correcto antes de la invocación.

La macro AFX_MANAGE_STATE debería aparecer cerca del principio de una función, incluso antes de las definiciones de variables de objetos, porque sus constructores pueden incluir ellos mismos invocaciones a la biblioteca MFC. El bloque de condición **#ifdef** que se muestra en el fragmento asegura que el compilador incluye el código de macro sólo para una biblioteca que enlaza dinámicamente a MFC. Si el enlace es estático, el compilador de Visual C++ no predefine la constante _AFXDLL. Para información más detallada sobre la macro AFX_MANAGE_STATE, consulte la Nota Técnica 58, «MFC Module State Implementation», en la ayuda en línea de MSDN.

Parte II

Editores

Capítulo

3 El editor de texto — 53

4 Recursos — 87

5 Cuadros de diálogo y controles — 165

Capítulo

3

El editor de texto

Visual C++ proporciona un verdadero editor de texto de programación que está diseñado especialmente para la tarea de «cortar código». El editor se integra muy bien con otras herramientas del entorno, tal como el depurador, y ofrece una amplia gama de sofisticadas características, incluyendo Deshacer/Rehacer, comandos de pulsación personalizables y acceso instantáneo a las referencias de MFC y Win32.

Un editor de texto requiere muy poco preámbulo; como programador, ya ha utilizado al menos un editor y probablemente más de uno, así que vamos a empezar. Este capítulo abarca los aspectos más importantes del editor de texto de Visual C++, describiendo características útiles y ocultas y mostrándole cómo utilizar el editor de forma eficaz. Incluso aunque decida quedarse con su editor actual para la mayoría de sus tareas de codificación, debería por lo menos leer por encima este capítulo para tener una idea de las posibilidades del editor de Visual C++. Más tarde o más temprano encontrará conveniente quedarse en el entorno de Developer Studio cuando edite texto, aunque sólo sea para hacer modificaciones rápidas para corregir los errores de compilación. Hay algunos consejos al final del capítulo que puede encontrar útiles.

Como es un producto de Windows, el editor de texto Visual C++ guarda sus archivos de texto en el formato de archivo ANSI. Para una discusión del estándar ANSI y las tablas de los conjuntos de caracteres ANSI y ASCII, consulte el Apéndice A.

INICIO DEL EDITOR DE TEXTO

Cuando accede por primera vez a Visual C++, no ve el editor de texto. Tampoco ve un botón que dice «Start the text editor», ni siquiera la palabra «editor» mencionada en ninguno de los menús. En el entorno orientado a objetos de Visual C++ sólo se preocupa sobre el tipo de documento que desea, no sobre qué herramienta necesita para crearlo. El entorno supervisa varios editores, además del editor de texto, así que sólo necesita indicar lo que desea o revisar un documento de texto en lugar de, por ejemplo, un documento gráfico. Visual C++ deduce del tipo de documento qué editor debe iniciar.

Para iniciar un documento nuevo partiendo de cero, haga aparecer el menú File y elija el comando New. En la pestaña Files del diálogo New que se muestra en la Figura 3.1, Visual C++ visualiza una lista de tipos de documento que puede crear, administrando la lista en orden alfabético.

Introduzca un nombre de documento si lo prefiere, y a continuación seleccione de la lista Active Server Page, C/C++ Header File, C++ Source File, HTML Page, Macro File, SQL Script File o Text File. Haga clic en el botón OK para iniciar el editor de texto, que aparece en forma de una ventana de documento en blanco. Hay un poco de bombo y platillo cuando ocurre esto y los menús y las barras de herramientas apenas cambian. La continuidad asegura un aspecto y comportamiento común entre los editores de Visual C++, haciendo que el producto entero sea más fácil de aprender y utilizar. Si el documento nuevo aparece como una ventana de tamaño completo, sólo unas cuantas pistas visuales (aparte del propio documento) indican que está ahora en el editor de texto en lugar de en la ventana principal de Visual C++. Una pista es un icono pequeño que aparece en el borde izquierdo de la barra de menú. Otra indicación visual es el aspecto del nombre del documento encerrado entre paréntesis en la barra de título en la parte superior de la ventana principal. Si no introduce un nombre de documento en el diálogo New, el editor inventa uno, dándole al documento nuevo un nombre temporal, como Text1 o Cpp1. El nombre sirve como resguardo hasta que guarde el documento y proporcione un nombre más descriptivo para el archivo.

Por debajo de la superficie, otros cambios ocurren dentro de los menús. Como veremos en próximos capítulos, los menús son comunes a todos los editores de Visual C++, incluyendo el editor de texto. Cuando el editor de texto se inicia, muchos de los coman-

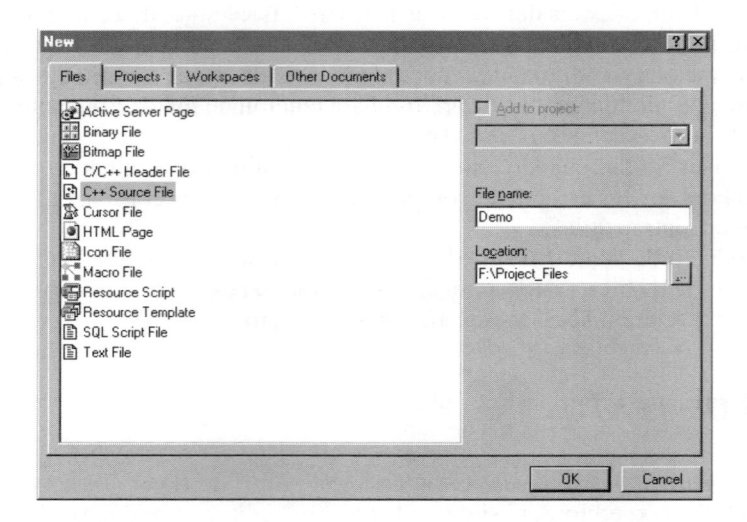

Figura 3.1. Selección del tipo de documento en el diálogo New.

dos de menús que estaban desactivados están ahora activos. Visual C++ habilita automáticamente los comandos de menú apropiados para cualquier editor que tenga centro de entrada. Por ejemplo, como la búsqueda de texto tiene significado sólo en el editor de texto, el comando Find del menú Edit aparece en texto normal cuando el editor de texto está activo pero en gris cuando el editor de gráficos tiene la atención. La Figura 3.2 describe brevemente los menús disponibles cuando el editor de texto está activo.

Hay también otros comandos disponibles. Por ejemplo, si borra el texto en el editor y a continuación cambia de idea, el menú Edit ofrece los comandos Undo y Redo. Estos comandos recuerdan un historial de supresiones, empezando con la supresión más reciente. Para restablecer el texto de supresiones anteriores, continúe haciendo clic en Undo o pulse CTRL+Z repetidamente hasta que recorra todo el camino hacia atrás por el historial del texto que quiere restablecer. Esto tiene el efecto secundario de restablecer más supresiones recientes en el orden inverso, que puede ser lo contrario de lo que desea.

El comando Redo en el menú Edit (que también se activa presionando la combinación de teclas CTRL+Y) invierte el comando Undo más reciente, permitiéndole «deshacer un deshecho».

DOCUMENTOS

Esta sección es la más larga del capítulo, describiendo cómo crear, abrir, visualizar, guardar e imprimir documentos de texto. Como he mencionado anteriormente en la Introducción al principio del libro, parte del material explicado aquí parecerá probablemente una revisión si ha utilizado antes un editor de texto basado en Windows o un procesador de texto. Pero incluso los usuarios de Windows experimentados puede que se beneficien de los temas de visualización e impresión de un documento, dado que abarcan el material específico del editor de texto de Visual C++.

Debe tener en cuenta que las palabras «documento» y «archivo» se utilizan comúnmente de manera intercambiable cuando se refieren a la edición de texto. Abrir un archivo y abrir un documento tiene el mismo significado.

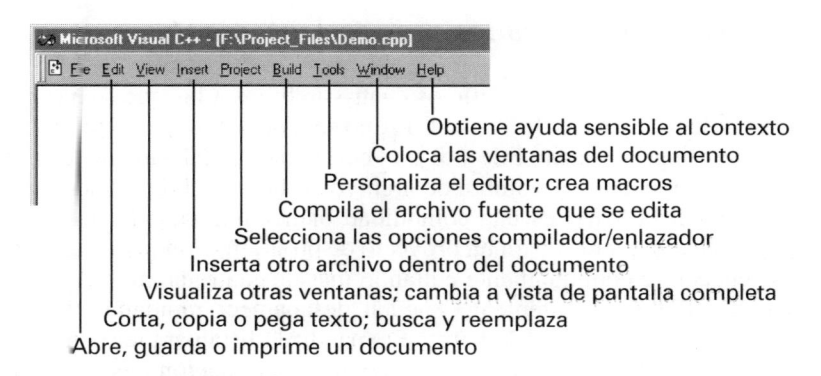

Figura 3.2. Menús del editor de texto.

Abrir un documento

El editor de texto de Visual C++ cumple con los estándares MDI (interfaz de documento múltiple), de modo que puede tener un número cualquiera de documentos abiertos al mismo tiempo. Repitiendo los pasos de abrir un documento con el comando New crea un segundo documento vacío, esta vez con un nombre predeterminado, como Text2 o Cpp2. Si la ventana tiene el tamaño completo, el nombre del documento actual, es decir, el documento que tiene el centro de entrada, aparece en la barra de título en la parte superior de la pantalla. Puede cambiar de documentos abiertos presionando CTRL+F6 o seleccionando el nombre del documento deseado del menú Window.

Un documento se crea sólo una vez en su vida. Cuando guarda un documento nuevo en el disco duro, existe desde ese momento en adelante como un archivo, y se debe abrir en vez de crearlo cuando desee trabajar con él de nuevo. Utilice uno de los siguientes métodos para abrir un documento existente:

- Haga clic en el botón Open en la barra de herramientas Standard.

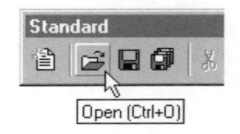

- Pulse CTRL+O.
- Elija Open del menú File.
- Elija el comando Recent Files del menú Files y elija el nombre del archivo deseado.

Los tres primeros métodos invocan el diálogo Open, lo que le permite explorar a través de carpetas para encontrar el archivo que desea abrir. El último método se salta el cuadro de diálogo Open entero, presentando una lista de los archivos que se han utilizado más recientemente, llamada la lista MRU, desde la que puede abrir un archivo directamente.

La lista de los archivos utilizados más recientemente

Por defecto, la lista MRU contiene los últimos cuatro archivos a los que se ha accedido a través de cualquiera de los editores de Visual C++, no sólo del editor de texto. Para visualizar la lista MRU, despliegue el menú File y deje el cursor momentáneamente en el comando Recent Files. Seleccionando un nombre de archivo en la lista abre el documento en el editor apropiado. La lista MRU es una comodidad bienvenida cuando trabaja siempre con unos cuantos archivos. Incluso para un proyecto de programación pequeño, sin embargo, puede que se encuentre continuamente editando más de cuatro archivo fuente, así que incluso archivos accedidos recientemente pueden desaparecer rápidamente de la lista MRU. Afortunadamente, Visual C++ le permite expandir la lista para tener más nombres de archivos. Haga clic en Options del menú Tools, y a continuación desplácese hacia la derecha si es necesario para seleccionar la pestaña Workspace. Introduzca un valor nuevo en el cuadro de texto etiquetado Recent File List Contains, como se muestra a continuación.

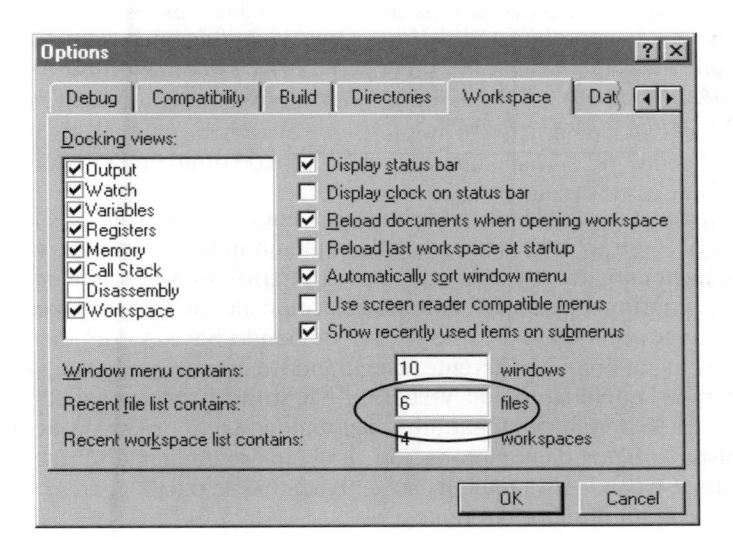

La pestaña Workspace proporciona otra opción que afecta al aspecto de la lista MRU. Si prefiere ver la lista directamente en el menú File en lugar de un submenú separado, deseleccione el cuadro de comprobación etiquetado Show Recently Used Items On Submenus. El documento adicional y los nombres de proyectos pueden hacer que el menú File parezca saturado.

El diálogo Open

Si el archivo que desea no aparece en la lista de archivos más recientemente utilizados, debe utilizar el comando Open e identificar el archivo en el diálogo Open. La lista del directorio predeterminada del diálogo visualiza los archivos en la carpeta del proyecto actual, así que normalmente no tendrá que explorar más en el archivo.

Seleccione un grupo de archivos a abrir en un solo paso manteniendo presionada la tecla CTRL cuando haga clic en el listado del directorio. Cada clic añade un archivo al grupo de archivos seleccionados. Para deseleccionar un archivo del grupo, haga clic en el nombre de archivo otra vez con la tecla CTRL presionada. Cuando hace clic en el botón Open, el editor de texto abre todos los archivos seleccionados inmediatamente como documentos separados. Si los archivos que desea abrir aparecen secuencialmente en la lista de directorio, hay un medio incluso más rápido de seleccionarlos. Haga clic en el primer archivo para seleccionarlo, a continuación mantenga presionada la tecla MAYÚS mientras hace clic en el último archivo del grupo. Todos los archivos en la lista entre los dos sobre los que hizo clic se añaden al grupo de selección. Para eliminar un archivo de un grupo, haga clic en él mientras que presiona la tecla CTRL.

> **Nota:** La lista de archivos en el diálogo Open no muestra normalmente todos los archivos en una carpeta, debido al ajuste de filtro en el cuadro de combinación Files Of Type. Un filtro es un grupo de extensiones de archivo relacionadas; por ejemplo, el filtro predeterminado C++ Files obliga al diálogo Open a incluir en la lista sólo archivos con las extensiones C, CPP, CXX, TLI, H, TLH, INL y RC. Para enumerar los demás nombres de archivos, por ejemplo aquellos con extensiones HPP o TXT, seleccione el filtro apropiado en el cuadro Files Of Type.

El diálogo Open incluye un cuadro de comprobación etiquetado Open As Read-Only. Este cuadro de comprobación toma su trabajo de descripción muy seriamente; cuando se activa, le impide que haga ningún cambio al documento abierto. Sólo se puede desplazar a través del documento, imprimirlo y copiar el texto seleccionado en el Portapapeles. Normalmente, puede eliminar el bloqueo de sólo lectura eligiendo Save As del menú File y guardar el documento con un nombre diferente, asegurándose de este modo que el archivo original no se ha alterado. La versión 6 de Visual C++ le impide incluso sortear los bloqueos de sólo lectura. En la pestaña Compatibility del diálogo Options (invocado a través del menú Tools), ajusta la marca de comprobación en el cuadro etiquetado Protect Read-Only Files From Editing. Cuando esta opción está activada, no se puede guardar un documento de sólo lectura con un nombre diferente.

Visualización de un documento

A través del editor de texto, utilice la pantalla de forma inteligente, el espacio puede ser escaso en Visual C++ cuando haya varias ventanas visibles. Para la visualiación más grande posible de su código fuente, elija Full Screen del menú View, como se muestra en la Figura 3.3, o pulse ALT+V y a continuación U. La barra de títulos, los menús y las barras de herramientas desaparecen para proporcionar el máximo espacio. Para volver a la visualización normal, pulse la tecla ESC o haga clic en el botón en la barra de herramientas Full Screen. Puede acceder a los menús en visualización de pantalla completa pulsando la tecla ALT seguida de la primera letra del menú que desee, ALT+F para el menú File, por ejemplo (la tecla ALT activa la barra de menú, así que las dos teclas no necesitan pulsarse de forma simultánea). Pulse las teclas de FLECHA DERECHA e IZQUIERDA para desplazar los menús adyacentes. Sin embargo, no puede utilizar el ratón para deslizar los menús adyacentes del mismo modo que puede hacerlo cuando la barra de menú está visible.

Si encuentra que la barra Full Screen le distrae, elimínela haciendo clic en el botón cerrar de la barra de herramientas. Con la barra de herramientas Full Screen desactivada, el único medio de volver a la visualización normal desde el modo de pantalla completa es pulsando la tecla ESC. Para volver a habilitar la barra de herramientas en visualización de pantalla completa, pulse ALT+T para visualizar el menú Tools, y a continuación haga clic en el comando Customize. En la pestaña Toolbars del diálogo Customize, active el cuadro de diálogo Full Screen en la lista de barras de herramientas. Del mismo modo, puede fabricar otras barras de herramientas o incluso la barra de menú visible en modo de pantalla completa.

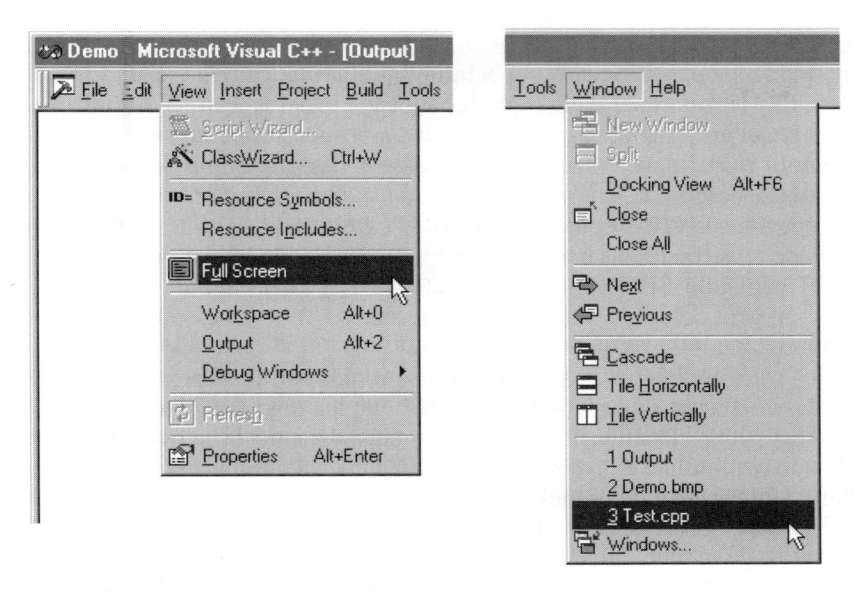

Figura 3.3. Los menús View y Window.

El menú Window proporciona una lista de todos los documentos que están abiertos actualmente, incluyendo aquellos abiertos en otros editores de Visual C++. La lista de la Figura 3.3, por ejemplo, contiene un documento de texto llamado Test.cpp y un mapa de bits abierto en el editor de gráficos (que se describe en el Capítulo 4). Puede cambiar de documentos abiertos desplegando el menú Window y haciendo clic en el nombre del documento con el que desea trabajar. Para ver todas las ventanas de documento al mismo tiempo, elija los comandos Cascade, Tile Horizontally o Tile Vertically.

Las ventanas del documento del editor de texto tienen múltiples paneles «divisorios», permitiéndole visualizar una, dos o cuatro partes diferentes del mismo documento a la vez. La Figura 3.4 muestra una visualización de cuatro paneles de un documento simple.

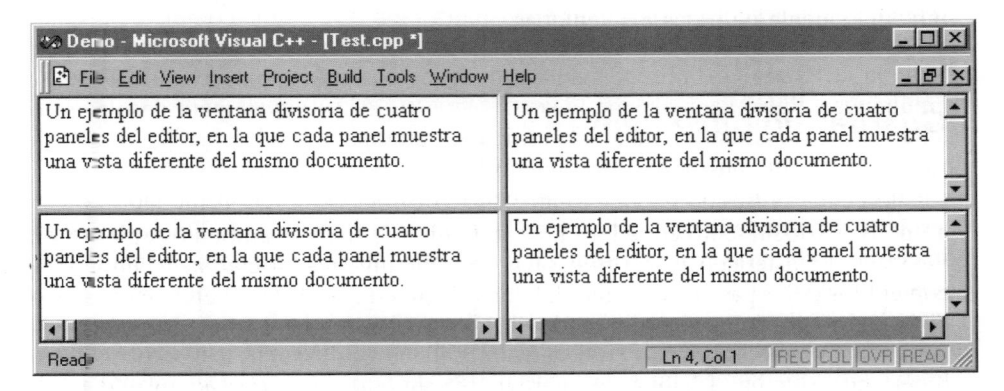

Figura 3.4. Una ventana típica de documento dividida en cuatro paneles.

Visual C++ crea cada ventana de texto utilizando la clase *CSplitterWnd* de MFC, de modo que divide los paneles que están habilitados automáticamente cuando crea o abre un documento. Las barras separadoras que separan los paneles aparecen inicialmente como dos botones pequeños, un botón colocado en la parte superior de la barra de desplazamiento vertical y el otro botón colocado en el ángulo izquierdo más lejano de la barra de desplazamiento.

Para colocar una barra separadora, arrastre su botón al área de cliente de ventana y suéltela. Puede mostrar ambas barras en un paso seleccionando el comando Split del menú Window. El comando Split centra un boceto de las barras separadoras en la ventana. Mueva el ratón para colocar las barras como desee, y a continuación haga clic para cerrarlas en el lugar.

Como los paneles separadores no tienen sus propias barras de desplazamiento independientes, la visualización de separación más útil emplea sólo dos paneles, uno encima del otro. Para hacer una visualización de dos paneles, arrastre la barra separadora vertical totalmente a la izquierda o a la derecha hasta que la barra desaparezca. Vaya de un panel a otro haciendo clic dentro del panel o pulsando la tecla F6.

Una visualización dividida en dos paneles es muy conveniente para dos visualizaciones horizontales de un documento, pero esto es mucho menos eficaz para las visualizaciones verticales contiguas, porque cada panel no se puede desplazar independientemente del otro. Afortunadamente, otro control en el menú Window proporciona ordenadamente dos o más visualizaciones de un documento. Con un solo documento abierto en el editor de texto, haga clic en el comando New Window para abrir otra ventana que abra el mismo documento. Esto no es lo mismo que abrir el archivo otra vez; la ventana nueva simplemente proporciona una segunda visualización del documento original en el espacio de trabajo del editor. Cada ventana tiene su propio sistema de desplazamiento y cursor intermitente, de modo que puede visualizar simultáneamente distintas partes del documento. Para administrar las ventanas para la visualización contigua, haga clic en el comando Tile Vertically en el menú Window. Haga clic dentro de una ventana o pulse CTRL+F6 para ir de una visualización a otra.

Puede crear una visualización adicional haciendo clic en New Window otra vez. Aunque las ventanas de visualización operan independientemente una de otra, todas reflejan los contenidos de un solo documento. Cualquier cambio que haga en una ventana aparece inmediatamente en todas las ventanas.

Guardar un documento

Cuando está tecleando en una ventana de documento, aparece un asterisco al lado del nombre del documento en la barra de título en la lista de documentos abiertos en el menú Window. El asterisco le permite saber qué documento ha cambiado en algo y que los contenidos del espacio de trabajo del documento en memoria difieren ahora del archivo en disco. Al contrario que su procesador de textos, el editor de texto de Visual C++ no guarda automáticamente su trabajo en desarrollo a intervalos regulares. Conforme teclea código fuente nuevo, coja el hábito de guardar frecuentemente su trabajo en el disco utilizando uno de estos métodos:

- Hacer clic en el botón Save de la barra de herramientas Standard.

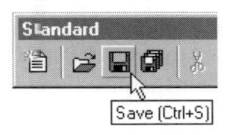

- Pulsar CTRL+S.
- Elegir Save del menú File.

Cuando guarde un documento, el asterisco agregado al nombre en la barra de título desaparece. Vuelve a aparecer en el momento en que altere otra vez el texto. Si cierra un documento cuando el asterisco está visible, el editor le solicita que guarde primero el documento.

Al recomendar que guarde su trabajo regularmente, estoy hablando de cuando edita un documento durante un período de tiempo prolongado. Conforme teclee, pregúntese a sí mismo de forma ocasional, «si hubiese un corte de luz ahora mismo, ¿me sentiría frustrado?». Si la respuesta es sí, pulse CTRL+S. Guardar el documento no es importante, sin embargo, durante los ciclos de corrección de código cuando hace pequeños cambios a la fuente y a continuación la recompila. Antes de ceder el control al compilador, el editor de texto guarda automáticamente el documento. Lo tiene que hacer, porque el compilador lee el archivo desde el disco duro, no desde el espacio de trabajo del editor en memoria.

La primera vez que guarde un documento no nombrado, abra el diálogo Save As. Aquí es donde le da al archivo un nombre y una extensión. Déle al archivo fuente una extensión propia de CPP o C, porque el compilador juzga los contenidos del archivo por su extensión, y en consecuencia lo compila como un programa C++ o C. Si no especifica una extensión, Visual C++ añade una que es apropiada para el tipo de documento que seleccionó en el diálogo New (Fig. 3.1). Por ejemplo, si selecciona C++ Source File del diálogo hace que el editor añada automáticamente una extensión CPP al nombre de archivo nuevo.

Muchos programadores prefieren una extensión de HPP para archivos de cabecera específicos de C++. Es difícil de argüir con la lógica de esta idea, pero tiene una pequeña carga de comodidad en Visual C++. Cuando elija Open, al principio el diálogo visualiza sólo archivos con extensiones C, CPP, CXX, TLI, H, TLH, INL y RC. Para ver un archivo con una extensión HPP, debe cambiar el filtro de tipo de archivo a C++ Include Files o a All Files. Por lo demás, dándole a un archivo de cabecera una extensión de HPP evita cualquier confusión en Visual C++. En realidad, puede nombrar los archivos de cabecera con cualquier extensión que desee, porque Visual C++ escanea archivos fuente para sentencias **#include** cuando crea un proyecto. Cualquier archivo referenciado por una sentencia **#include**, independientemente de su extensión de archivo, se añade también al proyecto que aparece en la lista de los archivos de cabecera en la pestaña FileView de la ventana Workspace.

Cuando guarda un nuevo documento y le da un nombre, ese nombre reemplaza al nombre predeterminado en la barra de título y en el menú Window. Por lo tanto, siempre que guarde el archivo, el editor superpone la versión anterior en el disco sin solicitarle el diálogo Save As. El editor no le da por primera vez a la versión anterior una extensión

BAK. Una vez que guarda un documento, su primera versión en el disco desaparece para siempre. Si necesita algunas variaciones de su fuente, elija Save As del menú File y déle a cada versión fuente un nombre de archivo diferente.

Impresión de un documento

Para imprimir el documento que tiene la atención de entrada, haga clic en Print en el menú File o pulse CTRL+P para abrir el diálogo Print. Si desea imprimir sólo una parte de una lista fuente, por ejemplo una sola subrutina, seleccione primero el texto deseado. Al hacer esto activa el botón de radio Selection en el diálogo Print, que se muestra en la Figura 3.5.

El botón de radio Selection indica que sólo se imprimirá el texto seleccionado en lugar del documento entero. Puede anular el ajuste haciendo clic en el botón de radio All.

El diálogo muestra la impresora a la que Windows enviará la tarea de impresión. Para designar cualquier otra impresora adjunta a su sistema, haga clic en el cuadro de combinación Printer y elija entre la lista de impresoras disponibles. Haga clic en OK para iniciar el trabajo de impresión. Con la cola de impresión activada (lo que es probable), el control vuelve casi inmediatamente al editor de texto, permitiéndole continuar su trabajo. Puede imprimir varios trabajos en una sucesión rápida, a pesar de la monitorización el progreso de sus tareas de impresión necesita una excursión a la carpeta Printers. Haga clic en el botón Start en la barra de tareas, elija Settings, y a continuación haga clic en Printers. Seleccione la impresora deseada y haga clic en Open en el menú File para ver la cola actual de sus trabajos de impresión.

Cuando está activa la cola de impresión, su oportunidad de cancelar una tarea de impresión desde el editor dura unos instantes. Una vez que la cola de impresión tiene control de la tarea de impresión, el botón Cancelar desaparece de la pantalla. Después de esto, puede cancelar una tarea de impresión sólo desde la carpeta Printers. Si por alguna razón está inhabilitada la cola de impresión, el editor de texto debe esperar hasta que la impresora finalice antes de que le devuelva el control.

El editor de texto de Visual C++ ofrece una cantidad limitada de formateado para la página impresa, dejándole ajustar márgenes y especificar una cabecera y pie de página para que aparezcan en cada página. Elija Page Setup del menú File, a continuación el texto deseado en el cuadro de texto Footer o Header en el diálogo Page Setup. Utilice los códigos de la Tabla 3.1 para incluir información en tiempo real en el texto de cabecera o de pie de página.

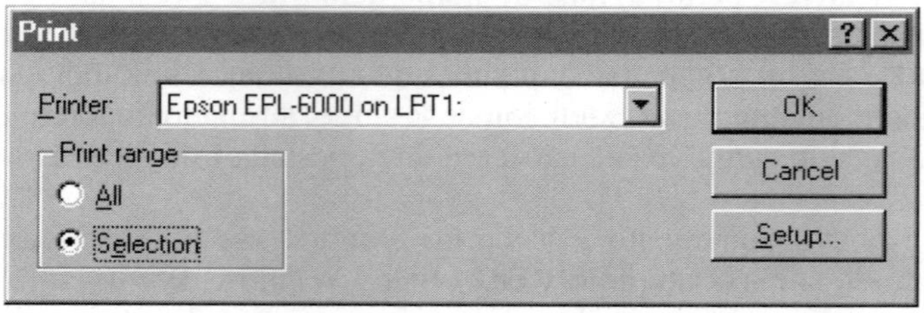

Figura 3.5.   El cuadro de diálogo Print.

Tabla 3.1. Códigos de impresión para incluir información en las cabeceras o pies

Código de impresión	Significado
&ξF	Nombre de archivo o documento impreso.
&P	Número de página actual.
&T	Hora del sistema en el formato apropiado para el ajuste de idioma actual, como 11:54:31 AM.
&D	Fecha del sistema en el formato apropiado para el ajuste de idioma actual, como 12/16/98.
&L	Alinea el texto de la cabecera o del pie con el margen izquierdo.
&C	Centra el texto de la cabecera o del pie entre los márgenes.
&R	Alinea el texto de la cabecera o del pie con el margen derecho.

No necesita memorizar estos códigos. Simplemente haga clic en el botón de la flecha adyacente al cuadro de texto en el diálogo Page Setup para visualizar una lista de opciones de formateado, y a continuación haga clic en una opción en la lista para insertar su código en su texto de pie de página o de cabecera. Los códigos de impresión pueden estar en mayúsculas o en minúsculas.

Combine códigos de impresión con texto normal de cualquier modo que desee. Por ejemplo, una cabecera que identifique el nombre del archivo impreso y la fecha de impresión puede ser así:

```
&RFile:  &F;  Date:  &D    page &P
```

El código &R al principio del texto obliga a la cabecera a desplazarse al margen derecho de la página, un rasgo al que los procesadores de texto hacen referencia como «justificación derecha» o «alineación derecha». El código &P imprime un número de página, que empieza por uno para la primera página. El número de página es relativo al trabajo de impresión, no al documento de texto. Si imprime texto seleccionado desde el centro del documento, el código &P todavía marca la primera página impresa como página 1. No existe código de impresión para la cuenta total de páginas, así que no es posible numerar cada página en forma de «Página 1 de 20», por ejemplo. Y como los códigos de impresión en la cabecera y en el pie de página se aplican a toda la tarea de impresión, no hay opción para especificar &R para páginas de numeración rara y &L para páginas de numeración constantes para alternar la alineación de derecha a izquierda.

Una cabecera o pie de página no puede ocupar más de 40 caracteres en una única línea. Cada código de impresión se cuenta como dos caracteres. Los tabuladores no están permitidos en el texto.

NAVEGAR A TRAVÉS DE UN DOCUMENTO

Por supuesto, se puede desplazar a través de un documento pulsando las teclas de flecha o deslizando la barra de desplazamiento. Pero como veremos, otros métodos pueden ayudarle a navegar por el editor de texto de forma más precisa y eficaz. Primero, deberíamos estar de acuerdo en parte de la terminología. El cursor familiar de los editores de texto basados en DOS tiene un nombre diferente en Windows. Windows llama al indicador parpadeante «signo de intercalación», porque su función es similar a la del símbolo de signo de intercalación de revisor de libros (^) utilizado para indicar dónde debería insertarse el texto nuevo.

La palabra «cursor» está reservada en Windows para la flecha (u otra imagen) que muestra la posición del ratón actual. La ayuda en línea de Visual C++ llama al signo de intercalación «punto de inserción», pero como programador de Windows debe saber la diferencia técnica entre cursor y signo de intercalación. Entonces, cuando encuentre funciones API, como por ejemplo *ShowCaret* y *SetCaretPos*, no tendrán ningún misterio para usted.

Las pulsaciones de tecla para mover el signo de intercalación en el editor de texto deberían ser familiares para cualquiera que haya utilizado un procesador de texto de Windows. La Tabla 3.2 describe las principales teclas de movimiento del signo de intercalación del editor de texto.

Movimiento en espacio virtual

Nunca ha habido un consenso entre los editores de texto sobre qué hacer cuando el signo de intercalación alcanza el final de una línea. ¿Qué debería pasar cuando el usuario pulse

Tabla 3.2.   Teclas de movimiento del signo de intercalación del editor de texto

Pulsación	Movimiento de intercalación
FLECHA IZQUIERDA, FLECHA DERECHA	Se desplaza hacia delante o hacia atrás un carácter. Si el signo de intercalación está al principio de una línea, la FLECHA IZQUIERDA desplaza el signo de intercalación hasta el final de la línea anterior. Si el signo de intercalación está al final de la línea, el efecto de la FLECHA DERECHA depende del ajuste del espacio virtual.
FLECHA HACIA ARRIBA, FLECHA HACIA ABAJO	Se desplaza hacia abajo o hacia arriba una línea. Si la línea destino es más corta que la línea actual, la posición del signo de intercalación depende del ajuste del espacio virtual.
CTRL+FLECHA IZQUIERDA, CTRL+FLECHA DERECHA	Se desplaza hacia delante o hacia atrás una palabra. El editor trata muchas marcas de puntuación como palabras separadas. Por ejemplo, debe presionar la flecha CTRL+DERECHA siete veces para desplazarse a través de la frase *adiós/Clara*.
INICIO, FINAL	Se desplaza al principio o final de la fila.
CTRL+INICIO, CTRL+FINAL	Se desplaza al principio o final del documento.
PÁGINA ANTERIOR PÁGINA POSTERIOR	Se desplaza hacia arriba o hacia abajo el número de líneas visibles en la ventana. El editor superpone el desplazamiento una línea, lo que significa que según presiona PÁGINA ANTERIOR para desplazarse a través de un documento, la línea en la parte inferior de la visualización se convierte en la línea superior de la siguiente visualización. No hay forma de cambiar la superposición de desplazamiento.

la tecla de la FLECHA DERECHA? Algunos (afortunadamente pocos) editores no actúan en absoluto, negándose firmemente a desplazar el signo de intercalación. Otros editores ven el texto como una secuencia continua; al pulsar la tecla de FLECHA DERECHA al final de una línea simplemente ajusta el signo de intercalación al principio de la línea siguiente. Si mantiene pulsada la FLECHA DERECHA el tiempo suficiente, con el tiempo se desplaza el signo de intercalación a través del documento hasta llegar a la parte inferior. Todavía hay editores que permiten al signo de intercalación desviarse hacia el borde de la línea y continuar moviéndose hacia la derecha en el espacio en blanco (o virtual). La belleza de este enfoque es que le permite tratar la pantalla del ordenador como una hoja de papel; mueva simplemente el signo de intercalación y teclee lo que desee. Pero el espacio virtual tiene ventajas e inconvenientes.

Considere lo que ocurre cuando el signo de intercalación está al final de la primera línea del siguiente fragmento y quiere desplazarse a la segunda línea:

```
b = SendMessage( hwnd, MY_MESSAGE, wParam, lParam );
b *= 2;
```

Sin espacio virtual, pulsando la FLECHA DERECHA desplaza el signo de intercalación inmediatamente al principio de la segunda línea. Al pulsar la FLECHA ABAJO mueve el signo de intercalación al final de la segunda línea. Sin embargo, un editor de espacio virtual requiere dos pulsaciones de tecla para desplazarse a cualquier posición. Debe pulsar la FLECHA ABAJO, a continuación INICIO o FIN. Por otro lado, un editor de espacio virtual facilita la adición de un comentario a la segunda línea. Simplemente mueva el signo de intercalación hacia abajo al espacio en blanco y teclee:

```
b = SendMessage( hwnd, MY_MESSAGE, wParam, lParam );
b *= 2;                                               // Lo duplica
```

Por cierto, aquellos otros editores son correctos: un documento *es* una secuencia de texto continua. No puede tener agujeros. Así que el editor de Visual C++ inteligentemente «tabifica» el hueco entre el texto existente y cualquier otro texto nuevo añadido a la línea de espacio virtual. El editor rellena el hueco con teclas el máximo posible, a continuación añade espacios para las últimas columnas sólo si es necesario.

Ambas escuelas tienen sus seguidores. El editor de texto de Visual C++, siempre personalizable, le deja elegir, permitiéndole cambiar el ajuste de espacio virtual según sus preferencias siguiendo estos pasos:

1. Del menú Tools, elija Options.
2. Haga clic en la pestaña Compatibility.
3. Ajuste o borre el cuadro de comprobación Enable Virtual Space.

Delimitadores concordantes

El editor de texto reconoce pares de delimitadores que encierran bloques de código fuente de C/C++, dejándole que mueva el signo de intercalación con una sola pulsación de tecla desde un delimitador a su homólogo correspondiente. El editor puede distinguir tres delimitadores: paréntesis ( ), llaves { } y corchetes [ ].

Los delimitadores aparecen en pares concordantes que sirven como sujetalibros para bloques de código fuente. Cada par establece un nivel de delimitador y puede encerrar un número cualquiera de subniveles anidados. El fragmento siguiente muestra un ejemplo típico en el que los niveles están delimitados por llaves:

```
if (msg = WM_USER)
{                                           // Inicio del nivel A
    for (i=0; i < 5; i++)
    {                                       // Inicio del nivel B
        ⋮
    }                                       // Final del nivel B
}                                           // Final del nivel A
```

Con el signo de intercalación adyacente a cualquier delimitador, pulse CTRL+] para ir hacia el delimitador concordante. Para seleccionar el texto dentro de un nivel, pulse MAYÚS+CTRL+].

Los paréntesis en C y C++ funcionan como delimitadores para elementos de código diferentes, como por ejemplo expresiones de sentencias **if** y listas de parámetro de función. Sin embargo, los niveles definidos por los paréntesis no dependen del tipo de sentencia, sólo de cómo aparecen en el texto. La línea siguiente ilustra la idea, mostrando tres niveles etiquetados A, B y C:

```
if (HeapAlloc( GetProcessHeap( ), 0, sizeof (DEVMODE) ))
        B          C              C
  A
```

Los dos grupos más internos tienen el mismo nivel (C), y ambos están contenidos en niveles A y B. Cuando el signo de intercalación está al lado de los primeros paréntesis (que empieza el nivel A), pulsando CTRL+] desplaza el signo de intercalación al último paréntesis al final del nivel A, saltando los paréntesis intermedios.

El editor determina a qué nivel pertenece un delimitador utilizando un viejo truco de programador para comprobar código fuente: cuenta los paréntesis. Debe haber un número igual de paréntesis abiertos que cerrados dentro de cualquier nivel, o el código es erróneo. Para moverse hasta el final del nivel A desde los primeros paréntesis, el editor busca hacia delante un paréntesis cerrado que concuerde mientras que lleva la cuenta. Para cada paréntesis abierto (hacia la derecha) que encuentre, aumenta la cuenta en uno. Cada paréntesis (hacia la izquierda) disminuye la cuenta. La cuenta pasa a cero cuando el editor encuentra el delimitador al final del nivel en el que comenzó.

El editor también reconoce las directivas de compilador condicional **#if**, **#ifdef**, **#else**, **#elif** y **#endif** como delimitadores, aunque utilice pulsaciones de teclas diferentes para navegar entre ellos. Cuando el signo de intercalación está en cualquier lugar dentro de un bloque de directivas condicionales, puede desplazarse a la siguiente directiva pulsando CTRL+J para desplazarse hacia atrás o CTRL+K para desplazarse hacia delante. Al añadir la tecla MAYÚS a la combinación, selecciona el texto conforme el signo de intercalación se desplaza a la siguiente directiva condicional.

Marcadores

Un marcador de editor de texto le guarda su puesto en un documento, permitiéndole volver a la línea marcada sin importar dónde esté en el texto. Si en el pasado ha confiado en su comando Go To del editor para regresar hacia una área interesante de su documento, verá las ventajas de los marcadores. Go To apunta a un número de línea, pero a medida que añade o suprime en algún otro sitio del documento, una fila de texto se puede meter o sacar de esta posición original. Go To le deja en cualquier línea nueva que se haya movido dentro de la abertura. Con un marcador, no tiene que recordar un número de línea para volver a ella, y el marcador queda anclado en su línea a medida que el documento aumenta o disminuye de tamaño. El editor de texto de Visual C++ ofrece dos tipos de marcadores, llamados con nombre y sin nombre.

Marcadores con nombre

Un marcador con nombre se convierte en un elemento permanente de su documento hasta que lo quite. Marca una posición precisa en el texto, quedando colocado entre sesiones de edición. En realidad, puede saltar de un documento a un marcador nombrado en otro documento incluso si el segundo documento no está abierto. El editor de texto abre automáticamente el segundo documento si es necesario y deja caer el signo de intercalación en la posición que apunta el marcador.

Para ajustar un marcador con nombre, coloque el signo de intercalación que desee marcar y haga clic en Bookmarks del menú Edit para visualizar el diálogo Bookmark. Teclee un nombre descriptivo si lo desea, y a continuación haga clic en el botón Add para añadir el nuevo marcador a la lista. Cuando cierre el diálogo, el nuevo marcador estará instalado. Puede volver a un marcador directa o indirectamente. El método indirecto es más conveniente si no tiene muchos marcadores en su documento. Simplemente pulse F2 para saltar hacia delante al siguiente marcador o pulse MAYÚS+F2 para saltar hacia atrás. O haga clic en uno de los botones Next Bookmark en la barra de herramientas Edit para obtener los mismos resultados:

El método directo para mover el signo de intercalación a un marcador con nombre requiere otra visita al diálogo Bookmark. Haga dos veces clic en el marcador destino en la lista o seleccione el marcador y haga clic en el botón Go To. También puede ir hasta un marcador con nombre por medio del comando Go To en el menú Edit, aunque requiera más trabajo con el ratón.

Internamente, un marcador con nombre es un desplazamiento de 32 bits desde el principio del documento que marca una ubicación específica en el texto. Cuando añade o suprime un byte de texto en cualquier sitio delante de un marcador con nombre, el editor aumenta o disminuye el valor del marcador. El marcador continúa de este modo apuntando a su destino, independientemente de cómo cambie el texto alrededor de él. Al contrario que un procesador de textos, el editor no guarda marcadores con nombre dentro de un archivo de documento cuando cierra el documento, porque el carácter extraño sólo confundiría al compilador.

Marcadores sin nombre

Un marcador puede ser tan persistente que a menudo parece exagerado. Un marcador con nombre no es conveniente cuando sólo desea marcar un pasaje en su código fuente, volver a consultarlo una o dos veces cuando esté editando otras partes del documento, y a continuación olvidarlo.

Para una marcación rápida, utilice en su lugar un marcador sin nombre. Un marcador sin nombre es temporal, sólo dura hasta que elimine o cierre el documento. Marca una línea, no una posición de signo de intercalación determinado. Cuando salta a un marcador sin nombre, el signo de intercalación aparece al principio de la línea marcada. Si suprime la línea, también suprime el marcador sin nombre.

La ventaja de un marcador sin nombre es que es fácil de ajustar e incluso más fácil de suprimir. Para marcar una línea con un marcador sin nombre, pulse CTRL+F2 con el signo de intercalación en cualquier parte en la línea o haga clic en el botón de la barra de herramientas con la etiqueta sencilla, que se muestra a continuación.

Si está activado el margen de selección (como se describe más adelante en este capítulo), aparece un icono de cuadro en el margen a la izquierda de la línea marcada. De lo contrario, el editor marca la línea entera con un color diferente.

Puede saltar a un marcador sin nombre haciendo clic en los botones de la barra de herramientas o pulsando las teclas F2 o MAYÚS+F2. Cada pulsación de tecla desplaza el signo de intercalación secuencialmente hacia delante o hacia atrás a través de cada marcador del documento, tanto con nombre como sin nombre.

Tiene varias opciones para eliminar un marcador sin nombre:

- Coloque el signo de intercalación en la línea y pulse CTRL+F2 otra vez para desactivar el marcador.

- Pulse MAYÚS+CTRL+F2. Esto elimina todos los marcadores sin nombre del documento.

- Simplemente ignórelo. Los marcadores sin nombre en un documento desaparecen cuando cierra el documento.

BÚSQUEDA DE TEXTO

El editor ofrece tres variaciones en el tema familiar de la búsqueda de texto:

- Busca el texto en un documento abierto.
- Reemplaza el texto en un documento abierto.
- Busca el texto en archivos de disco.

Las dos primeras operaciones son prácticamente universales entre los editores de texto. La búsqueda de texto en archivos de disco puede ser un rasgo menos usual, pero es extremadamente útil, visualizando una lista de archivos que contienen una palabra o frase en particular. Aquí tiene una explicación exhaustiva de las tres operaciones de búsqueda.

Búsqueda de texto en un documento abierto

Como la mayor parte de los editores, el editor de Visual C++ puede buscar a través de un documento y localizar una palabra o frase dada, llamada cadena de búsqueda. Hay dos modos de especificar una cadena de búsqueda. El método más conveniente hace uso del cuadro de combinación ubicado en la barra de herramientas Standard:

Teclee la cadena en el cuadro de combinación o haga clic en el botón de la flecha de cuadro y seleccione una cadena previamente introducida de la lista. Pulse INTRO para iniciar una búsqueda. Cuando el editor localiza la cadena, realza la cadena en la ventana del documento y coloca el signo de intercalación en el primer carácter del texto realzado. Conforme el cuadro de combinación mantiene el centro, puede continuar buscando a través del documento para la siguiente aparición de la cadena pulsando la tecla INTRO. Para volver al modo de edición, pulse ESC o haga clic en cualquier lugar de la ventana del documento. Entonces puede continuar buscando la misma cadena pulsando F3 para buscar hacia delante o MAYÚS+F3 para buscar hacia atrás. Visual C++ proporciona los botones de la barra de herramientas para estos comandos, aunque a continuación debe añadirlos usted mismo a la barra de herramientas. La sección «Creación de botones de barra de herramientas para comandos» (pág. 81) explica cómo. Aquí tiene cómo son los botones de búsqueda cuando están en la barra de herramientas Edit:

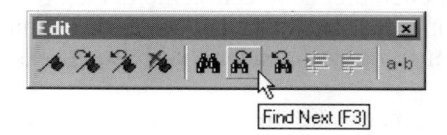

El segundo modo de especificar una cadena de búsqueda implica el diálogo Find. Aunque menos directo que el primer método, el diálogo Find ofrece más alternativas. Por ejemplo, si una aparición de la cadena que desea buscar resulta estar en la pantalla, puede tomar prestada la cadena sin tener que volver a teclearla. Para una sola palabra, simplemente haga clic en la palabra para ajustar el signo de intercalación en ella; si no, seleccione el texto que desee buscar arrastrando el cursor del ratón sobre él. A continuación abra el diálogo Find pulsando CTRL+F o eligiendo el comando Find del menú Edit. Cuando aparece el diálogo, ya está inicializado con el texto seleccionado.

Puede refinar la búsqueda con parámetros que especifiquen la sensibilidad a las mayúsculas y si la cadena debería concordar con una palabra entera o no. Haga clic en el cuadro de comprobación Match Case para definir una búsqueda sensible a las mayúsculas en la que el editor encuentre sólo texto que concuerde con la cadena de búsqueda de forma exacta. Por ejemplo, una búsqueda sensible a las mayúsculas para «abc» encuentra sólo esa cadena, mientras que una búsqueda no sensible a las mayúsculas para la misma cadena puede encontrar *abc*, *ABC* o *Abc*. Haga clic en el cuadro de comprobación Match Whole Word Only para ignorar las apariciones de la cadena de búsqueda contenidas en otra palabra. Una búsqueda de palabra completa para «any» encuentra sólo ejemplos que aparecen como una palabra entera, ignorando palabras como *company*, *many* y *anywhere*.

Haga clic en el botón Mark All en el diálogo Find para etiquetar cada acierto de búsqueda con un marcador sin nombre. Esta opción le permite volver a las apariciones de una cadena a través de una sesión de edición mientras que continúa utilizando el comando Find para buscar otras cadenas.

Una variación interesante de las capacidades de búsqueda del editor es un comando llamado Incremental Search que comienza buscando a medida que teclea la cadena de búsqueda. Pulse CTRL+I en un documento abierto y aparece la solicitud «Incremental Search:» en la barra de estado en el ángulo inferior izquierdo de la ventana. A medida que teclea la cadena de búsqueda, el editor comienza inmediatamente a buscar a través del documento, normalmente localizando la cadena antes de que termine de teclearla. Cuando el editor encuentra la palabra que está buscando, pulse INTRO o una tecla de FLECHA para volver al modo edición. Para volver a buscar la misma cadena, haga clic en el botón de barra de herramientas apropiada o pulse la tecla F3. La combinación de teclas MAYÚS+CTRL+I invierte la Incremental Search, de modo que el editor busque hacia atrás desde la posición de signo de intercalación en lugar de hacia delante.

Reemplazar texto

Para buscar texto con el objetivo de reemplazarlo por otro texto, elija Replace del menú Edit. Esto le presenta un diálogo parecido al diálogo Find, excepto que consulta dos cadenas en lugar de una. El primer cuadro toma una cadena normal. En el segundo cuadro, teclee la cadena con la que desea reemplazar cualquier acontecimiento del texto encontrado. Si deja el segundo cuadro vacío, el editor reemplaza todas las visitas de búsqueda por nada; es decir, suprime todos los acontecimientos de la cadena de búsqueda del documento.

Para buscar y reemplazar selectivamente, haga clic en el botón Replace cuando el editor encuentre la cadena de búsqueda. A continuación salta automáticamente a la siguiente aparición de la cadena. Haciendo clic en el botón Find Next, salta por encima del texto sin alterarlo. El botón Replace All reemplaza todos los acontecimientos de la cadena de búsqueda en un único paso. Puede buscar y reemplazar sólo hacia delante y sólo en el documento actual, pero no en múltiples archivos.

Si selecciona más de una línea de texto antes de invocar el diálogo Replace, el botón de radio Selection se activa automáticamente, indicando al editor que limite la operación de búsqueda-y-selección a la sección seleccionada. Haciendo clic en el botón de radio Whole File, anula el ajuste. Aunque puede seleccionar una columna de texto en el editor arrastrando el cursor del ratón hacia abajo y a la derecha mientras que pulsa la tecla ALT, normalmente no puede restringir los reemplazos a una columna seleccionada. El botón de radio Selection está desactivado si la selección es columnar. Sin embargo, una macro puede eliminar esta limitación, y el Capítulo 13 presenta una macro de ejemplo que le permite buscar y reemplazar dentro de una columna marcada.

Búsqueda de texto en archivos de disco

Los usuarios de UNIX conocen esta característica como *grep*. Dada una cadena de búsqueda, el editor puede localizar todos los archivos en una carpeta que contenga esa cadena. También puede «taladrar» en su búsqueda escaneando a través de subcarpetas anidadas. Haga clic en el comando Find In Files en el menú Edit para abrir el cuadro de diálogo que se muestra en la Figura 3.6. El diálogo le pide una cadena de búsqueda, tipo de archivo y la carpeta en la que desea que el editor comience a buscar.

La carpeta predeterminada es la carpeta de proyecto actual; si desea buscar en otra carpeta, introduzca el camino en el cuadro Folder o haga clic en el botón adyacente con los tres puntos enigmáticos para explorar la carpeta nueva. El cuadro de comprobación Look In Subfolders le indica al editor si continúa con la búsqueda a través de cualquier subcarpeta anidada o continúa su búsqueda sólo en la carpeta indicada. Por defecto, este cuadro de comprobación está activado. Haga clic en el botón Advanced para especificar cualquier carpeta que no sea una carpeta anidada en la que desee que el editor busque. Hay algunos cuadros de comprobación prácticos para incluir subcarpetas que contienen la fuente de proyecto y archivos include.

Vimos en el Capítulo 1 que el comando Find In Files normalmente visualiza su lista de archivos en la pestaña Find In Files 1 de la ventana Output (que se muestra en la Figu-

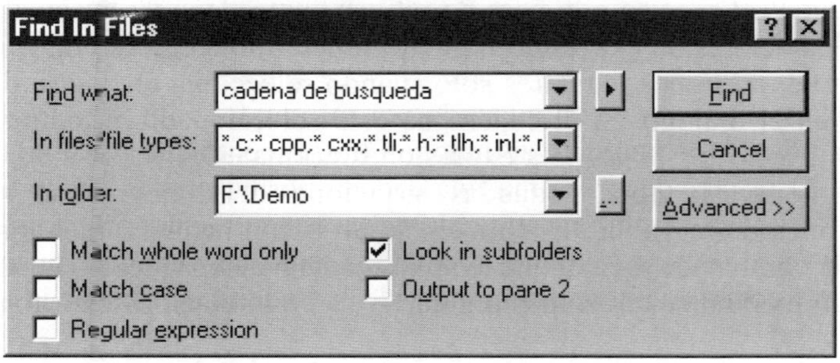

Figura 3.6. El cuadro de diálogo Find In Files, que se utiliza para buscar archivos en disco.

ra 1.7, pág. 12). Para dirigir la salida del comando, en lugar de la pestaña Find In Files 2, active el cuadro de comprobación Output To Pane 2, que se muestra en la Figura 3.6. Al activar o desactivar el cuadro de comprobación, permite mantener dos listas de archivo separadas de modo que los resultados de búsqueda no superpongan los resultados de una búsqueda anterior.

Una vez que ha ajustado los parámetros de búsqueda, haga clic en el botón Find. Cuando Visual C++ encuentra un archivo que contiene la cadena de búsqueda dada, enumera el nombre de archivo y la ruta en la ventana Output. Cada entrada en la lista también incluye una copia de la línea en la que la cadena apareció por primera vez en el archivo, de modo que pueda ver cómo se utiliza la cadena en el contexto. Haciendo dos veces clic en un archivo en la lista lo abre en el editor de texto.

Antes de llevar a cabo una búsqueda de archivos, Visual C++ guarda primero cualquier documento no guardado y abierto en el editor de texto, asegurando que se ha buscado la versión más actualizada de cada archivo. Puede ajustar este comportamiento en la pestaña Editor del diálogo Options a través de dos cuadros de comprobación etiquetados Save Before Running Tools y Prompt Before Savings Files. Despejando el primer cuadro de comprobación, Visual C++ instruye para que no guarde documentos abiertos antes de buscar, restringiendo de este modo su búsqueda a documentos tal y como estaban la última vez que los guardó. Si prefiere que Visual C++ le deje elegir si guardar o no un documento cuando invoca el comando Find In Files, ajuste ambos cuadros de comprobación. Esto hace que el editor consulte primero los permisos antes de guardar cada documento abierto.

Búsqueda con expresiones regulares

Los diálogos de búsqueda que hemos visto hasta ahora contienen un cuadro de comprobación etiquetado Regular Expression. Una expresión normal está formada por uno o más caracteres especiales que representan una cadena de texto. Ya hemos utilizado algo parecido en los diálogos Open y Save As, en los que el tipo de archivo de, por ejemplo, *.cpp significa «cualquier archivo con una extensión CPP». El comodín del asterisco actúa como una expresión regular que representa cualquier texto que forme un nombre de archivo válido.

Las expresiones regulares para las cadenas de búsqueda son más sofisticadas que los comodines, dándole control preciso a la hora de refinar una cadena de búsqueda. La Tabla 3.3 enumera los caracteres de expresión regular predeterminados. El editor interpreta estos caracteres como expresiones regulares sólo cuando selecciona el cuadro de diálogo Regular Expression en el diálogo. Si el cuadro no está seleccionado, el editor trata los caracteres literalmente y no los expande a expresiones normales.

No tiene que memorizar la tabla. Todas las variaciones del diálogo Find proporcionan una versión en línea de la Tabla 3.3 a través de un botón pequeño que aparece a la derecha del cuadro de combinación en el que teclea la cadena de búsqueda. Haga clic en el botón para obtener un menú de expresiones regulares y a continuación seleccione las que desee.

El carácter más (+) le permite designar una cadena. Para obtener una idea de cómo funciona esto, considere la expresión regular [a-zA-Z]. Significa cualquier carácter dentro del rango de caracteres contenidos entre los paréntesis; en otras palabras, una sola letra.

Tabla 3.3. Caracteres de expresión regular

Carácter	Significado	Ejemplo
.	Cualquier carácter sencillo.	«..do» concuerda con *redo* y *undo* pero no con *outdo*.
[ ]	Cualquier carácter o rango de caracteres dentro de corchetes.	«sl[aou]g» concuerda con *slag*, *slog* y *slug*.
[^]	Cualquier carácter o rango, excepto aquellos seguidos de un signo de intercalación.	«sl[^r-z]g» concuerda con *slag* y *slog* pero no con *slug*.
*	Ninguno o más de los caracteres o expresiones anteriores.	«re*d» concuerda con *rd*, *red* y *reed*.
+	Uno o más de los caracteres o expresiones anteriores.	«re+d» concuerda con *red* y *reed* pero no con *rd*.
^	Comienzo de una línea.	«^word» concuerda con *word* sólo si *word* inicia una línea.
$	Final de una línea.	«word$» concuerda con *word* sólo si *word* finaliza una línea.
\	El carácter siguiente no es una expresión regular.	«word\$» concuerda con *word$* (sin tener en cuenta $ como un carácter de final de línea).

Añada un signo más a la expresión y cambia el significado. El signo más significa «uno o más de estos caracteres». El editor interpreta a continuación [a-zA-Z]+ como cualquier cadena de letras, es decir, cualquier palabra. De forma similar, la expresión normal [0-9] significa un dígito, pero [0-9]+ se expande para significar cualquier número entero positivo, independientemente de su tamaño.

Las búsquedas de expresiones normales son siempre sensibles a las mayúsculas. Incluso si desactiva el cuadro de diálogo Match Case en el diálogo Find, una búsqueda para la expresión normal [0-9a-f]+ encuentra sólo números hexadecimales como 0x37ac pero no 0x7A43. Para encontrar el segundo número, debe incluir letras en mayúsculas en la expresión regular como esta: [0-9a-fA-F]+.

AYUDAS PARA PROGRAMAR

La codificación para Windows y MFC obliga incluso a los desarrolladores más expertos a no alejarse mucho de los enormes libros de referencias y de la documentación en línea cuando están codificando. Muy pocos de nosotros ejecutamos alguna vez más de una parte ínfima de información necesaria para escribir programas de Windows, y pasamos mucho tiempo buscando listas de parámetros y confirmando la ortografía de funciones y nombres de variables. Pero el editor de texto de Visual C++ tiene posibilidades diseñadas para ayudar a liberar al desarrollador de estas interrupciones interminables. Esta sección describe la mejor y más nueva característica, una ayuda para teclear llamada Statement Completion.

Statement Completion es un término global para un trío de herramientas de programación, llamadas List Members, Parameter Info y Type Info. En un sentido casi literal, estas herramientas ponen en sus manos una versión condensada de Win32 y material de referencia de MFC.

List Members

Diseñados para acelerar la entrada de código y minimizar los errores tipográficos, el rasgo List Members del editor permanece continuamente cerrado a mano a medida que teclea. A través de una ventana emergente, List Members proporciona una lista enorme de miembros de clase MFC, funciones de tiempo de ejecución C, constantes manifiestas, nombres de estructura, funciones Win32 API y miembros de clase del proyecto actual, permitiéndole seleccionar de la lista para completar la palabra que está tecleando actualmente. La ventana List Member aparece automáticamente cuando teclea el operador de resolución de ámbito (::), miembro de operador (.), u operador miembro puntero (->). Conforme continúa tecleando un nombre de miembro, la barra de selección de ventana se desplaza a la entrada de la lista que mejor completa el nombre. La Figura 3.7 muestra cómo se pone a cero la ventana List Members en la función *CDC::SetMapMode* incluso antes de que termine de teclearla.

El editor de texto inserta la entrada de la lista realzada en el documento cuando teclea un carácter que no sea una letra, como por ejemplo un espacio o un punto y coma. El proceso es más fluido de lo que parece, especialmente después de un poco de práctica, porque los nombres de miembros en código fuente van casi siempre seguidos de puntuación; un paréntesis izquierdo después de un nombre de función, o un punto y coma o signo

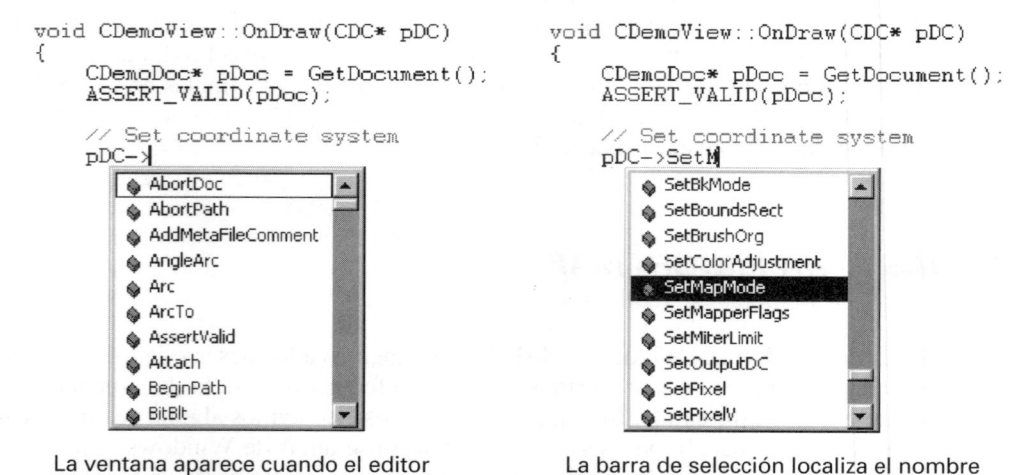

La ventana aparece cuando el editor detecta el operador miembro del puntero

La barra de selección localiza el nombre completo a medida que teclea

Figura 3.7. La ventana List Members visualizada en el editor de texto.

igual después de una variable. El escenario que se muestra en la Figura 3.7, por ejemplo, se completa lógicamente tecleando un paréntesis izquierdo, produciendo este resultado:

```
// Set coordinate system
pDC->SetMapMode(
```

El editor descarta la ventana List Members, inserta la entrada realizada *SetMapMode* en la posición del signo de intercalación y lo sigue con el paréntesis izquierdo, preparado para que continúe tecleando los parámetros de funciones. Como veremos en la sección siguiente, Statement Completion no le abandona en este punto e invoca la herramienta Parameter Info para ayudarle a terminar la lista de parámetros. En cuanto desaparece la ventana Members List, aparece en su lugar la siguiente herramienta lógica.

Pulsando la tecla TAB o CTRL+INTRO, completa la palabra y destituye la ventana emergente List Members, pero sin añadir un carácter. Puede invocar la ventana emergente List Members en cualquier momento en el editor de texto pulsando la combinación de teclas CTRL+ALT+T. Al colocar la barra de selección en la ventana List Members, el editor toma la pista del texto inmediatamente a la izquierda del signo de intercalación. Invocando List Members después de teclear *cv*, por ejemplo, visualiza la ventana con la barra de selección colocada en la entrada *CView*:

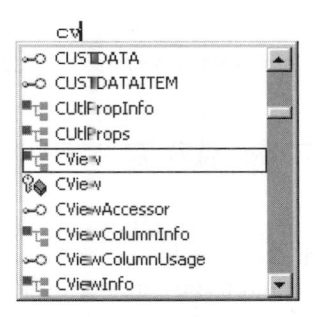

La entrada de la lista está esquematizada en este ejemplo en lugar de realzada, debido a la diferencia en las mayúsculas de las letras entre la palabra tecleada *cv* y la entrada *CView*. List Members ignora las mayúsculas de la letra cuando se coloca en la barra de selección, así que puede teclear íntegramente en minúsculas si lo prefiere, aunque a continuación debe pulsar INTRO o TAB para realizar la selección. Esto puede ser útil cuando trata con nombres de funciones inconsistentes, como *UnmapViewOfFile* y *UnMapAndLoad*, siempre difíciles de recordar.

Aunque la combinación de teclas sigue siendo el medio más fácil de visualizar la ventana, también puede acceder el comando List Members desde el menú Edit o haciendo dos veces clic en una ventana de documento para hacer aparecer un menú contextual. La ventana emergente List Members incluye en su lista sólo aquellos nombres de símbolo que son válidos para la clase u objeto actual. Por ejemplo, la lista contiene la función *PrevDlgCtr* cuando está tecleando un nombre de miembro para un objeto derivado de *CDialog*, ya que *PrevDlgCtrl* es un miembro de esa clase. La misma función no aparece en la lista cuando está añadiendo un miembro a una clase derivada, por ejemplo *CString*.

El menú Edit también contiene un comando llamado Complete Word, que implica la existencia de otra herramienta más, Statement Completion. Pero Complete Word no es una herramienta nueva en absoluto, sino solamente una forma abreviada de List Members. En lugar de pulsar CTRL+ALT+T para invocar el comando List Members, probablemente terminará por preferir la combinación de teclas más sencilla de CTRL+ESPACIO para ejecutar Complete Word. Normalmente, ambas combinaciones de teclas tienen exactamente el mismo efecto, visualizando la ventana List Members con la barra de selección colocada en la primera entrada que completa correctamente la palabra que está tecleando. Pero si la lista contiene sólo una posibilidad que completa su palabra, interactuar con la ventana List Members puede parecer una distracción innecesaria. En este caso, la combinación CTRL+ESPACIO estiliza la operación completando su palabra sin visualizar la ventana List Members. Pulsando CTRL+ESPACIO después de teclear *CreateMul*, por ejemplo, completa su tecleado en un solo paso, porque el editor de texto determina sin ambigüedad lo que pretende teclear *CreateMultiProfileTransform* y no *CreateMutex*.

Parameter Info

La característica Parameter Info funciona en conjunción con List Members, emergiendo como una ventana de herramienta de consejo discreta cuando teclea el primer paréntesis después de un nombre de función. La ventana de herramienta de consejo sirve como una tarjeta de pista en pantalla, visualizando el prototipo de función y los parámetros necesarios:

```
m_wndStatusBar.SetIndicators(|
```
   BOOL SetIndicators (**const UINT *lpIDArray**, int nIDCount)

El prototipo permanece en la pantalla a medida que continúa rellenando la lista de parámetros de función, y desaparece a continuación cuando teclea los paréntesis de cierre. Si la función está sobrecargada para aceptar diferentes conjuntos de parámetros, la ventana Parameter Info visualiza los prototipos uno a uno. Los números de la ventana de consejo de herramienta más lejana de la izquierda indican cómo existen muchas sesiones sobrecargadas para la función. Pase de una visualización de prototipo a la siguiente pulsando CTRL+PGUP o haciendo clic en cualquier sitio dentro de la ventana de consejo de herramienta:

```
m_wndStatusBar.GetPaneText(|
```
   ◀ 1 of 2 ▶   CString GetPaneText (**int nIndex**)

```
m_wndStatusBar.GetPaneText(|
```
   ◀ 2 of 2 ▶   void GetPaneText (**int nIndex**, CString &rString)

La herramienta de consejo de Parameter Info aparece automáticamente cuando lo necesita, pero se puede invocar de forma explícita cuando se coloca el signo de intercalación en cualquier sitio encima o a la derecha de un nombre de función reconocida. Elija el comando desde el menú Edit o pulsando la combinación de teclas CTRL+MAYÚS+ESPACIO.

Haciendo dos veces clic sobre un nombre de función en un documento también proporciona acceso al comando a través del menú contextual del editor. Como con cualquier otro comando en Visual C++, puede asignar una combinación de teclas de su propia elección para invocar Parameter Info. La sección titulada «Comandos no vinculados» (pág. 79) explica cómo hacerlo.

Type Info

Type Info es parecida a Parameter Info, apareciendo como una ventana de herramienta de consejo que visualiza información sobre una variable de función. Si Type Info reconoce el nombre del símbolo bajo el cursor del ratón, la ventana de herramienta de consejo aparece automáticamente, desapareciendo al mover el cursor. También puede elegir Type Info del menú Edit o del menú de contexto, o pulsando la combinación de teclas CTRL+T. El segundo método es conveniente cuando desee información sobre un símbolo que acaba de teclear o pegar en un documento de la ventana de List Members. Cuando el signo de intercalación del editor está dentro o adyacente a un nombre de función, Type Info visualiza la misma información que Parameter Info, enumerando el prototipo de función. Cuando se invoca para un tipo definido, Type Info visualiza la sentencia **typedef** que crea el alias:

```
OLECHAR
    typedef unsigned short OLECHAR ;
```

Type Info es quizá más útil cuando se invoca para visualizar información sobre una variable. Muestra la declaración de variable, así que ya no tiene que peinar código fuente o recurrir a la fuerza al archivo de cabecera de clase para confirmar una variable de tipo. Por ejemplo, el nombre de la variable *indicators* que se muestra aquí no da indicación de su tipo pero la ventana Type Info identifica inmediatamente la variable como una matriz de números enteros no señalados:

```
// Set status bar panes
statusbar.SetIndicators( indicators, 3 );
                         unsigned int indicators[] ;
```

La tendencia de Type Info y otras ventanas de emerger sin ser invitadas puede que le distraiga. Si así es, haga clic en la orden Option del menú Tools y borre el cuadro de comprobación apropiado en la pestaña Editor del diálogo (Fig. 3.11). Puede invocar todavía Type Info, Parameter Info y List Members en cualquier momento a través de sus combinaciones de teclas o comandos de menú respectivos.

EL COMANDO ADVANCED

El comando Advanced cerca de la parte inferior del menú Edit representa una colección de opciones que pueden ser muy útiles cuando trabaje en un documento de texto. Deje el cursor un momento en el comando Advanced para visualizar el menú secundario que se muestra en la página siguiente.

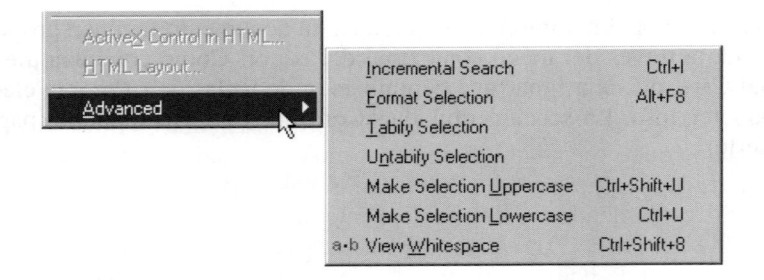

Como ve, el menú proporciona acceso al comando Incremental Search descrito anteriormente, aunque pulsar CTRL+I es un modo más conveniente de invocar el comando. El comando Format Selection inserta tabuladores para ajustar los niveles de sangría en bloques de código C/C++ delimitado por llaves. El comando puede convertir código como este:

```
if (msg = WM_USER)
{
for (i=0; i < 5; i++)
{
// Código adicional
}
}
```

en este:

```
if (msg = WM_USER)
{
    for (i=0; i < 5; i++)
    {
        // Código adicional
    }
}
```

El comando Format Selection funciona escaneando texto seleccionado por llaves para determinar los niveles anidados. Las líneas de texto en el primer nivel están sangradas una posición de tabulador, las líneas en el segundo nivel están sangradas dos posiciones, y así sucesivamente.

El comando Tabify Selection cambia una serie seleccionada de caracteres de espacio a una cadena equivalente de tabuladores. El comando Untabify Selection invierte el proceso, expandiendo tabuladores en espacios. Los efectos de cualquier comando se ven mejor activando el conmutador View Whitespace, que hace visibles los espacios y tabuladores en un documento. Cuando el interruptor está activado, cada carácter de espacio en el texto aparece como un punto pequeño (·) y cada tabulador como dobles comillas bajas hacia la derecha (»).

Los dos comandos que quedan en el menú secundario actúan como sus nombres sugieren. El comando Make Selection Uppercase cambia todas las letras dentro de una selección a mayúsculas, mientras que el comando Make Selection Lowercase hace lo contrario. Los caracteres que no sean letras en la selección, como por ejemplo los números y los signos de puntuación, no se ven afectados.

COMANDOS NO VINCULADOS

Cada comando de Visual C++ tiene un nombre interno descriptivo. Por ejemplo, los comandos Incremental Search y Tabify que acabamos de describir tienen nombres internos de SearchIncremental, SelectionTabify y SelectionUntabify. La ayuda en línea se refiere a muchos otros comandos que no encontrará en los menús; comandos con nombres como GoToNextErrorTag, LineTranspose y LineDeleteToStart. Hay dos razones por las que la ayuda prefiere identificar comandos por el nombre interno en vez de por la combinación de teclas como puede ser F4 o MAYÚS+ALT+T. Primero, puede cambiar una combinación de teclas para que un comando haga lo que usted quiera. Segundo, muchos comandos no tienen pulsaciones de teclas asignadas para ello. Se dice que tales comandos están «no vinculados». Para utilizar un comando no vinculado, primero debe asignarle una combinación clave de su elección.

Bajo la superficie del entorno de Developer Studio yace un conjunto extensivo de comandos; hay muchos más comandos disponibles de los que aparecen en menú y en botones de barra de herramientas. Haga clic en Keyboard Map en el menú Help para ver una lista de nombres de comandos, que se muestra en la Figura 3.8.

La lista predeterminada en la ventana Help Keyboard se llama «Bound Commands», lo que significa que éstos son los comandos que ya tienen combinaciones de tecla asignadas. Para ver una lista tanto de los comandos vinculados como de los no vinculados que pertenezcan sólo al editor de texto, seleccione Edit del cuadro de combinación y haga clic en el botón Command sobre la segunda columna para clasificar la lista alfabéticamente por el comando. A medida que avanza en la lista, verá en la columna Keys que la mayor parte de los comandos ya tienen asignadas combinaciones de tecla, pero otros muchos no. El conjunto de comandos no vinculados hace disponible una gran selección de características, a las que de otra manera no se puede acceder a través de menús, barras de herramientas o teclado.

La forma de acceder a un comando la decide usted. Visual C++ le permite añadir cualquier comando vinculado o no vinculado a un menú o barra de herramientas, como se describe en el Capítulo 13, «Personalización de Visual C++». Pero como los menús y las barras de herramientas abarrotados tienden a ser contraproducentes, a menudo es mejor habilitar un comando no vinculado asignándolo a una combinación de teclas. La única desventaja es que debe memorizar a continuación la pulsación de tecla que invoca el comando.

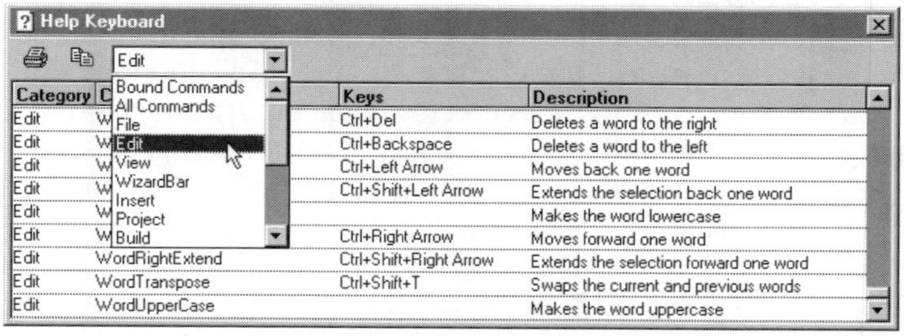

Figura 3.8. Seleccione Keyboard Map del menú Help para visualizar una lista de comandos de Visual C++.

Nadie quiere habilitar todos los comandos no vinculados al mismo tiempo. Elija únicamente aquellos que piensa que más le beneficiarán, dándoles la combinación de teclas que mejor vaya con su estilo, y eso probablemente le refrescará la memoria. Como ejemplo, vamos a añadir al editor de texto dos comandos útiles, llamados WordUpperCase y WordLowerCase, que cambian las mayúsculas de la palabra en el documento actual. Por defecto, WordUpperCase y WordLowerCase no tienen combinación de teclas asignadas, ni tampoco hay botones de barra de herramientas u opciones de menú para invocar los comandos. No hay un modo de utilizar los comandos hasta que especifique la combinación de teclas para ellos.

Aquí tiene cómo habilitar los comandos. Desde el menú Tools, elija Customize para abrir el diálogo Customize, y a continuación haga clic en la pestaña Keyboard. Seleccione Edit del cuadro de combinación Category y asegúrese de que Text aparece en el cuadro Editor. Estos ajustes significan que estamos ajustando una pulsación de tecla para un comando que afecta sólo al editor de texto. Los comandos enumerados en el cuadro Commands se clasifican por orden alfabético. Desplácese hasta la parte inferior de la lista para encontrar la entrada WordUpperCase, y a continuación haga clic en la entrada para seleccionarla. Una descripción breve del comando aparece en el ángulo inferior izquierdo del diálogo, pero el cuadro Current Keys permanece en blanco, indicando que no hay ninguna tecla de comando asignada a WordUpperCase. Para asignar una tecla, haga clic en el cuadro de texto Press New Shorcut Key y pulse la combinación de teclas que desee para invocar el comando. Si pulsa CTRL+U, el diálogo le informa de que la combinación de teclas está actualmente asignada al comando SelectionLowercase. Esto no significa que no pueda adjuntar CTRL+U a WordUpperCase si lo desea; es sólo para recordarle que si lo hace, al pulsar CTRL+U ya no invocará SectionLowercase, que entonces se convertiría en un comando no vinculado. ALT+U es una mejor elección para WordUpperCase, porque CTRL+U ya está en uso. Cuando pulsa ALT+U, el diálogo le indica que la pulsación de tecla no está actualmente asignada (véase la Figura 3.9). Haga clic en el botón Assign y la pulsación de tecla está lista para su uso.

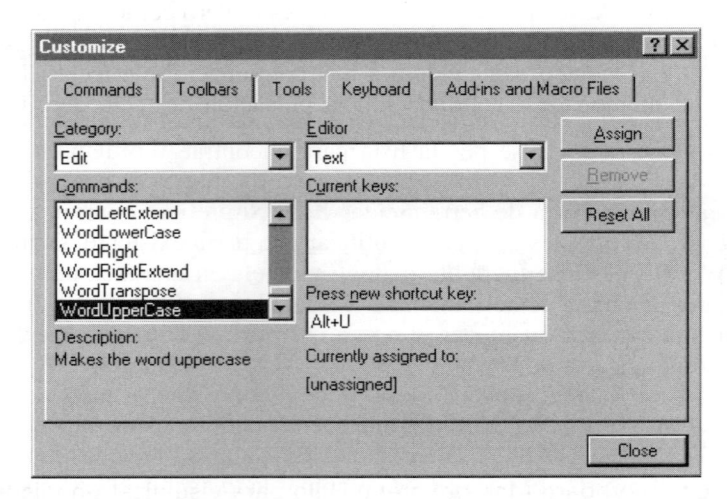

Figura 3.9. Asignar una combinación de teclas a un comando del editor de texto.

Haga lo mismo para el comando WordLowerCase, asignándole una pulsación de teclas de ALT+L. Cuando pulse ALT+L en el cuadro de texto Press New Shortcut Key, un mensaje le informa de que la combinación de teclas es utilizada para acceder al menú. El mensaje se refiere al menú Layout, que está disponible sólo cuando el editor de diálogo está activo. Como el menú Layout no tiene nada que hacer con el editor de texto, eligiendo ALT+L no le supone un conflicto de pulsación de teclas. Cuando el editor de texto está activo, ALT+L invoca el comando WordLowerCase; cuando el editor de diálogo está activo, ALT+L hace emerger el menú Layout como antes.

Para utilizar los nuevos comandos WordUpperCase y WordLowerCase, abra un documento de texto y coloque un signo de intercalación en cualquier sitio en una palabra. Al pulsar ALT+U o ALT+L invoca los comandos, cambiando las mayúsculas de todas las letras desde la posición de signo de intercalación al final de la palabra. Por casualidad, los comandos nuevos también duplican los comandos SelectionUppercase y SelectionLowercase, porque actúan en cualquier bloque de texto seleccionado, no sólo en una sola palabra. Los comandos Selection son ahora superficiales, lo que no es ninguna tragedia. Las nuevas pulsaciones de teclas ALT+U y ALT+L son más fáciles de utilizar y recordar que las combinaciones de teclas equivalentes MAYÚS+CTRL+U (SelectionUppercase) y CTRL+U (SelectionLowercase). La duplicación se aplica sin embargo sólo a un texto seleccionado, porque SelectionUppercase y SelectionLowercase afectan los dos el carácter adyacente al signo de intercalación cuando no hay texto seleccionado.

Creación de botones de barra de herramientas para comandos

Si es un fan de las barras de herramientas y utiliza a menudo comandos como WordUpperCase y WordLowerCase, que no tienen botones de barra de herramientas predefinidos, puede que desee crear botones nuevos para los comandos. Puede colocar un botón en cualquier barra de herramientas existente o incluso crear una nueva barra de herramientas. Para mostrarlo, aquí tiene cómo crear botones de barra de herramientas para los comandos WordUpperCase y WordLowerCase. En la pestaña Commands del diálogo Customize, seleccione All Commands del cuadro Category para visualizar una lista alfabética de los comandos de Visual C++. Desplácese por la lista para encontrar WordUpperCase, y a continuación arrastre la entrada de la lista y déjela en una de las barras de herramientas del entorno, como por ejemplo la barra de herramientas Edit. Si prefiere crear una barra de herramientas nueva para los botones en lugar de utilizar una barra existente, simplemente arrastre la entrada WordUpperCase fuera del diálogo y déjela en una área de la pantalla que no esté cubierta por una barra de herramientas. Visual C++ crea automáticamente una barra de herramientas nueva para mantener el botón. Arrastre el comando WordLowerCase de la lista a la misma barra de herramientas.

Como WordUpperCase y WordLowerCase no tienen iconos predefinidos, se abre el diálogo Button Appearance (Fig. 3.10), desde el que puede elegir un icono para cada botón nuevo. Ninguna de las imágenes de iconos disponibles reflejan las funciones inusuales de WordUpperCase y WordLowerCase, pero puede combinar la imagen y el texto para hacer la función de botón inequívoca. Seleccione un icono en el diálogo Button Appearance, haga clic en el botón de radio Image And Text y teclee el texto de botón en el cuadro

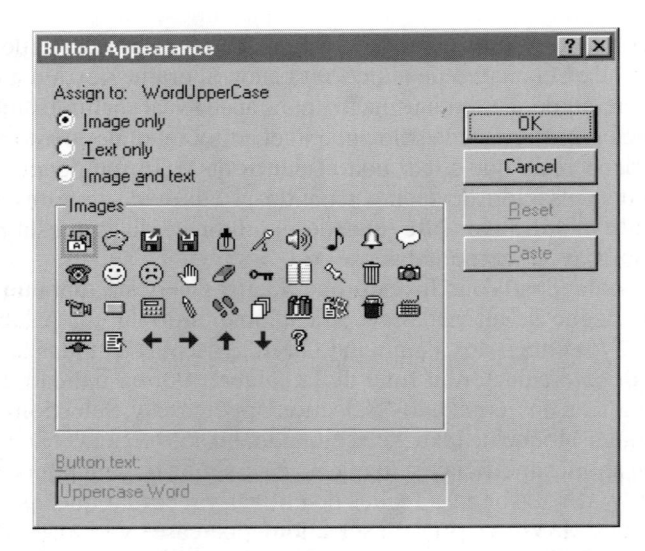

Figura 3.10. Visual C++ ofrece una elección de iconos para un nuevo botón de barra de herramientas.

de texto en la parte inferior del diálogo. Aquí tiene lo que puede parecer una barra de herramientas nueva con botones para los comandos WordUpperCase y WordLowerCase:

Los comandos no vinculados no son sólo para el editor de texto. El capítulo siguiente describe cómo utilizar estos métodos para implementar comandos útiles para el editor de gráficos, como pulsaciones de teclas o botones de barra de herramientas. El Capítulo 13 explica con mayor detalle el tema de la creación de barras de herramientas en el entorno de Visual C++, explicando cómo renombrar y suprimir barras de herramientas, cómo copiar botones de una barra de herramientas a otra y cómo personalizar imágenes de botones.

INTRODUCCIÓN A LAS MACROS

Puede pensar que un comando vinculado es una macro predefinida; es decir, un conjunto de instrucciones asignadas a una pulsación de teclas. El entorno también le permite crear sus propias macros para el editor de texto registrando pulsaciones de teclas y clics de ratón, combinándolos en un solo comando reutilizable que se convierte en parte del conjunto de comando normal de Visual C++. Puede ejecutar una macro a través de una pulsación de teclas, comando de menú o botón de barra de herramientas, exactamente igual que con otro comando. En realidad, las macros son casi indistinguibles de los comandos vinculados normales, y son un modo muy elegante de ampliar las capacidades del entorno. Esta sección es sólo una introducción al tema de las macros. Como las macros se aplican a todo el entorno de Developer Studio, no sólo al editor de texto, aplazamos una explicación más detallada hasta el Capítulo 13, «Personalización de Visual C++». Por ahora, podemos crear una macro simple para el editor de texto sólo encendiendo la grabadora de comando.

Para mostrarlo, aquí tiene cómo crear una macro que construya en el comando Untabify Selection descrito anteriormente. La macro expande el comando para quitar los tabuladores de todo un documento, y no sólo el texto seleccionado. Primero cierre todos los documentos en el editor para evitar alteraciones en el texto existente, y a continuación empiece a grabar la macro nueva pulsando CTRL+SHIFT+R, o eligiendo el comando Record Quick Macro del menú Tools. Esto expone la barra de herramientas Record y añade la imagen de un casete al cursor del ratón, indicando que Visual C++ está grabando cada pulsación de tecla y clic de ratón. La macro comprende cuatro pasos:

1. En el menú Edit, haga clic en el comando Select All para seleccionar el documento entero.
2. Elija Advanced desde el menú Edit y haga clic en el comando Untabify Selection.
3. Pulse CTRL+INICIO para hacer volver el signo de intercalación a la parte superior del documento.
4. Haga clic en el botón Stop Recording en la barra de herramientas Record al final de la grabación.

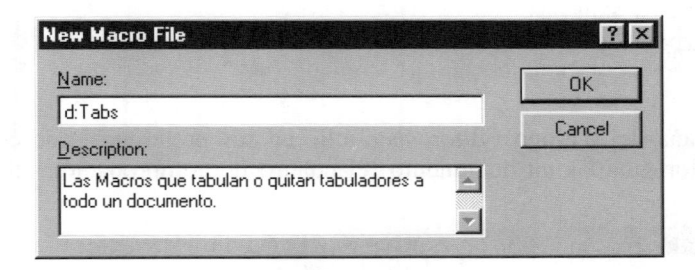

Ahora tenemos una nueva macro. Visual C++ almacena la macro en la carpeta Common\MsDev98\Macros en un archivo llamado GlobalTemporary.dsm (la extensión de archivo significa macro de Developer Studio). El archivo contiene una sola subrutina de Visual Basic que contiene instrucciones que invocan tres comandos que acabamos de grabar:

```
Sub GlobalTemporary
    ActiveDocument.Selection.SelectAll
    ActiveDocument.Selection.Untabify
    ActiveDocument.Selection.StartOfDocument
End Sub
```

(El Apéndice C, «Introducción a VBScript», examina con mucho más detalle el lenguaje fuente de macros, Visual Basic Scripting Edition). Para experimentar con la macro, abra un documento representativo y active el comando View Whitespace en el submenú Advanced para hacer visibles los efectos de la macro. Ahora ejecute la macro pulsando

CTRL+MAYÚS+P o haciendo clic en el comando Play Quick Macro en el menú Tools. El efecto es el mismo que volver a teclear manualmente las pulsaciones de teclas grabadas.

La macro Global Temporary es única, en el sentido de que no aparece en la lista de los comandos de Visual C++ que se muestra en la Figura 3.8. Está reservada para la macro «quick», creada a través del comando Record Quick Macro. Al grabar otra macro a través del mismo comando sobrescribe la macro anterior, así que sólo existe una macro quick cada vez.

PERSONALIZACIÓN DEL EDITOR

El editor de texto de Visual C++ quiere cambiar muchas de sus características para acomodar mejor su estilo de trabajo. Ya hemos examinado el comando Customize del menú Tools, que le permite personalizar barras de herramientas y asignar pulsaciones de teclas a los comandos. Para cambiar otras características de la interfaz de editor, elija Options del menú Tools.

El comando Options visualiza el diálogo que se muestra en la Figura 3.11, permitiéndole especificar características de editor de texto tales como:

- Aspecto, guardar documentos y opciones de Statement Completion.
- Tabuladores y sangrías.
- Emulaciones.
- Fuentes.

En la pestaña del diálogo Editor, haga clic en sus preferencias de cómo y cuándo debería el editor guardar un documento (el cuadro de comprobación etiquetado Auto-

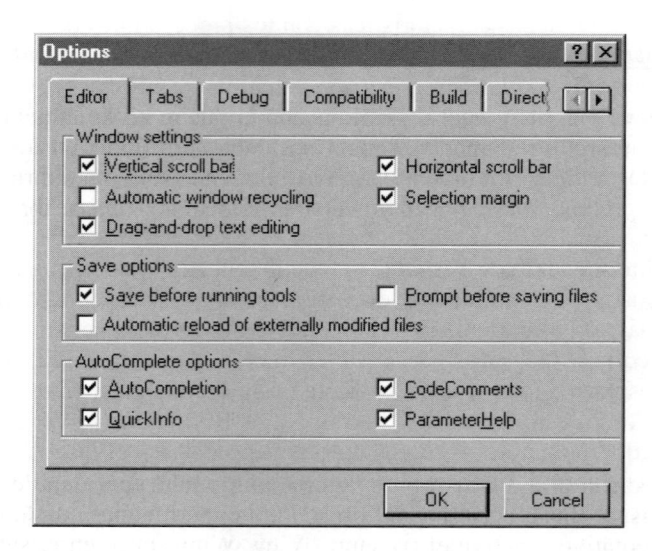

Figura 3.11. La pestaña Editor del cuadro de diálogo Options.

matic Reload Of Externally Modified Files se describe en la sección siguiente). También puede especificar si el editor guarda archivos modificados automáticamente antes de compilar y si le pregunta antes de guardar un documento.

El cuadro de comprobación Selection Margin en la misma pestaña merece especial atención. El margen de selección es una columna sombreada de alrededor de media pulgada en la parte izquierda de la ventana de un documento. El margen toma su nombre del hecho de que haciendo clic en la columna puede seleccionar toda la línea adyacente a la posición de clic. El margen también mantiene los iconos para marcadores y, como veremos en el Capítulo 11, los puntos de ruptura del depurador. Si prefiere recobrar esa media pulgada de visualización del documento, elimine el cuadro de diálogo para desactivar el margen de selección.

Hasta cierto punto, el editor de texto de Visual C++ puede emular el comportamiento de BRIEF o de editores de programador Epsilon. Si está acostumbrado a cualquiera de estos productos, puede que prefiera activar la opción de emulación apropiada. Haga clic en la pestaña Compatibility, y a continuación elija uno de los editores de la lista o ajuste las opciones deseadas activando los cuadros de comprobación individuales.

La pestaña Format le permite especificar estilos de fuente y colores para las ventanas de editor. Haga clic en Source Windows de la lista Category para ver la fuente actual. Por defecto, la fuente es Courier de 10 puntos, pero puede cambiarla a cualquier estilo o tamaño que prefiera. El área Colors le permite ajustar los colores de fondo y de primer plano para distintos marcadores y texto en el editor, como por ejemplo comentarios fuente y etiquetas HTML. Para cambiar los colores, seleccione una entrada de la lista y elija los colores deseados desde los cuadro de combinación.

EDICIÓN DE TEXTO FUERA DE DEVELOPER STUDIO

Los editores de texto comparten muchas características con los procesadores de texto, una de las cuales es que los usuarios tienden a ser apasionados de sus favoritos. Visual C++ le da un editor de programación muy competente, pero si actualmente utiliza y disfruta de otro editor, no intentaré disuadirle. Puede que sea más productivo con un producto que ya conoce bien. Y si nunca se ha aventurado en el entorno de Developer Studio, no tiene más elección que utilizar otro editor. El editor de texto de Visual C++ es una parte integral de Developer Studio, no un programa separado. Puede acceder al editor sólo desde Developer Studio.

Una gran ventaja del editor de texto de Visual C++ es que muestra lo que es un entorno de desarrollo integrado. Cuando el compilador encuentra errores en su código fuente, automáticamente ajusta el signo de intercalación del editor en la primera sentencia errónea, preparada para que la corrija. Haga dos veces clic en el error siguiente en la lista y el signo de intercalación se desplaza a la ubicación correcta en su fuente. Después de editar, sólo haga clic en el botón Compile en la barra de herramientas Build para volver a enviar el texto revisado al compilador. Visual C++ guarda automáticamente en el disco la fuente nueva. Trabajar en un editor fuera del entorno implica un poco más de esfuerzo. Debe cambiar al editor, desplazar el signo de intercalación al número de línea indicado para cada error de compilador, guardar el archivo después de hacer correcciones y volver a cambiar a Visual C++ para recompilar.

Si decide utilizar otro editor de texto para componer y mantener un código fuente, debería hacer dos pequeños cambios al entorno de Visual C++. Primero, si utiliza su otro editor de forma regular, puede que encuentre más conveniente ejecutarlo desde su propio comando dedicado en el menú Tools. Colocando un comando nuevo en el menú Tools, puede lanzar su editor preferido desde dentro del entorno. Si su editor acepta los nombres de archivo desde la línea de comandos, puede configurar el comando de modo que su editor cargue automáticamente archivos fuente cuando empieza. El tema de añadir un comando Tools nuevo para iniciar un editor de texto (o cualquier otro programa externo) se trata exhaustivamente en el Capítulo 13.

El segundo cambio que debería hacer es una pequeña alteración a los ajustes predeterminados. Cuando trabaje en un archivo en otro editor, a menudo tendrá el mismo archivo abierto en Visual C++. Esto sucede durante los ciclos de compilación y depurado del código, porque el depurador carga el archivo fuente. Cuando altera y guarda el archivo en su editor y a continuación vuelve a cambiar a Visual C++ para recompilar, el entorno reconoce que su copia abierta ya no es actual. Por defecto, visualiza el cuadro de mensaje que se muestra en la Figura 3.12, que ofrece volver a cargar el archivo nuevo del disco. Su respuesta a la consulta será casi siempre Sí o, por lo menos, que le trae sin cuidado. Para evitar este cortés pero insistente mensaje cada vez que vuelve a Visual C++, haga clic en Options en el menú Tools. Coloque una marca de comprobación en el cuadro etiquetado Automatic Reload Of Externally Modified Files en la pestaña Editor de la Figura 3.11 para permitir que el editor cargue archivos automáticamente sin solicitárselo.

Cuando utiliza otro editor, en realidad hace un pacto con Visual C++ de que no cambiará un documento de forma simultánea en ambos editores. Sin embargo, el entorno maneja de forma inteligente los cambios simultáneos a un documento. Visual C++ reconoce las alteraciones externas, porque comprueba la fecha y hora de las firmas de todos los archivos abiertos en el editor de texto siempre que el entorno recobre la atención de entrada. Por razones de seguridad, el entorno vuelve a cargar cualquier archivo que tenga una firma más reciente, pero el ajuste Automatic Reload Of Externally Modified Files se aplica sólo mientras que la propia copia del editor de un documento permanece sin cambios. Si un documento en el editor se ha alterado, aunque sea un carácter, Visual C++ visualiza el cuadro de mensaje que se muestra en la Figura 3.12, independientemente del ajuste en el cuadro de comprobación Automatic Reload Of Externally Modified Files. Esto le da control sobre la determinación de qué versión del documento es la correcta.

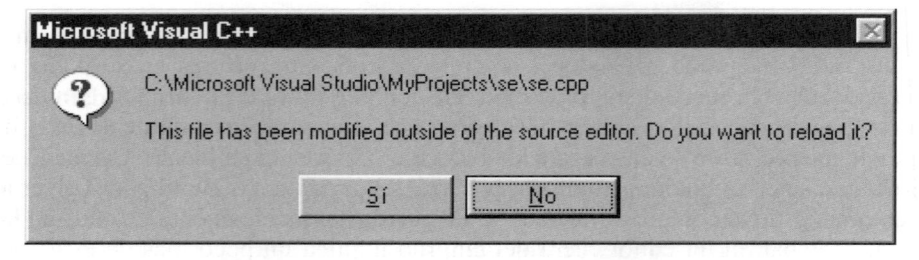

Figura 3.12. Resolución de versiones de documento cuando un editor externo ha modificado un archivo.

Capítulo

4

Recursos

Normalmente, cuando hablamos de datos de un programa, queremos decir las variables referenciadas en la fuente por nombres como *x* y *pString*. Una aplicación típica de Windows también tiene otro tipo de datos llamados recursos, que contienen texto y gráficos que determinan el aspecto de la interfaz de usuario del programa. Los recursos de un programa definen los elementos de la interfaz del siguiente modo:

- Menús.
- Teclas aceleradoras.
- Mapas de bits, cursores e iconos.
- Cuadros de diálogos y controles.
- Cadenas de carácter.
- Barras de herramientas.

Cuando Windows carga un programa, lee el código y valores para los datos inicializados desde el archivo ejecutable del programa y los copia en memoria asignada. Con algunas excepciones, los datos de recursos se quedan atrás en el archivo ejecutable en el disco. Los recursos se leen en tiempo de ejecución en lugar de en tiempo de carga, extraídos del archivo EXE o DLL en base a como se necesite cuando el programa crea una ventana, visualiza un diálogo o carga un mapa de bits.

Visual C++ proporciona varios editores de recursos que pueden crear y modificar los datos de recurso del proyecto. En algunos aspectos este capítulo es una continuación del capítulo anterior, que describe cómo crear y editar documentos de texto con el editor de texto de Visual C++. Aunque la definición de la palabra «documento» se debe ampliar aquí para incluir otras formas además de texto puro, el principio de edición permanece igual.

El tema de recursos y editores de recursos es extenso, ocupando este capítulo y el siguiente. Este capítulo abarca los datos de recursos para elementos de interfaz que el usuario generalmente encuentra primero en un programa, incluyendo menús, barras de herramientas, aceleradores, iconos y cursores de ratón. El importante tema de los cuadros de diálogo y controles se queda para el Capítulo 5.

RECURSOS DEL SISTEMA

Simplemente para que no haya confusión más tarde, también debería mencionar los recursos del sistema, que forman un conjunto de datos de recursos comunes que Windows pone a disposición para las aplicaciones. Los recursos del sistema se prestan en efecto a programas con la idea de que serán devueltos, tanto explícitamente cuando la aplicación libere un manejador o implícitamente cuando termine la aplicación. Algunos recursos del sistema, como por ejemplo los cursores del ratón, se proporcionan de modo que cada programa no tenga que crear los suyos propios. Aunque una aplicación puede visualizar su propio cursor único (como veremos más tarde en el capítulo), es mucho más fácil utilizar la flecha, reloj de arena y otros mapas de bits que el sistema proporciona. Además de ser conveniente para el programador, esto también asegura que el usuario no se presente con una variedad sobrecogedora de cursores cuando cambie de programa.

Otros recursos del sistema, como por ejemplo los contextos de mecanismos y el signo de intercalación, no se pueden duplicar por una aplicación que no tenga analogía real con los recursos del programa descritos en este capítulo. Aunque no tiene soporte directo en el aspecto de un programa, a menudo se hace referencia a la memoria como a un recurso del sistema porque se presta como una pila de colocación a los programas que la solicitan. Los controles son otra fuente potencial de confusión cuando se habla de recursos. En los datos de recursos, un programa declara sólo el tipo de control que desea utilizar, las coordenadas de la ventana y quizás un estado inicial. La visualización y operación del control las maneja el sistema.

Si la línea entre los recursos del sistema y los recursos del programa a veces parece borrosa, no se preocupe. A medida que en este capítulo aprenda más sobre recursos, las diferencias se irán haciendo más claras.

EL ARCHIVO DE GUIONES DE RECURSO DE RC

Un proyecto define sus recursos en un archivo fuente que tiene una extensión RC y normalmente el mismo nombre que el proyecto. El archivo RC contiene sólo texto muy parecido a un archivo fuente de programa, de modo que puede visualizarlo con un editor de texto. Dentro encontrará tablas que definen las cadenas de carácter y los contenidos de menús, pero no datos gráficos que contengan mapas de bits e iconos. Los recursos gráficos se almacenan en archivos separados, los nombres y ubicaciones de los que están grabados en el archivo RC. La extensión RC indica que el archivo sirve como código fuente para el compilador del recurso, una parte separada de Visual C++ que compila el texto y los gráficos de los recursos del programa en forma de objeto, que el enlazador une al archivo EXE. Un archivo RC de proyecto se llama a menudo un guión de recurso o archivo de definición de recurso.

Un archivo de guiones de recurso es opcional. Un programa de Windows que no interactúa con el usuario no necesita recursos y es incluso posible que un programa cree todos sus recursos en el momento en tiempo de ejecución. Pero como verá en este capítulo, los guiones de recurso facilitan el trabajo del desarrollador porque los guiones separan los elementos de la interfaz de usuario del código fuente. Trabajando con los editores de recursos de Visual C++, el desarrollador puede diseñar una interfaz de programa, ver cómo es y modificarla con unos cuantos clics del ratón. Y para los programas pensados para el mercado internacional, los guiones de recurso son una necesidad porque permiten al traductor trabajar en la interfaz de usuario mientras que dejan intacto el código fuente del programa.

Visual C++ reconoce sólo un archivo RC principal por proyecto. Si intenta añadir un archivo RC extra utilizando el comando Add To Project del menú Project, el entorno le advierte que su archivo no se compilará cuando construya el proyecto, como se muestra a continuación:

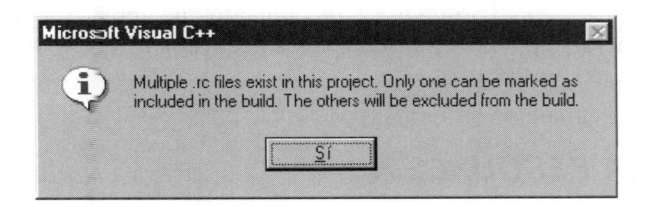

Sin embargo, un proyecto puede tener un número cualquiera de archivos de guiones de recursos, aunque todos los archivos de segundo nivel se puedan añadir sólo a través de sentencias **#include** en el archivo RC principal. Por ejemplo, AppWizard crea automáticamente un segundo archivo de recurso con el nombre del proyecto y una extensión de RC2, que proporciona un buen lugar para poner cualquier recurso que usted haya desarrollado y probado previamente y que no necesite más modificaciones. Para ver cómo se incluye el archivo RC2 en un proyecto creado por AppWizard, abra el proyecto y elija Resources Includes del menú View. A continuación desplácese hacia abajo en el control Compile-Time Directives a la línea siguiente (en la que *project* representa el nombre de proyecto):

```
#include "res\project.rc2"    // recursos que no son de Microsoft Visual C++
```

Cualquier recurso incluido en archivos suplementarios se compila y enlaza al archivo ejecutable del proyecto, pero no son accesibles cuando está trabajando en el archivo RC principal con uno de los editores de recursos de Visual C++. Por esto es por lo que sólo los recursos completos y probados deberían ir al archivo RC2. El compilador de recursos lee todos los archivos de guiones y produce una forma binaria compilada con una extensión RES que es análoga a un archivo de objeto OBJ generado por el compilador C/C++.

La ventana Workspace descrita en el Capítulo 1, «El entorno», enumera los recursos del proyecto definidos en el archivo RC principal. Cuando el proyecto está abierto, haga clic en la pestaña ResourceView y expanda la lista haciendo clic en los signos más adyacentes a los iconos de la carpeta. Para abrir un recurso en el editor apropiado (lo que haremos en breve), haga dos veces clic en el recurso de la lista. La Figura 4.1 muestra los recursos visualizados en el panel ResourceView de un proyecto AppWizard típico llamado Demo.

El archivo RC predeterminado creado por AppWizard es extensivo y contiene largas tablas de cadena, guiones de menú y código que pertenece al desarrollo multiplataforma. Si acepta todos los valores predeterminados de AppWizard cuando cree una aplicación nueva, puede que termine con un archivo RC de casi 400 líneas. Puede que esté tentado de modificar el archivo RC en un editor de texto, suprimiendo las líneas superfluas de código generado por AppWizard y reduciendo el tamaño del archivo a proporciones manejables. Pero hacer esto significa tener problemas más tarde cuando modifique un recurso con uno de los editores de recurso de Visual C++. Aunque puede que termine con un archivo RC válido, Visual C++, desafortunadamente, ya no lo reconoce como un producto de App-Wizard. Todavía puede revisar un recurso con un editor, pero cuando guarde las revisiones, Visual C++ superpone su archivo RC minimalista con uno nuevo que contenga muchas de las adiciones superfluas de AppWizard, que ha eliminado previamente. La única alternativa es guardar los recursos modificados bajo un nombre de archivo diferente, a continuación utilice el editor de texto para copiar las líneas que desee desde el archivo nuevo y péguelas en el guión de recurso original. Le recomiendo que aprenda a vivir con archivos RC grandes que genera AppWizard, y excepto los pequeños cambios, revise los recursos sólo a través de editores de recursos.

EL ARCHIVO DE CABECERA RESOURCE.H

Cada recurso en un proyecto está identificado en el archivo RC, ya sea por un identificador constante o, con menos frecuencia, por un nombre en forma de una cadena de carácter. Los

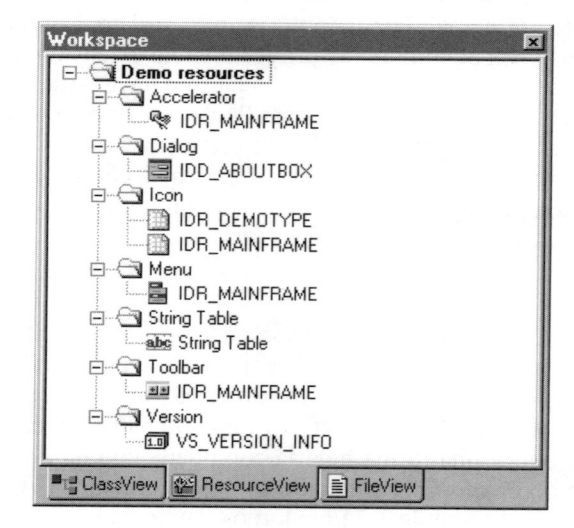

Figura 4.1. El panel ResourceView de la ventana Workspace.

recursos en el programa ficticio Demo de la Figura 4.1, por ejemplo, están todos identificados por valores constantes: IDR_MAINFRAME para el menú y la barra de herramientas, IDR_DEMOTYPE para uno de los iconos de programa, e IDD_ABOUTBOX para el diálogo About. Las constantes que identifican los recursos de un proyecto están definidas normalmente en un archivo llamado Resource.h, que sirve como el archivo de cabecera principal para el archivo RC de proyecto. AppWizard crea Resource.h automáticamente como parte de un proyecto, asignando los prefijos MFC estándar a los identificadores de recursos. La Tabla 4.1 enumera algunos de los prefijos de identificador que utiliza MFC.

Los identificadores constantes pueden formarse por letras (mayúsculas o minúsculas), numerales y subrayados, pero no pueden empezar con un numeral.

Los programadores de C saben cómo identificar los números como constantes manifiestas o «defines», pero Visual C++ algunas veces se refiere a ellas como símbolos. Técnicamente, un símbolo es un nombre en el código fuente, como por ejemplo una variable o un nombre de función, que etiqueta una dirección de memoria. Veremos en el Capítulo 11, «El depurador», cómo el compilador puede generar una lista de símbolos de un programa que el depurador lee para aprender los nombres de las variables y funciones en el programa. No confunda los símbolos de recursos con los símbolos en su código fuente. Sin duda, los diseñadores de Visual C++ eligen la palabra símbolo para promocionar la idea de que el guión de recurso es también un tipo de código fuente y que un identificador de recurso es análogo a un nombre de variable en la fuente del programa.

Puede cambiar el nombre o valor numérico de un identificador de recurso enumerado en el panel ResourceView de la ventana Workspace. Primero muestre el nombre del identificador expandiendo el icono de la carpeta adecuada, como se muestra en la Figura 4.1. A continuación haga clic en el identificador dentro de la lista para seleccionarlo y escoja Properties en el menú de contexto desplegable View. Puede también hacer clic con el botón derecho en un identificador y elija Properties del menú contextual emergente. De cualquier modo, cambie el nombre del identificador volviendo a teclearlo en el control ID. Al mismo tiempo, puede asignar un nuevo valor de número entero numérico añadiéndolo al nombre del modo siguiente:

```
IDD_ABOUTBOX_NEW = 3001
```

Cuando pulsa la tecla INTRO, aparece un asterisco adyacente a la línea de proyecto en la parte superior del panel ResourceView, indicando que se ha hecho un cambio pero no se ha guardado todavía. Elija el comando Save del menú File para que Visual C++ vuelva a

Tabla 4.1. Prefijos estándar de identificador de MFC

Prefijo	Tipo de recurso
IDR_	Menú principal, barras de herramientas, tabla aceleradora y el icono de aplicación.
IDD_	Cuadros de diálogo.
IDC_	Controles y cursores.
IDS_	Cadenas.
IDP_	Cadenas de solicitud para cuadros de mensaje.
ID_	Comandos de menú.

escribir el archivo Resource.h, reemplazando la sentencia **#define** para el identificador anterior con el identificador nuevo.

En teoría, puede asignar a un recurso cualquier valor de identificador desde 1 hasta 65.535 (0xFFFF). Sin embargo, Windows reserva los valores de 0xF000 y superiores para elementos del menú del sistema y MFC reserva valores de 0xE000 hasta 0xEFFF para uso interno, así que debería guardar sus propios valores de identificador en el rango 1 hasta 57.343 (0xDFFF). El valor está limitado al tamaño WORD en lugar de al tamaño DWORD, porque los mensajes WM_COMMAND pasan el valor del identificador en la palabra inferior del parámetro de mensaje *wParam*.

También puede cambiar, añadir o suprimir símbolos de identificador en el explorador Resources Symbols que se muestra en la Figura 4.2, siempre que el archivo RC haya sido creado por AppWizard o uno de los editores de recursos de Visual C++. Para abrir el explorador, haga clic en Resource Symbols en el menú View. El explorador muestra todos los identificadores definidos en el archivo Resource.h; para volver a nombrar un identificador o cambiar su valor, selecciónelo de la lista y haga clic en el botón Change. El botón New le permite añadir nuevos identificadores al archivo Resource.h y asignarles valores. Después de cerrar el diálogo Resource Symbols, haga clic en el botón derecho del ratón en el panel ResourceView y elija el comando Save para escribir los valores nuevos en el archivo Resource.h.

El explorador de símbolo está diseñado para trabajar mejor con los archivos RC creados o bien por AppWizard o bien por uno de los editores de recurso de Visual C++. Puede visualizar las definiciones de todos los identificadores referenciados en un archivo RC de proyecto, pero el explorador sólo puede modificar los identificadores definidos en el archivo de cabecera Resource.h. Trata a los identificadores definidos en otros archivos incluidos como de sólo lectura y no proporciona ningún medio para cambiar los nombres o valores. Para ver estos identificadores, haga clic en el cuadro de comprobación Show Read-Only

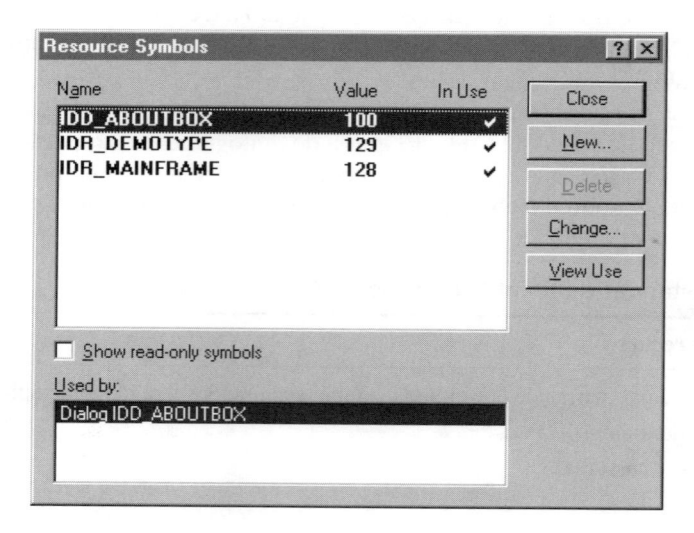

Figura 4.2. El explorador Resource Symbols, invocado desde el comando Resource Symbols del menú View.

Symbols en el diálogo del explorador. Por ejemplo, AppWizard añade esta línea al archivo RC, que nos encontraremos de nuevo más tarde en este capítulo:

```
#include "afxres.h"
```

Cuando activa el cuadro de comprobación Show Read-Only Symbols, el explorador incluye en la lista todos los símbolos definidos en el archivo Afxres.h. Puede distinguir los símbolos de sólo lectura en la lista porque los símbolos modificables aparecen en negrita.

Una marca de comprobación en la columna In Use indica que un símbolo identifica un recurso en el archivo RC. A medida que desarrolla un programa, probablemente cambiará los nombres de identificadores de forma ocasional. No hay nada malo en esto, pero Visual C++ añade una definición al nombre de identificador nuevo para Resource.h sin suprimir el nombre anterior. Como consecuencia, algunos identificadores tienden a terminar como huérfanos, definidos en Resource.h pero sin utilizarse en ningún otro sitio en el archivo RC. La columna In Use le permite distinguir fácilmente un identificador huérfano. Para borrar un identificador de símbolo, es decir, suprimir su sentencia **#define** del archivo Resource.h, selecciónelo de la lista y haga clic en el botón Delete. La supresión tiene efecto cuando a continuación hace clic en el comando Save. Recuerde, sin embargo, que el explorador le está indicando sólo que un símbolo no comprobado no aparece en el archivo RC. Eso no significa que el símbolo no se utilice en algún otro sitio en el código fuente o en otro archivo de recurso.

EJEMPLO DE UN RECURSO APPWIZARD

Antes de sumergirnos más profundamente en descripciones, vamos a ver una parte del archivo de guiones de recurso que genera AppWizard para el programa ficticio Demo. Como hemos visto, AppWizard crea automáticamente un guión de recurso para un cuadro de diálogo About, junto con un icono de MFC. El guión de diálogo generado en el archivo Demo.rc es así:

```
IDD_ABOUTBOX DIALOG DISCARDABLE 0, 0, 217, 55
STYLE DS_MODALFRAME | WS_POPUP | WS_CAPTION | WS_SYSMENU
CAPTION "About Demo"
FONT 8, "MS Sans Serif"
BEGIN
    ICON            IDR_MAINFRAME,IDC_STATIC,11,17,20,20
    LTEXT           "Demo Version 1.0",IDC_STATIC,40,10,119,8,SS_NOPREFIX
    LTEXT           "Copyright (C) 1998",IDC_STATIC,40,25,119,8
    DEFPUSHBUTTON   "OK",IDOK,178,7,32,14,WS_GROUP
END
```

Las instrucciones superiores definen el cuadro de diálogo que se muestra en la página siguiente, que se invoca eligiendo About del menú Help de Demo:

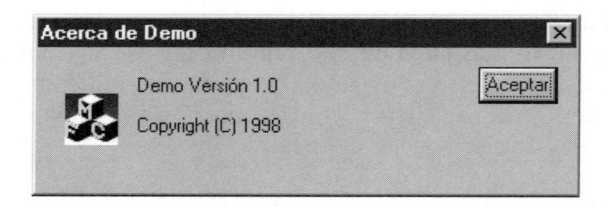

No está mal conseguir no escribir ni una línea de código. Sin embargo, AppWizard no es útil en todas las ocasiones. Para mostrarle cómo se vive sin AppWizard, el resto de este capítulo desarrolla un programa cargado de recursos a partir de cero sin AppWizard y discute pros y contras de este enfoque.

INTRODUCCIÓN DEL PROGRAMA DE EJEMPLO DISKPIE1

Aquí empezamos una serie de secciones que desarrollan paso a paso un programa de ejemplo llamado DiskPie1. Cada sección se concentra en un solo tipo de recurso, empezando con menús y aceleradores y siguiendo con barras de estado, mapas de bits y barras de herramientas. Una sección comienza con una discusión general de un tipo de recurso y termina haciendo una contribución a DiskPie1, demostrando cómo crear o revisar un recurso con el editor de Visual C++ apropiado. Cuando hayamos terminado, DiskPie1 será una utilidad eficaz que muestra de un vistazo el uso de memoria actual y el espacio de disco disponible.

Conservando las buenas costumbres de desarrollo, comprobaremos el «rendimiento» del programa desde el principio antes de escribir nada de código. Las especificaciones le darán una idea de los recursos que añadiremos al programa y le harán más fácil ver cómo funcionan juntas para formar una interfaz consistente. Aquí tiene las especificaciones de DiskPie1 abreviadas:

- **Descripción.** DiskPie1 es un programa de pequeña utilidad escrito con MFC que visualiza un diagrama de pastel de dos piezas. Dependiendo de las selecciones del menú o de la barra de herramientas, el diagrama muestra ubicaciones de espacio actual para memoria en un disco designado. Una porción del pastel representa espacio ocupado, mientras que la segunda porción, desplazada ligeramente de la primera, muestra el espacio libre. Las etiquetas identifican claramente ambas porciones.

- **Ventana principal.** El programa tiene cuatro menús, llamados File, Chart, View y Help. El menú File contiene sólo un comando Exit, y el menú Help tiene un comando About que visualiza información de programa. El menú View permite al usuario mostrar u ocultar la barra de herramientas y la barra de estado. El menú Chart en principio contiene sólo un comando llamado Memory, que visualiza el uso de memoria. En tiempo de ejecución, DiskPie1 busca los discos adjuntos al sistema, incluyendo discos RAM y discos de red remotos, y los añade al menú Chart. El programa ignora las disqueteras, discos CD y otro tipo de información del que se pueda prescindir.

- **Barra de herramientas y aceleradores.** Los comandos de una barra de herramientas acoplable y de un teclado completan el menú del programa, permitiendo al usuario visualizar un diagrama de uso haciendo clic en un botón o pulsando una tecla para indicar una designación de disco desde C hasta Z.
- **Barra de estado.** Identifica el menú actual o la selección de barra de herramientas.
- **Menú de contexto.** DiskPie1 no proporciona un menú contextual.

DiskPie1 podría fácilmente empezar su vida como un código esqueleto generado por AppWizard, pero he preferido no hacer esto por dos razones: primero, DiskPie1 no es el tipo de aplicación de documento/visualización que AppWizard tenga en mente cuando crea archivos y la eliminación de los guiones de recursos superfluos generados por AppWizard puede ser ardua y no muy interesante; segundo, ya hemos hablado sobre AppWizard. Es hora de ver cómo se crea un proyecto desde el principio en Visual C++. Las secciones que siguen no ignoran AppWizard en absoluto, todas ellas describen los defectos de AppWizard, de modo que puede ver lo que ha ganado o perdido utilizando AppWizard para crear un proyecto pequeño como DiskPie1.

Las discusiones presuponen que DiskPie1 empieza con un proyecto vacío sin ningún archivo fuente. Si quisiera seguir los pasos resumidos aquí y crear el proyecto a partir de cero, elija New del menú File, y a continuación haga clic en la pestaña Project y en el icono Win32 Application. Teclee el nombre del proyecto y haga clic en el botón OK. El asistente de Win32 Application visualiza sólo un único paso, ofreciéndole ajustar un proyecto nuevo en tres grados diferentes de preparación; haga clic en el botón Finish para aceptar la selección predeterminada para un proyecto vacío:

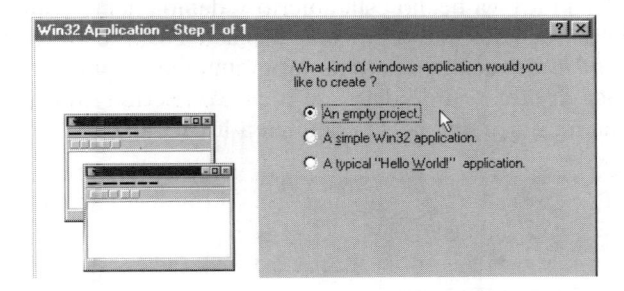

Si ya ha ejecutado el programa Instalar para copiar los archivos de proyecto DiskPie1 del CD que acompaña a su disco duro, puede que prefiera abrir el proyecto y seguir las explicaciones sin crear los recursos usted mismo. Para abrir el proyecto terminado, elija Open Workspace del menú File y vaya hasta la carpeta de proyecto DiskPie1 en su disco duro. Haga dos veces clic en el archivo DiskPie1.dsw para abrir el proyecto.

Configuración del proyecto DiskPie1

El asistente Win32 Application genera sólo unos cuantos archivos que forman un proyecto escueto. El asistente también supone que el proyecto no utiliza MFC; una suposición inco-

> **Abrir un proyecto existente**
>
> Un proyecto nuevo, como un archivo nuevo, comienza con el comando New, que lista los servicios de uno de los asistentes de Visual C++ (como AppWizard o Win32 Application) para ajustar el proyecto nuevo. Una vez que termina el asistente, el comando New ya no se utiliza en ese proyecto. Para abrir un proyecto existente como cualquiera de los instalados desde el CD que acompaña, elija el comando Open Workspace del menú File y vaya hasta la carpeta del proyecto. Para un proyecto en el que ha trabajado recientemente, es más conveniente utilizar el comando Recent Workspaces del mismo menú.
>
> Si lo prefiere, el entorno de Visual C++ puede abrir automáticamente su proyecto más reciente al arrancar. Esta característica es muy conveniente para proyectos largos a los que dedica la mayor parte de su tiempo. Haga clic en Options del menú Tools y desplácese hacia la derecha para encontrar la pestaña Workspace, luego active el cuadro de comprobación etiquetado Reload Last Workspace At Startup.

rrecta para DiskPie1. Después de seleccionar Win32 Application para crear un programa MFC como DiskPie1, debe configurar el proyecto para que reconozca la biblioteca MFC. Como se describe en el Capítulo 2, «AppWizard», esto se hace a través de un cambio en la pestaña General del diálogo Project Settings. Invoque el diálogo eligiendo Settings del menú Project, seleccione All Configurations del cuadro de combinación en el ángulo superior izquierdo, y elija o bien vinculación estática o bien dinámica para el proyecto. La Figura 4.3 muestra la segunda elección.

Una vez que el proyecto DiskPie1 ya hecho está abierto y debidamente configurado, podemos empezar la creación de recursos para el mismo y añadir DiskPie1.rc y archivos Resource.h. DiskPie1 está cargado de recursos para un programa tan pequeño, así que la mayor parte del trabajo implica la creación de datos de recurso. Escribiremos el código actual para el último programa, después de que se completen los recursos.

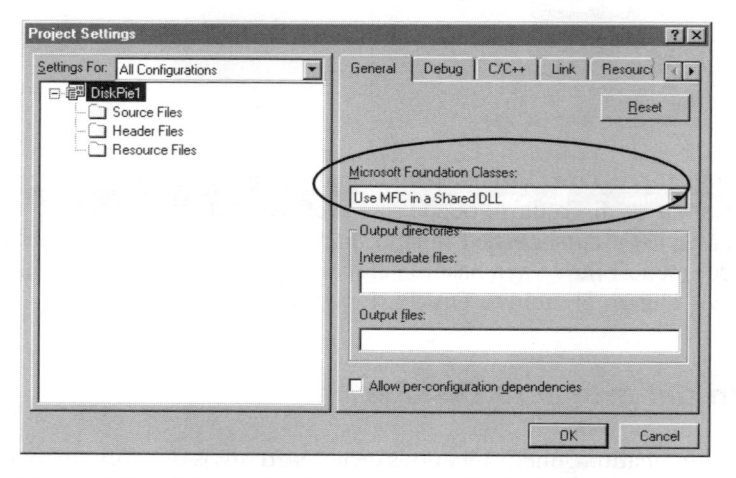

Figura 4.3. Selección de un enlace dinámico a MFC en el diálogo Project Settings.

MENÚS Y TECLAS ACELERADORAS

La Figura 4.4 muestra el sistema de menú que AppWizard crea por defecto. Puede ver la correspondencia entre los menús en la figura y el guión de menú que AppWizard coloca en el archivo RC:

```
IDR_MAINFRAME MENU PRELOAD DISCARDABLE
BEGIN
    POPUP "&File"
    BEGIN
        MENUITEM "&New\tCtrl+N",            ID_FILE_NEW
        MENUITEM "&Open...\tCtrl+O",        ID_FILE_OPEN
        MENUITEM "&Save\tCtrl+S",           ID_FILE_SAVE
        MENUITEM "Save &As...",             ID_FILE_SAVE_AS
        MENUITEM SEPARATOR
        MENUITEM "&Print...\tCtrl+P",       ID_FILE_PRINT
        MENUITEM "Print Pre&view",          ID_FILE_PRINT_PREVIEW
        MENUITEM "P&rint Setup...",         ID_FILE_PRINT_SETUP
        MENUITEM SEPARATOR
        MENUITEM "Recent File",             ID_FILE_MRU_FILE1,GRAYED
        MENUITEM SEPARATOR
        MENUITEM "E&xit",                   ID_APP_EXIT
    END
    POPUP "&Edit"
    BEGIN
        MENUITEM "&Undo\tCtrl+Z",           ID_EDIT_UNDO
        MENUITEM SEPARATOR
        MENUITEM "Cu&t\tCtrl+X",            ID_EDIT_CUT
        MENUITEM "&Copy\tCtrl+C",           ID_EDIT_COPY
        MENUITEM "&Paste\tCtrl+V",          ID_EDIT_PASTE
    END
    POPUP "&View"
    BEGIN
        MENUITEM "&Toolbar",                ID_VIEW_TOOLBAR
        MENUITEM "&Status Bar",             ID_VIEW_STATUS_BAR
    END
    POPUP "&Help"
    BEGIN
        MENUITEM "&About Demo...",          ID_APP_ABOUT
    END
END
```

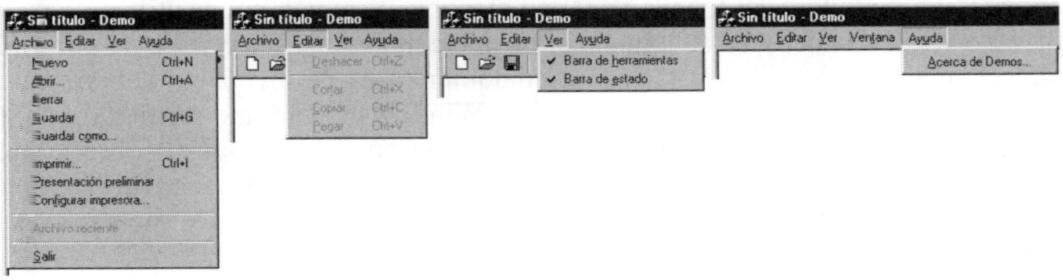

Figura 4.4. Menú de sistema generado por AppWizard.

La primera línea del guión da a la barra de menú un número de identificación de IDR_MAINFRAME, que se define en el archivo Resource.h que AppWizard añade al proyecto. Como todos los identificadores en el archivo, IDR_MAINFRAME es sólo el nombre predeterminado de AppWizard; puede especificar cualquier nombre o valor que desee para un recurso.

Las directivas PRELOAD y DISCARDABLE no son necesarias en el guión de una aplicación Win32. PRELOAD, que tiene significado sólo para las aplicaciones de 16 bits, le indica a Windows que copie los datos de recurso de menú en la memoria cuando carga primero el programa en lugar de volver a abrirlo más tarde del archivo EXE del programa y leer los datos de menú cuando el programa crea la ventana principal. La directiva DISCARDABLE no es necesaria, porque en Win32 todos los recursos son desechables. Esto significa que el sistema operativo puede suprimir libremente datos de recurso de un programa desde la memoria física para dejar memoria disponible para otros procesos. Cuando el programa tiene otra vez la atención y necesita el recurso suprimido, el sistema vuelve a leer los datos desde el archivo EXE del programa. Esto es posible porque los recursos son datos estáticos de sólo lectura, y la copia en memoria es la misma que en el disco. Por el contrario, la eliminación de datos dinámicos desde la memoria le dice al administrador de memoria virtual que debe guardar primero datos al archivo de cambio de sistema antes de que se utilice la memoria para otros propósitos.

Las sangrías en el guión de recurso muestran los niveles encerrados entre las sentencias BEGIN y END. El primer nivel define el recurso de menú completo incluyendo la barra de menú, que se llama menú de nivel superior. Los niveles secundarios de los pares BEGIN-END especifican los contenidos de cada menú desplegable hacia abajo. Cada sentencia POPUP va seguida de un título de menú que aparece en la barra de menú, y las subsiguientes sentencias MENUITEM especifican los comandos enumerados en el menú. Una línea en un menú se llama comando o elemento de menú.

Algunos comandos de menú incluyen combinaciones de teclado, como por ejemplo CTRL+N para New y CTRL+O para Open. Conocidas como teclas aceleradoras, estas combinaciones de teclas sirven de atajos que permiten al usuario elegir un comando sin tener que ir hasta el sistema de menú. Por ejemplo, CTRL+O visualiza inmediatamente el cuadro de diálogo Open, que es igual que elegir Open del menú File. El problema con las teclas aceleradoras es que el usuario debe memorizarlas; aparecen en el menú sólo como ayuda de memoria para recordar al usuario que existe un camino más fácil para elegir un comando. Las teclas aceleradoras necesitan una tabla adicional en el archivo RC, que veremos en breve.

La \t antes de la combinación de la clave del acelerador es un carácter tabulador que alinea los aceleradores ordenadamente en el menú. También puede utilizar \a en lugar de \t para justificar a la derecha el texto en el menú, siempre que sea coherente. Si utiliza \a para alinear una combinación de teclas en cualquier línea de menú, no debería utilizar \t en ninguna de las otras líneas. Eso confunde a Windows y da como resultado una alineación desigual del texto del menú. El carácter \a le da un mayor control sobre la anchura del menú de lo que lo hace \t. Si el texto en el menú parece demasiado saturado, teclee unos cuantos espacios delante del carácter \a para ensanchar el menú y separar más las teclas aceleradoras de los comandos.

El ampersand (&) en cada comando del menú precede a la letra que sirve como tecla mnemónica para el comando. Como muestra la Figura 4.4, una letra mnemónica aparece subrayada en los menús para identificarla al usuario. Una tecla mnemónica debería ser única para un menú o barra de menú; un menú Format, por ejemplo, debería tener una tecla mnemónica que no fuese «F» para evitar conflictos con el menú File. Pero el uso de mnemónicas únicas es sólo una recomendación, no una regla; si una barra de menú o un menú desplegable contiene las mismas mnemónicas en dos o más sitios, Windows realza cada comando a la vez conforme el usuario pulsa la tecla mnemónica, y sólo activa el comando elegido cuando se pulsa la tecla INTRO. El menú Editor, descrito en la sección siguiente, puede comprobar los duplicados mnemónicos a través de un comando en su menú contextual emergente. Haga clic en el botón derecho del ratón en el área de trabajo del editor para invocar el menú:

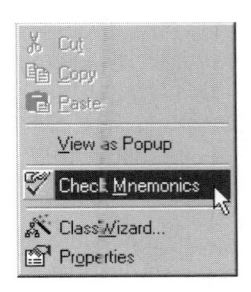

Las teclas mnemónicas y aceleradoras no son las mismas. Una tecla aceleradora activa un comando sin pasar a través del sistema de menú, mientras que una tecla mnemónica subrayada está disponible sólo cuando un menú está visible.

Cada comando de menú tiene un identificador asociado que empieza con un prefijo ID_ seguido de un nombre que describe el comando. El nombre de identificador, incluyendo el prefijo ID_, es decisión completamente suya; el guión de menú de la página 97 muestra sólo lo que realiza AppWizard (como veremos, sin embargo, hay ventajas al utilizar ciertos nombres de símbolo que MFC ya ha definido). Es a través de los identificadores de comando como un programa se refiere a los sucesos del menú. Cuando el usuario hace clic en el comando de menú o pulsa una tecla aceleradora, Windows envía un mensaje WM_COMMAND al procedimiento de la ventana principal con el identificador de comando en la palabra inferior *wParam*. Si el comando está en respuesta al usuario pulsando una tecla aceleradora, la palabra superior *wParam* tiene un valor de TRUE; si está en respuesta a una selección de menú, la palabra superior es FALSE.

Un programa C maneja tradicionalmente comandos de menú comprobando el parámetro *wParam* de un mensaje WM_COMMAND en una serie de sentencias que pueden cambiar entre mayúsculas y minúsculas:

```
switch (msg)
{
    case WM_COMMAND:
        switch (LOWORD (wParam))
        {
            case ID_FILE_NEW:
                OnFileNew ();
                break;
```

```
                case ID_FILE_OPEN:
                    OnFileOpen ();
                    break;
                    ⋮
            }
    }
```

Los programas MFC realizan lo mismo con un mapa de mensaje:

```
BEGIN_MESSAGE_MAP(CMyFrame, CFrameWnd)
    ON_COMMAND(ID_FILE_NEW, OnFileNew)
    ON_COMMAND(ID_FILE_OPEN, OnFileOpen)
    ⋮
END_MESSAGE_MAP ()
```

Creación de menús para DiskPie1

Cuando cree un recurso de menú partiendo desde cero tal como lo haremos para DiskPie1, elija Resource del menú Insert para visualizar la lista de tipos de recurso que se muestra aquí, y a continuación haga dos veces clic en la entrada Menu de la lista para invocar el editor de menú.

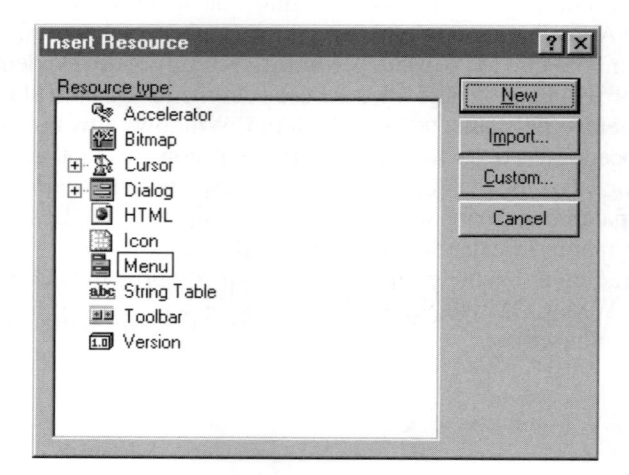

El proyecto debe estar abierto y puede que tenga que ocultar la ventana Workspace o Output para mostrar el área de trabajo del editor. Cuando diseña y guarda su menú, Visual C++ escribe el guión de menú al archivo RC del proyecto y escribe las sentencias **#define**

de identificador al archivo Resource.h. Por lo tanto, el entorno invoca automáticamente al editor de menú cuando abre un recurso de menú. Para visualizar identificadores de menú de proyecto, haga dos veces clic en la entrada Menu en el panel Resource View (véase la Figura 4.1). Inicie el editor de menú haciendo dos veces clic en el identificador de recurso en la lista o bien haciendo clic en el botón de la derecha sobre el identificador y elija Open del menú contextual.

La Figura 4.5 muestra cómo es el editor de menú a medida que añadimos progresivamente menús al proyecto DiskPie1. El menú de nivel superior, es decir, la barra de menú, contiene un rectángulo punteado, llamado cuadro de elemento nuevo, que indica el punto de inserción para el texto de captura del menú. Cuando teclea una entrada en la barra de menú y pulsa INTRO, aparece un menú desplegable con su nuevo cuadro de elemento nuevo. Un borde borroso indica qué cuadro de elemento nuevo está activo, si el de la barra de menú o el del menú desplegable. Si desea teclear una entrada en un cuadro de elemento nuevo que no esté activo, haga primero clic en el cuadro para seleccionarlo. Cualquier cosa que teclee va al cuadro de elemento nuevo activo y simultáneamente al control Caption del diálogo Menu Item Properties que se muestra en la Figura 4.6. Para retroceder y cambiar un elemento de menú o captura, seleccione el elemento y teclee el texto nuevo o haga dos veces clic sobre el elemento para invocar el diálogo Menu Item Properties. La tendencia a desaparecer del diálogo es a veces inadecuada cuando salta de un elemento de menú a otro. En estos casos, haga clic en el botón tipo interruptor que se encuentra en el ángulo superior izquierdo del diálogo, lo que obliga al diálogo a permanecer visible.

El menú File para DiskPie1 tiene sólo un comando, llamado Exit. Para crear el menú, primero teclee *&File* en el cuadro de elemento nuevo de la barra, pulse INTRO y a continuación teclee *E&xit* como el texto de elemento de menú. Si pulsa INTRO en este punto, el editor de menú con sentido práctico le da al comando un identificador llamado ID_FILE_EXIT, que es una amalgama de la captura del menú y del texto de elemento del menú. También añade una sentencia **#define** para ID_FILE_EXIT para el archivo Resource.h.

Vamos a parar un minuto e imaginar por qué esto puede causar problemas más tarde. Cuando guarda la fuente de menú nueva, Visual C++ ve que no hay archivo RC para el proyecto y automáticamente crea uno para usted. También añade estas líneas al archivo RC:

```
#include "afxres.h"
#include "resource.h"
```

MFC proporciona la cabecera Afxres.h para ahorrarle el problema de tener que definir para cada proyecto los mismos identificadores comunes que aparecen en programas típi-

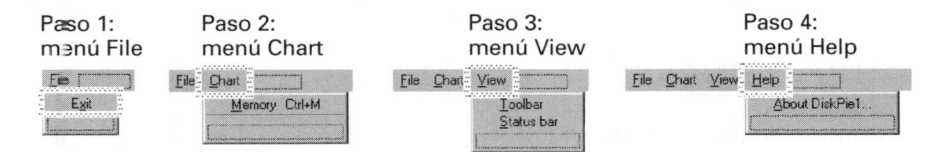

Figura 4.5. Creación de menús DiskPie1 utilizando el editor de menús de Visual C++.

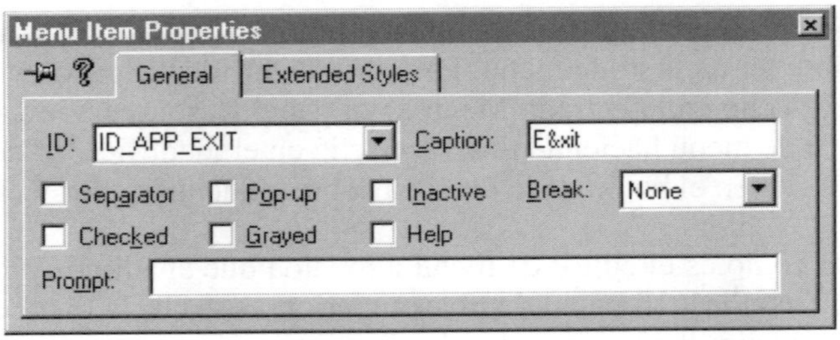

Figura 4.6. El diálogo Menu Item Properties para un recurso de menú.

cos de Windows. Siguiendo la teoría de que la mayor parte de los programas de Windows tienen menús File, Edit, View y Help, Afxres.h define muchos identificadores, como por ejemplo ID_FILE_OPEN_, ID_EDIT_COPY e ID_APP_ABOUT. Esto deja Resource.h para los nuevos identificadores de recurso que define usted mismo. Por casualidad, Afxres.h no tiene definición para ID_FILE_EXIT, pero ¿qué pasaría si la tuviese? En ese caso, obtendría un error cuando compilase el archivo RC, porque ID_FILE_EXIT se definiría dos veces, una vez en Afxres.h y otra en Resource.h.

Los guiones de recurso que genera AppWizard no tienen este problema potencial de colisión de nombre. Todos los elementos de menú que genera AppWizard están definidos en Afxres.h, de modo que AppWizard no les añade definiciones para Resource.h. Para un proyecto que no sea de AppWizard como DiskPie1, tiene tres opciones para evitar definiciones duplicadas cuando utilice los editores de recurso:

- Abra el archivo RC en el editor de texto y elimine la sentencia **#include** para Afxres.h.

- Dé a los identificadores de recurso sus propios nombres, sin aceptar los nombres predeterminados del editor que pueden estar en Afxres.h.

- Edite el archivo Resource.h y suprima cualquier identificador que ya esté definido en Afxres.h.

El problema con la primera opción es que también le obliga a eliminar del archivo toda la parafernalia restante de Visual C++ que requiere definiciones en Afxres.h. La segunda solución es más segura. Cuando usted mismo nombre los identificadores de recurso, la MFC Technical Note 20 recomienda la adición del prefijo IDM_ a los identificadores de menú, dado que IDM_ nunca se utiliza como un prefijo de identificador en Afxres.h. Especifique el nombre del identificador en el diálogo Menu Item Properties, y ajuste opcionalmente un valor para el identificador al mismo tiempo del siguiente modo:

```
IDM_FILE_EXIT=1001
```

Asegúrese de que cada identificador de menú tiene un valor único, por supuesto.

Hay buenas razones para adoptar la tercera solución en la lista anterior de opciones, a pesar de su falta de elegancia. Considere lo que pasaría si identificara el comando Exit en su programa con un nombre como IDM_FILE_EXIT. Para una aplicación MFC como DiskPie1, debe a continuación proporcionar una función de manipulador para el mensaje WM_COMMAND que transporta el identificador, y también añadir una línea al mapa de mensaje que apunta al manejador. Los resultados pueden ser así:

```
ON_COMMAND (IDM_FILE_EXIT, OnFileExit)    // En el mapa de mensaje
    :
void CMainFrame::OnFileExit()             // Manejador para IDM_FILE_EXIT
{
    SendMessage( WM_CLOSE, 0, 0 );
}
```

Afxres.h contiene varios nombres de identificador especiales para los que MFC proporciona sus funciones de manejador, ahorrándole a la aplicación el problema de tener que hacerlo. Uno de estos identificadores especiales es ID_APP_EXIT, que es atrapado de forma automática por una función MFC que cierra la aplicación. Asignando el valor ID_APP_EXIT al comando de menú Exit, DiskPie1 no tiene que proporcionar su propio código para manejar la selección de menú Exit. Por razones similares, los dos elementos de menú en el menú View de DiskPie1 tienen asignados los valores ID_VIEW_TOOLBAR y ID_VIEW_STATUS_BAR. MFC reconoce estos valores especiales e invoca sus propias funciones de manejador para visualizar u ocultar la barra de herramientas y la barra de estado. DiskPie1 simplemente utiliza los identificadores en su guión de menú para los comandos Toolbar y Status Bar, y el marco de trabajo se encarga de todo lo demás.

La desventaja de darle a los comandos nombres de identificadores especiales tales como ID_APP_EXIT o ID_VIEW_TOOLBAR es que el editor de menú escribe definiciones para los nombres en el archivo Resource.h, duplicando de este modo definiciones en Afxres.h. Tenemos que utilizar el editor de texto para suprimir las definiciones superfluas en Resource.h después de crear los recursos.

Los nombres de los identificadores para los elementos del menú DiskPie1 se especifican tecleándolos en el diálogo Menu Item Properties. Aquí tiene un resumen de los resultados:

Título del menú	Captura del elemento	Identificador
&File	E&xit	ID_APP_EXIT
&Chart	&Memory\tCtrl+M	IDM_MEMORY
&View	&Toolbar	ID_VIEW_TOOLBAR
&View	&Status bar	ID_VIEW_STATUS_BAR
&Help	&About DiskPie1...	ID_APP_ABOUT

El diálogo Menu Item Properties (Fig. 4.6) le permite perfeccionar la apariencia de un elemento de menú. Por ejemplo, si un comando de menú está inactivo cuando inicia por primera vez su programa, el texto del elemento del menú debería aparecer en gris para indicar al usuario que el comando está actualmente desactivado. Especifique el texto gris para un elemento de menú haciendo clic en el cuadro de comprobación Grayed en el diálogo. Para colocar una marca de comprobación en el comando de menú, haga clic en Checked. La especificación de texto en gris o las marcas de comprobación en el guión de recurso no son necesarias para un programa MFC como DiskPie1, porque el marco de trabajo actualiza los menús automáticamente.

Si desea un comando de menú para invocar un menú emergente en cascada, haga clic en el cuadro de comprobación Pop-up en el diálogo Menu Item Properties. El símbolo de flecha (▶) que aparece al lado del elemento de menú le indica al usuario que el comando visualiza un menú emergente anidado. El editor visualiza otro cuadro de elemento nuevo para el menú emergente, en el que usted teclea los comandos como en cualquier otro menú (el comando Recent Files en el menú File del entorno es un ejemplo de un menú emergente en cascada).

Para programas como DiskPie1 que tienen una barra de estado, el cuadro de texto Prompt en el diálogo proporciona un lugar conveniente para teclear una descripción que aparece en la barra de estado cuando el usuario realza el comando en el menú. Añadiremos la descripción del menú DiskPie1 en una sección posterior utilizando el editor en cadena de Visual C++. Cuando vea lo repetitivas que son las descripciones, estará de acuerdo en que el editor en cadena es una mejor elección.

Los menús de DiskPie1 son algo estándar. La única adición interesante es la barra separadora en la parte inferior del menú Chart. Al colocar la barra separadora en último lugar en un menú puede parecer extraño a primera vista, pero DiskPie1 añade más comandos al menú Chart en tiempo de ejecución. La barra separadora existe como una partición para dos grupos de comandos de menú: el comando Memory en la parte superior y los comandos Disk, como Disk C y Disk D, en la parte inferior. Para crear una barra separadora en un menú, haga clic en el cuadro de comprobación Separator que se muestra en la Figura 4.6.

Si desea insertar un menú nuevo o un comando de menú, arrastre el cuadro de elemento nuevo a la posición deseada. Conforme arrastra el cuadro, aparece una línea de inserción vertical u horizontal adyacente al cursor. Deje de pulsar el botón del ratón para soltar el cuadro de elemento nuevo, luego teclee la nueva captura de menú normalmente. También puede arrastar y desplegar los elementos de menú o menús enteros para cambiar el orden en el que aparecen. Para cambiar el orden de los menús Chart y View, por ejemplo, arrastre el menú View a la izquierda hasta que vea una línea de inserción vertical que aparece en el espacio entre File y Chart. Suelte el botón del ratón y ya está.

Cuando crea un recurso de menú nuevo como estamos haciendo aquí, el editor de menú desea nombrar el recurso nuevo algo así como IDR_MENU1. El nombre de símbolo de recurso aparece en la primera línea del guión de menú en el archivo RC:

```
IDR_MENU1 MENU PRELOAD DISCARDABLE
```

Un nombre como IDR_MENU1 está bien para el menú, pero puede que no sea una buena elección para un programa MFC como DiskPie1. Como programa de interfaz de documento simple (SDI), DiskPie1 puede registrar plantillas para sus recursos con una sola invocación al constructor *CSingleDocTemplate*, siempre que los recursos tengan todos el mismo valor de identificador. No importa cuál sea el valor del identificador, o incluso si se dan nombres de identificador diferentes a los recursos, siempre que los recursos de menú, barra de herramientas, tabla aceleradora y barra de estado estén todos representados por el mismo número constante. Si su programa no invoca *CSingleDocTemplate* o su MDI equivalente *CMultiDocTemplate,* no se preocupe sobre la identificación de recursos como menús y aceleradores con el mismo valor de símbolo.

Por defecto, los editores de recurso dan nombres y valores diferentes a todos los identificadores para los recursos de ventana principales, así que el archivo Resource.h puede terminar apareciendo así:

```
#define IDR_MENU1               101
#define IDR_ACCELERATOR1        102
#define IDR_ICON1               103
#define IDR_TOOLBAR1            104
```

Si acepta nombres predeterminados cuando cree recursos, debe a continuación editar el archivo Resource.h para dar a los identificadores un valor común antes de utilizar *CSingleDocTemplate.* No aceptaremos nombres predeterminados para DiskPie1; en su lugar asignaremos al menú y a otros recursos el mismo identificador de símbolo genérico utilizado por AppWizard, IDR_MAINFRAME. Esto le asegura que *CSingleDocTemplate* siempre obtiene un solo valor común a todos los recursos. Para cambiar el identificador de menú, haga dos veces clic en la barra de menú en cualquier sitio, excepto en un nombre de menú, para invocar el diálogo Menu Properties, teclee *IDR_MAINFRAME* y pulse INTRO.

En este punto, el archivo RC de proyecto no existe todavía. Para guardar el primer recurso de un proyecto, haga clic en Save o en Save As en el menú File y déle al archivo el mismo nombre que al proyecto, que es en este caso DiskPie1. Visual C++ crea a continuación el archivo DiskPie1.rc, le escribe el guión de recurso de menú y crea el archivo Resource.h para mantener las definiciones nuevas. No olvide editar el archivo Resource.h con el editor de texto en algún punto para suprimir las definiciones no deseadas para ID_APP_EXIT, ID_VIEW_TOOLBAR, ID_VIEW_STATUS_BAR e ID_APP_ABOUT.

El paso siguiente es añadir el archivo DiskPie1 al proyecto. Elija el comando Add To Project del menú Project, a continuación haga clic en Files del menú en cascada como se muestra aquí:

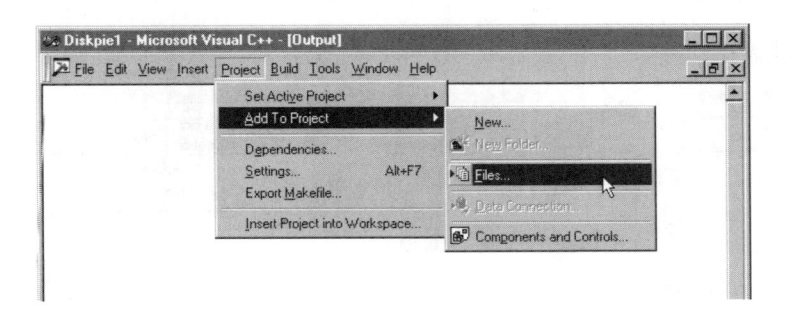

Haga clic en el archivo DiskPie1.rc visualizado en la lista de archivo para añadirlo al proyecto. No es necesario hacer lo mismo para el archivo Resource.h, porque Visual C++ reconoce de forma automática los archivos de cabecera como dependencias de proyecto. Desde ahora en adelante, DiskPie1 es un proyecto verdadero. La próxima vez que creemos un recurso para DiskPie1, guardaremos el recurso con el comando Save en lugar de con Save As, ya que ahora existe el archivo DiskPie1.rc.

Puede utilizar el editor de texto para visualizar el guión de menú que escribe Visual C++ al archivo DiskPie1.rc. Cargue el archivo RC como documento de texto haciendo clic en Open en el menú File para visualizar el diálogo Open. Seleccione Text del cuadro de combinación Open As en la parte inferior del diálogo, a continuación haga dos veces clic en DiskPie1.rc en la lista del archivo. Aquí le mostramos cómo es el guión de menú nuevo:

```
IDR_MAINFRAME MENU DISCARDABLE
BEGIN
    POPUP "&File"
    BEGIN
        MENUITEM "E&xit",                       ID_APP_EXIT
    END
    POPUP "&Chart"
    BEGIN
        MENUITEM "Memory\tCtrl+M",              IDM_MEMORY
        MENUITEM SEPARATOR
    END
    POPUP "&View"
    BEGIN
        MENUITEM "&Toolbar",                    ID_VIEW_TOOLBAR
        MENUITEM "&Status bar",                 ID_VIEW_STATUS_BAR
    END
    POPUP "&Help"
    BEGIN
        MENUITEM "&About DiskPie1...",          ID_APP_ABOUT
    END
END
```

La Figura 4.7 muestra cómo son los menús terminados para DiskPie1. Los comandos Disk C y Disk D en el menú Chart no aparecen en el guión de menú anterior, porque estos comandos se añaden al menú en tiempo de ejecución. El icono en la barra de título se crea más tarde en el capítulo.

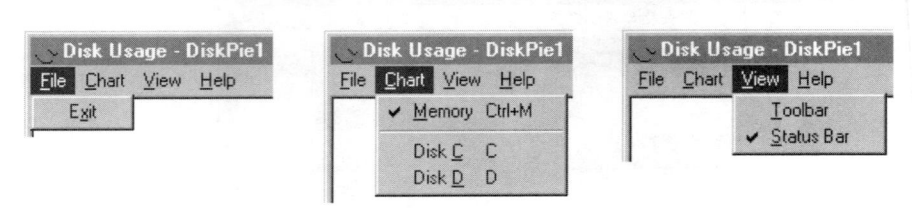

Figura 4.7. Sistema de menú de DiskPie1.

Si desea retirar el editor de menú de la pantalla antes de continuar con la sección siguiente, elija el comando Close desde el menú File o el menú Window. Asegúrese de que el editor tiene la atención de entrada antes de proporcionar el comando.

Creación de teclas aceleradoras para DiskPie1

Algunas versiones futuras de Visual C++ pueden escanear combinaciones de teclas aceleradoras en el guión de menú y generan de forma automática una tabla de acelerador correspondiente. Por ahora tenemos que hacerlo manualmente. Como el guión anterior sólo tiene una tecla aceleradora, CTRL+M para el comando Memory, puede que presuponga que la tabla de teclas aceleradoras en DiskPie1.rc será corta y simple. Pero en realidad la tabla es bastante larga, porque tenemos que añadir las pulsaciones de teclas para elementos que todavía no están en los menús pero que puede que se añadan en el tiempo de ejecución. Haremos esto con el editor de acelerador de Visual C++.

Para una tabla de acelerador existente, como por ejemplo la que ha creado AppWizard, inicie el editor de acelerador como lo haría cualquier otro editor de recursos, desde el panel ResouceView del proyecto. Haga dos veces clic en la entrada en la carpeta Accelerator para lanzar el editor. Para crear una tabla nueva partiendo de cero como DiskPie1, inicie el editor de acelerador eligiendo Resource desde el menú Insert y haga dos veces clic en Accelerator en la lista Resource Type.

La Figura 4.8 muestra una lista parcial de las teclas aceleradoras DiskPie1, que incluye CTRL+M para el comando Memory y 24 teclas que van desde C hasta Z. Estas teclas de letras representan discos, que sirven como aceleradores para los comandos Disk que DiskPie1 añade al menú Chart en tiempo de ejecución. Como los discos (incluyendo los discos remotos) pueden tener cualquier designación de letra hasta Z, DiskPie1.rc debe incluir todos los aceleradores posibles en la tabla. Esto no causará problemas cuando ejecute el programa, porque DiskPie1 ignora las pulsaciones de teclas que no se correspondan con un disco existente.

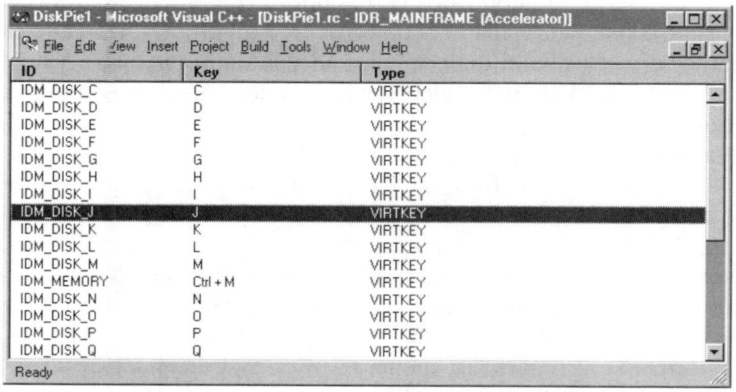

Figura 4.8. Creación de la tabla aceleradora de DiskPie1 con el editor acelerador de Visual C++.

Para añadir una tecla aceleradora a la tabla, haga dos veces clic en el cuadro de elemento nuevo (que aparece como un rectángulo punteado) para invocar el diálogo Accel Properties, a continuación teclee la tecla aceleradora y su identificador. Por ejemplo, añada la tecla aceleradora CTRL+M para el comando Memory de DiskPie1 tecleando *M* en el control Key e *IDM_MEMORY* en el control ID. Asignando al acelerador CTRL+M el mismo identificador dado al comando Memory en el editor de menú, nos aseguramos que pulsando CTRL+M en DiskPie1 y eligiendo Memory desde el menú Chart tenemos el mismo efecto. En cualquier caso, el mismo procedimiento se invoca para visualizar el diagrama de pastel para visualizar el uso de memoria.

Los aceleradores para los comandos Disk de DiskPie1 tienen todos identificadores como IDM_DISK_C, IDM_DISK_D, y así sucesivamente. Tenga en cuenta que en la Figura 4.8 ninguno de estos aceleradores están combinados con otras teclas tales como CTRL o MAYÚS, permitiendo de este modo al usuario pulsar simplemente una tecla de letra como por ejemplo C o D, para visualizar un diagrama de uso para el disco C o D. Para instalar o eliminar una tecla de combinación para un acelerador, seleccione o deseleccione el cuadro de comprobación CTRL, ALT o MAYÚS en el área Modifiers del diálogo Accel Properties.

La eliminación de teclas de la tabla es fácil en el editor de acelerador: simplemente seleccione la entrada de tabla y pulse la tecla DELETE. Para seleccionar un bloque de entradas, haga clic en la primera entrada del bloque, a continuación mantenga pulsada la tecla MAYÚS y haga clic en la última entrada del bloque. La adición de nombres a la tabla lleva más trabajo, especialmente si tiene muchas teclas. Para identificadores de símbolos que tengan nombres secuenciales, como por ejemplo los de la tabla DiskPie1, un editor de texto con capacidades de macros es algunas veces más conveniente. Si crea la tabla aceleradora en el archivo RC utilizando un editor de texto, recuerde añadir definiciones apropiadas al archivo Resource.h. Si una tecla aceleradora se corresponde con un comando de menú, recuerde también darle al acelerador el mismo identificador que al elemento de menú.

El Portapapeles puede ser de ayuda en el editor acelerador cuando añada un grupo de aceleradores que tengan nombres similares, como por ejemplo IDM_DISK_C hasta IDM_DISK_Z. Teclee la primera entrada completamente, selecciónela en la lista y pulse CTRL+C para copiarla en el portapapeles de Windows, a continuación pulse repetidamente CTRL+V para copiar una serie de duplicados en el editor acelerador. Seguidamente, haga dos veces clic en la entrada para invocar el diálogo Accel Properties y haga clic en el botón con forma de interruptor para que el diálogo permanezca en la pantalla. A continuación puede desplazar la lista hacia abajo para seleccionar entradas y modificar nombres y teclas de identificador según sea necesario.

Haga clic en Save en el menú File para guardar la tabla de acelerador nueva. El editor da al recurso un identificador como IDR_ACCELERATOR1, que puede ver en el panel ResourceView de la ventana Workspace. Para DiskPie1, este nombre no es deseable por la misma razón que IDR_MENU1 no es un nombre deseable para el recurso de menú. Pulse con el botón derecho del ratón el identificador sobre el panel ResourceView y haga clic en Properties en el menú contextual emergente, a continuación cambie el nombre de símbolo de recurso a IDR_MAINFRAME, como se ilustra en la Figura 4.9. Este es el mismo nombre dado anteriormente al recurso de menú.

Elija el comando Save otra vez para instalar el identificador IDR_MAINFRAME nuevo para la tabla de acelerador. Un fragmento muestra que la tabla de acelerador aparece ahora como en el archivo DiskPie1 actualizado:

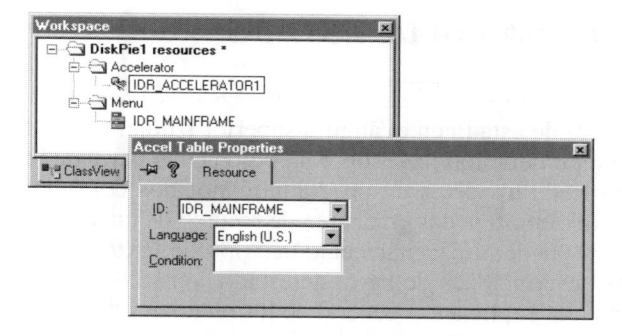

Figura 4.9. Cambio del nombre identificador para la tabla aceleradora.

```
IDR_MAINFRAME ACCELERATORS DISCARDABLE
BEGIN
        "C",            IDM_DISK_C,             VIRTKEY, NOINVERT
        "D",            IDM_DISK_D,             VIRTKEY, NOINVERT
        "E",            IDM_DISK_E,             VIRTKEY, NOINVERT
        .
        .
        .
        "X",            IDM_DISK_X,             VIRTKEY, NOINVERT
        "Y",            IDM_DISK_Y,             VIRTKEY, NOINVERT
        "Z",            IDM_DISK_Z,             VIRTKEY, NOINVERT
END
```

El archivo Resource.h de DiskPie1 contiene las definiciones correspondientes para los identificadores:

```
#define IDM_MEMORY              130
#define IDM_DISK_C              131
#define IDM_DISK_D              132
#define IDM_DISK_E              133
    .
    .
    .
#define IDM_DISK_X              152
#define IDM_DISK_Y              153
#define IDM_DISK_Z              154
```

Los valores actuales que obtiene de los identificadores IDM_DISK no tienen importancia, pero existen dos buenas razones para guardar la secuencia de valores. Primera, los valores secuenciales desde IDM_DISK_C hasta IDM_DISK_Z le permiten un único procedimiento en DiskPie1 para manejar todos los comandos de menú o teclas aceleradoras desde C hasta Z utilizando la macro ON_COMMAND_RANGE de MFC. Resolveremos los detalles cuando empecemos a añadir código a DiskPie1. La segunda razón, para utilizar valores de identificador secuenciales tiene que ver con cómo Windows carga las cadenas contenidas en unos datos de recurso de programa. Esto es lo que viene a continuación.

RECURSOS DE CADENA Y LA BARRA DE ESTADO

Cuando el usuario realza un comando en uno de los menús, DiskPie1 visualiza una descripción del comando en la barra de estado en el ángulo superior izquierdo de la ventana. Lo mismo ocurre cuando el cursor del ratón pasa sobre un botón en la barra de herramientas. Las descripciones son parte de los datos de programa conocidos como recursos de cadena, que son cadenas de texto almacenadas en el área de recurso de un archivo ejecutable. Un programa de Windows puede almacenar cualquier tipo de texto de sólo lectura como recursos de cadena; las descripciones de barra de estado son sólo un ejemplo.

Esta sección comienza con una explicación general de los recursos de cadena, a continuación estrecha su visualización con un vistazo a las descripciones de barra de estado. Termina por componer descripciones de barra de estado DiskPie1 utilizando el editor de cadena Visual C++.

Recursos de cadena

Un recurso de cadena no es diferente de cualquier otra cadena en los datos del programa, excepto en que debe leerse desde el archivo ejecutable en otro buffer. Un programa de C lee un recurso de cadena invocando la función API *LoadString*; un programa MFC puede invocar la función de miembro de la clase *Cstring*. Y al menos en el caso de las descripciones de la barra de estado, un programa MFC no tiene ni siquiera eso. MFC proporcion código predeterminado que puede cargar cadenas de descripción de forma automática, como veremos más tarde.

Un recurso de cadena está definido en el archivo RC del programa en una tabla de cadena, que es una lista de cadenas identificadas por la palabra clave STRINGTABLE y encerrada entre corchetes o entre llaves por sentencias BEGIN-END:

```
STRINGTABLE
{
    ID_STRING1 "Text for string resource #1"
    ID_STRING2 "Text for string resource #2"
}
```

Un recurso de cadena en Win32 está limitado a 4.097 caracteres y no puede ocupar más de una sola línea en el guión de recurso. Un archivo RC puede tener múltiples tablas de cadena, cada una con un número cualquiera de cadenas.

Los recursos de cadena ofrecen dos ventajas principales sobre las cadenas de datos normales. Primero, un recurso de cadena no se carga en memoria hasta que no sea necesario, permitiendo que un programa almacene «fuera de línea» cualquier dato de texto que pueda utilizar. Considere que un programa visualiza opcionalmente ayudas útiles para el usuario, quizás en un cuadro de mensaje. Aunque muchos usuarios puede que aprecien este rasgo, otros no desearán nada de él y desactivarán la opción rápidamente. Almacenando las ayudas como recursos de cadena, el programa no desperdicia memoria en el texto no utilizado cada vez que se ejecuta. La segunda ventaja de los recursos de cadena es que organizando datos de cadena de programa como recursos, el desarrollador mantiene las cadenas en un lugar en vez de dispersas por varios módulos fuente. Entre otros beneficios, esto permite que un traductor cree una versión de lenguaje extranjero del programa revisando sólo los guiones en el archivo RC, después del cual el desarrollador puede recompilar el archivo y volver a enlazarlo. El código fuente no se toca nunca.

Puede añadir o modificar recursos de cadena en el archivo RC utilizando el editor de texto o el editor de cadena de Visual C++. Si cambia el nombre de un identificador de cadena, el editor de cadena ofrece la ventaja de añadir automáticamente al archivo Resource.h una definición para el nuevo identificador. El editor de cadena no reemplaza, sin embargo, los ejemplos del identificador anterior en su código fuente.

Cadenas de solicitud y herramientas de consejo

Las descripciones de comando en la barra de estado (también conocidas como cadenas de solicitud o acercamientos) se han convertido rápidamente en un procedimiento estándar en las aplicaciones de Windows. En algún momento, todos nos hemos quedado perplejos por un comando de menú escueto o un botón de barra de herramienta inescrutable cubierto de arte abstracto que ofrece pocas ayudas sobre su función. Discretamente guardadas en la barra de estado, las cadenas de solicitud son muy útiles para el usuario novel sin inmiscuirse en el usuario experto.

Es impresionante el poco esfuerzo de programación que requieren las cadenas de solicitud. Una una cadena de solicitud a un comando de menú particular y al botón de barra de herramientas dando a estos tres elementos el mismo identificador de recurso. A continuación cree una barra de estado y añada la etiqueta CBRS_FLYBY al estilo de barra de herramientas. MFC se ocupa del resto, visualizando la cadena correcta cuando se realza una orden de menú o el cursor del ratón descansa en un botón de barra de herramientas.

Al añadir la etiqueta CBRS_TOOLTIPS al estilo de barra de herramientas, habilita una variación de cadenas de solicitud llamada consejo de herramientas. Un consejo de herramientas es una pequeña ventana emergente que visualiza una descripción breve cuando el cursor del ratón pasa por encima de un botón de barra de herramientas. El entorno de Visual C++ utiliza consejos de herramientas para identificar sus propios botones de barra de herramientas, aunque el rasgo sea opcional (para habilitar consejos de herramientas en Visual C++, encienda el cuadro de comprobación Show ToolTips en la pestaña Toolbars del diálogo Customize, invocado haciendo clic en Customize en el menú Tools). El texto de consejo de herramienta es parte de una cadena de solicitud, agregada al final con un carácter de nueva línea \n como este:

```
ID_PROMPT1     "Texto de la cadena de solicitud en la barra de estado\nTooltip text"
```

Aquí tiene un ejemplo simple que ilustra la relación entre menús, barras de herramientas, cadenas de solicitud y herramientas de consejo. Aunque los fragmentos de código que sigue describen un programa MFC que sólo abre y guarda un documento, los pasos asociados mostrados en negrita se aplican también a los programas que no son de MFC.

1. **Déle el mismo identificador a los elementos de menú correspondientes, barras de herramientas y cadenas de solicitud en el archivo de guiones de recurso RC.**

```
IDR_MAINFRAME MENU
BEGIN
    POPUP "&File"
    BEGIN
        MENUITEM "&Open",      ID_FILE_OPEN
        MENUITEM "&Save",      ID_FILE_SAVE
    END
END

IDR_MAINFRAME BITMAP           "res\\Toolbar.bmp"
IDR_MAINFRAME TOOLBAR 16, 15
BEGIN
    BUTTON      ID_FILE_OPEN
    BUTTON      ID_FILE_SAVE
END

STRINGTABLE
BEGIN
    ID_FILE_OPEN          "Abre un documento existente\nOpen"
    ID_FILE_SAVE          "Guarda el documento activo\nSave"
END
```

2. **Cree el menú en el código fuente.**

Para crear la ventana principal y adjuntar el menú en un paso, invoque la función miembro *CFrameWnd::Create*:

```
Create( NULL, "Simple Demo", WS_OVERLAPPEDWINDOW, rectDefault,
        NULL, MAKEINTRESOURCE (IDR_MAINFRAME) );
```

O utilice este código para cargar el menú por separado después de crear la ventana principal:

```
CMenu    menu;
menu.LoadMenu( IDR_MAINFRAME );
SetMenu( &menu );
menu.Detach ();
```

3. **Cree la barra de herramientas.**

```
CToolBar toolbar;                           // En el archivo cabecera

// El estilo se ajusta por defecto a WS_CHILD | WS_VISIBLE | CBRS_TOP
toolbar.Create( this );
toolbar.LoadToolBar( IDR_MAINFRAME );
// Añadir etiquetas de acercamiento y herramientas de consejo al estilo
toolbar.SetBarStyle( toolbar.GetBarStyle() |
                CBRS_FLYBY | CBRS_TOOLTIPS );
```

4. Cree e inicialice la barra de estado.

```
CStatusBar    statusbar;                         // En el archivo cabecera

UINT          nIndicator = ID_SEPARATOR; // Panel simple en la barra de estado
statusbar.Create( this );
statusbar.SetIndicators( &nIndicator, 1 );
```

AppWizard genera código para hacer todo esto por usted. Sólo necesita invocar el editor de cadena y eliminar recursos de cadena no necesarios, reemplazando con cadenas que describan los nuevos comandos en sus menús de programa. Llegaremos al editor de cadena en un momento, pero primero hay un recurso de cadena más a conocer.

La cadena de documento

Cuando hayamos terminado con DiskPie1, tendrá seis recursos de programa, cada uno etiquetado con el identificador IDR_MAINFRAME:

- El icono de aplicación.
- El menú para la ventana principal.
- La tabla aceleradora de menú.
- La ventana de barra de herramientas.
- El mapa de bits de barra de herramientas.
- Un recurso de cadena que identifica el documento.

El último elemento de la lista se llama cadena de documento, y consiste en siete subcadenas separadas por caracteres de línea nueva \n. Cuando cree el proyecto SDI o MDI en AppWizard, puede utilizar la vista preliminar para los siete componentes de subcadena haciendo clic en el botón Advanced en el cuarto paso de AppWizard (el botón Advanced se describe en el Capítulo 2). Haciendo clic en el botón visualiza el diálogo Advanced Options, en el que puede volver a teclear las subcadenas predeterminadas para el proyecto si desea cambiarlas.

Si hubiésemos utilizado AppWizard para crear DiskPie1, AppWizard habría definido una cadena de documento como esta en el archivo DiskPie1.rc:

```
STRINGTABLE PRELOAD DISCARDABLE
BEGIN
    IDR_MAINFRAME          "DiskPie1\n\nDiskPie1\n\n\n
                            DiskPie1.Document\nDiskPie1 Document"
END
```

(Como todos los recursos de cadena, la cadena de documento debe aparecer como una sola línea en el archivo RC, pero por razones de espacio se ha mostrado anteriormente en dos líneas). Las subcadenas contienen texto y nombres que MFC asigna al programa y los documentos que crea. En el orden mostrado, las subcadenas especifican:

- El nombre de programa que aparece en la barra de título de la ventana principal.
- El nombre asignado a los documentos nuevos que crea el programa.
- Un descriptor de documento general utilizado en las aplicaciones MDI que pueden abrir más de un tipo de documento.
- El descriptor de documento combinado con una especificación de archivo de comodín, como aparece en las listas de tipo de archivo de los diálogos Open y Save As.
- La extensión predeterminada que se da a los documentos que crea el programa.
- Un nombre que identifica el tipo de documento en el Registro del sistema.
- Un descriptor general para el tipo de documento que el programa crea.

Como el DiskPie1 no crea documentos, estamos interesados sólo en la cadena de documento debido a la segunda subcadena. Cuando esta subcadena está vacía, MFC le da un nombre predeterminado de «Untitled» a los documentos nuevos. Puede que ya haya notado que los programas creados por AppWizard tienen a menudo «Untitled» en su barra de título junto con el nombre de programa. Para un programa como DiskPie1 que no guarda sus datos, la invocación de su visualización «Untitled» sólo conseguirá confundir al usuario. Una solución es proporcionar texto para la segunda subcadena que describe el programa, no el documento, algo como «Disk Usage». Haremos eso en la siguiente sección.

Creación de recursos de cadena para DiskPie1

Para un proyecto AppWizard que ya tiene una tabla de cadena en su archivo de guión RC, inicie el editor de cadena haciendo dos veces clic en String Table en el panel Resource-View de la ventana Workspace. Para crear una tabla de cadena para un proyecto como DiskPie1, elija Resource del menú Insert y haga dos veces clic en String Table en la lista Resource Type.

El editor de cadena es tan prosaico como las propias cadenas. Las únicas partes interesantes son las líneas horizontales en la ventana del editor, que puede ver en la Figura 4.10. Estas líneas muestran las divisiones en la tabla de cadena entre grupos de cadena llamadas segmentos, cada una de las cuales mantiene un máximo de 16 cadenas. El valor del identificador de cadena determina qué cadena pertenece a qué segmento. Las cadenas con valores de identificador de 0 a 15 pertenecen al primer segmento, las cadenas con valores de 16 a 31 pertenecen al segundo segmento, y así sucesivamente.

Un segmento actúa como un buffer de lectura hacia delante que se encuentra en muchas unidades de disco, en los que el controlador de disco lee no sólo un sector solicitado del disco, sino también varios de los sectores siguientes, almacenándolos en un buffer de memoria para usarlos posteriormente. Los buffers de lectura hacia delante aceleran el uso de disco porque un acceso de disco va generalmente seguido por más, que el controlador puede dar servicio leyendo desde el buffer en lugar del disco. Siguiendo la misma lógica, el sistema lee recursos de cadena desde el archivo ejecutable un segmento cada vez. Cuando un programa invoca la función API *LoadString* para leer una cadena individual desde sus datos de recurso, Windows lee el segmento entero al que pertenece la cadena suponiendo

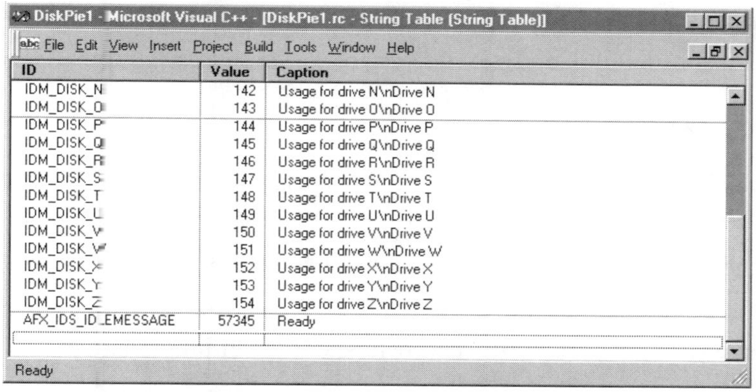

Figura 4.10. El editor de cadena de Visual C++.

que si el programa desea una cadena ahora, pronto solicitará las otras. Por esta razón, debería intentar agrupar las cadenas relacionadas dándoles valores de identificador secuenciales. Probablemente haría esto de cualquier modo, pero ahora sabe el porqué es una buena idea.

Como el resto de los editores de recurso de Visual C++, el editor de cadena indica si la cadena siguiente está colocada en la tabla visualizando un cuadro de elemento nuevo como un rectángulo punteado. Para introducir una cadena nueva, seleccione el cuadro de elemento nuevo y comience a teclear el texto en cadena. El diálogo String Properties aparece con un identificador de símbolo predeterminado. Vuelva a escribir el nombre de identificador si lo desea, o seleccione un nombre desde la lista desplegable del cuadro de combinación de diálogo. La lista contiene todos los identificadores definidos para el proyecto, incluyendo aquéllos en el archivo Afxres.h, permitiéndole seleccionar un nombre, como por ejemplo IDM_MEMORY, en lugar de teclearlo. El editor de cadena clasifica automáticamente las entradas de tabla por el valor del identificador.

Puede añadir caracteres especiales a una cadena tecleando las secuencias de escape que se muestran en la Tabla 4.2. Para obtener una lista de los valores ASCII y ANSII mencionados en la tabla, consulte el Apéndice A.

Tabla 4.2. Secuencias de escape para caracteres especiales en un recurso de cadena

Secuencia de escape	Significado
\n	Línea nueva (valor ASCII #10).
\r	Retorno de carro (valor ASCII #13).
\t	Carácter tabulador (valor ASCII #9).
\a	Carácter campana (valor ASCII #7).
\\	Barra invertida (\).
\ddd	Cualquier carácter ANSI, donde *ddd* es un número octal que varía entre 001 y 377 (255 decimal) que identifica el carácter.

La tabla de cadena en el archivo DiskPie1.rc contiene todos los recursos de cadena de programa:

```
STRINGTABLE DISCARDABLE
BEGIN
    IDR_MAINFRAME           "DiskPie1\nDisk Usage\n\n\n\n\n\n"
    IDM_MEMORY              "Memory usage\nMemory"
    IDM_DISK_C              "Usage for drive C\nDrive C"
    IDM_DISK_D              "Usage for drive D\nDrive D"
    IDM_DISK_E              "Usage for drive E\nDrive E"
     ⋮
    IDM_DISK_X              "Usage for drive X\nDrive X"
    IDM_DISK_Y              "Usage for drive Y\nDrive Y"
    IDM_DISK_Z              "Usage for drive Z\nDrive Z"
    AFX_IDS_IDLEMESSAGE     "Ready"
    AFX_IDS_SCSIZE          "Change the window size"
    AFX_IDS_SCMOVE          "Change the window position"
    AFX_IDS_SCMINIMIZE      "Reduce the window to an icon"
    AFX_IDS_SCMAXIMIZE      "Enlarge the window to full size"
    AFX_IDS_SCCLOSE         "Close the DiskPie1 application"
    AFX_IDS_SCRESTORE       "Restore the window to normal size"
END
```

La primera cadena en la lista es la cadena de documento DiskPie1, que tiene el mismo identificador que los recursos de otros programas:

```
IDR_MAINFRAME       "DiskPie1\nDisk Usage\n\n\n\n\n\n"
```

Esta cadena especifica el texto que reemplaza el encabezamiento «Untitled», que de lo contrario MFC escribiría en la barra de título. Eche un vistazo a la barra de título DiskPie1 en la Figura 4.20 y verá cómo MFC coge el texto de barra de las dos primeras subcadenas de la cadena de documento. Es posible eliminar «Disk Usage» por completo desde la barra de título, aunque esto necesita más que suprimir sólo la segunda subcadena en la línea de recurso. Debe anular la función virtual *CMainFrame::PreCreateWindow*, eliminando la etiqueta FWS_ADDTOTITLE que MFC añade por defecto al estilo de ventana:

```
BOOL CMainFrame::PreCreateWindow( CREATESTRUCT& cs )
{
    cs.style &= ~FWS_ADDTOTITLE;
    return CFrameWnd::PreCreateWindow( cs );
}
```

Las últimas cadenas en la tabla de cadena tienen símbolos de identificador especiales con un prefijo AFX_, que indica que los símbolos se definen en el archivo Afxres.h. Por ejemplo, MFC reconoce al identificador AFX_IDS_IDLEMESSAGE y visualiza la cadena que asignó ese valor en la barra de estado cuando el programa está esperando la entrada de usuario. Por convención, la cadena simplemente dice «Ready». Los otros símbolos AFX_ identifican cadenas de solicitud para el menú de sistema DiskPie1, que se invoca haciendo clic en el icono del programa o haciendo clic en el botón de la derecha en la barra de título. La cadena AFX_ apropiada aparece en la barra de estado cuando el usuario selecciona un elemento en el menú del sistema. Como veremos cuando escribamos el programa DiskPie2 al final del capítulo, a menudo no es necesario incluir estas cadenas de solicitud en absoluto.

MAPAS DE BITS, BARRAS DE HERRAMIENTAS, ICONOS Y CURSORES

El editor de gráficos de Visual C++ está donde usted crea y revisa recursos gráficos de un programa, que pueden consistir en mapas de bits, barras de herramientas, iconos y cursores. Los iconos y cursores son mapas de bits que tienen un propósito estrecho; los iconos aparecen en botones de barra de tarea o en un listado de directorio, y los cursores sirven como diseños para el cursor del ratón cuando está colocado dentro del área de cliente del programa. Una barra de herramientas es una ventana que contiene varias imágenes de mapa de bits superpuestas en botones en una fila horizontal. Cualquier otra cosa, tal como una imagen visualizada en una ventana o un dibujo animado en un diálogo, se llama mapa de bits.

El entorno de Visual C++ proporciona un editor de gráficos para todas las ocasiones, así que no tiene que aprender cuatro utilidades diferentes. Puede que vea referencias en la ayuda en línea para un «editor de barra de herramientas» o un «editor de icono», pero éstos sólo son términos abreviados que se refieren al editor de gráficos de Visual C++ aplicado a un tipo particular de recurso. El editor de gráficos puede manejar múltiples documentos de diferentes tipos de recursos. La Figura 4.11 muestra el editor con dos documentos diferentes abier-

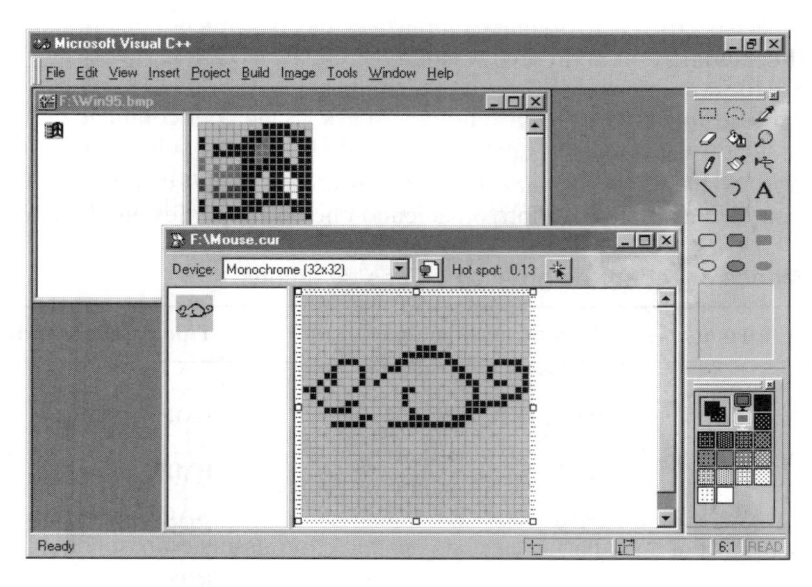

Figura 4.11. El editor de gráficos de Visual C++ con dos documentos abiertos.

tos, uno es un mapa de bits familiar de 16 por 15 y el otro es un cursor de ratón de color de 32 por 32.

La apariencia del editor difiere sólo ligeramente para cada tipo de recurso, que indica el tipo de recurso en el que está trabajando por un icono en el ángulo superior izquierdo de la ventana de documento. La Tabla 4.3 muestra el icono para cada documento de recurso y enumera las extensiones para los tipos de archivo que el editor de gráficos lee y escribe.

Cuando utiliza el comando Open para abrir un documento de recurso existente con cualquiera de las extensiones enumeradas en la tercera columna de la Tabla 4.3, Visual C++ inicia automáticamente el editor de gráficos para el tipo de recurso apropiado.

DiskPie1 tiene menús, teclas aceleradoras y datos de cadena, pero todavía no tiene recursos gráficos. Para un proyecto en desarrollo como DiskPie1, hay dos medios ligeramente diferentes de crear un nuevo recurso de gráficos. La elección del método depende de qué tiene en mente para el archivo de imagen. Si tiene un proyecto abierto y desea añadir un nuevo recurso de gráficos al proyecto, elija Resource del menú Insert y haga dos veces clic en Bitmap, Cursor, Icon o Toolbar en la lista. Visual C++ lanza el editor de gráficos, visualizando en la barra de título un identificador asignado para el documento de recurso. Dependiendo del tipo de recurso, el identificador es un nombre genérico tal como IDB_BITMAP1, IDC_CURSOR1, IDI_ICON1 O IDR_TOOLBAR1. Los subsiguientes recursos abiertos en el editor reciben identificadores similares que incrementan el dígito, como por ejemplo IDI_ICON2, IDI_ICON3, y así sucesivamente. Cuando guarda un recurso de gráficos en un archivo, Visual C++ le da al archivo el mismo nombre que el identificador menos el prefijo y a continuación define al identificador en el archivo Resource.h del proyecto. Por ejemplo, al guardar un recurso llamado IDB_BITMAP1, añade esta línea al archivo RC:

```
IDB_BITMAP1          BITMAP DISCARDABLE        "res\\bitmap1.bmp"
```

y añade una línea como esta al archivo Resource.h:

```
#define IDB_BITMAP1    130
```

Sin embargo, no tiene que aceptar estos nombres no descriptivos. Antes de guardar un recurso, déle un identificador descriptivo haciendo clic en Properties en el menú View y

Tabla 4.3. Iconos del editor de gráficos y tipos de archivo

Recurso	Icono	Tipo de archivo de entrada	Tipo de archivo de salida
Bitmap		BMP, DIB, EPS, GIF, JPG	BMP
Toolbar		BMP	BMP
Cursor		CUR	CUR
Icon		ICO	ICO

teclee un nombre de identificador nuevo. En el mismo diálogo Properties, también puede añadir un nombre para el archivo gráfico.

El segundo método para lanzar el editor de gráficos le permite crear un recurso gráfico nuevo sin añadirlo a la lista de archivos de proyecto. Puede que desee hacer esto, por ejemplo cuando cree una biblioteca de recursos o diseñe mapas de bits para botones de barra de herramientas. Este método no requiere un proyecto abierto; simplemente haga clic en New en el menú File y en la pestaña Files elija el tipo de recurso que desea de la lista, si Bitmap File, Icon File o Cursor File.

El área de trabajo para el editor de gráficos está dividida en dos paneles. Por defecto, el panel izquierdo muestra la imagen en su tamaño actual y el panel derecho muestra una ampliación de aproximadamente 36 veces (6 × 6). La imagen ampliada tiene una cuadrícula que la recubre, cada cuadrado de la cuadrícula representa un píxel en la imagen de tamaño real. Si ha utilizado un programa de pintura antes, como por ejemplo la utilidad Paint incluida con Microsoft Windows, el editor de gráficos de Visual C++ debería parecerle familiar.

Seleccione la imagen para pintar haciendo clic en cualquier parte en el panel izquierdo o derecho. Para realizar un trabajo detallado, probablemente deseará concentrarse en el área de trabajo mayor y observar los efectos en la imagen de tamaño real. La barra separadora que separa los paneles es móvil; simplemente arrástrela a la izquierda o la derecha con el ratón. Para empezar a dibujar, seleccione una herramienta apropiada haciendo clic en un botón en la barra de herramientas que se muestra en la Figura 4.12. Como con cualquier otra barra de herramientas en el entorno de Visual C++, puede acoplar o desacoplar la barra de herramientas Graphics arrastrándola dentro o fuera de la posición.

Las herramientas del editor de gráficos son lo bastante inteligentes y amigables para aprender con unos cuantos minutos de experimentación. Hay unos cuantos puntos, sin embargo, que puede que no sean intuitivos y por lo tanto merezcan una breve explicación. Primero, el color de fondo de la imagen depende de los tipos de gráficos. Los iconos y cursores tienen sólo un color de fondo «transparente», renderizado azul-verde en la ventana del editor. Cuando Windows dibuja un icono o cursor en el pantalla, dibuja sólo los

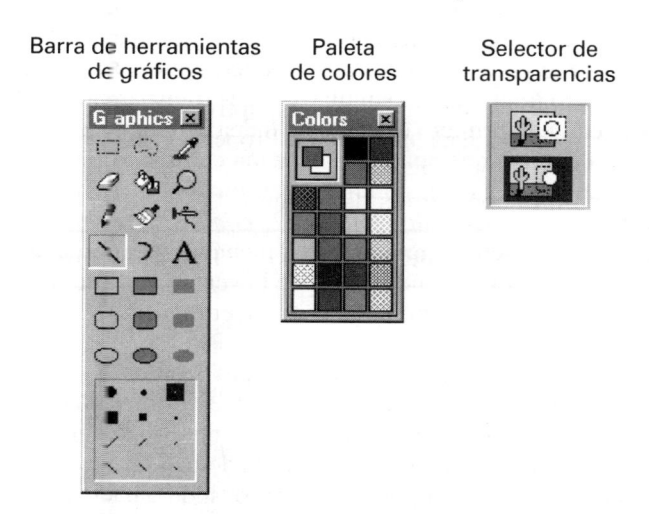

Figura 4.12. Herramientas en el editor de gráficos de Visual C++.

colores de primer plano; cualquier píxel subyacente al color de fondo transparente no se borra. El color de fondo del mapa de bits, por otro lado, es opaco. Un mapa de bits se dibuja en la pantalla como un bloque que superpone todo bajo él. La transparencia de fondo es probablemente la diferencia más importante entre los tipos de recursos gráficos.

El cuadro de selector de transparencia aparece en la parte inferior de la barra de herramientas Graphics al hacer clic en Rectangle Selection, Irregular Selection o botones Text, y es la versión de barra de herramientas del comando Draw Opaque en el menú Image del editor. Para entender el propósito del cuadro de selector, piense en una imagen en términos de dos tercios, donde un tercio recubre al otro. El tercio superior es una imagen flotante que puede desplazarse y ajustarse en su posición; el tercio inferior, llamado imagen base, es fijo. El cuadro del selector le permite ajustar la transparencia de fondo del tercio superior, pero no afecta a la transparencia de la propia imagen base. Al seleccionar el icono superior del cuadro de selector de transparencia significa que los píxeles de fondo en la imagen que recubre el tercio deberían tratarse como colores de primer plano, haciendo el tercio superior un bloque rectangular sólido. El icono inferior del cuadro del selector hace el tercio superior transparente, eliminando píxeles de fondo del tercio. Por ejemplo, aquí tiene cómo es la letra «A» cuando se teclea en una imagen base con y sin transparencia:

Imagen base

Transparencia activada

Transparencia desactivada

El color de fondo de la imagen de mapa de bits base, blanco, en este caso, permanece opaco, independientemente del ajuste de transparencia, de modo que puede visualizar el mapa de bits en la pantalla que superpone cualquier píxel cubierto por el área cuadrada de mapa de bits. Sin embargo, un programa puede simular píxeles transparentes cuando visualice un mapa de bits, enmascarando primero el fondo de mapa de bits y reemplazándolo con una copia del área de pantalla en la que aparecerá el mapa de bits. Si tiene interés en esta técnica, puede encontrar una explicación completa con una clase derivada para los mapas de bits transparentes en *Programación de Windows 95 con MFC,* de Jeff Prosise, en el capítulo titulado «Mapas de bits, paletas y regiones». A menudo sólo desea asegurarse que un mapa de bits tiene el mismo color de fondo que el de la ventana en que se visualiza, dándole la ilusión de transaparencia. Hay un modo fácil de hacer eso, que se explica en la sección siguiente.

Otro rasgo oculto del editor de gráficos es que los botones izquierdo y derecho del ratón generalmente se corresponden con los colores de fondo y de primer plano, respectivamente. Por ejemplo, al hacer clic en la paleta Colors con el botón izquierdo del ratón selecciona el color de primer plano; haciendo clic con el botón derecho selecciona el color de fondo. Puede dibujar en la imagen con cualquier color arrastrando o haciendo clic en el botón del ratón adecuado.

La Tabla 4.4 resume los botones de barra de herramientas encontrados en el editor de gráficos. Los botones normalmente aparecen planos en la barra de herramientas Graphics, como se muestra en la Figura 4.12. La Tabla 4.4 muestra los botones en su forma realzada para ayudar a distinguir unos de otros.

Tabla 4.4. Botones de la barra de herramientas Graphics

Botón	Descripción
	Las herramientas Rectangle Selection e Irregular Selection le permiten marcar una región de la imagen para desplazarla, eliminarla o copiarla. Haga clic en el botón, luego arrastre las cruces del punto cursor sobre el rectángulo o la región que desea marcar. Cuando suelta el botón del ratón, aparece una área de selección alrededor del área marcada. Puede mover la selección arrastrándola con el ratón, borrarla presionando la tecla DEL o copiarla al portapapeles presionando CTRL+C.
	La herramienta Select Color le permite seleccionar un color para dibujar desde la imagen misma en lugar de la paleta Colors. Haga clic en el botón de la barra de herramientas, luego haga clic en la imagen que tiene el color que desea. El botón izquierdo del ratón selecciona el color de frente y el botón derecho selecciona el color de fondo.
	La herramienta Erase cambia el cursor a un bloque que arrastra sobre la imagen para eliminar píxeles. Los píxeles eliminados se cambian al color de fondo actual, que dependen del tipo de recurso. Como se ha mensionado anteriormente, el fondo de los cursores e iconos es transparente. El color de fondo de los mapas de bits es el color opaco que se muestra en la parte superior izquierda de la paleta Colors. Para cambiar el tamaño del bloque borrador, haga clic en uno de los iconos de tamaño en el cuadro selector en la parte inferior de la barra de herramientas.
	La herramienta Fill cambia los píxeles de un color de frente a un color de fondo. Haga clic en el botón Fill, luego haga clic en cualquier lugar de la imagen sobre el color que desea cambiar. Utilice el botón izquierdo del ratón para llenar el color frontal y el botón derecho para el color de fondo. El editor cambia todos los píxeles contiguos de ese color al color de relleno. Los píxeles se deben tocar horizontal o verticalmente; los píxeles que se tocan de forma diagonal no se consideran contiguos.
	Para cambiar el tamaño de la imagen seleccionada, ejecute la herramienta Magnify y seleccione un valor de 1, 2, 6 u 8. El valor de ampliación especifica el número de píxeles horizontales de pantalla que se corresponden con un píxel de la imagen actual. Si la imagen agrandada tiene una cuadrícula, el valor de ampliación determina la anchura y altura de cada cuadrado de la cuadrícula.
	Haga clic en uno de los botones dibujados a la izquierda para ejecutar una herramienta de dibujo de manos libres, luego arrastre el botón del ratón para dejar un sendero de píxeles del color frontal o de fondo. La herramienta Pencil sólo dibuja una línea fina de un píxel de anchura. Utilice la brocha para dibujar líneas más gruesas, eligiendo el grosor de la brocha del cuadro selector en la parte inferior de la barra de herramientas.

(*Continúa*)

122   MICROSOFT VISUAL C++ 6.0. MANUAL DEL PROGRAMADOR

Tabla 4.4.   (*Continuación*)

Botón	Descripción
	El Air Brush dibuja un modelo aleatorio de color, que simula el efecto de echar spray sobre el dibujo. Elija la densidad y tamaño del spray en el cuadro selector de la barra de herramientas.
	Las herramientas de dibujo de líneas dibuja líneas rectas o torcidas «dibujando bandas» desde la posición del clic inicial. Haga clic donde desee que empiece la línea, arrastre el cursor hasta el punto final de la línea y luego suelte el botón del ratón para ajustar la línea. La herramienta Curve necesita un paso más: después de soltar el botón del ratón para ajustar el punto final, desplace el cursor para establecer la curvatura de la línea. Cuando la línea tiene la forma que desea, haga doble clic para ajustar la línea (debe hacer doble clic en el mismo botón del ratón que ha utilizado para arrastrar el cursor). Si cambia de opinión mientras dibuja la línea, presione la tecla ESC o haga clic en el otro botón del ratón para comenzar de nuevo.
	La herramienta Text visualiza una pequeña ventana para teclear texto que aparece en la imagen en el color frontal actual. Elija la transparencia de texto en el cuadro selector de transparencia según se ha descrito antes, luego presione ESC cuando termine de cerrar la herramienta Text.
	Estas herramientas dibujan rectángulos, rectángulos redondeados y elipses, tanto rellenas como vacías. Seleccione una herramienta, luego dibuje la forma con el color de fondo o frontal arrastrando el cursor del ratón sobre la imagen desde la parte superior izquierda hasta la parte inferior derecha del área que desea cubrir. Si mantiene presionada la tecla MAYÚS, restringe la forma, dibujando un rectángulo dentro de un cuadrado o una elipse dentro de un círculo. Para cancelar mientras arrastra el cursor, presione ESC o haga clic en el otro botón del ratón.

Mapas de bits

Cuando inicia el editor de gráficos para un nuevo mapa de bits, le presenta una área de trabajo limpia de 48 píxeles cuadrados. Sin embargo, los mapas de bits no tienen por qué ser cuadrados, pueden ser rectangulares de cualquier tamaño, hasta 2.048 píxeles en un lateral. Para cambiar el tamaño del área de trabajo, arrastre uno de los manejadores que cambian el tamaño al borde del área de trabajo, teniendo en cuenta el nuevo tamaño de la barra de estado del editor conforme arrastra el manejador. También puede teclear el tamaño deseado en el diálogo Bitmap Properties, invocado haciendo clic en Properties del menú View.

Aquí tiene un ejemplo de cómo un programa C puede visualizar un recurso de mapa de bits. El fragmento supone que el mapa de bits se guarda originalmente en el archivo Res\Bitmap.bmp y se identifica en el archivo RC del programa por el nombre BitmapDemo, que es la misma cadena dada a la función *LoadBitmap* para cargar el recurso:

```
//Declaración del recurso en el archivo RC
BitmapDemo      BITMAP      "res\\bitmap.bmp"

// In the C source file
HBITMAP         hbm;        // Declara un manejador global para el mapa de bits
    :

// Carga el mapa de bits en WinMain o en el procedimiento InitInstance
static char szAppName[] = "BitmapDemo";
hbm = LoadBitmap( hInstance, szAppName );
    :

// Visualiza el mapa de bits en el procedimiento de ventana
case WM_PAINT:
    hdc = BeginPaint( hwnd, &ps );
    hdcMemory = CreateCompatibleDC( hdc );
    GetObject( hbm, sizeof (BITMAP), &bm );
    SelectObject( hdcMemory, hbm );
    BitBlt( hdc, x, y, bm.bmWidth, bm.bmHeight,
            hdcMemory, 0, 0, SRCCOPY );
    DeleteDC( hdcMemory );
    EndPaint( hwnd, &ps );
    break;
```

Los pasos son similiares para la visualización del mapa de bits en un programa MFC. Primero inicialice un objeto *CBitmap* con el recurso:

```
bitmap.LoadBitmap( szAppName );
```

Luego visualice la imagen en la función de la ventana *OnDraw*:

```
BITMAP bm;
CDC    dcMemory;

bitmap.GetObject( sizeof (BITMAP), &bm );
dcMemory.CreateCompatibleDC( pDC );
dcMemory.SelectObject( &bitmap );
pDC->BitBlt( x, y, bm.bmWidth, bm.bmHeight, &dcMemory, 0, 0, SRCCOPY );
```

Antes de cerrar esta sección de mapas de bits, vamos a volver sobre el tema de la transparencia de mapa de bits una última vez. Ya sabemos que un color de fondo de mapa de bits es opaco, pero si el color de fondo de la imagen es blanco y el mapa de bits se visualiza en una ventana que es también blanca, la forma cuadrada de mapa de bits queda oculta. Sólo los colores de fondo que no sean blancos resaltan, creando la ilusión de un fondo transparente. Pero ¿qué pasa si la ventana no fuese blanca? En ese caso, el mapa de bits visualizado en los fragmentos de código anterior aparece con su color de fondo mostrado como un cuadrado, que puede que no sea lo que usted desea.

Las ventanas de aplicación normalmente toman el color de la ventana del sistema identificado como COLOR_WINDOW, que por defecto es blanco. Sin embargo, un programa puede cambiar el color de la ventana del sistema invocando *SetSysColors*, o el usuario puede cambiar el color en la sección Display del Panel de control de Windows (si desea intentarlo, seleccione Window del cuadro de combinación Item en la pestaña Appearance del diálogo Display Properties, elija un color nuevo de la lista desplegable Color y haga clic en OK). Un programa puede asegurar el color de fondo de un mapa de bits siempre que concuerde con el color COLOR_WINDOW cargando el mapa de bits mediante el uso de la función API *LoadImage* en lugar de *LoadBitmap*, especificando la etiqueta LR_LOADTRANSPARENT como esta:

```
hbm = LoadImage( hInstance, szAppName, IMAGE_BITMAP,
                 0, 0, LR_LOADTRANSPARENT );
```

Esta función mira el color del primer píxel de la imagen, que yace en el ángulo superior izquierdo del mapa de bits rectangular y es en principio parte del fondo. *LoadImage* reemplaza a continuación la entrada correspondiente en la tabla de color de mapa de bits con el color COLOR_WINDOW correspondiente. De este modo, todos los píxeles de la imagen que hacen el fondo están visualizados en el color de la ventana predeterminada. La única advertencia es que LR_LOADTRANSPARENT no funciona si el mapa de bits tiene más de 256 colores.

No estamos con *LoadImage* todavía. La función también carga imágenes de icono, como veremos en una sección más adelante. Pero ahora mismo vamos a echar un vistazo a cómo un mapa de bits se puede convertir en una barra de herramientas.

Barras de herramientas

La creación de una barra de herramientas en Visual C++ es simplemente una cuestión de diseñar un mapa de bits que contenga las imágenes para los botones de barras de herramientas. El mapa de bits se almacena como un archivo BMP y se referencia en el archivo RC del proyecto con un nombre de identificador:

```
IDR_TOOLBAR     BITMAP      "restoolbar.bmp"
```

Tanto el nombre del identificador como el nombre del archivo son decisión suya. DiskPie1 nombra su recurso de barra de herramientas IDR_MAINFRAME para concordar con los recursos de otros programas, permitiéndole una invocación al constructor *CSingleDocTemplate*, como se explicó anteriormente.

El mapa de bits de la barra de herramientas es una serie de imágenes que recubren los botones de la barra de herramientas, una imagen para cada botón. Por defecto, cada imagen tiene 16 píxeles de ancho y 15 píxeles de alto, que es apropiado para un botón de barra de herramientas que tiene como tamaño estándar 24 × 16 píxeles. Arrastrando los bordes del cuadro de área de trabajo del editor al modo Windows, puede ajustar un tamaño de imagen que sea mayor o más pequeño, más ancho o más estrecho. El nuevo tamaño se aplica a las imágenes en la barra de herramientas, dado que no puede tener botones o tamaños diferentes en una barra de herramientas. Cuando guarda su trabajo, Visual C++ especifica automáticamente el tamaño nuevo de los botones de la barra de herramientas en el archivo RC.

Si AppWizard genera el proyecto para usted, crea un archivo llamado Toolbar.bmp en la carpeta Res de proyecto. El archivo contiene imágenes para los botones de la barra de herramientas que se corresponden con los comandos New, Open, Save, Cut, Copy, Paste, Print y Help. La Figura 4.13 muestra una ampliación del mapa de bits en Toolbar.bmp y la barra de herramientas resultante.

El fragmento siguiente muestra el guión que escribe AppWizard al archivo RC del programa para crear la barra de herramientas. Como podría esperar, cada botón en el guión de la barra de herramientas tiene el mismo identificador que el comando de menú correspondiente en el guión de menú listado en la página 97.

```
IDR_MAINFRAME           BITMAP      MOVEABLE PURE       "res\\Toolbar.bmp"

IDR_MAINFRAME TOOLBAR DISCARDABLE 16, 15
BEGIN
      BUTTON      ID_FILE_NEW
      BUTTON      ID_FILE_OPEN
      BUTTON      ID_FILE_SAVE
      SEPARATOR
      BUTTON      ID_EDIT_CUT
      BUTTON      ID_EDIT_COPY
      BUTTON      ID_EDIT_PASTE
      SEPARATOR
      BUTTON      ID_FILE_PRINT
      BUTTON      ID_APP_ABOUT
END
```

La sentencia BITMAP en el guión apunta al archivo Toolbar.bmp de proyecto, donde se almacena el mapa de bit. La sentencia TOOLBAR identifica el recurso de barra de herramientas con el valor **IDR_MAINFRAME**, y también especifica para cada botón un tamaño de imagen de 16 píxeles por 15 píxeles. Una sentencia SEPARATOR fuerza un espacio entre botones adyacentes, que están definidos por sentencias BUTTON.

Un programa MFC crea una barra de herramientas invocando *CToolBar::Create*. Cuando la función vuelve, la barra de herramientas que crea es meramente una ventana hija vacía. El paso siguiente es invocar *CToolBar::LoadToolBar* para leer la información de botón de barra de herramientas, cargar el mapa de bits de la barra de herramientas y pintar los botones, todo en un paso. Windows proporciona un botón vacío para cada sentencia BUTTON en el guión de barra de herramientas y traza una sección correspondiente de la imagen de mapa de bits sobre cada botón. Por ejemplo, para cargar la barra de

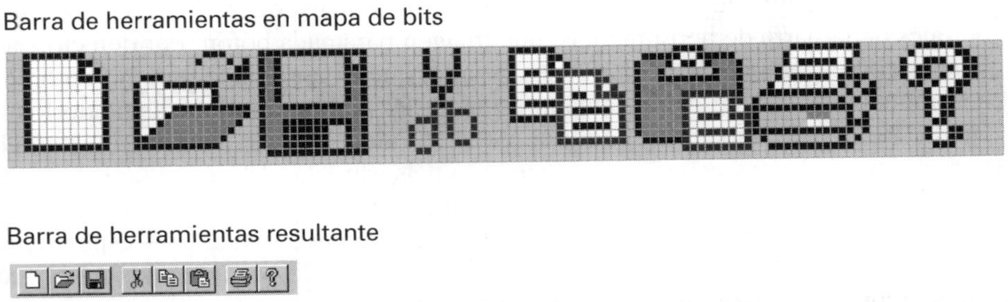

Barra de herramientas en mapa de bits

Barra de herramientas resultante

Figura 4.13. Barra de herramientas predeterminada generada por AppWizard.

herramientas definida en el guión anterior, un programa puede declarar un objeto *CToolBar* llamado *m_toolbar* e incluye estas líneas en la fuente:

```
m_toolbar.Create( this );              // Crea la ventana de barra de herramientas
m_toolbar.LoadToolBar( IDR_MAINFRAME ); // Carga las imágenes de mapa de bits
```

Hay dos enfoques para la creación de una barra de herramientas partiendo de cero en Visual C++. El primero le parecerá familiar por ahora: en un proyecto abierto, haga clic en Resource en el menú Insert y dos veces clic en Toolbar en la lista Resource Types. Esto lanza la variación de la barra de herramientas del editor de gráficos, que visualiza tres paneles divididos que se muestran en la Figura 4.14. Los dos paneles inferiores muestran el tamaño real y las visualizaciones ampliadas del botón de la barra de herramientas actual en la que está trabajando, y el panel superior muestra una visualización de la barra de herramientas completa. A medida que comienza a trabajar en un botón, la imagen de botón aparece automáticamente en la visualización de la barra de herramientas, cambiando en tiempo real a medida que edita. Cuando ha terminado con un botón, haga clic en el botón de elemento nuevo en la parte superior para obtener una área de trabajo nueva para el botón siguiente. Puede cambiar la posición de un botón arrastrándolo dentro de la barra de herramientas, o suprimir un botón arrastrándolo completamente fuera de la barra de herramientas. Para añadir un hueco de separador entre botones como el de la Figura 4.14, arrastre un botón derecho o izquierdo aproximadamente la mitad de la anchura del botón. Puede cerrar un hueco del mismo modo.

No se preocupe sobre el botón de elemento nuevo en blanco cuando guarde la barra de herramientas. No está incluido en el guión de la barra de herramientas que el editor escribe al archivo RC. Cuando trabaje en la barra de herramientas principal del programa, déle a cada botón el mismo identificador utilizado para los elementos de menú correspondientes, como por ejemplo ID_FILE_NEW o ID_FILE_PRINT. Introduzca el identificador de bo-

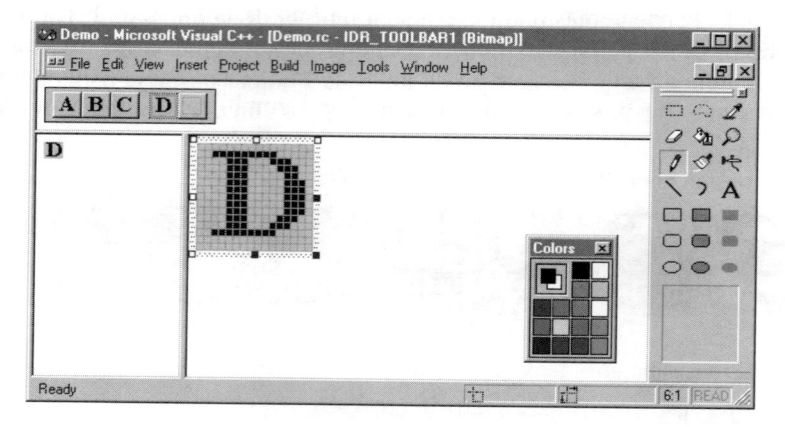

Figura 4.14. Creación de una barra de herramientas en el editor de gráficos de Visual C++.

tón en el diálogo Toolbar Button Properties, visualizando o haciendo dos veces clic en cualquier sitio en el área de trabajo o eligiendo Properties desde el menú View.

El segundo método para crear una barra de herramientas invoca primero la designación del mapa de bits, convirtiendo a continuación el resultado en una barra de herramientas. Para DiskPie1, este método resulta más conveniente.

Creación de una barra de herramientas para DiskPie1

DiskPie1 no es normal en el sentido que determina en tiempo de ejecución el número de botones de barra de herramientas necesario y sus imágenes correspondientes. El guión de la barra de herramientas en DiskPie1.rc sólo tiene una entrada:

```
IDR_MAINFRAME TOOLBAR 16, 15
BEGIN
    BUTTON IDM_MEMORY
END
```

Los botones que visualizan los diagramas de uso de los discos se añaden cuando se inicia el programa. Por ejemplo, si DiskPie1 encuentra cuatro discos con designaciones C, D, P y R, especifica cinco botones cuando crea la barra de herramientas; un botón para el comando Memory y los otros cuatro para los discos. Como no hay ningún modo de saber previamente qué designaciones de control encontrará DiskPie1 para cada sistema en el que corre, el mapa de bits de la barra de herramientas para DiskPie1 tiene imágenes de botón para 24 discos diferentes, etiquetados de la C a la Z. Como cada una de las 25 imágenes tiene 16 píxeles de ancho, el mapa de bits entero de la barra de herramientas DiskPie1 tiene 400 píxeles de ancho y 15 píxeles de alto. La Figura 4.15 proporciona una visualización detallada de algunas imágenes de botones.

El mapa de bits no fue ni la mitad de difícil de construir de lo que puede pensar, se tardó sólo unos 20 minutos. El secreto está en indicar al editor de gráficos que está creando un mapa de bits en lugar de una barra de herramientas. El primer paso es el mismo en cualquier caso: inicie el editor de gráficos haciendo clic en Resource en el menú Insert. Para los mapas de bits de barra de herramientas anchas con imágenes repetidas como el mapa de bits de la Figura 4.15, elija Bitmap en lugar de Toolbar desde la lista de tipos de recurso. Esto le permite trabajar en las imágenes de botón en una tira continua en lugar de

Aumento de las cinco primeras imágenes de un mapa de bits

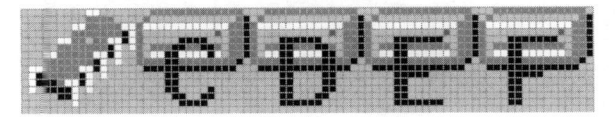

Todo el mapa de bits mostrado en el tamaño normal

Figura 4.15. Mapa de bits de la barra de herramientas de DiskPie1.

una colección de botones individuales. La conversión de un mapa de bits ordinario a una barra de herramientas es fácil en el editor de gráficos, que está diseñado para permitirle hacer justamente eso.

Aquí tiene los pasos para ensanchar un mapa de bits de barra de herramientas con imágenes repetidas. Haga dos veces clic en cualquier sitio en el área en blanco del espacio de trabajo del editor para invocar el diálogo Bitmap Properties. Teclee en el identificador de barra de herramientas, que para DiskPie1 es IDR_MAINFRAME, y déle un nombre de archivo al archivo BMP. Multiplique la anchura de un botón de barra de herramientas por el número de botones y teclee este número como anchura de mapa de bits. La altura del mapa de bits es la altura de un botón. Para DiskPie1, el diálogo es algo así:

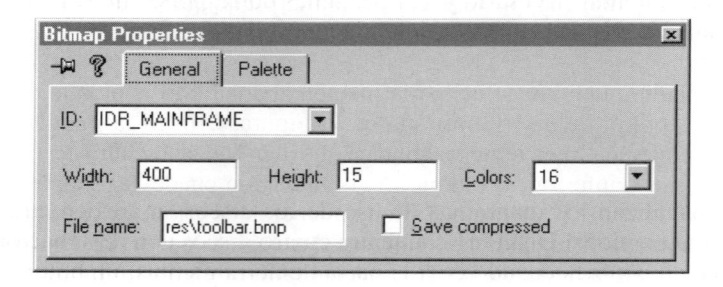

Pulse la tecla INTRO para volver al área de trabajo, que ahora tiene las dimensiones nuevas. El siguiente paso pinta el área de trabajo entera de color gris claro de modo que cada imagen se combina con su botón. Haga clic en el cuadro de color gris claro en la paleta Colors y seleccione la herramienta Fill útil en todo momento en la barra de herramientas Graphics.

Haga clic en cualquier sitio en la cuadrícula del área de trabajo para pintar toda el área gris claro. Ahora trace la imagen del primer botón en un bloque de 16 por 15 (o cualquiera que sea el tamaño del botón) dentro del área de trabajo. Una vez que ha trazado la primera imagen, puede reproducirla haciendo clic en la herramienta Rectangle Selection y arrastrando el cursor sobre el bloque de la imagen 16 por 15, como se muestra en la Figura 4.16. Arrastre con el botón izquierdo o derecho del ratón, dependiendo de si tiene intención de desplazar la imagen o copiarla. Utilice el botón izquierdo del ratón si desea desplazar la imagen a algún otro sitio del área de trabajo del mapa de bits. Cuando suelta el botón, aparece un marco de selección alrededor de la imagen, permitiéndole volver a colocar

1. Haga clic en la herramienta de selección del rectángulo.

2. Arrastre el cursor sobre la imagen con el botón derecho del ratón.

3. Coloque el duplicado y haga clic.

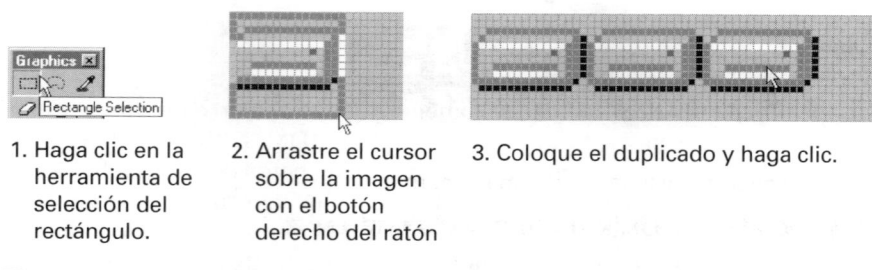

Figura 4.16. Duplicación de una imagen seleccionada.

el área seleccionada arrastrándola. Arrastrando el marco con la tecla CTRL pulsada, desplace una copia de la imagen seleccionada en lugar de la propia imagen, pero hay un modo mejor de duplicar una imagen.

Para hacer una copia de una imagen, haga clic en la herramienta Rectangle Selection Tool y seleccione la imagen con el botón derecho del ratón pulsado en lugar del botón izquierdo. Cuando suelte el botón del ratón, una copia de la imagen seleccionada sigue el cursor. Coloque la copia en cualquier otro sitio del área de trabajo y haga clic para desplegarla en su sitio. Haciendo clic en el botón izquierdo del ratón despliega una copia de la imagen; haciendo clic en el botón derecho despliega una máscara de la imagen en la que los píxeles de primer plano se convierten al color de fondo actual y los píxeles de fondo se tratan como agujeros transparentes en la imagen. Puede hacer un número cualquiera de copias de este modo. Cuando termine, pulse la tecla ESC o seleccione otra herramienta para devolverla al modo de edición normal.

Encontrará la alineación mucho más fácil si la imagen abarca todo el bloque de 16 por 15, como la imagen de control de disco mostrada en la Figura 4.16. Si la imagen es más estrecha que el bloque, pinte una línea temporal blanca que abarque la anchura de 16 píxeles a lo largo de la fila superior o inferior del bloque. A continuación puede ver exactamente lo que está arrastrando cuando copie el mensaje. Si tiene intención de etiquetar cada botón con texto como hizo en la Figura 4.15, añada las etiquetas después de que todas las imágenes estén en su sitio. Haga clic en la herramienta Text, teclee la letra y arrastre la imagen de la letra a su posición. Pulse ESC después de cada letra para cancelar la herramienta Tool.

Cuando haya terminado de diseñar su mapa de bits, haga clic en Toolbar Editor en el menú Image para convertir el mapa de bits a una barra de herramientas. Acepte el tamaño de botón sugerido de 16 por 15 píxeles en el diálogo New Toolbar Resource. Puede cambiar una y otra vez entre la barra de herramientas y el mapa de bits con el mismo comando Toolbar Editor. Haga clic en Save en el menú File para escribir el guión de la nueva barra de herramientas al archivo RC y guarde el mapa de bits como el archivo BMP que nombró anteriormente en el cuadro de diálogo Bitmap Properties. Visual C++ asigna los valores de identificador predeterminados para los botones en el guión de barra de herramientas nuevo, que ahora aparece del modo siguiente en el archivo DiskPie1.rc:

```
IDR_MAINFRAME TOOLBAR DISCARDABLE 16, 15
BEGIN
    BUTTON ID_BUTTON40030
    BUTTON ID_BUTTON40031
    BUTTON ID_BUTTON40032
    :
END
```

Los identificadores de botón deben cambiarse con el tiempo a los mismos valores dados a los comandos de menú, es decir, IDM_MEMORY, IDM_DISK_C, IDM_DISK_D, y así sucesivamente. Esto le asegura que haciendo clic en un botón de barra de herramientas tiene el mismo efecto que si selecciona el comando de menú equivalente. Podríamos especificar los identificadores de botón correctos en el editor de gráficos utilizando el cuadro Toolbar Button Properties, invocado seleccionando un botón y haciendo dos veces clic en cualquier parte en el área de trabajo. Pero ese trabajo no es necesario. DiskPie1 asigna los valores correctos a los botones cuando determina en tiempo de ejecución cuántos botones deben aparecer en la barra de herramientas. Editaremos el guión de barra de herramientas más tarde, reemplazándolo con el guión matriz citado al principio de esta sección, y eliminaremos también del archivo Resource.h las sentencias **#define** superfluas para los identificadores de botones.

Iconos

Un icono es un mapa de bits especial diseñado para representar visualmente un programa o documento. Normalmente, el icono está asignado a una ventana de marco, de modo que la imagen aparece en la barra de título de la ventana; cuando se asigna a la ventana principal del programa, el recurso de icono se denomina icono del programa o icono de la aplicación. Esta sección se concentra en cómo crear un icono de aplicación, que es el uso más común de un recurso de icono. Pero un icono es un icono, y tanto si representa la ventana principal como cualquier otro objeto en la pantalla, un icono se crea del mismo modo en el editor de gráficos de Visual C++.

Un recurso de icono puede contener más de una imagen, que a menudo significa tamaños diferentes del mismo diseño. Por ejemplo, Microsoft recomienda que un programa de Windows proporcione tres imágenes de su recurso de icono, cada imagen en un tamaño diferente:

- Una imagen de 16 colores de 16 píxeles cuadrados, que Windows visualiza en la barra de título del programa, en un botón de barra de tarea y en un listado de directorios con iconos pequeños.

- Una imagen de 16 colores de 32 píxeles cuadrados, utilizada en ventanas de diálogos tales como cuadros About y para representar un programa en el escritorio o en un listado de directorios que muestra iconos grandes.

- Una imagen de 256 colores de 48 píxeles cuadrados, utilizada en lugar de los iconos 32 por 32 en Windows 98 cuando la opción Use Large Icons se selecciona en la pestaña Effects del diálogo Display Properties (para abrir el diálogo, haga clic en el botón derecho del ratón en una área en blanco del escritorio y elija Properties. Windows 95 requiere la instalación del paquete Microsoft Plus!, en cuyo caso la opción Use Large Icons está ubicada en la pestaña del diálogo Plus!).

Puede ver ejemplos de iconos de aplicación grandes y pequeños en la ventana del Explorador o invocando el diálogo Save As u Open en el entorno de Visual C++. Haga clic en el botón derecho del ratón sobre el área en blanco de la ventana de la lista de directorios y elija Large Icons del comando View del menú contextual. El comando Small Icons en el mismo menú muestra imágenes de 16 por 16.

Un icono atractivo y único se considera una buena práctica en la programación de Windows, pero no es una necesidad. Si un programa no incluye ningún icono en absoluto en sus recursos, todavía puede utilizar uno de los iconos estándar identificados en el archivo Winuser.h, como IDI_APPLICATION y IDI_WINLOGO. Los iconos de sistema son como este en su tamaño de 16 píxeles:

IDI_APPLICATION   IDI_WINLOGO

Tres imágenes encapsuladas en un solo recurso de icono pueden añadir casi 5.000 bytes al tamaño de un archivo ejecutable. Si esto parece mucho, puede crear un icono con una sola imagen de 16 por 16 o de 32 por 32, que Windows amplía adecuadamente cuando visualiza iconos de otros tamaños. Sin embargo, puede quedar decepcionado con los resultados, ya que las curvas ampliadas y las líneas diagonales producen efectos inconstantes de «pixelación».

La sección siguiente muestra cómo crear iconos con el editor de gráficos de Visual C++, pero primero vamos a ver cómo cargar en un programa un recurso de icono. Un programa C normalmente carga su icono de aplicación cuando crea la ventana principal de aplicación. Si el recurso de icono contiene sólo un tamaño de imagen, el programa puede invocar la función API *LoadIcon*, el mismo enfoque que se utiliza en versiones más antiguas de Windows. Pero para cargar imágenes múltiples desde el mismo recurso de icono, un programa debería utilizar en su lugar la función *LoadImage*. El programa debe también invocar *RegisterClassEx* con un puntero para una estructura WNDCLASSEX para ajustar tanto iconos pequeños como grandes para la clase de ventana, dado que la estructura WNDCLASS utilizada con la función *RegisterClass* acepta sólo un manejador de icono. Aquí tiene un fragmento de código que carga dos imágenes de icono, una de 16 píxeles cuadrados y la otra de 32 píxeles cuadrados:

```
// Declara el icono en el archivo .RC
IconDemo       ICON                "res\\appicon.ico"

// En WinMain, inicializa la estructura WNDCLASSEX con manejadores de imagen
static char    szAppName[] = "IconDemo";
WNDCLASSEX     wndclass;

wndclass.cbSize   = sizeof (wndclass);
wndclass.hIcon    = LoadImage( hInstance, szAppName, IMAGE_ICON,
                               32, 32, LR_DEFAULTCOLOR );
wndclass.hIconSm  = LoadImage( hInstance, szAppName, IMAGE_ICON,
                               16, 16, LR_DEFAULTCOLOR );
    :
RegisterClassEx( &wndclass );
```

Un programa MFC no tiene que preocuparse sobre nada de esto. AppWizard proporciona dos iconos para un proyecto, un icono que sirve como icono de aplicación, y el otro para representar documentos que crea la aplicación. El archivo RC identifica los recursos de icono como IDR_MAINFRAME y IDR_*project*TYPE, donde *project* representa el nombre de proyecto. AppWizard almacena los iconos, que se muestran aquí, en la carpeta Res del proyecto como los archivos *project*.ico y *project*Doc.ico:

project.ico   *project* Doc.ico

AppWizard genera automáticamente código que carga correctamente el icono de aplicación junto con los otros recursos de programa. Para reemplazar un icono AppWizard genérico por su propio diseño, cierre el espacio de proyecto y elija New del menú File. Haga dos veces clic en Icon File en la pestaña Files para lanzar el editor de gráficos, diseñe el icono nuevo y guárdelo en la carpeta Res del proyecto, sobrescribiendo el archivo *project*.ico o *project*Doc.ico.

Si ha escrito su programa MFC sin la ayuda de AppWizard, cargar un icono de aplicación es todavía muy fácil. Si la clase de ventana principal se deriva de *CFrameWnd*, identifique el archivo ICO con el valor especial AFX_IDI_STD_ definido en el archivo de cabecera Afxres.h de MFC. Por ejemplo, un recurso de icono almacenado en un archivo llamado AppIcon.ico se identifica en el archivo RC de proyecto así:

```
#include "afxres.h"
    :
AFX_IDI_STD_FRAME       ICON appicon.ico
```

Si la clase de ventana se deriva del *CMDIFrameWnd*, utilice esta línea en su lugar:

```
AFX_IDI_STD_MDIFRAME    ICON appicon.ico
```

Si el archivo de icono contiene tanto una imagen pequeña como grande, MFC carga las imágenes y las adjunta correctamente a la ventana de marco, de modo que la imagen pequeña aparece en la barra de título y la imagen grande aparece en el cuadro About. Si mira a través del código fuente para aprender más sobre cómo funciona todo esto, verá que *CWinApp::LoadIcon* no invoca a *::LoadImage* como se ha descrito anteriormente. En su lugar, invoca a *::FindResource* con un valor de RT_GROUP_ICON para cargar todos los mensajes en el recurso de icono, y a continuación busca el recurso para la imagen que más concuerde con el tamaño necesario. *CWinApp::LoadIcon* recupera la imagen invocando la función API *::LoadIcon* con el valor de ejemplo devuelto por *::FindResource*.

Creación de un icono para DiskPie1

El icono de aplicación de DiskPie1 se crea en el proyecto abierto haciendo clic en el comando Resource del menú Insert de Visual C++, haciendo a continuación dos veces clic en la lista Resource Type. El editor de gráficos tiene por defecto una área de trabajo de 16 colores y de 32 píxeles cuadrados, que Windows llama el tamaño de icono estándar o grande. El editor visualiza el tamaño actual de Standard (32 × 32) en el cuadro de combinación Device ubicado justo encima del área de trabajo. La lista desplegable hacia abajo del cuadro sólo contiene este tamaño, lo que significa que el icono en el que está trabajando actualmente tiene una imagen que es de 32 píxeles cuadrados.

El editor de gráficos de Visual C++ puede crear un recurso de icono con cualquier número de imágenes, cada uno con un tamaño diferente o capacidad de color. Para ver otros tamaños disponibles, tiene la opción de pulsar la tecla INSERT, eligiendo New Device Image del menú Image, o haciendo clic en el botón New Device Image:

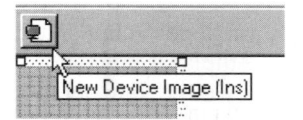

Todos estos métodos invocan el diálogo New Icon Image que se muestra en la Figura 4.17, que enumera los tamaños de imagen que están disponibles pero no están todavía adjuntos al icono. Si no ve el tamaño de imagen que desea en la lista, haga clic en el botón Custom y especifique un tamaño de imagen nuevo.

El diálogo New Icon Image proporciona los medios para incluir múltiples imágenes en un solo recurso de icono. Después de haber trazado la imagen de 32 por 32, seleccione otro tamaño del diálogo y empiece otra vez. Si desea volver a cambiar a la imagen original de 32 por 32, haga clic en la flecha desplegable hacia abajo en el cuadro de combinación Device y elija Standard (32 por 32) de la lista expuesta. Cuando selecciona un tamaño de imagen nuevo desde el diálogo New Icon Image, la entrada desaparece de la lista de diálogo y se transfiere a la lista de cuadro de combinación. En otras palabras, el cuadro de combinación Device enumera los tamaños de imagen actualmente en el icono, mientras que el diálogo New Icon Image muestra los tamaños disponibles que puede añadir al icono. Para eliminar la imagen actual del icono, haga clic en Delete Device Image en el menú Image.

El icono DiskPie1 tiene tres tamaños de imágenes, que van desde 16 a 48 píxeles cuadrados:

Pequeño   Estándar   Grande
(16 x 16)   (32 x 32)   (48 x 48)

Normalmente, las imágenes en un icono de programa tienen el mismo dibujo pero diferentes tamaños. Le di a las tres imágenes diferentes diseños para mostrar claramente que Windows extrae la imagen correcta de los datos de recurso de DiskPie1 en lugar de

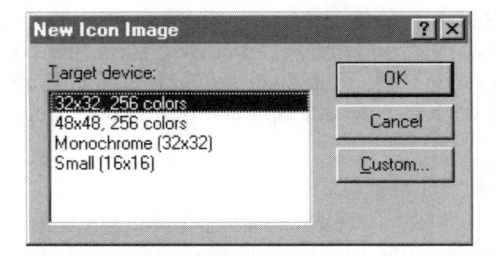

Figura 4.17. Selección de un nuevo tamaño de imagen para un icono.

únicamente ampliar la imagen de 32 por 32. Haga dos veces clic en cualquier parte sobre el área de trabajo del editor para abrir el diálogo Icon Properties y asigne el identificador IDR_MAINFRAME al recurso, y a continuación guarde su trabajo.

Cursores de ratón

Las especificaciones para DiskPie1 no invocan para designar un cursor de ratón personalizado, pero vamos a detenernos un momento aquí para ver cómo se hace en Visual C++. Un cursor de ratón es un mapa de bits de 32 píxeles cuadrados monocromo con un fondo transparente y una «zona activa». La zona activa es el único píxel del mapa de bits que Windows reconoce como la coordenada de cursor. Cuando un programa recibe un mensaje WM_MOUSEMOVE o WM_LBUTTONDOWN, por ejemplo, las coordenadas del cursor *x* e *y* mantenidas en el valor *lParam* del mensaje representan el píxel bajo la zona activa del cursor:

```
case WM_LBUTTONDOWN:
    x = LOWORD( lParam );        // Coordenada X del clic del ratón
    y = HIWORD( lParam );        // Coordenada Y del clic del ratón
```

Para crear un cursor de ratón, elija New desde el menú File y haga dos veces clic en Cursor File en la pestaña Files, o para un proyecto existente, elija Resource del menú Insert. Haciendo dos veces clic en Cursor en la lista le proporciona una hoja en blanco sobre la que puede diseñar su cursor nuevo. Si prefiere empezar con una imagen de cursor Windows estándar, expanda la cabecera Cursor y elija IDC_NODROP, IDC_POINTER o IDC_POINTER_COPY. El editor visualiza una área de trabajo de 32 píxeles cuadrados en los que dibuja el cursor. Si ya tiene una imagen que desea utilizar pero está en otro formato, por ejemplo un mapa de bits de 32 por 32, abra primero el mapa de bits en el editor de gráficos y pulse CTRL+C para copiar su imagen al Portapapeles. A continuación abra el cursor nuevo y pulse CTRL+V para pegar la imagen de mapa de bits en el área de trabajo del cursor. Los colores del mapa de bits se han convertido en blanco o transparente, dependiendo de su intensidad. Si no le gustan los resultados, pulse la tecla DEL para borrar la imagen del cursor.

Cuando el editor de gráficos carga una imagen de cursor, aparece un botón Set Hotspot por encima de la ventana del área de trabajo. Puede ver el botón en la Figura 4.18 con las coordenadas (0, 13), colocando la zona activa en la nariz del roedor de la imagen. Haga clic en el botón Set Hotspot, a continuación haga clic en el punto de la cuadrícula de imagen donde desea ajustar la zona activa del cursor. Elija Save del menú File cuando haya terminado, y Visual C++ guarda la imagen como archivo CUR, añadiendo una definición de recurso al archivo RC de proyecto que aparece del modo siguiente:

```
IDC_CURSOR1    CURSOR DISCARDABLE    "res\\cursor1.cur"
```

Al ajustar el cursor nuevo como un cursor predeterminado de programa, implica una invocación a la función API *LoadCursor*. En un programa C, esto se hace normalmente cuando

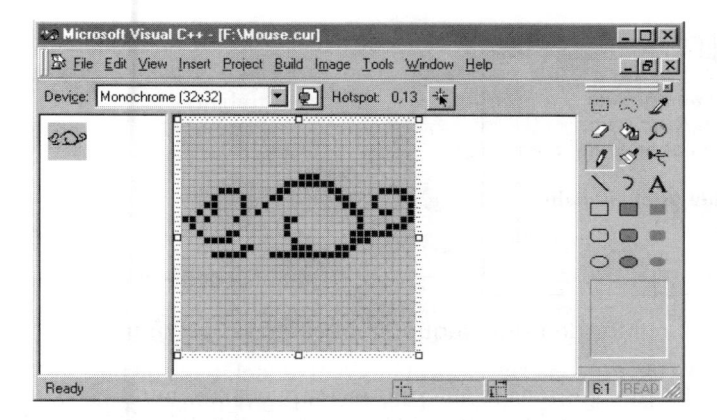

Figura 4.18. Creación de un cursor de ratón personalizado en el editor de gráficos de Visual C++.

se inicializa la estructura WNDCLASS o WNDCLASSEX para la ventana. Aquí tiene cómo instalar el nuevo recurso IDC_CURSOR1:

```
WNDCLASSEX wndclass;
wndclass.hCursor = LoadCursor( hInstance,
                               MAKEINTRESOURCE (IDC_CURSOR1) );
    :
RegisterClassEx( &wndclass );
```

Para un recurso de cursor identificado por un nombre en cadena en lugar de un valor, el enfoque es casi el mismo:

```
// Declaración de recurso en el archivo RC
MouseDemo      CURSOR       "mouse.cur"

// Carga y ajusta el recurso durante la instalación en el archivo fuente de C
static char    szAppName[] = "MouseDemo";
WNDCLASSEX     wndclass;

wndclass.hCursor = LoadCursor( hInstance, szAppName );
```

Puede hacer lo mismo en un programa MFC con la función global *AfxRegisterWndClass*. El siguiente ejemplo utiliza un icono genérico para el último argumento de *AfxRegisterWndClass*, pero una aplicación real debería proporcionar un manejador para su propio icono:

```
CString wndclass = AfxRegisterWndClass( CS_HREDRAW | CS_VREDRAW,
            ::LoadCursor( hInstance, szAppName ),
            (HBRUSH) (COLOR_WINDOW + 1),
            theApp.LoadStandardIcon( IDI_APPLICATION ) );
```

Estos comandos hacen que Windows visualicen el cursor nuevo siempre que el puntero del ratón esté colocado en el área de cliente de programa. La Figura 4.19 muestra el as-

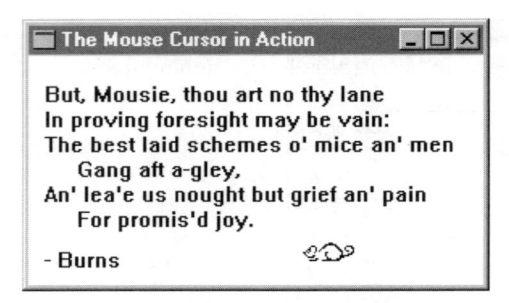

Figura 4.19. El nuevo cursor de ratón según aparece en un programa.

pecto en un programa del cursor diseñado anteriormente (puede encontrar el código fuente para este minúsculo programa C en la subcarpeta Codigo\Capitulo.04\Mouse en el CD que se acompaña).

Igual para los cursores. Vamos a volver al programa DiskPie1.

AÑADIR CÓDIGO A DISKPIE1

En este punto DiskPie1 tiene un menú, teclas aceleradoras, barra de herramientas, barra de estado, icono; todos los datos de recurso que necesita. Ahora es el momento de añadir código para hacerlo funcionar. Si ha seguido la génesis de DiskPie1 en este capítulo, reconocerá los elementos de la interfaz de usuario en la Figura 4.20. El icono de aplicación, el menú, la barra de herramientas y la barra de estado se diseñaron en secciones anteriores utilizando los editores de recurso de Visual C++.

Durante la creación de su ventana principal, DiskPie1 encuentra todos los discos fijos adjuntos, incluyendo los discos remotos y los discos RAM, y para cada uno hace lo siguiente:

- Añade un comando llamado Disk *x* al menú Chart, donde *x* es la letra de designación de control.

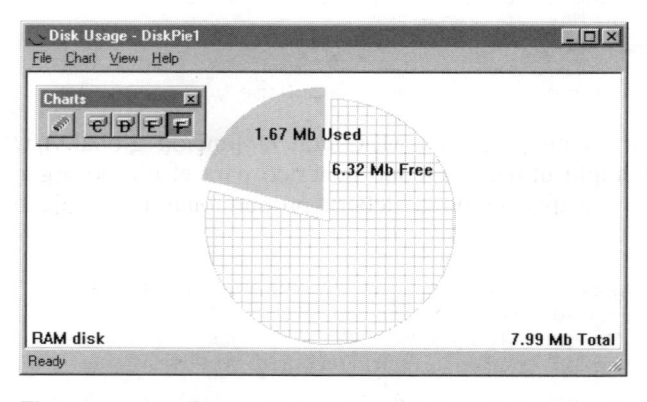

Figura 4.20. El programa DiskPie1, mostrando el espacio disponible en un disco de 8 Mb de RAM.

- Añade un botón a la barra de herramientas, seleccionando la imagen de botón desde las 24 imágenes en el mapa de bits de la barra de herramientas que representan los controladores de la C a la Z.

El texto en el identificador del ángulo izquierdo identifica el tipo de gráfico como memoria, disco fijo local, disco RAM o disco remoto. Los diagramas están compuestos de dos piezas, una etiquetada «Used» y otra etiquetada «Free». La cantidad total de memoria o de disco representada por el diagrama aparece en el ángulo inferior derecho.

Aunque es un programa relativamente pequeño, DiskPie1 cumple con los estándares comunes de C++ dividiendo clases en archivos fuente separados. El programa completo enumera el listado del modo siguiente, tomado de los archivos fuente del CD que acompaña en la subcarpeta Codigo\Capitulo.04\DiskPie1. Si ha creado los recursos para un proyecto de DiskPie1 siguiendo los pasos en este capítulo, puede que desee completar el proyecto y construir su propia versión del programa. En ese caso, copie los archivos fuente H y CPP a su carpeta de proyecto y añada cuatro archivos CPP utilizando el comando Add To Project en el menú Project. El código espera un cuadro About, así que utilice el editor de texto para copiar y pegar el guión desde el archivo DiskPie1.rc del CD a su propio archivo RC. No olvide recortar el guión de barra de herramientas de modo que aparezca como el de la página 129.

Esta tabla de contenidos que describe los archivos fuente DiskPie1 le ayudará a encontrar su camino por el código en el Listado 4.1.

Archivo fuente	Descripción
DiskPie	Función *InitInstance*; visualiza el diálogo About.
MainFrm1	Crea la ventana principal; determina los discos disponibles y añade un comando de menú y botón de barra de herramientas para cada disco.
DiskDoc	Determina la memoria actual y el uso de disco.
DiskView	Contiene la función *OnDrawn*, que visualiza el diagrama de pastel para los datos de uso actual.

Listado 4.1. Archivos fuente de DiskPie1

```
Resource.h
// ****************************************************************
//
// Resource.h
//
// ****************************************************************

#define IDD_ABOUTBOX        100
#define IDR_MAINFRAME       101
#define IDM_MEMORY          130
#define IDM_DISK_C          131
#define IDM_DISK_D          132
#define IDM_DISK_E          133
```

(*Continúa*)

Listado 4.1. (*Continuación*)

```
#define IDM_DISK_F              134
#define IDM_DISK_G              135
#define IDM_DISK_H              136
#define IDM_DISK_I              137
#define IDM_DISK_J              138
#define IDM_DISK_K              139
#define IDM_DISK_L              140
#define IDM_DISK_M              141
#define IDM_DISK_N              142
#define IDM_DISK_O              143
#define IDM_DISK_P              144
#define IDM_DISK_Q              145
#define IDM_DISK_R              146
#define IDM_DISK_S              147
#define IDM_DISK_T              148
#define IDM_DISK_U              149
#define IDM_DISK_V              150
#define IDM_DISK_W              151
#define IDM_DISK_X              152
#define IDM_DISK_Y              153
#define IDM_DISK_Z              154
```

DiskPie1.rc

```
//*************************************************************************
//
// DiskPie1.rc
//
//*************************************************************************

#include "resource.h"
#include "afxres.h"

IDR_MAINFRAME           ICON            "res\\diskpie1.ico"
IDR_MAINFRAME           BITMAP          "res\\toolbar.bmp"

IDR_MAINFRAME MENU
BEGIN
    POPUP "&File"
    BEGIN
        MENUITEM "E&xit",                       ID_APP_EXIT
    END
    POPUP "&Chart"
    BEGIN
        MENUITEM "&Memory\tCtrl+M",             IDM_MEMORY
        MENUITEM SEPARATOR
    END
    POPUP "&View"
    BEGIN
        MENUITEM "&Toolbar",                    ID_VIEW_TOOLBAR
        MENUITEM "&Status Bar",                 ID_VIEW_STATUS_BAR
    END
    POPUP "&Help"
    BEGIN
```

```
            MENUITEM "&About DiskPie1...", ID_APP_ABOUT
    END
END

IDR_MAINFRAME ACCELERATORS
BEGIN
    "M",            IDM_MEMORY,             VIRTKEY, CONTROL, NOINVERT
    "C",            IDM_DISK_C,             VIRTKEY
    "D",            IDM_DISK_D,             VIRTKEY
    "E",            IDM_DISK_E,             VIRTKEY
    "F",            IDM_DISK_F,             VIRTKEY
    "G",            IDM_DISK_G,             VIRTKEY
    "H",            IDM_DISK_H,             VIRTKEY
    "I",            IDM_DISK_I,             VIRTKEY
    "J",            IDM_DISK_J,             VIRTKEY
    "K",            IDM_DISK_K,             VIRTKEY
    "L",            IDM_DISK_L,             VIRTKEY
    "M",            IDM_DISK_M,             VIRTKEY
    "N",            IDM_DISK_N,             VIRTKEY
    "O",            IDM_DISK_O,             VIRTKEY
    "P",            IDM_DISK_P,             VIRTKEY
    "Q",            IDM_DISK_Q,             VIRTKEY
    "R",            IDM_DISK_R,             VIRTKEY
    "S",            IDM_DISK_S,             VIRTKEY
    "T",            IDM_DISK_T,             VIRTKEY
    "U",            IDM_DISK_U,             VIRTKEY
    "V",            IDM_DISK_V,             VIRTKEY
    "W",            IDM_DISK_W,             VIRTKEY
    "X",            IDM_DISK_X,             VIRTKEY
    "Y",            IDM_DISK_Y,             VIRTKEY
    "Z",            IDM_DISK_Z,             VIRTKEY
END

IDR_MAINFRAME TOOLBAR 16, 15
BEGIN
    BUTTON          IDM_MEMORY
END

IDD_ABOUTBOX DIALOG DISCARDABLE 0, 0, 240, 65
STYLE DS_MODALFRAME | WS_POPUP | WS_CAPTION | WS_SYSMENU
CAPTION "About DiskPie1"
FONT 8  "MS Sans Serif"
BEGIN
    ICON            IDR_MAINFRAME,IDC_STATIC,10,22,20,20
    LTEXT           "DiskPie1 Version 1.0",IDC_STATIC,45,10,115,8
    LTEXT           """Manual del programador de Microsoft Visual C++""",
                    IDC_STATIC,45,26,140,8
    LTEXT           "Copyright \251 1998, Beck Zaratian",
                    IDC_STATIC,45,42,115,8
    DEFPUSHBUTTON   "OK",IDOK,195,10,35,40,WS_GROUP
END

STRINGTABLE
BEGIN
    IDR_MAINFRAME           "DiskPie1\nDisk Usage\n\n\n\n\n\n"
```

(*Continúa*)

Listado 4.1. (*Continuación*)

```
    IDM_MEMORY              "Memory usage\nMemory"
    IDM_DISK_C              "Usage for drive C\nDrive C"
    IDM_DISK_D              "Usage for drive D\nDrive D"
    IDM_DISK_E              "Usage for drive E\nDrive E"
    IDM_DISK_F              "Usage for drive F\nDrive F"
    IDM_DISK_G              "Usage for drive G\nDrive G"
    IDM_DISK_H              "Usage for drive H\nDrive H"
    IDM_DISK_I              "Usage for drive I\nDrive I"
    IDM_DISK_J              "Usage for drive J\nDrive J"
    IDM_DISK_K              "Usage for drive K\nDrive K"
    IDM_DISK_L              "Usage for drive L\nDrive L"
    IDM_DISK_M              "Usage for drive M\nDrive M"
    IDM_DISK_N              "Usage for drive N\nDrive N"
    IDM_DISK_O              "Usage for drive O\nDrive O"
    IDM_DISK_P              "Usage for drive P\nDrive P"
    IDM_DISK_Q              "Usage for drive Q\nDrive Q"
    IDM_DISK_R              "Usage for drive R\nDrive R"
    IDM_DISK_S              "Usage for drive S\nDrive S"
    IDM_DISK_T              "Usage for drive T\nDrive T"
    IDM_DISK_U              "Usage for drive U\nDrive U"
    IDM_DISK_V              "Usage for drive V\nDrive V"
    IDM_DISK_W              "Usage for drive W\nDrive W"
    IDM_DISK_X              "Usage for drive X\nDrive X"
    IDM_DISK_Y              "Usage for drive Y\nDrive Y"
    IDM_DISK_Z              "Usage for drive Z\nDrive Z"
END

STRINGTABLE
BEGIN
    AFX_IDS_IDLEMESSAGE     "Preparado"
    AFX_IDS_SCSIZE          "Cambia el tamaño de la ventana"
    AFX_IDS_SCMOVE          "Cambia la posición de la ventana"
    AFX_IDS_SCMINIMIZE      "Reduce la ventana a un icono"
    AFX_IDS_SCMAXIMIZE      "Agranda la ventana a tamaño completo"
    AFX_IDS_SCCLOSE         "Cierra la aplicación DiskPie1"
    AFX_IDS_SCRESTORE       "Restablece la ventana a su tamaño normal"
END
```

DiskPie.h

```
// *****************************************************************
//
// DiskPie.h
//
//
// *****************************************************************

class CDiskPieApp : public CWinApp
{
public:
    virtual BOOL InitInstance();
    afx_msg void OnAppAbout();

    DECLARE_MESSAGE_MAP()
};
```

DiskPie.ccp

```cpp
// *****************************************************************
//
// DiskPie.cpp
//
// *****************************************************************
#define VC_EXTRALEAN
#include <afxwin.h>
#include <afxext.h>
#include "resource.h"
#include "DiskPie.h"
#include "DiskDoc.h"
#include "MainFrm1.h"
#include "DiskView.h"
CDiskPieApp theApp;
BEGIN_MESSAGE_MAP (CDiskPieApp, CWinApp)
    ON_COMMAND (ID_APP_ABOUT, OnAppAbout)
END_MESSAGE_MAP ()
BOOL CDiskPieApp::InitInstance()
{
    CSingleDocTemplate* pDocTemplate;
    pDocTemplate = new CSingleDocTemplate( IDR_MAINFRAME,
                                    RUNTIME_CLASS (CDiskDoc),
                                    RUNTIME_CLASS (CMainFrame),
                                    RUNTIME_CLASS (CDiskView));
    AddDocTemplate(pDocTemplate);
    CCommandLineInfo cmdInfo;
    if (!ProcessShellCommand(cmdInfo))
        return FALSE;
    return TRUE;
}
class CAboutDlg : public CDialog

public:
    CAboutDlg();
    enum { IDD = IDD_ABOUTBOX };
};
CAboutDlg::CAboutDlg() : CDialog(CAboutDlg::IDD)
{
}
void CDiskPieApp::OnAppAbout()
{
    CAboutDlg aboutDlg;
    aboutDlg.DoModal();
}
```

(*Continúa*)

Listado 4.1. (*Continuación*)

DiskDoc.h

```
// ***********************************************************************
//
// DiskDoc.h
//
// ***********************************************************************

class CDiskDoc : public CDocument
{
    DECLARE_DYNCREATE (CDiskDoc)

public:
    static int          iDriveType[24];
    static DWORD        dwTotal, dwFree;
    static int          iChartType;
    static UINT         nCurrent;

    int                 GetDriveCount();
    void                GetMemoryUsage();
    void                GetDiskUsage( UINT nID );
};
```

DiskDoc.cpp

```
// ***********************************************************************
//
// DiskDoc.cpp
//
// ***********************************************************************

#define VC_EXTRALEAN

#include <afxwin.h>
#include "resource.h"
#include "DiskPie.h"
#include "DiskDoc.h"

#define PIE_MEMORY      0;

IMPLEMENT_DYNCREATE (CDiskDoc, CDocument)

int         CDiskDoc::iDriveType[24],
int         CDiskDoc::iChartType = PIE_MEMORY;
UINT        CDiskDoc::nCurrent = IDM_MEMORY;
DWORD       CDiskDoc::dwTotal, CDiskDoc::dwFree;

void CDiskDoc::GetMemoryUsage ()
{
    MEMORYSTATUS ms;

    ::GlobalMemoryStatus( &ms );
    dwTotal = ms.dwTotalPhys;
    dwFree = ms.dwAvailPhys;
    iChartType = PIE_MEMORY;
    nCurrent = IDM_MEMORY;
}
```

```cpp
void CDiskDoc::GetDiskUsage( UINT nID )
{
    char        szDrive[] = "x:\\\0";
    DWORD       dwSectsPerClust, dwBytesPerSect, dwFreeClusts,
    DWORD       dwTotalClusts, dwBytesPerClust;

    GetDriveCount();

    if (iDriveType[nID - IDM_DISK_C] == DRIVE_FIXED ||
        iDriveType[nID - IDM_DISK_C] == DRIVE_REMOTE ||
        iDriveType[nID - IDM_DISK_C] == DRIVE_RAMDISK)
    {
        szDrive[0] = (char) (nID - IDM_DISK_C) + 'C';
        if (::GetDiskFreeSpace( szDrive, &dwSectsPerClust,
                &dwBytesPerSect, &dwFreeClusts, &dwTotalClusts ))
        {
            dwBytesPerClust = dwSectsPerClust * dwBytesPerSect;
            dwTotal         = dwBytesPerClust * dwTotalClusts;
            dwFree          = dwBytesPerClust * dwFreeClusts;

            iChartType = iDriveType[nID - IDM_DISK_C];
              nCurrent = nID;
        }
    }
}


int CDiskDoc::GetDriveCount()
{
    int i, cDrives = 0;
    char szDrive[] = "x:\\\0";

    for (szDrive[0]='C'; szDrive[0] <= 'Z'; szDrive[0]++)
    {
        i = (int) (szDrive[0] - 'C');
        iDriveType[i] = ::GetDriveType( szDrive );

        if (iDriveType[i] == DRIVE_FIXED   ||
            iDriveType[i] == DRIVE_REMOTE  ||
            iDriveType[i] == DRIVE_RAMDISK)
        {
            cDrives++;
        }
    }

    return cDrives;
}
```

DiskView.h

```
// *********************************************************************
//
// DiskView.h
//
// *********************************************************************
```

(Continúa)

Listado 4.1. (*Continuación*)

```cpp
class CDiskView : public CView
{
    DECLARE_DYNCREATE (CDiskView)

private:
    static COLORREF rgbColor[2];
    static CString  strType[];

    void    GetLabel( CString* str, double e, PCSTR strTail );
protected:
    virtual void    OnDraw( CDC* pDC );
    afx_msg void    OnMemoryUpdate( CCmdUI* pCmdUI );
    afx_msg void    OnDiskUpdate( CCmdUI* pCmdUI );

    DECLARE_MESSAGE_MAP ()
};
```

DiskView.cpp

```cpp
// **************************************************************************
//
// DiskView.cpp
//
// **************************************************************************

#define VC_EXTRALEAN

#include <afxwin.h>
#include "resource.h"
#include "DiskView.h"
#include "DiskDoc.h"
#include "math.h"

#define PI              3.141592654
#define RADIUS          900
#define SLICE_OFFSET    12
#define MEM_COLOR       RGB (0, 255, 255) // Cyan
#define DISK_COLOR      RGB (0, 255, 0)   // Verde

COLORREF CDiskView::rgbColor[2] = { MEM_COLOR, DISK_COLOR };
CString  CDiskView::strType[]   = { " Memory",
                                    " Fixed disk",
                                    " Remote drive",
                                    " RAM disk" };

IMPLEMENT_DYNCREATE (CDiskView, CView)

BEGIN_MESSAGE_MAP (CDiskView, CView)
    ON_UPDATE_COMMAND_UI (IDM_MEMORY, OnMemoryUpdate)
    ON_UPDATE_COMMAND_UI_RANGE (IDM_DISK_C, IDM_DISK_Z, OnDiskUpdate)
END_MESSAGE_MAP()

//////////////////////////////////////////////////////////////////////
//
// Dibuja el gráfico de pastel
```

```cpp
void CDiskView::OnDraw( CDC* pDC )
{
    CPen        pen;
    CBrush      brush;
    CRect       rect;
    CString     str;
    int         x, y, i, iColor;
    double      dUseSweep, dFreeSweep;

    // El color es cyan para el gráfico de memoria, verde para los gráficos
    // de disco

    iColor = (CDiskDoc::nCurrent == IDM_MEMORY) ? 0 : 1;

    // Ajusta el sistema de coordenadas de forma que el origen esté en el
    // centro de una área de cliente

    GetClientRect( rect );
    pDC->SetMapMode( MM_ISOTROPIC );
    pDC->SetWindowExt( RADIUS+100, RADIUS+100 );
    pDC->SetViewportExt( rect.right/2, -rect.bottom/2 );
    pDC->SetViewportOrg( rect.right/2, rect.bottom/2 );

    // Crea un pincel sólido del color actual para pintar la porción de
    // pastel "Used"

    pen.CreatePen( PS_SOLID, 1, rgbColor[iColor] );
    brush.CreateSolidBrush( rgbColor[iColor] );
    pDC->SelectObject( &pen );
    pDC->SelectObject( &brush );

    // Calcula los ángulos en radianes para las porciones de pastel "Free"
    // y "Used"
    dFreeSweep = (double) (PI*2 *
                            CDiskDoc::dwFree/CDiskDoc::dwTotal);
    dUseSweep  = (double) PI*2 - dFreeSweep;

    // Dibuja primero la porción "Used", comenzando a contar en el sentido
    // de las agujas del reloj desde el norte

    x = -(int) (sin( dUseSweep ) * RADIUS);
    y =  (int) (cos( dUseSweep ) * RADIUS);
    pDC->Pie( -RADIUS, RADIUS, RADIUS, -RADIUS, 0, RADIUS, x, y );

    // Crea un pincel rayado del color actual para pintar la porción de
    // pastel "Free"

    pDC->SelectStockObject( WHITE_BRUSH );
    pDC->SelectStockObject( BLACK_PEN );
    brush.DeleteObject();
    pen.DeleteObject();
    pen.CreatePen( PS_SOLID, 1, rgbColor[iColor] );
    brush.CreateHatchBrush( HS_CROSS, rgbColor[iColor] );
    pDC->SelectObject( &pen );
    pDC->SelectObject( &brush );

    // Calcula el nuevo centro para la porción "Free", ligeramente
    // desplazada del centro original, luego pinta la porción "Free"
```

(Continúa)

Listado 4.1. (*Continuación*)

```cpp
        x =  (int) (sin( PI - dUseSweep/2 ) * SLICE_OFFSET);
        y = -(int) (cos( PI - dUseSweep/2 ) * SLICE_OFFSET);
        pDC->OffsetWindowOrg( x, y );
        pDC->OffsetViewportOrg( x, y );

        x = (int) (sin( dFreeSweep ) * RADIUS);
        y = (int) (cos( dFreeSweep ) * RADIUS);
        if (abs (x) > 4)
            pDC->Pie( -RADIUS, RADIUS, RADIUS, -RADIUS,
                       x, y, 0, RADIUS );

        pDC->SelectStockObject( BLACK_PEN );
        pDC->SelectStockObject( WHITE_BRUSH );
        pDC->SetBkMode( TRANSPARENT );
        pen.DeleteObject();
        brush.DeleteObject();

        // Porción de etiqueta "Free"

        GetLabel( &str, CDiskDoc::dwFree, "Free" );
        pDC->TextOut( 10, RADIUS/2, str );

        // Porción de etiqueta "Used", nos aseguramos que no esté cerca de la
        // etiqueta "Free"

        x = -(int) (sin( dUseSweep/2 ) * RADIUS);
        y =  (int) (cos( dUseSweep/2 ) * RADIUS);
        if ( y > 0 && (y - RADIUS/2) < 25)
        {
            x = -(RADIUS - 10);
            y = 0;
        }
        GetLabel( &str,
                (CDiskDoc::dwTotal - CDiskDoc::dwFree), "Used" );
        pDC->TextOut( x, y, str );

        // Restablece el modo de mapeado original de forma que podamos utilizar
        // la función DrawText

        pDC->SetMapMode( MM_TEXT );
        pDC->SetWindowExt( rect.right, rect.bottom );
        pDC->SetViewportExt( rect.right, rect.bottom );
        pDC->SetViewportOrg( 0, 0 );
        pDC->SetWindowOrg( 0, 0 );

        // Escribe "Total" en la esquina inferior derecha de la ventana

        GetLabel( &str, CDiskDoc::dwTotal, "Total " );
        pDC->DrawText( str, rect,
                    DT_SINGLELINE|DT_BOTTOM|DT_RIGHT );

        // Escribe el tipo de dispositivo en la esquina inferior izquierda de
        // la ventana

        i = 0;
        if (CDiskDoc::iChartType == DRIVE_FIXED)
            i = 1;
```

```cpp
        if (CDiskDoc::iChartType == DRIVE_REMOTE)
            i = 2;
        if (CDiskDoc::iChartType == DRIVE_RAMDISK)
            i = 3;
        pDC->DrawText( strType[i], rect, DT_SINGLELINE | DT_BOTTOM | DT_LEFT );
}
void CDiskView::GetLabel( CString* str, double d, PCSTR strTail )
{
    char    ch = 'K';                   // 'K' para kilobytes
    d /= 1024;
    if (d > 1024)                       // Si la cantidad es mayor que
    {                                   // 1024 kilobytes, dividir de
        d   /= 1024;                    // nuevo por 1024 para convertir
        ch = 'M';                       // a megabytes
    }
    str->Format( "%.2f %c%s%s", d, ch, "b ", strTail );
}
///////////////////////////////////////////////////////////////////////
// Se asegura que las marcas de comprobación del menú y los botones de la barra
// de herramientas estén sincronizados
void CDiskView::OnMemoryUpdate( CCmdUI* pCmdUI )
{
    pCmdUI->SetCheck( CDiskDoc::nCurrent == IDM_MEMORY );
}
void CDiskView::OnDiskUpdate( CCmdUI* pCmdUI )
{
    pCmdUI->SetCheck( CDiskDoc::nCurrent == pCmdUI->m_nID );
}
```

MainFrm1.h

```cpp
// ***********************************************************************
//
// MainFrm1.h
//
// ***********************************************************************
class CMainFrame : public CFrameWnd
{
    DECLARE_DYNCREATE (CMainFrame)
private:
    CToolBar        toolbar;
    CStatusBar      statusbar;
    CDiskDoc        diskdoc;
protected:
    afx_msg int     OnCreate( LPCREATESTRUCT lpCreateStruct );
    afx_msg void    OnMemory ();
    afx_msg void    OnDisk( UINT nID );
    afx_msg void    OnSetFocus( CWnd* );

    DECLARE_MESSAGE_MAP()
};
```

(Continúa)

Listado 4.1. (*Continuación*)

MainFrm1.cpp

```cpp
// ***********************************************************************
//
// MainFrm1.cpp
//
// ***********************************************************************

#define VC_EXTRALEAN

#include <afxwin.h>
#include <afxext.h>
#include <afxcmn.h>
#include "resource.h"
#include "DiskPie.h"
#include "DiskDoc.h"
#include "MainFrm1.h"
#include "DiskView.h"

IMPLEMENT_DYNCREATE (CMainFrame, CFrameWnd)

BEGIN_MESSAGE_MAP (CMainFrame, CFrameWnd)
    ON_WM_CREATE ()
    ON_WM_SETFOCUS ()
    ON_COMMAND (IDM_MEMORY, OnMemory)
    ON_COMMAND_RANGE (IDM_DISK_C, IDM_DISK_Z, OnDisk)
END_MESSAGE_MAP ()

///////////////////////////////////////////////////////////////////////
// Crea la ventana principal, la barra de herramientas y la barra de estado

// int CMainFrame::OnCreate( LPCREATESTRUCT lpCreateStruct )
{
    int         i, j;
    char        szMenu[] = "Disk &x\tx\0";
    CMenu*      pmenu;

    static const UINT indicator = ID_SEPARATOR;
    static const UINT nButtons[] = { IDM_MEMORY, ID_SEPARATOR,
            IDM_DISK_C, IDM_DISK_D, IDM_DISK_E, IDM_DISK_F,
            IDM_DISK_G, IDM_DISK_H, IDM_DISK_I, IDM_DISK_J,
            IDM_DISK_K, IDM_DISK_L, IDM_DISK_M, IDM_DISK_N,
            IDM_DISK_O, IDM_DISK_P, IDM_DISK_Q, IDM_DISK_R,
            IDM_DISK_S, IDM_DISK_T, IDM_DISK_U, IDM_DISK_V,
            IDM_DISK_W, IDM_DISK_X, IDM_DISK_Y, IDM_DISK_Z };

    if (CFrameWnd::OnCreate( lpCreateStruct ) == -1)
        return -1;

    statusbar.Create( this );
    statusbar.SetIndicators( &indicator, 1 );

    toolbar.Create( this );
    toolbar.SetWindowText( "Charts" );
    toolbar.LoadToolBar( IDR_MAINFRAME );
```

```cpp
    toolbar.SetBarStyle( toolbar.GetBarStyle() |
            CBRS_TOOLTIPS | CBRS_FLYBY | CBRS_SIZE_DYNAMIC );

    toolbar.SetButtons( nButtons, diskdoc.GetDriveCount() + 2 );
    toolbar.SetButtonStyle( 0, TBBS_CHECKGROUP );

    pmenu = GetMenu()->GetSubMenu( 1 );

    for (i=0, j=2; i < 24; i++)
    {
        if (CDiskDoc::iDriveType[i] == DRIVE_FIXED ||
            CDiskDoc::iDriveType[i] == DRIVE_REMOTE ||
            CDiskDoc::iDriveType[i] == DRIVE_RAMDISK)
        {
            szMenu[6] = 'C' + (char) i;
            szMenu[8] = 'C' + (char) i;
            pmenu->InsertMenu( 0xFFFF, MF_BYPOSITION,
                                IDM_DISK_C+i, szMenu );
            toolbar.SetButtonInfo( j++, IDM_DISK_C+i,
                                    TBBS_CHECKGROUP, i+1 );
        }
    }

    toolbar.EnableDocking( CBRS_ALIGN_ANY );
    EnableDocking( CBRS_ALIGN_ANY );

    DockControlBar( &toolbar );

    return 0;
}
/////////////////////////////////////////////////////////////////////
// Responde a las órdenes del acelerador/barra de herramientas/menú

void CMainFrame::OnMemory ()
{
    diskdoc.GetMemoryUsage ();
    Invalidate ();
}

void CMainFrame::OnDisk( UINT nID )
{
    diskdoc.GetDiskUsage( nID );
    Invalidate ();
}

/////////////////////////////////////////////////////////////////////
// Cuando se le vuelve a conceder la atención, recarga la visualización en
// caso de que hayan cambiado los datos

void CMainFrame::OnSetFocus( CWnd* )
{
    if (CDiskDoc::nCurrent == IDM_MEMORY)
        diskdoc.GetMemoryUsage();
    else
        diskdoc.GetDiskUsage( CDiskDoc::nCurrent );
}
```

Si quisiera seguir el fluido lógico del programa, los pasos importantes comienzan en el módulo MainFrm1.cpp. La función *CMain::OnsetFocus* se invoca siempre que Windows envía un mensaje WM_SETFOCUS para informar a la ventana principal que se le presta la atención de entrada. Esto ocurre cuando DiskPie1 se inicia por primera vez siempre que el usuario vuelve a cambiar a DiskPie1 desde otra aplicación. La función sirve así para dos propósitos. Ahorra a *CMainFrame::OnCreate* el problema de invocar *DiskDoc::GetMemoryUsage* para inicializar datos al inicio de un programa, y también le asegura que cuando el usuario ejecuta otro programa o visualiza un archivo, el diagrama actual se vuelve a dibujar automáticamente para reflejar las condiciones nuevas cuando DiskPie1 vuelva a tener la atención.

Dada una lista de unidades de disco adjuntas, la función *CMainFrame::OnCreate* inserta en el menú Chart comandos tales como Disk C y Disk D para cada unidad adjunta. También añade botones de barra de herramientas para unidades, seleccionando la sección apropiada del mapa de bits de la barra de herramientas de acuerdo con la letra de designación de la unidad del disco. El botón para la unidad D, por ejemplo, está pintado con la sección 16 por 15 del mapa de bits que contiene la imagen de una unidad de disco y la letra D (todo el mapa de bits de la barra de herramientas con sus secciones de 25 imágenes aparece en la Figura 4.15).

El usuario puede solicitar un diagrama para memoria o para una unidad de disco por medio de:

- La elección de un comando desde el menú Chart.
- Hacer clic en un botón de la barra de herramientas.
- Pulsando CTRL+M para memoria, o pulsando cualquier letra de la C a la Z para una unidad de disco.

Estos eventos los manejan las funciones *CMainFrame::OnMemory* y *CMainFrame::OnDisk*, que reciben control a través del mapa de mensaje de clase:

```
BEGIN_MESSAGE_MAP (CMainFrame, CFrameWnd)
        .
        .
        .
        ON_COMMAND (IDM_MEMORY, OnMemory)
        ON_COMMAND_RANGE (IDM_DISK_C, IDM_DISK_Z, OnDisk)
END_MESSAGE_MAP ()
```

Puede que recuerde que cuando creamos las teclas aceleradoras de DiskPie1 anteriormente en el capítulo, nos aseguramos de que los valores de los identificadores IDM_DISK_C a IDM_DISK_Z estaban ordenados secuencialmente. El mapa de mensaje anterior muestra el porqué. Como los identificadores tienen valores secuenciales, el programa puede utilizar la macro ON_COMMAND_RANGE de MFC para encaminar las solicitudes de cualquier disco para la función *OnDisk*. Desde el identificador de disco, que se pasa como parámetro, *OnDisk* determina el controlador para el que el usuario ha solicitado un diagrama. *OnMemory* no requiere ON_COMMAND_RANGE porque sólo hay un diagrama.

La forma de determinar memoria y uso de disco se restringe a dos funciones en el módulo DiskDoc.cpp. Las dos funciones, llamadas *CDiskDoc::GetMemoryUsage* y *CDiskDoc::GetDiskUsage,* emplean lógica similar. Recuperan la información que necesitan desde el sistema invocando las funciones API *GlobalMemoryStatus* y *GetDiskFreeSpace*, a continuación utilice la información para determinar valores para las variables de miembro *dwTotal* y *dwFree,* que contienen el número total de bytes libres para el diagrama actual. No supone ninguna diferencia para la función trazada si la información en las variables representa memoria o espacio de disco. Después de determinar los número de uso actual, las funciones *OnMemory* y *OnDisk* invocan *Invalidate* para obligar a visualizar un diagrama nuevo.

La escena cambia ahora a la función *CDiskView::OnDraw* en el archivo DiskView.cpp. Esta función utiliza los valores públicos *dwTotal* y *dwFree* para determinar los ángulos de barrido para los dos fragmentos del diagrama de pastel:

```
// Ángulos de barrido en radianes para los trozos de pastel "Free" y "Used"
dFreeSweep = (double) (PI*2 * CDiskDoc::dwFree/CDiskDoc::dwTotal);
dUseSweep = (double) PI*2 - dFreeSweep;
```

OnDraw pinta el primer trozo «Used», barriendo el arco en sentido contrario a las agujas del reloj desde la posición de las 12 por el ángulo *dUseSweep*. El trozo «Free» está ligeramente desplazado desde el trozo «Used», trazado con un arco en el sentido de las agujas del reloj de los radianes *dFreeSweep*. *OnDraw* adjunta las etiquetas a las dos secciones y visualiza el diagrama. La solicitud de otro diagrama inicia todo el proceso completo otra vez.

Un diagrama de pastel representa una imagen instantánea de una condición actual. El único modo conveniente de actualizar un diagrama mientras que DiskPie1 tiene la tención es pulsar la tecla aceleradora para el diagrama. El uso de memoria en un sistema multitarea preventivo como Windows es especialmente dinámico, cambiando cada microsegundo. Si pulsa continuamente CTRL+M mientras que Visual C++ compila un proyecto en segundo plano, puede ver los efectos de la asignación y desasignación de la memoria física. La adición de una función *OnTimer* actualizaría la visualización de forma más regular.

Más seria es la incapaciadad de DiskPie1 para encargarse de la dinámica de adjuntos a la unidad de disco. Hemos visto cómo la función *CMainFrame::OnCreate* añade comandos de menú y botones de barra de herramientas para unidades de disco adjuntas al sistema, incluyendo cualquier unidad remota proporcionada a través de una red. El menú y la barra de herramientas permanecen a continuación intactas a lo largo de la duración del programa, incluso aunque el usuario pueda añadir o separar una unidad de red, o un adjunto pueda desaparecer debido a los problemas en el servidor final. Sin embargo, una situación semejante no es fatal; DiskPie1 todavía funciona correctamente, porque *CDiskDoc::GetDiskUsage* siempre lista unidades antes de visualizar un diagrama. Una mejora del programa podría añadir lógica o volver a comprobar los adjuntos a la unidad de disco cuando actualice la visualización y añada o elimine comandos de menú y botones de barra de herramienta apropiados.

COMANDOS NO VINCULADOS (DE NUEVO)

El capítulo anterior describía cómo vincular comandos con nombre *WordUpperCase* y *WordLowerCase* al comando del editor de texto ajustado mediante la combinación de teclas y los botones de barra de herramientas para invocar los comandos. El entorno de Visual C++ también proporciona muchos comandos útiles no vinculados diseñados para el editor de gráficos que puede implementar utilizando el mismo procedimiento descrito en el Capítulo 3, «El editor de texto». Para ver una lista de comandos vinculados y no vinculados para el editor de gráficos, haga clic en Keyboard Map en el menú Help y seleccione Image desde el cuadro de combinación en el diálogo Help Keyboard. La Figura 4.21 muestra un ejemplo de la lista.

Muchos de los comandos Image de la lista ya tienen asignaciones de teclado. La Figura 4.21 muestra que pulsando la tecla A, por ejemplo, invoca la herramienta Airbrush, y pulsando las teclas más (+) o menos (−) aumenta o disminuye el tamaño del pincel. Pero otros comandos no están disponibles hasta que asigne pulsaciones de teclas o cree botones de barra de herramientas para los mismos. Para ilustrarlo, esta sección muestra cómo asignar combinaciones de pulsaciones de teclas para el primer comando en la lista, llamado Image3dRectangleTool, que es una variación de la herramienta Rectangle del editor de gráficos.

Desde el menú Tools, elija Customize y haga clic en la pestaña Keyboard. Seleccione Image desde los cuadros de combinación Category y Editor, que le indican a Visual C++ cómo reconocer el comando de teclado nuevo sólo en el editor de gráficos (también conocido como el editor de imágenes). Elija Image3dRectangleTool de la lista de comandos, haga clic en el cuadro de texto Press New ShortCut Key y teclee una combinación de teclas para el comando, como por ejemplo MAYÚS+CTRL+3. El diálogo dice que la combinación de teclas no está asignada actualmente, así que no tenemos que preguntarnos si nos estamos llevando MAYÚS+CTRL+3 de otro comando. Haga clic en el botón Assign y a continuación en el botón Close para cerrar el diálogo.

El comando Image3dRectangleTool está diseñado para mapas de bits, así que para verlo en acción inicie el editor de gráficos eligiendo New del menú File y haga dos veces clic en la pestaña Files de Bitmap File. Cuando pulse MAYÚS+CTRL+3 (o cualquiera que sea la combinación que ha asignado al comando), el cursor de la imagen cambia a un cursor en forma de cruz pixelado que se utiliza para la herramienta Rectangle. Pero el cursor nuevo produce un efecto ligeramente diferente cuando dibuja un rectángulo. A medida que arrastra el cursor del ángulo superior izquierdo del rectángulo al inferior derecho, los laterales

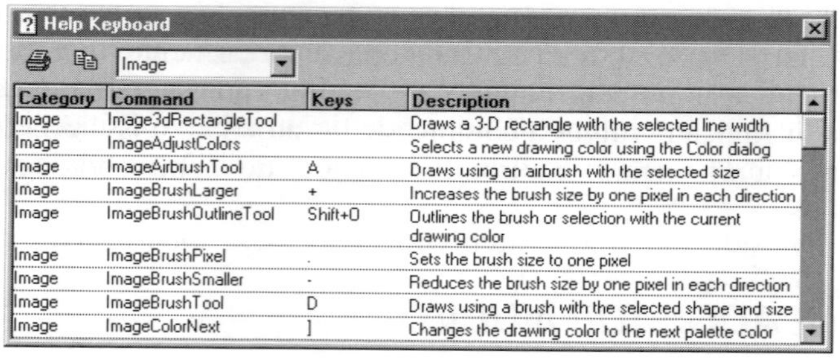

Figura 4.21. Comandos para el editor de gráficos, visualizados seleccionando Keyboard Map del menú Help.

izquierdo y derecho se pintan en el color de primer plano actual mientras que aparecen los lados derecho e inferior en el color de fondo. Al arrastrar el botón derecho, invierte los colores. Con la combinación derecha de colores, los rectángulos anidados adoptan una imagen tridimensional, permitiéndole crear rápidamente imágenes como estas:

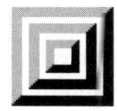

Image3dRectangleTool es sólo uno de los múltiples comandos de teclado que puede encontrar útil cuando trabaje en el editor de gráficos. La herramienta similar ImageWindowRectangleTool, por ejemplo, dibuja rápidamente imágenes de mapa de botones en su estado normal, pulsado e inactivo; economizador de tiempo cuando diseña botones trazados por el propietario. Busque a través de la lista y mire qué es lo que le gusta. Si desea crear un botón de barra de herramientas para un comando, el procedimiento se explica en la sección «Comandos no vinculados» (pág. 79), en el Capítulo 3.

REDUCCIÓN DE LOS DATOS DE RECURSOS

Los programas Windows a menudo transportan excesivo equipaje en forma de datos de recursos ineficaces o no utilizados, hinchando el tamaño del archivo de programa, y lo que es peor todavía, desperdiciando memoria. Incluso los recursos que nunca se utilizan pueden labrarse su camino en memoria sólo para asentarse en reposo, tecleando un fragmento del conjunto virtual. Con un poco de esfuerzo, puede asegurarse de que sus propios programas no tengan este problema.

Esta sección explora unas cuantas técnicas para minimizar el tamaño de los datos de recurso de programa, haciendo algunas revisiones menores al programa DiskPie1, lo que demuestra con qué frecuencia es posible recortar una cantidad insignificante de datos de recursos de una aplicación.

Lo primero a recordar es que no tiene que guardar todo lo que AppWizard le lanza. Las cadenas pueden ser los peores enemigos, puesto que algunas veces son ampulosos o incluso innecesarios. Las cadenas de recurso de Win32 se almacenan en un archivo de programa como por ejemplo las cadenas Unicode, lo que significa que cada carácter que suprime guarda dos bytes en lugar de uno. Si elimina un comando de un archivo RC generado por AppWizard, asegúrese de que la cadena de solicitud vaya con él. Y no olvide la tecla aceleradora correspondiente.

AppWizard añade cadenas de solicitud al archivo RC que describen los comandos en un menú de sistema de programa:

```
STRINGTABLE
BEGIN
    AFX_IDS_SCSIZE          "Cambia el tamaño de la ventana"
    AFX_IDS_SCMOVE          "Cambia la posición de la ventana"
```

```
        AFX_IDS_SCMINIMIZE    "Reduce la ventana a un icono"
        AFX_IDS_SCMAXIMIZE    "Agranda la ventana a vista completa"
        AFX_IDS_SCCLOSE       "Cierra la ventana activa..."
        AFX_IDS_SCRESTORE     "Restablece la ventana a su tamaño normal"
        ⋮
  END
```

El archivo de biblioteca MFC contiene estas mismas cadenas, de modo que si su programa enlaza dinámicamente con MFC, puede suprimir con toda seguridad las cadenas desde su archivo RC sin cambiar el comportamiento del programa (sin embargo, si su programa está destinado a mercados internacionales donde puede correr en un sistema configurado para un idioma diferente, puede que otros factores afecten su decisión si utiliza cadenas proporcionadas por el archivo de biblioteca MFC. Consulte la discusión sobre los mercados extranjeros y el enlace dinámico a MFC, que comienza en la página 44 del Capítulo 2).

Además de liberar unas cuantas cadenas de recursos, la vinculación dinámica a MFC en lugar de la vinculación estática reduce drásticamente el tamaño de un archivo ejecutable, porque el código MFC está en la DLL, no en la aplicación de invocación. El usuario se beneficia, naturalmente, sólo si dos o más programas que corran simultáneamente utilizan la biblioteca de usuario.

He mencionado anteriormente en el capítulo que si una aplicación proporciona sólo una imagen de icono de 32 píxeles cuadrados, Windows amplía automáticamente la imagen a 16 × 16 o a 48 × 48 píxeles, según sea necesario. Si la imagen de icono contiene sólo líneas rectas y rectángulos, su escalabilidad normalmente no degrada la imagen. Para las imágenes de icono que no se ven afectadas por la escalabilidad, puede considerar la inclusión de una única imagen de 32 × 32, en lugar de dos o tres imágenes de tamaños diferentes.

Puede reducir más las necesidades de espacio de iconos y mapas de bits preservando sus colores al mínimo. Por ejemplo, por defecto, el diálogo New Icon Image del editor de gráficos (véase la Figura 4.17) ajusta 256 colores para imágenes de iconos que tienen 48 píxeles cuadrados de tamaño. Pero muchas imágenes de icono, como el icono DiskPie1, contiene sólo unos cuantos colores.

La especificación de 16 colores para una imagen utiliza sólo 4 bits por píxel, en lugar de 8 bits por píxel necesarios para 256 colores. Este simple paso reduce a la mitad el espacio ocupado por la imagen de 48 × 48, un ahorro que, combinado con la tabla de color más pequeña contenida en el icono, añade hasta 2 kilobytes de datos de recursos. Para crear una imagen de icono de 16 colores de 48 × 48 en el editor de gráficos, pulse la tecla INSERT para invocar el diálogo New Icon Image, haga clic en el botón Custom del diálogo y rellene los cuadros de control adecuados.

DiskPie1 dedica mucho espacio de recurso a su mapa de bits de barra de herramientas grande, como puede ver en la Figura 4.15. De las 25 imágenes del mapa de bits, 24 son duplicadas, variando sólo en la letra que recubre la imagen del disco que se repite. En semejantes casos, es posible proporcionar una imagen y que sirva para un número cualquiera de botones de barra de herramientas. A expensas de un poco de código extra, DiskPie1 puede prescindir de 23 de sus imágenes de barra de herramientas, lo que produce un significante ahorro en un tamaño de programa. Aquí tiene cómo se hace.

El programa DiskPie2

La versión final del archivo DiskPie1.exe tiene un tamaño de 24.576 bytes. Echando por la borda muchos de sus datos de recurso, el nuevo programa DiskPie2 se reduce hasta 17.920 bytes, disminuyendo el tamaño a casi un tercio sin cambiar apreciablemente el programa. DiskPie2 adopta cuatro técnicas para reducir el tamaño de sus datos de recurso:

- Con la excepción de un mensaje «Ready», el programa no contiene ninguna cadena de solicitud en sus datos de recurso. Basándose en su lugar en cadenas de solicitud proporcionadas por el archivo de biblioteca MFC, DiskPie2 visualiza descripciones generales en su barra de estado para todos los comandos, excepto aquellos seleccionados en el menú Chart.
- Sin cadenas de solicitud, DiskPie2 debe generar texto de herramientas de consejo bajo petición. El código para generar las herramientas de consejo ocupa menos espacio que las propias cadenas de herramientas de consejo, lo que implica una disminución general del tamaño de programa.
- La imagen de icono de 48 × 48 tiene una tabla de color con 16, en lugar de 256 colores.
- El mapa de bits de la barra de herramientas de DiskPie2 tiene sólo dos imágenes, en lugar de 25 que necesitaba DiskPie1.

Dos visualizaciones del mapa de bits de la barra de herramientas muestran las imágenes utilizadas para los botones de barra de herramientas de DiskPie2:

Tamaño actual   Agrandado

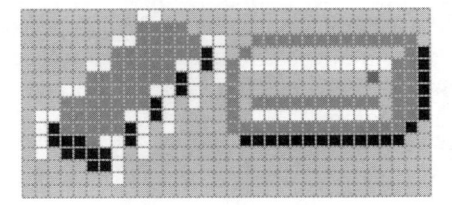

Las imágenes duplican las dos primeras imágenes que DiskPie1 utiliza para su barra de herramientas, excepto que la segunda imagen no está etiquetada, haciéndola adecuada para representar cualquier disco. DiskPie2 añade designaciones de disco tales como «C:» y «D:» a los botones en tiempo de ejecución. Puede ver los resultados en la Figura 4.22.

El nuevo programa DiskPie2 necesita cambios para tres de los archivos fuente de DiskPie1 para crear versiones actualizadas, llamadas DiskPie2.rc, MainFrm2.h y MainFrm2.cpp. El Listado 4.2 muestra el código revisado, en el que DiskPie2.rc se desprende de las cadenas de solicitud innecesarias y MainFrm2.cpp recibe intrucciones añadidas para etiquetar los botones de barras de herramientas y construir texto de herramientas de consejo.

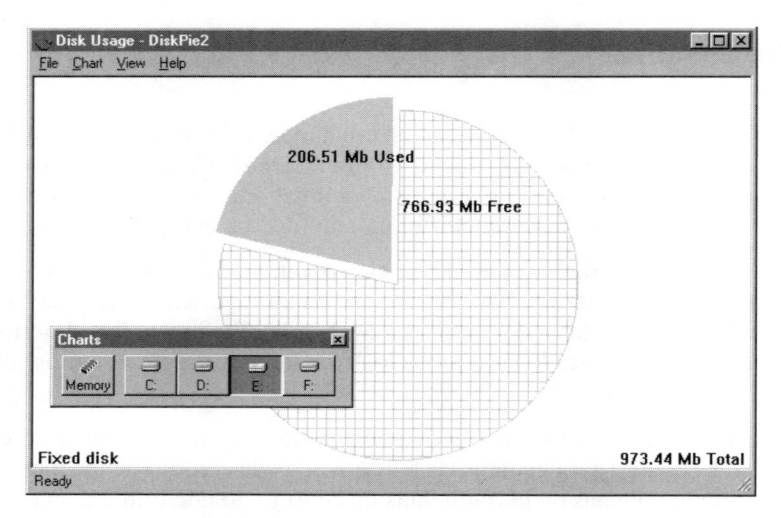

Figura 4.22. El programa DiskPie2.

Listado 4.2. Archivos fuente de DiskPie2

```
DiskPie2.rc
// ******************************************************************
//
// DiskPie2.rc
//
// ******************************************************************

#include "resource.h"
#include "afxres.h"

IDR_MAINFRAME    ICON      "res\\DiskPie2.ico"
IDR_MAINFRAME    BITMAP    "res\\toolbar.bmp"

IDR_MAINFRAME MENU
BEGIN
    POPUP "&File"
    BEGIN
        MENUITEM "E&xit",              ID_APP_EXIT
    END
    POPUP "&Chart"
    BEGIN
        MENUITEM "&Memory\tCtrl+M", IDM_MEMORY
        MENUITEM SEPARATOR
    END
    POPUP "&View"
    BEGIN
        MENUITEM "&Toolbar",           ID_VIEW_TOOLBAR
        MENUITEM "&Status Bar",        ID_VIEW_STATUS_BAR
    END
```

```
        POPUP "&Help"
        BEGIN
            MENUITEM "&About DiskPie2...",    ID_APP_ABOUT
        END
END

IDR_MAINFRAME ACCELERATORS
BEGIN
    "M",            IDM_MEMORY,             VIRTKEY, CONTROL
    "C",            IDM_DISK_C,             VIRTKEY
    "D",            IDM_DISK_D,             VIRTKEY
    "E",            IDM_DISK_E,             VIRTKEY
    "F",            IDM_DISK_F,             VIRTKEY
    "G",            IDM_DISK_G,             VIRTKEY
    "H",            IDM_DISK_H,             VIRTKEY
    "I",            IDM_DISK_I,             VIRTKEY
    "J",            IDM_DISK_J,             VIRTKEY
    "K",            IDM_DISK_K,             VIRTKEY
    "L",            IDM_DISK_L,             VIRTKEY
    "M",            IDM_DISK_M,             VIRTKEY
    "N",            IDM_DISK_N,             VIRTKEY
    "O",            IDM_DISK_O,             VIRTKEY
    "P",            IDM_DISK_P,             VIRTKEY
    "Q",            IDM_DISK_Q,             VIRTKEY
    "R",            IDM_DISK_R,             VIRTKEY
    "S",            IDM_DISK_S,             VIRTKEY
    "T",            IDM_DISK_T,             VIRTKEY
    "U",            IDM_DISK_U,             VIRTKEY
    "V",            IDM_DISK_V,             VIRTKEY
    "W",            IDM_DISK_W,             VIRTKEY
    "X",            IDM_DISK_X,             VIRTKEY
    "Y",            IDM_DISK_Y,             VIRTKEY
    "Z",            IDM_DISK_Z,             VIRTKEY
END

IDR_MAINFRAME TOOLBAR 16, 15
BEGIN
    BUTTON          IDM_MEMORY
END


IDD_ABOUTBOX DIALOG 0, 0, 240, 65
STYLE DS_MODALFRAME | WS_POPUP | WS_CAPTION | WS_SYSMENU
CAPTION "About DiskPie2"
FONT 8, "MS Sans Serif"
BEGIN
    ICON            IDR_MAINFRAME,IDC_STATIC,10,22,20,20
    LTEXT           "DiskPie2 Version 1.0",IDC_STATIC,45,10,115,8
    LTEXT           """Microsoft Visual C++ Programmer's Guide""",
                    IDC_STATIC,45,26,140,8
    LTEXT           "Copyright \251 1997, Beck Zaratian",
                    IDC_STATIC,45,42,115,8
    DEFPUSHBUTTON   "OK",IDOK,195,10,35,40,WS_GROUP
    END
```

(*Continúa*)

Listado 4.2. (*Continuación*)

```
STRINGTABLE
BEGIN
    IDR_MAINFRAME            "DiskPie2\nDisk Usage\n\n\n\n\n\n"
    AFX_IDS_IDLEMESSAGE      "Ready"
END
```

MainFrm2.h

```
// *********************************************************************
//
// MainFrm2.h
//
// *********************************************************************

class CMainFrame : public CFrameWnd
{
    DECLARE_DYNCREATE (CMainFrame)
private:
    CToolBar         toolbar;
    CStatusBar       statusbar;
    CDiskDoc         diskdoc;
protected:
    afx_msg int      OnCreate( LPCREATESTRUCT lpCreateStruct );
    afx_msg void     OnNewChart( UINT nID );
    afx_msg void     OnSetFocus( CWnd* );
    afx_msg BOOL     OnTooltip( UINT id, NMHDR* pNMHDR, LRESULT* );

    DECLARE_MESSAGE_MAP()
};
```

MainFrm2.cpp

```
// *********************************************************************
//
// MainFrm2.cpp
//
// *********************************************************************

#define VC_EXTRALEAN

#include <afxwin.h>
#include <afxext.h>
#include <afxcmn.h>
#include "resource.h"
#include "DiskPie.h"
#include "DiskDoc.h"
#include "MainFrm2.h"
#include "DiskView.h"

IMPLEMENT_DYNCREATE (CMainFrame, CFrameWnd)

BEGIN_MESSAGE_MAP (CMainFrame, CFrameWnd)
    ON_WM_CREATE ()
```

```cpp
    ON_WM_SETFOCUS ()
    ON_COMMAND_RANGE (IDM_MEMORY, IDM_DISK_Z, OnNewChart)
    ON_NOTIFY_EX( TTN_NEEDTEXT, 0, OnTooltip )
END_MESSAGE_MAP ()

////////////////////////////////////////////////////////////////////
// Crea la ventana principal, la barra de herramientas y la barra de estado

int CMainFrame::OnCreate( LPCREATESTRUCT lpCreateStruct )
{
    int      i, j;
    char     szDisk[] = "x:\0";
    char     szMenu[] = "Disk &x\tx\0";
    CMenu*   pmenu;

    static const UINT indicator = ID_SEPARATOR;

    if (CFrameWnd::OnCreate( lpCreateStruct ) == -1)
        return -1;

    statusbar.Create( this );
    statusbar.SetIndicators( &indicator, 1 );

    toolbar.Create( this );
    toolbar.SetWindowText( "Charts" );
    toolbar.LoadToolBar( IDR_MAINFRAME );
    toolbar.SetBarStyle( toolbar.GetBarStyle() |
            CBRS_TOOLTIPS | CBRS_FLYBY | CBRS_SIZE_DYNAMIC );

    toolbar.SetButtons( NULL, diskdoc.GetDriveCount() + 2 );
    toolbar.SetButtonInfo( 0, IDM_MEMORY, TBBS_CHECKGROUP, 0 );
    toolbar.SetButtonText( 0, "Memory" );

    // El segundo "button" es un separador
    toolbar.SetButtonInfo( 1, ID_SEPARATOR,
                           TBBS_SEPARATOR | TBBS_CHECKGROUP, 0 );

    pmenu = GetMenu()->GetSubMenu( 1 );

    for (i=0, j=2; i < 24; i++)
    {
        if (CDiskDoc::iDriveType[i] == DRIVE_FIXED ||
            CDiskDoc::iDriveType[i] == DRIVE_REMOTE ||
            CDiskDoc::iDriveType[i] == DRIVE_RAMDISK)
        {
            szDisk[0] = 'C' + (char) i;
            szMenu[6] = 'C' + (char) i;
            szMenu[8] = 'C' + (char) i;
            pmenu->InsertMenu( 0xFFFF, MF_BYPOSITION,
                               IDM_DISK_C+i, szMenu );
            toolbar.SetButtonInfo( j, IDM_DISK_C+i,
                                   TBBS_CHECKGROUP, 1 );
            toolbar.SetButtonText( j++, szDisk );
        }
    }
```

(Continúa)

Listado 4.2. (*Continuación*)

```
        // Hace más grandes los botones para que quepa el texto
        toolbar.SetSizes( CSize( 45, 40 ), CSize( 16, 15 ) );

        toolbar.EnableDocking( CBRS_ALIGN_ANY );
        EnableDocking( CBRS_ALIGN_ANY );
        DockControlBar( &toolbar );

        return 0;
}

/////////////////////////////////////////////////////////////////////////
// Responde a las órdenes del acelerador/barra de herramientas/menú

void CMainFrame::OnNewChart( UINT nID )
{
    CDiskDoc::nCurrent = nID;
    OnSetFocus( NULL );
    Invalidate();
    toolbar.Invalidate();    // Necesario cuando la barra es flotante
}

/////////////////////////////////////////////////////////////////////////
// Cuando se le vuelve a conceder la atención, recarga la visualización en
// caso de que hayan cambiado los datos

void CMainFrame::OnSetFocus( CWnd* )
{
    if (CDiskDoc::nCurrent == IDM_MEMORY)
        diskdoc.GetMemoryUsage();
    else
        diskdoc.GetDiskUsage( CDiskDoc::nCurrent );
}

/////////////////////////////////////////////////////////////////////////
// La generación de texto de herramientas de consejo aquí significa que
// no tenemos que llenar el área de datos del recurso con cadenas de
// herramientas de consejo. Esto ayuda a reducir el tamaño del ejecutable
// de DiskPie2 sobre DiskPie1.

BOOL CMainFrame::OnTooltip( UINT id, NMHDR* pNMHDR, LRESULT* )
{
    static char   szMemTip[] = "Memory usage chart\0";
    static char   szDiskTip[] = "Usage chart for drive x\0";
    TOOLTIPTEXT*  pTTT = (TOOLTIPTEXT*) pNMHDR;
    UINT          nID  = pNMHDR->idFrom;

    if (nID == IDM_MEMORY)
        pTTT->lpszText = szMemTip;
    else
    {
        szDiskTip[22] = (char) (nID - IDM_DISK_C) + 'C';
        pTTT->lpszText = szDiskTip;
    }

    return TRUE;
}
```

Además de los tamaños de archivo, la única diferencia obvia entre DiskPie1 y DiskPie2 es el aspecto de sus barras de herramientas. Como DiskPie2 hace uso de una imagen de disco para sus botones de barra de herramientas, el programa debe etiquetar los botones con texto en tiempo de ejecución. La función *CMainFrame::OnCreate* maneja esta tarea en un bucle **for** que se ejecuta a través de cada disco adjunto:

```
for (i=0, j=2; i < 24; i++)
{
    .
    .
    .
    pmenu->InsertMenu( 0xFFFF, MF_BYPOSITION, IDM_DISK_C+i, szMenu);
    toolbar.SetButtonInfo( j, IDM_DISK_C+i, TBBS_CHECKGROUP, 1 );
    toolbar.SetButtonText( j++, szDisk );
}
toolbar.SetSizes( CSize( 45, 40 ), CSize( 16, 15 ) );
```

La invocación a *CToolBar::SetButtonInfo* duplica la misma instrucción en DiskPie1, excepto el último parámetro, que es el índice basado en cero de la imagen del botón en el mapa de bits de la barra de herramientas. Donde DiskPie1 utilizó el contador de bucle para seleccionar la imagen de botón entre las 24 imágenes disponibles, DiskPie2 hace lo mismo con sólo imagen de disco. Pero en lugar de dejar que cada botón se parezca a su vecino, el código también invoca *CToolBar::SetButtonText* para añadir una designación de disco. El texto añadido sólo requiere más espacio en cada botón, así que el código termina por invocar *CToolBar::SetSizes* para aumentar los botones a un tamaño de 45 × 40 píxeles, en contraste con los 24 × 22 de DiskPie1.

Herramientas de consejo y cadenas de solicitud de encargo

Sin cadenas de solicitud en sus datos de recurso, DiskPie2 debe reunir su texto de herramienta de consejo según sea necesario en tiempo de ejecución. Cuando el sistema está a punto de visualizar una ventana de herramientas de consejo, le indica al programa a través de un mensaje de notificación TTN_NEEDTEXT que maneja DiskPie2 en su función *CMainFrame::OnTooltip*. El mensaje proporciona un puntero para una estructura TOOLTIPTEXT, que es una forma expandida de la estructura NMHDR:

```
typedef struct
{
    NMHDR       hdr;
    LPSTR       lpszText;
    char        szText[80];
    HINSTANCE   hinst;
    UINT        uFlags;
} TOOLTIPTEXT, FAR *LPTOOLTIPTEXT;
```

El valor *hdr.idFrom* identifica el botón de la barra de herramientas sobre el que el cursor se ha detenido. Desde este valor, *OnTooltip* determina el texto de herramientas de consejo apropiado, apunta a *lpszText* para la cadena de texto y devuelve un valor de TRUE. La función mantiene su texto de herramientas de consejo en dos cadenas estáticas:

```
static char    szMemTip[]  = "Memory usage chart\0";
static char    szDiskTip[] = "Usage chart for drive x\0";
```

Un valor de IDM_MEMORY en *hrd.idFrom* indica que el texto de herramientas de consejo es necesario para el primer botón de la barra de herramientas, en cuyo caso el código apunta al miembro de estructura *lpszText* a la cadena *szMemTip*. Si *hdr.idFrom* identifica uno de los botones de uso de disco IDM_DISK_C a través de IDM_DISK_Z, *OnTooltip* apunta a *lpszText* para la cadena *szDiskTip* después de reemplazar el carácter de resguardo de *x* por la letra de disco apropiada de C a Z. Las herramientas de consejo de DiskPie2 son por lo tanto fáciles de crear, porque la mayor parte de ellas se diferencian sólo por un único carácter.

Mediante una técnica más o menos similar, DiskPie2 podría escribirse para generar sus solicitudes de barra de estado ausentes por encargo. Las solicitudes de la barra de estado necesitan una cantidad considerable de pruebas de visita para determinar sobre qué botón de barra de herramientas o comando de menú está colocado el cursor. El marco de trabajo de MFC se encarga de su trabajo automáticamente durante el tiempo de reposo, actualizando continuamente la barra de estado a través del objeto *CCmdUI* del programa. El secreto de los mensajes que aparecen sobre la marcha es proporcionar únicamente recursos de cadena suficientes para aprovechar las pruebas de visita del marco de trabajo, construyendo a continuación cadenas de solicitud enteras en una función *CStatusBar::OnSetText* de anulación.

DiskPie2, por ejemplo, podría utilizar letras de designación de disco como cadenas de solicitud mínimas en el archivo RC de programa:

```
STRINGTABLE
BEGIN
    IDM_MEMORY              "Memory usage"
    IDM_DISK_C              "C"
    IDM_DISK_D              "D"
    .
    .
    .
    IDM_DISK_X              "X"
    IDM_DISK_Y              "Y"
    IDM_DISK_Z              "Z"
END
```

Para enganchar la función *OnSetText*, declare una clase derivada de *CStatusBar* y utilícelo para crear la barra de estado en *CMainFrame*:

```
class CStatusHook : public CStatusBar
{
protected:
    afx_msg LRESULT OnSetText( WPARAM wParam, LPARAM lParam );
    DECLARE_MESSAGE_MAP()
};
```

```
class CMainFrame : public CFrameWnd
{
    DECLARE_DYNCREATE (CMainFrame)
private:
    CStatusHook     statusbar;
```

Un mapa de mensaje y la función de manejador *OnSetText* capturan el mensaje WM_SETTEXT que el sistema envía cuando está a punto de visualizar una de las cadenas de solicitud abreviadas en la barra de estado. La función de manejador forma una cadena de solicitud completa insertando la solicitud de carácter simple dentro de una cadena de texto más detallada, vuelve a apuntar *lParam* a la cadena construida y pasa el control en la función *OnSetText* de la base. En lugar de escribir sólo una letra simple como «C» en la barra de estado, el sistema visualiza ahora la cadena de más significado «Disk C usage chart». Aquí tiene cómo puede construir la función de manejador dicho mensaje de solicitud:

```
BEGIN_MESSAGE_MAP (CStatusHook, CStatusBar)
    ON_MESSAGE( WM_SETTEXT, OnSetText )
END_MESSAGE_MAP ()

LRESULT CStatusHook::OnSetText( WPARAM wParam, LPARAM lParam )
{
    // La cadena construida debe ser estática
    static char szDisk[] = "Disk x usage chart\0";

    // Si lo que se visualiza es sólo un carácter, conviértalo a una cadena
    // entera
    if (lstrlen( (LPCTSTR) lParam ) == 1)
    {
        szDisk[5] = *((LPCTSTR) lParam); // Ajusta la letra del disco
        lParam    = (LPARAM) szDisk;     // Vuelve a apuntar a lParam
    }
    return CStatusBar::OnSetText( wParam, lParam );
}
```

La generación de cadenas de solicitud en tiempo de ejecución normalmente merece la pena sólo si el código de implementación ocupa menos espacio que los datos de recurso que reemplaza. Sin embargo, la técnica es útil a veces, cuando las cadenas de solicitud deben reflejar alguna condición de programa dinámico, como por ejemplo una entrada de usuario que no se puede anticipar como recursos de cadena de sólo lectura.

Capítulo

5

Cuadros de diálogo y controles

Los cuadros de diálogo y controles se mencionan normalmente en la misma sección, porque es raro ver uno sin el otro. Un control es una ventana hija con un talento especial —un botón, por ejemplo, o un cuadro de comprobación o un indicador de progreso—, y un cuadro de diálogo es la ventana padre que contiene uno o más de los controles en su área de cliente. La unión de los cuadros de diálogo y los controles está tan bien establecida que la colección entera se llama normalmente «diálogo».

Aunque muchos diálogos, como por ejemplo los cuadros About, no hacen más que aportar información al usuario, otros diálogos solicitan entrada, proporcionando un lugar conveniente en el que teclear un nombre de archivo o hacer clic en un botón para hacer una selección. Si esto le recuerda a las barras de herramientas, está en lo cierto; una barra de herramientas es un tipo de diálogo. Y como barras de herramientas, la mayor parte de los diálogos son parte de los elementos de la interfaz de usuario que componen los recursos de un programa.

Sin embargo, algunos diálogos no son parte de los datos de recurso de un programa. Los diálogos, como los cuadros de mensaje y los llamados diálogos comunes, los proporciona el sistema, invocados a través de las funciones API, como *MessageBox* y *GetOpenFileName*, o a través de las clases MFC, como por ejemplo *CFileDialog*. Es incluso posible para un programa designar y crear un diálogo en tiempo de ejecución utilizando la función API *DialogBoxIndirect*, que adopta una estructura como entrada en vez de como información del área de recurso de programa. Dichos diálogos son estrictamente un problema de programación, no un recurso que crea en Visual C++, de modo que no encontrará aquí ninguna explicación sobre los mismos.

Este capítulo forma la segunda parte de nuestra explicación de datos de recursos, iniciada en el capítulo anterior. Empezaremos echando un vistazo al guión de recurso que define un diálogo en un archivo RC de proyecto, y a continuación nos introduciremos en el editor de diálogo de Visual C++, que hace el diseño de diálogo tan fácil como señalar y hacer clic. El capítulo ilustrará las habilidades del editor con distintos programas de ejemplo, uno de los cuales muestra cómo crear una hoja de propiedades, también conocido como diálogo de pestañas.

EL GUIÓN DE DIÁLOGO

Añadir un diálogo a un programa es fácil. Cada diálogo existe en el área de datos de recurso como una serie de comandos compilados desde un guión en el archivo de proyecto RC. Los comandos especifican detalles tales como el tamaño de la ventana de diálogo, la captura en la barra de título y la colocación de los controles. La revisión de un diálogo es a menudo una cuestión de editar el guión en el archivo RC.

Por tomar un ejemplo preparado, vimos en el Capítulo 4, «Recursos», que AppWizard genera un comando en el menú Help y todo el código fuente necesario para un diálogo de cuadro About, un rasgo extra que se hace más común en los programas Windows hoy en día. AppWizard también escribe en el archivo RC de proyecto que define cómo es el diálogo y sus controles. Aquí tiene de nuevo el guión:

```
IDD_ABOUTBOX DIALOG DISCARDABLE 0, 0, 217, 55
CAPTION "About Demo"
STYLE DS_MODALFRAME | WS_POPUP | WS_CAPTION | WS_SYSMENU
FONT 8, "MS Sans Serif"
BEGIN
    ICON            IDR_MAINFRAME,IDC_STATIC,11,17,20,20
    LTEXT           "Demo Version 1.0",
                    IDC_STATIC,40,10,119,8,SS_NOPREFIX
    LTEXT           "Copyright (C) 1998",IDC_STATIC,40,25,119,8
    DEFPUSHBUTTON   "OK",IDOK,178,7,32,14,WS_GROUP
END
```

La primera línea del guión identifica el recurso con el símbolo IDD_ABOUTBOX, que está definido en el archivo Resource.h del proyecto. La contraseña DISCARDABLE va seguida de cuatro números que especifican el tamaño del diálogo. Los dos primeros números (0, 0) ajustan las coordenadas originales en el ángulo superior izquierdo de la ventana de diálogo. Todas las otras coordenadas del guión son relativas al origen, con x positiva hacia la derecha e y positiva hacia la parte inferior de la pantalla. Los dos números siguientes determinan las dimensiones de la ventana de diálogo, dando en este caso a la ventana una anchura de 217 y una altura de 55 unidades de diálogo.

Una unidad de diálogo no es un píxel, y ni siquiera representa la misma distancia en las direcciones x e y. El tamaño de una unidad de diálogo depende de la fuente utilizada para el texto de diálogo, que es por defecto la fuente del sistema (en el guión anterior, la directiva opcional FONT especifica la fuente de diálogo como 8 puntos de MS Sans Serif). Una unidad de diálogo en la dirección x horizontal es por término medio igual a $\frac{1}{4}$ de la anchura de un carácter de la fuente de diálogo. En la dirección y vertical, una unidad de diálogo es $^1/_8$ de la altura del carácter. Como Windows adopta un sistema de medida de fuente en el que la altura de carácter sirve como tamaño de fuente, una unidad de diálogo vertical para un diálogo utilizando una fuente de 8 puntos es un punto o $^1/_{72}$ de pulgada.

Aunque hace la colocación de los controles más difícil de visualizar, el hecho de ligar la unidad de diálogo al tamaño de fuente significa que un cuadro de diálogo permanece con el mismo tamaño en diferentes resoluciones de pantalla. También asegura que los controles permanezcan en posición relativa con respecto a los demás si cambia la fuente de diálogo, ya que una fuente mayor o menor simplemente hace que la ventana de diálogo y sus contenidos aumenten o disminuyan de tamaño. Un programa que coloca un control en una ventana de diálogo en tiempo de ejecución, debería determinar primero «las unidades base» del diálogo invocando la función API *GetDialogBaseUnits*. Las unidades de base definen la relación entre las unidades de diálogo y los píxeles para la resolución de pantalla actual. La función *MapDialogRect* lleva a cabo la conversión automáticamente, trasladando una coordenada en las unidades de diálogo a un número equivalente de píxeles de pantalla. La ayuda en línea MSDN describe ambas funciones API con más detalle.

La directiva STYLE en el guión de diálogo especifica las distintas etiquetas que afectan el aspecto de diálogo, como por ejemplo la etiqueta WS_CAPTION, que le da al diálogo una barra de título. La etiqueta DS_MODALFRAME no tiene nada que ver con el estilo modal del diálogo, que depende exclusivamente de cómo el programa crea el diálogo. El estilo modal significa que sólo las ventanas que pertenezcan a otros programas pueden recibir foco de entrada mientras que el diálogo sea visible, de modo que el usuario deba cerrar el diálogo antes de continuar ejecutando el programa (o al menos la hebra) responsable del diálogo. Alrededor de los cuadros, por ejemplo, hay diálogos modales, bloqueando la ejecución del programa hasta que se destituya. Los diálogos sin modo son menos insistentes, permitiendo que el usuario cambie a otra ventana dentro del programa sin cerrar el diálogo. El comando Find del editor de texto Visual C++ visualiza un buen ejemplo de diálogo sin modo. Un programa simple llamado Color presentado más adelante en el capítulo ilustra cómo utilizar Visual C++ para crear un diálogo con estilo sin modo.

A pesar de su nombre, la etiqueta WS_SYSMENU simplemente coloca un botón Close en el lateral más a la derecha de la barra de título del diálogo, ya que la ventana hija no puede tener menús de sistema verdaderos. La directiva CAPTION opcional especifica el texto que aparece en la barra de título.

Las sentencias de definición de control para el diálogo están entre paréntesis en las sentencias BEGIN y END. Cada definición contiene el mismo tipo de series de cuatro números tal y como se utiliza en la primera línea del guión, donde los dos primeros números dan las coordenadas *x* e *y* del ángulo superior izquierdo del control relativo al origen del diálogo, y los dos números siguientes especifican la anchura y la altura de la ventana de control. De nuevo, todas las coordenadas y dimensiones están en unidades de diálogo.

El guión de diálogo da al cuadro About un botón de pulsar etiquetado OK y tres controles estáticos, uno de los cuales contiene una copia del icono del programa. Encontraremos estos y otros programas en el código de ejemplo más adelante en el capítulo. Para obtener una lista completa de controles incluyendo los controles comunes, haga una visita a la ayuda en línea MSDN o consulte una de las muchas referencias disponibles, como por ejemplo *Programación de Windows 95*, por Charles Petzold.

El diálogo About que AppWizard le da puede soportar perfectamente algunas mejoras; su nombre en la línea de derechos de autor, en el peor de los casos. Primero vamos a echar un vistazo al editor de diálogo de Visual C++, y a continuación utilizaremos el editor para añadir capacidades al diálogo About que AppWizard crea.

EL EDITOR DE DIÁLOGO

En los albores de la programación de Windows, los desarrolladores tenían que diseñar una visión de diálogo oculto escribiendo un guión en el archivo RC, a continuación compilando y ejecutando el programa para ver cómo es verdaderamente el diálogo. Este proceso de prueba y error normalmente necesitaba varias iteraciones para obtener controles de posición y funcionamiento correctos. Pero esto se ha terminado. Más que nada, es el editor de recursos quien hace el «visual» de Visual C++, y una vez que comience a diseñar con el editor de diálogo, nunca volverá al método antiguo. No sólo puede componer un diálogo de calidad profesional con unos cuantos clics de ratón, viendo cómo toma forma en la pantalla a medida que lo crea, sino que también puede probar un modelo de trabajo del diálogo en el mismo editor. ¿Un control no aparece como debería? ¿Ha cambiado de opinión sobre la tecla mnemónica? El editor hace de las revisiones un placer, y cuando haya terminado sabrá cómo se comportará el diálogo exactamente y cómo será en el programa que ejecuta. Y como veremos en el capítulo siguiente, el editor de diálogo también se integra bien con ClassWizard, que puede generar código automáticamente para inicializar y recuperar datos de los controles de diálogo.

Al igual que con otros recursos, puede encontrar a menudo más fácil hacer cambios pequeños a un guión de diálogo existente editando el archivo RC con un editor de texto. No hay nada malo en ello. Pero para la mayor parte de las revisiones y especialmente cuando cree un diálogo nuevo, el editor de diálogo es su apuesta más segura. Como los otros editores de recurso de Visual C++, el editor de diálogo se lanza de uno de dos modos, dependiendo de si desea crear un diálogo nuevo o continuar trabajando en uno que ya existe en el archivo RC del proyecto. Para crear un diálogo nuevo partiendo de cero, haga clic en Resource en el menú Insert para hacer aparecer el cuadro Insert Resource, a continuación seleccione Dialog de la lista:

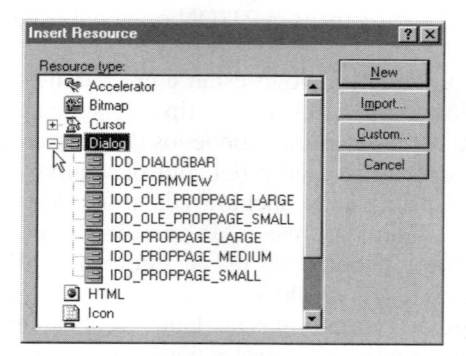

Al expandir la entrada Dialog en el cuadro Insert Resource muestra los identificadores para las formas de un diálogo especial, como por ejemplo IDD_DIALOGBAR, que tiene las dimensiones de una barra de herramientas. Para crear un diálogo normal con los botones predeterminados OK y Cancel, haga dos veces clic en la entrada Dialog sin expandirla.

Para continuar trabajando en un diálogo existente, abra el proyecto y haga clic en el identificador de diálogo listado en el panel ResourceView de la ventana Workspace. Si desea editar un diálogo en un proyecto que no sea el proyecto actual, haga clic en Open del menú File y abra el archivo RC del proyecto. Esto hace emerger una lista de los otros recursos de proyecto desde los cuales puede seleccionar el diálogo deseado. Sin embargo, no puede guardar el recurso en el proyecto actual porque Visual C++ no puede fundir un guión de diálogo de un archivo RC con otro. El editor de texto proporciona los medios más prácticos de copiar otro diálogo de proyecto en el proyecto actual. Abra el otro archivo RC del proyecto en el editor de texto como se describió en el Capítulo 4, seleccione y copie el guión deseado y péguelo en el archivo RC actual. También defina cualquier identificador necesario en el archivo Resource.h del proyecto. A continuación puede abrir el recurso en el proyecto actual y editarlo de la forma normal.

La Figura 5.1 muestra la ventana Workspace de un proyecto AppWizard ficticio llamado Demo, en el que haciendo clic en el identificador IDD_ABOUTBOX inicia el editor de diálogo y carga el diálogo de cuadro About del programa.

Cuando inicia el editor de diálogo para un diálogo existente, el editor lee el guión en el archivo RC y responde al diálogo en el área de trabajo del editor (si la ventana Workspace o Output está en el modo de acoplamiento, puede recubrir la ventana del editor de diálogo. Si así es, haga clic en el botón derecho del ratón sobre cada ventana que recubra y elija el comando Hide del menú contextual). La Figura 5.2 muestra el cuadro de diálogo About de Demo cargado en el editor, listo para revisión.

Aunque parece lo suficientemente real, el cuadro About que se ilustra en la Figura 5.2 es sólo una representación que no funciona, un lienzo para que usted pinte. Haciendo clic en un botón o en cuadro de edición en el área de trabajo del diálogo, selecciona el control pero no lo activa. Las guías de regla que se muestran en la Figura 5.2 son opcionales, y puede desactivarlas eligiendo Guide Settings del menú Layout. Las dos barras de herramientas, llamadas Controls y Dialog, necesitan un poco más de explicación.

La barra de herramientas Controls

La barra de herramientas Controls proporciona acceso de un clic a los controles que puede colocar en la ventana de diálogo. Haga clic en el botón de la barra de herramientas para el

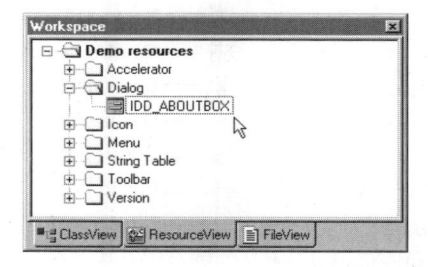

Figura 5.1. Al hacer dos veces clic en un identificador de diálogo en la ventana Workspace, lanza el editor de diálogo.

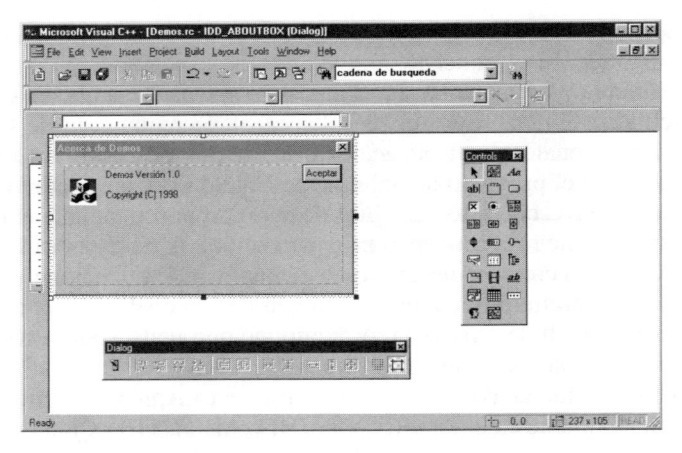

Figura 5.2. El editor de diálogo.

control que desee y arrastre el control de la barra de herramientas en posición en el cuadro de diálogo. Un rectángulo punteado muestra un boceto de la ventana de control conforme la arrastra, dándole una idea del tamaño y posición del control antes de que suelte el botón del ratón para dejarlo en su sitio.

Como una alternativa de arrastrar y soltar, simplemente haga clic en cualquier sitio en la ventana de diálogo después de seleccionar un botón de la barra de herramientas Controls. La ventana de control aparece centrada en la ubicación del clic. La Figura 5.3 identifica los tipos de control disponibles en la barra de herramientas Controls.

Una vez que ha arrastrado los controles que desea de la barra de herramientas Controls en el área de trabajo de diálogo, el paso siguiente es administrar los controles en un orden agradable a la vista. La barra de herramientas Dialog le ayuda, pero primero tenemos que hablar sobre la selección de ventanas de control en el diálogo.

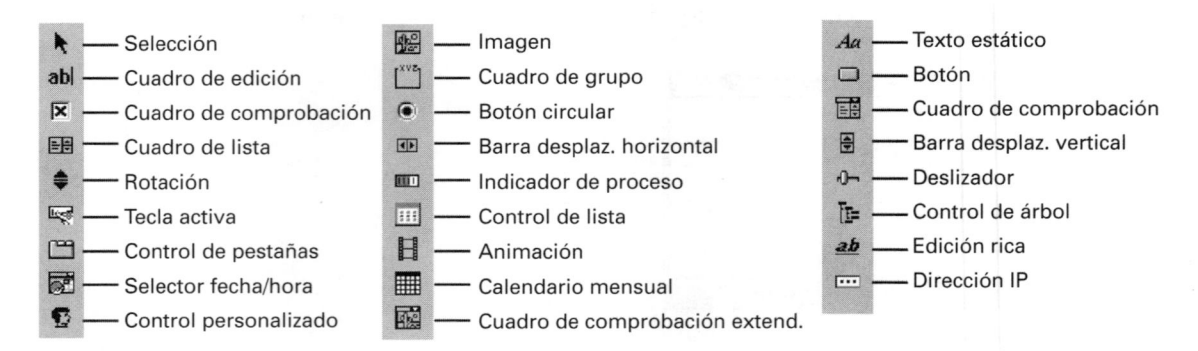

Selección	Imagen	Texto estático
Cuadro de edición	Cuadro de grupo	Botón
Cuadro de comprobación	Botón circular	Cuadro de comprobación
Cuadro de lista	Barra desplaz. horizontal	Barra desplaz. vertical
Rotación	Indicador de proceso	Deslizador
Tecla activa	Control de lista	Control de árbol
Control de pestañas	Animación	Edición rica
Selector fecha/hora	Calendario mensual	Dirección IP
Control personalizado	Cuadro de comprobación extend.	

Figura 5.3. La barra de herramientas Controls.

Selección y administración de controles

Cuando despliega una ventana de control en el cuadro de diálogo, un rectángulo sombreado que rodea el control indica que se ha seleccionado el control. El rectángulo de selección sombreado tiene ocho manejadores de tamaño, que son cuadrados pequeños colocados en los ángulos y los laterales del rectángulo. Como es típico en Windows, puede cambiar el tamaño de un control seleccionado arrastrando uno de los manejadores de tamaño con el cursor del ratón, o para un trabajo más preciso, manteniendo pulsada la tecla MAYÚS mientras pulsa las teclas de flecha. Cada pulsación de tecla cambia una unidad de diálogo el tamaño del control. También puede seleccionar y cambiar el tamaño del propio cuadro de diálogo haciendo clic en cualquier sitio en el área de trabajo que no sea una ventana de control.

No es necesario colocar cuidadosamente una ventana de control cuando la arrastre al diálogo, porque es fácil desplazar un control que ya esté en su lugar. Haga clic sobre el control en el área de trabajo del diálogo para seleccionar la ventana de control, y arrástrela utilizando el ratón o desplácela utilizando las teclas de flecha. Para una alineación más fácil, active la cuadrícula haciendo clic en el botón Toggle Grid en la barra de herramientas Dialog:

Cuando la cuadrícula esté visible en la ventana del diálogo, un control sólo se desplaza de una línea de la cuadrícula a otra, un rasgo llamado a veces «ajustar a la cuadrícula». Por defecto, el espaciado de cuadrícula vertical y horizontal es de cinco unidades de diálogo, pero puede cambiar el espaciado en el diálogo Guide Settings que se muestra en la Figura 5.4. Haga clic en Guide Settings en el menú Layout para invocar el diálogo.

Si la característica ajustar a la cuadrícula le impide administrar los controles del modo que desea, simplemente desactive la cuadrícula. Si más tarde la vuelve a activar, el editor ya no le impedirá colocar las ventanas de control en el diálogo. Para suprimir temporalmente la característica ajustar a la cuadrícula, pulse la tecla ALT a medida que arrastra un control.

Figura 5.4. El cuadro Guide Settings.

A menudo es más conveniente desplazar o cambiar el tamaño de los controles como grupo en lugar de uno a uno. El editor de diálogo ofrece dos métodos para seleccionar distintos controles al mismo tiempo. El primer método es hacer clic secuencialmente en los controles que desee seleccionar mientras que mantiene la tecla MAYÚS. El segundo método funciona mejor para los controles administrados como un grupo. Haga clic en la herramienta Selection en la barra de herramientas Controls y arrastre el rectángulo punteado sobre los controles para seleccionarlos. La Figura 5.5 ilustra el procedimiento.

Si desea deseleccionar un control de un grupo seleccionado, haga clic en el control manteniendo pulsada mientras tanto la tecla MAYÚS. Puede añadir un control al grupo del mismo modo. Cuando están seleccionados múltiples controles, los manejadores de tamaño de todos los controles del grupo menos uno aparecen superficiales para mostrar que están inactivos. Se dice que el control que permanece con manejadores de tamaño sólidos es el control dominante del grupo, desde el que el editor determina cómo se debería cambiar el tamaño del grupo o alinear como totalidad. Por ejemplo, el control Check1 de la Figura 5.5 es el control dominante de los tres controles del grupo seleccionado, porque es el único con manejadores de tamaño sólidos. Haciendo clic en otro control en el grupo con la tecla CTRL pulsada lo hace el nuevo dominante.

Sólo los manejadores de tamaño sólidos están activos; si un manejador de tamaño es superficial, el control no puede cambiar de tamaño en esa dirección. Los controles de cuadro de combinación tienen manejadores de tamaño activos en sólo dos laterales. Esto es porque el área desplegable del control, normalmente no visible, es también parte de la ventana de control y debe ser considerada cuando establece el tamaño de la ventana. La Figura 5.6 ilustra cómo cambiar el tamaño del área desplegable de los controles de cuadro de combinación.

Puede hacer una copia de un control y colocarlo en el área de trabajo arrastrando la ventana de control con la tecla CTRL pulsada, como se ilustra en la Figura 5.7. Esto crea

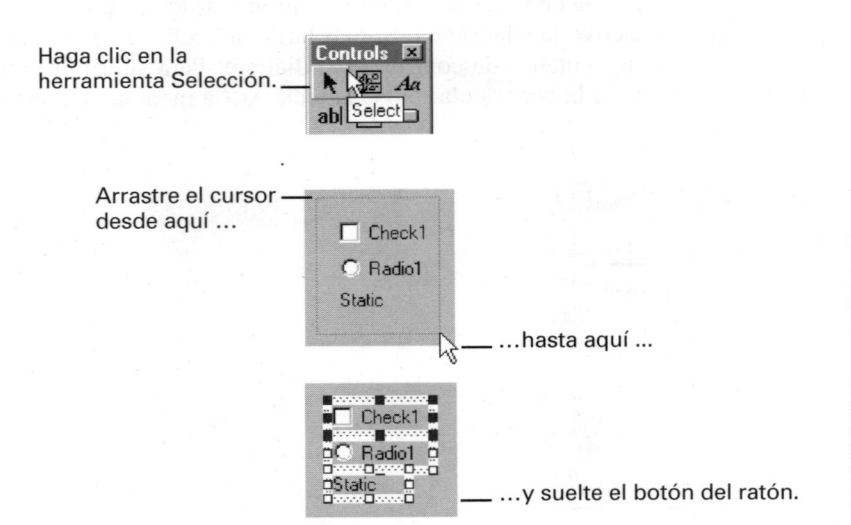

Figura 5.5. Selección de varios controles a la vez.

Haga clic en el botón para
mostrar el área desplegable ...

Haga clic en el botón para
mostrar el área desplegable ...

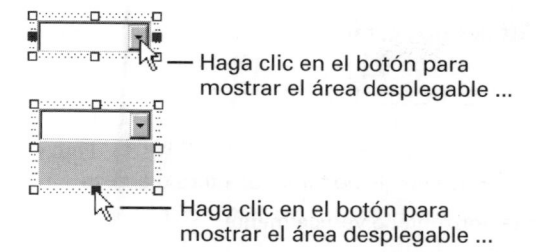

Figura 5.6. Cambio del tamaño de un cuadro de combinación.

una ventana nueva que es un clon de la original, excepto que tiene su propio valor de identificador.

La barra de herramientas Dialog

Ahora que sabe cómo seleccionar un grupo de controles, la barra de herramientas Dialog de la Figura 5.8 tendrá más sentido. Arrastrar controles en el diálogo es efectivo para posiciones próximas, pero para la alineación precisa de las ventanas de control debería utilizar las herramientas de la barra de herramientas Dialog. Le permiten colocar las ventanas de control en filas ordenadamente alineadas y columnas dentro del cuadro de diálogo, dándole al diálogo un aspecto ordenado y profesional. La barra de herramientas también luce un cambio de modo de prueba que le permite coger un diálogo nuevo para un controlador de prueba, por así decirlo, para ver cómo es y se comporta en el mundo real.

Todos los botones de la barra de herramientas Dialog tienen comandos equivalentes en el menú Layout, así que puede desactivar la barra de herramientas si prefiere trabajar sin ella. Para mostrar u ocultar la barra de herramientas, elija Customize del menú Tools, haga clic en la pestaña Toolbars y haga clic en el cuadro de comprobación Dialog en la lista.

Haga clic en un control
para seleccionarlo.

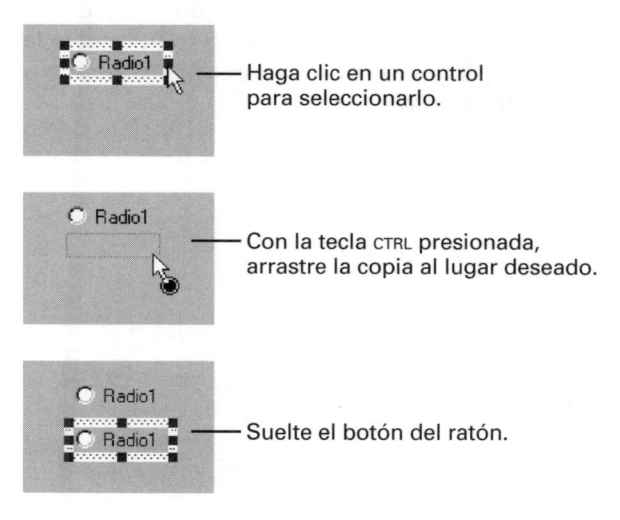

Con la tecla CTRL presionada,
arrastre la copia al lugar deseado.

Suelte el botón del ratón.

Figura 5.7. Duplicación de una ventana de control en el editor de diálogo.

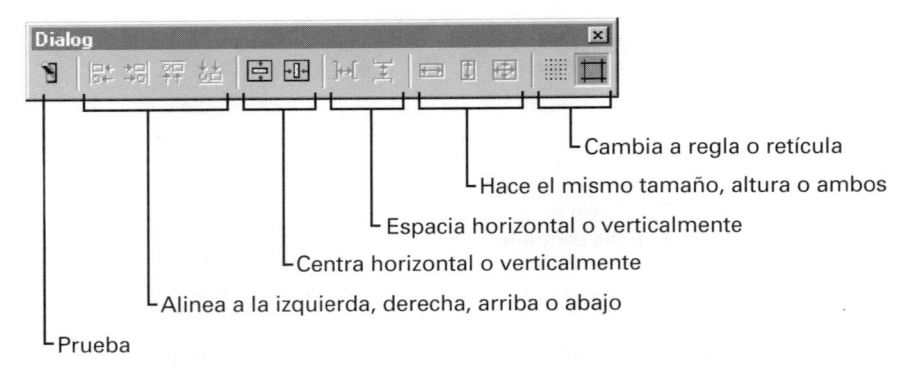

174 MICROSOFT VISUAL C++ 6.0. MANUAL DEL PROGRAMADOR

```
                           ┌─ Cambia a regla o retícula
                      ┌─ Hace el mismo tamaño, altura o ambos
                ┌─ Espacia horizontal o verticalmente
          ┌─ Centra horizontal o verticalmente
    ┌─ Alinea a la izquierda, derecha, arriba o abajo
┌─ Prueba
```

Figura 5.8. La barra de herramientas Dialog.

Como puede ver en la Figura 5.8, la barra de herramientas administra los botones en cinco grupos lógicos para alinear, centrar, espaciar y ajustar el tamaño de los controles y para activar y desactivar la cuadrícula y las guías de regla. El alineado, el espaciado y las herramientas de ajuste de tamaño, que aparecen en gris en la Figura 5.8, están habilitadas sólo cuando se seleccionan dos o más controles en el diálogo.

Las próximas secciones mostrarán algunos efectos de las herramientas Dialog. Normalmente son necesarias varias herramientas para actualizar un grupo de controles en la posición deseada, de modo que tenga que pensar también en el orden en que aplican las herramientas. Sin embargo, no hay nada escrito en piedra sobre colocación, y si el efecto de una herramienta no es lo que esperaba, simplemente haga clic en Undo del menú Edit.

Herramientas de alineación

Las herramientas de alineación alinean los controles de un grupo seleccionado con el control dominante. Por ejemplo, haciendo clic en el botón Align Left, cambia las coordenadas x de los controles seleccionados para que concuerden con la coordenada x del control dominante sin afectar a las coordenadas y:

Haga clic en la herramienta de alineación izquierda ...

...para cambiar esto 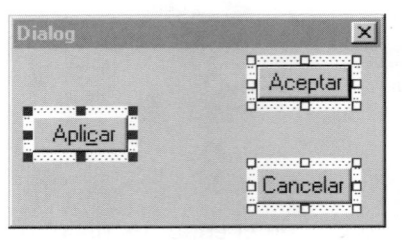 ...   ...a esto.

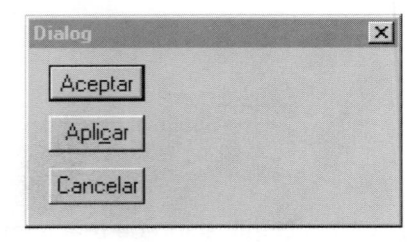

Herramientas de centrado

Las herramientas de centrado actúan en un solo control seleccionado o en un grupo de controles, colocando la selección en el centro horizontal o vertical del área de cliente de diálogo:

Haga clic en la herramienta de centrado vertical ...

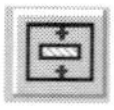

...para cambiar esto 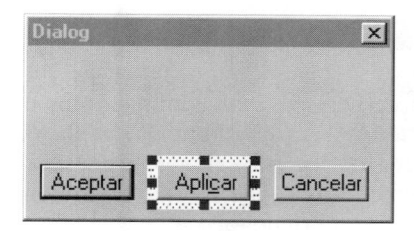 ...   ...a esto.

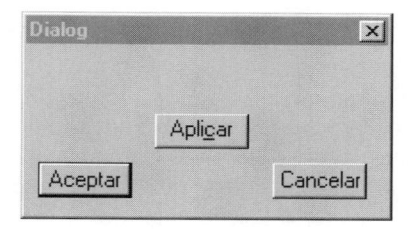

Herramientas de espaciado

Las herramientas de espaciado sólo funcionan en un grupo seleccionado de tres o más controles. Son únicas entre las herramientas Dialog en el sentido en que no diferencian cuál de los controles seleccionados es el dominante. El espaciado horizontal cambia las coordenadas x de todos los controles en el grupo, excepto los controles más a la izquierda y más a la derecha, espaciando los otros controles del grupo uniformemente en dirección horizontal. La herramienta de espaciado vertical hace lo mismo para las coordenadas y, espaciando los controles uniformemente en la dirección vertical. En el ejemplo que se muestra a continuación, la herramienta de espaciado vertical, a la que el editor le da el confuso nombre de Space Down, vuelve a colocar sólo el botón Apply; los botones OK y Cancel permanecen en su lugar.

Haga clic en la herramienta de espaciado vertical ...

...para cambiar esto 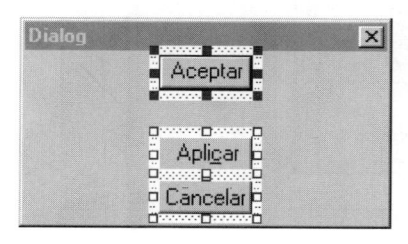 ...   ...a esto.

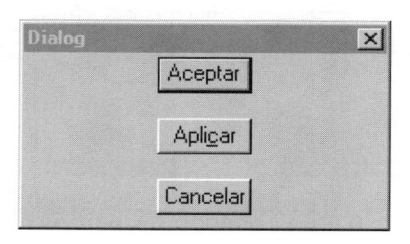

Herramientas de ajuste de tamaño

Las herramientas de ajuste de tamaño actúan en un grupo seleccionado de dos o más controles. El ajuste de tamaño no desplaza las ventanas de control, pero sólo cambia la altura y/o la anchura de los controles seleccionados para concordar con las dimensiones del control dominante en la selección:

Haga clic en la herramienta de ajuste de tamaño ...

...para cambiar esto ...   ...a esto.

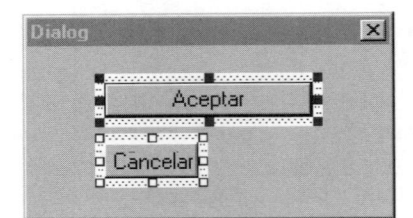

Propiedades de control

Cada control colocado en el área de trabajo del diálogo tiene un cuadro de diálogo Properties en el que puede especificar un identificador y valor para el control, teclear en un rótulo y ajustar las etiquetas de estilo apropiadas para la ventana de control. Para mostrar un cuadro de control Properties, haga clic en el botón derecho del ratón en la ventana de control en el área de trabajo y elija Properties del menú de contexto emergente. Puede también seleccionar un control y hacer clic en el comando Properties en el menú View. El diálogo Properties difiere ligeramente en aspecto y contenido para cada tipo de control; la Figura 5.9 muestra cómo es para un control de cuadro de comprobación.

En el Capítulo 4 puede que se haya acostumbrado a hacer dos veces clic sobre un elemento en el editor de gráficos de Visual C++ para invocar un cuadro Properties adecua-

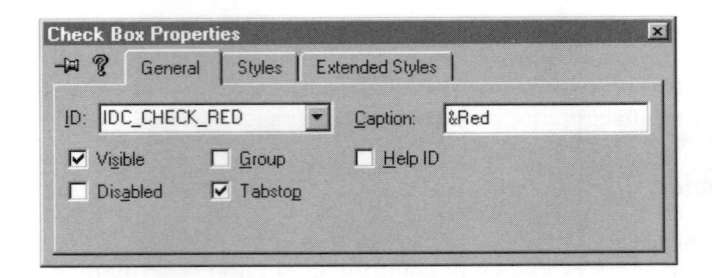

Figura 5.9. El diálogo Properties para un control de cuadro de comprobación.

do, pero la técnica no tiene el mismo efecto en el editor de diálogo. Haciendo dos veces clic en una ventana de control en el área de trabajo de diálogo, puede tener tres resultados, dependiendo de las circunstancias y del tipo de control:

- Si el control acepta la entrada de usuario, haciendo dos veces clic en la ventana de control invoca un diálogo titulado Add Member Function que le permite añadir rápidamente una función de manejador matriz para el control.

- Haciendo dos veces clic sobre un control estático o en la propia ventana de diálogo, abre el archivo fuente de clase de diálogo en el editor de texto y coloca el guión de intercalación en el constructor de clase.

- Si el proyecto no tiene archivo CLW de base de datos ClassWizard (que se describe en el capítulo siguiente), hacer dos veces clic en un control que no sea un control estático no tiene efecto. Este comportamiento difiere de la versión 5, en que al hacer doble clic sin un archivo CLW visualiza el cuadro Properties de control.

Si el control acepta entrada de usuario, tal como un cuadro de comprobación o control deslizador, asigna una tecla mnemónica cuando teclea la captura de control. Una tecla mnemónica permite al usuario desplazar el centro de entrada al control pulsando una tecla en el teclado. El capítulo anterior describía las teclas mnemónicas para los comandos de menú, y las mnemónicas para las etiquetas de control no son diferentes. Simplemente haga preceder cualquier carácter en la captura con un ampersand (&) para identificar el carácter como la mnemónica del control. El cuadro de comprobación de la Figura 5.9, por ejemplo, tiene la captura «&Red», en la que la mnemónica es la letra «R».

Para un control deslizante o un control de entrada de texto, como por ejemplo un cuadro de edición, asigne su tecla mnemónica en la etiqueta de control estático, como muestra este simple ejemplo:

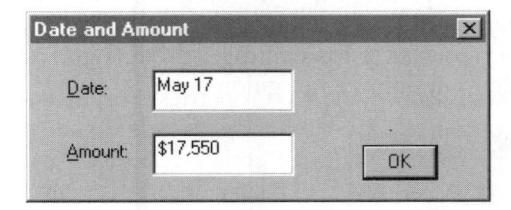

En este caso, pulsando ALT+D centra la atención sobre el cuadro de comprobación Date, y pulsando ALT+A centra la atención sobre el cuadro de edición Amount (la tecla ALT es opcional cuando ninguno de los cuadros de edición centre la atención). Para que funcionen las mnemónicas, cada cuadro de edición debe seguir su etiqueta de control estático en el orden de tabulación, que se discute a continuación.

Orden de tabulación

Las mnemónicas no son el único modo de centrar la atención de entrada sobre un control particular. El usuario puede hacer clic en el control con el ratón o desplazarse mediante tabuladores hasta el control pulsando repetidamente la tecla TAB. Cada vez que el sistema detecta la tecla TAB, desplaza la atención de entrada al control siguiente en una jerarquía llamada orden de tabulación.

El orden de tabulación es implícito por las sentencias de control en el guión de diálogo del archivo RC. Por ejemplo, cuando el diálogo definido en el guión siguiente aparece primero, el control del cuadro de combinación IDC_COMBO1 tiene la atención de entrada. Pulsando la tecla TAB desplaza la atención de entrada desde el control IDC_COMBO1 a otros controles en el orden mostrado. Cuando el botón ID_CANCEL tiene la atención, pulsando la tecla TAB otra vez inicia de nuevo el ciclo desde el principio de la lista IDC_COMBO1:

```
IDD_DEMO_DLG DIALOG 0, 0, 247, 65
STYLE DS_MODALFRAME | DS_3DLOOK | WS_POPUP | WS_VISIBLE | WS_CAPTION
CAPTION "Demo Dialog"
FONT 8, "MS Sans Serif"
BEGIN
    COMBOBOX        IDC_COMBO1,15,15,159,80,WS_VSCROLL |
                    WS_TABSTOP | CBS_DROPDOWN | CBS_AUTOHSCROLL
    CONTROL         "and",IDC_RADIO1,"Button",BS_AUTORADIOBUTTON |
                    WS_GROUP | WS_TABSTOP,14,39,25,10
    CONTROL         "or",IDC_RADIO2,"Button",BS_AUTORADIOBUTTON |
                    WS_TABSTOP,44,39,20,10
    COMBOBOX        IDC_COMBO2,69,39,106,80,WS_VSCROLL | WS_GROUP |
                    WS_TABSTOP | CBS_DROPDOWN | CBS_AUTOHSCROLL
    DEFPUSHBUTTON   "OK",IDOK,196,12,44,17,WS_GROUP
    PUSHBUTTON      "Cancel",ID_CANCEL,196,34,44,17,WS_GROUP
END
```

El editor de diálogo le aísla de los detalles de lo que pasa en el archivo RC, pero todavía tiene que preocuparse sobre el orden de tabulación en un diálogo que consulta su entrada de usuario. Comprobar el orden es normalmente lo último que haga en el editor antes de pulsar sobre el interruptor de prueba en la barra de herramientas Dialog. Elija Tab Order del menú Layout para visualizar su orden de tabulación actual de diálogo, que aparece como números secuenciales adyacentes a los controles de diálogo. Aquí tiene cómo es el área de trabajo para el diálogo definido en el guión anterior:

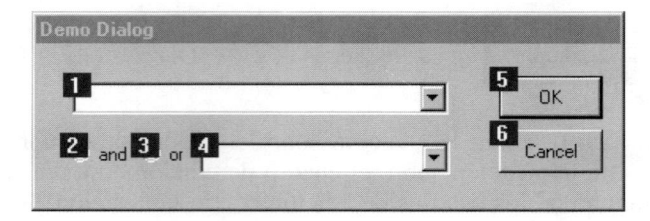

Para revisar el orden de tabulación, haga clic en cada control en una secuencia empezando con el primer control, es decir, el control que desea que tenga la atención de entrada cuando aparece el diálogo por primera vez. Si el orden existente es correcto sólo hasta un cierto punto, puede que encuentre más fácil simplemente cambiar la parte que no estaba bien. Pulse la tecla CTRL mientras que hace clic en la ventana de control que tiene el número de orden de tabulación correcto más elevado, suelte a continuación la tecla CTRL y continúe haciendo clic en los controles en la secuencia deseada hasta que el orden sea correcto. Por ejemplo, para cambiar el orden de controles del 4 al 6, haga clic en el control 3 con la tecla CTRL pulsada, a continuación en orden secuencial haga clic en los controles que desea que tengan números de tabulación de 4, 5 y 6. Pulse la tecla INTRO para ajustar el orden y vuelva al modo de edición.

El orden de tabulación correcto es especialmente importante para los controles que aparecen en grupos, como por ejemplo botones de radio y cuadros de comprobación. El Capítulo 6, «ClassWizard», vuelve brevemente sobre el tema del orden de tabulación y al papel que juega al hacer un grupo de botones de radio mutuamente exclusivos, de modo que al seleccionar un botón en el grupo automáticamente deseleccione los otros.

EJEMPLO 1: REVISIÓN DE UN DIÁLOGO ABOUT

Aquí tiene un ejemplo que demuestra algunas de las capacidades del editor de diálogo. Supongamos que desea revisar el cuadro About introducido anteriormente en el capítulo para el proyecto Demo. La Figura 5.10 muestra una posibilidad, un cuadro About algo más elaborado para un programa igualmente ficticio llamado SpiffyDemo.

El logotipo de mapa de bits de acceso se creó anteriormente en el editor de gráficos de Visual C++ y se guardó en un archivo llamado XYZCorp.bmp. Además, los cambios se hicieron por completo en el editor de diálogo en sólo unos cuantos pasos y en unos cinco minutos de trabajo. Si quisiera intentar revisar el cuadro About usted mismo, empiece con un proyecto AppWizard desechable llamado Demo. A continuación siga los pasos resumidos aquí:

1. **Cree el logotipo.** Haga clic en Resource en el menú Insert y elija Bitmap para lanzar el editor de gráficos de Visual C++. Diseñe el mapa de bits del logotipo y elija Properties del menú View para dar al recurso de mapa de bits nuevo un identificador y especificar opcionalmente el nombre de archivo. Haga clic en Save en el menú File cuando haya terminado.

2. **Lance el editor de diálogo y cargue el cuadro About.** En el panel ResourceView de la ventana Workspace, haga dos veces clic en IDD_ABOUTBOX para iniciar el editor de diálogo.

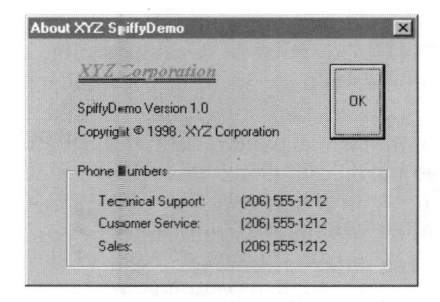

Figura 5.10. El cuadro About revisado.

3. **Cambie el tamaño del diálogo.** Seleccione la ventana de diálogo haciendo clic en cualquier sitio en el área de trabajo de diálogo gris que no esté ocupada por un control y arrastre el manejador de tamaño inferior para aumentar la ventana.

4. **Cambie la captura.** Con la ventana seleccionada, haga clic en el comando Properties en el menú View y vuelva a escribir la captura en el cuadro Dialog Properties.

5. **Añada el acceso.** Seleccione el icono MFC en el área de trabajo de diálogo y suprímalo pulsando la tecla DEL, a continuación reemplácelo por el nuevo mapa de bits creado en el paso 1 que representa el logotipo de la compañía. Para añadir un mapa de bits a un diálogo, haga clic en el botón Picture en la barra de herramientas Controls y despliegue el control en cualquier sitio del diálogo; la posición no tiene por qué ser exacta. Con el control de imagen seleccionado, utilice el comando Properties para invocar el cuadro Picture Properties para el nuevo control de imagen (para seleccionar los controles superficiales como imágenes, haga clic en el marco que rodea el control, porque el editor no reconoce el clic dentro del marco como destinado al control). Elija Bitmap de la lista en el cuadro Type y el identificador de mapa de bits en el cuadro Image. Asegúrese de teclear el mismo identificador dado al mapa de bits en el paso 1. Puede añadir un icono al diálogo de la mima manera, seleccionando Icon en lugar de Bitmap en el cuadro Type.

6. **Edite el texto de diálogo.** Cada una de las dos líneas de texto en el diálogo es un control estático. Invoque el cuadro Text Properties para cada control estático y revise el texto en el cuadro Caption. En el ejemplo anterior, «Demo» se cambió a *SpiffyDemo* y la línea de derechos de autor se expandió para incluir *XYZ Corporation*. Reemplace el símbolo de derechos de autor «(C)» en el texto original por *\251*, que es el código octal para el carácter ANSI © (para obtener una lista de otros caracteres ANSI que pueda añadir a un control del mismo modo, consulte el Apéndice A).

7. **Añada los números de teléfono.** Este paso necesita la herramienta Group Box y la herramienta Static Text de la barra de herramientas Controls. Primero, haga clic en el botón Group Box y arrastre su imagen al área en blanco más baja del diálogo. Auméntela si es necesario, a continuación haga clic en el comando Properties otra vez para invocar el diálogo Group Box Properties y cambie la captura a «Phone Numbers». A continuación, haga clic en el botón Static Text y arrástrelo dentro del cuadro de grupo en el diálogo. Con la ventana de control estático todavía seleccionada, haga dos copias más de la misma arrastrando el control una corta distancia con la tecla CTRL pulsada. Despliegue las copias en líneas separadas, una ligeramente por debajo de la otra. La alineación no es importante en este punto, porque después es fácil encargarse de ella.

Por defecto, un control estático contiene la palabra sencilla «Static». Haga aparecer el diálogo Text Properties para cada uno de los tres controles estáticos, y en el cuadro Caption, reemplace «Static» con el texto nuevo y el número de teléfono. Haciendo clic en un botón tipo interruptor en el ángulo superior izquierdo del diálogo Properties evita que desaparezca entre selecciones.

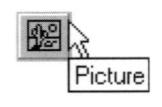

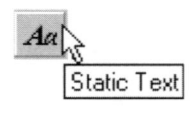

El carácter de tabulación \t le ayuda a espaciar y alinear números de teléfono en tres controles estáticos, como por ejemplo en «Sales:\t\t\t(206) 555-1212». Sin embargo, tecleando el carácter \t en el cuadro Caption extiende el control estático sólo un espacio sencillo, de modo que el texto que sigue al carácter \t puede que no aparezca en la ventana de control. Para ver el texto, debe alargar cada control estático manualmente, arrastrando el manejador de tamaño derecho del control.

8. **Alinee los controles.** Active la cuadrícula y arrastre los controles en posición utilizando el ratón. Los tres controles de texto con números de teléfono se deberían alinear y espaciar uniformemente. Ajuste la primera línea donde la desee, a continuación selecciónela tres veces y haga clic en los botones Align Left y Space Down en la barra de herramientas:

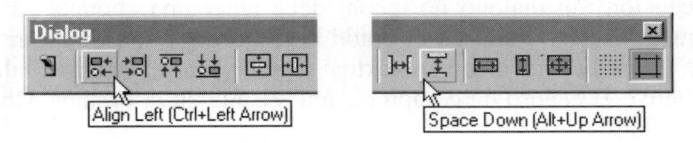

Para añadir equilibrio al diálogo, el ejemplo anterior también aumenta el botón OK. Simplemente haga clic en el botón para seleccionarlo y arrastre los manejadores de tamaño como desee.

9. **Pruebe**. Haga clic en el interruptor de prueba de disco en la barra de herramientas Dialog para ver cómo es el producto terminado. Para volver al modo de edición, haga clic en el botón OK del diálogo o pulse ESC.

Cuando guarde su trabajo, el editor de diálogo superpone el guión original en el archivo RC con el guión nuevo para el cuadro About revisado:

```
IDD_ABOUTBOX DIALOG DISCARDABLE 0, 0, 217, 129
STYLE DS_MODALFRAME | WS_POPUP | WS_CAPTION | WS_SYSMENU
CAPTION "About XYZ SpiffyDemo"
FONT 8, "MS Sans Serif"
BEGIN
    CONTROL         IDB_XYZCORP,IDC_STATIC,"Static",
                    SS_BITMAP,17,16,85,10
    LTEXT           "SpiffyDemo Version 1.0",
                    IDC_STATIC,21,33,119,8,SS_NOPREFIX
    LTEXT           "Copyright \251 1998, XYZ Corporation",
                    IDC_STATIC,21,45,119,8
    DEFPUSHBUTTON   "OK",IDOK,166,15,32,40,WS_GROUP
    GROUPBOX        "Phone Numbers",IDC_STATIC,17,65,181,56
    LTEXT           "Technical Support:\t(206) 555-1212",
                    IDC_STATIC,33,82,140,8
    LTEXT           "Customer Service:\t(206) 555-1212",
                    IDC_STATIC,33,94,142,8
    LTEXT           "Sales:\t\t\t(206) 555-1212",
                    IDC_STATIC,33,106,141,8
END
```

La primera sentencia CONTROL del guión se refiere al mapa de bits IDB_XYZCORP, que contiene el acceso de compañía creado con el editor de gráficos en el paso 1. El compilador de recursos sabe dónde encontrar el mapa de bits IDB_XYZCORP porque el editor de gráficos registró el nombre de archivo en otro sitio en el archivo RC:

```
IDB_XYZCORP       BITMAP    MOVEABLE PURE    "res\\xyzcorp.bmp"
```

EJEMPLO 2: UN DIÁLOGO NO MODAL SENCILLO

Un cuadro About es un diálogo modal que impide que el usuario continúe en el programa hasta que haga clic en OK para cerrar el diálogo. Un diálogo no modal, por otro lado, le permite al usuario cambiar a otra ventana en el mismo programa y seguir con el trabajo. El diálogo permanece en la pantalla hasta que se elimina.

Que su diálogo sea en última instancia modal o no modal depende únicamente de cómo su programa cree el diálogo en tiempo de ejecución, no de cómo lo designe en el editor de diálogo. Usted designa diálogos modales y no modales de la misma manera, salvo una excepción: un diálogo no modal debe tener una etiqueta de WS_VISIBLE. Ajuste la etiqueta haciendo clic en el botón derecho del ratón en el área de trabajo de diálogo y elija Properties del menú contextual para invocar el cuadro Dialog Properties, a continuación active el cuadro de comprobación Visible en la pestaña More Styles:

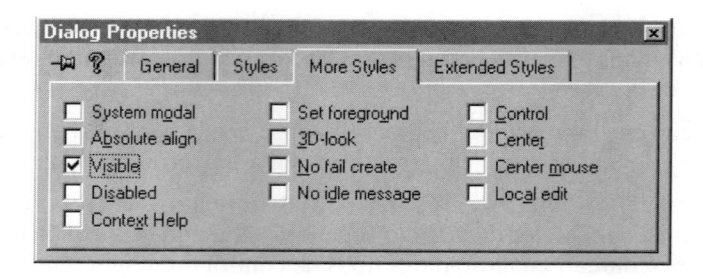

Esto añade la etiqueta WS_VISIBLE a la sentencia STYLE del guión de diálogo en el archivo RC.

Un programa en C crea un diálogo no modal invocando la función API *CreateDialog* o una de sus variantes, como por ejemplo *CreateDialogIndirect*:

```
hDlg = CreateDialog( hInst, MAKEINTRESOURCE (IDD_DIALOG1),
                     hwnd, DlgProc );
```

En este ejemplo, *hInst* es el manejador modelo de programa; IDD_DIALOG1 es el identificador para el guión de diálogo en el archivo RC; *hwnd* es el manejador del propietario del diálogo, y *DlgProc* es un puntero para el procedimiento que ejecuta el diálogo y recibe sus mensajes.

Un programa en C++ utilizando MFC crea un diálogo no modal con la función *CDialog::Create*. La línea siguiente presupone que la clase *CMyDlg* es un derivado de *CDialog* de MFC:

```
CMyDlg* pDlg = new CMyDlg;
pDlg->Create( IDD_DIALOG1, this );
```

Hay una diferencia importante entre *CDialog::Create* y *CDialog::DoModal*. Como la función más reciente crea un diálogo modal, no regresa hasta que el diálogo esté cerrado. *Create* vuelve inmediatamente, permitiendo al programa continuar mientras que el diálogo no modal permanece en pantalla. El diálogo existe hasta que el programa lo destruya:

```
delete pDlg;
```

El programa Color presentado en esta sección visualiza diálogos no modales con tres controles deslizadores (también llamados barras de seguimiento) que ajustan los componentes rojo, verde y azul del color de fondo de la ventana principal. A medida que desplaza un deslizador «miniatura» con el ratón o las teclas de flecha, la ventana principal cambia de color tomando el componente el color nuevo, que puede variar en valor desde 0 hasta una elevada intensidad de 255. Con hardware de vídeo adecuado, puede visualizar en teoría cualquiera de los 16.777.216 (256^3) diferentes colores desplazando las barras deslizadoras. La Figura 5.11 muestra la ventana de programa con el diálogo no modal Color visualizado.

Color es un programa MFC, pero no se creó con AppWizard (la sección siguiente muestra cómo crear un diálogo nuevo en una aplicación AppWizard). El proyecto Color empieza con la selección del icono Win32 Application en la pestaña Projects del diálogo New. Teclee *Color* como nombre de proyecto y haga clic en OK. Inicie el editor de diálogo haciendo clic en Resource en el menú Insert y haciendo dos veces clic en Dialog en la lista de tipos de recursos. El diálogo nuevo se inicia con los botones OK y Cancel predeterminados; seleccione los botones en el área de trabajo y pulse la tecla DEL para suprimirlos.

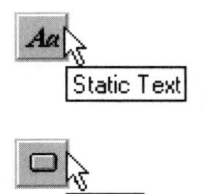

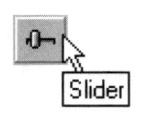

El diálogo de Color contiene sólo tres tipos de control diferentes, creados con las herramientas Static Text, Button y Slider de la barra de herramientas Controls del editor. Las barras deslizadores forman tres líneas distintas en el diálogo, etiquetadas Red, Green y Blue en la Figura 5.11. El diálogo diseña invocaciones para la creación de la línea Red (superior) colocando un control de deslizador entre dos controles de texto estático, los cuales a continuación son alineados y espaciados. Inicialice las capturas para los controles de texto a *Red* y *x* en el diálogo Text Properties. La *x* sirve como un lugar en el que Color sobrescribe en tiempo de ejecución con el valor actual de la posición miniatura deslizadora. Déle al control deslizador un borde de límite estático y un botón miniatura punteado. Estos estilos se ajustan en el diálogo Slider Properties, y se invocan haciendo clic en el botón derecho sobre la ventana de control de deslizador en el diálogo y eligiendo Properties:

1. En la pestaña Styles, seleccione Bottom/Right en el cuadro Point para el estilo miniatura.

2. En la pestaña Extended Styles, haga clic en el cuadro de comprobación Static Edge.

Las líneas Green y Blue son sólo clones de la línea Red, copiada seleccionando los tres controles de la línea Red como un grupo, y arrastrando a continuación el grupo con la tecla CTRL pulsada, como se explicaba anteriormente en el capítulo.

En este punto, el área de trabajo del editor de diálogo es como el que se muestra seguidamente. Al terminar el diálogo sólo necesita cambiar la segunda y tercera captura a *Green* y *Blue*, alineando los controles y añadiendo un botón de pulsación OK en la parte inferior de la

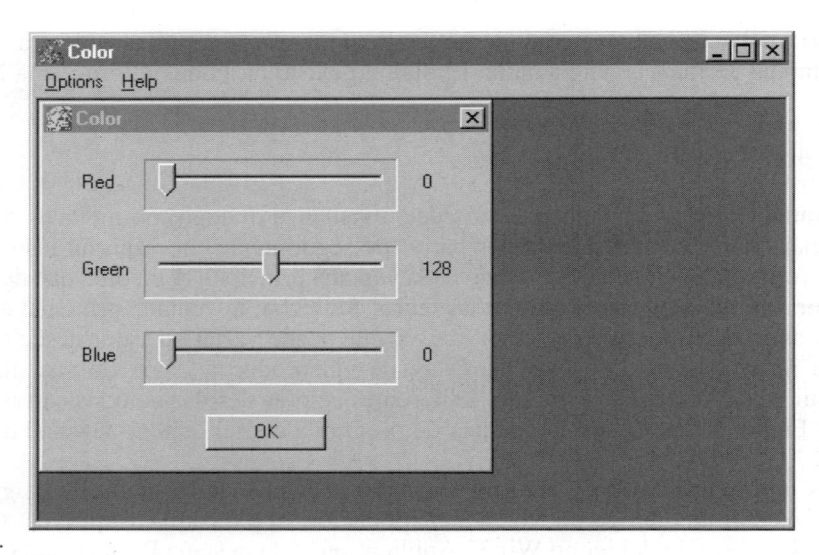

Figura 5.11. El programa Color.

ventana de diálogo. Asigne al botón un símbolo de identificador de IDOK, y ajuste el cuadro de comprobación Default Bottom en la pestaña Styles del diálogo Properties del botón.

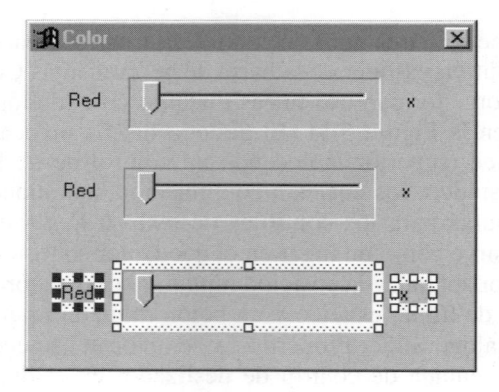

Cuando duplica un control seleccionado, el editor de diálogo asigna automáticamente al nuevo control un símbolo de identificador diferente, asegurando que cada control en el diálogo está identificado de forma única. El símbolo nuevo tiene el mismo nombre que el original con un numeral añadido. Por ejemplo, el control deslizador Red en la primera línea lo dio un identificador IDC_SLIDE_RED. Cuando cree las líneas Green y Blue copiando la línea Red, el editor asigna identificadores llamados IDC_SLIDE_RED1 y IDC_SLIDE_RED2 a los controles nuevos (en el programa Color, estos identificadores se cambiaron más tarde a IDC_SLIDE_GREEN y IDC_SLIDE_BLUE en el cuadro Properties para cada control). Cuando guarda el diálogo, el editor escribe sentencias **#define** para los identificadores nuevos en el archivo Resource.h. Los resultados están resumidos en el siguiente cuadro.

Identificadores de control en el diálogo Color

	Línea superior	Línea intermedia	Línea inferior
Control estático de color	IDC_STATIC	IDC_STATIC	IDC_STATIC
Control de deslizador	IDC_SLIDE_RED	IDC_SLIDE_GREEN	IDC_SLIDE_BLUE
Control estático x	IDC_STATIC_RED	IDC_STATIC_GREEN	IDC_STATIC_BLUE

Las capturas para los controles estáticos Color (los controles más a la izquierda) deberían estar en *Red*, *Green* y *Blue*. La captura del control estático más a la derecha es x para las tres líneas.

El código fuente de color requiere sólo un archivo principal, dos archivos de cabecera llamados Resource.h y Color.h y un archivo de guión de recurso llamado Color.rc que define el diálogo. Una sipnosis breve del programa empieza en la página 190, siguiendo el listado fuente (Listado 5.1).

Listado 5.1. Archivos fuente para el programa Color

Resource.h

```
// ***************************************************************
//
// Resource.h
//
// ***************************************************************

#define IDR_MAINFRAME          *128

#define IDD_ABOUTBOX           100
#define IDD_COLOR_DIALOG       101
#define IDC_STATIC_RED         102
#define IDC_STATIC_GREEN       103
#define IDC_STATIC_BLUE        104
#define IDC_SLIDE_RED          105
#define IDC_SLIDE_GREEN        106
#define IDC_SLIDE_BLUE         107

#define IDM_COLOR              200
```

Color.rc

```
// ***************************************************************
//
// Color.rc
//
// ***************************************************************
```

(*Continúa*)

Listado 5.1. (*Continuación*)

```
#include "resource.h"
#include "afxres.h"


AFX_IDI_STD_FRAME                               ICON "res\\Color.ico"


IDR_MAINFRAME MENU
BEGIN
    POPUP "&Options"
    BEGIN
            MENUITEM "&Color",              IDM_COLOR
        MENUITEM SEPARATOR
            MENUITEM "E&xit",               ID_APP_EXIT
    END
    POPUP "&Help""
    BEGIN
            MENUITEM "&About Color...", ID_APP_ABOUT
    END
END


IDD_ABOUTBOX DIALOG 0, 0, 240, 65
STYLE DS_MODALFRAME | WS_POPUP | WS_CAPTION | WS_SYSMENU
CAPTION "About Color"
FONT 8, "MS Sans Serif"
BEGIN
    ICON            AFX_IDI_STD_FRAME,IDC_STATIC,10,22,20,20
    LTEXT           "Color Version 1.0",IDC_STATIC,45,10,115,8
    LTEXT           """Manual del programador de Microsoft Visual C++""",
                    IDC_STATIC,45,26,140,8
    LTEXT           "Copyright \251 1998, Beck Zaratian",
                    IDC_STATIC,45,42,115,8
    DEFPUSHBUTTON "OK",IDOK,195,10,35,40,WS_GROUP
END


IDD_COLOR_DIALOG DIALOGEX 0, 0, 186, 132
STYLE WS_POPUP | WS_VISIBLE | WS_CAPTION | WS_SYSMENU
CAPTION "Color"
FONT 8, "MS Sans Serif"
BEGIN
    LTEXT           "Red",IDC_STATIC,16,15,14,8
    LTEXT           "Green",IDC_STATIC,16,49,20,8
    LTEXT           "Blue",IDC_STATIC,16,83,14,8
    CONTROL         "Slider1",IDC_SLIDE_RED,"msctls_trackbar32",
                    TBS_NOTICKS | WS_TABSTOP,42,10,106,21, WS_EX_STATICEDGE
    CONTROL         "Slider1",IDC_SLIDE_GREEN,"msctls_trackbar32",
                    TBS_NOTICKS | WS_TABSTOP,42,44,106,21, WS_EX_STATICEDGE
    CONTROL         "Slider1",IDC_SLIDE_BLUE,"msctls_trackbar32",
                    TBS_NOTICKS | WS_TABSTOP,42,78,106,21, WS_EX_STATICEDGE
    LTEXT           "x",IDC_STATIC_RED,158,15,12,8
    LTEXT           "x",IDC_STATIC_GREEN,158,49,12,8
    LTEXT           "x",IDC_STATIC_BLUE,158,83,12,8
    DEFPUSHBUTTON "OK",IDOK,68,111,50,14
END
```

Color.h

```
// ***********************************************************************
//
// Color.h
//
// ***********************************************************************

#include "Resource.h"

class CColorApp : public CWinApp
{
public:
    virtual BOOL    InitInstance();
};

/////////////////////////////////////////////////////////////////////
// Diálogo CColorDlg

class CColorDlg : public CDialog
{
public:
    int     nColor[3];
    BOOL    bCreate;

    CColorDlg ();

protected:
    virtual BOOL    OnInitDialog ();
    virtual void    OnOK ();
    afx_msg void    OnCancel ();
    afx_msg void    OnHScroll( UINT nCode, UINT nPos,
                               CScrollBar* pScroll );

    DECLARE_MESSAGE_MAP()
};

/////////////////////////////////////////////////////////////////////
// CMainFrame

class CMainFrame : public CFrameWnd
{
public:
    CColorDlg* pColorDlg;

    CMainFrame();
    ~CMainFrame();

protected:
    afx_msg void    OnAbout();
    afx_msg BOOL    OnEraseBkgnd( CDC* pDC );
    afx_msg void    OnColor();
    DECLARE_MESSAGE_MAP()
};
```

(*Continúa*)

Listado 5.1. (*Continuación*)

```
////////////////////////////////////////////////////////////////
// Diálogo CAboutDlg

Class CAboutDlg : public CDialog
{
public:
    CAboutDlg();
};

CAboutDlg::CAboutDlg() : CDialog( IDD_ABOUTBOX )
{
}
```

Color.ccp

```
// *********************************************************************
//
// Color.cpp
//
// *********************************************************************

#define VC_EXTRALEAN
#include <afxwin.h>
#include <afxcmn.h>
#include "Color.h"

CColorApp theApp;

BOOL CColorApp::InitInstance()
{
    m_pMainWnd = new CMainFrame;
    m_pMainWnd->ShowWindow( m_nCmdShow );
    m_pMainWnd->UpdateWindow ();

    return TRUE;
}

////////////////////////////////////////////////////////////////
// CMainFrame

BEGIN_MESSAGE_MAP (CMainFrame, CFrameWnd)
    ON_COMMAND (IDM_COLOR, OnColor)
    ON_COMMAND (ID_APP_ABOUT, OnAbout)
    ON_WM_ERASEBKGND ()
END_MESSAGE_MAP ()

CMainFrame::CMainFrame ()
{
    pColorDlg = new CColorDlg;

    Create( NULL, "Color", WS_OVERLAPPEDWINDOW, rectDefault,
            NULL, MAKEINTRESOURCE (IDR_MAINFRAME) );
}

CMainFrame::~CMainFrame ()
{
    delete pColorDlg;
}
```

```cpp
void CMainFrame::OnColor()
{
    if (pColorDlg->bCreate)         // Si todavía existe el diálogo,
        pColorDlg->SetFocus();      // préstele atención
    else                            // De lo contrario, créelo
    {
        if (pColorDlg->Create( IDD_COLOR_DIALOG, this ))
            pColorDlg->bCreate = TRUE;
    }
}

BOOL CMainFrame::OnEraseBkgnd( CDC* pDC )
{
    CBrush   brush;
    CRect    rect;
    COLORREF rgbBackGnd = RGB ((BYTE) pColorDlg->nColor[0],
                               (BYTE) pColorDlg->nColor[1],
                               (BYTE) pColorDlg->nColor[2]);

    GetClientRect( &rect );
    brush.CreateSolidBrush( rgbBackGnd );
    pDC->FillRect( rect, &brush );

    return TRUE;
}

void CMainFrame::OnAbout()
{
    CAboutDlg aboutDlg;
    aboutDlg.DoModal();
}

///////////////////////////////////////////////////////////////
// CColorDlg dialog

BEGIN_MESSAGE_MAP (CColorDlg, CDialog)
    ON_WM_HSCROLL ()
END_MESSAGE_MAP ()

CColorDlg::CColorDlg ()
{
    nColor[0] = 0;           // El color inicial es
    nColor[1] = 128;         //  verde de intensidad media
    nColor[2] = 0;
    bCreate = FALSE;         // Todavía no se ha creado el diálogo
}

BOOL CColorDlg::OnInitDialog ()
{
    CSliderCtrl*   pSlide[3];
    CString        szColorValue;
    int            i;

    for (i=0; i < 3; i++)
```

(*Continúa*)

Listado 5.1. (*Continuación*)

```
    {
        pSlide[i] = (CSliderCtrl*) GetDlgItem( IDC_SLIDE_RED + i );
        pSlide[i]->SetRange( 0, 255 );
        pSlide[i]->SetPos( nColor[i] );
        szColorValue.Format( "%d", nColor[i] );
        SetDlgItemText( i + IDC_STATIC_RED, szColorValue );
    }

    SetIcon( AfxGetApp()->LoadIcon( AFX_IDI_STD_FRAME ), FALSE );

    return TRUE;
}

void CColorDlg::OnHScroll( UINT nCode, UINT nPos,
                           CScrollBar* pScroll )
{
    CSliderCtrl*   pSlide = (CSliderCtrl*) pScroll;
    CString        szColorValue;
    int            i = pSlide->GetDlgCtrlID () - IDC_SLIDE_RED;

    nColor[i] = pSlide->GetPos ();              // La posición del
    szColorValue.Format( "%d", nColor[i] );     // desplazador es
                                                // componente 0-255

    // Escribir el valor actual de la componente en el control
    // estático "x"
    SetDlgItemText( i + IDC_STATIC_RED, szColorValue );

    AfxGetMainWnd()->Invalidate ();
}
// void CColorDlg::OnOK ()
{
    OnCancel ();
// Cuando se presione el botón OK, cerrar las ventanas de diálogo
}

// Cerrar en (1) botón OK; (2) tecla Esc, o (3) orden del diálogo Close
void CColorDlg::OnCancel ()
{
    if (DestroyWindow ())
      ((CMainFrame*) AfxGetMainWnd())->pColorDlg->bCreate = FALSE;
}
```

Todo el trabajo importante del programa lo llevan a cabo dos clases, *CMainFrame* para la ventana principal y un *Cdialog* derivado llamado *CColorDlg* que guía el diálogo no modal. El constructor *CColorDlg* inicializa una matriz de valores de color para el color de fondo de la ventana principal, que empieza como verde de intensidad media. Como los componentes rojo, verde y azul del color de fondo de la ventana pueden variar en valor de 0 a 255, la función *OnInitDialog* ajusta cada rango de desplazamiento de deslizador de 0 a 255. Esto significa que un número entero en ese rango representa la posición de un botón miniatura en cualquier momento, determinando convenientemente el valor actual del componente de color.

Cuando el usuario mueve el deslizador miniatura, la función *CColorDlg::OnHScroll* toma el control y deduce qué deslizador se está desplazando invocando *GetDlgCtrlID*. La función invoca a continuación *GetPos* para obtener la nueva posición de la miniatura, escribe ese valor a la matriz *nColor* y al control de texto estático en el diálogo e invoca la función *Invalidate*.

La invocación a *Invalidate* hace que el sistema operativo envíe a la ventana principal un mensaje WM_ERASEBKGND para indicarle la ventana que se vuelva a pintar por sí misma. Este mensaje da a una aplicación como Color una oportunidad de pintar su propio fondo. La mayor parte de las aplicaciones ignoran el mensaje WM_ERASEBKGND, en cuyo caso Windows pinta la ventana con cualquier color de fondo predeterminado que el programa especificó cuando creó la ventana (normalmente blanco). Color.cpp atrapa el mensaje WM_ERASEBKGND en su función *CMainFrame::OnEraseBkGnd*, que declara un objeto COLORREF basado en los componentes de color rojo, verde y azul almacenados en la matriz *nColor*:

```
COLORREF rgBackGnd = RGB ((BYTE) pColorDlg->nColor[0],
                          (BYTE) pColorDlg->nColor[1],
                          (BYTE) pColorDlg->nColor[2]);
```

OnEraseBkGnd crea entonces un pincel de *rgBackGnd,* pinta la ventana con él y devuelve un valor TRUE. El valor devuelto TRUE indica al sistema operativo que no debería borrar la ventana con el color predeterminado, porque la aplicación ya se encarga de volver a pintar el fondo.

Todo esto explica el porqué el programa da el paso poco usual de crear el objeto de diálogo no modal antes que la ventana principal:

```
CMainFrame::CMainFrame ()
{
    pColorDlg = new CColorDlg;

    Create( NULL, "Color", WS_OVERLAPPEDWINDOW, rectDefault, NULL,
            MAKEINTRESOURCE (IDR_MAINFRAME) );
}
```

El sistema operativo envía un mensaje WM_ERASEBKGND inmediatamente después de que exista la ventana principal, creando de este modo el objeto *CColorDlg* primero para asegurar que la función *OnEraseBkGnd* lea una matriz *nColor* con valores de color válidos.

EJEMPLO 3: AÑADIR UN DIÁLOGO A UN PROGRAMA APPWIZARD

Si prefiere empezar sus proyectos con la ayuda de AppWizard, el programa Color presentado en la sección anterior puede que no parezca relevante a primera vista. En realidad, es relevante; la adición de un diálogo nuevo a un programa implica los mismos pasos independientemente de si AppWizard creó el programa. Pero AppWizard produce código de una forma rigurosa que puede ser un poco difícil de hacer coincidir con el estilo compacto de Color.cpp. Para mostrarle exactamente lo que implica añadir un diálogo nuevo a un programa AppWizard, esta sección muestra los pasos necesarios utilizando un programa AppWizard de ejemplo llamado MfcTree.

El diálogo MfcTree, que se muestra en la Figura 5.12, no es nada atractivo; simplemente una visualización en árbol de algunas clases de MFC y un botón OK. Pero sirve para los propósitos de ilustración, y se mejorará más adelante en este capítulo y de nuevo en el Capítulo 13.

El programa se crea en cinco pasos:

1. Ejecute AppWizard para crear un proyecto MfcTree.
2. Cree el recurso de diálogo en el editor de diálogo.
3. Añada archivos fuente al proyecto para la clase de diálogo nueva.
4. Revise el menú.
5. Añada el código fuente necesario a los archivos fuente del proyecto.

Daremos estos pasos poco a poco.

Paso 1: Ejecute AppWizard para crear el proyecto MfcTree

Haga clic en New en el menú File y seleccione la pestaña Projects en el diálogo New. Elija el icono (exe) AppWizard de MFC, déle el nombre de MfcTree al proyecto nuevo, y a continuación haga clic en el botón OK para ejecutar AppWizard. Acepte los valores predeterminados de AppWizard, con estas excepciones: seleccione la Single Document Interface en el paso 1 y deseleccione los cuadros de comprobación para el soporte de barras de herramientas acopladas e impresión en el paso 4. Para guardar nombres de archivos cortos en el CD que acompaña, se cambiaron los nombres de archivo MfcTreeDoc y MfcTreeView a MfcDoc y MfcView, pero este paso es totalmente opcional.

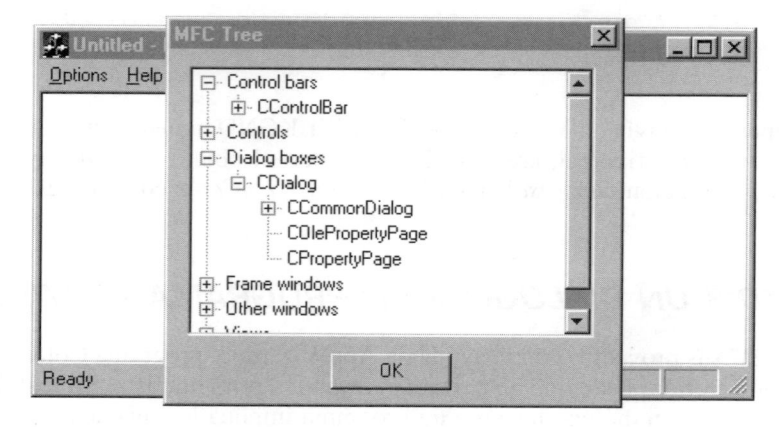

Figura 5.12. El programa MfcTree.

Paso 2: Cree el diálogo MfcTree

Ahora que MfcTree es un proyecto abierto, podemos designar su recurso de diálogo. Lance el editor de diálogo haciendo clic en Resource en el menú Insert y haga dos veces clic en Dialog en la lista de tipos de recurso. Seleccione el botón Cancel predeterminado en el área de trabajo y pulse la tecla DEL para desplazar el botón. Haga clic en el botón derecho del ratón en el área de trabajo del diálogo y elija Properties del menú de contexto para invocar el cuadro Dialog Properties. Cambie la captura de diálogo para Mfc Tree y el identificador de diálogo a IDD_MFC_DIALOG.

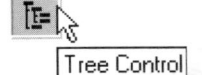

La adición de control de visualización de árbol viene a continuación. Desde la barra de herramientas Controls, arrastre la herramienta Tree Control al área de trabajo del diálogo y cambie el tamaño del área de trabajo y control como desee.

Haga clic en Properties en el menú View para invocar el cuadro Tree Control Properties y cambie el símbolo de identificador a IDC_MFC_TREE. En la pestaña Styles, haga clic en los cuadros de comprobación Has Buttons, Has Lines y Lines At Root, como se muestra a continuación:

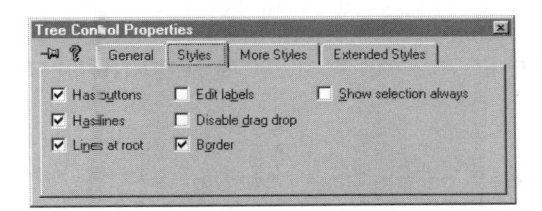

Estos cambios de estilo añaden iconos más y menos grandes a la visualización de lista, que cuando se hace clic comprime o expande niveles en su jerarquía. Desplácese al botón OK en la parte inferior del diálogo y centre los controles que utilizan la herramienta de espaciado horizontal descrita anteriormente en el capítulo. El diálogo nuevo es así en el área de trabajo del editor:

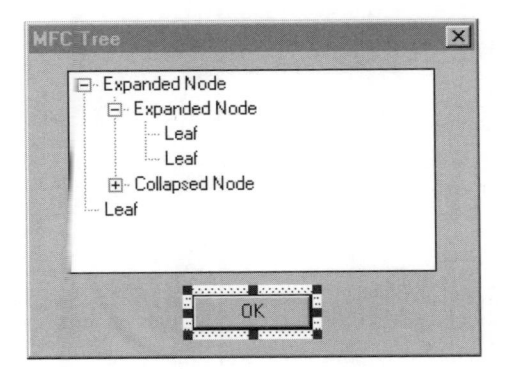

Elija Save del menú File para guardar el guión de diálogo nuevo para el archivo MfcTree.rc. Visual C++ automáticamente añade sentencias **#define** a los identificadores nuevos para el archivo Resource.h. Cierre el editor de diálogo haciendo clic en el comando Close del menú File.

Paso 3: Añadir archivos fuente para la clase de diálogo CMfcDlg

Ahora tenemos un recurso de diálogo nuevo pero necesita una clase derivada de *CDialog* para ejecutarla. En el capítulo siguiente veremos cómo utilizar ClassWizard para generar una clase de diálogo de esqueleto y añadir automáticamente sus archivos al proyecto, pero por ahora podemos hacer lo mismo utilizando el editor de texto. Cree archivos fuente llamados MfcDlg.h y MfcDlg.cpp para contener la clase de diálogo nueva *CMfcDlg* (Listado 5.2). Sólo necesitamos estos escuetos archivos en este punto para añadir la clase *CMfcDlg* al proyecto. Añadiremos código fuente a los archivos en el paso 5.

Para crear archivos fuente nuevos desde cero para un proyecto abierto como MfcTree, deje el cursor en el comando Add To Project en el menú Project, a continuación haga clic en New en el menú secundario que aparece. Seleccione el tipo de archivo que desea crear, ya sea un archivo de cabecera o un archivo de implementación fuente, e introduzca un nombre de archivo. Haga clic en OK para lanzar el editor de texto, que presenta una ventana de documento en blanco.

Listado 5.2. Archivos fuente esqueleto para la clase *CMfcDlg*

```
MfcDlg.h

// ****************************************************************
//
// MfcDlg.h
//
// ****************************************************************

class CMfcDlg : public CDialog
{
public:
    CMfcDlg( CWnd* pParent = NULL );

protected:
    virtual BOOL OnInitDialog();
};

MfcDlg.ccp

// ****************************************************************
//
// MfcDlg.cpp
//
// ****************************************************************
```

```
#include "stdafx.h"
#include "MfcTree.h"
#include "MfcDlg.h"

CMfcDlg::CMfcDlg( CWnd* pParent ) :
        CDialog( IDD_MFC_DIALOG, pParent )
{
}

BOOL CMfcDlg::OnInitDialog() {
    return TRUE;
}
```

Si teclea los dos archivos fuente en el editor de texto, guárdelos en la carpeta de proyecto cuando haya terminado. Como alternativa para teclear, puede copiar ambos archivos en su forma completa desde la carpeta Capitulo.05\MfcTree del CD que se acompaña. La copia de archivos le exige añadirlos manualmente al proyecto. Elija Add To Project y haga clic en Files en el menú secundario emergente, a continuación haga dos veces clic en el archivo MfcDlg.cpp en la lista de archivos para añadirlos al proyecto:

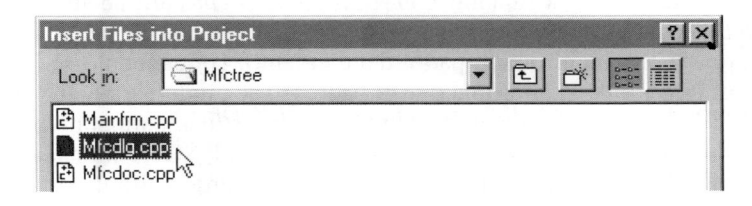

No es necesario añadir el archivo MfcDlg.h de la misma manera, porque Visual C++ reconoce el archivo de cabecera como una dependencia de MfcDlg.cpp.

Paso 4: Modificar el menú

MfcTree necesita un comando de menú para invocar el diálogo, pero no necesita todos los demás comandos que AppWizard pone en los menús. Utilizando el editor de menú de Visual C++ descrito en el Capítulo 4, modifique los menús de MfcTree para que sean del modo siguiente:

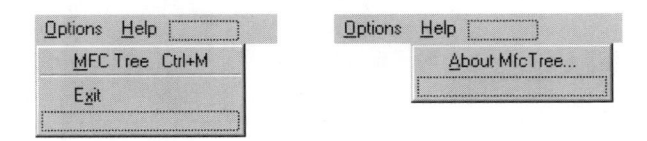

Abra el recurso en el editor de menú haciendo dos veces clic en el identificador de menú IDR_MAINFRAME en el panel ResourceView de la ventana Workspace. Haciendo dos veces clic en elemento de menú MFC Tree en el editor de menú para visualizar el cuadro Menu Items Properties. Teclee *IDM_OPTIONS_MFC* como el identificador de elemento y pulse la tecla INTRO.

Paso 5: Añada el código fuente necesario

Si teclea el archivo MfcDlg.cpp como se indica en el listado del paso 3, el archivo contiene sólo un constructor de clase y una función matriz llamada *OnInitDialog*. La función *OnInitDialog* necesita inicializar el control de visualización de árbol con el código sombreado que se muestra en las páginas siguientes. Como puede ver, inicializar una visualización de árbol puede conllevar muchas instrucciones. Si está siguiendo estos pasos construyendo un MfcTree usted mismo, no tiene necesidad de teclear todas las líneas. Simplemente teclee el primer grupo o corte y pegue el código del archivo fuente MfcDlg.cpp en la carpeta Capitulo.05\MfcTree del CD que se acompaña.

La función *OnInitDialog* inicializa un puntero llamado *pTree* que apunta al control de visualización de árbol de diálogo, identificado como IDC_MFC_TREE. La función invoca a continuación repetidamente la función *CTreeCtrl:InsertItem* para añadir al control una lista jerárquica que contenga algunas de las clases MFC derivadas de *Cwnd*. El segundo parámetro para *InsertItem* identifica el padre del elemento. Un elemento se introduce en la lista en un nivel inferior de la jerarquía que el padre. El segundo parámetro es o bien un valor HTREEITEM devuelto por una llamada previa a *InsertItem* para el nivel padre o bien, si no hay nivel padre, el valor TVI_ROOT. La etiqueta TVI_SORT indica al control de visualización de árbol que clasifique los elementos raíz en orden alfabético:

```
BOOL CMfcDlg::OnInitDialog()
{
    HTREEITEM    hRoot, hLevel1, hLevel2, hLevel3, hLevel4, hLevel5;
    CTreeCtrl*   pTree = (CTreeCtrl*) GetDlgItem( IDC_MFC_TREE );

    hRoot   = pTree->InsertItem( "Frame windows", TVI_ROOT, TVI_SORT );
    hLevel1 = pTree->InsertItem( "CFrameWnd", hRoot );
    hLevel2 = pTree->InsertItem( "CMDIChildWnd", hLevel1 );
    hLevel2 = pTree->InsertItem( "CMDIFrameWnd", hLevel1 );
    hLevel2 = pTree->InsertItem( "COlePFrameWnd", hLevel1 );

    hRoot   = pTree->InsertItem( "Control bars", TVI_ROOT, TVI_SORT );
    hLevel1 = pTree->InsertItem( "CControlBar", hRoot );
    hLevel2 = pTree->InsertItem( "CDialogBar", hLevel1 );
    hLevel2 = pTree->InsertItem( "COleResizeBar", hLevel1 );
    hLevel2 = pTree->InsertItem( "CStatusBar", hLevel1 );
    hLevel2 = pTree->InsertItem( "CToolBar", hLevel1 );

    hRoot   = pTree->InsertItem( "Other windows", TVI_ROOT, TVI_SORT );
    hLevel1 = pTree->InsertItem( "CPropertySheet", hRoot );
    hLevel1 = pTree->InsertItem( "CSplitterWnd", hRoot );
```

```cpp
hRoot   = pTree->InsertItem( "Dialog boxes", TVI_ROOT, TVI_SORT );
hLevel1 = pTree->InsertItem( "CDialog", hRoot );
hLevel2 = pTree->InsertItem( "CCommonDialog", hLevel1 );
hLevel3 = pTree->InsertItem( "CColorDialog", hLevel2 );
hLevel3 = pTree->InsertItem( "CFileDialog", hLevel2 );
hLevel3 = pTree->InsertItem( "CFindReplaceDialog", hLevel2 );
hLevel3 = pTree->InsertItem( "CFontDialog", hLevel2 );
hLevel3 = pTree->InsertItem( "COleDialog", hLevel2 );
hLevel4 = pTree->InsertItem( "COleBusyDialog", hLevel3 );
hLevel4 = pTree->InsertItem( "COleChangeIconDialog", hLevel3 );
hLevel4 = pTree->InsertItem( "COleChangeSourceDialog", hLevel3 );
hLevel4 = pTree->InsertItem( "COleConvertDialog", hLevel3 );
hLevel4 = pTree->InsertItem( "COleInsertDialog", hLevel3 );
hLevel4 = pTree->InsertItem( "COleLinksDialog", hLevel3 );
hLevel5 = pTree->InsertItem( "COleUpdateDialog", hLevel4 );
hLevel4 = pTree->InsertItem( "COlepasteSpecialDialog", hLevel3 );
hLevel4 = pTree->InsertItem( "COlePropertiesDialog", hLevel3 );
hLevel3 = pTree->InsertItem( "CPageSetupDialog", hLevel2 );
hLevel3 = pTree->InsertItem( "CPrintDialog", hLevel2 );
hLevel2 = pTree->InsertItem( "COlePropertyPage", hLevel1 );
hLevel2 = pTree->InsertItem( "CPropertyPage", hLevel1 );

hRoot   = pTree->InsertItem( "Views", TVI_ROOT, TVI_SORT );
hLevel1 = pTree->InsertItem( "CView", hRoot );
hLevel2 = pTree->InsertItem( "CCtrlView", hLevel1 );
hLevel3 = pTree->InsertItem( "CEditView", hLevel2 );
hLevel3 = pTree->InsertItem( "CListView", hLevel2 );
hLevel3 = pTree->InsertItem( "CRichEditView", hLevel2 );
hLevel3 = pTree->InsertItem( "CTreeView", hLevel2 );
hLevel2 = pTree->InsertItem( "CScrollView", hLevel1 );
hLevel3 = pTree->InsertItem( "CFormView", hLevel2 );
hLevel4 = pTree->InsertItem( "CDaoRecordView", hLevel3 );
hLevel4 = pTree->InsertItem( "CRecordView", hLevel3 );

hRoot   = pTree->InsertItem( "Controls", TVI_ROOT, TVI_SORT );
hLevel1 = pTree->InsertItem( "CAnimateCtrl", hRoot );
hLevel1 = pTree->InsertItem( "CButton", hRoot );
hLevel2 = pTree->InsertItem( "CBitmapButton", hLevel1 );
hLevel1 = pTree->InsertItem( "CComboBox", hRoot );
hLevel1 = pTree->InsertItem( "CEdit", hRoot );
hLevel1 = pTree->InsertItem( "CHeaderCtrl", hRoot );
hLevel1 = pTree->InsertItem( "CHotKeyCtrl", hRoot );
hLevel1 = pTree->InsertItem( "CListBox", hRoot );
hLevel2 = pTree->InsertItem( "CCheckListBox", hLevel1 );
hLevel2 = pTree->InsertItem( "CDragListBox", hLevel1 );
hLevel1 = pTree->InsertItem( "CListCtrl", hRoot );
hLevel1 = pTree->InsertItem( "COleCtrl", hRoot );
hLevel1 = pTree->InsertItem( "CProgressCtrl", hRoot );
hLevel1 = pTree->InsertItem( "CRichEditCtrl", hRoot );
hLevel1 = pTree->InsertItem( "CScrollBar", hRoot );
hLevel1 = pTree->InsertItem( "CSliderCtrl", hRoot );
hLevel1 = pTree->InsertItem( "CSpinButtonCtrl", hRoot );
hLevel1 = pTree->InsertItem( "CStatic", hRoot );
hLevel1 = pTree->InsertItem( "CStatusBarCtrl", hRoot );
hLevel1 = pTree->InsertItem( "CTabCtrl", hRoot );
```

```
hLevel1 = pTree->InsertItem( "CToolbarCtrl", hRoot );
hLevel1 = pTree->InsertItem( "CToolTipCtrl", hRoot );
hLevel1 = pTree->InsertItem( "CTreeCtrl", hRoot );

    return TRUE;
}
```

Aunque el código anterior sea suficiente por ahora, no es muy eficaz. El programa MfcTree3 introducido en el Capítulo 13, «Personalización de Visual C++», muestra un método más claro para implementar una serie de invocaciones a *InsertItem*.

A continuación, edite los archivos MfcTree.cpp y MfcTree.h en el editor de texto para añadir una función llamada *OnMfcTree*. La función de manejador *OnMfcTree* toma el control cuando el usuario hace clic en el comando MFC Tree en el menú Options del programa. Para añadir *OnMfcTree*, abra el documento MfcTree.cpp haciendo dos veces clic en su nombre de archivo en el panel FileView de la ventana Workspace. Inserte la línea siguiente en algún sitio cerca del principio del código fuente:

```
#include "MfcDlg.h"
```

También, edite el mapa de mensaje en MfcTree.cpp de modo que aparezca del modo siguiente:

```
BEGIN_MESSAGE_MAP(CMfcTreeApp, CWinApp)
    //{{AFX_MSG_MAP(CMfcTreeApp)
    ON_COMMAND(ID_APP_ABOUT, OnAppAbout)
    ON_COMMAND(IDM_OPTIONS_MFC, OnMfcTree)
    //}}AFX_MSG_MAP
END_MESSAGE_MAP()
```

Añada la función *OnMfcTree* para MfcTree.cpp:

```
/////////////////////////////////////////////////////////////////////
// CMfcTreeApp message handlers

void CMfcTreeApp::OnMfcTree()
{
    CMfcDlg mfcDlg;
    mfcDlg.DoModal();
}
```

y declárela en el archivo MfcTree.h:

```
//Implementation
    //{{AFX_MSG(CMfcTreeApp)
    afx_msg void OnAppAbout();
    afx_msg void OnMfcTree();

    //}}AFX_MSG
    DECLARE_MESSAGE_MAP()
```

MfcTree ya está listo. Haga clic en el comando Set Active Configuration en el menú Build y seleccione el destino Win32 Release, entonces construya y pruebe la aplicación.

APLICACIONES BASADAS EN DIÁLOGO

Toda la acción en MfcTree está en el diálogo, no en la ventana principal. Sería más conveniente utilizar el programa si prescindiese de la ventana principal completamente y sólo visualizase el diálogo, ahorrándole al usuario el trabajo de hacer clic en un comando de menú para invocar el diálogo. Ha visto aplicaciones basadas en diálogo antes, las utilidades Mapa de caracteres, Calculadora y Marcador de teléfono que vienen con Windows son todos ejemplos de cómo un programa puede interactuar de forma eficaz con el usuario a través de un solo diálogo que sustituye a la ventana principal. En esta sección veremos cómo escribir una aplicación basada en un diálogo en Visual C++ y construir un par de programas de ejemplo para demostrar la técnica.

Una aplicación basada en un diálogo escrita en C no inicializa una estructura WNDCLASS o WNDCLASSEX, no invoca *RegisterClass* para registrar la clase de ventana y no invoca *CreateWindow* para crear una ventana principal. No invoca *ShowWindow* y *UpdateWindow* y no tiene ni siquiera un bucle de mensaje con llamadas a *GetMessage* y *DispatchMessage*. No necesita todo esto; toda la interacción con el usuario tiene lugar en el diálogo, y Windows es eso lo que maneja. El programa sólo necesita crear este diálogo:

```
int WINAPI WinMain( HINSTANCE hInst, HINSTANCE hInstPrev,
                    LPSTR szCmdLine, int nCmdShow )
{
    DialogBox( hInst, MAKEINTRESOURCE (IDD_DIALOG),
               NULL, DlgProc );
    return( 0 );
}
```

En este fragmento de código, el valor IDD_DIALOG identifica el guión de diálogo en el archivo RC de programa, y *DlgProc* es un puntero para el procedimiento que recibe los mensajes de sistema, como por ejemplo WM_INITDIALOG y WM_COMMAND.

Un programa MFC no tiene una función *WinMain* visible o un mensaje de bomba en ningún caso, así que la cantidad de código guardada con la interfaz de diálogo es menos dramática. Pero MFC ofrece la ventaja de AppWizard, que puede generar código repetitivo para una aplicación basada en un diálogo.

Ejemplo 4: Una versión basada en diálogo de MfcTree

El código que escribe AppWizard para una aplicación basada en diálogo es más claro y más fácil de seguir que el código que genera para una aplicación normal. Haciendo clic en el botón de radio Dialog Based en el paso 1 de AppWizard (que se muestra en la Figura 5.13) hace que AppWizard cree archivos fuente para dos clases, una para la aplicación y otra para el objeto de diálogo.

AppWizard genera un guión de recursos para la ventana de diálogo que contiene sólo un botón OK, un botón Cancel y un control estático con la amonestación «Place dialog controls here». El diálogo también incluye un botón Help si hizo clic en el cuadro de comprobación Context-Sensitive Help en el paso 2 de AppWizard (para más información sobre este cambio, consulte la página 38 en el Capítulo 2). La idea es que usted ejecute el editor de diálogo después de crear el proyecto y añadir al diálogo cualquier control que necesite su aplicación.

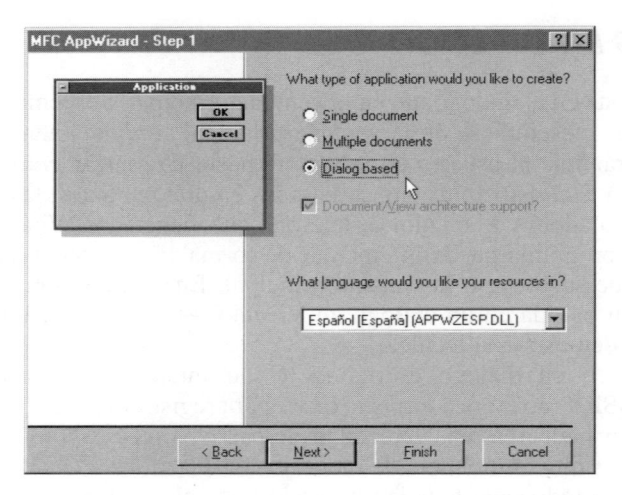

Figura 5.13. Creación de una aplicación basada en diálogo en AppWizard.

En la versión 6 de Visual C++, el editor de diálogo se inicia automáticamente cuando AppWizard termina. En versiones anteriores debe iniciar el editor usted mismo haciendo dos veces clic en el identificador de diálogo en la ventana ResourceView.

La creación de una versión basada en diálogo de MfcTree con AppWizard implica sólo tres pasos, comparado con los cinco resumidos en la sección anterior:

Pasos	Versión de ventana principal	Versión basada en diálogo
1. Ejecutar AppWizard para crear el proyecto	✓	✓
2. Crear o modificar el diálogo	✓	✓
3. Insertar archivos fuente para la clase de diálogo nueva	✓	
4. Modificar el menú	✓	
5. Añadir código fuente necesario	✓	✓

Los pasos 3 y 4, que crean una clase nueva para el diálogo y modifican el menú principal, no son necesarias para la versión basada en diálogo de MfcTree. AppWizard genera automáticamente archivos fuente esqueleto para la clase de diálogo, y si elimina la ventana principal, también elimina la necesidad de un menú. Incluso el código fuente que AppWizard produce es más fácil de modificar porque sólo necesita editar la función *CMfcDlg::OnInitDialog*, añadiendo las invocaciones *InsertItem* después de la línea «to do» de la función. Como antes, el sombreado gris del fragmento inferior indica las nuevas líneas fuente, que son las mismas que las añadidas a la versión original de MfcTree introducido anteriormente.

```
BOOL CMfcDlg::OnInitDialog()
{
    CDialog::OnInitDialog();
    ⋮
    // TODO: Add extra initialization here
    HTREEITEM hRoot, hLevel1, hLevel2, hLevel3, hLevel4, hLevel5;
    CTreeCtrl* pTree = (CTreeCtrl*) GetDlgItem( IDC_MFC_TREE );

    hRoot   = pTree->InsertItem( "Frame windows", TVI_ROOT, TVI_SORT );
    hLevel1 = pTree->InsertItem( "CFrameWnd", hRoot );
    hLevel2 = pTree->InsertItem( "CMDIChildWnd", hLevel1 );
    ⋮
              // Añadir el resto del código fuente aquí
}
```

La Figura 5.14 muestra cómo es la versión basada en diálogo del programa MfcTree. En esencia, es el mismo programa que la versión original mostrada en la Figura 5.12, excepto que se ha eliminado la ventana principal, la barra de título de diálogo contiene ahora el icono de aplicación y el menú de sistema, y el programa es más fácil de crear y utilizar. Si desea probar la versión nueva usted mismo, la encontrará en la carpeta Capitulo.05\MfcTree2 en el CD que se acompaña.

Ejemplo 5: Una aplicación basada en un diálogo sin AppWizard

AppWizard brilla cuando escribe aplicaciones basadas en diálogo, probablemento porque tales aplicaciones son más uniformes en sus métodos y de este modo AppWizard es menos probable que añada código que no desee. Aun así, AppWizard puede que no sea apropiado para sus necesidades particulares. Si está interesado en escribir una aplicación basada en un diálogo sin utilizar AppWizard, esta sección le muestra cómo. Lo ilustra con un programa de ejemplo llamado DirList1 que muestra un directorio que contiene un diálogo. Pero

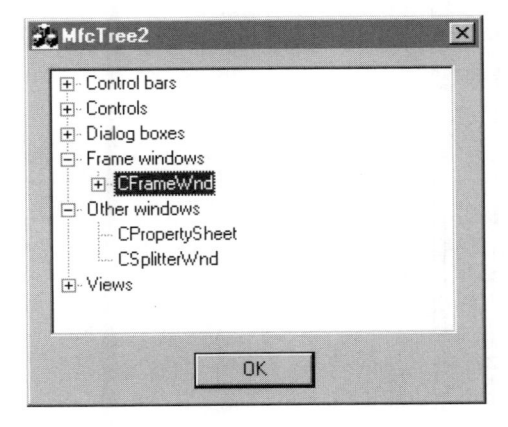

Figura 5.14. Versión basada en diálogo del programa MfcTree.

para hacer las cosas un poco más interesantes, el diálogo que DirList1 presenta al usuario es una hoja de propiedades, llamada a menudo diálogo de pestañas.

Las hojas de propiedades pueden presentar mucha información sin abrumar al usuario, resolviendo de forma ordenada el problema de saturación en un cuadro de diálogo. Pero en esencia, una hoja de propiedad es sólo un diálogo, o más bien una serie de diálogos llamados páginas, una superpuesta sobre la otra. Usted diseña cada página de una hoja de propiedades con el editor de diálogo como lo haría con cualquier otro diálogo. El guión de diálogo para una página en el archivo RC es igual que un diálogo normal, excepto que todas las páginas de una hoja de propiedades tiene el mismo tamaño. Windows visualiza los diálogos como páginas de hoja de propiedades cuando un programa invoca la función API *PropertySheet* o crea un objeto *CPropertySheet* de MFC.

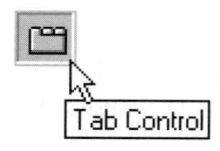

Puede que ya haya ejecutado una herramienta llamada Tab Control en la barra de herramientas Controls del editor de diálogo. Este control visualiza un conjunto de páginas de pestañas que pueden actuar como una hoja de propiedades dentro de un diálogo, pero no convierte su diálogo en una hoja de propiedades.

La Figura 5.15 muestra las páginas primera y segunda, etiquetadas Location y Date, del diálogo de hoja de propiedades DirList1.

La pestaña Date hace uso del control nuevo Date-Time Picker, permitiendo al usuario seleccionar fechas a través de un calendario emergente. Aunque los controles en las pági-

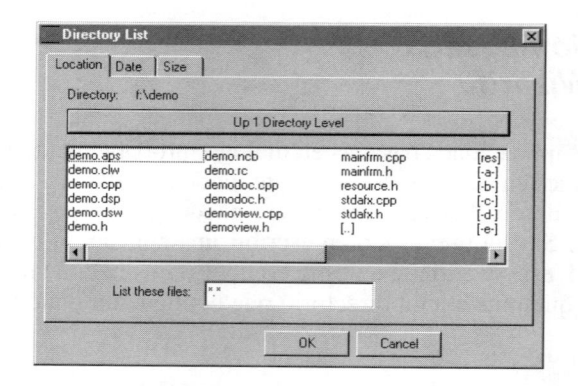

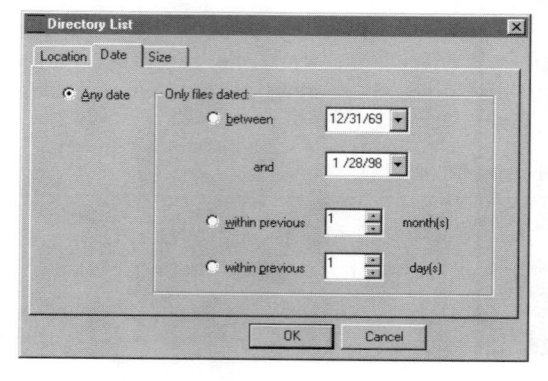

Figura 5.15. Las pestañas Location y Date del programa DirList1.

nas Date y Size funcionan correctamente, las páginas existen sólo para propósitos de demostración y no tienen efecto en esta versión del programa (el proyecto DirList2, que se introduce en el Capítulo 7, «La Gallery», utiliza las páginas Date y Size). La actividad importante en DirList1 tiene lugar en la página Location, que visualiza un listado de directorios en un control de cuadro de lista. DirList1 rellena el cuadro de lista con un listado de directorios haciendo uso de una sola invocación a la función *CWnd::DlgDirList*:

```
DlgDirList( pDir, IDC_LIST, IDC_DIRPATH, DDL_ALL );
```

El parámetro *pDir* apunta a una cadena que termina en nulo y que contiene la ruta de directorios. La constante IDC_LIST identifica el control de cuadro de lista que visualiza el listado de directorios, y IDC_DIRPATH identifica un control estático para el que *DlgDirList* escribe la cadena de camino. DDL_ALL es una constante definida en el código fuente que combina las etiquetas DLL_DRIVES, DLL_DIRECTORY y DLL_HIDDEN. Estas etiquetas indican a *DlgDirList* que incluya discos, subdirectorios y archivos ocultos en la lista de directorios. Al hacer clic en un disco o subdirectorio de la lista, cambia el camino y actualiza la lista. El botón grande etiquetado Up 1 Directory Level en la pestaña Location permite al usuario volver a subir por la ruta.

El diálogo de hoja de propiedades en DirList1 utiliza sólo cinco tipos de control: botones de pulsar, botones de radio, un cuadro de lista, controles de edición y cuadros de giro. Si está interesado en cómo se montan los controles, abra el archivo DirList1.rc y lance el editor de diálogo haciendo dos veces clic en uno de los identificadores de diálogo que se muestran a continuación:

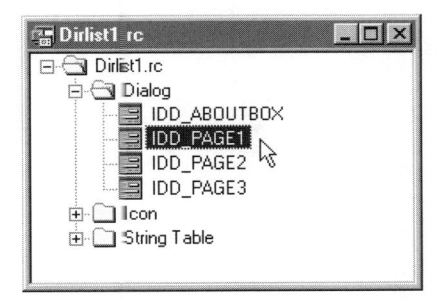

IDD_PAGE1, IDD_PAGE2 e IDD_PAGE3 identifican a las páginas Location, Date y Size, respectivamente, del diálogo. El Listado 5.3 muestra el código fuente para el proyecto DirList1.

Listado 5.3. Archivos fuente del programa DirList1

```
Resource.h
// **************************************************************
//
// Resource.h
// **************************************************************
```

(*Continúa*)

Listado 5.3. (*Continuación*)

```
#define IDD_ABOUTBOX      100
#define IDD_DIRLIS T      101
#define IDI_DRIVE         102
#define IDI_FOLDER        103
#define IDI_FILE          104
#define IDI_APPICON       105
#define IDC_DIRPATH       110
#define IDC_LIST          111
#define IDC_BUTTON1       120
#define IDC_EDIT1         121
#define IDC_EDIT2         122
#define IDC_RADIO1        123
#define IDC_RADIO2        124
#define IDC_RADIO3        125
#define IDC_RADIO4        126
#define IDC_SPIN1         127
#define IDC_SPIN2         128
#define IDC_DATETIME1     130
#define IDC_DATETIME2     131
#define IDD_PAGE1         1001
#define IDD_PAGE2         1002
#define IDD_PAGE3         1003
```

DirList1.rc

```
//*********************************************************************
//
// DirList1.rc
//
//*********************************************************************

#include "resource.h"
#include "afxres.h"

IDI_APPICON            ICON        "res\\dirlist.ico"

STRINGTABLE
BEGIN
    IDD_ABOUTBOX                    "&About DirList..."
END

IDD_ABOUTBOX DIALOG 0, 0, 240, 65
STYLE DS_MODALFRAME | WS_POPUP | WS_CAPTION | WS_SYSMENU
CAPTION "About Directory List"
FONT 8, "MS Sans Serif"
BEGIN
    ICON            IDI_APPICON,IDC_STATIC,10,22,20,20
    LTEXT           "Directory List Version 1.0",
                    IDC_STATIC,45,10,115,8
    LTEXT           """Manual del Programador de Microsoft Visual C++""",
                    IDC_STATIC,45,26,140,8
    LTEXT           "Copyright \251 1998, Beck Zaratian",
                    IDC_STATIC,45,42,115,8
    DEFPUSHBUTTON   "OK",IDOK,195,10,35,40,WS_GROUP
END
```

```
///////////////////////////////////////////////////////////////////
// Página de propiedad 1 - "Location"
//
IDD_PAGE1 DIALOG 0, 0, 282, 135
STYLE DS_MODALFRAME | DS_3DLOOK | WS_POPUP | WS_VISIBLE | WS_CAPTION
CAPTION "Location"
FONT 8, "MS Sans Serif"
BEGIN
    LTEXT           "Directory:",IDC_STATIC,10,5,35,10
    LTEXT           "",IDC_DIRPATH,50,5,220,10
    PUSHBUTTON      "Up 1 Directory Level",IDC_BUTTON1, 10,17,260,15
    LISTBOX         IDC_LIST,9,38,260,73,
                    LBS_STANDARD | LBS_MULTICOLUMN | WS_HSCROLL
    LTEXT           "List these archives:",IDC_STATIC,37,115,47,10
    EDITTEXT        IDC_EDIT1,91,113,100,15,ES_AUTOHSCROLL
END

///////////////////////////////////////////////////////////////////
//
// Página de propiedad 2 - "Date"
//

IDD_PAGE2 DIALOG 0, 0, 282, 135
STYLE DS_MODALFRAME | DS_3DLOOK | WS_POPUP | WS_VISIBLE | WS_CAPTION
CAPTION "Date"
FONT 8, "MS Sans Serif"
BEGIN
    CONTROL         "&Any date",IDC_RADIO1,"Button",
                    BS_AUTORADIOBUTTON | WS_GROUP | S_TABSTOP, 15,10,40,10
    CONTROL         "&between",IDC_RADIO2,"Button",
                    BS_AUTORADIOBUTTON | WS_TABSTOP, 100,23,43,10
    CONTROL         "&within previous",IDC_RADIO3,"Button",
                    BS_AUTORADIOBUTTON | WS_TABSTOP,100,80,63,10
    CONTROL         "within &previous",IDC_RADIO4,"Button",
                    BS_AUTORADIOBUTTON | WS_TABSTOP,100,105,63,10
    GROUPBOX        "Only files dated:",IDC_STATIC,
                    70,10,200,115,WS_GROUP
    CONTROL         "DateTimePicker1",IDC_DATETIME1,
                    "SysDateTimePick32", DTS_RIGHTALIGN |
                    WS_TABSTOP,170,20,50,15
    LTEXT           "and",IDC_STATIC,128,50,13,8,NOT WS_GROUP
    CONTROL         "DateTimePicker1",IDC_DATETIME2,
                    "SysDateTimePick32", DTS_RIGHTALIGN |
                    WS_TABSTOP,170,45,50,15
    EDITTEXT        IDC_EDIT1,170,76,35,16,ES_NUMBER
    CONTROL         "Spin3",IDC_SPIN1,"msctls_updown32",
                    UDS_SETBUDDYINT | UDS_ALIGNRIGHT |
                    UDS_AUTOBUDDY | UDS_ARROWKEYS, 205,75,11,14
    LTEXT           "month(s)",IDC_STATIC,216,80,40,11, NOT WS_GROUP
    EDITTEXT        IDC_EDIT2,170,101,35,16,ES_NUMBER
    CONTROL         "Spin3",IDC_SPIN2,"msctls_updown32",
                    UDS_SETBUDDYINT | UDS_ALIGNRIGHT | UDS_AUTOBUDDY |
                    UDS_ARROWKEYS,205,100,11,14
    LTEXT           "day(s)",IDC_STATIC,220,105,40,11, NOT WS_GROUP
END
```

(*Continúa*)

Listado 5.3. (*Continuación*)

```
/////////////////////////////////////////////////////////////////////
// Página de propiedad 3 - "Size"
//

IDD_PAGE3 DIALOG 0, 0, 282, 135
STYLE DS_MODALFRAME | DS_3DLOOK | WS_POPUP | WS_VISIBLE | WS_CAPTION
CAPTION "Size"
FONT 8, "MS Sans Serif"
BEGIN
    CONTROL         "&Any size",IDC_RADIO1,"Button",
                    BS_AUTORADIOBUTTON | WS_GROUP | WS_TABSTOP,
                    15,20,42,10
    CONTROL         "&Only files between:",IDC_RADIO2,"Button",
                    BS_AUTORADIOBUTTON,15,40,75,10
    EDITTEXT        IDC_EDIT1,50,60,48,16,ES_NUMBER | WS_GROUP
    CONTROL         "Spin3",IDC_SPIN1,"msctls_updown32",
                    UDS_SETBUDDYINT | UDS_ALIGNRIGHT |
                    UDS_AUTOBUDDY | UDS_ARROWKEYS, 98,62,11,14
    LTEXT           "and",IDC_STATIC,111,65,13,8,NOT WS_GROUP
    EDITTEXT        IDC_EDIT2,140,60,48,16,ES_NUMBER
    CONTROL         "Spin3",IDC_SPIN2,"msctls_updown32",
                    UDS_SETBUDDYINT | UDS_ALIGNRIGHT |
                    UDS_AUTOBUDDY | UDS_ARROWKEYS,188,61,11,14
    LTEXT           "kilobytes",IDC_STATIC,201,65,31,9, NOT WS_GROUP
END
```

DirList1.h

```
// ********************************************************************
//
// DirList1.h
//
// ********************************************************************

class CDirListApp : public CWinApp
{
public:
    BOOL    InitInstance ();
};

class CAboutDlg : public CDialog
{
public:
    CAboutDlg();
};

/////////////////////////////////////////////////////////////////////
// Página de propiedad CPage1

class CPage1 : public CPropertyPage
{
private:
BOOL            bEditFocus;
CString         strDirectory, strFilter;
```

```cpp
    void        GetCurrentDirectory ();
    void        ShowList ();
public:
    CPage1 () : CPropertyPage( IDD_PAGE1 ) {}

protected:
    virtual void    DoDataExchange( CDataExchange* pDX );
    virtual BOOL    OnInitDialog ();
    afx_msg void    OnEditGainFocus ();
    afx_msg void    OnEditLoseFocus ();
    afx_msg void    OnUp1Level ();
    afx_msg void    OnSelChange ();
    DECLARE_MESSAGE_MAP ()
};

////////////////////////////////////////////////////////////////////
// Página de propiedad Cpage2

class CPage2 : public CPropertyPage
{
public:
    int     nAnyDate;
    CTime   timeMin, timeMax;
    int     PrevDays;
    int     PrevMonths;

    CPage2 () : CPropertyPage( IDD_PAGE2 ) {}

protected:
    virtual void    DoDataExchange( CDataExchange* pDX );
    virtual BOOL    OnInitDialog ();
};

////////////////////////////////////////////////////////////////////
// Página de propiedad CPage3

class CPage3 : public CPropertyPage
{
public:
    int     nAnySize;
    DWORD   MinSize;
    DWORD   MaxSize;

    CPage3 () : CPropertyPage( IDD_PAGE3 ) {}

protected:
    virtual void    DoDataExchange( CDataExchange* pDX );
    virtual BOOL    OnInitDialog ();
};

////////////////////////////////////////////////////////////////////
// CListSheet

class CListSheet : public CPropertySheet
```

(*Continúa*)

Listado 5.3. (*Continuación*)

```cpp
{
public:
    CPage1    page1;
    CPage2    page2;
    CPage3    page3;
    CListSheet( LPCTSTR szCaption );

protected:
    virtual BOOL OnInitDialog();
    afx_msg void OnSysCommand( UINT nID, LPARAM lParam );
    DECLARE_MESSAGE_MAP()
};
```

DirList1.ccp

```cpp
// ************************************************************************
//
// DirList1.cpp
//
// ************************************************************************

#include "afxwin.h"
#include "afxdlgs.h"
#include "afxcmn.h"
#include "resource.h"
#include "dirlist1.h"

#define DDL_ALL        DDL_DIRECTORY | DDL_DRIVES | DDL_HIDDEN

CDirListApp DirListApp;

BOOL CDirListApp::InitInstance ()
{
    CListSheet sh( "Directory List" );  // Crea un objeto de página de
    sh.DoModal ();                      // propiedad y visualiza un
                                        // diálogo

    return FALSE;                       // Devuelve FALSE para salir de
                                        // DirList
}

CAboutDlg::CAboutDlg() : CDialog( IDD_ABOUTBOX )
{
}

//////////////////////////////////////////////////////////////////////
// Página de propiedad CListSheet

CListSheet::CListSheet( LPCTSTR szCaption ) :
            CPropertySheet( szCaption )
{
    AddPage( &page1 );
    AddPage( &page2 );
    AddPage( &page3 );
}
```

```
BEGIN_MESSAGE_MAP (CListSheet, CPropertySheet)
    ON_WM_SYSCOMMAND()
END_MESSAGE_MAP()

BOOL CListSheet::OnInitDialog()
{
    CPropertySheet::OnInitDialog();

    // Añade la orden "About..." al menú del sistema
    CMenu* pSysMenu = GetSystemMenu( FALSE );
    CString str;
    str.LoadString( IDD_ABOUTBOX );
    pSysMenu->AppendMenu( MF_SEPARATOR );
    pSysMenu->AppendMenu( MF_STRING, IDD_ABOUTBOX, str );

    // Elimina el botón Apply, ya que no es necesario
    CButton* button = (CButton *) GetDlgItem( ID_APPLY_NOW );
    button->DestroyWindow();

    // Ajusta la imagen 16×16 y 32×32 (véase comentarios de cierre en
    // el Capítulo 5)
    HICON hIcon = (HICON) ::LoadImage( DirListApp.m_hInstance,
                        MAKEINTRESOURCE( IDI_APPICON ),
                        IMAGE_ICON, 16, 16, LR_DEFAULTCOLOR );
    SetIcon( hIcon, FALSE );

    return TRUE;
}

void CListSheet::OnSysCommand( UINT nID, LPARAM lParam )
{
    if (nID == IDD_ABOUTBOX)
    {
        CAboutDlg dlgAbout;
        dlgAbout.DoModal();
    }
    else
    {
        CPropertySheet::OnSysCommand( nID, lParam );
    }
}


//////////////////////////////////////////////////////////////////////
// Página de propiedad CPage1

BOOL CPage1::OnInitDialog ()
{
    bEditFocus = FALSE;
    strFilter = "*.*";

    GetCurrentDirectory ();
    ShowList ();
    return CDialog::OnInitDialog ();
}
```

(*Continúa*)

Listado 5.3. (*Continuación*)

```
void CPage1::GetCurrentDirectory ()
{
    PTSTR pDir = new char[MAX_PATH];

    ::GetCurrentDirectory( MAX_PATH, pDir );
    strDirectory = pDir;

    if (strDirectory.Right( 1 ) != "\\")
        strDirectory += "\\";                    // Añadir barra invertida

    delete [] pDir;
}

void CPage1::ShowList ()
{
    PTSTR pDir = new char[MAX_PATH];

    lstrcpy( pDir, strDirectory );
    lstrcat( pDir, strFilter );
    DlgDirList( pDir, IDC_LIST, IDC_DIRPATH, DDL_ALL );

    delete [] pDir;
}

BEGIN_MESSAGE_MAP (CPage1, CPropertyPage)
    ON_EN_SETFOCUS     (IDC_EDIT1, OnEditGainFocus)
    ON_EN_KILLFOCUS    (IDC_EDIT1, OnEditLoseFocus)
    ON_BN_CLICKED      (IDC_BUTTON1, OnUp1Level)
    ON_LBN_SELCHANGE   (IDC_LIST, OnSelChange)
END_MESSAGE_MAP ()

void CPage1::OnEditGainFocus ()
{
    bEditFocus = TRUE;
}

void CPage1::OnEditLoseFocus ()
{
    bEditFocus = FALSE;
    GetDlgItemText( IDC_EDIT1, strFilter );
    ShowList ();
}

void CPage1::OnUp1Level ()
{
    // Si se presiona INTRO en el control de edición, actualizar la lista

    if (bEditFocus)
    {
        GetDlgItemText( IDC_EDIT1, strFilter );
        ShowList ();
    }

    // De lo contrario, subir un nivel de directorio
```

```cpp
    else
    {
        // Cuando strDirectory == "d:\", ya estamos en la raíz
        if (strDirectory.Right( 2 ) "= ":\\")
        {
            // Eliminar '\' al final de la cadena
            strDirectory.GetBufferSetLength(
                        strDirectory.GetLength() - 1 );
            strDirectory.ReleaseBuffer ();

            // Encontrar el último '\' y truncar la cadena strDirectory
            int cLastSlash = strDirectory.ReverseFind( '\\' );
            if (cLastSlash != -1)
            {
                strDirectory.GetBufferSetLength( cLastSlash + 1 );
                strDirectory.ReleaseBuffer ();
                ShowList ();
            }
        }
    }
}

void CPage1::OnSelChange ()
{
    char    szItem[MAX_PATH];
    char    *pItem = szItem;
    int     i;

    i = SendDlgItemMessage( IDC_LIST, LB_GETCURSEL, 0, 0 );
    SendDlgItemMessage( IDC_LIST, LB_GETTEXT, i, (LPARAM) szItem );

    // Sólo estamos interesados en discos [-d-] o subdirectorios [subdir]
    if (szItem[0] == '[')
    {
        if (lstrcmp( szItem, "[..]" )) // Ignorar el directorio padre "[..]"
        {
            pItem++;           // Saltar hasta pasar el primer corchete '['

            // Si disco, cambiar "[-d-]" por "d:"
            if (pItem[0] == '-' && pItem[2] == '-')
            {
                pItem++;    // Saltar hasta pasar el primer guión '-'
                pItem[1] = ':'; // Sobrescribir el segundo '-' con ':'
                pItem[2] = '\0';    // Truncar cadena
                strDirectory = pItem;   // Nuevo directorio
            }

            // Si subdir, cambiar "[subdir]" por "subdir"
            else
            {
                i = lstrlen( szItem );
                pItem[i-2] = '\0'; // Sobrescribir ']' para truncar
                strDirectory += pItem; // Añadir nuevo subdirectorio
            }
```

(*Continúa*)

Listado 5.3. (*Continuación*)

```cpp
                strDirectory += "\\";    // Añadir barra invertida
                ShowList ();             // Actualizar lista
            }
        }
    }

    void CPage1::DoDataExchange( CDataExchange* pDX )
    {
        CPropertyPage::DoDataExchange( pDX );
        DDX_Text( pDX, IDC_EDIT1, strFilter );
        DDV_MaxChars( pDX, strFilter, 128 );
    }

    //////////////////////////////////////////////////////////////////////
    // Página de propiedad CPage2

    BOOL CPage2::OnInitDialog ()
    {
        CSpinButtonCtrl* spin;

        // Inicializar variables
        nAnyDate   = 0;
        PrevDays   = 1;
        PrevMonths = 1;
        timeMin    = 0;
        timeMax    = CTime::GetCurrentTime();

        // Ajustar el límite de los botones de giro
        spin = (CSpinButtonCtrl *) GetDlgItem( IDC_SPIN1 );
        spin->SetRange( 1, 100 );                    // Dentro de x meses
        spin = (CSpinButtonCtrl *) GetDlgItem( IDC_SPIN2 );
        spin->SetRange( 1, 365 );                    // Dentro de x días

        return CDialog::OnInitDialog ();
    }

    void CPage2::DoDataExchange( CDataExchange* pDX )
    {
        CPropertyPage::DoDataExchange( pDX );
        DDX_DateTimeCtrl( pDX, IDC_DATETIME1, timeMin);
        DDX_DateTimeCtrl( pDX, IDC_DATETIME2, timeMax);
        DDX_Radio( pDX, IDC_RADIO1, nAnyDate );
        DDX_Text( pDX, IDC_EDIT1, PrevMonths );
        DDX_Text( pDX, IDC_EDIT2, PrevDays );
    }

    //////////////////////////////////////////////////////////////////////
    // Página de propiedad CPage3

    BOOL CPage3::OnInitDialog ()
    {
        CSpinButtonCtrl* spin;

        // Inicializar variables
        nAnySize = 0;
        MinSize  = 0;
        MaxSize  = 100;
```

```
    // Ajustar los límites de los botones de giro
    spin = (CSpinButtonCtrl *) GetDlgItem( IDC_SPIN1 );
    spin->SetRange( 0, 9999 );                  // Tamaño mínimo
    spin = (CSpinButtonCtrl *) GetDlgItem( IDC_SPIN2 );
    spin->SetRange( 1, 9999 );                  // Tamaño máximo

    return CDialog::OnInitDialog ();
}
void CPage3::DoDataExchange( CDataExchange* pDX )
{
    CPropertyPage::DoDataExchange( pDX );
    DDX_Radio( pDX, IDC_RADIO1, nAnySize );
    DDX_Text( pDX, IDC_EDIT1, MinSize );
    DDX_Text( pDX, IDC_EDIT2, MaxSize );
}
```

La función *InitInstance* del programa crea primero un objeto *CListSheet*, que deriva de la clase *CPropertySheet* de MFC. La función de miembro *DoModal* visualiza la hoja de propiedad:

```
CListSheet sh( "Directory List" );   // Fabrica el objeto propsheet
sh.DoModal ();                       // y visualiza el diálogo
```

Cuando la función *OnInitDialog* del objeto toma el control, añade un comando al menú del sistema que invoca el cuadro About del programa, a continuación elimina el botón Apply innecesario que el marco de trabajo ha colocado en el diálogo. La función *OnInitDialog* también demuestra cómo una aplicación basada en un diálogo puede ajustar dos imágenes de icono, una imagen pequeña de 16 píxeles cuadrados que sirve como icono de aplicación en la barra de título de diálogo y una imagen grande de 32 píxeles cuadrados que aparece en el cuadro About. Ambas imágenes se almacenan en el archivo DirList.ico del proyecto. El marco de trabajo de MFC extrae automáticamente la imagen grande cuando crea la ventana de aplicación, así que DirList1 debe cargar la imagen pequeña por sí sola invocando la función API *LoadImage* introducida en el Capítulo 4:

```
// Ajusta el icono de imagen a 16×16
HICON hIcon = (HICON) ::LoadImage( DirListApp.m_hInstance,
                   MAKEINTRESOURCE( IDI_APPICON ),
                   IMAGE_ICON, 16, 16, LR_DEFAULTCOLOR );
SetIcon( hIcon, FALSE );
```

La invocación de *LoadImage* es necesaria en este caso porque la función *LoadIcon* reconoce sólo una imagen de icono de 32 × 32, o más correctamente, una imagen de dimensiones que concuerde con los valores métricos del sistema SM_CXICON y SM_CYICON. Al pasar un valor de parámetro de FALSE a la función *SetIcon*, ajusta la imagen de 16 × 16 como icono de aplicación.

Por sí mismo, un objeto *CListSheet* es una ventana de diálogo vacía. El constructor *CListSheet* añade las páginas de tres propiedades invocando la función de miembro *AddPage*. *AddPage* toma un puntero para un objeto *CPropertyPage*, creado pasando el identificador de diálogo al inicializador base *CPropertyPage*. Por ejemplo, aquí tiene cómo DirList1.h declara el objeto *CPropertyPage* para la primera página de la hoja de propiedades:

```
public:
    CPage1 () : CPropertyPage( IDD_PAGE1 ) {}
```

La función *AddPage* se encarga de traducir el recurso de diálogo a una página de propiedad con una pestaña que contiene la captura de diálogo, como por ejemplo Location o Size.

Cuando la primera página esté preparada para su visualización, su función *CPage1::OnInitDialog* invoca la función API *GetCurrentDirectory*, añade un filtro «*.*» al camino actual e invoca *DlgDirList* para escribir el listado de directorios en el cuadro de lista. La cadena *strFilter* contiene el filtro, que el usuario puede cambiar a través de un control de edición. La parte más interesante del programa aparece en la función *CPage1::OnSelChange*, que obtiene el control cuando el usuario selecciona un elemento en el cuadro de lista. Si el usuario selecciona un nombre de archivo, la función ignora la selección. Si el elemento seleccionado es un controlador de disco, la designación de disco reemplaza el camino en *strDirectory,* que se convierte a continuación en *d*:\, donde la *d* es la letra seleccionada para el disco. La selección de un subdirectorio en el cuadro de lista añade el nombre del subdirectorio al camino en *strDirectory*. Cuando el camino cambia, *OnSelChange* invoca *ShowList* para visualizar el listado de directorios para el camino nuevo. *OnSelChange* distingue los nombres de archivo, discos y subdirectorios del modo en que *CWnd::DlgDirList* los escribe en el cuadro de lista. Las designaciones de disco están entre corchetes y guiones, como por ejemplo «[-a-]» o «[-c-].» Los subdirectorios están encerrados entre corchetes sin los guiones. Los nombres de archivo no tienen corchetes ni guiones.

Aunque la invocación de *DlgDirList* para añadir el listado de directorios es ciertamente conveniente, la técnica sufre dos serios defectos. Primero, el listado de directorios no es atractivo, no alcanza en absoluto los estándares actuales de Windows. Y segundo, la función *DlgDirList* reconoce nombres de archivo largos sólo en Windows NT. Para solucionar ambos problemas, tenemos que prescindir totalmente del cuadro de lista e intentar alguna otra cosa. Haremos esto en el Capítulo 7, cuando creemos una clase nueva derivada de *CListView* de MFC y la añadamos a la colección de componentes de Visual C++, llamada Gallery.

Pero hay otro tema más urgente ahora mismo que la Gallery. Parte del trabajo hecho en este capítulo resulta innecesario, o al menos podría simplificarse. Puede que se acuerde que en la construcción del proyecto MfcTree escribimos funciones matriz para los archivos fuente Mfc.Dlg.h y Mfc.Dlg.cpp y también insertamos manualmente entradas en un mapa de mensaje. Estas tareas se podrían haber manejado más fácilmente en ClassWizard. ClassWizard es un compañero natural para el editor del diálogo: utilice el editor para diseñar un diálogo y ClassWizard para generar código fuente para ejecutar el diálogo. El próximo capítulo le muestra cómo.

Parte III

Ayuda a la programación

Capítulo
6	ClassWizard	217
7	La Gallery	239

Capítulo

6

ClassWizard

Después de crear un proyecto con AppWizard, tiene la opción de trabajar con un «asistente de programador» de Visual C++ llamado ClassWizard. En un sentido amplio, ClassWizard tiene la misma relación con las clases que AppWizard con las aplicaciones. ClassWizard le inicia en la escritura de una clase nueva generando un archivo CPP de implementación y un archivo de cabecera apropiado con funciones matriz. Rellenar las funciones con código actualizado es responsabilidad suya.

ClassWizard está diseñado para asistir en cuatro áreas, generando código para:

- Clases nuevas derivadas de una de las muchas clases de MFC que reciben mensajes o administran ventanas de control.

- Funciones miembro que manejan mensajes.

- Métodos OLE/ActiveX, propiedades y disparadores de eventos.

- Funciones de intercambio y de validación para información introducida en los controles de diálogo.

ClassWizard reconoce y soporta las clases de base MFC que hacen de interfaz de algún modo con el usuario. Con unas cuantas excepciones, como por ejemplo *CRecordSet* y *CHttpServer*, las clases de base están derivadas de *CCmdTarget*, capaz de responder mensajes o administrar controles en un cuadro de diálogo. Hay alrededor de 50 clases de MFC desde las cuales puede crear una clase derivada utilizando ClassWizard; consulte el Apéndice B de este libro para una lista completa.

217

ACCEDER AL CLASSWIZARD

No puede acceder al ClassWizard desde un proyecto vacío. El proyecto debe tener al menos un archivo RC adjunto, incluso si el archivo RC está vacío. Una vez que el archivo RC está agregado a un proyecto (AppWizard hace esto automáticamente), puede invocar el diálogo ClassWizard eligiendo el comando ClassWizard desde el menú View, como se muestra en la Figura 6.1.

Puede que no sean obvios dos puntos acerca del ClassWizard: primero, sus servicios son completamente opcionales. Puede desarrollar su proyecto desde el principio hasta el final sin tratar en ningún momento con ClassWizard, si así lo prefiere; segundo, puede utilizar ClassWizard para añadir clases nuevas a un proyecto MFC incluso si el proyecto no se originó con AppWizard. ClassWizard compila una base de datos de las clases de proyecto y la almacena en un archivo que tiene el mismo nombre que el proyecto con una extensión CLW. Si siempre utiliza ClassWizard para crear clases nuevas para el proyecto, el archivo CLW permanece actualizado. Sin embargo, Visual C++ no le restringe a una relación de todo o nada con ClassWizard, sino que es libre de escribir una clase nueva suya propia o copiar código de otros archivos fuente fuera del proyecto actual. En estos casos, donde una clase se origina desde una fuente que no sea ClassWizard, hay un modo fácil de actualizar la base de datos CLW. Después de que añada los archivos fuente de clase nueva al proyecto utilizando el comando Add To Project en el menú Project, suprima el archivo CLW e invoque ClassWizard otra vez. Visual C++ detecta que la base de datos no existe y se ofrece para crearla otra vez:

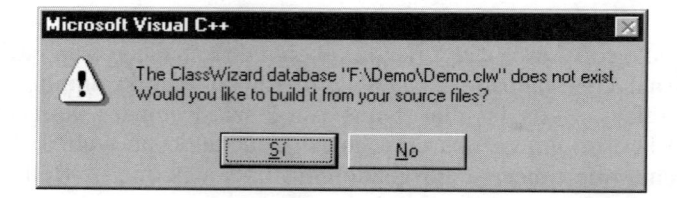

Cuando haga clic en Sí para aceptar la oferta de construir una base de datos nueva, aparece un diálogo titulado Select Source Files con una lista de la implementación y los archivos de cabecera que Visual C++ leerá para construir una base de datos de clase. Si ha introducido todos los archivos nuevos en el proyecto, la lista ya debería estar completa, así que no necesita hacer nada más que clic en OK. Un indicador de progreso indica breve-

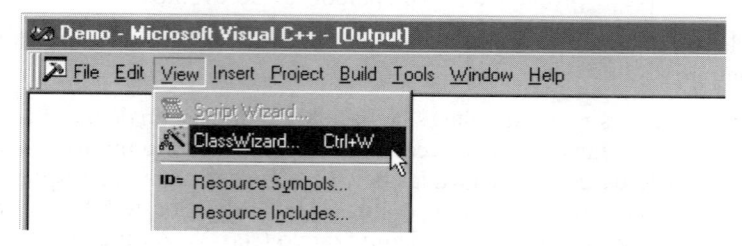

Figura 6.1. ClassWizard desde el menú View.

mente que Visual C++ está construyendo un archivo de base de datos, después del cual aparece el diálogo ClassWizard.

EL DIÁLOGO CLASSWIZARD

La Figura 6.2 muestra el diálogo principal ClassWizard. Invoca al diálogo «principal» porque ClassWizard puede manifestarse en alrededor de 20 diálogos diferentes, dependiendo de las circunstancias. El diálogo de la Figura 6.2 actúa como una especie de entrada principal para ClassWizard, y se llama ClassWizard de MFC para recordarle que sólo trata con clases MFC. ClassWizard no le ayudará a crear una clase derivada de cualquier otra de las clases MFC soportadas; para una clase con cualquier otra base, debe escribir el código usted mismo partiendo desde cero utilizando el editor de texto o el comando New Class del menú Insert. El comando New Class se describe con más detalle más adelante en el capítulo.

Las cinco pestañas del diálogo ClassWizard de MFC tienen propósitos muy diferentes y no son en absoluto relevantes para ninguna clase particular. La Tabla 6.1 le ayuda a determinar qué pestaña (o pestañas) necesita, dependiendo de lo que desee hacer para su clase.

Las dos primeras pestañas del diálogo ClassWizard, etiquetadas Message Maps y Member Variables, se describen en las dos secciones siguientes. Las explicaciones de las pestañas Automation y ActiveX se aplazan a los Capítulos 8 y 9, que muestran cómo ClassWizard puede ayudarle en el desarrollo de proyectos que implican controles ActiveX.

Pestaña Message Maps

La pestaña Message Maps es donde especifica las funciones de manejo de mensajes para su clase. Los dos cuadros de combinación y los dos primeros cuadros de lista de la pestaña

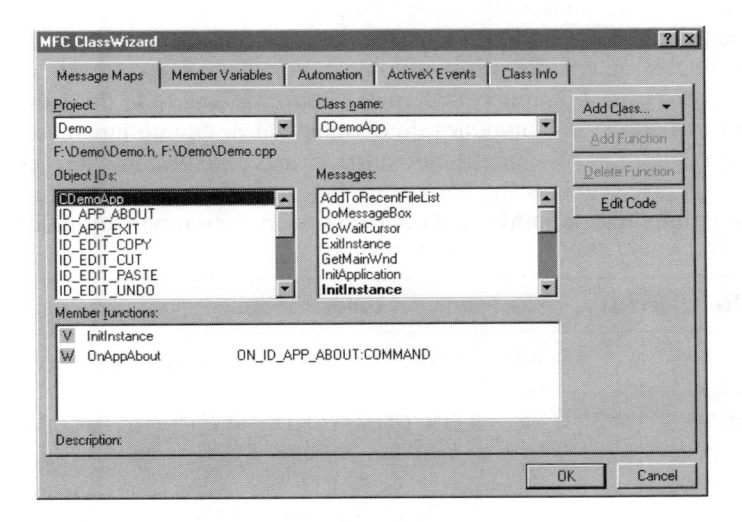

Figura 6.2. El diálogo MFC ClassWizard.

Tabla 6.1. Las cinco pestañas del cuadro de diálogo MFC ClassWizard

Pestaña	Propósito
Message Maps	Añade o elimina funciones miembro que manejan mensajes.
Member Variables	Añade o elimina variables miembro adjuntadas a clases que utilizan controles. Normalmente, estas son clases de diálogo derivadas de *Dialog*, *CPropertyPage*, *CRecordView* o *CDaoRecordView*.
Automation	Añade una propiedad o método a una clase que soporta Automation, tal como una clase de control ActiveX.
ActiveX Events	Añade soporte para disparar eventos, normalmente a una clase que implementa un control ActiveX. Esta pestaña no se utiliza cuando se desarrolla una aplicación de contenedor que recibe un evento disparado.
Class Info	Información variada sobre las clases del proyecto.

están administrados de forma que cada control visualice un nivel superior en detalle progresivamente; en otras palabras, los contenidos de un control dependen de la selección actual del control anterior. El cuadro de combinación Class Name enumera las clases del proyecto seleccionado en el cuadro de combinación Project; el cuadro Object IDs. muestra los identificadores asociados con la clase seleccionada en el cuadro Class Name, y el cuadro Messages visualiza mensajes y otra información para la selección actual en el cuadro Object IDs. La Tabla 6.2 muestra la relación entre el elemento seleccionado en el cuadro Object Ids y los contenidos del cuadro Messages.

Cuando seleccione un mensaje o función virtual en el cuadro Messages, aparece una descripción escueta del elemento seleccionado en la parte inferior del diálogo MFC ClassWizard. Para obtener información más detallada sobre el elemento seleccionado, cambie a la ayuda interactiva MSDN como se describía en el Capítulo 1, «El entorno», y busque el índice. Al contrario que otras versiones más antiguas de Visual C++, pulsando la tecla F1 visualiza la información general sobre el propio cuadro Messages, no el elemento seleccionado.

Para añadir una función manejador de un mensaje para la clase seleccionada, haga dos veces clic en el mensaje o en la función virtual en el cuadro Messages. El cuadro Member Functions contiene una lista de las funciones de clase actuales, que en la Figura 6.2 son *InitInstance* y *OnAppAbout*. La «W» identifica *OnAppAbout* como una función que mane-

Tabla 6.2. En la pestaña Message Maps, la selección en el cuadro Object IDs determina el contenido del cuadro Messages

Selección en el cuadro Object IDs	Contenido del cuadro Messages
Class name	WM_ messages y funciones de clase virtual que manejan mensajes.
Menu command identifier	Macros ON_COMMAND y ON_UPDATE_COMMAND_UI para mensajes de comandos de menú.
Control identifier	Mensajes de notificación de control. Los mensajes reflejados se marcan con el prefijo del signo igual (=).

ja un mensaje de sistema con un prefijo WM_, que en este caso es WM_COMMAND, que contiene el valor de menú ID_APP_ABOUT. La «V» identifica *InitInstance* como una función virtual borrada.

Para cada función de manejador que añade a una clase, ClassWizard hace tres cambios los archivos fuente de la clase:

- Añade una declaración de función al archivo de cabecera.
- Añade una definición de función con código esqueleto al archivo de implementación CPP.
- Añade una entrada para la función al mapa de mensaje de clase.

Pestaña Member Variables

La pestaña Member Variables pertenece a las clases que utilizan controles, que son casi siempre clases derivadas de *CDialog*, *CPropertyPage*, *CFormView*, *CRecordView* o *CDaoRecordView*. Una clase derivada de una de estas cinco clases de MFC se llama clase de diálogo, porque requiere un identificador para un recurso de diálogo. La pestaña Member Variables está donde especifique las variables de miembro que reciban información de controles en el diálogo de clase.

Para añadir una variable de miembro a una clase de diálogo, haga aparecer la pestaña Member Variables y seleccione la clase del cuadro Class Name. En el cuadro Control IDs, seleccione el identificador del control para el cual desea adjuntar la variable nueva, a continuación haga clic en el botón Add Variable para abrir el diálogo Add Member Variable que se muestra en la Figura 6.3.

Teclee el nombre de la variable después del prefijo opcional «m_», y dependiendo del tipo de control, seleccione Value o Control en el cuadro Category. El ajuste Value signifi-

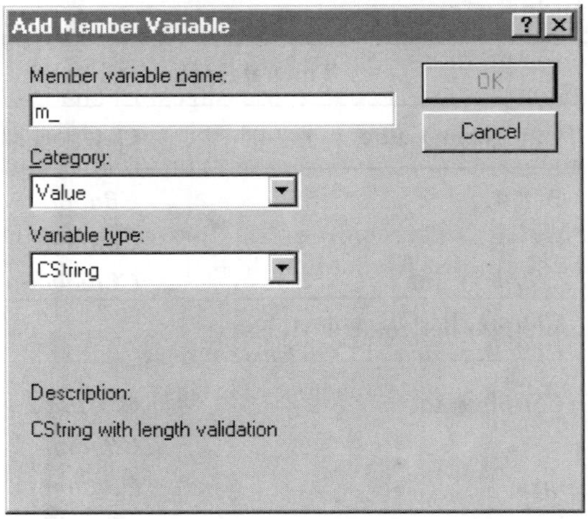

Figura 6.3. El cuadro de diálogo Add Member Variable, invocado desde la pestaña Member Variables.

ca que la variable contiene los datos de control, como por ejemplo el texto o valor numérico que el usuario teclea en un cuadro de edición. El ajuste Control significa que la variable representa el propio control. Como ejemplo, considere una variable de miembro para comprobar el control. Al seleccionar la categoría Value, hace la variable de miembro Boolean, capaz de contener un valor TRUE o FALSE que indica el estado del cuadro de comprobación. La selección de la categoría Control, sin embargo, hace de la variable un objeto *CButton*, que representa el control del cuadro de comprobación. Si desea utilizar la variable para determinar si el usuario ha activado o desactivado el cuadro de comprobación, seleccione la categoría Value. Seleccione la categoría Control si desea utilizar la variable para alterar el cuadro de comprobación de algún modo en tiempo de ejecución, como por ejemplo cambiando su captura invocando *CButton::SetWindowText* o ajustando el estado de cuadro de comprobación invocando *CButton::SetCheck*.

La Tabla 6.3 enumera los tipos de variables disponibles para controles estándar. Aquí tiene algunos puntos a tener en mente conforme lea la tabla:

- Los cuadros de edición son especialmente adeptos a pasar datos a variables de muchos tipos diferentes. El tipo de datos «numérico» mencionado en la tabla es un término genérico que incluye BYTE, **short**, **int**, UINT, **long**, DWORD, **float** y **double**.
- ClassWizard no enumera controles estáticos identificados por el valor genérico IDC_STATIC. Para asociar un control estático con una variable, primero asigne al control un identificador que no sea IDC_STATIC.
- De un grupo de botones de radio, sólo el identificador para el primer botón de grupo aparece en el cuadro Control IDs. La razón por la que otros botones del grupo no están incluidos se hará más clara en el capítulo cuando expliquemos cómo una única variable asociada con el primer botón de grupo representa al grupo entero.

Tabla 6.3. Tipos de variables para las categorías de Value y Control para los controles estándar

	Tipos de datos	
Control	**Categoría Value**	**Categoría Control**
Cuadro de comprobación	BOOL	*CButton*
Cuadro de comprobación (3 estados)	**int**	*CButton*
Cuadro de combinación	*CString* o **int**	*CComboBox*
Cuadro de edición	*CString*, BOOL, numérico, *COleDateTime* o *COleCurrency*	
Cuadro de lista	*CString* o **int**	*CListBox*
Botón avance		*CButton*
Botón circular	**int**	*CButton*
Barra de desplazamiento	**int**	*CScrollBar*
Texto estático	*CString*	*CStatic*

- Como se indica en la tabla, pulse los controles de botón que no permitan variables de la categoría Value, porque estos controles no aceptan los datos del usuario.

Si utiliza ClassWizard para añadir variables de miembro a una clase diálogo, puede aprovechar una característica increíble que le ahorrará trabajo y que ClassWizard le proporciona de forma gratis: la generación automática de código fuente para el intercambio y validación de datos de diálogo, más conocido como DDX/DDV. El intercambio y la validación de datos se aplica sólo a variables miembro para las que se selecciona la categoría Value, es decir, variables que tienen un tipo enumerado en la columna central de la Tabla 6.3.

El intercambio de datos se encarga de introducir y extraer datos de un control. Cuando aparece por primera vez el diálogo, cada ventana de control se inicializa automáticamente con el valor de la variable correspondiente. Cuando el usuario cierra el diálogo haciendo clic en el botón OK o pulsando la tecla INTRO, se invierte el curso, y cualquiera que sea el valor o el texto que contenga un control, se vuelve a copiar a la variable. La validación de datos del diálogo le asegura que un valor está dentro de los límites prescritos. Los dos mecanismos de validación e intercambio están proporcionados por el marco de trabajo MFC a través de una colección de funciones enumeradas en las Tablas 6.4 y 6.5. Cada función tiene un prefijo de *DDX_* o *DDV_* para identificarla como una función para intercambio o validación de datos.

Intercambio de datos de diálogo (DDX)

MFC proporciona una variedad de funciones de intercambio de datos que desplazan los datos entre controles y variables de miembro en una clase de diálogo. Junto con las funciones enumeradas en la Tabla 6.4, hay funciones de intercambio especializadas para datos

Tabla 6.4. Diálogo común de funciones de intercambio de datos

Función de intercambio	Obtiene/ajusta datos de este tipo...	... para un control de este tipo
DDX_CBIndex	**int**	Cuadro de combinación
DDX_CBString	*CString*	Cuadro de combinación
DDX_CBStringExact	*CString*	Cuadro de combinación
DDX_Check	**int**	Cuadro de comprobación
DDX_DateTimeCtrl	*CTime*	Selector de fecha-hora
DDX_LBIndex	**int**	Cuadro de lista
DDX_LBString	*CString*	Cuadro de lista
DDX_LBStringExact	*CString*	Cuadro de lista
DDX_MonthCalCtrl	*CTime*	Calendario mensual
DDX_Radio	**int**	Botón circular
DDX_Scroll	**int**	Barra de desplazamiento
DDX_Text	*CString* o numérico (**BYTE, short, int, UINT, long,** etc.)	Control de edición

recordset y datos devueltos por los controles ActiveX. La función *DDX_Control* transfiere datos para varios tipos diferentes de controles, como por ejemplo Animate e IP Address. Para obtener información detallada sobre las funciones de intercambio de datos, consulte la ayuda en línea de Visual C++.

La función *DDX_Radio* que se enumera en la Tabla 6.4 le garantiza un poco más de discusión. Esta función es única entre las funciones de intercambio de datos, en el sentido de que se aplica a un grupo de controles en lugar de a un solo control. *DDX_Radio* devuelve un valor **int** que indica qué botón de radio de entre un grupo ha activado el usuario; 0 para el primer botón del grupo, 1 para el segundo botón y así sucesivamente. Un valor −1 significa que todos los botones en el grupo están eliminados. Puede invocar *DDX_Radio* para determinar el estado de un solo botón de radio siempre que sea el único botón en el grupo. En este caso, un valor devuelto de 0 significa que el botón está activado, y un valor de −1 significa que el botón está desactivado. El ajuste de un grupo de botones de radio se hace normalmente en el editor de diálogo, como veremos en un momento.

Validación de datos de diálogo (DDV)

La Tabla 6.5 enumera las ocho funciones de validación de datos de diálogo, que se aplican sólo a variables de miembro para controles que aceptan datos introducidos desde el teclado; concretamente, controles de edición y cuadros de combinación.

Cuando añada una variable de miembro para un control de edición o cuadro de combinación y a continuación seleccione el control en el cuadro Control IDs en la pestaña Member Variables, aparece una de las dos solicitudes en la parte inferior de la pestaña. La solicitud depende de si la variable mantiene datos de texto o numéricos; en cualquier caso, introduzca los valores que limitan la variable para validación:

Límite mínimo/máximo de un número   Longitud máxima de la cadena

```
Description:   int with validation            Description:   CString with length validation
Minimum Value: [       ]                      Maximum Characters: [       ]
Maximum Value: [       ]
```

Todas menos una de las funciones de validación de datos de diálogo monitorizan datos numéricos, asegurando que un valor introducido por el usuario está entre los límites máximo y mínimo. La excepción es la función *DDV_MaxChars*, que verifica que el número de caracteres tecleados en un control de edición o cuadro de combinación no exceda un máximo dado. Al contrario que las funciones de intercambio enumeradas en la Tabla 6.4, las funciones de validación entran en acción sólo cuando se cierra el diálogo, no cuando aparecen en un principio. Si un valor introducido en un control está fuera de la categoría de los límites especificados, la función de validación para el control visualiza un cuadro de mensaje que informa al usuario del problema. Cuando se elimina el cuadro de mensaje, el control ofensivo centra la atención, indicando al usuario que vuelva a introducir los datos. El usuario no puede cerrar el diálogo haciendo clic en OK, a no ser que todas las funciones de validación de datos hayan sido completadas.

Tabla 6.5. Diálogo de funciones de validación de datos

Función de validación	Verifica que...
DDV_MinMaxByte	Un valor BYTE está dentro de los límites especificados.
DDV_MinMaxInt	Un valor **int** está dentro de los límites especificados.
DDV_MinMaxUInt	Un valor **UINT** está dentro de los límites especificados.
DDV_MinMaxLong	Un valor **long** está dentro de los límites especificados.
DDV_MinMaxDWord	Un valor **DWORD** está dentro de los límites especificados.
DDV_MinMaxFloat	Un valor **float** está dentro de los límites especificados.
DDV_MinMaxDouble	Un valor **double** está dentro de los límites especificados.
DDV_MaxChars	La longitud de la cadena *CString* no excede un máximo especificado.

La función DoDataExchange

ClassWizard añade una función miembro llamada *DoDataExchange* al archivo CPP de diálogo de clase. Esta función contiene todas las llamadas a las funciones de intercambio y validación de datos que necesita el diálogo. Para un solo control de edición que acepte un número entero desde el 1 hasta el 99, por ejemplo, ClassWizard escribe una función *DoDataExchange* que funciona del siguiente modo:

```
void CDemoDlg::DoDataExchange(CDataExchange* pDX)
{
    CDialog::DoDataExchange(pDX);
    //{{AFX_DATA_MAP(CDemoDlg)
    DDX_Text(pDX, IDC_EDIT, m_nEditVal);
    DDV_MinMaxInt(pDX, m_nEditVal, 1, 99);
    //}}AFX_DATA_MAP
}
```

DoDataExchange es una función completa, no código matriz al que deba añadirle más cosas. Como el marco de trabajo invoca *DoDataExchange* cuando el diálogo empieza y termina, es a veces conveniente añadir inicialización y eliminar código para ello, de lo contrario normalmente puede olvidar que la función existe. Si elimina una variable en la pestaña Member Variables, ClassWizard elimina cualquier invocación de intercambio y validación de datos para la variable en la función *DoDataExchange*.

ClassWizard y AppWizard escriben una función *DoDataExchange* para cada diálogo en un proyecto, incluso diálogos que no tengan controles que acepten entrada de usuario. Por ejemplo, la clase de cuadro About generada por AppWizard tiene la función *DoDataExchange* incluso aunque ninguno de los controles de diálogo —un icono, dos líneas de texto estático y un botón de pulsación— puedan recibir datos del usuario. Si desea que un control simplemente visualice datos sin permitir al usuario cambiar un valor, debería borrar cualquiera de las invocaciones de función DDX/DDV de control que ClassWizard añade a *DoDataExchange*. Otra opción es eliminar la función *DoDataExchange* completamente, como veremos en un ejemplo posterior de este capítulo.

Cuando se crea un diálogo, debería pensar en los primeros estadios del proceso de diseño sobre cómo la clase de diálogo incorporará el intercambio y validación de datos de diálogo. Como puede que recuerde del Capítulo 5, el editor de diálogo le permite ajustar propiedades de cada control seleccionando y deseleccionando cuadros de comprobación apropiados en el cuadro de control Properties. Cuando ajuste propiedades para un control que utilice intercambio y validación de datos de diálogo, tenga presente estos puntos:

- Para un control de edición que acepte sólo números enteros simples de base decimal (en lugar de base hexadecimal), seleccione el cuadro de comprobación Number en la pestaña Styles del diálogo Edit Properties. Esto le da al control una etiqueta de estilo de ES_NUMBER, haciendo que ignore cualquier carácter que no sea un dígito del 0 al 9, incluyendo comas y puntos.

- Si un cuadro de combinación o cuadro de lista acepta sólo datos numéricos formados libremente, acceda al diálogo de control Properties y desactive la opción de clasificación. Para un cuadro de combinación y cuadro de lista normal, deseleccione el cuadro de comprobación Sort en la pestaña Styles; para un control de lista, asegúrese de que la selección Sort es *None* en la pestaña Styles. Como estos controles clasifican números por los valores ASCII de los dígitos, no valores numéricos, clasifican una lista de números correctamente sólo cuando las entradas tengan un número fijado de dígitos e incluyan ceros a la izquierda, como por ejemplo 001 y 099.

- Cuando cree un grupo de botones de radio, ajuste la propiedad Auto para cada botón en el grupo. Esto hace que los botones de radio se excluyan mutuamente de modo que al hacer clic en un botón borre automáticamente todos los demás del grupo.

- Ajuste la propiedad Group sólo para el primer botón de radio de un grupo y asegúrese de que todos los demás botones del grupo sigan el orden de tabulación secuencial. El fracaso al hacer esto desactiva la posibilidad del diálogo para desplazar la atención desde un botón de radio al siguiente conforme el usuario pulse las teclas de flecha. También instale la propiedad Group para el control que sigue inmediatamente al último botón de radio de un grupo. Esto señala el final del grupo anterior y el principio de otro. Ejecutar el programa en el depurador le indicará cuándo un grupo de botones de radio no está propiamente delimitado por propiedades Group, porque uando aparece el diálogo el depurador visualiza este mensaje en la ventana Output: *Warning: skipping non-radio button in group.*

Adición de una clase al proyecto

Las cinco pestañas de diálogo de ClassWizard de MFC tienen un botón Add Class, de modo que puede iniciar una nueva clase desde cualquier pestaña del diálogo. Después de hacer clic en el botón Add Class, seleccione una de las dos opciones para el origen de clase:

- **New.** Cree un archivo CPP nuevo y un archivo H que contenga el código fuente principal generado por ClassWizard.

- **From a type library.** Cree un código fuente para una clase basada en una biblioteca de tipo OLE. La biblioteca de tipo puede ser un archivo autónomo, normalmente con la extensión TLB, o puede estar contenida como datos de recurso dentro de un programa, como por ejemplo una biblioteca de enlace dinámico. La biblioteca de enlace dinámico tiene normalmente la extensión de OLB (biblioteca de objeto), OCX (control ActiveX) o DLL. Por ejemplo, si elige cualquiera de los controles Active X que se describen en el Capítulo 8, añade código fuente de clase a su proyecto generado desde la información de biblioteca de tipo en el archivo OCX. Después de ubicar y seleccionar el archivo de biblioteca de tipo deseado, seleccione una clase de entre la lista de clases que ClassWizard recoge de la información en la biblioteca y visualiza en el diálogo Confirm Classes. Si desea volver a nombrar la clase seleccionada para el proyecto actual, introduzca un nombre nuevo en el control Class Name. También puede especificar los nombres de los archivos CPP y H que crea ClassWizard.

Ambas opciones actualizan automáticamente la base de datos CLW para la clase nueva. Para crear una clase nueva copiando una clase existente de otro proyecto, hay tres métodos diferentes disponibles. El método más directo de tomar prestada una clase existente es copiar el código fuente a su carpeta de proyecto y añadir el archivo CPP al proyecto utilizando el comando Add To Project. Haga clic en Files en el menú secundario emergente, luego haga doble clic en el archivo CPP de clase en la lista de archivos. Como se ha mencionado en el capítulo anterior, no es necesario añadir el archivo de cabecera porque Visual C++ reconoce el archivo de cabecera como dependencia. El segundo método requiere la inserción de un proyecto existente eligiendo el comando Insert Project Into Workspace del menú Project. A continuación puede tomar prestados archivos fuente del proyecto insertado. El tercer método para importar una clase existente es a través de la Gallery, que se explica en el Capítulo 7.

En lugar de añadir una clase existente de una biblioteca tipo, probablemente seleccionará más a menudo la opción New para hacer que ClassWizard inicie una clase nueva derivada que desee desarrollar. Al hacer clic en New visualiza el diálogo New Class que se muestra en la Figura 6.4, en la que introduce un nombre para su clase y selecciona su base de entre las clases MFC que ClassWizard soporta.

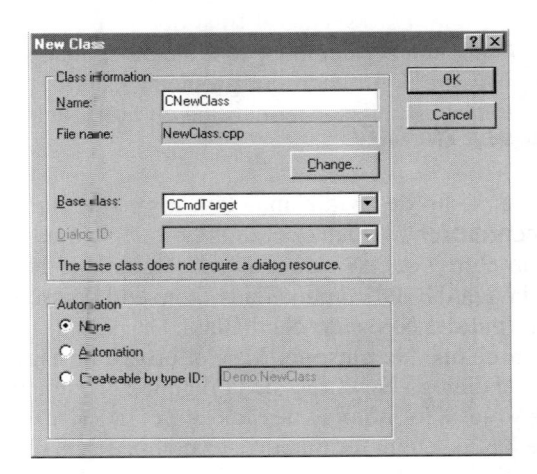

Figura 6.4. El diálogo New Class invocado desde ClassWizard.

Para nombrar los archivos fuente de clase, ClassWizard añade extensiones de archivo CPP y H al nombre de clase que especifica, menos cualquier prefijo «C». Si prefiere otro nombre para cualquier archivo, haga clic en el botón Change.

Si el control Dialog ID está activo en el diálogo New Class depende de la clase de base seleccionada. Cuando seleccione como base una de las cinco clases de diálogo MFC (*CDialog, CPropertyPage, CFormView, CRecordView* o *CDaoRecordView*), el control Dialog ID se vuelve activo, solicitando el identificador de recurso del diálogo asociado con la clase nueva. El mejor medio de crear una clase basada en diálogo es diseñar y guardar el recurso de diálogo en el editor de diálogo en primer lugar y a continuación, mientras que el editor esté todavía activo y tenga la atención de entrada, acceder al ClassWizard para crear la clase nueva para el diálogo. Haremos exactamente eso para un ejemplo más adelante en el capítulo.

El aspecto de los botones de radio en el cuadro de grupo Automation depende de si la clase de base seleccionada soporta Automation. Cuando seleccione una clase de base, como por ejemplo *CHttpFilter,* un mensaje discreto le informa de que Automation no es una opción. Sin embargo, para las clases de base que soportan Automation, el botón de radio Automation está activado. Activando este botón, le indica a ClassWizard para que escriba código para los archivos fuente generados que hacen de la clase nueva un objeto programable, visible a las aplicaciones de cliente Automation, como por ejemplo Microsoft Excel. Si quisiera más información sobre Automation, *Programación avanzada con Visual C++*, de David Kruglinski, dedica un lúcido capítulo al tema, completo de referencias a ClassWizard.

Haciendo clic en el botón de radio Createable By Type ID, genera código que permite a otras aplicaciones ActiveX crear un objeto Automation de su clase nueva. ClassWizard combina automáticamente los nombres del proyecto y la clase para formar el identificador de tipo que se muestra en el control de edición, un esquema que le ayuda a asegurar que el identificador es único. El identificador tipo, también conocido como identificador programático, se puede utilizar por una aplicación de cliente de ActiveX para especificar el objeto. Una macro Excel, por ejemplo, puede crear un objeto de *CNewClass* como este:

```
Set DemoObj = CreateObject( "Demo.NewClass" )
```

Adición de una clase que no sea de MFC

El diálogo ClassWizard no es el único medio de añadir una clase al proyecto. Haciendo clic en el comando New Class del menú Insert, visualiza el diálogo que se muestra en la Figura 6.5, que comparte el mismo nombre y que se parece mucho al diálogo trazado en la Figura 6.4. La única diferencia es la adición del cuadro Class Type en la parte superior del diálogo, que indica la naturaleza dual del comando New Class.

La selección predeterminada para el tipo de clase es MFC Class, que hace que el diálogo se comporte de forma idéntica al diálogo NewClass de la Figura 6.4. Elija una clase de base MFC en el control Base Class y ajuste los botones de radio Automation, exactamente igual que antes. Para crear una clase basada en un formulario, seleccione Form Class en el cuadro Class Type y a continuación elija una clase de base *CFormView, CDialog, CRecordView* o *CDaoRecordView*. La tercera alternativa para el tipo de clase es Generic

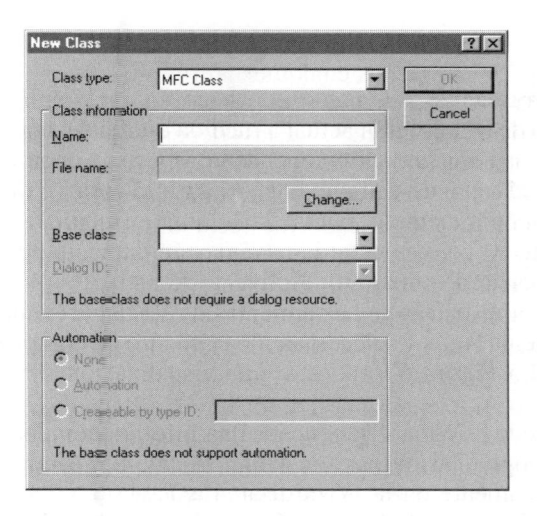

Figura 6.5. El diálogo New Class, al que se accede eligiendo el comando New Class del menú Insert.

Class, que hace que Visual C++ genere un código matriz para una clase que no sea derivada de MFC. Visual C++ está sólo tomando prestada tecnología del ClassWizard para esta hazaña, y si prefiere ver el comando New Class como otra parte de ClassWizard, no estoy en desacuerdo. Pero tenga presente que la variación del diálogo New Class trazada en la Figura 6.4 es sólo para clases derivadas de MFC, para las que siempre puede aplicar un potencial entero de ClassWizard, una herramienta diseñada desde el principio para MFC. La creación de una clase genérica que no sea MFC con el comando New Class genera código matriz, pero deja a la clase huérfana de otros rasgos de ClassWizard.

El ajuste de Generic Class en el diálogo activa un cuadro de lista desde el que puede seleccionar una base para la clase nueva. El código fuente generado consiste en sólo funciones matriz para la clase constructora y destructora, contenida en un archivo CPP y el archivo H nombrado para la clase. Por ejemplo, aquí tiene la declaración de que el comando New Class escribe al archivo de cabecera para una clase derivada desde la *CBaseClass* ficticia:

```
class CDerivedClass : public CBaseClass
{
public:
    CDerivedClass();
    virtual ~CDerivedClass();
};
```

Visual C++ ofrece otros derivados de ClassWizard además del comando New Class. Como veremos a continuación, la WizardBar actúa como un tipo de puerta lateral para ClassWizard que es a menudo más conveniente que la entrada principal.

LA WIZARDBAR

La *WizardBar* es una barra de herramientas acoplable que hace un seguimiento de la posición del signo de intercalación o de la selección actual a medida que se desplaza en los editores de diálogo y de texto. La barra ajusta continuamente su aspecto y opciones para reflejar cualquier clase con la que esté tratando actualmente. Al abrir el archivo de implementación para la clase *CMainFrame*, por ejemplo, inicializa automáticamente la WizardBar para esa clase, ofreciendo un medio conveniente de navegar rápidamente por las declaraciones y definiciones de funciones de miembro. Active y desactive la WizardBar como lo haría con cualquiera de las otras barras de herramientas de Visual C++, haciendo clic en el comando Customize del menú Tools y seleccionando el cuadro de comprobación apropiado en la pestaña Toolbars. La Figura 6.6 muestra una visualización típica de la WizardBar.

Los tres cuadros de combinación de la WizardBar encapsulan información visualizada en la pestaña Message Maps del diálogo ClassWizard de MFC, y cualquier cambio hecho en ClassWizard se refleja instantáneamente en la WizardBar. La Tabla 6.6 describe los cuadros y botones de la WizardBar. El botón de flecha más a la derecha de la WizardBar visualiza el menú desplegable de opciones que se muestran en la Figura 6.7.

Los contenidos del menú reflejan el documento actualmente activo, de modo que los comandos tales como Go To Next Function están disponibles sólo cuando un documento fuente está abierto en el editor de texto. En las descripciones siguientes de los comandos de menú, la palabra «actual» se refiere a los ajustes en la WizardBar. La clase actual, por ejemplo, es la clase que se visualiza en el cuadro Classes de WizardBar en la Figura 6.6.

- **Go To Function Definition.** Abre el archivo CPP fuente si es necesario y coloca el signo de intercalación en la primera línea de la función actual, identificada en el cuadro Functions de la WizardBar.

- **Go To Function Declaration.** Coloca el signo de intercalación en el prototipo de función actual.

- **Add Windows Message Handler.** Invoca el diálogo New Windows Message Handler. Este diálogo le permite añadir rápidamente una función matriz de manejador de mensaje a una clase de ventana que desciende de *Cwnd*.

- **Add Virtual Function.** Anula una función virtual de la clase de base. Este comando visualiza dos listas, una que contiene funciones virtuales que están disponibles para anular, y la otra que muestra esas funciones que ya están anuladas por la clase actual. Las listas proporcionan la misma información que el cuadro Messages en el

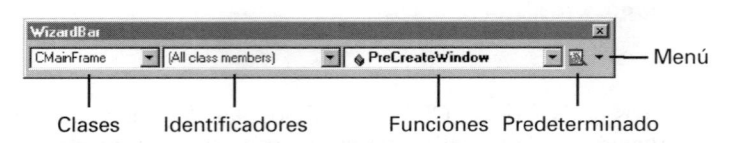

Figura 6.6. La WizardBar.

Tabla 6.6. Controles de la WizardBar

Control de la WizardBar	Descripción
Classes	Visualiza el nombre de la clase abierta actualmente en el editor y proporciona una lista desplegable de todas las clases del proyecto. Las entradas en el cuadro se vuelven grises cuando ni el editor de texto ni el diálogo del editor tienen la atención.
Identifiers	Lista identificadores de símbolo utilizados por la clase actual (el nombre de la clase actual aparece en el cuadro Classes de la WizardBar).
Functions	Contiene los nombres de funciones virtuales y procedimientos *CCmdTarget* para la clase actual.
Default	Si hace clic en el icono «varita mágica» en la parte más a la derecha de la WizardBar, ejecuta el comando predeterminado del menú de la WizardBar. El comando predeterminado depende del documento actual y de las selecciones de la WizardBar. Por ejemplo, si la implementación de archivo de clase está abierta en el editor de texto y el signo de intercalación está dentro del bloque de función, la acción predeterminada es Go To Function Declaration, que abre el archivo cabecera de clase y coloca el signo de intercalación en el prototipo de función. La acción predeterminada cambia entonces a Go To Function Definition, devolviendo el signo de intercalación al archivo CPP. La acción predeterminada es siempre el primer comando que aparece en el menú WizardBar, que se muestra en la Figura 6.7.
Menu	Visualiza el menú WizardBar de las opciones disponibles, descritas en la relación que comienza en la página anterior.

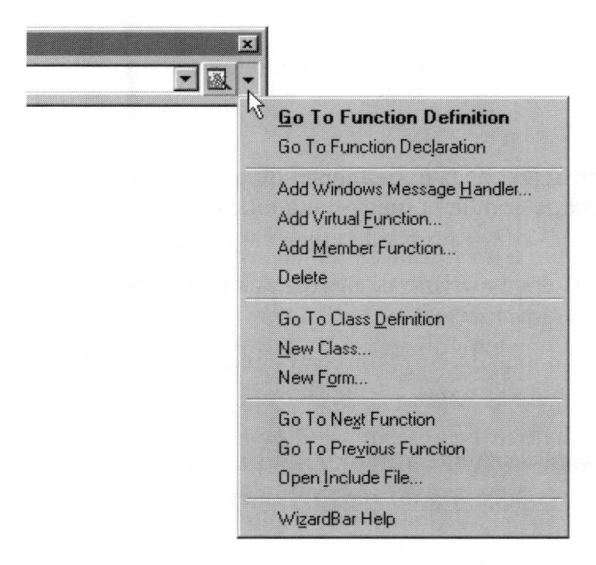

Figura 6.7. El menú WizardBar, que se visualiza haciendo clic en el botón de flecha de la WizardBar.

diálogo ClassWizard de MFC, pero son más fáciles de utilizar y más convenientes para navegar.

- **Add Member Function.** Añade una función de miembro matriz a la clase actual. Introduzca el tipo devuelto de función, declaración y etiqueta de acceso como se muestra a continuación.

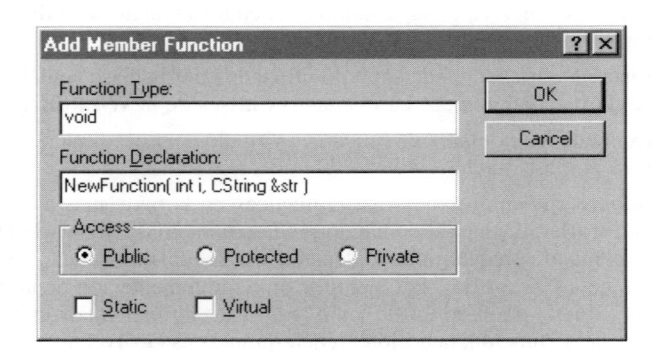

Cuando hace clic en el botón OK, Visual C++ añade tanto el código de declaración como el de definición a la función nueva para la clase de archivos fuente:

```
// En el archivo cabecera de clase
public:
    void NewFunction( int i, CString &str );

// En el archivo de implementación de clase CPP
void CMainFrame::NewFunction( int i, CString &str )
{
}
```

- **Delete.** Elimina la función actual de la clase fuente. Después de pedir confirmación, Visual C++ suprime la declaración de la función y comenta el código de implementación. El comando Undo del editor no puede almacenar una función borrada.

- **Go To Class Definition.** Coloca el signo de intercalación en la implementación de la función de constructor de clase actual.

- **New Class.** Equivalente al comando New Class en el menú Insert (que se describe en la sección «Adición de una clase que no sea de MFC», en página 228).

- **New Form.** Visualiza el diálogo New Form, que genera código matriz para una clase nueva basada en formulario derivada de *CFormView*, *CDialog*, *CRecordView* o *CDaoRecordView*. Esto produce los mismos resultados que seleccionar el tipo Form Class en el diálogo New Class.

- **Go To Next/Previous Function.** En un archivo de implementación, envía el signo de intercalación hacia delante o hacia atrás a la definición de función siguiente. En un archivo de cabecera, envía el signo de intercalación a la declaración de función adyacente.

- **Open Include File.** Busca en el documento actual sentencias **#include**, a continuación presenta una lista de todos los archivos incluidos. Para abrir un archivo en el editor de texto, haga dos veces clic en su nombre de archivo en la lista.

- **WizardBar Help.** Visualiza un tema titulado «Overview: WizardBar» en la ventana MSDN Help. Desde ahí puede ir a otros temas que pertenezcan a la WizardBar.

La WizardBar proporciona un acceso rápido a ClassWizard y es una alternativa conveniente para los diálogos de ClassWizard. Una vez que conoce a fondo ClassWizard, los rasgos de WizardBar le resultarán familiares. Aunque este capítulo se concentra en el acceso de ClassWizard a través de varios diálogos, la información se aplica por igual a las herramientas de la WizardBar.

CÓMO CLASSWIZARD RECONOCE LAS CLASES

El archivo de base de datos CLW está en formato de texto ASCII, así que puede que esté interesado en leerlo, utilizando el editor de texto. La base de datos desglosa cada clase en el proyecto, manteniendo un registro de la base de clase y los archivos fuente. Los datos de recurso, como por ejemplo los diálogos, menús y aceleradores, también se desglosan en el archivo junto con sus identificadores.

Para construir el archivo de base de datos CLW, Visual C++ escanea cada archivo fuente adjunto al proyecto y busca líneas especiales comentadas. Ha visto estos comentarios antes en los programas de AppWizard; empiezan con //{{ o //}}, actuando como paréntesis que marcan declaraciones, entradas de mapa de mensaje y otro código que pertenezca a los miembros de clase. Los comentarios no tienen otro propósito que identificar información de clase para su inclusión en la base de datos CLW. Si escribe una clase sin ClassWizard pero más tarde desea utilizar ClassWizard para añadir otras funciones o datos a la clase, debe incluir las líneas comentadas como se describe a continuación. De lo contrario, los comentarios no son necesarios.

Cada delimitador de comentario contiene una de las trece palabras clave enumeradas en la Tabla 6.7. La mayor parte de las palabras clave se utilizan por pares, una palabra clave marca una declaración en el archivo de cabecera de clase, mientras que su homóloga, que tiene un sufijo _MAP, marca una entrada correspondiente en un mapa de mensaje en el archivo CPP. Por ejemplo, aquí tiene cómo Visual C++ reconoce una función de manejador de mensaje en una clase llamada *CDemoApp*, derivada de *CWinApp* de MFC. En el archivo de implementación CPP, los comentarios especiales de AFX_MSG_MAP ponen entre paréntesis una entrada de mapa de mensaje para la función de manejador *CDemoApp::OnAppAbout*, haciendo que la entrada sea reconocible por ClassWizard:

```
BEGIN_MESSAGE_MAP(CDemoApp, CWinApp)
    //{{AFX_MSG_MAP(CDemoApp)
    ON_COMMAND(ID_APP_ABOUT, OnAppAbout)
    //}}AFX_MSG_MAP
END_MESSAGE_MAP()
```

Tabla 6.7. Palabras clave de comentario necesarias para ClassWizard

Palabra clave	Archivo	Descripción
AFX_DATA	H	Declaración de variable de miembro para intercambio de datos de diálogo.
AFX_DATA_INIT	CPP	Inicialización de una variable miembro de intercambio de datos de diálogo en un constructor de clase de diálogo.
AFX_DATA_MAP	CPP	Invocación de intercambio de datos de diálogo en una función de clase de diálogo *DoDataExchange*.
AFX_DISP	H	Declaración de automatización.
AFX_DISP_MAP	CPP	Mapeo de automatización.
AFX_EVENT	H	Declaración de evento ActiveX.
AFX_EVENT_MAP	CPP	Mapeo de evento ActiveX.
AFX_FIELD	H	Declaración de una variable de miembro utilizada para intercambio de campos de registro de base de datos.
AFX_FIELD_INIT	CPP	Inicialización de una variable miembro de intercambio de un campo de registro en un constructor de clase recordset.
AFX_FIELD_MAP	CPP	Invocación de intercambio de campo de registro en una función miembro *DoFieldExchange* de clase recordset.
AFX_MSG	H	Prototipo para una función que aparece en un mapa de mensaje.
AFX_MSG_MAP	CPP	Entrada de mapa de mensaje.
AFX_VIRTUAL	H	Declaración de una anulación de función virtual.

ClassWizard también necesita el prototipo de función, así que la declaración *OnAppAbout* en el archivo de cabecera está marcada con los comentarios AFX_MSG correspondientes:

```
public:
    //{{AFX_MSG(CDemoApp)
    afx_msg void OnAppAbout();
    //}}AFX_MSG
    DECLARE_MESSAGE_MAP()
```

Con esta información registrada en la base de datos CLW, ClassWizard sabe que la clase *CDemoApp* contiene una función miembro llamada *OnAppAbout* que se invoca cuando el programa recibe un identificador ID_APP_ABOUT contenido en el mensaje WM_COMMAND. El prefijo *afx_msg* en el prototipo de función está incluido para beneficio de ClassWizard; por lo demás no es necesario.

ClassWizard y AppWizard añaden automáticamente los comentarios de delimitador correctos cuando generan código fuente, aislándoles de estos detalles. Pero si desea utilizar ClassWizard en un proyecto que no originó con AppWizard, la Tabla 6.7 muestra cómo convertir los archivos fuente de clase existente para hacerlos reconocibles para ClassWizard. La tabla describe los tipos de funciones y declaraciones señaladas por las palabras clave de comentario e indica en qué archivo fuente se utiliza una palabra clave.

CREACIÓN DE UNA CLASE DE DIÁLOGO CON CLASSWIZARD

Después de designar un recurso de diálogo nuevo para un programa MFC, debe también proporcionar una clase derivada de *CDialog* (o una de las clases basada en diálogo) para visualizar el diálogo y responder a sus mensajes. Normalmente, ClassWizard es su siguiente paso lógico después de terminar con el editor de diálogo. Puede que hayamos utilizado mucho ClassWizard, por ejemplo, al escribir el programa MfcTree en el Capítulo 5. Recuerde que MfcTree visualiza un diálogo simple que contiene una lista árbol de algunas clases MFC. En el Capítulo 5 escribimos una clase llamada *CMfcDlg* para ejecutar el diálogo, primero utilizando el editor de texto para escribir implementación de esqueleto y archivos de cabecera llamados MfcDlg.cpp y MfcDlg.h, añadiendo a continuación los archivos al proyecto eligiendo el comando Add To Project del menú Insert. ClassWizard puede encargarse de ambos pasos.

Como demostración, volvamos a crear otra vez los archivos de esqueleto MfcDlg.cpp y MfcDlg.h, esta vez utilizando ClassWizard en lugar de escribir los archivos partiendo de cero en el editor de texto. Para obtener una idea clara del trabajo que ClassWizard automatiza, puede que desee revisar la corta sección titulada «Añadir archivos fuente para la clase de diálogo *CMfcDlg*» (pág. 194) del Capítulo 5. Esa sección describe el tercero de los cinco pasos utilizados para construir MfcTree.exe.

Al empezar este ejercicio, suponga que el diálogo de MfcTree sólo se ha creado y guardado en el editor de diálogo. Con el recurso IDD_MFC_DIALOG todavía abierto en el editor de diálogo, haga clic en ClassWizard en el menú View. ClassWizard detecta el recurso de diálogo nuevo y le pregunta si le gustaría crear una clase nueva para él:

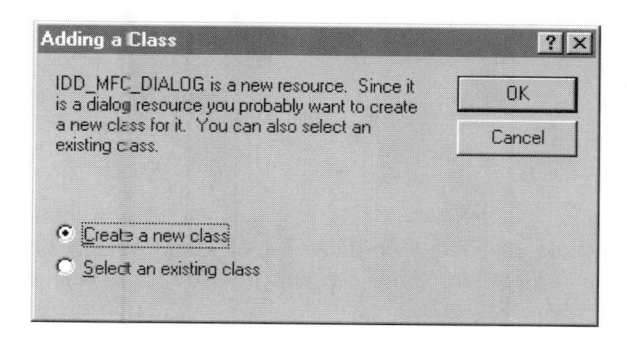

Es posible añadir una clase para la cual el código fuente ya existe. Por ejemplo, puede que ya haya escrito la clase de diálogo antes de crear y guardar el recurso en el editor de diálogo. En ese caso, haría clic en el botón de radio Select An Existing Class para adjuntar el diálogo a la clase e impedir que ClassWizard genere archivos fuente CPP y H. Para esta demostración, sin embargo, el botón de radio Create A New Class es la elección segura, ya que la clase *CMfcDlg* no existe todavía.

Al hacer clic en el botón OK, abre el familiar diálogo New Class. Introduzca *CMfcDlg* en el cuadro Name para dar un nombre a la clase nueva. Sáltese el botón Change para aceptar los nombres predeterminados de MfcDlg.cpp y MfcDlg.h que ClassWizard propone para los archivos fuente. Como ya sabe que estamos creando una clase para el diálogo nuevo, ClassWizard ya ha seleccionado *CDialog* como la clase base. También ha rellenado el cuadro Dialog ID con el identificador de diálogo IDD_MFC_DIALOG, que el editor de diálogo escribió al archivo MfcTree.rc. La Figura 6.8 muestra cómo debería ser el diálogo New Class.

Haga clic en el botón OK para cerrar el diálogo New Class y descubra el diálogo ClassWizard de MFC que se muestra en la Figura 6.9. Aquí es donde genera el código esqueleto para la clase *CMfcDlg* nueva. *CMfcDlg* necesita sólo una función *OnInitDialog*, que obtiene el control justo antes de que aparezca el diálogo IDD_MFC_DIALOG. En el cuadro Object IDs, seleccione *CMfcDlg*, y a continuación haga dos veces clic en WM_INITDIALOG en el cuadro Messages para añadir la función *OnInitDialog*.

Los nombres de dos funciones miembro que cree ClassWizard aparecen en el cuadro Member Functions en la parte inferior del diálogo. El elemento seleccionado en el cuadro indica que la macro de mapa de mensaje ON_WM_INITDIALOG es responsable de encaminar el control a la función *OnInitDialog* cuando el programa reciba un mensaje WM_INITDIALOG. Los elementos en la visualización de árbol *CMfcDlg* no cambian, así que la función *DoDataExchange* no es necesaria. Si desea borrar *DoDataExchange*, selecciónelo en el cuadro Member Functions y haga clic en el botón Delete Function. Al hacer esto, sin embargo, elimina sólo el prototipo de función del archivo de cabecera MfcDlg.h:

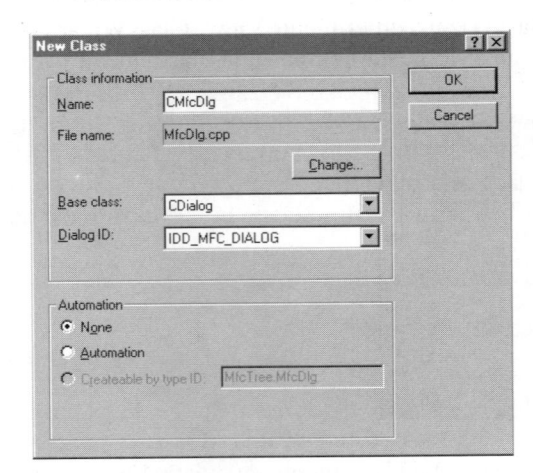

```
//{{AFX_VIRTUAL(CMfcDlg)
protected:
virtual void DoDataExchange(CDataExchange* pDX);      // Soporte DDX/DDV
//}}AFX_VIRTUAL
```

Figura 6.8. Creación de la nueva clase *CMfcDlg* en el diálogo New Class de ClassWizard.

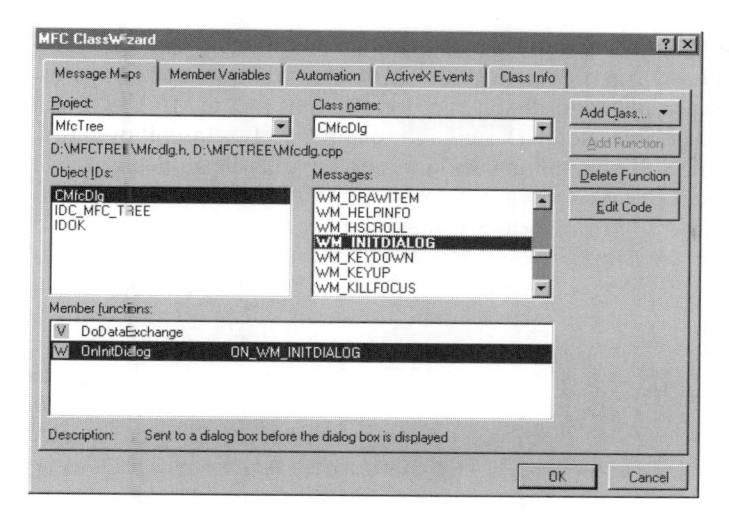

Figura 6.9. Adición de la función miembro *OnInitDialog* a la clase *CMfcDlg*.

El código fuente de *DoDataExchange* todavía permanece intacto en el archivo MfcDlg.cpp, porque ClassWizard sólo borra código dentro de los delimitadores de comentario, nunca código de implementación. Un mensaje le recuerda este hecho:

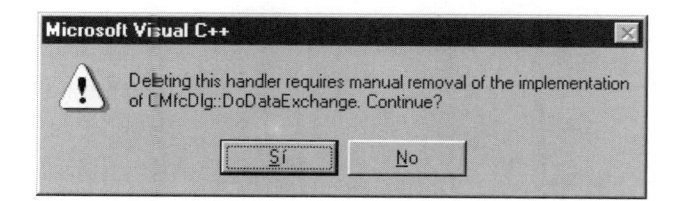

Si hace clic en el botón Sí, está de acuerdo con ClassWizard en que borrará el código fuente de *DoDataExchange* en el editor de texto. De lo contrario, corre el riesgo de definir dos veces *DoDataExchange* si decide más tarde volver a añadir la función al archivo MfcDlg.cpp. Cuando ClassWizard añade una función de miembro nuevo, no escanea primero el archivo para ver si la función existe ya; sólo escribe la nueva función shell:

```
void CMfcDlg::DoDataExchange(CDataExchange* pDX)
{
    CDialog::DoDataExchange(pDX);
}
```

El fallo en borrar la implementación original de *DoDataExchange* da un error de compilador, porque el compilador no aceptará dos definiciones de la misma función.

Cuando sale del diálogo ClassWizard de MFC, ClassWizard añade los nuevos archivos MfcDlg.cpp y MfcDlg.h al proyecto, los cuales contienen ambos funciones matriz para la clase *CMfcDlg*. Una vez que añade código a la función *OnInitDialog* de clase como se describe en el Capítulo 5, los archivos nuevos son funcionalmente equivalentes a los escritos partiendo desde cero y son mucho más fáciles de crear. Si quisiera comparar el código fuente nuevo con el viejo, puede que encuentre los archivos fuente MfcDlg originales en la carpeta Capitulo.05\MfcTree del CD que se acompaña. Los archivos MfcDlg.cpp y MfcDlg.h correspondientes generados con la ayuda de ClassWizard están en la carpeta Capitulo.06\MfcTree.

Capítulo

7

La Gallery

La Gallery es una especie de caja de herramientas en la que Microsoft ha colocado un conjunto de «código enlatado» llamado componentes que puede añadir a sus propios proyectos. También puede utilizar la Gallery para almacenar cualquiera de sus propias clases que desee utilizar más tarde. La Gallery soporta tres tipos principales de componentes: código fuente, recursos de diálogo y controles ActiveX. A través de la Gallery, puede buscar un componente en su disco duro o en la red, y a continuación insertarlo en su proyecto con un clic del ratón. Como un componente se puede almacenar en cualquier parte, la Gallery sirve tanto como depósito de código personal como para almacenar componentes para su uso privado y como almacén de código global, permitiendo que los desarrolladores enlazados a través de una red compartan una colección común de componentes.

Los componentes preempaquetados que vienen con la Gallery están almacenados en dos carpetas creadas por el programa de instalación de Visual C++: una carpeta para componentes de código fuente y otra carpeta para controles ActiveX. La carpeta de Visual C++ contiene atajos a las bibliotecas de enlace dinámico que automáticamente añaden código fuente y recursos a un proyecto. La segunda carpeta, llamada Registered ActiveX Controls, contiene enlaces de atajo a todos los controles ActiveX registrados en su sistema. Algunos de los controles registrados se proporcionan sin licencia con Visual C++, así que puede volver a distribuirlos con sus propias aplicaciones. Hay mucho que decir sobre los controles ActiveX, la mayor parte de los cuales no pertenecen directamente a la Gallery, así que el tema se posterga hasta la Parte IV de este libro. Este capítulo se centra en cómo acceder a la Gallery y construir su propia colección de objetos reutilizables.

Visual C++ no es sólo su fuente disponible para componentes preempaquetados. Muchos vendedores ofrecen herramientas de componentes tanto en código fuente como en formato binario, anunciándolos en la prensa comercial y en Internet. Los componentes preempaquetados tienden a ser más rápidos que los que crea usted mismo, porque pueden automatizar su proceso entero añadiendo un componente a un proyecto. Al operar como bibliotecas ejecutables que carga y ejecuta el entorno de Visual C++, estos paquetes profesionales pueden insertar recursos de gráficos y volver a escribir los archivos existentes del proyecto añadiendo funciones y sentencias **#include** conforme sea necesario; normalmente hasta el punto donde quede poca o ninguna programación que realizar. Y los componentes preempaquetados a menudo proporcionan su propia ayuda en línea.

La Gallery visualiza sus elementos en el diálogo Components And Controls Gallery que se muestra en la Figura 7.1. Cuando un proyecto de Visual C++ está abierto en el entorno, puede acceder al diálogo Gallery dejando el cursor momentáneamente en el comando Add To Project del menú Project. Esto visualiza un menú desplegable secundario desde el que puede elegir el comando Components And Controls. Si el botón More Info de diálogo está habilitado cuando selecciona un componente de la lista, el componente puede describirse a sí mismo a través de su propia ayuda interactiva. Para insertar un componente Gallery en su proyecto, seleccione su icono y haga clic en el botón Insert.

En la versión 4 de Visual C++, la Gallery (entonces conocida como Component Gallery) era capaz de volverse muy poblada si creaba proyectos regularmente con AppWizard. Cada vez que AppWizard se ejecutaba, automáticamente añadía una categoría nueva a Component Gallery e instalaba todas las clases de proyecto, como por ejemplo *CMainFrame* y *CAboutDlg*, como componentes de código fuente. Por defecto, ClassWizard también añadía a la categoría de proyecto cualquier clase nueva que creara. La responsabilidad de eliminar ocasionalmente las adiciones no deseadas en la Component Gallery corría a cargo del usuario, aunque muchos programadores simplemente ignoraban la lista que se expande de componentes o no eran conscientes de lo que AppWizard y ClassWizard estaban haciendo entre bastidores. La base de datos Component Gallery estaba almacenada en un solo archivo llamado Gallery.dat, así que no había inconveniente de compartir componentes con otros desarrolladores.

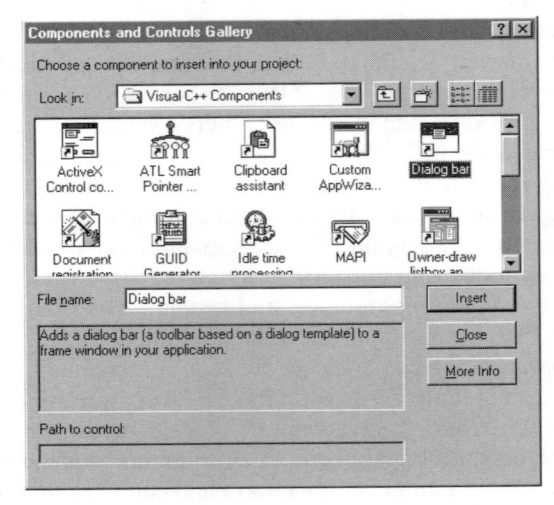

Figura 7.1. La carpeta de componentes de la Gallery de Visual C++.

Aunque la función de la Gallery en la versión 6 no ha cambiado, sus métodos se han mejorado. Gallery.dat ya no existe, su base de datos se ha reemplazado por archivos de componente individuales que pueden existir en cualquier sitio en un disco o red. Y los dos tipos AppWizard y ClassWizard ya no añaden clases a la Gallery. Como veremos en el capítulo siguiente, los controles ActiveX se pueden convertir en parte de la base de datos de la Gallery sin su permiso expreso, pero lo mismo no se cumple para otros tipos de componente. Debe dar los pasos específicos añadiendo un componente a la Gallery, incluyendo cualquier componente que desee rescatar de los proyectos de la versión 4. Una sección posterior explica cómo añadir un componente nuevo a la Gallery, pero por ahora vamos a echar un vistazo de los componentes que vienen con Visual C++.

EJEMPLO: AÑADIR UNA PROPERTY SHEET

El Capítulo 5, «Cuadros de diálogo y controles», describe cómo utilizar el editor de diálogo para crear un diálogo de hoja de propiedad e incorporar en él un programa. La Gallery incluye un componente llamado Property Sheet que hace el trabajo todavía más fácil. Esta sección y la sección siguiente muestran Property Sheet y algunos de los otros componentes que vienen con Visual C++, primero muestran cómo añadir una hoja de propiedad a un proyecto llamado Gadgets, adornando el programa todavía más con otro código que se toma prestado de la Gallery. Gadgets empieza como un proyecto AppWizard típico, a continuación se hace más sofisticado a medida que le añade componentes. Aquí tiene los pasos para ajustar el proyecto y añadir el primer componente:

1. Elija New del menú File para abrir el diálogo New, y en la pestaña Projects elija el icono MFC AppWizard (exe). Teclee *Gadgets* como nombre de proyecto y haga clic en OK.

2. A medida que AppWizard pasa por sus pantallas, seleccione el botón de radio Single Document en el primer paso y deseleccione la barra de estado, seleccione el soporte de barra de herramientas que se acopla y el de impresión en el cuarto paso. Acepte los ajustes predeterminados en los otros pasos.

3. Cuando AppWizard termina y Visual C++ abre el proyecto, elija Add To Project del menú Project y haga clic en el comando Components And Controls en el menú secundario para visualizar el diálogo Components And Controls Gallery.

4. Abra la carpeta de Visual C++ en el diálogo y haga dos veces clic en el icono de componente Property Sheet (puede que tenga que desplazarse por la lista para encontrar el icono). La Gallery solicita un cuadro de mensaje para confirmar que usted realmente desea insertar el componente.

5. Visual C++ carga y corre la biblioteca ejecutable de componente, que visualiza un diálogo haciendo distintas preguntas sobre el tipo de hoja de propiedades que desea crear. Sólo haga clic en el botón Next para aceptar todos los valores predeterminados. Cuando termine, cierre el diálogo Gallery.

Verá que el componente Property Sheet se ha colocado automáticamente en los archivos fuente de la carpeta Gadgets para la clase de hoja de propiedad. El componente ha modificado también cuatro de los archivos existentes en el proyecto Gadgets: el archivo Resource.h ahora contiene definiciones necesarias para la clase de hoja de propiedades; Gadgets.rc se ha actualizado con los guiones de diálogo para dos páginas de propiedades, y los archivos MainFrm.h y MainFrm.cpp contienen código nuevo para una función llamada *OnProperties*.

Un comentario «para hacer» en la función *OnProperties* explica que se debe conectar la función al manejador de mensaje de modo que se visualice la hoja de propiedad cuando el usuario hace clic en un comando del menú. Esto requiere sólo dos pasos:

1. Añadir una entrada para la función al mapa de mensaje en MainFrm.cpp. La entrada de mapa nueva, mostrada aquí como una línea sombreada, se debe insertar entre los delimitadores de comentario ClassWizard:

```
//{{AFX_MSG_MAP(CMainFrame)
ON_COMMAND (IDM_PROPSHEET, OnProperties)
//}}AFX_MSG_MAP
```

2. En el panel Resource View de la ventana Workspace, expanda la carpeta Menú y haga dos veces clic en el recurso de menú IDR_MAINFRAME para lanzar el editor de menú. Edite el sistema de menú de modo que aparezca de este modo:

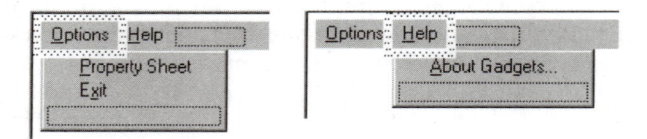

Cuando añada el comando Property Sheet al menú Options, asegúrese de que le da un valor de identificador de IDM_PROPSHEET en el diálogo Menu Item Properties. Esto es el mismo identificador utilizado en la línea sombreada añadida al mapa de mensaje en el primer paso.

Al utilizar la barra de herramientas Build, cambie la configuración del proyecto activo a Win32 Release, construya Gadgets.exe y ejecútelo. Al elegir el comando Property Sheet del menú Options del programa, visualice el diálogo repetitivo de hoja de propiedad que se muestra en la Figura 7.2. Las dos páginas del diálogo están preparadas para darle cuerpo con controles utilizando el editor de diálogo. Desde el principio hasta el final, la operación entera lleva sólo unos cuantos minutos. Las hojas de propiedad nunca han sido tan sencillas.

EJEMPLO: AÑADIR UNA PANTALLA DE PRESENTACIÓN Y UN RELOJ

Una pantalla de presentación es una imagen de mapa de bits que aparece brevemente al inicio del programa. Los programas grandes de Windows (como por ejemplo Visual C++ e incluso el propio Windows) a menudo soportan una pantalla de presentación antes de

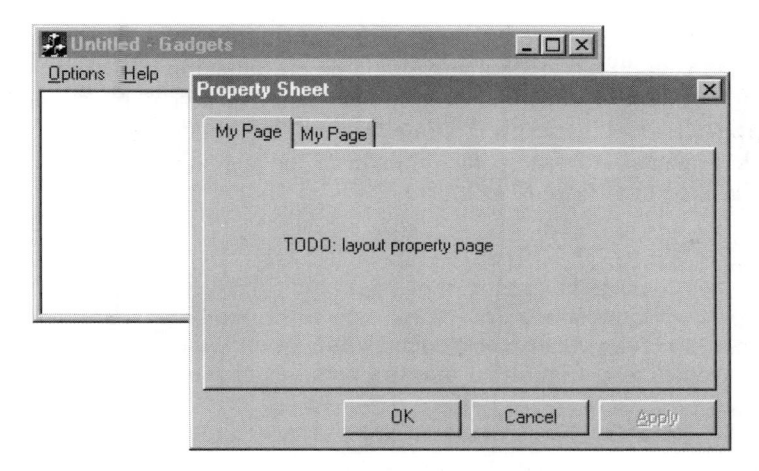

Figura 7.2. El programa Gadgets con su página de propiedad visualizada.

visualizar una pantalla principal mientras que se cargan archivos y se llevan a cabo otros procedimientos de inicialización. Esto no sólo le da al usuario algún atractivo a lo que mirar mientras que el programa esté ocupado, también aporta una impresión de receptividad. El programa Gadgets es tan pequeño que realmente no necesita una pantalla de presentación, pero esto no debería detenernos. Vamos a añadir una barra de estado con un reloj mientras que estamos en ello. No creerá lo fácil que es todo esto.

Los componentes que necesitamos, llamados Splash Screen y Status Bar, están identificados con estos iconos grandes en la carpeta Components de Visual C++ del diálogo Gallery:

Añada cada componente al proyecto Gadgets haciendo dos veces clic en el icono de componente. El componente Status Bar corre un diálogo que le permite elegir si la barra de estado nueva visualiza la fecha y la hora. Para incluir la hora en la barra de estado, haga clic en el botón de radio Use System Default en el paso segundo (acepte los ajustes predeterminados para los otros pasos). Cuando cierre Gallery, encontrará código que se ha añadido al archivo MainFrm.cpp que crea una barra de estado con un reloj pequeño en la parte más a la derecha. Sólo necesita añadir esta línea sombreada al mapa de mensaje en MainFrm.cpp:

```
//{{AFX_MSG_MAP(CMainFrame)
ON_COMMAND (IDM_PROPSHEET, OnProperties)
ON_WM_CREATE ()
//}}AFX_MSG_MAP
```

El componente Splash Screen proporciona un archivo llamado Splsh16.bmp que contiene una imagen de mapa de bits. Para una pantalla de presentación de su propio diseño, cree una imagen de 16 colores en el editor de gráficos y guárdela bajo el mismo nombre de archivo, sobrescribiendo el archivo Splsh16.bmp original. La duración predeterminada de la visualización de la pantalla de presentación es de $^{3}/_{4}$ de segundo (750 milisegundos), pero puede cambiar esto modificando la línea

```
SetTimer(1, 750, NULL);
```

en el archivo Splash.cpp. Para ver los componentes nuevos en acción, reconstruya el programa Gadgets y ejecútelo. La Figura 7.3 muestra cómo es el programa nuevo.

CREACIÓN DE UN COMPONENTE PERSONALIZADO

La Gallery es infinitamente expandible. Puede añadirse a su colección creando sus propios componentes personalizados —un cuadro de diálogo, por ejemplo, o una clase nueva—. Un componente personalizado consiste en un código fuente para una clase, normalmente un solo archivo de implementación CPP y un archivo de cabecera H. Si la clase se deriva desde una de las clases de diálogo MFC (*CDialog*, *CFormView*, *CPropertyPage*, *CRecordView* o *CDaoRecordView*), el componente también incluye los datos de recurso para el diálogo.

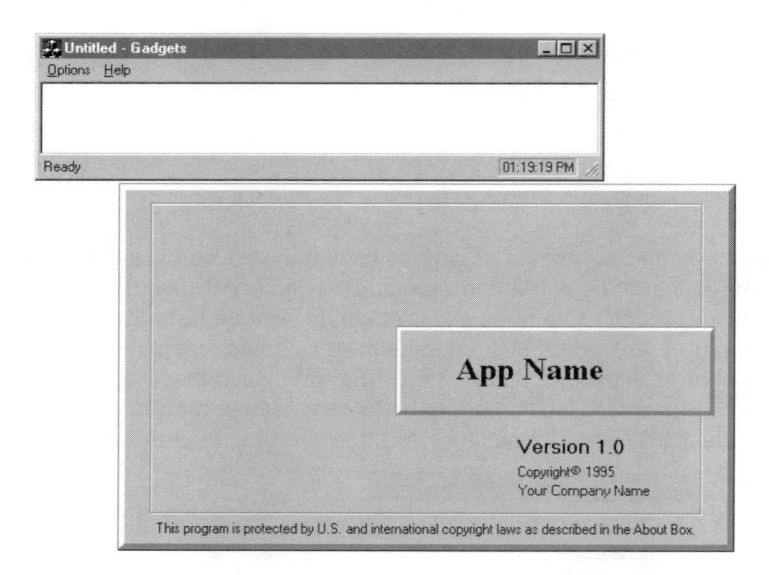

Figura 7.3. El programa Gadgets con su nueva pantalla de presentación, barra de estado y reloj.

Hay buenas razones para guardar su trabajo como un componente nuevo. Primero, la Gallery sirve como un almacén conveniente para código fuente reutilizable. Cuando desarrolla una clase para un proyecto y lo guarda como un componente, no tiene más tarde que ir a través de archivos de disco buscando el código fuente para añadir la clase a un nuevo proyecto. Una segunda razón para la creación de nuevos componentes es especialmente atractiva para los desarrolladores vinculados por una red, que pueden ahora añadir y retirar componentes de un banco central de datos. Antes de desarrollar una clase nueva, puede comprobar la Gallery para ver si alguien ya ha hecho su trabajo para usted.

Para añadir un componente a la Gallery, haga clic en el botón derecho del ratón en el panel Class View de la ventana Workspace y elija el comando Add To Gallery del menú contextual. La Figura 7.4 ilustra los pasos para una clase llamada *CNewComponent*.

Haciendo clic en el comando Add To Gallery, crea una nueva subcarpeta si es necesario en la carpeta principal de la Gallery. La subcarpeta tiene el mismo nombre que el proyecto y contiene el nuevo componente de archivo, que tiene una extensión de OGX. El archivo de componente OGX no es un puntero al código fuente de clase original; en su lugar, contiene copias vinculadas de CPP y archivos de texto H que definen la clase. Si la clase está basada en el diálogo, el archivo OGX también incluye una copia del guión de recursos de diálogo. Debido a que el archivo OGX archiva una copia completa del código, un componente puede sobrevivir en su proyecto. Incluso cuando los archivos de proyecto se borran o se desplazan, la Gallery puede siempre producir el código fuente original. Esto significa que un componente es una imagen instantánea de código tal y como existe en el momento en que lo añadió a la Gallery. Un componente no se actualiza de forma automática junto con el código fuente; para actualizar un componente, debe añadir la clase a la Gallery otra vez.

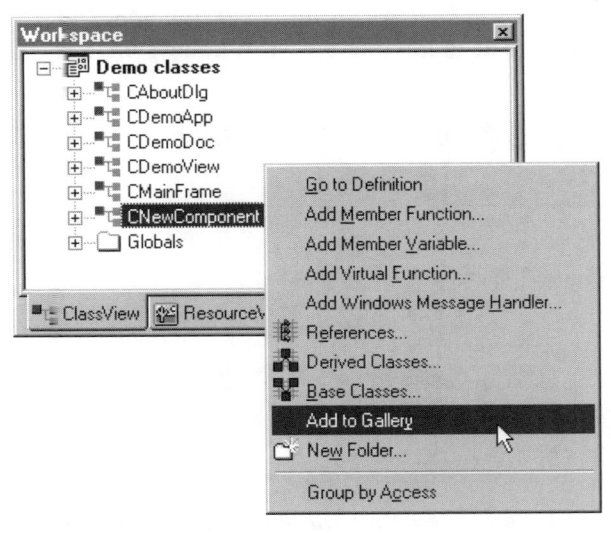

Figura 7.4. Adición de una clase a la Gallery.

Los componentes personalizados que crea tienen ciertas limitaciones. Por alguna razón, el botón More Info en el diálogo Gallery está inactivo para los componentes personalizados porque no hay un modo directo de añadir ayuda en línea para explicar cómo funciona el componente. Tampoco puede un componente personalizado modificar automáticamente los archivos fuente existentes en un proyecto del mismo modo que lo hacen los componentes de Property Sheet y Splash Screen. La creación de componentes de calidad profesional y para el mercado de software requiere el Component Builder's Kit de Microsoft, lo que le permite crear componentes ejecutables que pueden utilizar el sistema de ayuda en línea. Microsoft no le cobra por el conjunto, pero actualmente está disponible sólo en compañías de software, no para particulares. Para solicitar una copia del Builder's Kit, envíe una solicitud con el membrete de su compañía a:

Visual C++ Manager
Microsoft Corporation
One Microsoft Way
Redmond, WA 98052-6399

Ejemplo: Un componente personalizado para listados de directorio

Esta sección muestra el proceso de creación de un componente personalizado, primero esbozando una nueva clase llamada *CDirListCtrl* y a continuación añadiéndola a la Gallery. Derivada de la clase *CListCtrl* de MFC, *CDirListCtrl* visualiza un listado de directorios en un control común de visualización de lista, adjuntando iconos pequeños que son una ayuda visual para distinguir entre los controladores, carpetas y archivos (Figura 7.5). Haciendo clic en un controlador o carpeta en la lista, cambia automáticamente la ruta y actualiza la lista. Y como *CDirListCtrl* no utiliza la función API *DlgDirList*, visualiza correctamente los nombres de archivo largos en Windows 95. Si le parece que

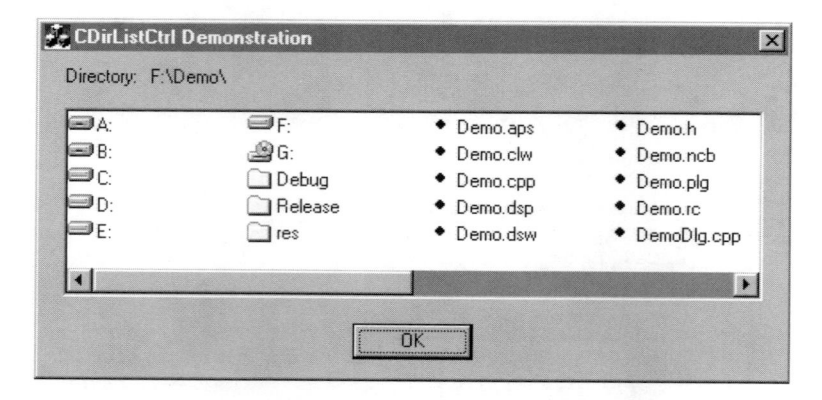

Figura 7.5. El control de visualización de lista *CDirListCtrl* en un cuadro de diálogo típico.

esto es algo que podríamos haber utilizado en el Capítulo 5 para el programa DirList1, está usted en lo cierto. Una sección más adelante muestra cómo añadir el componente-personalizado *CDirListCtrl* para crear una versión nueva del programa llamado Dir-List2.

El Listado 7.1 muestra el código fuente para la clase *CDirListCtrl*, contenido en los archivos DirCtrl.h y DirCtrl.cpp ubicados en la carpeta Codigo\Capitulo.07\DirCtrl en el CD que se acompaña. *CDirListCtrl* contiene cinco funciones públicas de miembro, tres de las cuales se declaran en línea en el archivo de cabecera DirCtrl.h. De las otras dos funciones, *Create* ajusta el control de visualización de la lista y *ShowList* actualiza el listado de directorios en el control. La ruta del directorio visualizado se almacena en la cadena *strDirectory*. El cambio de listado es un procedimiento de dos pasos en el que el creador del objeto *CDirListCtrl* primero invoca la función *SetPath* para cambiar la ruta del directorio y a continuación invoca *ShowList* para visualizar el directorio nuevo.

Listado 7.1. Archivos fuente para la clase *CDirListCtrl*

DirCtrl.h
```
// ***************************************************************
//
// DirCtrl.h
//
// ***************************************************************

#define  DL_DRIVE       1
#define  DL_FOLDER      2
#define  DL_FILE        4
#define  DL_ALL         7

typedef BOOL (CALLBACK *PCALLBACK)( PWIN32_FIND_DATA );

class CDirListCtrl : public CListCtrl
{
private:
    int          iListFlags, idcPath;
    CString      strDirectory, strFilter;
    CListBox     listDummy;
    CImageList   imageList;
    CDialog*     pDialog;

    BOOL         FindFiles( DWORD dwFlags );
    void         GetCurrentDirectory ();
    PCALLBACK    pCallBack;

public:
    BOOL    ShowList( CString& Filter );
    void    GetPath( CString& strPath ) { strPath = strDirectory; }
    void    SetPath( CString& strPath ) { strDirectory = strPath; }
    void    SetCallBack( PCALLBACK pCB ) { pCallBack = pCB; }
```

(*Continúa*)

Listado 7.1. (*Continuación*)

```cpp
    void    Create( CDialog* pDlg, LPRECT prect, int idcControl,
            int idcStatic, int iFlags=DL_ALL, int idiIcon=0 );
protected:
    BOOL    GetDirectoryList( int iType );
    afx_msg void OnSelChange( NMHDR* pnumhdr, LRESULT* pResult );
    DECLARE_MESSAGE_MAP ()
};
```

DirCtrl.cpp

```cpp
// ********************************************************************
//
// DirCtrl.cpp
//
// ********************************************************************

#include "afxcmn.h"
#include "dirctrl.h"
#define IDC_DUMMY        48888

void CDirListCtrl::Create( CDialog* pDlg, LPRECT prect,
                           int idcControl, int idcStatic,
                           int iFlags, int idiIcon )
{
    pDialog = pDlg;       // Guarda ptr en un objeto de diálogo
    idcPath = idcStatic;  // Guarda la ID del control estático
    pCallBack = NULL;     // Supone que no hay rellamada

    // Crea un control DirListCtrl
    if (!CreateEx( WS_EX_CLIENTEDGE, WC_LISTVIEW, NULL,
            LVS_LIST | LVS_SINGLESEL | LVS_ALIGNLEFT |
            WS_VISIBLE | WS_CHILD, prect->left, prect->top,
            prect->right, prect->bottom,
            pDialog->m_hWnd, (HMENU) idcControl ))
    {
        MessageBox( "Failed to create DirListCtrl" );
        return;
    }

    // Asocia los iconos "file", "folder" y "drive" con el control
    // DirListCtrl
    imageList.Create( 16, 16, TRUE, 1, 0 );
    if (idiIcon)
    {
        imageList.Add( AfxGetApp()->LoadIcon( idiIcon ) );      // Floppy
        imageList.Add( AfxGetApp()->LoadIcon( idiIcon + 1 ) );  // Hard
        imageList.Add( AfxGetApp()->LoadIcon( idiIcon + 2 ) );  // CD-ROM
        imageList.Add( AfxGetApp()->LoadIcon( idiIcon + 3 ) );  // Folder
        imageList.Add( AfxGetApp()->LoadIcon( idiIcon + 4 ) );  // File
    }
    SetImageList( &imageList, LVSIL_SMALL );
```

LA GALLERY 249

```
    // Crea un cuadro de lista tonto
    CRect rectDummy;
    rectDummy.SetRectEmpty ();
    listDummy.Create( WS_CHILD | LBS_SORT, rectDummy,
                      pDialog, IDC_DUMMY );

    // Inicia con el directorio actual
    GetCurrentDirectory ();
    iListFlags = iFlags;
}

//
// Llena el control de visualización de lista con el listado de directorios
// -----------------------------------------------------------------------
BOOL CDirListCtrl::ShowList( CString& Filter )
{
    static int   iType[3] = { DL_DRIVE, DL_FOLDER, DL_FILE };
    BOOL         bRetCode = FALSE;
    int          i, j, n, nIcon, nItem = 0;
    UINT         uType;
    PSTR         pItem    = new char[MAX_PATH];
    char         szRoot[] = {"x:\\\0"};

    if (Filter.IsEmpty ())
     strFilter = "*.*";
    else
    {
     strFilter = Filter;
     strFilter.TrimLeft ();            // Elimina cualquier cabecera
     if (strFilter.GetAt( 0 ) == '\\') // espacios en blanco
     {                                  // o barra invertida
         strFilter.SetAt( 0, ' ' );
         strFilter.TrimLeft ();
     }
    }

    // Actualiza el control estático y vacía la lista

    pDialog->SetDlgItemText( idcPath, strDirectory );
    DeleteAllItems ();

    // Visualiza la lista de directorios en este orden: discos, carpetas,
    // archivos

    for (n=0, j=DL_DRIVE; n < 3; n++, j <<= 1)
    {
     if ((iListFlags &j))
     {
         if (GetDirectoryList( iType[n] ))
         {
             bRetCode = TRUE;
```

(*Continúa*)

Listado 7.1. (*Continuación*)

```
                    // Copia la lista del cuadro tonto al control de
                    // visualización de lista
                    i = 0;
                    while (listDummy.SendMessage( LB_GETTEXT, i++,
                                        (LPARAM) pItem ) != LB_ERR)
                    {
                        if (lstrcmp( pItem, "." ) &&
                            lstrcmp( pItem, ".." ))
                        {
                            // Determina el icono que debería tener el
                            // elemento listado.
                            // Las cinco imágenes de icono posible identifican
                            // el elemento listado de la siguiente forma:
                                // imagen #1 disquetera
                                // imagen #2 disco duro
                                // imagen #3 CD-ROM
                                // imagen #4 carpeta
                                // imagen #5 archivo

                            switch (j)
                            {
                                case DL_DRIVE:
                                    szRoot[0] = *pItem;
                                    nIcon = 1;
                                    uType = ::GetDriveType( szRoot );
                                    if (uType == DRIVE_REMOVABLE)
                                        nIcon = 0;
                                    if (uType == DRIVE_CDROM)
                                        nIcon = 2;
                                    break;

                                case DL_FOLDER:
                                    nIcon = 3;
                                    break;

                                default:
                                    nIcon = 4;
                            }

                            InsertItem( nItem, pItem, nIcon );
                            SetItemData( nItem++, iType[n] );
                        }
                    }
                }
            }
        }

        delete [] pItem;                                    // Eliminar
        return bRetCode;
    }
```

```
BEGIN_MESSAGE_MAP (CDirListCtrl, CListCtrl)
    ON_NOTIFY_REFLECT (LVN_ITEMCHANGED, OnSelChange)
END_MESSAGE_MAP ()

//
// Elemento sobre el que se ha hecho clic en el control de
// visualización de lista
// ----------------------------------------------------------------

void CDirListCtrl::OnSelChange( NMHDR* pnumhdr, LRESULT* pResult )
{
NM_LISTVIEW* pnmlv = (NM_LISTVIEW*) pnumhdr;

// Obtiene el elemento seleccionado en visualización de lista
if ((pnmlv->uNewState) & LVIS_FOCUSED)
{
    // ¿Es un disco, carpeta o archivo?
    int iType = GetItemData( pnmlv->iItem );

    if (iType != DL_FILE)              // Se ignora si es un archivo
    {
        CString strItem = GetItemText( pnmlv->iItem, 0 );

        // Si se selecciona el disco, reemplaza el directorio
        if (iType == DL_DRIVE)
            strDirectory = strItem;        // Directorio = "d:"

        // Si se selecciona la carpeta, la añade a la ruta actual
        else
            strDirectory += strItem;   // Añade la cadena "subdir"

        strDirectory += "\\";          // En cualquier caso, añade '\'

        if (!ShowList( strFilter )) // Nuevo listado de directorios
        {
            // Si se produce un error, volver al directorio actual
            GetCurrentDirectory ();
            strFilter.Empty ();
            ShowList( strFilter );
        }
    }
}

*pResult = 0;
}

//
// Lista la lista de directorios en un cuadro de lista tonto (invisible).
// Y cargar el cuadro de lista con la lista de directorios es un paso más,
// pero que merece la pena, porque sirve como área de almacenamiento
// conveniente y también ordena las entradas alfabéticamente.
// ----------------------------------------------------------------

BOOL CDirListCtrl::GetDirectoryList( int iType )
{
DWORD    dwDrives;
```

(*Continúa*)

Listado 7.1. (*Continuación*)

```cpp
    char    szDrive[] = "A:";
    BOOL    bRet;

    // Vacía el cuadro de lista tonto
    listDummy.SendMessage( LB_RESETCONTENT, 0, 0 );

    switch (iType)
    {
        case DL_DRIVE:
            dwDrives = ::GetLogicalDrives ();
            for (; dwDrives && szDrive[0] <= 'Z'; ++szDrive[0])
            {
                if (dwDrives & 1)
                    listDummy.SendMessage( LB_ADDSTRING, 0,
                                            (LPARAM) szDrive );
                dwDrives >>= 1;
            }
            bRet = TRUE;
            break;

        case DL_FOLDER:
            bRet = FindFiles( FILE_ATTRIBUTE_DIRECTORY );
            break;

        case DL_FILE:
            bRet = FindFiles( 0L );
            break;
    }

    return bRet;
}

BOOL CDirListCtrl::FindFiles( DWORD dwFlags )
{
    WIN32_FIND_DATA fd;
    HANDLE          hFind;
    CString         str = "*.*";
    BOOL            bOkay;

    if (dwFlags == 0)
        str = strFilter;

    hFind = ::FindFirstFile( strDirectory + str, &fd );
    if (hFind == INVALID_HANDLE_VALUE)
        return FALSE;

    while (TRUE)
    {
        if (dwFlags == (fd.dwFileAttributes &
                        FILE_ATTRIBUTE_DIRECTORY))
        {
            bOkay = (pCallBack) ? pCallBack( &fd ) : TRUE;
            if (bOkay)
```

```
            listDummy.SendMessage( LB_ADDSTRING, 0,
                                   (LPARAM) fd.cFileName );
        if (!::FindNextFile( hFind, &fd ))
            break;
    }
    ::FindClose( hFind );

    return TRUE;
}

void CDirListCtrl::GetCurrentDirectory ()
{
    PTSTR pDir = new char[MAX_PATH];

    ::GetCurrentDirectory( MAX_PATH, pDir );
    strDirectory = pDir;

    if (strDirectory.Right( 1 ) != "\\")
        strDirectory += "\\";                    // Añade una barra invertida

    delete [] pDir;
}
```

La función *Create*, que se invoca sólo una vez para crear el control, tiene un prototipo como el siguiente en el archivo de cabecera DirCtrl.h:

```
void Create( CDialog* pDlg, LPRECT prect, int idcControl,
             int idcStatic, int iFlags=DL_ALL, int idiIcon=0 );
```

La Tabla 7.1 explica los seis parámetros de la función.

Tabla 7.1. Parámetros de la función *Create*

Parámetro	Descripción
pDlg	El puntero **this** para el cuadro de diálogo que lo contiene.
prect	Puntero a la estructura RECT que contiene las dimensiones del control de visualización de lista dentro de la ventana de diálogo.
idcControl	Identificador del control de visualización de lista.
idcStatic	Identificador del control estático en el diálogo. La función *ShowList* escribe la ruta del directorio actual al control *idcStatic*.
iFlags	Las etiquetas de bits definidas en DirCtrl.h que determinan el contenido del listado de directorios. Los valores pueden ser cualquier combinación de DL_DRIVE, DL_FOLDER y DL_FILE. El valor predeterminado DL_ALL incluye los tres tipos en el listado.
idiIcon	Valor identificador para el primero de cinco iconos posibles visualizados en el listado de directorios.

El invocador proporciona en sus datos de recurso hasta cinco imágenes de icono, cada 16 píxeles cuadrados, que representan los distintos tipos de controladores y nombres de archivos visualizados en el control de visualización de lista. La Figura 7.5 ilustra las imágenes de icono posibles, que incluyen una disquetera, disco duro, disco de CD-ROM, carpeta de archivo y una pequeña forma de diamante para representar archivos. *Create* adjunta cada icono al control invocando la función *CImageList::Add*, empezando con el icono de disquetera identificado por el parámetro *idiIcon*. Los identificadores para las imágenes de icono siguen el orden secuencial, así que *idiIcon+1* es el identificador para la imagen de disco duro, *idiIcon+2* es el identificador para la imagen de disco de CD-ROM, y así sucesivamente. Los iconos son opcionales y no es necesario que aparezcan.

Antes de que existan, la función *Create* invoca *CListBox::Create* para ajustar un control de cuadro de lista invisible llamado *listDummy*. El cuadro de lista *listDummy* nunca se visualiza, sirviendo sólo como una papelera de almacenamiento intermedia para los nombres de archivo que forman parte del listado de directorios. El nombre de cada archivo y carpeta que la función *FindFiles* localiza en el directorio se añade al cuadro de lista *listDummy*. Como el cuadro de lista se crea con la etiqueta LBS_SORT, clasifica automáticamente su colección de cadenas conforme recibe cada nombre de archivo y de carpeta. Cuando la función *ShowList* extrae las cadenas del cuadro de lista, el cuadro de lista entrega las cadenas una a una por orden alfabético.

La función en línea *SetCallBack* toma la dirección de una rutina opcional de retrollamada. Si la dirección *pCallBack* no es nula, la función *FindFiles* presupone que la rutina de retrollamada existe y la invoca para cada archivo añadiendo el nombre de archivo al cuadro de lista *listDummy*:

```
bOkay = (pCallBack) ? pCallBack( &fd ) : TRUE;
if (bOkay)
    listDummy.SendMessage( LB_ADDSTRING, 0, (LPARAM) fd.cFileName );
```

Al devolver TRUE o FALSE de la rutina de retrollamada, el creador del objeto *CDirListCtrl* puede aceptar o rechazar cualquier archivo. Veremos más tarde en el capítulo cómo aprovecha el programa DirList2 esta característica para saber qué archivos aparecen en la lista de directorios.

Creación de la clase CDirListCtrl

Antes de que pueda añadir *CDirListCtrl* a un componente, necesitamos que un proyecto temporal contenga los archivos fuente. Esto es así porque el panel ClassView de la ventana Workspace es accesible sólo en un proyecto abierto. La creación de un proyecto temporal es por lo tanto necesaria cuando la clase que desea añadir a la Gallery existe como código fuente que no pertenece al proyecto. Una vez que la clase se añade a la Gallery, puede a continuación borrar el proyecto temporal. El nombre del proyecto no tiene importancia.

Puede crear un proyecto temporal que contenga una clase existente de dos modos. El primer método se basa en AppWizard. Haga clic en New del menú File, seleccione el icono MFC AppWizard (exe) en la pestaña Projects, y teclee un nombre de proyecto (los pasos esbozados más abajo presuponen que el nombre del proyecto es DirCtrl). Haga clic en el botón Finish en AppWizard para aceptar los valores predeterminados, que no son importantes porque de todos modos desecharán todos los archivos generados.

El segundo método para crear un proyecto temporal que contenga una clase de componente no se basa en AppWizard. Semejante proyecto necesita sólo un archivo RC tope con el mismo nombre que el proyecto; el archivo RC puede incluso estar vacío. Para crear el proyecto seleccione el icono Win32 Application (en lugar del icono AppWizard) en la pestaña Projects del diálogo New, déle al proyecto un nombre tal como DirCtrl, y haga clic en OK. En el paso siguiente del asistente, acepte el ajuste predeterminado especificando un proyecto vacío y haciendo clic en el botón Finish. A continuación, utilice el editor de texto para crear un archivo RC vacío y guárdelo en la carpeta de proyecto DirCtrl. Con el proyecto nuevo abierto, elija el comando Add To Project del menú Project y haga clic en Files en el menú secundario. En el diálogo Insert Files Into Project, haga dos veces clic en el archivo RC tope para añadirlo al proyecto. Esto es todo lo que se necesita para habilitar ClassWizard, que es ahora accesible a través del comando ClassWizard del menú View. Cuando invoque ClassWizard, Visual C++ detecta que todavía no existe un archivo CLW para el proyecto y se ofrece para construir un archivo nuevo. Debe hacer clic en Yes a este ofrecimiento y OK en el subsiguiente diálogo Select Source Files para pasar al diálogo MFC ClassWizard.

Cualquiera que sea el método que utilice para crear el proyecto nuevo, haga clic en el botón Add Class del diálogo MFC ClassWizard, a continuación elija New para invocar el diálogo New Class que se ilustra en la Figura 6.4 (pág. 227). Teclee *CDirListCtrl* para el nombre de clase y seleccione *CListCtrl* como la clase base. Haga clic en el botón Change y renombre los archivos fuente generados a DirCtrl.h y DirCtrl.cpp. Cuando cierre el diálogo ClassWizard, Visual C++ escribe el código tope para la nueva clase *CDirListCtrl* y automáticamente añade los archivos al proyecto.

El paso siguiente es proporcionar código fuente para la clase nueva. Copie en la carpeta de proyecto DirCtrl los archivos DirCtrl.cpp y DirCtrl.h de la carpeta Codigo\Capitulo.07\DirCtrl del CD que se acompaña, sobrescribiendo archivos superiores que ClassWizard acaba de crear. También copie los archivos DirCtrl.ico, Floppy.ico, HardDisk.ico, CD-ROM.ico, Folder.ico y File.ico al proyecto de carpeta; necesitaremos estos archivos más tarde.

Creación del componente CDirListCtrl

CDirListCtrl es ahora una clase que funciona pero no todavía un componente terminado y utilizable. Muestre el panel ClassView de proyecto y haga clic en el botón derecho del ratón sobre *CDirListCtrl* en la lista de clases, a continuación seleccione el comando Add To Gallery del menú contextual, como se muestra en la Figura 7.4. Visual C++ combina tanto DirCtrl.cpp como DirCtrl.h en un solo archivo llamado DirListCtrl.ogx y almacena el archivo OGX en una carpeta nueva de la Gallery llamada DirCtrl. Los párrafos que siguen tienen más que decir sobre esta nueva carpeta de la Gallery, así que no se confunda con la carpeta del proyecto original DirCtrl.

Abra la carpeta DirCtrl en la Gallery para ver el componente nuevo, que aparece en la visualización de icono grande así:

Supone algo de trabajo extra, pero puede adornar el aspecto sencillo del componente. El primer paso es eliminar el archivo OGX fuera de la carpeta DirCtrl y reemplazarlo por un archivo de atajo. Haga clic en el botón derecho del ratón en el icono nuevo DirListCtrl.ogx y elija el comando Cut del menú contextual. Cree una nueva subcarpeta en la carpeta nueva del diálogo de la Gallery haciendo clic en el botón derecho del ratón en el área en blanco del cuadro de lista grande y elija el comando New. Déle a la carpeta nueva un nombre genérico como OGX Files, a continuación pegue el archivo DirListCtrl.ogx en la carpeta nueva. Haga clic en el botón derecho del ratón sobre el icono DirListCtrl.ogx, elija el comando Create Shortcut del menú contextual, a continuación corte y pegue el archivo de atajo de nuevo en la carpeta DirCtrl.

Confíe en mí; casi hemos terminado. A estas alturas, el archivo OGX original se ha desplazado a la carpeta llamada OGX Files y reemplazado por el atajo en la carpeta DirCtrl. Nuestro paso final es mejorar el aspecto del icono de atajo en la carpeta DirCtrl. Dé al icono de atajo un nombre más descriptivo —Directory List, por ejemplo— haciendo clic en el botón de la derecha del ratón sobre el icono y eligiendo Rename. Los archivos OGX de componente no tienen sus propios iconos, pero los enlaces de atajo sí. La razón principal para sustituir un atajo por el archivo OGX original es que pueden adjuntar un icono para distinguir el componente Directory List nuevo. Haga clic en el botón derecho del ratón en el icono Directory List, elija Properties, y a continuación haga clic en el botón Change Icon en la pestaña Shortcut del diálogo Properties. Introduzca (o explore) el camino al archivo DirCtrl.ico que copió antes del CD que acompaña. Cuando hace clic en OK para cerrar el diálogo Properties, el componente ahora aparece del modo siguiente en la carpeta DirCtrl:

Directory List

Un poco de trabajo, por supuesto, pero el componente tiene un aspecto mejor que cuando lo empezamos. Si no le importa hacer este esfuerzo, puede dejar todos sus archivos de componente nuevos en la carpeta OGX Files y reemplazarlos con atajos del mismo modo.

Desafortunadamente, Visual C++ no proporciona un modo fácil de adjuntar una descripción a un componente de clase nueva, ni en el archivo OGX ni en su atajo. Es decisión del nombre de archivo expresar a los otros desarrolladores lo básico de su propósito de componente. La creación de un componente que puede describir usted mismo requiere el Components Builder's Kit citado anteriormente. La Figura 7.1 muestra cómo aparece una descripción en la Gallery cuando está seleccionado el componente de barra Dialog. Aunque más allá del ámbito de este capítulo, la construcción del componente Directory List utilizando el Builder's Kit nos permitiría adjuntar una descripción similar que aparece cuando el icono DIR está seleccionado en el diálogo, algo así como:

```
Visualiza un listado de directorio clasificado en un control de
visualización, junto con iconos que representan controladores, carpetas
y archivos.
```

Después de que exista la Gallery, puede añadir la clase *CDirListCtrl* para cualquier proyecto abierto visualizando la carpeta DirCtrl en el diálogo Gallery y hacer dos veces clic en el atajo para el componente Directory List. Ahora que el componente se ha instalado en la Gallery, el proyecto DirCtrl ha realizado su propósito y ya no se necesita. DirListCtrl.ogx contiene el código fuente de clase, así que puede guardar con seguridad el proyecto y borrar el DirListCtrl.cpp original y los archivos DirCtrl.h con los otros archivos en la carpeta de proyecto DirCtrl. Sin embargo, no borre los archivos ICO del CD. El enlace de atajo de Directory List apunta al archivo DirCtrl.ico, que contiene el icono DIR que representa al componente. Y cuando inserta la nueva clase *CDirListCtrl* en el proyecto, puede que necesite alguno o todos los archivos restantes, como por ejemplo HardDisk.ico y Folder.ico. La siguiente sección muestra el componente Directory List con un programa de ejemplo llamado DirList2.

Ejemplo: El programa DirList2

Puede que se acuerde de que el programa DirList1 introducido en el Capítulo 5 utiliza la función API *DlgDirList* para visualizar un listado de directorios en un control de cuadro de lista. El listado no es sólo sencillo en aspecto y difícil de leer, visualiza nombres de archivo largos en Windows NT porque *DlgDirList* no reconoce los nombres de archivo largos en Windows 95. El programa DirList2 presentado aquí fija estas deficiencias incorporando el componente Directory List.

El programa DirList2 trazado en la Figura 7.6 está basado en un diálogo como su predecesor DirList1, utilizando una hoja de propiedad para interactuar con el usuario. Además del listado de directorios más atractivo proporcionado por el control Directory List, DirList2 también hace uso de las pestañas Size y Date de la hoja, lo que permite al usuario filtrar la lista por tamaño o fecha de archivo. Por ejemplo, el programa puede

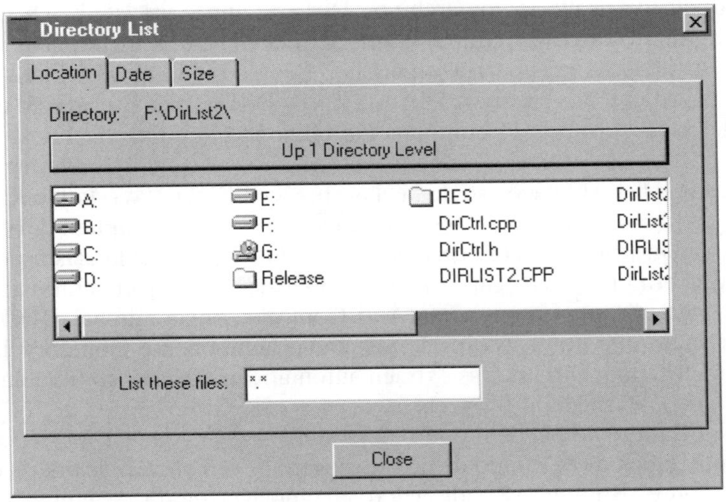

Figura 7.6. El programa DirList2.

visualizar sólo archivos creados dentro del mes pasado que tienen, por ejemplo, entre 5 y 10 Kb de tamaño. Esta filtración adicional se realiza utilizando el rasgo de retrollamada *CDirListCtrl* descrito anteriormente.

Con adiciones menores a las que llegaremos en un momento, el programa DirList2 utiliza el mismo archivo Resource.h que el mismo archivo RC que el programa DirList. Los contenidos de estos archivos están enumerados en el Capítulo 5. Si quisiera construir el programa DirList2 sin ejecutar el programa Setup para instalar el proyecto de ejemplo del CD que se acompaña, haga clic en New en el menú File y seleccione la pestaña Projects. Como DirList2 no es un programa de AppWizard, haga clic en el icono Win32 Application para crear el proyecto. Introduzca el nombre de proyecto y acepte los ajustes predeterminados cuando aparezca el diálogo del asistente. Después de que Visual C++ cree el proyecto vacío, haga clic en Settings en el menú Project. En la pestaña General del diálogo Project Settings, seleccione la opción Use MFC In A Shared DLL, como se muestra a continuación:

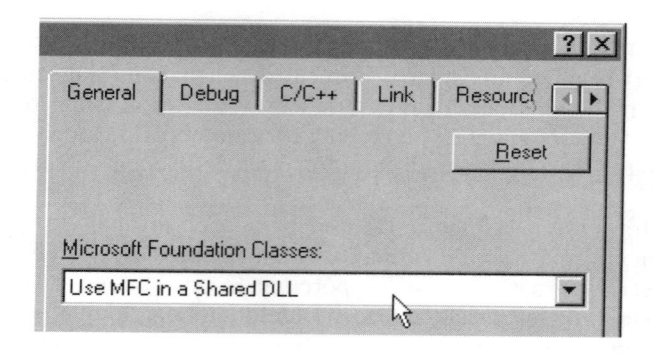

Copie a la carpeta de proyecto los archivos DirList2.cpp, DirList2.h, DirList2.rc y Resource.h de la carpeta Codigo\Capitulo.07\DirList2 del CD que se acompaña. También copie el archivo DirList.ico a la subcarpeta DirList2\Res de modo que DirList2 tenga un icono de aplicación. Adjunte los archivos DirList2.cpp y DirList2.rc al proyecto eligiendo Add To Project del menú Project y a continuación eligiendo el comando Files del menú secundario.

Como el programa DirList2 hace uso de la clase nueva *CDirListCtrl*, todavía necesitamos unos cuantos archivos más. Por supuesto, este es el propósito completo del ejercicio: añadir los archivos fuente para *CDirListCtrl* es el momento ahora que la clase se ha instalado en la Gallery. Abra el diálogo Gallery eligiendo Add To Project otra vez desde el menú Projecto y haga clic en Components And Controls. En la carpeta DirCtrl de la Gallery, haga dos veces clic en el icono para el nuevo componente Directory List. Los archivos fuente DirCtrl.cpp y DirCtrl.h se extraen automáticamente del archivo de componente DirListCtrl.ogx y se añade al proyecto.

Por desgracia, la Gallery no puede proporcionar archivos ICO que *CDirListCtrl* solicita para los iconos utilizados en el listado de directorios. Salvo en el caso de que se construya el componente con el Builder's Kit de Microsoft, no hay modo de juntar los archivos ICO con el código fuente en el archivo OGX, entregando de este modo todos los archivos necesarios para un proyecto en un paso. El usuario del componente debe copiar los archivos ICO manualmente. DirList2 sólo necesita los iconos de carpeta y disco, contenidos en los archivos Floppy.ico, HardDisk.ico, CD-ROM.ico y Folder.ico, ubicados en la carpeta de proyecto DirCtrl creada anteriormente. Copie estos cuatro archivos en la carpeta DirList2\Res.

Este es el tipo de paso extra que debe estar bien documentado para un componente personalizado como Directory List. Como un componente personalizado no puede proporcionar ayuda en línea en el diálogo Gallery, el mejor modo de documentar el componente es incluyendo un bloque de comentarios al principio del archivo CPP. Para Directory List, los comentarios deberían aclarar cuatro requisitos para cualquier proyecto que utilice el componente:

- Los archivos ICO deben copiarse a la carpeta Res del proyecto.

- El archivo RC debe incluir líneas como estas para cada icono utilizado en el control:

```
IDI_FLOPPY      ICON    "res\\Floppy.ico"
IDI_HARDDISK    ICON    "res\\HardDisk.ico"
IDI_CD_ROM      ICON    "res\\CD-ROM.ico"
IDI_FOLDER      ICON    "res\\Folder.ico"
IDI_FILE        ICON    "res\\File.ico"
```

- Los identificadores IDI_FLOPPY, IDI_HARDDISK, IDI_CD_ROM, IDI_FOLDER e IDI_FILE deben estar definidos en el archivo Resource.h del proyecto. IDI_FLOPPY puede ser cualquier valor; los valores de identificador que quedan se deben incrementar en uno en el orden dado.

- Todos los archivos que utilizan la clase deben contener la línea:

```
#include "dirctrl.h"
```

DirList2 opera de forma muy parecida a DirList1, excepto que la clase *Cpage1* incluye una función de miembro nueva llamada *CheckDateSize*. *CheckDateSize* es una función de retrollamada registrada con una invocación a *CDirListCtrl::SetCallBack*. Como se describe en el comentario del código fuente de la página 250, *CDirListCtrl::FindFiles* invoca la retrollamada para cada nombre de archivo que propone para añadir a la lista de directorios, dando a la retrollamada un puntero a la estructura WIN32_FIND_FILE que contiene información sobre el archivo. *CheckDateSize* determina si el archivo se adapta a los filtros que el usuario ha ajustado en las páginas Size y Date, y devuelve un valor TRUE o FALSE para habilitar o deshabilitar el archivo.

Los archivos fuente modificados están listados al principio de la siguiente página. Los archivos DirList2.rc y Resource.h no se incluyen aquí porque difieren sólo ligeramente de sus homólogos del Capítulo 5, incorporando líneas adicionales de recursos de icono IDI_FLOPPY, IDI_HARDDISK, IDI_CD_ROM e IDI_FOLDER. Como el programa elige abandonar los nombres de archivo en la lista sin marcar por un icono, IDI_FILE no está definido. Puede encontrar todos los archivos en la subcarpeta Codigo\Capitulo.07\DirList2 en el CD que se acompaña.

Listado 7.2. Archivos fuente para el programa DirList2

DirList2.h

```
//*********************************************************************
//
// DirList2.h
//
// *********************************************************************

class CDirListApp : public CWinApp
{
public:
    BOOL        InitInstance ();
};

class CAboutDlg : public CDialog
{
public:
CAboutDlg();
};

class CPage2;                                   // Referencia hacia delante
class CPage3;

////////////////////////////////////////////////////////////////////////
// Página de propiedad CPage1

class CPage1 : public CPropertyPage
{
private:
    BOOL            bEditChange;
    CDirListCtrl    dirlist;
    CString         strFilter, strOldFilter;
    static CPage2*  pDate;
    static CPage3*  pSize;

    static BOOL CALLBACK   CheckDateSize( PWIN32_FIND_DATA pfd );

public:
    CPage1 () : CPropertyPage( IDD_PAGE1 ) {}

protected:
    virtual void    DoDataExchange( CDataExchange* pDX );
    virtual BOOL    OnInitDialog ();
    virtual BOOL    OnSetActive ();
    afx_msg void    OnUp1Level ();
    afx_msg void    OnEditGainFocus ();
    afx_msg void    OnEditChanging ();
    afx_msg void    OnEditLoseFocus ();
    DECLARE_MESSAGE_MAP ()
};

////////////////////////////////////////////////////////////////////////
// Página de propiedad Cpage2
```

```
class CPage2 : public CPropertyPage
{
public:
    int     nAnyDate, PrevDays, PrevMonths;
    CTime   timeMin, timeMax;

    CPage2 () : CPropertyPage( IDD_PAGE2 ) {}

protected:
    virtual void    DoDataExchange( CDataExchange* pDX );
    virtual BOOL    OnInitDialog ();
};

////////////////////////////////////////////////////////////////////
// Página de propiedad Cpage3

class CPage3 : public CPropertyPage
{
public:
    int     nAnySize;
    DWORD   MinSize, MaxSize;

    CPage3 () : CPropertyPage( IDD_PAGE3 ) {}

protected:
    virtual void    DoDataExchange( CDataExchange* pDX );
    virtual BOOL    OnInitDialog ();
};

////////////////////////////////////////////////////////////////////
// CListSheet

class CListSheet : public CPropertySheet
{
public:
    CPage1      page1;
    CPage2      page2;
    CPage3      page3;
    CListSheet( LPCTSTR szCaption );

protected:
    virtual BOOL OnInitDialog();
    afx_msg void OnSysCommand( UINT nID, LPARAM lParam );
    DECLARE_MESSAGE_MAP()
};
```

DirList2.cpp

```
// ******************************************************************
//
// DirList2.cpp
//
// ******************************************************************

#include "afxwin.h"
#include "afxdlgs.h"
```

(Continúa)

Listado 7.2. (*Continuación*)

```cpp
#include "afxcmn.h"
#include "resource.h"
#include "dirctrl.h"
#include "dirlist2.h"

CDirListApp DirListApp;

BOOL CDirListApp::InitInstance ()
{
    CListSheet sh( "Directory List" );      // Crea un objeto de página
    sh.DoModal ();                          // de propiedad y visualiza
                                            // un diálogo

    return FALSE;                           // Devuelve FALSE para salir
                                            // de DirList2
}

CAboutDlg::CAboutDlg() : CDialog( IDD_ABOUTBOX )
{
}

//////////////////////////////////////////////////////////////////////
// Hoja de propiedad de CListSheet

CListSheet::CListSheet( LPCTSTR szCaption ) : CPropertySheet( szCaption )

{
    AddPage( &page1 );
    AddPage( &page2 );
    AddPage( &page3 );
}

BEGIN_MESSAGE_MAP (CListSheet, CPropertySheet)
    ON_WM_SYSCOMMAND()
END_MESSAGE_MAP()

BOOL CListSheet::OnInitDialog()
{
    CButton* button;

    CPropertySheet::OnInitDialog();

    // Añade el elemento de menú "About..." al menú de Sistema
    CMenu* pSysMenu = GetSystemMenu( FALSE );
    CString str;
    str.LoadString( IDD_ABOUTBOX );
    pSysMenu->AppendMenu( MF_SEPARATOR );
    pSysMenu->AppendMenu( MF_STRING, IDD_ABOUTBOX, str );

    // Elimina los botones Apply y Cancel y renombra el botón OK
    button = (CButton *) GetDlgItem( ID_APPLY_NOW );
    button->DestroyWindow();
    button = (CButton *) GetDlgItem( IDCANCEL );
    button->DestroyWindow();
    button = (CButton *) GetDlgItem( IDOK );
    button->SetWindowText( "Close" );
```

```cpp
    // Ajusta la imagen de 16 x 16 (consulte los comentarios finales del
    // Capítulo 5)
    HICON hIcon = (HICON) ::LoadImage( DirListApp.m_hInstance,
                        MAKEINTRESOURCE( IDI_APPICON ),
                        IMAGE_ICON, 16, 16, LR_DEFAULTCOLOR );
    SetIcon( hIcon, FALSE );

    // Activa OnInitDialog para cada página para iniciar las variables
    // miembro
    SetActivePage( 2 );
    SetActivePage( 1 );
    SetActivePage( 0 );

    return TRUE;
}

void CListSheet::OnSysCommand( UINT nID, LPARAM lParam )
{
    if (nID == IDD_ABOUTBOX)
    {
        CAboutDlg dlgAbout;
        dlgAbout.DoModal();
    }
    else
    {
        CPropertySheet::OnSysCommand( nID, lParam );
    }
}

/////////////////////////////////////////////////////////////////////
// Página de propiedad CPage1

CPage2* CPage1::pDate;      // punteros estáticos para páginas de
CPage3* CPage1::pSize;      // Fecha y Tamaño

BOOL CPage1::OnInitDialog ()
{
    RECT rect = { 15, 60, 390, 102 }; // Dimensiones del control DirCtrl

    strFilter = "*.*";
    bEditChange = FALSE;
    pDate = (CPage2*) ((CListSheet*) GetParent())->GetPage( 1 );
    pSize = (CPage3*) ((CListSheet*) GetParent())->GetPage( 2 );

    dirlist.Create( this, &rect, IDC_DIRCTRL, IDC_DIRPATH,
                DL_ALL, IDI_FLOPPY );
    dirlist.SetCallBack( &CheckDateSize );

    return CDialog::OnInitDialog ();
}

BOOL CPage1::OnSetActive ()
{
    dirlist.ShowList( strFilter );
    return CPropertyPage::OnSetActive ();
}
```

(*Continúa*)

Listado 7.2. (*Continuación*)

```
BEGIN_MESSAGE_MAP    ( CPage1, CPropertyPage )
    ON_EN_SETFOCUS   ( IDC_EDIT1, OnEditGainFocus )
    ON_EN_CHANGE     ( IDC_EDIT1, OnEditChanging )
    ON_EN_KILLFOCUS  ( IDC_EDIT1, OnEditLoseFocus )
    ON_BN_CLICKED    ( IDC_BUTTON1, OnUp1Level )
END_MESSAGE_MAP ()

// Estas tres funciones simplemente aseguran que cuando el usuario teclea
// en otra cadena de filtro (como "*.txt"), el listado de directorios se
// actualiza automáticamente para reflejar los cambios.
// ---------------------------------------------------------------------

void CPage1::OnEditGainFocus ()
{
    GetDlgItemText( IDC_EDIT1, strOldFilter );
}

void CPage1::OnEditChanging ()
{
    bEditChange = TRUE;
}

void CPage1::OnEditLoseFocus ()
{
    if (bEditChange)
    {
        bEditChange = FALSE;
        UpdateData( TRUE );

        // Si el usuario introduce una nueva cadena de filtro, se actualiza
        // la lista de directorios
        if (strFilter != strOldFilter)
        {
            dirlist.ShowList( strFilter );
            strOldFilter = strFilter;
        }
    }
}

// Cuando se hace clic sobre el botón grande, sube por la ruta al siguiente
// directorio superior.
// ---------------------------------------------------------------------

void CPage1::OnUp1Level ()
{
    CString strPath;

    // Si se presiona ENTER en el control de edición, se actualiza la lista
    if (GetFocus() == GetDlgItem( IDC_EDIT1 ))
        OnEditLoseFocus ();

    // De otro modo, sube un nivel de directorio
    else
    {
        dirlist.GetPath( strPath );
```

```cpp
            // When strPath == "d:\", todavía estamos en la raíz
            if (strPath.Right( 2 ) != ":\\")
            {
                // Elimina '\' al final de la cadena
                strPath.GetBufferSetLength( strPath.GetLength() - 1 );
                strPath.ReleaseBuffer ();

                // Encuentra la última '\' y trunca la cadena strPath
                int cLastSlash = strPath.ReverseFind( '\\' );
                if (cLastSlash != -1)
                {
                    strPath.GetBufferSetLength( cLastSlash + 1 );
                    strPath.ReleaseBuffer ();
                    dirlist.SetPath( strPath );
                    dirlist.ShowList( strFilter );
                }
            }
        }
    }
}

// Cada vez que encuentra un archivo candidato para incluirlo en la lista de
// ce directorios, CDirListCtrl::FindFiles invoca esta función de
// retrollamada estática, y le pasa un puntero a una estructura WIN32_FIND_DATA
// que identifica el archivo. Si el usuario ha especificado criterios de
// tamaño y/o fecha en las páginas Date y Size, esta función determina si el
// archivo se ajusta al criterio. Si es así, devuelve TRUE para FindFiles;
// de lo contrario, devuelve FALSE para rechazar el archivo.
// -----------------------------------------------------------------
BOOL CPage1::CheckDateSize( PWIN32_FIND_DATA pfd )
{
    // Acepta todos los subdirectorios sin tener en cuenta el criterio
    // fecha/tamaño
    if (pfd->dwFileAttributes & FILE_ATTRIBUTE_DIRECTORY)
        return TRUE;

    // Si se ajustan las opciones en la página Date, filtra los archivos
    // por criterio de fecha
    if (pDate->nAnyDate)
    {
        CTime timeFile( pfd->ftLastWriteTime );

        if (pDate->nAnyDate == 1)
        {
            // Rechaza el archivo no fechado dentro del período
            // especificado min/max
            if (timeFile <= pDate->timeMin ||
                timeFile > pDate->timeMax)
                return FALSE;
        }
        else
        {
            CTime       timeNow = CTime::GetCurrentTime();
            CTimeSpan   timeAge( timeNow.GetTime() -
                                 timeFile.GetTime() );
```

(Continúa)

Listado 7.2. (*Continuación*)

```cpp
                // Rechaza el archivo más viejo que el número de meses
                // especificado
                if (pDate->nAnyDate == 2 && pDate->PrevMonths)
                    if (timeAge.GetDays()/30 >= pDate->PrevMonths)
                        return FALSE;

                // Rechaza el archivo más viejo que el número de días
                // especificado
                if (pDate->nAnyDate == 3 && pDate->PrevDays)
                    if (timeAge.GetDays() >= pDate->PrevDays)
                        return FALSE;
            }
        }

        // Si se ajustan las opciones en la página Size, filtra los archivos
        // por criterio de tamaño
        if (pSize->nAnySize)
        {
            if (pSize->MinSize &&
                pfd->nFileSizeLow < pSize->MinSize*1024)
                return FALSE;

            if (pSize->MaxSize &&
                pfd->nFileSizeLow > pSize->MaxSize*1024)
                return FALSE;
        }

        return TRUE;
}

void CPage1::DoDataExchange( CDataExchange* pDX )
{
    CPropertyPage::DoDataExchange( pDX );
    DDX_Text( pDX, IDC_EDIT1, strFilter );
    DDV_MaxChars( pDX, strFilter, 128 );
}

//////////////////////////////////////////////////////////////////////
// Página de propiedad CPage2

BOOL CPage2::OnInitDialog ()
{
    CSpinButtonCtrl* spin;

    // Inicializa las variables
    nAnyDate   = 0;
    PrevDays   = 1;
    PrevMonths = 1;
    timeMin    = 0;
    timeMax    = CTime::GetCurrentTime();

    // Ajusta los límites de los botones de giro
    spin = (CSpinButtonCtrl *) GetDlgItem( IDC_SPIN1 );
    spin->SetRange( 1, 100 );          // Dentro de x meses
    spin = (CSpinButtonCtrl *) GetDlgItem( IDC_SPIN2 );
```

```cpp
        spin->SetRange( 1, 365 );         // Dentro de x días

        return CDialog::OnInitDialog ();
}

void CPage2::DoDataExchange( CDataExchange* pDX )
{
    CPropertyPage::DoDataExchange( pDX );
    DDX_DateTimeCtrl( pDX, IDC_DATETIME1, timeMin);
    DDX_DateTimeCtrl( pDX, IDC_DATETIME2, timeMax);
    DDX_Radio( pDX, IDC_RADIO1, nAnyDate );
    DDX_Text( pDX, IDC_EDIT1, PrevMonths );
    DDX_Text( pDX, IDC_EDIT2, PrevDays );
}

///////////////////////////////////////////////////////////////////
// Pagina de propiedad Cpage3

BOOL CPage3::OnInitDialog ()
{
    CSpinButtonCtrl* spin;

    // Inicializa las variables
    nAnySize = 0;
    MinSize  = 0;
    MaxSize  = 100;

    // Ajusta los límites de los botones de giro
    spin = (CSpinButtonCtrl *) GetDlgItem( IDC_SPIN1 );
    spin->SetRange( 0, 9999 );                              // Tamaño Min
    spin = (CSpinButtonCtrl *) GetDlgItem( IDC_SPIN2 );
    spin->SetRange( 1, 9999 );                              // Tamaño Max

    return CDialog::OnInitDialog ();
}

void CPage3::DoDataExchange( CDataExchange* pDX )
{
    CPropertyPage::DoDataExchange( pDX );
    DDX_Radio( pDX, IDC_RADIO1, nAnySize );
    DDX_Text( pDX, IDC_EDIT1, MinSize );
    DDX_Text( pDX, IDC_EDIT2, MaxSize );
}
```

Parte IV

Controles ActiveX

Capítulo

8	Uso de controles ActiveX	271
9	Escritura de controles ActiveX utilizando MFC	305
10	Escritura de controles ActiveX utilizando ATL	345

Capítulo

8

Uso de controles ActiveX

Los controles ActiveX son componentes ejecutables diseñados para desplegarse en una ventana o página Web y llevar a cabo una función autocontenida. Para el usuario, se parecen mucho a los controles normales de Windows que nos hemos encontrado en capítulos anteriores, que se añaden a un programa a través del editor de diálogo o la Gallery. Pero al contrario que los controles normales, los controles ActiveX están igualmente en casa en una página Web o en cuadro de diálogo, permitiendo a los desarrolladores tocar dos mercados distintos al mismo tiempo.

Si está interesado en los controles ActiveX, y como desarrollador debería estarlo, es probablemente porque desea utilizarlos o escribirlos. Visual C++ le puede ayudar a ambas cosas. Este capítulo abarca la primera mitad del tema, la descripción de cómo utilizar los controles ActiveX en una aplicación de cliente llamada contenedor. Los Capítulos 9 y 10 tratan con la segunda mitad, describiendo dos enfoques diferentes para escribir un control ActiveX. Este capítulo le presenta información introductoria que tiene que ver con los controles ActiveX, así que si quiere una base sobre la materia, debería leer primero este capítulo.

Para mantener las explicaciones dentro de una longitud manejable, los programas de ejemplo en estos capítulos utilizan MFC. El marco de trabajo de MFC se encarga de muchos cientos de detalles de programación ActiveX, suavizando el desarrollo hasta el punto en que escribir un contenedor o un control ActiveX no sea más difícil que cualquier otro proyecto de programación en Windows. Escribir una aplicación de contenedor MFC que utilice un control ActiveX existente a menudo requiere escaso o ningún conocimiento de los preceptos subyacentes. Aunque puede haber buenos argumentos contra el uso de MFC cuando escriba controles ActiveX —es puramente una cuestión de tamaño, como veremos en el siguiente capítulo—, los argumentos son menos válidos cuando se aplican a los contenedores. MFC ajusta de forma tan completa el proceso de interacción cliente/ser-

271

vidor que se ha vuelto difícil justificar la escritura de una aplicación de contenedor sin la ayuda de la biblioteca de clase MFC o soporte similar. Sin embargo, si prefiere no utilizar MFC, la Biblioteca de plantillas activa (ATL) ofrece una alternativa viable. Visual C++ incluye un proyecto de ejemplo llamado AtlCon que demuestra cómo escribir una aplicación de contenedor utilizando ATL. Los archivos fuente están ubicados en la carpeta MSDN\Samples\VC98\ATL\AtlCon. El Capítulo 10 se parece un poco más al tipo de soporte que ofrece ATL para el desarrollo de las aplicaciones de contenedor.

Aunque este capítulo y los dos capítulos siguientes ahondan en los requisitos y operaciones internas de los controles ActiveX, sólo pretenden ser una introducción a lo que es un tema largo, adecuado para un libro entero. Los capítulos se concentran en mostrarle algunos de los medios en los que Visual C++ facilita el trabajo del programador cuando trata con controles ActiveX, tanto si está escribiendo un control como si la aplicación de control utiliza el control. Para abarcar con más detalle un campo que se hará con muchas probabilidades más importante que la programación de Internet, consulte referencias especializadas, como el *A fondo OLE*, segunda edición, de Kraig Brockschmidt, el texto entero que puede encontrar en la ayuda en línea de MSDN.

UN POCO DE TRASFONDO

El nombre es nuevo, pero la tecnología es madura. Los controles ActiveX forman sólo parte de las tecnologías ActiveX de Microsoft, que están basadas en el Modelo de objeto de componente (COM) y OLE. OLE quiere decir vinculación e incrustación de objetos, pero como la incrustación de objetos hace mucho tiempo que es una parte menor de las posibilidades de OLE, Microsoft no utiliza el nombre como acrónimo. Hoy, OLE ha tomado un nuevo significado y ya no tiene un número de versión. Ha evolucionado desde una tecnología creada para un propósito específico para convertirse en una arquitectura general en la que se basan otras tecnologías específicas, ActiveX entre ellas. OLE define un anteproyecto estándar para la creación y conexión de distintos componentes de programa, incluyendo módulos de servidor llamados controles personalizados OLE. Al menos se llamaban controles OLE; Microsoft ahora los llama controles ActiveX.

Entonces, ¿qué es un control OLE/ActiveX? La respuesta corta es que un control OLE/ActiveX es una biblioteca de enlace dinámico que opera como un servidor basado en COM y puede estar incrustada en una aplicación huésped de contenedor. La respuesta larga; bueno, en cierto modo este capítulo es la respuesta larga. Vamos a empezar con algo de historia para ver exactamente qué hace un control OLE antes de acometer la tarea más comprometida de explicar cómo funciona.

Quizás el primer tipo de software de componente que llamó la atención de los desarrolladores de Windows fue el control personalizado del modelo Visual Basic Extension. Los controles personalizados eran familiarmente conocidos como VBX, llamados para la extensión de tres letras agregada al nombre de archivo de control. La arquitectura VBX permitía a los desarrolladores crear unas adiciones eficientes y reutilizables para los programas de Visual Basic que se pudiesen colocar como componentes autocontenidos en una ventana, llamados un formulario en Visual Basic. Las ventajas de los controles VBX eran triples:

- Un VBX era capaz de visualización e interacción visual con el usuario.

- La aplicación de Visual Basic podía programar un VBX a través de funciones llamadas métodos exportados por el VBX.

- Como una biblioteca dinámica, un control VBX era reutilizable en forma binaria en lugar de código fuente.

Como veremos, los controles ActiveX ofrecen estas mismas ventajas.

Un control VBX también permitía a los programadores compensar algunas de las limitaciones inherentes a Visual Basic. Por ejemplo, como los controles VBX se escribían a menudo en C o lenguaje ensamblador, podían utilizar punteros, que no son nativos para el lenguaje BASIC, para ayudar a una aplicación con operaciones intensivas de punteros como *hashing* y clasificación. Un problema con el modelo VBX es que no estaba diseñado para hacer la transición elegantemente a otros lenguajes y plataformas. Un programador de C++, por ejemplo, no puede crear fácilmente un derivado de VBX porque un VBX no se representa por una clase. Además, el modelo VBX es un estándar de 16 bits ligado a la arquitectura segmentada de los procesadores Intel. Sin embargo, el mercado activo de los controles VBX probó que el software de componente podía jugar un papel integral (y comercializable) en el desarrollo de Windows.

El estándar de control OLE se diseñó para llenar el siguiente nivel, llevando las ventajas de los componentes de tipo VBX a todas los lenguajes capaces de programar en Win32. Estos lenguajes incluyen el propio Visual Basic (desde la versión 4.0), así como sus derivados, Access Basic, Visual Basic para Aplicaciones (VBA), WordBasic y Visual Basic Scripting (VBScript).

Reflejando el modo en que VBX tomó su nombre, los controles OLE se llaman a menudo OCX desde la extensión OCX normalmente añadida al nombre de archivo. Hay otras convenciones comunes a OCX y VBX, indicativas de cómo una evolucionó desde la otra. Por ejemplo, Microsoft tomó prestada de la terminología de VBX los tres tipos de interfaz que definen la comunicación entre un control OLE y su cliente, la aplicación de contenedor:

- **Métodos.** Las funciones que el control OLE expone a la aplicación de contenedor, permitiendo al cliente invocar el control.

- **Propiedades.** Datos públicos dentro del control y el contenedor que sirven para describir un partido al otro. Como inicio, un control puede leer las propiedades de control y ajustar sus procedimientos de inicialización de modo que concuerden con la apariencia del contenedor y sus características. Aunque el contenedor esté activo, el contenedor puede leer las propiedades del control para aprender su estado actual, y si el control lo permite, volver a escribir las propiedades para alterar el comportamiento del control.

- **Sucesos.** Notificaciones que el control envía al contenedor informando al contenedor de los acontecimientos dentro del control. Como se describe más adelante en el capítulo, una notificación de suceso tiene lugar invocando una función en el contenedor, conocida como «disparar» el suceso.

Aproximadamente cuando la gente empezó a notar las limitaciones de los VBX de 16 bits, OLE —llamados OLE 2 en aquellos días— había madurado hasta tal punto que podía derrocar a cualquier sucesor de VBX en la forma de controles OLE —ahora llamados controles ActiveX.

CONTENEDORES DE CONTROL

Un control ActiveX es el servidor, y la aplicación de contenedor es el cliente. Los controles ActiveX se ven mejor desde el lado del cliente de la ecuación, así que esta sección comienza con una explicación de cómo un contenedor puede extender sus habilidades a través de un control ActiveX existente, demostrando con unos cuantos ejemplos un poco de experimentación. Afortunadamente, hay algunos ejemplos ya hechos de entre los que se puede elegir. Visual C++ e Internet Explorer incluyen una colección de controles ActiveX de licencia gratuita, algunos de los cuales se enumeran en el diálogo de la Gallery trazado en la Figura 8.1. Para hacer emerger el diálogo Gallery, elija el comando Add To Project del menú Project y haga clic en Components And Controls en el menú secundario. A continuación haga dos veces clic en la carpeta Registered ActiveX Controls para visualizar la lista de controles.

La Tabla 8.1 enumera algunos de los controles ActiveX de licencia gratuita que Microsoft pone a su alcance. Si el botón More Info está activado cuando selecciona un icono de control en la Gallery, significa que el control puede describirse a sí mismo a través de la ayuda en línea. Haga clic en el botón More Info para visualizar la documentación de control.

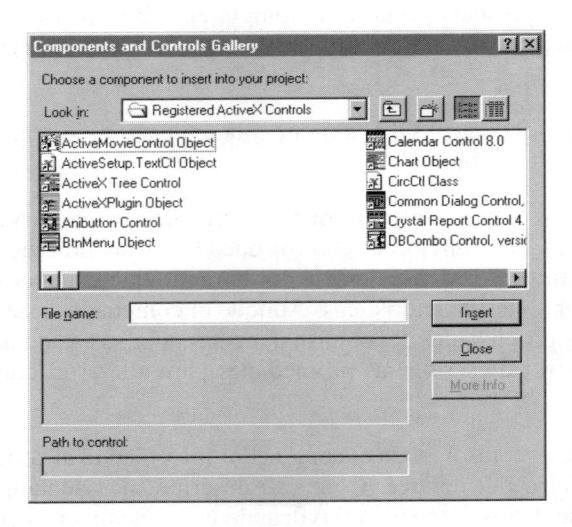

Figura 8.1. Controles ActiveX en la Gallery.

Tabla 8.1. Algunos de los controles ActiveX disponibles de Microsoft

Nombre de archivo	Descripción
AniBtn32.ocx	**Botón animado.** Utiliza un mapa de bits o metafile para crear un botón con imágenes cambiantes.
BtnMenu.ocx	**Menú.** Visualiza un botón y un menú emergente, como se muestra en la Figura 8.2.
DBGrid32.ocx	**Cuadrícula.** Un control de hoja de cálculo que visualiza celdas en formato estándar de cuadrícula. El usuario puede seleccionar celdas, y al contrario que el viejo control Grid32, introducir datos directamente en la celda. Las celdas también se pueden llenar de forma programática por el contenedor o atar a un dato recordset para actualizarse automáticamente.
IELabel.ocx	**Etiqueta.** Visualiza texto rotado en un ángulo o a lo largo de la curva especificada.
IEMenu.ocx	**Menú emergente.** Visualiza un menú emergente, como se muestra en la Figura 8.2.
IEPopWnd.ocx	**Ventana emergente.** Visualiza un documento HTML en una ventana emergente.
IEPrld.ocx	**Precargador.** Descarga el contenido del URL especificado y lo almacena en la caché. El control dispara un evento después de completar la carga.
IEStock.ocx	**Tira de almacenamiento.** Carga y visualiza el contenido de un URL en un intervalo fijo especificado. Como sugiere su nombre, este control es útil para visualizar datos que cambian continuamente, como la cinta de tira de almacenamiento que se muestra en la Figura 8.2.
IETimer.ocx	**Reloj.** Un control invisible que dispara un evento a intervalos específicos.
KeySta32.ocx	**Estado de las teclas.** Visualiza y modifica opcionalmente los estados de las teclas CAPS LOCK, NÚM LOCK, INSERT y SCROLL LOCK.
Marquee.ocx	**Marquesina.** Desplaza el texto en un archivo de HTML tanto en dirección horizontal como vertical y se puede configurar para que cambie la cantidad y demora de desplazamiento.
MCI32.ocx	**Multimedia.** Administra la grabación y reproducción de archivos multimedia en dispositivos Media Control Interface (MCI). Este control puede visualizar un conjunto de botones de presionar que provocan comandos MCI a dispositivos como tarjetas de sonido, secuenciadores MIDI, discos CD-ROM, reproductores CD de sonido, reproductores de vídeo disco y grabadores de vídeo. El control también soporta la reproducción en segundo plano de archivos de vídeo AVI para Windows.
MSCal.ocx	**Calendario.** Un calendario de pantalla desde el que el usuario puede seleccionar fechas.
MSChart.ocx	**Diagrama.** Un control de diagramas sofisticado que acepta datos numéricos y luego visualiza uno de los varios tipos de diagramas, incluyendo diagramas de línea, barra y columna. El control interpreta las visualizaciones tanto en dos como en tres dimensiones, según se muestra en la Figura 8.3.

(*Continúa*)

Tabla 8.1. (*Continuación*)

Nombre de archivo	Descripción
MSComm32.ocx	**Comm.** Proporciona soporte para comunicaciones serie, manejando transmisión de datos desde y hacia un puerto serie.
MSMask32.ocx	**Edición de máscara.** Un control de edición mejorado que asegura que la entrada se ajuste a un formato predefinido. Por ejemplo, una máscara de «##:## ??» restringe la entrada a un formato de fecha, como «11:18 AM».
PicClp32.ocx	**Dibujo.** Visualiza una área de dibujo rectangular de un mapa de bits y también puede dividir un mapa de bits en una cuadrícula formada por un número especificado de filas y columnas.

El prefijo «IE» en algunos de los nombres de archivos en la Tabla 8.1 quiere decir Internet Explorer, que indica que los controles se incluyen con ese programa. Los archivos OCX pueden estar en su sistema en cualquier parte, pero normalmente están colocados en las subcarpetas Windows\OCCache y Windows\System. Si por alguna razón no tiene estos archivos y desea seguir las demostraciones de este capítulo, copie los archivos de la carpeta OCX en el CD que acompaña a su carpeta OCCache, Sistema o Sistema32. Sin embargo, no suponga que este pequeño ejemplo representa la última palabra en controles ActiveX. Aparecen controles nuevos en el mercado cada día, muchos de ellos versiones de demostración que usted puede utilizar en sus aplicaciones sin pagar. Si quisiera explorar Internet para buscar algunos de los controles disponibles, estas dos direcciones ofrecen cargas libres y proporcionan enlaces a otros sitios Web de interés a los desarrolladores de aplicaciones:

http://www.microsoft.com/com/
http://www.activex.com

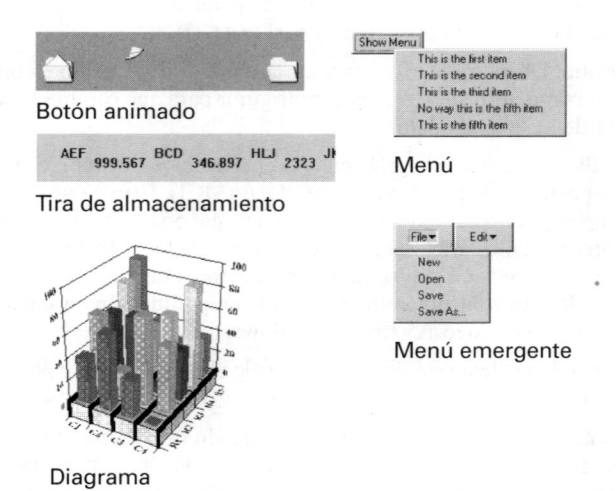

Figura 8.2. Unos cuantos de los controles ActiveX de Microsoft como pueden aparecer en el contenedor.

Cuando copia un archivo de control a su disco duro desde el CD que acompaña u otra fuente, regístrelo utilizando la utilidad RegSvr32.exe que se encuentra en la subcarpeta VC98\Bin. RegSvr32 invoca la función de autorregistro del control, que escribe identificando la información sobre el control al sistema Registry. Hasta que se registra un control, una aplicación de contenedor normalmente no tiene medio de ubicarla para su incrustación. Haga clic en el botón Start y ejecute RegSvr32 desde el diálogo Run, especificando un archivo OCX en la línea de comandos:

```
regsvr32 \windows\occache\anibtn32.ocx
```

Si su sentencia PATH de sistema no incluye la carpeta VC98\Bin, especifique el camino correcto cuando teclee *regsvr32*. Para eliminar el registro de un control ActiveX, es decir, para eliminar su entrada desde Registry, ejecute RegSvr32 otra vez del mismo modo, pero incluya el cambio «/u» antes del nombre del archivo. Si elimina el registro de un control, no borra su archivo OCX de su disco.

También puede ejecutar RegSvr32 desde dentro de Visual C++ haciendo clic en el comando Register Control en el menú Tools. Por defecto, sin embargo, el comando presupone que desea registrar un control en construcción y se ajusta por lo tanto para registrar sólo el archivo destino del proyecto. El Capítulo 13, «Personalización de Visual C++», explica cómo modificar las herramientas como Register Control de modo que pueda especificar cualquier archivo como un argumento de línea de comandos, no sólo un archivo en el proyecto actual.

Adición de un control ActiveX a una página Web

Antes de insertar un control ActiveX en su proyecto, puede que desee echar primero un vistazo al control. Todo lo que necesita es un editor de texto y explorador que soporte ActiveX, uno para crear un documento de HTML y el otro para visualizarlo. HTML quiere decir Lenguaje de marcas de hipertexto, que define una convención simple para la creación de páginas Web que están bien documentadas en distintos libros y artículos. Puede aprender la mayor parte de lo que necesita saber sobre HTML con sólo unos cuantos minutos de estudio. El editor de texto de Visual C++ soporta HTML hasta cierto límite automáticamente las etiquetas de codificación de color y otros elementos de documento en la ventana de visualización.

Para utilizar un control ActiveX en un documento de HTML, debe primero ubicar el número de 32 dígitos identificador de clase de control. Hablaremos más sobre CLSID en el capítulo siguiente, pero por ahora todo lo que necesita saber es cómo buscar el número. El editor Registry proporciona un modo conveniente de encontrar un CLSID de control. Haga clic en el botón Start y teclee *regedit* o *regedit32* en el diálogo Run, dependiendo de si su sistema es Windows 95 o Windows NT. Haga clic en el comando Find en el menú Edit del editor Registry y teclee el nombre del archivo de control.

Por ejemplo, una búsqueda de *ietimer.ocx* en el editor Registry encuentra esta jerarquía en Registry:

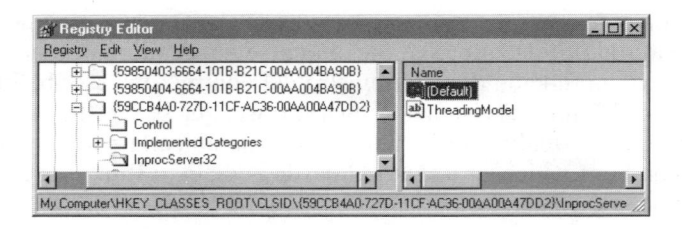

El número de 32 dígitos en la parte inferior de la ventana es CLSID para el control ActiveX Timer. La búsqueda de *ielabel.ocx* convierte del mismo modo este CLSID para el control ActiveX Label:

```
99b42120-6ec7-11cf-a6c7-00aa00a47dd2
```

Con estos dos números en mano, puede escribir un documento de HTML simple que utilice los controles Timer y Label para visualizar texto que parezca dar sacudidas, saltando sin parar en la parte inferior de un cuadro coloreado:

Para ver la animación, utilice un explorador Web, como por ejemplo Internet Explorer, o cualquier otra herramienta de autoría que soporte ActiveX, para abrir el documento Tumble.htm ubicado en la carpeta Codigo\Capitulo.08 en el CD que se acompaña. En Internet Explorer 3.0 y versiones posteriores, haga clic en el comando Open y navegue por el documento, a continuación haga dos veces clic para abrirlo. El Listado 8.1 muestra los contenidos del documento Tumble.htm.

Listado 8.1. El documento Tumble.htm

```
<OBJECT
    classid="clsid:59ccb4a0-727d-11cf-ac36-00aa00a47dd2"
    id=timer1
>
<PARAM NAME="Interval" value="100">
```

```
<PARAM NAME="Enabled" value="TRUE">
</OBJECT>

<OBJECT
    classid="clsid:99b42120-6ec7-11cf-a6c7-00aa00a47dd2"
    id=label
    width=150
    height=150
>
<PARAM NAME="Angle" value="0">
<PARAM NAME="Alignment" value="7">
<PARAM NAME="BackStyle" value="1">
<PARAM NAME="BackColor" value="255">
<PARAM NAME="FontItalic" value="-1">
<PARAM NAME="FontUnderline" value="-1">
<PARAM NAME="Caption" value="¡Texto que se balancea!">
<PARAM NAME="FontName" value="Times New Roman">
<PARAM NAME="FontSize" value="18">
</OBJECT>

<SCRIPT LANGUAGE="VBSCRIPT">
sub timer1_timer
    label.Angle = (label.Angle + 5) mod 360
end sub
</SCRIPT>
```

La utilidad Test Container

Visual C++ proporciona una herramienta llamada Test Container que hace sólo lo que su nombre sugiere, permitiéndole cargar y experimentar con controles ActiveX sin tener que crear su propia aplicación de contenedor. Haga clic en el comando ActiveX Control Test Container en el menú Tools para iniciar el Test Container, que se dibuja en la Figura 8.3 con dos controles típicos de ActiveX llamados Button Menu y Microsoft Chart, ambos proporcionados en el CD que acompaña. El archivo ejecutable que acompaña es TstCon32.exe, ubicado en la subcarpeta Common\Tools en su disco duro.

Para cargar un control en el Test Container, elija el comando Insert New Control del menú Edit o haga clic en el botón New Control en la barra de herramientas, a continuación elija el control deseado de la lista visualizada en el diálogo Insert Control. Un control puede aparecer primero sólo como un cuadro pequeño en la ventana Test Container; si así es, cambie el tamaño del control arrastrando un ángulo. El tamaño inicial de un control depende de las dimensiones de inicio (si existe alguna) que el control ha solicitado desde el contenedor. Un proyecto de ejemplo en el capítulo siguiente muestra cómo un control ActiveX escrito con MFC puede invocar la función *COleControl::SetInitialSize* para establecer sus dimensiones de inicio. Como se ve en la Figura 8.3, varios controles pueden ejecutarse al mismo tiempo en el Test Container; seleccione de entre los controles activos haciendo clic sólo dentro del borde rectangular que enmarca cada ventana de control. Cuando un control está seleccionado, aparecen los manejadores de tamaño en el marco de borde y las herramientas Invoke Methods y Properties quedan desactivadas en la barra de herramientas Test Container.

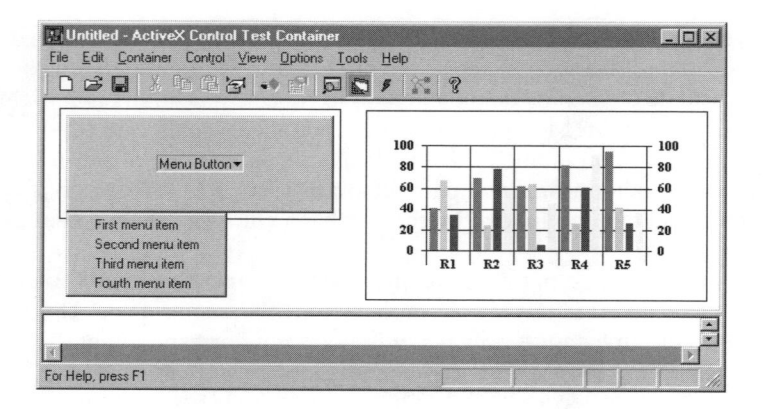

Figura 8.3. La utilidad Test Container, invocada a través del menú Tools.

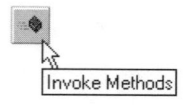

El control ActiveX seleccionado puede programarse a través de las funciones de método. Haga clic en la herramienta Invoke Methods o elija el comando correspondiente desde el menú Control para hacer emerger el diálogo Invoke Methods que se muestra en la Figura 8.4. La lista desplegable del cuadro de combinación Method Name detalla todos los métodos de control, que pone dentro de dos categorías llamadas métodos normales y métodos de propiedad. Los métodos normales se etiquetan como Method en la lista desplegable. Los métodos de propiedades se marcan como PropGet o PropPut, dependiendo de si se corresponden a un método «get» de propiedad, que obtiene el valor de propiedad, o al método «put», que escribe el valor. La Figura 8.4, por ejemplo, muestra que el control Button Menu exporta ambas clases de métodos, permitiendo al contenedor leer y escribir la propiedad *Caption* del control —es decir, el texto que aparece en el botón— mediante los métodos get y put.

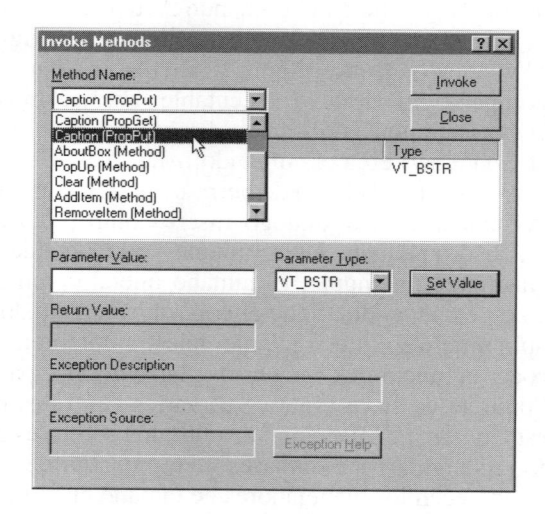

Figura 8.4. Programación de un control mediante el diálogo Invoke Methods del Test Container.

Para añadir un elemento al menú emergente del control Button Menu, un contenedor invoca el método *AddItem*. Podemos hacer lo mismo utilizando el diálogo Invoke Methods, añadiendo una lista de elementos de menú como los que se muestran en la Figura 8.3. Seleccione *AddItem* en el cuadro Method Name, a continuación teclee el texto deseado en el cuadro de edición etiquetado Parameter Value. Cuando haga clic en el botón Invoke, el Test Container invoca el método *AddItem* para añadir el texto a la lista de comandos de menú del control. Cierre el diálogo Invoke Methods y haga clic en el control Button Menu para ver el comando nuevo.

Cuando seleccione un método put para una propiedad de tipo de número entero, debe también hacer una selección tal como VT_I4 en el cuadro Parameter Type. Determine el tipo de parámetro correcto invocando primero el método get correspondiente y anotando el valor devuelto, o elija VT_UNKNOWN en el cuadro Parameter Type. Si un método put lleva más de un parámetro, seleccione cada una de las variables en el cuadro de lista Parameters y haga clic en el botón Set Value después de teclear su valor. Cuando todos los valores aparecen correctamente en la columna Value, haga clic en Invoke para pasar los parámetros al método.

Las propiedades de color tales como *BackColor* son valores COLORREF de 24 bits, que se pueden representar como tipos de números enteros VT_14. Los tres tipos de bytes de un valor COLORREF se corresponden a los componentes de color completo rojo, verde y azul, como se muestra en el proyecto de ejemplo Color del Capítulo 5. Aunque un valor COLORREF se expresa más fácilmente como un número hexadecimal del tipo 0xFF para rojo fuerte, el diálogo Invoke Methods reconoce sólo los valores tecleados en un formato decimal. Para introducir un valor de color nuevo en el diálogo, teclee un número tal como 16.711.630 para azul fuerte, 65.280 para verde fuerte o 255 para rojo fuerte. La selección de VT_COLOR en el cuadro Parameter Type activa un botón etiquetado Choose Color que visualiza una variedad de colores de muestra. Sin embargo, esta opción actualmente no traduce correctamente un color seleccionado a un parámetro de método válido.

Muchos controles proporcionan su propia hoja de propiedades, que el Test Container pone a disposición a través del botón de herramientas, Properties. Haciendo clic en la herramienta, hace que el Test Container tramite un verbo OLEIVERB_PROPERTIES al control, diciéndole que visualice su hoja de propiedad si tiene una. Haciendo dos veces clic en el borde de una ventana de control también invoca el comando, como lo hace eligiendo Properties del menú Edit del Test Container.

La ventana Test Container está dividida por una barra separadora móvil en dos vistas horizontales. La vista inferior normalmente visualiza un registro de tiempo real de eventos disparados por el control seleccionado. El registro, llamado un acceso de evento, puede ser encaminado de nuevo en otra parte eligiendo el comando Logging del menú Options del Test Container. Durante el desarrollo de un control ActiveX, el acceso de evento puede ahorrar mucho trabajo de adivinación permitiéndole probar rápidamente si sus eventos de control se disparan correctamente. Echaremos un vistazo a la característica de acceso de evento otra vez en el capítulo siguiente cuando pruebe un control ActiveX de ejemplo.

Adición de un control ActiveX a un cuadro de diálogo

Aunque cualquier clase derivada de *Cwnd* puede incrustar un control ActiveX, MFC está optimizado para los contenedores de diálogo. Esto está bien, porque los controles ActiveX, como los controles normales, aparecen comúnmente en cuadros de diálogo. La optimización se refleja en Visual C++, que proporciona rasgos que ayudan a crear una aplicación de contenedor para los controles ActiveX utilizados por una de las clases basadas en un diálogo, que se describen en el Capítulo 6, «ClassWizard»; es decir, *CDialog, CPropertyPage, CFormView, CRecordView* o *CDaoRecordView*. Añadiendo un control ActiveX registrado a un diálogo implica sólo unos cuantos clics del ratón, primero en la Gallery y a continuación en el editor de diálogo de Visual C++.

El editor de diálogo hace de algún modo una área de prueba más conveniente para los controles ActiveX que la utilidad Test Container. Por una razón, el editor de diálogo visualiza un cuadro Properties incluso si el control no proporciona su propia hoja de propiedades. Por ejemplo, si hace dos veces clic en el borde del control Button Menu en la ventana Test Container, aparece un cuadro de mensaje que dice «Property pages are not supported» (No se soportan las páginas de propiedad). Pero si invoca el comando Properties para el mismo control en el editor de diálogo, el editor añade a su cuadro Properties normal una pestaña extra etiquetada All que enumera las propiedades de control y le permite editarlas. La pestaña All proporciona un acceso más conveniente a las propiedades de control que el procedimiento implicado de invocar métodos en la utilidad Test Container.

Aquí tiene cómo ver un control ActiveX en funcionamiento en un cuadro de diálogo; no se necesita programación. El propio editor de diálogo sirve como cliente de control, como se muestra aquí con el control ActiveX Animated Button. Si prefiere trabajar con el proyecto completo descrito en estos pasos, abra Demo.dsw en la carpeta Codigo\Capitulo.08\AniButtn en el CD que se acompaña. Ejecute Demo.exe y haga clic en el comando About en el menú Help.

Paso 1: Cree un proyecto tonto

Utilice AppWizard para crear un proyecto de prueba, dándole cualquier nombre que le guste y aceptando todos los valores predeterminados. Por defecto, AppWizard hace de cada aplicación un contenedor de control ActiveX activando el cuadro de comprobación ActiveX Controls en el paso 3:

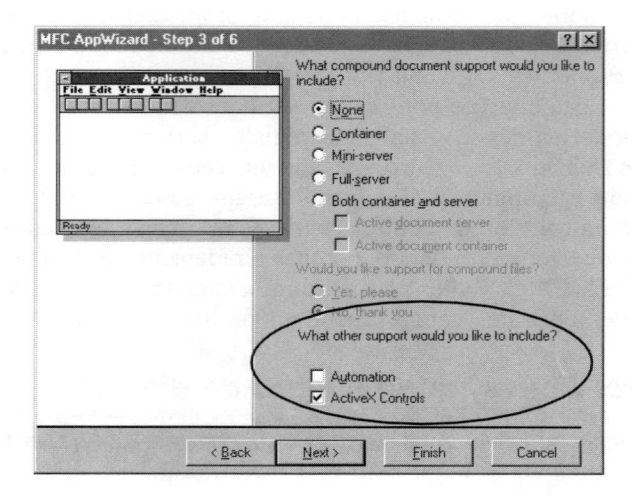

Seleccionar la opción ActiveX Controls implica mucho código adicional en juego para soportar contención de control, pero el marco de trabajo se encarga de todo. En la superficie, la opción añade simplemente esta línea a la función *InitInstance* de clase de aplicación:

```
AfxEnableControlContainer();
```

y esta línea al archivo StdAfx.h:

```
#include <afxdisp.h>    // Clases de automatización MFC OLE
```

Si tiene un proyecto MFC existente que desee convertir en un contenedor de control, utilice el editor de texto para hacer manualmente los cambios anteriores al código. Para obtener los mismos resultados, puede también añadir al proyecto el componente ActiveX Control Containment ubicado en la carpeta Components de Visual C++ en la Gallery.

Paso 2: Inserte el control ActiveX

Cuando AppWizard termina de crear el proyecto, elija el comando Add To Project desde el menú Project, a continuación haga clic en Components And Controls en el menú secundario para visualizar el diálogo Gallery. Seleccione el icono Anibutton Control en la carpeta Registered ActiveX Controls y haga clic en el botón Insert. Acepte los ajustes predeterminados en el diálogo Confirm Classes, a continuación salga de la Gallery.

Ir a la Gallery no es estrictamente necesario, porque también puede añadir un control ActiveX a un proyecto desde el editor de diálogo. Cuando el área de trabajo del editor aparece (como se describe en el paso siguiente), haga clic en el botón derecho del ratón en el área de trabajo y elija Insert ActiveX Control del menú contextual. Esto hace emerger una lista de los mismos controles registrados en el diálogo Gallery. Simplemente haga dos veces clic en la lista para añadirla al diálogo.

Paso 3: Añada el control a un diálogo e inicialice

Técnicamente, un contenedor de diálogo no es una ventana padre para el control ActiveX, pero sólo proporciona lo que COM llama un sitio, una palabra que no se debería tomar muy literalmente. Un sitio sirve como un *go-between* para un objeto incrustado y su contenedor, en este caso manejando la comunicación entre el control ActiveX y la ventana de diálogo. Cualquier diálogo hará los propósitos de demostración, incluso el cuadro About del proyecto. Incluso mejor, ni siquiera necesitamos construir el proyecto para utilizar el control nuevo. Todo lo que necesitamos es un sitio, y la simulación del cuadro About en el editor de diálogo es lo que proporciona.

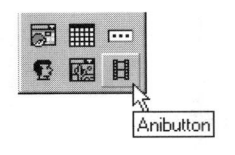

Haga dos veces clic en el identificador IDD_ABOUTBOX en el panel ResourceView de la ventana Workspace de modo que inicie el editor de diálogo y cargue el cuadro About. Cuando aparezca la ventana del editor, su barra de herramientas Controls tiene un botón nuevo que representa el control Anibutton insertado.

La herramienta no es una adición permanente a la barra de herramientas, que existe sólo para este proyecto. Para añadir el componente Anibutton a otro proyecto, debe ir al paso 2 otra vez para insertar el control. Al igual que para obtener el control en el área de trabajo del diálogo, no es necesario un tratamiento especial. Simplemente arrástrelo al cuadro de diálogo como lo haría con cualquier otra herramienta de control, a continuación haga clic en el botón de la derecha en el control seleccionado en el diálogo y haga clic en Properties en el menú de contexto para invocar el diálogo Properties de control. La Figura 8.5 muestra la pestaña Control del diálogo Anibutton Control Properties, que es donde empezaremos a inicializar el control.

Nota: Si se pierden algunas entradas del Registry, Visual C++ visualiza un mensaje que dice de forma errónea que el control Animated Button necesita una licencia de tiempo de diseño. Si el mensaje aparece cuando sigue los pasos descritos aquí, indica que ha instalado Visual C++ sólo con privilegios de USER o que el Registry está corrupto. Instalar de nuevo Visual C++ es la única solución. Para obtener más información sobre este posible problema y de otros controles ActiveX que pueden causarlo, visite el sitio Knowledge Base:

http://support.microsoft.com/support/kb/articles/Q155/0/59.asp

---

La siguiente lista le conduce a través de los ajustes de inicialización necesarios para este proyecto de demostración. Los ajustes se hacen en cinco de las pestañas del diálogo Properties.

- **Pestaña Control.** Haga clic en los cuadros de combinación en la pestaña Control y seleccione las entradas que se muestran en la Figura 8.5.

- **Pestaña General 2.** Para especificar el texto visualizado en la ventana control, teclee *¡Haz clic aquí!* en el cuadro Caption. Seleccione también las etiquetas del cua-

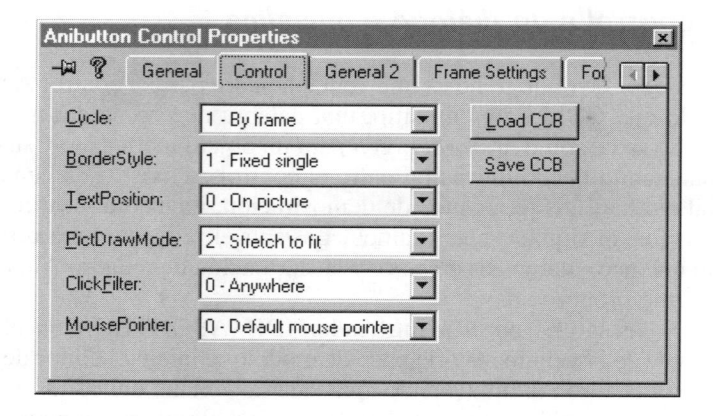

Figura 8.5. La pestaña Control del diálogo Anibutton Control Properties.

dro de comprobación HideFocusBox, que evita que el rectángulo punteado aparezca alrededor del texto de captura cuando el control tiene la atención.

- **Pestaña Frame Settings.** El control Anibutton puede mantener diferentes mapas de bits que sirven como imágenes de botones. Para nuestra demostración servirá cualquier mapa de bits, incluso los archivos de imágenes de tapiz del sistema de la carpeta Windows. Haga clic en el botón Load y vaya hasta la carpeta Windows para visualizar una lista de archivos BMP, que tienen nombres como Enredado negro, Patas de gallo, Ribetes azules y Triángulos. Seleccione un archivo de la lista y haga clic en el botón Insert. Haga clic en el botón Load de nuevo y repita el proceso hasta que haya añadido cinco o seis mapas de bits diferentes al control. Cuando haya terminado, puede comprobar cada entrada de mapa de bits moviendo la barra de desplazamiento.

- **Pestaña Fonts.** Aquí es donde selecciona la fuente para la captura que aparece en el botón. La fuente de la Figura 8.6 es Times New Roman con estilo cursiva y un tamaño de punto de 32.

- **Pestaña Colors.** Dado que el mapa de bits se estira para llenar la ventana de control, el color de fondo no importa. Ajuste el color de frente del texto de captura seleccionando *ForeColor* del cuadro de texto Property Name y haciendo clic en el refuerzo de color blanco.

Una sección anterior de este capítulo mencionó que no todos los controles ActiveX proporcionan su propia hoja de propiedades, pero al parecer el control Anibutton sí. Las páginas de propiedades enumeradas arriba son recursos contenidos en el archivo ejecutable AniBtn32.ocx, el cual el editor de diálogo extrae y añade a sus propias pestañas General y All para formar un diálogo completo Properties, mostrado en la Figura 8.5. Esta conveniencia significa que no se tiene que interactuar con dos diálogos, uno proporcionado por el control y el otro por el editor de diálogo.

Paso 4: Pruebe el control

Agrande el control en el área de trabajo de diálogo arrastrando los manejadores de tamaño, luego vuelva a colocar la ventana de control en el centro del cuadro de diálogo. Active el modo editor de prueba y active la barra de herramientas Dialog:

Haga clic varias veces en la nueva ventana de control ActiveX para ir de una imagen de mapa de bits a otra, una de las cuales se muestra en la Figura 8.6. Haga clic en el botón de diálogo OK para regresar al modo edición.

Ahora que tenemos una idea de las muchas formas que puede tomar el control ActiveX, vamos a examinar una para ver cómo opera.

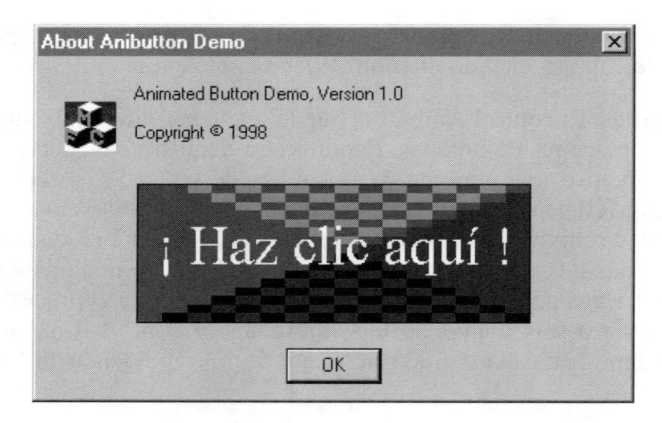

Figura 8.6. El control Anibutton ActiveX en un diálogo típico.

COMUNICACIÓN ENTRE EL CONTENEDOR Y EL CONTROL ACTIVEX

Un servidor de control ActiveX se anexa muy eficientemente a un proceso cliente. Aunque no es estrictamente necesario, un control ActiveX usualmente opera como una biblioteca de enlace dinámico, que significa que el control se ejecuta en el espacio de direcciones del proceso cliente. Por esta razón, un control ActiveX se conoce a menudo como un servidor en proceso. Un programa de contenedor no carga el control ActiveX llamando a la función API *LoadLibrary* como lo haría para cargar normalmente una DLL. En su lugar, invoca a *CoCreateInstance* para solicitar el servicio de tiempo de ejecución del marco de trabajo del Modelo de objeto de componente para cargar la biblioteca y activar un punto de comunicación inicial entre el cliente y el servidor de control. Al punto de comunicación se le llama interfaz. El contenedor invoca a una interfaz, tradicionalmente representada en un diagrama como un pequeño círculo parecido al de la Figura 8.7, y la invocación se canaliza a la función correcta en el servidor. Fíjese en el diagrama que una vez que la interfaz inicial está en su lugar y todas las partes comunicándose entre sí, COM sale del dibujo.

Cada interfaz es un grupo de punteros a funciones que exporta el control ActiveX. El grupo se llama frecuentemente v-tabla porque es exactamente análogo a una tabla C++ de punteros a funciones virtuales. Como sólo hay un paso de indirección sencillo de la interfaz entre el cliente y el servidor en proceso, las invocaciones a un control ActiveX son prácticamente tan rápidas como las llamadas a una biblioteca normal de enlace dinámico.

No todos los servidores COM operan en proceso. Un servidor de aplicación EXE corre en su propio espacio de direcciones, ya sea en su propia máquina como el cliente o en otra máquina enlazada a una red. En cualquiera de los casos, cliente y servidor se separan por procesos delineadores y no pueden comunicarse directamente. Para servidores fuera de proceso, COM carga dos bibliotecas de enlace dinámico para mantener la comunicación. La primera biblioteca, llamada un proxy, se ubica en el espacio de direcciones del cliente; la otra biblioteca, llamada una matriz, se ubica en el espacio del servidor. Cuando un cliente invoca la interfaz del proxy, el proxy evalúa los parámetros de función dentro de un paquete y los envía a la matriz mediante un procedimiento remoto llamado (RPC). La

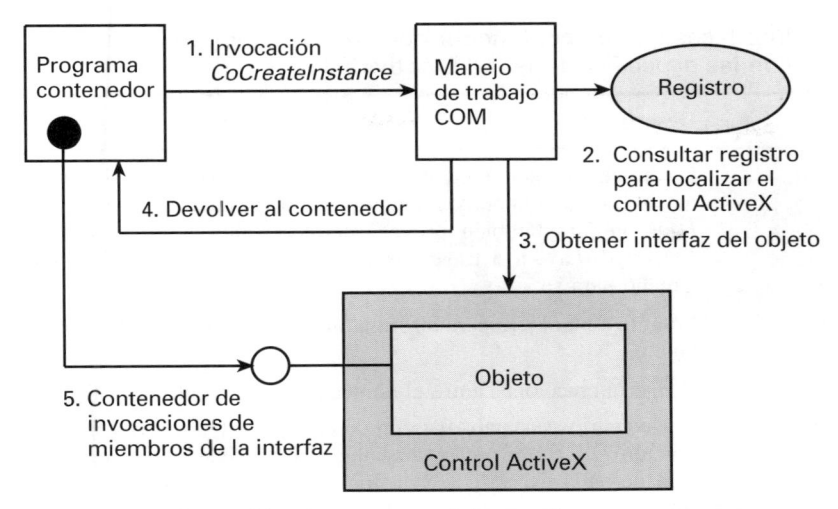

Figura 8.7. Conexión de un control ActiveX a un contenedor.

matriz vuelve a convertir la información dentro del paquete en una lista de parámetros e invoca a la función de destino en el servidor. Cualquier comunicación desde el servidor toma su camino de regreso al cliente a través de la misma ruta. El proceso de conectar el cliente y el servidor a través de bibliotecas proxy y matriz se llama ordenación. Como se esperará, la ordenación es más lenta que la interacción más directa entre un cliente y un control ActiveX, ya que un servidor en proceso no depende de invocaciones a procesos remotos para comunicarse con el cliente y no requiere ordenación a menos que la comunicación sea entre hilos (el Capítulo 10, «Escritura de controles ActiveX utilizando ATL», discute la ordenación de hilos con más detalle).

La comunicación se ejecuta en ambas direcciones entre un control ActiveX y su contenedor, así la aplicación de contenedor debe proveer su propio juego de interfaces para recibir llamadas desde el control. Microsoft publica guías que especifican un mínimo juego de interfaces que debe soportar un contenedor. Las directrices se documentan en la ayuda en línea, accesibles a través de la pestaña Índice de la ventana de la biblioteca MSDN. Escoja el comando Índice en el menú Help de Visual C++, luego escriba *required interfaces* para localizar el artículo de ese título.

Al soportar estas interfaces, una aplicación de contenedor se asegura que puede interoperar con cualquier control ActiveX que también cumpla con las directrices. La Tabla 8.2 de la página siguiente describe las ocho interfaces que debería soportar el contenedor para cumplir con las especificaciones OLE/ActiveX.

Al proveer sólo las primeras tres interfaces, la Tabla 8.2 le proporciona un contenedor de documento compuesto. Escribir un programa de contenedor con MFC le libera de tener que preocuparse de los detalles del soporte de interfaz. Como se ha descrito anteriormente en este capítulo, si selecciona un soporte de control ActiveX en AppWizard para un proyecto de contenedor, añade al código de suministro una llamada al marco de trabajo de la función *AfxEnableControlContainer*. Esta función activa todas las interfaces enumeradas en la Tabla 8.2. Una vez preparadas las interfaces, la comunicación entre el control ActiveX y su contenedor discurre a través de eventos, métodos y propiedades.

Tabla 8.2. Interfaces que un contenedor debería soportar para cumplir con las especificaciones OLE/ActiveX

Interfaz	Descripción
IOleClientSite	Lo utiliza un objeto incrustado para interrogar al contenedor sobre el tamaño del sitio de un cliente y características de la interfaz de usuario. La interfaz *IoleClientSite* también provee servicios tales como la función *Request-NewObjectLayout* a través de la cual el control puede solicitar un nuevo tamaño para su sitio.
IAdviseSink	Lo utiliza un objeto para informar al contenedor de cambios en los datos del objeto.
IOleInPlaceSite	Dirige interacciones entre el contenedor y el objeto del sitio.
IOleControlSite	Provee varios servicios para un control incrustado ActiveX. Por ejemplo, la función *TranslateAccelerator* solicita al contenedor que procese una pulsación de tecla específica, y la función *OnFocus* dice al control si tiene el centro.
IOlePlaceFrame	Lo utiliza un control ActiveX para gobernar una visualización de recursos tales como menús compuestos.
IOleContainer	Permite al control forzar su contenedor para mantenerse en un estado de ejecución o preguntar a otros controles incrustados en el mismo documento o ventana.
IErrorInfo	Necesario para los contenedores que soportan parejas de interfaces (se describe en el Capítulo 10).
IDispatch	Lo utiliza el control para acceder a las propiedades de ambiente del contenedor (descritas en la sección titulada «Propiedades», en la página 291) e invocar a las funciones de manejadores de eventos del contenedor. El contenedor implementa una interfaz separada *IDispatch* para propiedades y eventos.

Eventos

Aunque un control ActiveX es autocontenido, puede mantener la aplicación de contenedor llena de actividad dentro del control disparando eventos. Los eventos disparados por un control en particular son lo que el control de desarrollo piense que las aplicaciones de contenedor desean saber. Por ejemplo, el control puede disparar un evento en respuesta a un clic del ratón dentro de la ventana de control, o pasar al contenedor cualquier entrada recogida del teclado cuando el control tiene la atención. El disparo del evento puede significar el término de algún trabajo, como el de localizar un URL, cargar datos u ordenar una lista. Podemos trazar una analogía entre disparo de eventos y la forma en que el control envía mensajes de notificación, tales como CBN_DROPDOWN o BN_DOUBLECLICKED a su ventana padre, excepto que un control ActiveX dispare un evento al invocar a una función en el contenedor, no al enviar un mensaje.

La función en el contenedor que recibe el evento disparado es un tipo de retrollamada. Si la aplicación de contenedor desea que se le notifique un evento de control en particular, para recibir la llamada debe proveer una función, conocida como conductor de evento o función de implementación de evento. El contenedor almacena una lista de punteros a sus conductores de eventos en una *IDispatch* v-tabla conocida como el evento sink. El evento sink conecta cada evento con su propia función de conductor. La aplicación de contenedor tiene que proveer una función de conductor por cada evento que el control dispara, ni tampoco cada evento disparado por el control ActiveX.

Los estándares OLE/ActiveX predefinen un número de eventos almacenados que informa al contenedor de sucesos en la ventana de control. Por ejemplo, notificar al contenedor cuándo se ha hecho clic con el ratón en la ventana de control, un control usando MFC puede activar el evento *Click* almacenado a través de la macro EVENT_STOCK_CLICK:

```
BEGIN_EVENT_MAP(CdemoCtrl , COleControl)
    //{{AFX_EVENT_MAP (CDemoCtrl)
    EVENT_STOCK_CLICK()
    //}}AFX_EVENT_MAP
END_EVENT_MAP ()
```

El control no necesita ningún otro código, ya que el marco de trabajo identifica el clic del ratón y dispara el evento. Si el contenedor desea saber cuándo tiene lugar un clic del ratón en la ventana de control, provee una función de manejador para el evento *Click*, al cual se refiere en un mapa del evento sink que concuerde.

```
BEGIN_EVENTSINK_MAP (CDemoContainer, Cdialog)
    //{{AFX_EVENTSINK_MAP(CdemoContainer)
    ON_EVENT(CDemoContainer, IDC_CTRL, DISPID_CLICK,
            OnClick, VTS_NONE)
    //}}AFX_EVENTSINK_MAP
END_EVENTSINK_MAPP ()
```

Los parámetros para la macro ON_EVENT en el fragmento superior pueden necesitar alguna explicación. *CDemoContainer* es la clase de contenedor que se deriva de *CDialog*. La constante IDC_CTRL identifica el control en la ventana de clase de diálogo. DISPID_CLICK es el identificador de registro del evento *Click* (dispid para abreviar). Los identificadores de registro para eventos almacenados se definen en el archivo OleCtl.h, cada uno con un prefijo DISPID_. Cualquier evento no almacenado se dice que es personalizado, para lo cual OLE asigna un identificador de registro positivo, reservando los identificadores negativos para eventos almacenados. El parámetro cuarto de la macro apunta a la función de miembro de contenedor que maneja el evento, nombrado *OnClick* en este ejemplo. Los parámetros VTS_NONE especifican que el evento *Click* no posee parámetros.

La Tabla 8.3 lista prototipos de funciones para los eventos almacenados definidos por las especificaciones OLE/ActiveX. Todos los eventos almacenados, excepto *Error*, pueden aparecer sólo cuando el control ActiveX tiene la atención de entrada. Un prototipo de evento puede parecer que implique la existencia de una sola función, cuando realmente existen por lo menos tres funciones envueltas, como se idealiza en la Figura 8.8.

En un nivel más inferior, un control dispara un evento llamando al método del contenedor *IDispatch::Invoke*, pasando los parámetros adecuados para el evento. Pero a un nivel más alto existen dos funciones adicionales, una en el control ActiveX que envuelve la llamada a *IDispatch::Invoke,* y la otra en el contenedor que maneja la llamada al final. Ambas funciones comparten la misma lista de parámetros y, en efecto, se comportan como

Tabla 8.3. Eventos Stock definidos por OLE/ActiveX

Prototipo de Evento	Evento disparado cuando...
void FireClick()	Cuando se hace clic sobre cualquier botón de ratón (izquierdo, central o derecho) en la ventana de control. Los eventos *MouseDown* y *MouseUp* almacenados se disparan antes que *Click*.
void FireDblClick()	Cuando se hace doble clic sobre cualquier botón del ratón en la ventana de control.
void FireError(SCODE scode, LPCSTR LpszDescription, UINT nHelpID = 0)	El control detecta un error.
void FireKeyDown(short* pnChar, short nShiftState)	El control recibe un mensaje WM_SYSKEYDOWN o WM_KEYDOWN.
void FireKeyPress(short* pnChar)	El control recibe un mensaje WM_CHAR.
void FireKeyUp(short* pnChar, short nShiftState)	El control recibe un mensaje WM_SYSKEYUP o WM_KEYUP.
void FireMouseDown(short nButton, short nShiftState, float x, float y)	Se presiona cualquier botón de ratón (izquierdo, central o derecho), generando un mensaje WM_*x*BUTTONDOWN.
void FireMouseMove(short nButton, short nShiftState, float x, float y)	El control recibe un mensaje WM_MOUSEMOVE.
void FireMouseUp(short nButton, short nShiftState, float x, float y)	Cuando se suelta cualquiera de los botones del ratón, generando un mensaje WM_*x*BUTTONUP.

una sola función, ocultando la actividad de bajo nivel de *IDispatch* que ocurre entre ambas. Los nombres de las funciones son arbitrarias. MFC forma los nombres de las funciones de disparo añadiendo el prefijo *Fire* a un nombre de evento; la función *Fire-Click*, por ejemplo, dispara el evento *Click*.

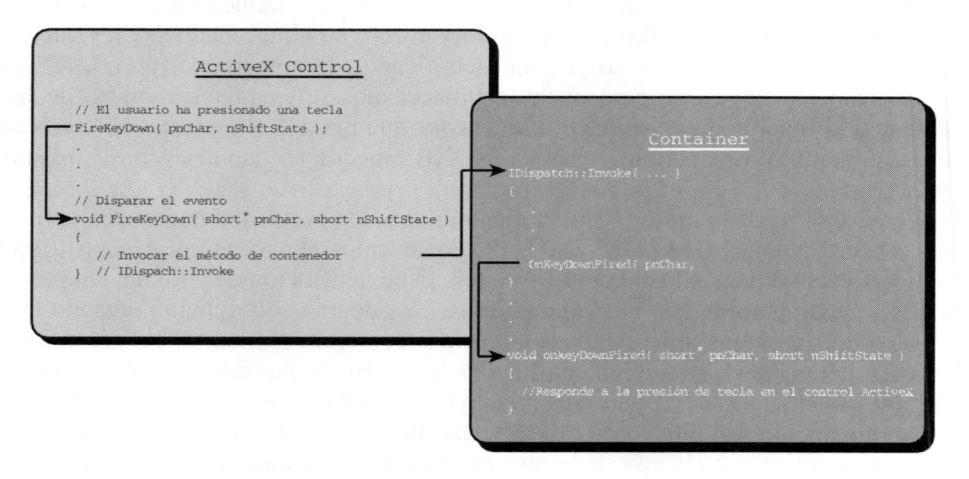

Figura 8.8. Disparar un evento típico.

Métodos

Un método es lo opuesto a una función que maneja eventos. Mientras que las funciones que manejan eventos están ubicadas en el contenedor y son llamadas por el control, los métodos están situados en el control y son llamados por el contenedor. El contenedor uede llamar a un método para aprender una condición o para solicitar que el control realice alguna acción.

OLE/ActiveX predefine tres métodos de almacenamiento, llamados *DoClick, Refresh* y *AboutBox*, ninguno de los cuales toma parámetros o devuelve un valor. *DoClick* provoca que el control dispare su evento de almacén *Click* (si lo soporta), el método *Refresh* dice al control que invalide su ventana y que la redibuje él mismo, y *AboutBox* indica al control que visualice un cuadro de diálogo informativo. Cualquier otro método que exporte un control ActiveX se denomina método cliente, diseñado por el autor del control. Para el contenedor, un método aparece como una función normal exportada por una librería de enlace dinámico, con una lista de parámetros opcionales de hasta 15 parámetros y un valor de retorno de cualquier tipo.

Propiedades

Las propiedades son datos públicos contenidos dentro de ambos el contenedor y el control que cada uno expone al otro. OLE/ActiveX define cuatro categorías de propiedades, llamadas almacén, cliente, ambiente y extendidas. Las propiedades de almacén y cliente pertenecen al control, y las propiedades de ambiente y extendidas pertenecen al contenedor.

Propiedades de almacén y cliente

Las propiedades de almacén especifican características típicas del control definidas por los estándares ActiveX, tales como colores de fondo y base del control, el texto visualizado en su ventana y la fuente utilizada para el texto. Las propiedades cliente son otros datos cualesquiera que el diseñador del control quiere mostrar al contenedor. Un contenedor lee y escribe las propiedades del control llamando a las funciones conocidas en MFC como los métodos Get y Set, que exporta el control. Estos son los mismos métodos de propiedades get/put que encontramos cuando trabajábamos con el diálogo Invoke Methods de Test Container. La diferencia es estrictamente una cuestión de nomenclatura, mientras que MFC comienza los nombres de métodos con los prefijos Get y Set, la terminología COM prefiere get y put (en minúsculas). Normalmente, cada propiedad tiene su correspondiente par de métodos Get/Set, pero un control puede impedir que el contenedor cambie una propiedad simplemente con no exportar el método Set. El Capítulo 9, «Escritura de controles ActiveX utilizando MFC», muestra cómo se hace.

La Tabla 8.4 muestra el enlace entre las propiedades de almacén del control y las funciones a las que llama un contenedor para leer las propiedades. Para cada método Get enumerado en la tercera columna de la tabla, existe el correspondiente método Set con un nombre parecido. Un método Set no devuelve ningún valor y toma un solo parámetro que tiene el mismo tipo que el valor devuelto por el método Get. Los prototipos de *GetAppearance* y *SetAppearance* ilustran el patrón de todas las funciones Get/Set.

Tabla 8.4. Propiedades del control Stock definidas por OLE/ActiveX

Propiedad	Entrada parcial en el mapa de control	Función Get llamada por el contenedor
Appearance	DISP_STOCKPROP_APPEARANCE	`short GetAppearance()`
BackColor	DISP_STOCKPROP_BACKCOLOR	`OLE_COLOR GetBackColor()`
BorderStyle	DISP_STOCKPROP_BORDERSTYLE	`short GetBorderStyle()`
Caption	DISP_STOCKPROP_CAPTION	`BSTR GetText()`
Enabled	DISP_STOCKPROP_ENABLED	`BOOL GetEnabled()`
Font	DISP_STOCKPROP_FONT	`LPFONTDISP GetFont()`
ForeColor	DISP_STOCKPROP_FORECOLOR	`OLE_COLOR GetForeColor()`
hWnd	DISP_STOCKPROP_HWND	`OLE_HANDLE GetHwnd()`
Text	DISP_STOCKPROP_TEXT	`BSTR GetText()`
ReadyState	DISP_STOCKPROP_READYSTATE	`long GetReadyState()`

```
Short GetrAppearance()            // Devuelve una propiedad de tipo short
Void SetAppearance( short n)      // Pasa una propiedad de tipo short
```

Propiedades de ambiente y extendidas

Las propiedades de ambiente y extendidas pertenecen al sitio cliente y no pueden ser alteradas por el control. Las propiedades extendidas son datos que pertenecen al control incrustado pero se implementan y gestionan en el contenedor. Las propiedades de ambiente describen al contenedor mismo, tales como su color base actual o fuente. Un control puede confeccionar su apariencia y comportamiento para parecerse al contenedor, mediante la lectura de las propiedades de ambiente de su contenedor. Un control consulta una propiedad de ambiente llamando a la función *COleControl::GetAmbientProperty* con un identificador de envío de la propiedad deseada, como esto:

```
LPFONTDISP fontdisp;
GetAmbientProperty( DISPID_AMBIENT_FONT, VT_FONT, &fontdisp);
```

Para propiedades de ambiente estándar predefinidas por las especificaciones OLE/ActiveX, un control puede más convenientemente llamar a las funciones de ayuda relacionadas que proporciona *COleControl* tal como *AmbientFont*:

```
LPFONTDISP fontdisp = AmbientFont();
```

La Tabla 8.5 enumera las propiedades de ambiente estándar que un contenedor puede soportar. Un control ActiveX determina el valor de una propiedad de ambiente, bien llamando a *GetAmbientProperty* utilizando uno de los identificadores de envío enumerados en la segunda columna de la tabla, o bien llamando a la función de ayuda equivalente de la tercera columna. Si utiliza AppWizard para crear su aplicación contenedor, se incluye el soporte para propiedades de ambiente estándar y no son necesarias acciones especiales. Al llamar a *SetFont* o *SetTextColor* para activar una fuente o el color base de un diálogo del

Tabla 8.5. Propiedades de ambiente estándar del contenedor

Propiedad	Identificador de parte	Función llamada por el control
BackColor	DISPID_AMBIENT_BACKCOLOR	`OLE_COLOR AmbientBackColor()`
DisplayName	DISPID_AMBIENT_DISPLAYNAME	`CString AmbientDisplayName()`
Font	DISPID_AMBIENT_FONT	`LPFONTDISP AmbientFont()`
ForeColor	DISPID_AMBIENT_FORECOLOR	`OLE_COLOR AmbientForeColor()`
LocaleID	DISPID_AMBIENT_LOCALEID	`LCID AmbientLocaleID()`
ScaleUnits	DISPID_AMBIENT_SCALEUNITS	`CString AmbientScaleUnits()`
ShowGrabHandles	DISPID_AMBIENT_SHOWGRABHANDLES	`BOOL AmbientShowGrabHandles()`
ShowHatching	DISPID_AMBIENT_SHOWHATCHING	`BOOL AmbientShowHatching()`
TextAlign	DISPID_AMBIENT_TEXTALIGN	`short AmbientTextAlign()`
UIDead	DISPID_AMBIENT_UIDEAD	`BOOL AmbientUIDead()`
UserMode	DISPID_AMBIENT_USERMODE	`BOOL AmbientUserMode()`

contenedor, automáticamente activa las propiedades de ambiente *Font* y *ForeColor* para los sitios del diálogo. Cuando un control ActiveX llama a las funciones *AmbientFont* y *AmbientForeColor*, recibe los datos de ambiente que son actuales para el diálogo.

ESCRITURA DE UNA APLICACIÓN CONTENEDOR

Así que, ¿cómo sabe el desarrollador del contenedor por adelantado qué eventos, métodos y propiedades proporciona un control ActiveX y qué funciones de gestión de eventos debería incluir su aplicación contenedor? La Gallery y el ClassWizard se preocupan de eso por usted. Utilizar un control existente en su programa contenedor depende del planteamiento de la licencia individual —un tema que se trata en el siguiente capítulo—, pero una vez supere el obstáculo, seleccione un control ActiveX de la Gallery y agréguelo a su proyecto como haría con cualquier otro componente. Visual C++ automáticamente escanea el Registry para localizar todos los controles registrados en el sistema, por lo que agregar un control ActiveX a la Gallery es simplemente cuestión de registrarlo.

Cuando la Gallery coloca un control ActiveX en su proyecto contenedor, examina la biblioteca tipo contenida en la imagen ejecutable del control para localizar la lista de eventos, métodos y propiedades exportadas por el control. Con esta información, la Gallery crea una clase envoltorio completa que contiene las funciones Get/Set y llamadas a métodos a través de las cuales el contenedor puede acceder a los datos del control. Para obtener o establecer una propiedad en el control, el color de fondo, por ejemplo, el contenedor llama a la función de la clase envoltorio:

```
OLE_COLOR CDemoCtrl::GetBackColor()
{
    OLE_COLOR result:
```

```
            GetProperty(DISPID_BACKCOLOR, VT_I4, (void*)&result);
            Return result;
}

void CDemoCtrl::SetBackColor(OLE_COLOR propVal)
{
            SetProperty(DISPID_BACKCOLOR, VT_I4, propVal);
}
```

Como los manejadores de eventos pertenecen a la clase del contenedor, que normalmente se deriva de una clase basada en diálogos tal como *CDialog*, la Galería no agrega código fuente para las funciones que gestionan eventos. Ese trabajo se deja a ClassWizard después de que el control es agregado al diálogo.

El procedimiento se explica mejor utilizando un ejemplo. Esta sección construye una aplicación contenedor simple llamada Hour que utiliza uno de los controles ActiveX libres de licencia incluidos en el CD que acompaña al libro. El control es el mismo control temporizador IETimer.ocx utilizado anteriormente en el documento Tumble.htm. Puede encontrar el control IETimer enumerado bajo el nombre Timer Object en la carpeta Registered ActiveX Controls de la Gallery. La lista de controles de la carpeta puede incluir otro control ActiveX temporizador, creado a partir de un proyecto MFC de ejemplo denominado Time Control (los archivos fuente de Time Control están en la carpeta MSDN\Samples\VC98\MFC\Controls\Time). Ambos controles temporizadores exportan los mismos métodos y realizan la misma función, por lo que no importa cuál de los dos utilice para el proyecto Hour.

A diferencia de otros controles ActiveX, tales como Anibutton y Calendar, el Timer Object no es un control visible. No se visualiza a sí mismo como una ventana dentro del contenedor, sino que simplemente dispara un evento en el intervalo especificado, sirviendo de mecanismo de temporización para el programa que lo contiene. El programa Hour utiliza los eventos del temporizador para gestionar tres indicadores de progreso mostrados en la Figura 8.9. Los controles de progreso visualizan márgenes de tiempo en minutos, segundos y decenas de segundo. El programa Hour toma su nombre del hecho de que las tres visualizaciones comienzan cuando el control de progreso Minutes se llena después de 60 minutos.

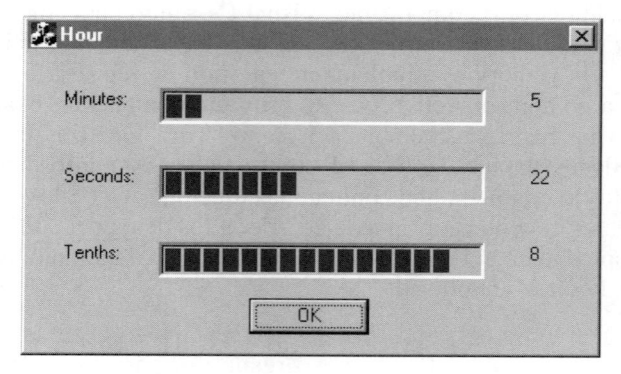

Figura 8.9. El programa Hour.

Construir el programa Hour sólo tiene cinco pasos desde el inicio hasta el final.

Paso 1: Crear el proyecto Hour con AppWizard

Elija New dentro del menú File del entorno, seleccione el icono MFC AppWizard (exe) de la pestaña Projects, y teclee *Hour* como nombre del proyecto. Hour es una aplicación basada en diálogos, por lo que haga click en el botón radial Dialog Based en el paso 1 del AppWizard y cerciórese de que el cuadro de chequeo ActiveX Controls está activado en el paso 2:

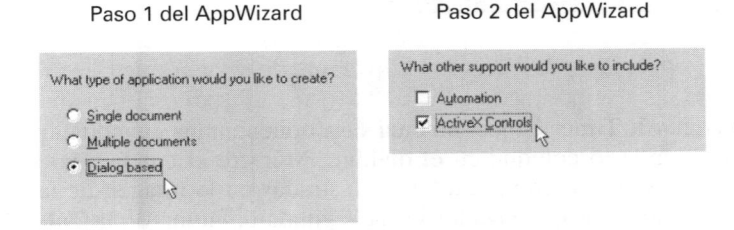

Paso 1 del AppWizard   Paso 2 del AppWizard

Haga clic en el botón Finish para crear el proyecto.

Paso 2: Insertar el control Timer Object en el proyecto

Este paso le debería parecer familiar ahora. Utilice la orden Add To Project del menú Project para abrir la Gallery y visualizar la lista de controles ActiveX mostrada en la Figura 8.1. Desplácese horizontalmente y seleccione cualquiera de los dos iconos, Timer Object o Time Control, luego haga clic en el botón Insert. Esto agrega los archivos fuente de una de las dos clases *CieTimer* o *CtimeCtrl* al proyecto Hour, dependiendo del control seleccionado. Haga clic en OK cuando aparezca el diálogo Confirm Classes y después cierre el diálogo Gallery.

Si no se lista el Timer Object en la visualización del diálogo, el control todavía no se ha registrado. Para registrar el control Timer Object, copie el archivo IETimer.ocx desde el CD que se acompaña a la carpeta Windows\OCCache y ejecute la utilidad RegSvr32 como se describió en la página 277. Cuando el control se registre a sí mismo con éxito, aparece listado en la Gallery la siguiente vez que abra el diálogo.

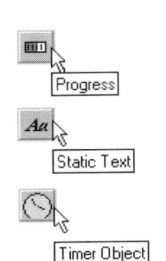

Paso 3: Coloque el control Timer Object en el diálogo Hour

En anteriores versiones de Visual C++, debía hacer doble clic en el identificador IDD_HOUR_DIALOG del panel ResourceView para iniciar el editor de diálogo y cargar el diálogo principal. Elimine el control de texto estático «to do» y el botón Cancel del área de trabajo del diálogo seleccionándolos y pulsando la tecla SUPR. Arrastre las herramientas Progress, Static Text y Timer Object desde la barra de herramientas Controls sobre el área de trabajo y organícelos para que se parezca a algo como esto:

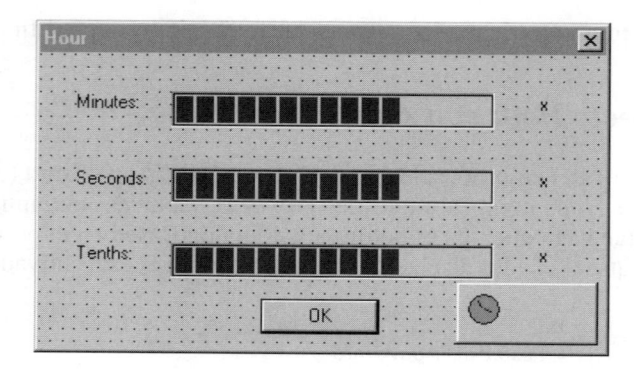

Como el control ActiveX Timer Object no crea su propia ventana cuando el programa se ejecuta, no importa dónde lo coloque en el diálogo. Muestre el cuadro Properties de cada uno de los controles y teclee en las capturas mostradas en la imagen de la pantalla superior junto con los identificadores listados en la segunda columna de la Tabla 8.6.

La clase de aplicación *CHourDlg* requiere una variable miembro para cada uno de los controles del diálogo, que puede agregar a través de ClassWizard. Con el editor de diálogos todavía activo, haga clic en la orden ClassWizard del menú Ver para invocar al diálogo MFC ClassWizard descrito en el Capítulo 6. En la pestaña Member Variables, seleccione cada uno de los nuevos controles del cuadro Control IDs y haga clic en el botón Add Variable para visualizar el diálogo Add Member Variable. En el cuadro de texto etiquetado Member Variable Name, teclee la variable del control listada en la tercera columna de la Tabla 8.6. La Figura 8.10 muestra el resultado final.

Necesitamos además una función para gestionar el evento disparado por el control Timer Object. En la pestaña Message Maps de ClassWizard, seleccione IDC_TIMER1 del cuadro Objects IDs y Timer del cuadro Messages, haga clic entonces en el botón Add Function. ClassWizard agrega código matriz para una función manejadora de eventos denominada *OnTimerTimer1*.

Tabla 8.6. Identificadores de control del programa Hour

Control	Identificador	Nombre de variable
Indicador de progreso de minutos	IDC_PROGRESS_MIN	*progMin*
Indicador de progreso de segundos	IDC_PROGRESS_SEC	*progSec*
Indicador de progreso de decenas	IDC_PROGRESS_TEN	*progTen*
Control estático Superior «x»	IDC_MINUTES	*strMin*
Control estático Medio «x»	IDC_SECONDS	*strSec*
Control estático Inferior «x»	IDC_TENTHS	*strTen*
Control Tiempo	IDC_TIMER1	*time*

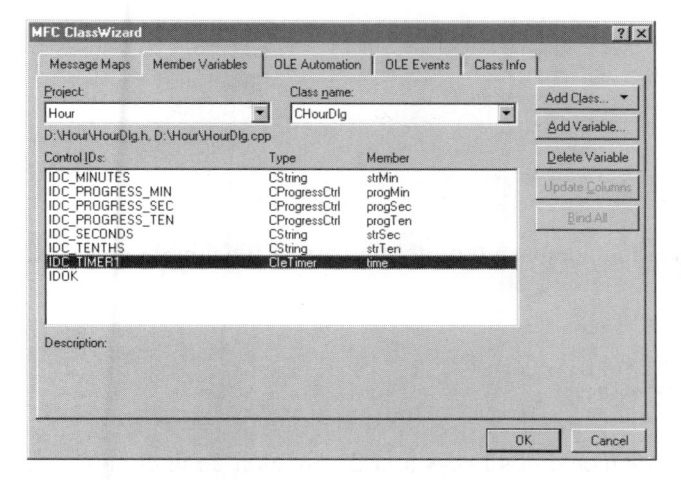

Figura 8.10. Agregación de variables miembro a la clase *CHourDlg*.

El prefijo «E» designa *OnTimerTimer1* como función para manejar eventos. Haga clic en OK para cerrar el diálogo ClassWizard.

Paso 4: Agregar código a los archivos Hour.cpp y Hour.h

Para revisar las declaraciones de variables y funciones que ha agregado ClassWizard al archivo de cabecera HourDlg.h, haga clic en el botón flecha que se encuentra en el extremo derecho de la WizardBar:

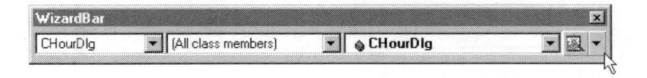

y seleccione Go To Class Definition del menú desplegable. Visual C++ abre automáticamente HourDlg.h en el editor de texto y coloca el cursor al comienzo de la declaración *CHourDlg*, en la que se ha agregado las nuevas variables de control:

```
// Datos de diálogo

    //{{AFX_DATA(CHourDlg)
    enum { IDD = IDD_HOUR_DIALOG };
    CProgressCtrl    progTen;
```

```
CProgressCtrl      progSec;
CProgressCtrl      progMin;
CString            strMin;
CString            strSec;
CString            strTen;
CIeTimer           time;
//}}AFX_DATA
```

ClassWizard ha agregado además un prototipo para la función de gestión de eventos *OnTimerTimer1*:

```
afx_msg void OnTimerTimer1();
DECLARE_EVENTSINK_MAP()
```

Necesitamos añadir solamente dos líneas a la declaración de la clase *CHourDlg*:

```
Class CHourDlg : public CDialog
{
private:
    int        iMin,iSec;
```

Como antes, la zona sombreada indica adiciones al código que debe teclear por sí mismo en el editor de texto.

Las variables *iMin* e *iSec* llevan la cuenta de los minutos y segundos que han pasado, que se escriben en los controles estáticos adyacentes a los indicadores de progreso del diálogo. No es necesaria una cuenta similar para las decenas de segundo, porque la posición del indicador de progreso IDC_PROGRESS_TEN avanza con cada evento disparado por el control Timer Object. Esto será más claro en el momento en que agreguemos código al manejador de eventos.

Las últimas modificaciones al código fuente se realizan en la función *CHourDlg::OnInitDialog*. Haga clic en cualquier cuadro Members de WizardBar para visualizar una lista desplegable de funciones miembro y seleccione *OnInitDialog* desde la lista aquí mostrada:

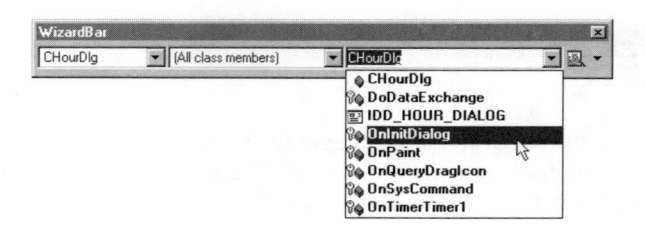

Visual C++ abre el archivo fuente HourDlg.cpp en el editor de texto y automáticamente coloca el cursor al comienzo de la definición de *OnInitDialog*. Agregue el texto sombreado después de la línea con la función «to do», como se muestra seguidamente.

USO DE CONTROLES ACTIVEX   299

```
//TODO: Agregue inicialización extra aquí

time.SetInterval(100);      // Establece el intervalo del temporizador
                            // a 1/10 segundos
progMin.SetRange( 0, 59);   // Establece rangos para los indicadores
                            // de progreso
progSec.SetRange( 0, 59);   // Segundos: 1-60
progTen.SetRange( 0, 9);    // Decenas: 1-10

progMin.SetStep( 1 );       // Establece el paso de los intervalos para
                            // los indicadores de progreso
progSec.SetStep( 1 );
progTen.SetStep( 1 );

iMin = iSec = 0;            // Inicializa los contadores
```

Estas instrucciones inicializan los controles indicadores de progreso. La instrucción

```
Time.SetInterval( 100 );    // Establece el intervalo del temporizador
                            // a 1/10 segundos
```

llama a un método del Timer Object para decirle al control que comience a disparar eventos cada 100 milisegundos.

Utilice el WizardBar para navegar hacia abajo hasta la función *CHourDlg::OnTimerTimer1* y agregue las siguientes líneas sombreadas:

```
void CHourDlg::OnTimerTimer1()
{
    // TODO: Agregue su código de gestión de la notificación del control
    // aquí
    int i = progTen.StepIt ();

    if (++i == 10)
    {
        if (++iSec == 60)
        {
            if (++iMin == 60)
            {
                iMin = 0;
                progMin.SetPos( 0 );
            }
            else
                progMin.StepIt ();
            iSec = 0;
            progSec.SetPos( 0 );
            strMin.Format( "%d", iMin );
            SetDlgItemText( IDC_MINUTES, strMin );
        }
        else
            progSec.StepIt ();

        i = 0;
        progTen.SetPos( 0 );
```

```
            strSec.Format( "%d", iSec );
            SetDlgItemText( IDC_SECONDS, strSec );
    }

    strTen.Format( "%d", i );
    SetDlgItemText( IDC_TENTHS, strTen );
}
```

Cada decena de segundo, la implementación de la función *OnTimerTimer1* recibe el evento disparado por el control y avanza el indicador de progreso IDC_PROGRESS_TEN en un paso. Cuando el indicador de progreso Tenths alcanza su máximo valor, el indicador se reinicia a cero y el indicador Seconds se incrementa en uno. De la misma manera, se resetea el indicador Seconds después de transcurridos 60 segundos y el indicador Minutes se incrementa. El procedimiento entero finaliza cuando el programa mide el lapso de una hora.

Paso 5: Construir y probar el proyecto

Seleccione la configuración Win32 Release en la barra de herramientas Build, y después construya una versión final del programa Hour.exe. Haga clic en la orden Execute del menú Build para ejecutar el programa finalizado. Observe que Hour se ejecuta un poco lento, lo cual es típico en aplicaciones Win32 que se basan en el recurso temporizador del sistema. Puede utilizarlo como un cronómetro lento, pero el control Timer Object no es adecuado para aplicaciones que requieren cronometración precisa.

El siguiente capítulo describe otro proyecto contenedor llamado Game, que es similar a Hour. La diferencia es que Game utiliza un control ActiveX cliente escrito por usted mismo y no uno proporcionado por Microsoft.

TRABAJAR SIN EL EDITOR DE DIÁLOGO

El editor de diálogo de Visual C++ hace fácil el añadir un control ActiveX a un cuadro de diálogo, pero muchas veces deseará colocar el control en una ventana que no sea un diálogo. No hay obstáculos técnicos que le prohíban el paso; igual que un control normal puede aparecer, por ejemplo, en una ventana con marco, también puede hacerlo un control ActiveX, pero debe renunciar a los servicios del editor de diálogo. Esta sección explica cómo agregar un control ActiveX a una ventana que no es un diálogo, mostrándoselo colocando el control Button Menu en el área cliente de una aplicación.

El proyecto Button introducido aquí requiere solamente teclear un poco; de otro modo, puede encontrar todos los archivos fuente en el CD que acompaña al libro. Observe que el proyecto no hace uso del editor de diálogo, por lo que el control Button Menu no se instancia nunca durante el desarrollo. Las técnicas descritas en esta sección pueden vencer el error de creación de que algunos controles se exhiban en tiempo de diseño, como se señalaba en la página 284. Cualquier control ActiveX se puede colocar en una ventana siguiendo estos pasos, y la aplicación se compilará correctamente. Pero la verdadera licencia de protección no se evita, ya que una aplicación sin licencia no puede instanciar un control protegido en tiempo de ejecución. Esto se clarificará en el siguiente capítulo, que discute las ramificaciones de las licencias.

Paso 1: Cree el proyecto Button

Ejecute AppWizard para iniciar el proyecto, seleccione la opción Single Document en la primera pantalla de AppWizard. Cuando AppWizard termine, abra la carpeta de controles ActiveX registrados de la Gallery y haga doble clic en el icono etiquetado BtnMenu Object. Acepte el nombre de clase propuesto *Cpmenu* para el nuevo control y cierre la Galería.

Paso 2: Agregue el control a la clase CButtonView

Nuestra intención es colocar el control Button Menu dentro de la vista de la ventana principal de la aplicación, por lo que el código comienza en los archivos fuente de Button View. Primero agregue un objeto *Cpmenu* a la declaración de la clase *CButtonView* situada en el archivo de cabecera ButtonView.h:

```
#include "pmenu.h"
#define   IDC_BTNMENU           1001

class CbuttonView: public CView
{
private:
    Cpmenu      btnmenu;
        :
}
```

El siguiente paso implica escribir el código que inicializa el objeto *btnmenu*. Esto se hace mejor con la función *CButtonView::OnInitialUpdate*, que asegura que la aplicación crea el control solamente una vez cuando la vista aparece por primera vez. ClassWizard puede generar el código inicial para la función; sólo tiene que seleccionar *CButtonView* en el cuadro Class Name de la pestaña Message Maps de ClassWizard, y después haga doble clic en *OnInitialUpdate* del cuadro Messages. Salga de ClassWizard mediante el botón Edit Code, que automáticamente abre el documento fuente ButtonView.cpp en el editor de texto con el cursor colocado en la nueva función *OnInitialUpdate*. Agregue a la función el código de inicialización que se muestra aquí:

```
void CButtonView::OnInitialUpdate()
    {
    CView::OnInitialUpdate();

    // TODO: Agregue su código especializado aquí y/o llame a la clase base
    COleVariant v( 1L );
    CRect rect( 30, 30, 250, 120 );
    btnmenu.Create( NULL, WS_VISIBLE, rect, this, IDC_BTNMENU);
    btnmenu.SetCaption( "Haga click aquí" );
    btnmenu.Invalidate();
    btnmenu.AddItem( "Menu Item #1", v );
```

```
        v = 2L;
        btnmenu.AddItem( "Menu Item #2", v );
        v = 3L;
        btnmenu.AddItem( "Menu Item #3", v );
        v = 4L;
        btnmenu.AddItem( "Menu Item #4", v );
}
```

Cpmenu se deriva de *CWnd*, proporcionando dos versiones de una función *Create* que se tiene como prototipo en el archivo Pmenu.h. Por cuestiones de simplicidad, el fragmento que se muestra aquí utiliza un objeto *CRect* para codificar el tamaño del control y posición en la ventana principal. La función *Cpmenu::AddItem* agrega cadenas de órdenes a los botones del menú emergente, ordenando las órdenes en el menú de acuerdo al valor VARIANT dado como segundo parámetro de la función. La función *OnInitialUpdate* de este ejemplo simplemente crea un objeto *COleVariant* para mantener los valores VARIANT y llama cuatro veces a *AddItem* para insertar una lista representativa de las órdenes del menú.

Si compila y ejecuta la aplicación Button en este momento, visualizará correctamente el control Button Menu en la ventana principal. Aunque al hacer doble clic sobre el control se invoque su menú emergente, la aplicación por sí misma no responde cuando se seleccionan las órdenes del menú y se hace clic sobre ellas. Esto es porque no hemos agregado todavía funciones para manejar eventos que dispara el control Button Menu durante la interacción con el usuario. Eso es lo siguiente.

Paso 3: Manejo de eventos

Todavía no sabemos qué eventos dispara el control Button Menu. Esa información se almacena en el archivo OCX del control como parte de su recurso tipo de biblioteca, pero ClassWizard no puede leer los datos porque no sabe nada sobre el control o la clase *Cpmenu*. Visual C++ proporciona una utilidad que le permite explorar la biblioteca tipo de control para aprender qué eventos dispara el control y la lista de parámetros necesarios para las funciones manejadoras. El programa se llama OleView.exe, y se invoca haciendo clic sobre OLE/COM Object Viewer del menú Tools. La orden View TypeLib del menú File de Object Viewer le permite abrir el archivo BtnMenu.ocx y visualizar su biblioteca tipo. Nos devuelve que el control Button Menu dispara solamente dos eventos, llamados *Click* y *Select*. El guión biblioteca muestra cómo una aplicación contenedor debe declarar funciones de gestión para recibir adecuadamente los eventos disparados:

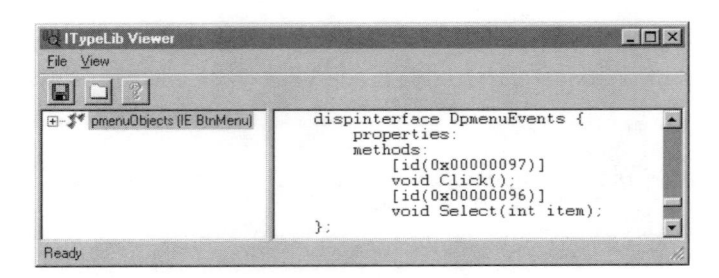

Esta es toda la información que necesitamos para escribir funciones de gestión para los eventos. Pero especialmente para un control que proporcione muchos eventos diferentes, una alternativa más sencilla para pasar de las bibliotecas tipo es simplemente informar a ClassWizard de la existencia del control. ClassWizard puede entonces realizar todo el trabajo de leer la información de tipo del control, generando código para el esqueleto de las funciones de gestión y agregar sus entradas al mapa de eventos sink. Todo lo que se necesita es un poco de masaje de la base de datos de la clase del proyecto y un poco de añadido a la declaración de la clase *CButtonView*. Aquí tenemos cómo se hace.

Primero, abra el archivo Button.clw con el editor de texto y agregue una nueva entrada de recurso para un cuadro de diálogo:

```
ResourceCount=3
Resource1=IDR_MAINFRAME
Resource2=IDD_ABOUTBOX
Resource3=IDD_FAKEDLG
```

Asegúrese de incrementar el contador de recurso a 3 en la primera línea. Al final del archivo, agregue una descripción del nuevo recurso de diálogo:

```
[DLG:IDD_FAKEDLG]
Type=1
Class=CbuttonView
ControlCount=1
Control1=IDC_BTNMENU,{52dfa60-cebf-11cf-a3a9-00a0c9034920},1342177280
```

No hay tal diálogo en el proyecto, sólo el nombre del identificador, pero ClassWizard no necesita saberlo. La entrada dice a ClassWizard que un recurso diálogo identificado como IDD_FAKEDLG pertenece a la clase *CButtonView* y contiene el control Button Menu, que es identificado por su número CLSID.

Después, vuelva al archivo ButtonView.h y corrija el código que añadimos anteriormente, agregando la sentencia **#define** para el identificador IDD_FAKEDLG y declare el valor en la declaración *CButtonView*. La nueva entrada se marca mediante líneas especiales AFX_DATA, que hacen que el identificador de diálogo sea reconocible a ClassWizard, como se explicó en el Capítulo 6. El resultado es como sigue:

```
#include "pmenu.h"
#define IDC_BTNMENU     1001
#define IDD_FAKEDLG     1002

class CButtonView : public CView
{
private:
    Cpmenu btnmenu;
    //{{AFX_DATA(CButtonView)
    enum { IDD = IDD_FAKEDLG };
    //}}AFX_DATA
```

Guarde el archivo. Ahora, cuando invoque a ClassWizard, el identificador IDC_BTN-MENU se mostrará al final de la lista de objetos de la pestaña Message Maps cuando se seleccione la clase *CButtonView* en el cuadro Class Name. Seleccione la entrada IDC_BTNMENU para visualizar los dos eventos en el cuadro Messages, y después haga doble clic en el evento *Select* para agregar una nueva función de gestión denominada *OnSelectBtnmenu*. El manejador obtiene el control siempre que el usuario haga clic en una orden del menú desplegable del control.

Con la nueva función de gestión seleccionada en el cuadro Member Functions, haga clic en el botón Edit Code para volver a abrir el archivo ButtonView.cpp. Agregue el código a la función *OnSelectBtnmenu* que responde siempre que el control dispare su evento *Select*:

```
void CButtonView::OnSelectBtnmenu( long item)
{
    // TODO: Agregue su código de gestión de notificación del control aquí

    Cstring str;

    str.Format( "Su elemento seleccionado #%1i\t", item);
    MessageBox( str, "Aplicación Button", MB_ICONINFORMATION);
}
```

Construya la aplicación Button y ejecútela. Debería ver un cuadro de mensaje cada vez que haga clic sobre un elemento del menú del control, como se ilustra en la Figura 8.11.

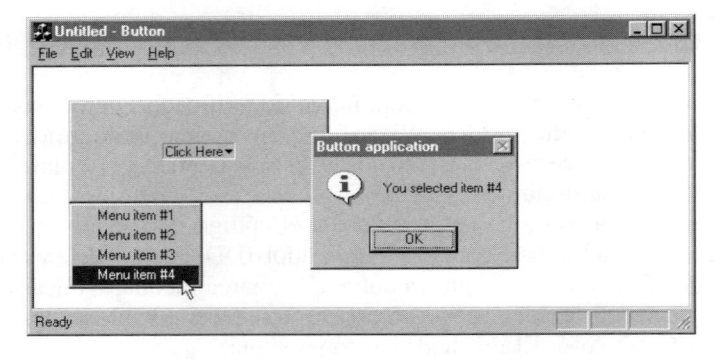

Figura 8.11. Un control ActiveX colocado en una ventana con marco.

Capítulo

9

Escritura de controles ActiveX utilizando MFC

El Capítulo 8 demostró que no es necesario comprender la estructura subyacente de OLE y COM para crear una aplicación de contenedor ActiveX si utiliza MFC. Sorprendentemente, lo mismo se cumple cuando escribe controles ActiveX. MFC maneja tantos detalles, que puede escribir un control con poca preocupación por sus intrincados apuntalamientos. Si decide escribir su control ActiveX sin MFC, y hay buenas razones para considerar esta idea, el proyecto se vuelve más ambicioso. Dependiendo de su enfoque y la complejidad de los controles, puede que necesite una base minuciosa en los principios de ActiveX y Modelo de objeto componente.

Este capítulo retoma donde el capítulo anterior lo dejó. Examina los controles ActiveX desde la perspectiva del servidor en lugar de la del cliente, describiendo los modos en los que Visual C++ le ayuda al desarrollador que desea escribir, no simplemente utilizar, un control ActiveX. Visual C++ pone a su alcance tres herramientas diferentes que le ayudan a instalar un proyecto de control ActiveX:

- Soporte MFC para controles ActiveX.
- El marco de trabajo BaseCtl.
- La Biblioteca de plantillas activa.

HERRAMIENTAS DE VISUAL C++ PARA LA CREACIÓN DE CONTROLES ACTIVEX

MFC ofrece el camino más fácil para un control ActiveX estable y que funcione. El Control Development Kit, antes disponible en Microsoft Developer Network, se ha incorporado a Visual C++ como un conjunto de herramientas que incluye el Test Container y

ControlWizard, renombradas MFC ActiveX ControlWizard. Como se demuestra con un proyecto de ejemplo más adelante en el capítulo, ControlWizard genera archivos fuente que contienen código de inicio que utiliza MFC para encargarse prácticamente de casi todos los detalles COM. La serialización de manejadores de código fuente generada maneja una hoja de propiedades para el control y proporciona muchas otras conveniencias tanto para el programador como para el usuario. Sólo necesita añadir cualquier código necesario para trazar el control, reaccionar a la entrada de usuario y disparar sucesos.

Escribir un control ActiveX utilizando MFC puede dar como resultado un archivo OCX de tamaño sorprendentemente pequeño, pero el tamaño puede confundir porque el control depende para siempre de la existencia de dos archivos grandes. Aquí radica la desventaja de MFC. El tamaño de ejecutable pequeño es especialmente importante para los controles que pretenden ser para una página Web, ya que el programa de explorador de usuario debe primero cargar un control para visualizarlo si el archivo OCX del control no está ya disponible en el ordenador de usuario. Un control ActiveX no puede enlazar estáticamente con MFC, lo que significa que si la versión correcta del archivo DLL de biblioteca MFC no existe en el disco duro del usuario, el archivo debe también transmitirse junto con el control. Para empeorar las cosas, MFC necesita la biblioteca de tiempo de ejecución C, así que puede que también se necesite cargar el archivo Msvcrt.dll. La transmisión de los archivos de biblioteca tiene lugar automáticamente cuando el usuario encuentra primero una página Web que visualiza un control ActiveX dependiente de MFC. Aunque éste puede ser un escenario razonable para un sitio Web interno al que un usuario se conecta a través de una red rápida, no es realista para Internet. Como la biblioteca MFC es aproximadamente de un megabyte de tamaño, cargar el archivo le lleva varios minutos incluso en un módem rápido.

El marco de trabajo BaseCtl, también conocido como el marco de trabajo ActiveX Controls, es una alternativa de poco peso para MFC. Aunque BaseCtl ofrece mucho menos soporte para el desarrollador, también permite mayor flexibilidad. Un control ActiveX construido desde BaseCtl no necesita ni MFC ni la biblioteca en tiempo de ejecución. Y como el marco de trabajo proporciona sólo código mínimo, el control tiene una huella de memoria más pequeña que su homólogo de MFC. Pero las ventajas de BaseCtl tienen un precio; el uso de BaseCtl supone más trabajo de su parte y un mayor conocimiento de los principios de COM y ActiveX. Por ejemplo, debe sentirse razonablemente cómodo con las interfaces persistentes, como por ejemplo *IStream*, *IPersistPropertyBag* e *IPersistStream*. El marco de trabajo le proporciona funcionalidad básica a través de estas tres clases principales, llamadas *CAutomationObject*, *COleControl* y *CPropertyPage*.

BaseCtl solía necesitar Visual Basic 4.0 para iniciar un proyecto, pero éste ya no es el caso. Ahora inicia un proyecto ejecutando la utilidad Nmake que se suministra con Visual C++, una vez para generar los archivos de biblioteca y otra para generar archivos fuente matriz para el control nuevo. El procedimiento se explica en un archivo ReadMe.txt proporcionado con BaseCtl. Si ha solicitado la inclusión de código de ejemplo cuando instaló Visual C++, el archivo ReadMe.txt y los archivos fuente para varios proyectos BaseCtl se ubican en la carpeta MSDN\Samples\VC98\SDK\COM\ActiveXC\BaseCtl. Para obtener las actualizaciones más recientes de BaseCtl, cargue el kit de desarrollo de ActiveX desde esta dirección de Internet:

http://www.microsoft.com/intdev/sdk

BaseCtl no se utiliza hoy a menudo porque la Biblioteca de plantillas activa (ATL) proporciona una herramienta superior para la creación de controles ActiveX. Aunque el archivo OCX resultante sea apto para ser más grande que un control similar que se basa en MFC, un control creado a través de ATL normalmente ocupa mucha menos memoria porque no necesita la presencia de otros archivos auxiliares. Además de una biblioteca de código de plantilla inteligente que implementa muchas interfaces estándar para usted, ATL le proporciona un asistente que genera archivos fuente iniciales, simplificando sobremanera los estadios iniciales de un proyecto de control ActiveX. La creación de un control ActiveX utilizando ATL requiere más trabajo si se compara con la construcción del mismo control con ControlWizard y MFC, pero ATL es una opción para crear controles ActiveX eficientes que se pretenden utilizar en Internet. Puede que haya oído que ATL no es adecuado para escribir controles ActiveX, pero eso no es verdad desde el lanzamiento de la biblioteca 2.0. Sin embargo, ATL no es un tema simple, y la explicación más detallada se aplaza al capítulo siguiente.

Este capítulo abarca el enfoque de MFC para los controles ActiveX. MFC ofrece el mejor modo de probar las aguas de la programación ActiveX y él mismo proporciona material más que suficiente para una explicación. Además de ahorrar una gran cantidad de codificación, utilizando MFC para escribir un control ActiveX pone a su alcance rasgos útiles de Visual C++, como por ejemplo ClassWizard y ControlWizard. Como veremos a continuación, ControlWizard proporciona un punto de partida excelente para un proyecto de control de ActiveX.

CONTROLWIZARD

Del mismo modo que AppWizard crea un proyecto para una aplicación MFC, ControlWizard crea un proyecto para un control ActiveX. Un control creado con la ayuda de ControlWizard utiliza MFC, dotándole de las ventajas y desventajas descritas en la sección anterior. ControlWizard es una forma personalizada de AppWizard, y un proyecto ControlWizard empieza del mismo modo como un proyecto AppWizard normal. Elija el comando New del menú File para invocar el diálogo New, y en la pestaña Projects haga clic en el icono para el ControlWizard de MFC ActiveX. La Figura 9.1 ilustra los pasos.

ControlWizard le guía a través de los dos pasos antes de la creación del proyecto. Esta sección examina opciones que el asistente ofrece y explica cuándo y por qué una opción puede ser apropiada para su control ActiveX.

La Figura 9.2 muestra la pantalla de apertura de ControlWizard, que primero pide el número de controles en el proyecto. Como un control personalizado VBX, un archivo OCX puede contener más de un componente de control ActiveX. Especifique el número de controles que desea que aparezcan en el cuadro de texto en la parte superior del diálogo. También puede añadir controles más tarde durante el desarrollo del proyecto. La opción siguiente en la pantalla ControlWizard le permite restringir el uso de controles a través de una licencia. Aunque la opción soporte de licencia está desconectada por defecto, muchos controles pensados para el uso general deberían tener la protección de una licencia, que se describe en breve.

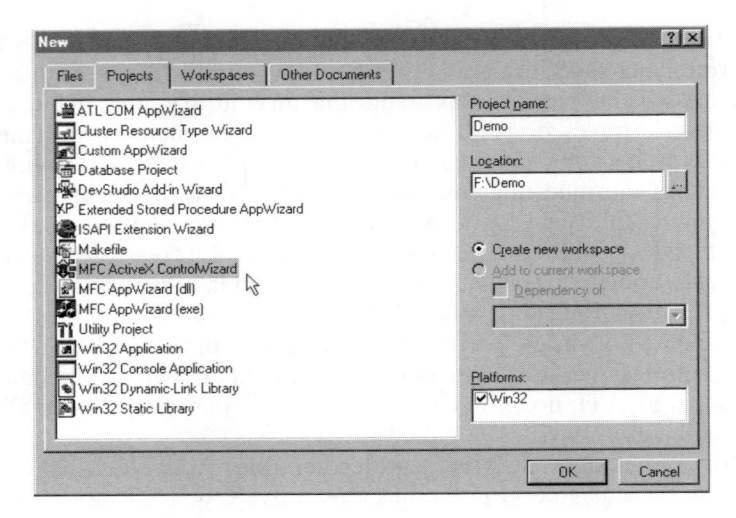

Figura 9.1. Inicio de un proyecto de control ActiveX con ControlWizard.

La última opción en el paso 1 dirige ControlWizard para generar archivos de ayuda para el control. Una solicitud para los archivos de ayuda del proyecto añade el mismo tipo de soporte de ayuda que recibe desde AppWizard. Para una descripción de los archivos de ayuda generados, consulte la explicación en el Capítulo 2.

La segunda pantalla de ControlWizard (Fig. 9.3) le presenta dos opciones que determinan cómo debería interactuar el control con un contenedor. Las opciones en el paso 2 requieren un poco más de explicación, así que la lista siguiente las examina con más detalle.

Figura 9.2. Paso 1 del ControlWizard.

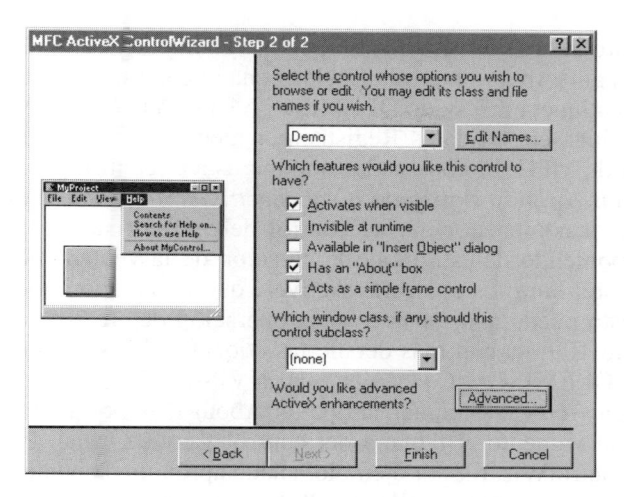

Figura 9.3. Paso 2 del ControlWizard.

- **Activates when visible.** Determina si el contenedor debería activar el control automáticamente cuando se hace visible. La activación inmediata es a menudo deseable para un control ActiveX, aunque la selección de la opción Activates when visible debería considerarse sólo como pauta a la aplicación de contenedor, que puede ignorar la solicitud. A continuación viene una explicación más detallada sobre esta opción.

- **Invisible at runtime.** Si esta opción está seleccionada, ControlWizard no añade una función *OnDraw* para la clase de control. Utilice esta opción para los controles que no requieren la interacción visual con el usuario, como por ejemplo el control Timer Object introducido en el Capítulo 8.

- **Available in «Insert Object» dialog.** Pertenece al diálogo Insert Object (o equivalente) que se ofrece en muchas aplicaciones de contenedor, desde la herramienta Test Container a las aplicaciones de Microsoft Office. Dejando a las señales no seleccionadas del cuadro un contenedor que no debería incluir el control nuevo en el diálogo Insert Object de contenedor.

- **Has an «About» box.** ControlWizard genera código fuente para un método About y recursos para un cuadro About genérico.

- **Acts as a simple frame control.** Añade soporte para la interfaz *ISimpleFrameSite*. Esta opción instala el control para actuar como un marco que encierra otros controles ActiveX en la ventana de contenedor, agrupando los controles visualmente y permitiéndoles desplazarse juntos. No todos los contenedores soportan marcos simples.

- **Window subclassing.** Ajusta el proyecto de control subclasificando un control Windows normal, como por ejemplo un cuadro de edición o un indicador de progreso.

Por defecto, ControlWizard activa sólo dos de las opciones enumeradas anteriormente: Activates when visible y Has an «About» box. Si deselecciona el cuadro de control Activates when visible despeja la etiqueta de estado OLEMISC_ACTIVATEWHENVISIBLE de control, que el control coloca en los datos Registry por medio de la función global *AfxOleRegisterControlClass* de MFC. El contenedor que incrusta el control puede determinar el estado de la etiqueta invocando el método *IOleObject::GetMiscStatus* de control. Una etiqueta sencilla señala al contenedor que el control debería permanecer inactivo cuando se hace visible, posponiendo de este modo la creación de la ventana de control hasta que el usuario la necesite. Para los controles ActiveX que el usuario nunca pueda invocar dentro el servicio, esto puede ahorrar la costosa operación de crear una ventana innecesariamente. El Capítulo 10 trata con más detalle las etiquetas de estado de control ActiveX, como por ejemplo OLEMISC_ACTIVATEWHENVISIBLE.

También puede que considere deseleccionar la opción About Box porque el soporte añadido para el cuadro About aumente el tamaño del control ActiveX final. El cuadro About estándar que genera ControlWizard, por ejemplo, añade aproximadamente 2 Kb de código extra y datos de recurso al archivo finalizado OCX. Consulte la sección final del Capítulo 4 para una explicación sobre otros medios de minimizar datos de recurso, que es especialmente importante para los controles ActiveX.

Si está seleccionado el cuadro de diálogo Available In Insert Object, el procedimiento de autorregistro del control añade una clave Registry llamada Insertable a la jerarquía Registry CLSID del control. La clave Insertable informa a un contenedor que el control ActiveX puede actuar como un objeto incrustado pasivo. El contenedor puede de este modo crear un objeto del control ActiveX a través de las interfaces OLE Documents. Estas interfaces, identificadas por el prefijo *IOle*, incluyen *IOleCache*, *IOleClientSite*, *IOleContainer*, *IOleInPlaceObject* y *IOleInPlaceSite*. Las aplicaciones que pueden incrustar un objeto en un documento de contenedor buscan en Registry objetos que tengan la palabra clave Insertable y visualicen una lista de los objetos en un diálogo Insert Object. Para ver la lista en Microsoft Word, por ejemplo, haga clic en el comando Object en el menú Insert de Word. Un control ActiveX creado utilizando ControlWizard aparece en la lista sólo si está seleccionado el cuadro de comprobación Available In Insert Object Dialog. Las aplicaciones que no soportan documentos de contenedor ignoran la palabra clave Insertable. Por ejemplo, la herramienta New Control de la utilidad Test Container que encontramos en el Capítulo 8 visualiza una lista de todos los controles registrados, tanto si están marcados como insertables como si no.

Si desea que su control ActiveX subclasifique un control Windows estándar o común, haga clic en el cuadro mostrado en la parte inferior de la pantalla en la Figura 9.3. La ventana desplegable visualiza una lista de 16 controles de Windows que van desde botones a visualizaciones de árbol. Seleccionando una entrada de la lista, hace que ControlWizard genere código fuente para el control ActiveX que subclasifica el control de Windows seleccionado. Utilice esta opción para producir un control ActiveX que tiene las características de un control Windows particular, pero que quiere modificar para añadir efectos deseados.

Haga clic en el botón Advanced en el paso 2 de ControlWizard para abrir el diálogo Advanced ActiveX Features que se muestra en la Figura 9.4. El diálogo proporciona opciones que instala o elimina etiquetas de bit definidas por el conjunto de enumeración *COleControl::ControlFlags*, que describe las características de comportamiento de con-

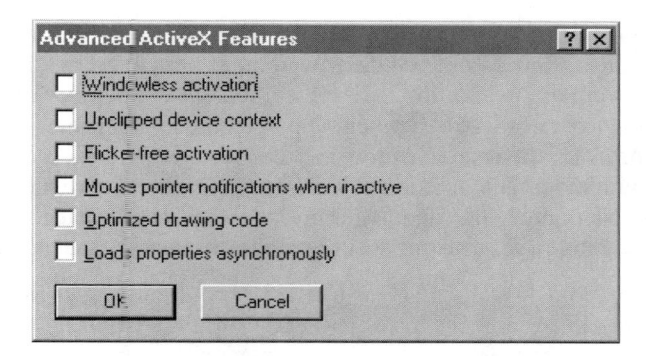

Figura 9.4. Diálogo Advanced ActiveX Features, invocado haciendo clic en el botón Advanced del ControlWizard.

trol cuando se activa. Al ajustar cualquiera de los cuadros de comprobación, hace que ControlWizard añada código que anula el método *COleControl::GetControlFlags*, que informa al contenedor de los ajustes *ControlFlags*. Para añadir la anulación usted mismo a un proyecto de control existente, ajuste una etiqueta de bit, como por ejemplo *windowlessActivate*, como se muestra a continuación:

```
DWORD CDemoCtrl::GetControlFlags()
{
    return COleControl::GetControlFlags() % windowlessActivate;
}
```

Las etiquetas del cuadro de comprobación en el diálogo Advanced ActiveX Features parecen un poco escuetas, pero las opciones son fáciles de entender con un poco de explicación. La lista siguiente describe lo que significan las etiquetas. Para obtener más información sobre los ajustes *ControlFlags* y cómo afectan la activación de control, consulte el artículo de ayuda en línea «ActiveX Controls: Optimization», ubicado mediante la entrada de índice *Optimizing ActiveX Controls*.

- **Windowless activation.** Informa al contenedor de que el control no crea su propia ventana cuando está activado. Una explicación más adelante aclara con más detalle la activación sin ventana.

- **Unclipped device context.** Solicita que no haya ajuste de la visualización de control, lo que da lugar a una renderización más rápida. Sin embargo, el control debe asegurarse de que no se visualiza fuera de los límites del sitio.

- **Flicker-free activation.** Solicita al contenedor que no anule la ventana de control cuando el control cambie de un estado a otro. Esto impide que el control se vuelva a dibujar cuando se vuelve activo o inactivo, eliminando de este modo el ligero parpadeo que puede aparecer en caso contrario. La opción es adecuada sólo para un control que se autotraza del mismo modo independientemente de su estado.

- **Mouse pointer notifications.** Solicita al contenedor que envíe los mensajes de ratón al control ActiveX cuando el control no esté en su estado activo. Si el contenedor cumple los estándares de la solicitud, el control inactivo continúa recibiendo los mensajes WM_SETCURSOR y WM_MOUSEMOVE que pertenezcan a la actividad de ratón sobre la ventana de control. Al seleccionar esta opción, habilita la interfaz *IPointerInactive*, para la que el contenedor delega esos mensajes de ratón que pertenecen al control. La interfaz *IPointerInactive* ajusta todas las coordenadas de ratón de mensaje para la ventana de control y envía el mensaje a través del mapa de mensaje de control. Mediante esta capacidad, un control puede funcionar de forma adecuada como un destino de arrastrar y soltar incluso cuando esté inactivo.

- **Optimized drawing.** Mejora la velocidad de trazado permitiendo al método *OnDraw* del control volver sin restablecer los objetos GDI originales para el contexto de mecanismo. Esta opción tiene efecto sólo si el contenedor soporta trazado optimizado, que el control determina invocando la función *COleControl::IsOptimizedDraw*. Un valor devuelto de TRUE significa que el control no tiene que seleccionar los objetos GDI originales como plumas y pinceles de nuevo al contexto de mecanismo cuando termine el trazado.

- **Loads properties asynchronously.** Esta opción puede aumentar la receptividad de un control ActiveX que necesite una cantidad sustancial de datos de propiedad. La carga asíncrona permite al control hacerse activo en una página Web tan pronto como sea posible, incluso aunque el explorador continúe cargando los datos de control a través del módem en segundo plano. El control puede de este modo iniciar inmediatamente el sonido o vídeo, por ejemplo, sin esperar el conjunto completo de datos. Sin embargo, el control no debe ejecutar ninguna acción que necesite datos que todavía no hayan llegado. La carga asíncrona añade sobrecarga al control, así que utilice la opción sólo para controles que puedan beneficiarse de ella.

La opción Windowless Activation no es lo mismo que la etiqueta Invisible At Run-Time descrita anteriormente. La activación Windowless significa que ese control solo no proporciona su propia ventana. Al no crear una ventana, el control optimiza la velocidad a la que se crea mientras que disminuye ligeramente su tamaño ejecutable. El control es libre de utilizar los servicios de ventana siempre que el contenedor soporte objetos sin ventanas. El soporte requiere la interfaz *IOleInPlaceObjectWindowless* para reflejar mensajes de entrada al control sin ventana. Superponiendo la ventana de contenedor, un control sin ventana puede aparecer con un verdadero fondo transparente, un efecto que no es posible para un control ActiveX normal que visualiza su propia ventana rectangular. Sin embargo, utilizando la misma idea de transparencia de fondo descrita en el Capítulo 4, un control con ventana puede a menudo simular un fondo transparente haciendo concordar el color de su propia ventana con el color de fondo ambiental del contenedor. Como se mencionaba en el capítulo anterior, un control puede determinar el color ambiental actual del contenedor invocando *COleControl::AmbientBackColor*:

```
OLE_COLOR ContainerBkGrnd = AmbientBackColor ();
```

Algunas veces, no todos los contenedores soportan las funciones *Ambient* de *COleControl*. Un control ActiveX debería comprobar un valor devuelto válido después de invocar una función tal como *AmbientBackColor*.

LICENCIAS

Un control ActiveX colocado en una página Web conocida puede acabar pronto en todos los ordenadores del mundo, visualizado en cientos de exploradores. Esta posibilidad de volver a utilizar fácilmente un control ActiveX es quizás el rasgo más convincente de la tecnología y la mejor ventaja. Sin embargo, la gran distribución de una propiedad intelectual de programador también plantea el problema potencial de uso no autorizado. Para ver el problema claramente, considere cómo un control ActiveX pasa a través de tres partidos diferentes, identificados como Autor, Webmaster y Usuario.

Por el pago de unos derechos, el Autor permite al Webmaster instalar el control ActiveX en una página Web. El Usuario visita el sitio de Webmaster mediante Internet, y como resultado el control ActiveX se copia del ordenador de Webmaster al ordenador del Usuario, donde aparece en el programa de explorador del Usuario. Hasta ahora, todo es como debería ser y el control se está utilizando como pretendía el Autor. Pero sin algún tipo de garantía, nada impide a otros programadores que se apoderen del control ActiveX y que lo utilicen en sus propias aplicaciones. Muchos desarrolladores puede que prefieran que sus creaciones no se vuelvan a utilizar de este modo sin autorización, especialmente en aplicaciones de mercado que saquen beneficio de un control sin compensación para el autor del control.

La garantía más común contra el uso no autorizado de un control ActiveX implica una licencia. Una licencia no sólo identifica al Autor en nuestro ejemplo como el propietario de los derechos de autor del control, sino que también puede impedir la reutilización subsiguiente del control por los desarrolladores que no hayan recibido una licencia del Autor. El control estándar OLE/ActiveX está diseñado pensando en una licencia. El estándar define la interfaz *IClassFactory2* a través de la cual un contenedor crea un ejemplo del objeto de control y al mismo tiempo se prueba a sí mismo con licencia para utilizar el control. La creación del objeto de control finaliza sólo si el contenedor comprueba que en el control existe una licencia válida.

Las licencias se están convirtiendo en algo generalizado para los controles ActiveX, así que merece la pena examinar el esquema de licencia de ControlWizard con algo de detalle. Otra razón para dedicar tiempo al tema es que las descripciones de licencia en la documentación en línea de Visual C++ pueden ser un poco más confusas, principalmente porque la documentación habla de «el contenedor» cuando puede que haya varios contenedores implicados. Es importante recordar que cualquier programa es un contenedor que puede crear un ejemplo de control ActiveX y proporcione un sitio para el mismo. El Capítulo 8 mostró varios contenedores diferentes que pueden incrustar un control ActiveX bajo circunstancias diferentes:

- Internet Explorer u otro explorador que soporte ActiveX, que coloque un control a través de un identificador de clase especificado por la etiqueta OBJECT en un documento de HTML.

- El editor de diálogo de Visual C++, que crea un ejemplo de un control cuando se despliega en un diálogo en desarrollo.

- Una aplicación de contenedor, como por ejemplo el programa Hour, que incrusta un control ActiveX en tiempo de ejecución.

Un esquema de licencia impide a una aplicación de contenedor que haga uso no autorizado de un control, pero ¿qué contenedor? Cuando el Usuario en nuestro escenario carga el control del Autor junto con las instrucciones de HTML que lo visualiza, el explorador del Usuario debe ser capaz de ejecutar libremente el control sin una licencia. El acceso debería estar restringido sólo para los contenedores de otros dos tipos en la lista; es decir, programas de desarrollo (como Visual C++) y las aplicaciones de contenedor que crean (como Hour).

Considere la cadena de sucesos cuando el Webmaster decide desarrollar una aplicación que utiliza el control ActiveX del Autor. Para crear la aplicación, el Webmaster ejecuta un programa de desarrollo Windows tal como Visual C++ o Visual Basic. El programa diseña invocaciones para que la aplicación visualice el control en el cuadro de diálogo, así que el Webmaster utiliza el editor de diálogo —siendo él mismo un contenedor— para crear un ejemplo de control y visualizarlo en el diálogo. En este punto, invocada la etapa de tiempo de diseño, la licencia se convierte en un tema. En la creación de un ejemplo del control, el programa de desarrollo invoca el método *IClassFactory2::CreateInstanceLic* del control con un parámetro NULL, al que el control responde devolviendo un puntero a una interfaz sólo después de confirmar que la licencia existe (en un momento veremos cómo).

Como el Webmaster está autorizado a utilizar el control en una aplicación, la verificación de la licencia tiene éxito y el editor de diálogo es capaz de crear un ejemplo del control. El Webmaster completa el desarrollo de la aplicación y vende una copia del ejecutable al Usuario. Como parte del paquete, el Webmaster proporciona un programa de instalación que coloca una copia del control ActiveX del Autor en el disco duro del Usuario y lo registra. Aunque el Usuario nunca ha entrado en un acuerdo de licencia con el Autor, la nueva aplicación de contenedor consigue crear un ejemplo de objeto de control cuando se ejecuta (de nuevo, el proceso se explica dentro de un momento). Esto se llama el escenario de tiempo de ejecución de verificación de licencia.

Ahora considere qué ocurre cuando el usuario (que también resulta ser un programador) intenta crear otra aplicación de contenedor que incrusta el control del Autor. El programa de desarrollo del Usuario invoca el método *IClassFactory2::CreateInstanceLic* del control como antes, pero esta vez el control detecta que el Usuario no posee una licencia y por ello no permite el intento de creación. El Usuario decidido puede desarrollar la aplicación sin la ayuda del editor de diálogo, pero la aplicación terminada ya no es capaz de crear un ejemplo del control más que el programa de desarrollo. El código de verificación de licencia en el control bloquea el uso no autorizado, tanto en el tiempo de diseño como en el tiempo de ejecución.

El código que ControlWizard añade a un proyecto de control implementa un esquema de licencia como el que se acaba de describir. La sección siguiente explica cómo funciona el esquema.

Soporte de licencia de ControlWizard

Como se muestra en la Figura 9.2, la pantalla de apertura de ControlWizard ofrece añadir soporte para una simple administración de licencia. Si se solicita una licencia en tiempo de ejecución para el control nuevo, ControlWizard genera código fuente extra y un archivo de texto que juntos proporcionan algo de seguridad de que su control se utilizará sólo por personas autorizadas. El archivo de texto es un documento con una extensión LIC, que contiene el texto siguiente:

```
Copyright (c) 1998 autor

Advertencia: Tiene licencia para este producto con arreglo a los términos
del acuerdo de licencia incluido con el software original y está protegido
por la ley de derechos de autor y tratados internacionales. La reproducción
o distribuición no autorizada puede conllevar penas civiles y criminales
severas y se perseguirá bajo la ley en la máxima medida posible.
```

La palabra *autor* en la primera línea de la licencia representa su usuario o nombre de compañía. Un esquema de licencia o basado en archivo, como el que implementa ControlWizard, necesita que exista el documento LIC en el mismo directorio que el archivo OCX del control cuando la aplicación de contenedor añada el control en tiempo de ejecución. Por esa razón, el Autor debe distribuir el archivo de texto LIC al Webmaster de modo que el Webmaster pueda crear una aplicación de controlador que utilice el control. Pero los términos de la licencia impiden que el Webmaster redistribuya el documento a otros. El Usuario no necesita el archivo LIC para ejecutar la aplicación del Webmaster o para visualizar el control en un explorador.

ControlWizard coloca una copia maestra del archivo LIC en la carpeta del proyecto principal. Cuando Visual C++ construye el archivo OCX, copia el archivo LIC de la carpeta principal a la carpeta Release o Debug donde reside el archivo OCX, de modo que un proyecto pueda terminar con dos o tres copias del archivo de licencia. Tenga esto en mente si cambia las palabras de la licencia. Realice cualquier cambio en la copia maestra del archivo LIC antes de construir el archivo OCX de modo que todas las copias permanezcan actualizadas.

El código fuente que ControlWizard añade al proyecto consiste en dos funciones: una llamada *GetLicenseKey*, que recupera una única contraseña o clave del archivo OCX de control, y otra llamada *VerifyUserLicense*, que comprueba una ubicación especificada del disco del usuario para ver si existe el archivo de texto de licencia. Un proyecto do-nothing llamado License demuestra cómo ControlWizard añade estas dos funciones al código fuente de clase de control. No hay necesidad de que usted mismo cree el proyecto License, porque el control no se desarrollará aquí. Sirve sólo para facilitar las siguientes explicaciones para seguir e ilustrar el esquema de licencia ControlWizard.

Aquí tiene el listado fuente para las dos funciones, tomadas del archivo de implementación LicenseCtl.cpp de proyecto (el texto *_szLicString* en la tercera línea será diferente para su sistema).

```
static const TCHAR BASED_CODE _szLicFileName[] = _T("License.lic");
static const WCHAR BASED_CODE _szLicString[] =
        L"Copyright (c) 1998 Witzend Software";

/////////////////////////////////////////////////////////////////////
// CLicenseCtrl::CLicenseCtrlFactory::VerifyUserLicense -
// Comprueba la existencia de licencia de usuario
```

```
BOOL CLicenseCtrl::CLicenseCtrlFactory::VerifyUserLicense()
{
    return AfxVerifyLicFile(AfxGetInstanceHandle(), _szLicFileName,
        _szLicString);
}

//////////////////////////////////////////////////////////////////////
// CLicenseCtrl::CLicenseCtrlFactory::GetLicenseKey -
// Devuelve una clave de licencia en tiempo de ejecución

BOOL CLicenseCtrl::CLicenseCtrlFactory::GetLicenseKey(DWORD dwReserved,
    BSTR FAR* pbstrKey)
{
    if (pbstrKey == NULL)
        return FALSE;

    *pbstrKey = SysAllocString(_szLicString);
    return (*pbstrKey != NULL);
}
```

Tanto la función *VerifyUserLicense* como *GetLicenseKey* se invocan cuando un programa de desarrollo intenta insertar un control ActiveX en un proyecto de contenedor en tiempo de diseño, como cuando el editor de diálogo añade el control a un diálogo en desarrollo. Cuando el desarrollo finaliza y se construye y ejecuta la nueva aplicación de contenedor, su intento en tiempo de ejecución de crear un ejemplo del control provoca otra invocación a la función *GetLicenseKey* del control. Vamos a examinar cada uno de estos dos escenarios, mirando primero cómo el control verifica en tiempo de diseño la existencia de una licencia para el programa de desarrollo.

Verificación de licencia en tiempo de diseño

Al invocar el método *IClassFactory2::CreateInstanceLic* del control, el programa de desarrollo dice, en efecto, «Si existe una licencia válida, cree un ejemplo nuevo del control y devuelva el puntero a una interfaz en ese ejemplo». Es trabajo del control verificar la existencia de una licencia. Cuando se invoca *CreateInstanceLic*, el marco de trabajo encamina la invocación a la función *VerifyUserLicense*, que confirma que el archivo de licencia LIC existe en el mismo directorio que el archivo OCX de control y que la primera línea del archivo coincide con los contenidos del parámetro *_szLicString*. La cadena *_szLicString* se conoce como clave de licencia.

Si el archivo LIC existe y contiene la clave de licencia correcta, *VerifyUserLicense* devuelve un valor de TRUE, permitiendo al programa de desarrollo crear un ejemplo del control ActiveX para la aplicación de contenedor en desarrollo. El programa de desarrollo invoca a continuación el método *IClassFactory2::RequestLicKey* del control. Esta invocación termina en *GetLicenseKey*, la segunda de las dos funciones que ControlWizard añadía al código fuente de control. *GetLicenseKey* devuelve una copia de la clave de licencia *_szLicString* de control, que el programa de desarrollo incrusta en el archivo ejecutable de aplicación de contenedor. Veremos por qué el contenedor necesita su propia copia de la clave cuando hablemos de la verificación de licencia en tiempo de ejecución.

Si el control no encuentra el archivo LIC en el mismo directorio que el archivo OCX o si la primera línea del archivo de licencia se ha alterado, *VerifyUserLicense* devuelve

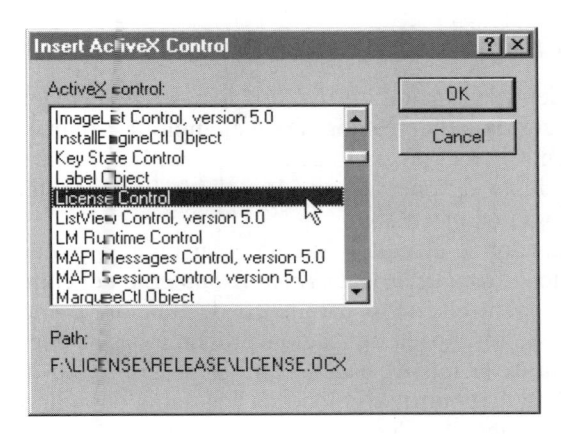

Figura 9.5. Inserción del control License en un proyecto contenedor.

FALSE, en cuyo caso el programa de desarrollo visualiza un mensaje de error que explica el problema. Por ejemplo, aquí tiene cómo Visual C++ maneja la situación cuando el archivo License.lic se ha alterado o se le ha cambiado el nombre (si intenta este experimento usted mismo, asegúrese de que altera el archivo License.lic en la subcarpeta que contiene el archivo OCX, porque alterando la copia maestra de la carpeta de proyecto no tiene efecto una vez que se ha construido el control). Imagine que usted está desarrollando una aplicación de contenedor llamada DemoContainer y desea añadir el control License ActiveX al cuadro About de DemoContainer. Cargue el recurso de cuadro About en el editor de diálogo y haga clic en el botón derecho del ratón sobre el área de trabajo para visualizar el menú contextual del editor. Elija el comando Insert ActiveX Control del menú contextual, a continuación seleccione License Control de la lista mostrada en la Figura 9.5.

El editor de diálogo intenta crear un ejemplo del control License, llevando a una serie de invocaciones de función anidadas. El editor invoca el método *IClassFactory2::CreateInstanceLic* del control, que a su vez invoca la función *VerifyUserLicense* del control, que invoca la función *AfxVerifyLicFile* del marco de trabajo. Esta función MFC lee el archivo identificado por la cadena *_szLicFileName* —License.lic, en este caso—, y si el archivo existe, compara la primera línea del archivo con la clave de licencia contenida en *_szLicString*. Si el archivo no existe o si la primera línea no concuerda con la clave de licencia, *AfxVerifyLicFile* devuelve un valor de FALSE para no prohibir la creación del objeto. El resultado es un mensaje de error de Visual C++ que explica por qué falló el intento:

Verificación de licencia en tiempo de ejecución

Si el archivo de licencia está en orden y la función *VerifyUserLicense* devuelve un valor de TRUE, el programa de desarrollo consigue la creación de un ejemplo de control e inserta archivos fuente para la clase de control en el proyecto de contenedor. La prueba siguiente para una licencia válida no tiene lugar después de que la aplicación de contenedor se construya y se convierta en un programa ejecutable.

Cuando la aplicación de contenedor se ejecuta e intenta crear un ejemplo de control ActiveX, también invoca el método *IClassFactory2::CreateInstanceLic* del control. Pero en lugar de pasar un valor NULL para el cuarto parámetro de función, como hizo el programa de desarrollo en tiempo de diseño, la aplicación proporciona un puntero a su copia de la clave de licencia. Esta es la misma cadena que el programa de desarrollo obtuvo de la función *GetLicenseKey* de control y colocó en los datos de aplicación. La invocación a *CreateInstanceLic* dice ahora: «Cree un ejemplo nuevo del control y aquí tiene la prueba de que soy un contenedor autorizado». El control compara su propia copia de la clave de licencia en *_szLicString* con la copia sometida por el contenedor, verifica que concuerdan, y permite que se cree la operación. El marco de trabajo no invoca la función *VerifyUserLicense* en este caso, que es por lo que el archivo LIC no se necesita cuando la aplicación se ejecuta en la máquina de Usuario. Sólo el programa de desarrollador en la máquina Webmaster, no la aplicación de contenedor terminada, necesita la licencia.

Para más protección, altere la primera línea del archivo LIC para hacer las palabras menos genéricas. Pero haga los mismos cambios a la matriz de carácter *_szLicString* en el código fuente, o *VerifyUserLicense* no conseguirá reconocer el archivo de texto. También puede considerar la modificación del esquema de licencia basado en archivo descrito aquí para basarse en una clave del sistema Registry en lugar de en un archivo de texto LIC. Esto requeriría simplemente que se volviese a escribir una función *VerifyUserLicense* para buscar el Registry, y también supondría un programa de instalación de algún tipo que registre la clave para las licencias autorizadas.

EJEMPLO 1: UN CONTROL ACTIVEX DO-NOTHING

Antes de sumergirnos en el desarrollo de un control ActiveX, deberíamos tener una idea clara de la extensión de la contribución de ControlWizard a un proyecto. El mejor medio es simplemente ejecutar ControlWizard y construir un control do-nothing a partir de los archivos fuente generados. Como veremos en la sección siguiente, la creación de un control ActiveX requiere un poco más de trabajo y una cantidad considerable de explicación, todo lo cual puede que oscurezca el hecho de que antes de que ni siquiera empezásemos la codificación, ControlWizard ya ha generado archivos fuente para un control de trabajo con todo lo esencial. La tarea que queda para el desarrollador no es tanto construir un control ActiveX como embellecer uno que ya exista. Desde el mismo principio, una creación de ControlWizard puede ejecutarse en un contenedor, visualizar su propia ventana, reaccionar adecuadamente cuando se desplace o se cambie el tamaño de su ventana, visualizar un cuadro About y mostrar un boceto de su hoja de propiedades. El control no lleva a cabo un trabajo útil, sin embargo, porque no dispara eventos, no exporta métodos personalizados ni contiene propiedades.

ESCRITURA DE CONTROLES ACTIVEX UTILIZANDO MFC   **319**

La creación de un control ActiveX, que se muestra en la Figura 9.6, no requiere programación. Si quiere experimentar, cree un proyecto de prueba ejecutando el MFC ActiveX ControlWizard como se ha explicado anteriormente, cambie la configuración de proyecto a Win32 Release y construya el control de los archivos fuente generados. Como cualquier control ActiveX, el resultado se puede cargar sólo mediante un contenedor de ejecución, como por ejemplo la utilidad Test Container descrita en el Capítulo 8. Empiece con el Test Container del menú Tools, invoque su herramienta New Control y busque la lista del nuevo control ActiveX do-nothing. El control tiene el mismo nombre que el proyecto, que aparece en la lista como Demo Control o algo parecido. Inserte el control en el Test Container, a continuación invoque la hoja de propiedades predeterminada que se muestra en la Figura 9.6 haciendo dos veces clic en el borde de la ventana o haciendo clic en el botón Properties de Test Container. Para visualizar el cuadro About de control, seleccione la herramienta Invoke Methods y haga clic en el botón Invoke. Cuando termine de experimentar, salga de Test Container y cierre el proyecto. La entrada de control en el Registry puede permanecer indefinidamente sin hacer mal, pero lo mejor es eliminarlo del Registry antes de borrar un control ActiveX desde su

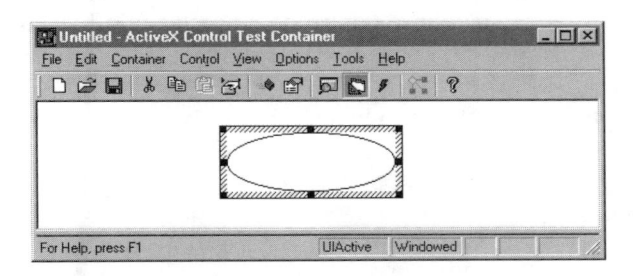

Control ActiveX en el Test Container

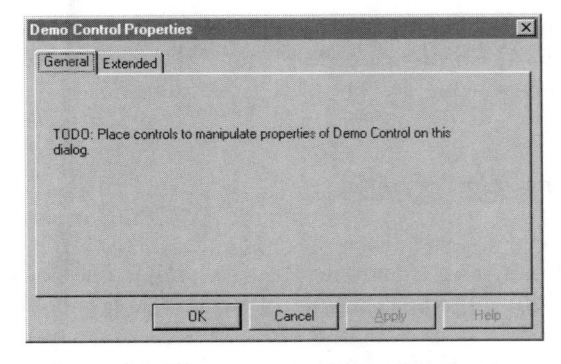

Hoja de propiedades

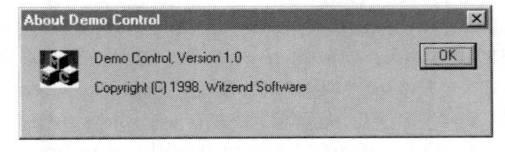

Cuadro Acerca de

Figura 9.6. El control ActiveX predeterminado creado por ControlWizard.

sistema. Ejecute la utilidad RegSvr32 descrita en el Capítulo 8 e incluya el cambio \u para no registrar el control:

```
regsvr32 /u \demo\release\demo.ocx
```

La utilidad indica el éxito mostrando un cuadro de diálogo:

Cuando se elimina el registro del control satisfactoriamente, puede borrar los archivos de proyecto. Una función miembro anulada llamada *COleControl::OnDraw* traza la ventana de control que se muestra en la Figura 9.6. Como cuando se genera por ControlWizard, la función *OnDraw* visualiza una elipse dentro de un rectángulo blanco:

```
void CDemoCtrl::OnDraw(
            CDC* pdc, const CRect& rcBounds, const CRect& rcInvalid)
{
    pdc->FillRect(rcBounds,
        CBrush::FromHandle((HBRUSH)GetStockObject(WHITE_BRUSH)));
    pdc->Ellipse(rcBounds);
}
```

Esta función es uno de los primeros lugares que utilizó cuando desarrolló un control ActiveX utilizando el ControlWizard. Un proyecto de ejemplo muestra cómo volver a escribir *OnDraw* para visualizar una ventana de control con más significado.

EJEMPLO 2: EL CONTROL ACTIVEX TOWER

Esta sección amplía la sección anterior, presentando un proyecto simple que ilustra cómo desarrollar un control ActiveX útil que empieza con ControlWizard. He nombrado el proyecto Tower porque es una variación de un puzzle llamado Torres de Hanoi, atribuido al matemático francés del siglo XIX Edouard Lucas. La Figura 9.7 muestra el control Tower conforme aparece en un diálogo, visualizado en una ventana rectangular dividida en tres paneles. El objeto del juego es arrastrar los siete bloques coloreados uno a uno del primer panel y reunir el montón en el tercer panel. Puede mover un solo bloque coloreado de un panel cualquiera a otro, pero no puede colocar un bloque encima de otro más pequeño.

Aunque es sólo un juego, el control Tower muestra toda la parafernalia de un control ActiveX típico. Tower contiene propiedades de bloque y personalizadas, exporta métodos

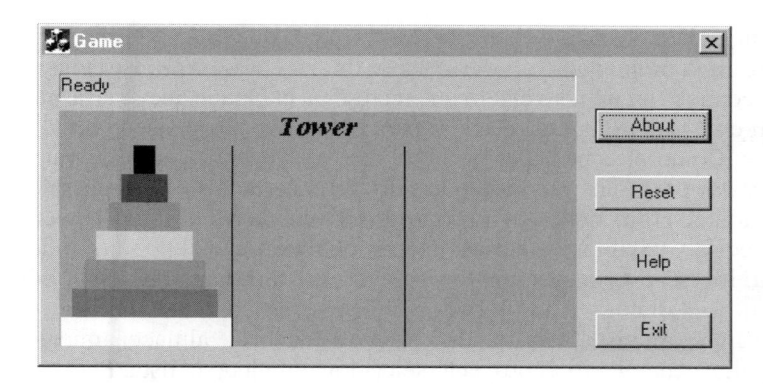

Figura 9.7. El control ActiveX Tower incrustado en un diálogo típico.

y dispara eventos para permitir a la aplicación de contenedor conocer el estado actual del juego. Más adelante en este mismo capítulo utilizaremos la utilidad Test Container para monitorizar los sucesos de control conforme tienen lugar.

Si quisiera construir por sí mismo el control ActiveX Tower, los siguientes ocho pasos explican cómo hacerlo. Sin embargo, las explicaciones no son específicas del proyecto Tower, y exploran algunos de los caminos alternativos que puede que desee considerar cuando instala su propio proyecto de control ActiveX. El primer paso ejecuta ControlWizard para crear el proyecto y los siguientes cuatro pasos utilizan ClassWizard para añadir propiedades, métodos, sucesos y funciones de manejador de mensaje al proyecto Tower. El sexto paso crea una página de propiedad simple para el control. Con el código matriz de ClassWizard en su lugar, el séptimo paso muestra cómo dar cuerpo al programa con código adicional para correr el control, que se construye y se prueba en el octavo paso.

El programa Game de la Figura 9.7 es un simple contenedor escrito explícitamente para mostrar Tower. Es una aplicación basada en un diálogo creada con la ayuda de AppWizard, similar al programa Hour descrito en el capítulo anterior. Como ya hemos estudiado este tipo de programa, Game se menciona sólo brevemente en las secciones subsiguientes. Encontrará código fuente para los programas de contenedor Tower y Game en la carpeta Codigo\Capitulo.09 del CD que se acompaña.

Paso 1: Crear el proyecto Tower

El proyecto Tower comienza su andadura a través del ActiveX ControlWizard. Active el ControlWizard haciendo clic en el comando New del menú File, y a continuación haga clic en la pestaña Projects y seleccione el icono MFC ActiveX ControlWizard que se muestra en la Figura 9.1. Teclee *Tower* como el nombre de proyecto y acepte los valores predeterminados en los dos pasos de ControlWizard.

Paso 2: Añadir propiedades

El control Tower tiene cinco propiedades, llamadas *Caption*, *Font*, *ForeColor*, *BackColor* y *CurrentBlock*. Las cuatro primeras son propiedades de almacén que determinan el contenido y el aspecto del texto de título visualizado en la parte superior de la ventana. En el inicio, el control inicializa el texto de título «Tower», pero un contenedor puede especificar un texto nuevo en la propiedad *Caption* si así se desea. *CurrentBlock* es una propiedad personalizada que contiene un número entero que representa el bloque que se arrastra. El valor del número entero en *CurrentBlock* va desde 0 para el bloque más pequeño hasta 6 para el bloque más grande. Como el contenedor no tiene motivos para cambiar este valor, Tower mantiene *CurrentBlock* como una propiedad de sólo lectura, como se explicará en breve.

La especificación de propiedades en un control ActiveX de MFC como Tower requiere una colocación precisa y palabras de varias macros, de modo que el trabajo se deja mejor para ClassWizard. En la pestaña Automation de ClassWizard, haga clic en el botón Add Property para invocar el diálogo Add Property (Fig. 9.8), y a continuación haga clic en el cuadro External Name para visualizar una lista de propiedades de almacenamiento. Añada una propiedad de almacenamiento al proyecto seleccionándola de la lista. Para especificar una propiedad personalizada, teclee cualquier nombre externo que no esté en la lista de nombres de almacenamiento.

El botón de radio Stock en el grupo Implementation le permite especificar inequívocamente si una propiedad es de almacén o personalizada, pero el botón se ajusta por defecto cuando selecciona una propiedad de almacén. Los botones de radio etiquetados Member Variable y Get/Set Methods se utilizan normalmente sólo para propiedades personalizadas, dándoles dos opciones de cómo su control muestra una propiedad personalizada a una aplicación de contenedor. Si desea conceder al cliente acceso no restringido a una propiedad, deje la instalación del botón de radio Member Variable. ClassWizard crea una variable para la propiedad que el cliente puede cambiar a través de la página de propiedad y también genera una rutina de notificación simple que permite al control saber cuándo el

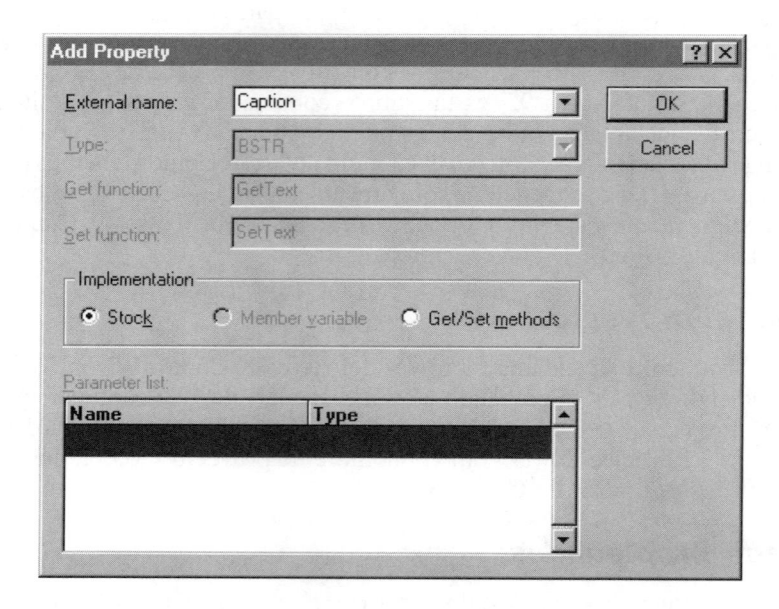

Figura 9.8. Diálogo Add Property de ClassWizard, invocado desde la pestaña Automation.

contenedor ha cambiado la propiedad. Si su control no necesita la notificación, elimine el cuadro de texto para impedir que se genere la función, ahorrando de este modo una pequeña cantidad de sobrecarga.

Para obtener máximo control sobre cómo (o cuándo) el contenedor puede leer o escribir una propiedad personalizada, haga clic en su lugar sobre el botón de radio Get/Set Methods. Esto indica a ClassWizard que genere código fuente para un par de métodos que el contenedor puede invocar para leer o escribir la propiedad, como se describe en el Capítulo 8. Para recuperar el valor actual de la propiedad, el contenedor invoca el método Get correspondiente; para ajustar un valor nuevo, el contenedor invoca el método Set. Puede hacer que una propiedad sea de sólo lectura omitiendo el método Set o una de sólo escritura omitiendo el método Get. Sin embargo, al activar el botón de radio Get/Set Methods, necesita que al menos esté definido un método para hacer la propiedad visible al contenedor.

Podemos aceptar los valores predeterminados de ClassWizard para las propiedades de almacén de Tower. Como muestra la Figura 9.8, al seleccionar la propiedad de almacén *Caption* automáticamente activa el botón de radio Stock y exporta las funciones *GetText* y *SetText* para permitir que el contenedor lea y escriba la captura actual de Tower. Aquí tiene uno de los muchos modos de MFC de ayuda para facilitar la programación de los controles ActiveX; los métodos *GetText* y *SetText* son miembros del objeto *COleControl* del marco de trabajo, así que sólo necesitamos hacer clic y olvidarnos. El marco de trabajo asume todo el trabajo de mantenimiento de la propiedad *Caption* y la muestra al contenedor a través de las funciones *GetText* y *SetText* (las dos funciones toman sus nombres de la propiedad de almacén *Text*, de la que *Caption* es sólo un alias). Haga clic en el botón OK para añadir la propiedad *Caption* al control Tower, a continuación repita los mismos pasos para añadir las propiedades de almacén *Font*, *ForeColor* y *BackColor*.

Para añadir sólo la propiedad personalizada de Tower, acceda al diálogo Add Property por quinta vez y teclee *CurrentBlock* como nombre externo, dándole un tipo de **short**. En lugar de aceptar la función de notificación propuesta *OnCurrentBlockChanged*, haga clic en el botón de radio Get/Set Methods. ClassWizard automáticamente asigna funciones llamadas *GetCurrentBlock* y *SetCurrentBlock*, pero como la propiedad personalizada *CurrentBlock* debería aparecer de sólo lectura en el contenedor, elimine el cuadro Set-Function de modo que no se añada *SetCurrentBlock* a la clase de control. Una aplicación de contenedor que incrusta Tower no tiene ahora por qué alterar *CurrentBlock*, aunque puede invocar *GetCurrentBlock* en cualquier momento para solicitar al control el valor actual de la propiedad.

Si hace clic en el botón OK en el diálogo Add Property, provoca que ClassWizard escriba el código matriz para la función *GetCurrentBlock* en el archivo TowerCtl.cpp. La Figura 9.9 muestra cómo es el diálogo ClassWizard después de que se hayan especificado las cinco propiedades. Los códigos «S» y «C» adyacentes a los nombres externos indican si una propiedad es de almacén o personalizada.

Paso 3: Añadir métodos

Técnicamente, ya hemos añadido un método al proyecto Tower. La función *GetCurrentBlock* generada en la sección anterior es un método, es decir, una función exportada que el contenedor puede invocar a través de una interfaz. Aquí añadiremos otro método llamado

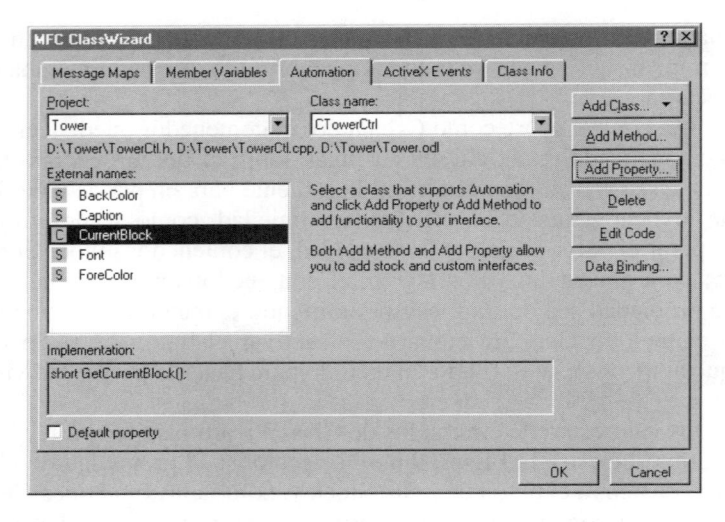

Figura 9.9. Adición de propiedades al control ActiveX Tower.

Reset. La función *Reset* proporciona un modo de que el contenedor le indique al control que inicie el juego terminado. El programa Game mostrado en la Figura 9.7 muestra cómo una aplicación puede utilizar este rasgo, invocando este método *Reset* de Tower cuando el usuario hace clic en el botón Reset del diálogo.

Aunque todavía estamos en la pestaña Automation de ClassWizard, haga clic en el botón Add Method y teclee *Reset* como nombre externo. Seleccione un tipo de retorno de **void**, ya que *Reset* no devuelve un valor. *Reset* tampoco tiene parámetros, pero si los tuviera, se podrían especificar haciendo dos veces clic en la columna Name del cuadro etiquetado Parameter List y teclear los parámetros de la función, uno por línea. Haremos algo similar cuando añadamos los eventos de Tower en la sección siguiente.

Haga clic en OK para volver al diálogo ClassWizard, que ahora enumera el método *Reset* en la lista de nombres externos. Un prefijo «M» identifica *Reset* como un método.

Paso 4: Añadir eventos

Desplace la pestaña ActiveX Events del diálogo ClassWizard y haga clic en el botón Add Event para invocar el diálogo Add Event que se muestra en la Figura 9.10. Añadiremos un evento de almacén más al control Tower y cuatro sucesos personalizados, que de forma colectiva mantienen informado al contenedor sobre lo que está pasando en el control Tower. El evento de almacén es *Click,* seleccionado desde la lista desplegable en el cuadro External Name del diálogo Add Event. El evento *Click* informa al contenedor de cuándo y dónde tiene lugar un clic de ratón en la ventana de Tower. Haga clic en el botón OK, a continuación haga aparecer el diálogo Add Event una segunda vez y teclee el nombre externo *FromPanel* para el primer evento personalizado del control. Siempre que el usuario seleccione un bloque en un panel, el control Tower dispara el evento *FromPanel* invocando la función *FireFromPanel. FireFromPanel* invoca la función de manejador de

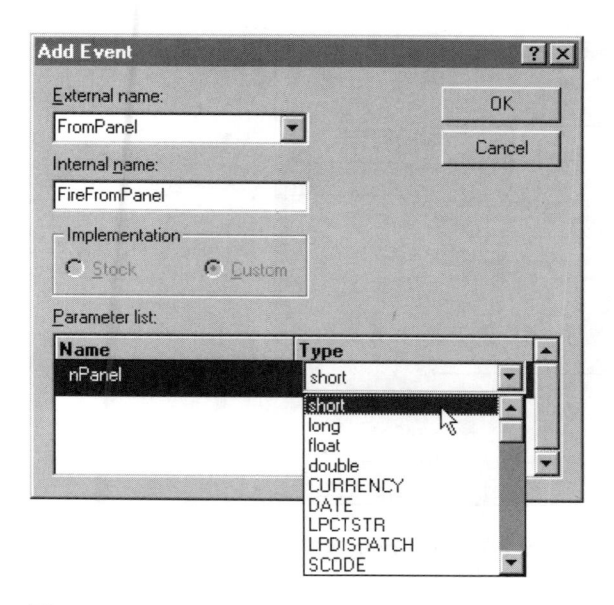

Figura 9.10. Especificación de un evento personalizado para el control ActiveX Tower.

evento en el cliente, pasándole un solo parámetro de 0 a 2 que identifica el panel desde el que el bloque se está arrastrando. Especifique el parámetro de función haciendo dos veces clic en el área azul del cuadro de lista etiquetado Parameter List para mostrar el cuadro de nueva entrada. En el cuadro de nueva entrada, teclee *nPanel* para el nombre de parámetro y acepte el tipo predeterminado de **short**, como se muestra en la Figura 9.10.

El siguiente evento personalizado se llama *ToPanel*, que, como *FromPanel*, tiene un único parámetro llamado *nPanel* del tipo **short**. Tower dispara el evento *ToPanel* cuando el usuario despliega un bloque, indicando a través del parámetro *nPanel* sobre cuál de los tres paneles se ha dejado caer algo. El tercer evento personalizado se llama *Error*, que Tower dispara para notificar al contenedor de un movimiento no válido cuando el usuario intenta desplegar un bloque encima de otro más pequeño. *Error* no tiene lista de parámetros, así que simplemente tecléelo en el cuadro External Name y haga clic en OK para volver al diálogo ClassWizard principal.

Error es también el nombre de un evento de almacén incluido en la lista desplegable de nombres externos. Tecleándolo en el cuadro External Name en lugar de seleccionarlo de una lista, indica que ClassWizard debería tratar el evento como personalizado. Esto demuestra que es posible utilizar un nombre de almacén y su identificador de registro para un evento personalizado. Como el evento de almacén *Error* no requiere menos de siete parámetros, el código tanto para el control como para su identificador se simplifica en este caso utilizando un evento personalizado en lugar de un evento de almacén.

El cuarto y último evento es *Winner*, que informa al contenedor de que el usuario se ha desplazado con éxito al último bloque del tercer panel de control, ganando el juego. Como el evento personalizado *Error*, *Winner* no tiene lista de parámetros. La Figura 9.11 muestra que la pestaña ActiveX Events del diálogo aparece como después de añadir cinco eventos de Tower.

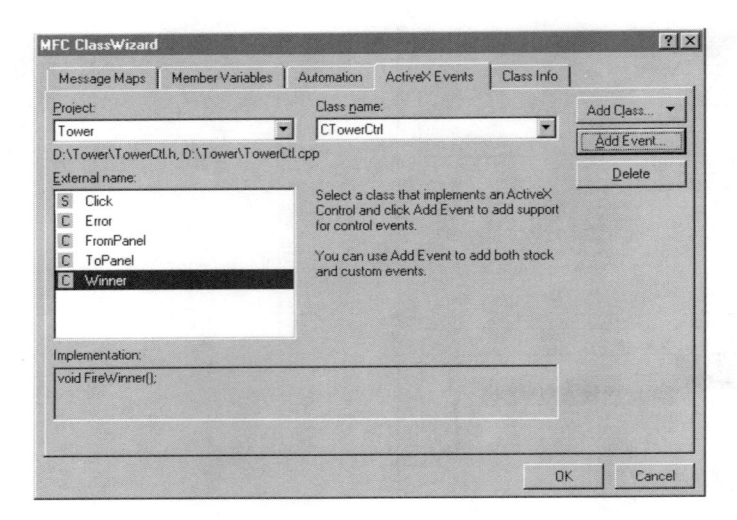

Figura 9.11. Adición de eventos al control ActiveX Tower.

Como se mencionaba en el capítulo anterior, un contenedor no necesita proporcionar funciones de manejador para todos los sucesos que dispara un control ActiveX. Por ejemplo, el programa contenedor Game ignora el evento de almacén *Click* de Tower y procesa sólo los eventos personalizados para actualizar una ventana de estado cuando tienen lugar los eventos. El diseñador de control debe anticipar el tipo de información que un contenedor puede necesitar y proporcionar eventos para aportar esa información mientras que permite igualmente que algunos contenedores ignoren ciertos eventos.

Paso 5: Añadir funciones de manejador de mensaje

Tower emplea un tipo de versión de hombre pobre de arrastrar y soltar para permitir al usuario desplazar los bloques entre paneles. Cuando el usuario pulsa el botón izquierdo del ratón, el cursor cambia a una forma de cruz, proporcionando retroalimentación visual que indica que la operación de arrastre surte efecto. Cuando se suelta el botón del ratón, el sistema restablece el cursor a su forma de flecha anterior. Examinaremos los detalles del proceso cuando escribamos código en el paso 6 de este ejercicio, pero por ahora sólo necesitamos utilizar ClassWizard para crear funciones de manejador matriz para los mensajes de ratón.

En la pestaña Message Maps de ClassWizard, seleccione el mensaje WM_LBUTTONDOWN desde el cuadro Messages y haga clic en el botón Add Function para crear la función de manejador *OnLButtonDown*. Haga lo mismo con el mensaje WM_LBUTTONUP, aceptando el nombre de función predeterminada de *OnLButtonUp*. Para la tercera función de manejador de mensaje, seleccione *PreCreateWindow* del cuadro Messages y haga clic en el botón Add Function. Esto genera una anulación principal de una función virtual *Cwnd*, proporcionando un lugar conveniente para que Tower haga un poco de inicialización de último momento. La Figura 9.12 muestra el aspecto de la pestaña Message Maps

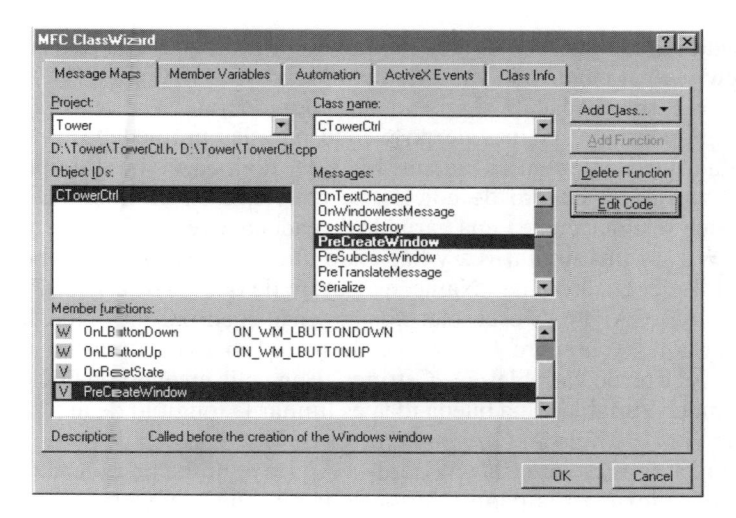

Figura 9.12. Adición de manejadores de mensaje al control ActiveX Tower.

de ClassWizard después de añadir las tres funciones necesarias (otras funciones miembro de la clase *CTowerCtrl,* como por ejemplo *OnDraw* y *OnResetState,* se generaron anteriormente por el ControlWizard). Cuando haya terminado, haga clic en el botón OK para salir de ClassWizard. Todavía tenemos que escribir código para rellenar todas las funciones principales que ControlWizard y ClassWizard han añadido al proyecto, pero queda una tarea más que requiere los servicios del editor de diálogo de Visual C++.

Paso 6: Crear una hoja de propiedades

Antes vimos que ControlWizard añade un recurso de página de propiedad genérico a un proyecto (consulte la Figura 9.6). Esta sección explica cómo modificar el recurso, que con el tiempo se expandirá en una hoja de propiedad utilizable que permite al usuario visualizar y cambiar las propiedades de Tower en tiempo de diseño. El primer paso es modificar la página de propiedad genérica en el editor de diálogo. Cargue el recurso haciendo dos veces clic en el identificador IDD_PROPPAGE_TOWER en el panel Resource View de la ventana Workspace. Seleccione el control de texto estático «to do» en el área de trabajo del diálogo y bórrela, reemplazándola con una etiqueta estática y cuadro de edición, como se muestra aquí.

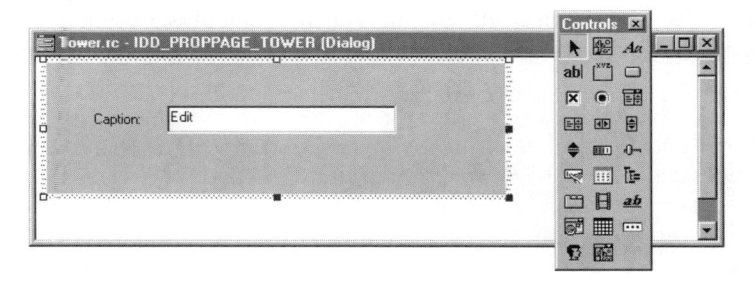

Seleccione el cuadro de edición en el área de trabajo de diálogo, haga clic en Properties en el menú View y dé al cuadro un valor de identificador de IDC_EDIT_CAPTION. El tamaño de la página de propiedad en sí mismo no es de importancia. Como veremos en un momento, MFC proporciona páginas de propiedad para las propiedades de almacén fuente y de propiedad que gobiernan el tamaño final del diálogo de hoja de propiedad.

El texto introducido en el cuadro de edición se convierte en el valor nuevo de la propiedad *Caption*, que se almacena en una variable de cadena. Cree la variable de cadena accediendo al ClassWizard una última vez y haciendo clic en la pestaña Member Variables de ClassWizard. En el cuadro Class Name, asegúrese de que *CTowerPropPage* es la clase actual y IDC_EDIT_CAPTION está seleccionado en el cuadro Control Ids. Haga clic en el botón Add Variables y nombre la variable de miembro *strCaption*. La categoría debería ser «Value» y el tipo de variables es «Cstring». Haga clic en el botón OK para salir del diálogo Add Member Variable. Una buena idea es limitar la longitud de una propiedad basada en texto, como por ejemplo *strCaption,* a través de la validación de datos de diálogo (que se describe en el Capítulo 6, «ClassWizard»). Ajuste el límite de cadena tecleando un valor en el cuadro de texto en la parte inferior de la pestaña Member Variable:

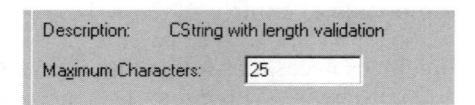

```
Description:      CString with length validation
Maximum Characters:    25
```

Haga clic en el botón OK para salir de ClassWizard. Ahora el usuario tiene un modo de cambiar la captura de Tower invocando la página de propiedad en tiempo de diseño y tecleando una cadena nueva. Veremos cómo se hace eso en la sección siguiente.

Paso 7: Añadir código fuente

Entre ellos, ControlWizard y ClassWizard han generado más de 500 líneas de código fuente con unos pocos clics de ratón y un poco de tecleado. Pero si construyésemos el control Tower en este punto, aún se parecería y se comportaría como el control Demo do-nothing descrito anteriormente. El séptimo paso del ejercicio añade código fuente a los archivos TowerCtl.cpp y TowerCtl.h, rellenando las funciones matriz añadidas en pasos anteriores. La sección termina con pequeñas revisiones del archivo TowerPpg.cpp y del archivo de guión Tower.rc scr.

TowerCtl.h

El archivo de cabecera TowerCtl.h necesita sólo unos cuantos cambios. Cargue el archivo en el editor de texto y modifíquelo como se muestra aquí, añadiendo las líneas sombreadas:

```
// TowerCtl.h : Declaración CTowerCtrl ActiveX Control.

#define    NUM_BLOCKS    7
#define    EMPTY         NUM_BLOCKS
#define    BLACK         RGB(   0,   0,   0 )
#define    BLUE          RGB(   0,   0, 255 )
#define    CYAN          RGB(   0, 255, 255 )
#define    GREEN         RGB(   0, 255,   0 )
```

```
#define    MAGENTA     RGB( 255,   0, 255 )
#define    RED         RGB( 255,   0,   0 )
#define    YELLOW      RGB( 255, 255,   0 )
```

```
////////////////////////////////////////////////////////////////////
// CTowerCtrl : Véase TowerCtl.cpp para la implementación.

class CTowerCtrl : public COleControl
{
DECLARE_DYNCREATE(CTowerCtrl)

private:
    short       nPanel[3][NUM_BLOCKS];   // Panel contents
    short       nBlockNdx, nFromPanel;   // nPanel index of moved block
    BOOL        bMoving;                 // Flag is set when dragging
    COLORREF    color[NUM_BLOCKS];       // Block colors
    HCURSOR     hCrossHairs;             // Dragging cursor
public:
    short       GetPanel( int i );
// Constructor
public:
    CTowerCtrl();
```

Encontraremos las seis variables de miembro de la clase *CTowerCtrl* más tarde cuando expliquemos el código de implementación. La Tabla 9.1 proporciona una descripción breve de las variables.

Tabla 9.1. Variables miembro de la clase *CTowerCtrl*

Variable	Descripción

nPanel	Una matriz 3 por 7 que muestra el contenido de los tres paneles en cualquier momento. Un valor de 0 hasta 6 en un elemento de la matriz significa que la posición está ocupada por uno de los bloques coloreados, numerados desde 0 para el bloque más pequeño hasta 6 para el mayor. Un valor de elemento de 7 significa que la posición está libre. Por ejemplo, cuando los bloques están claramente apilados en el primer panel, la matriz *nPanel* aparece como:
	`nPanel[0][] = [0, 1, 2, 3, 4, 5, 6]; // Panel 1`
	`nPanel[1][] = [7, 7, 7, 7, 7, 7, 7]; // Panel 2`
	`nPanel[2][] = [7, 7, 7, 7, 7, 7, 7]; // Panel 3`

nBlockNdx	El menor índice matriz del bloque que se arrastra.
nFromPanel	El mayor índice matriz del bloque que se arrastra.
bMoving	Un valor booleano ajustado a TRUE cuando el usuario arrastra un bloque.
color	Una matriz de valores COLORREF que contiene los colores de bloques. Los colores se ordenan en orden creciente de tamaño de bloque, colocando el color del bloque más pequeño en el primer valor de la matriz.
hCrossHairs	Un manejador para el cursor en forma de cruz del sistema. El cursor cambia a forma de cruz cuando el usuario arrastra un bloque.

TowerCtl.cpp

El archivo de implementación de clase TowerCtl.cpp es lo siguiente. Abra el archivo haciendo clic en el icono en forma de varita mágica en la WizardBar y desplácese hasta el mapa de página de propiedad que se muestra aquí. Realice los cambios indicados por las líneas sombreadas para añadir páginas de propiedades mediante el marco de trabajo MFC para el color y las propiedades fuente:

```
/////////////////////////////////////////////////////////////////////
// Páginas de propiedad

BEGIN_PROPPAGEIDS(CTowerCtrl, 3)
    PROPPAGEID(CTowerPropPage::guid)
    PROPPAGEID( CLSID_CColorPropPage )
    PROPPAGEID( CLSID_CFontPropPage )
END_PROPPAGEIDS(CTowerCtrl)
```

Es importante ajustar la cuenta de página correcta a 3 en la macro BEGIN_PROPPA-GEIDS de la primera línea del mapa. Si más tarde añade o borra páginas de la hoja de propiedades, ajuste la cuenta de página para reflejar el cambio. Es posible añadir más páginas personalizadas a una hoja de propiedades de un control creando recursos adicionales que utilicen el editor de diálogo e inserten una entrada nueva para cada página en el mapa de página de propiedad. El procedimiento es un poco complicado, así que se aplaza una explicación sobre las páginas de propiedades adicionales hasta la sección final de este capítulo.

La Figura 9.13 muestra cómo es la hoja de propiedades terminada de Tower. El orden de las tres primeras páginas de la hoja, etiquetadas Caption, Colors y Fonts, corresponde al orden de las tres entradas en el mapa de la página de propiedad. Las modificaciones que quedan afectan a la última mitad del archivo de implementación TowerCtl.cpp, enumerado aquí empezando con el constructor de clase. La enumeración se divide en secciones, cada una de las cuales va seguida por párrafos de comentario que explican el propósito del código añadido que se muestra en las líneas sombreadas.

```
/////////////////////////////////////////////////////////////////////
// CTowerCtrl::CTowerCtrl - Constructor

CTowerCtrl::CTowerCtrl()
{
    InitializeIIDs(&IID_DTower, &IID_DTowerEvents);

    color[0] = BLACK;                    // Inicializa los colores bloque
    color[1] = BLUE;
    color[2] = CYAN;
    color[3] = GREEN;
    color[4] = MAGENTA;
    color[5] = RED;
    color[6] = YELLOW;

    Reset();                             // Inicializa paneles
    SetInitialSize( 200, 75 );           // Tamaño de la ventana de control
}
```

```
/////////////////////////////////////////////////////////////////
// CTowerCtrl::~CTowerCtrl - Destructor

CTowerCtrl::~CTowerCtrl()
{
}
```

El constructor de clase inicializa la matriz *color* con los colores de bloque e invoca el método *Reset* para inicializar la matriz *nPanel*. Una invocación a la función *COleControl::SetInitialSize* le da al control Tower un tamaño de ventana predeterminada de 200 por 75 píxeles. Muchos programas de contenedor anulan el tamaño inicial de control cuando crean un sitio, así que la invocación de *SetInitialSize* es a menudo un esfuerzo inútil para un control ActiveX. El propósito de la función se hace evidente cuando abre el control en la utilidad Test Container, que acepta cualquier tamaño inicial que establezca un control para sí mismo. Como vimos en el Capítulo 8, algunos controles ActiveX, como por ejemplo Button Menu, aparecen en el Test Container como un bloque cuadrado pequeño al que el usuario cambia de tamaño para mostrar la ventana de control. Eso no sucede en Tower porque ajusta las dimensiones de la ventana predeterminada para sí mismo a través de *SetInitialSize*.

```
/////////////////////////////////////////////////////////////////
// CTowerCtrl::OnDraw - Dibujar la función

void CTowerCtrl::OnDraw(
            CDC* pdc, const CRect& rcBounds, const CRect& rcInvalid)
{
    RECT        rect;
    TEXTMETRIC  tm;
    CPen        pen;
    CPen*       pOldPen;
    CBrush      brush;
    CBrush*     pOldBrush;
    COLORREF    colorBack = TranslateColor( GetBackColor() );
    int         i, j, k, yCaption, iPanelWidth, iPanelHeight;

    // Pinta el fondo del control
    brush.CreateSolidBrush( colorBack );
    pdc->FillRect( rcBounds, &brush );
    pdc->SetBkMode( TRANSPARENT );
    pdc->SetTextColor( TranslateColor( GetForeColor() ) );
    SelectStockFont( pdc );

    // Visualiza la captura
    ::CopyRect( &rect, rcBounds );
    pdc->DrawText( InternalGetText(), -1, &rect, DT_CENTER | DT_TOP );

    pdc->GetTextMetrics( &tm );
    yCaption     = tm.tmHeight + tm.tmExternalLeading;
    iPanelWidth  = rcBounds.Width()/3;
    iPanelHeight = rcBounds.Height() - yCaption;

    // Dibuja divisores de columna
    pen.CreatePen( PS_SOLID, 1, TranslateColor( GetForeColor() ) );
```

```
    pOldPen = pdc->SelectObject( &pen );
    pdc->MoveTo( rcBounds.left+iPanelWidth,     rcBounds.top+yCaption );
    pdc->LineTo( rcBounds.left+iPanelWidth,     rcBounds.bottom );
    pdc->MoveTo( rcBounds.left+iPanelWidth*2,   rcBounds.top+yCaption );
    pdc->LineTo( rcBounds.left+iPanelWidth*2,   rcBounds.bottom );

    // Guarda el pincel actual
    pOldBrush = (CBrush*) pdc->SelectStockObject( NULL_BRUSH );

    // Bucle externo: para cada panel...
    for (i=0; i < 3; i++)
    {
        rect.top    = rcBounds.top + yCaption;
        rect.bottom = rect.top + iPanelHeight/NUM_BLOCKS;

        // Bucle interno: para cada bloque coloreado del panel...
        for (j=0; j < NUM_BLOCKS; j++)
        {
            if (nPanel[i][j] != EMPTY)
            {
                // Determina los bordes derecho e izquierdo del bloque
                // coloreado
                k = NUM_BLOCKS - 1 - nPanel[i][j];
                rect.left = rcBounds.left + iPanelWidth*i +
                        (iPanelWidth*k)/(2*NUM_BLOCKS) + 1;
                rect.right = rect.left +
                        iPanelWidth*(nPanel[i][j]+1)/NUM_BLOCKS - 1;

                // Rellena el rectángulo con los colores del bloque
                brush.CreateSolidBrush( color[nPanel[i][j]] );
                pdc->SelectObject( &brush );
                pdc->FillRect( &rect, &brush );
            }

            rect.top    = rect.bottom;
            rect.bottom += iPanelHeight/NUM_BLOCKS;
        }
    }

    pdc->SelectObject( pOldPen );
    pdc->SelectObject( pOldBrush );
}
```

La próxima modificación principal al código fuente tiene lugar en la función *OnDraw* de clase, que se ejecuta siempre que se invalide la ventana Tower. Antes vimos que ControlWizard escribe una versión simple de *OnDraw* que visualiza una elipse genérica en un rectángulo blanco. Aquí modificamos la función para pintar el acuerdo actual de bloques de colores en los tres paneles de Tower. Siempre que el usuario desplaza un bloque, la ventana vuelve a autotrazarse para reflejar el cambio.

OnDraw pinta primero el fondo de la ventana con el valor actual de la propiedad *BackColor* de control. La función recupera la propiedad desde la función *COleControl::GetBackControl,* la convierte al valor COLORREF a través de *COleControl::TranslateColor,* y crea un pincel con el que rellena el rectángulo de la ventana (el argumento *rcBounds* proporciona las coordenadas de la ventana relativa de Tower al origen de la ventana de contenedor). De forma similar, la función utiliza el valor actual de la propiedad *ForeColor* para ajustar el color de texto del mecanismo de contexto y utiliza la propiedad *Font* para ajustar la fuente actual. *OnDraw* escribe a continuación la cadena contenida en la propiedad *Caption*, centrando el texto en la parte superior de la ventana de Tower:

```
pdc->DrawText( InternalGetText(), -1, &rect, DT_CENTER | DT_TOP );
```

Al reducir la altura del texto de la captura de la altura de la ventana de Tower, abandona la altura de los paneles, que se almacena en *iPanelHeight*. La altura (espesor) de cada bloque de color es un séptimo de la altura del panel, así que una pila de siete bloques se eleva desde la parte inferior a la superior de un panel. La anchura de cada panel es un tercio de la anchura de la ventana. Con estas dimensiones, *OnDraw* está preparado para visualizar los bloques coloreados en los paneles.

La ubicación actual de cada bloque se almacena en la matriz *nPanel* de 3 por 7 descrita en la Tabla 9.1. Con un bucle externo que se repite para cada bloque de panel y un bucle interno que se repite para cada bloque, la función pasa a través de los 21 pasos en los que puede aparecer un bloque, leyendo progresivamente un elemento de la matriz *nPanel* a cada paso. Un elemento de valor EMPTY significa que el paso no contiene un bloque. Si un elemento tiene un valor de 0 a 6, *OnDraw* pinta un bloque en el paso utilizando el color en la matriz *color*. Una estructura RECT llamada *rect* mantiene las coordenadas del bloque actual.

```
///////////////////////////////////////////////////////////////////
// CTowerCtrl::DoPropExchange - Soporte persistente

void CTowerCtrl::DoPropExchange(CPropExchange* pPX)
{
    ExchangeVersion(pPX, MAKELONG(_wVerMinor, _wVerMajor));
    COleControl::DoPropExchange(pPX);
}

///////////////////////////////////////////////////////////////////
// CTowerCtrl::OnResetState - Resetear el control a su estado predeterminado

void CTowerCtrl::OnResetState()
{
    COleControl::OnResetState(); // Volver a los valores predeterminados
                                 // en DoPropExchange
}

///////////////////////////////////////////////////////////////////
// CTowerCtrl::AboutBox - Visualizar un cuadro "About" al usuario

void CTowerCtrl::AboutBox()
{
    CDialog dlgAbout(IDD_ABOUTBOX_TOWER);
    dlgAbout.DoModal();
}
```

Aunque Tower no altera la función *DoPropExchange* de clase, merece la pena examinar la función brevemente. El intercambio de propiedad permite a un control de ActiveX guardar las propiedades personalizadas entre las incrustaciones. Por ejemplo, cada vez que comienza, el control Tower inicializa el juego y reúne el conjunto de bloques coloreados en el primer panel. A través del intercambio de propiedad, Tower podría mejorar para evitar un juego interrumpido en el cierre y recrear las mismas posiciones de bloque la próxima vez que un contenedor incrusta el control. Guardar y restablecer propiedades entre ejecuciones se llama persistencia.

Las propiedades de almacén administradas por el marco de trabajo son automáticamente persistentes. Para hacer una propiedad personalizada persistente, añada una función de intercambio de propiedad adecuada a la función *DoPropExchange*, que se ejecuta cuando el control está cargado y otra vez cuando termina. Las funciones de intercambio de propiedad están identificadas por el prefijo *PX_* seguido del tipo de datos que la función serializa. Por ejemplo, las funciones *PX_Bool, PX_Font* y *PX_String* hacen persistentes las propiedades Boolean, fuente y *Cstring*. Para una descripción de estas funciones de intercambio de propiedad, consulte la ayuda en línea.

```
/////////////////////////////////////////////////////////////////
// Manejadores de mensaje de CTowerCtrl

short CTowerCtrl::GetCurrentBlock()
{
    return nPanel[nFromPanel][nBlockNdx];
}
```

La función *GetCurrentBlock* es un método establecido en el paso 2 que el contenedor invoca para aprender qué bloque se está moviendo (*GetCurrentBlock* no es un manejador de mensaje, a pesar del mensaje que ClassWizard añade al código). La función se puede invocar en cualquier momento, pero si el contenedor está interesado en la formación que *GetCurrenBlock* proporciona, probablemente invocará la función en respuesta al evento *FromPanel*, que anuncia que el bloque se está moviendo. Un valor de retorno de EMPTY desde *GetCurrentBlock* significa que el usuario no está actualmente arrastrando un bloque. Como probablemente recuerde del paso 2 de este ejercicio, Tower no exporta un método Set correspondiente para la propiedad *CurrentBlock* porque un contenedor no tiene motivo para cambiar la propiedad.

```
void CTowerCtrl::Reset()
{
    int i;

    for (i=0; i < NUM_BLOCKS; i++)       // Inicializa la matriz panel
    {
        nPanel[0][i] = i;                 // Panel 0 = 0,1,2,3,4,5,6
        nPanel[1][i] = EMPTY;             // Panel 1 = 7,7,7,7,7,7,7
        nPanel[2][i] = EMPTY;             // Panel 2 = 7,7,7,7,7,7,7
    }

    nBlockNdx = 0;                        // Ndx del bloque a desplazar
    nFromPanel = 0;
    InvalidateControl();
}
```

El método *Reset* permite a la aplicación de contenedor empezar un juego terminado. El programa Game, por ejemplo, invoca *Reset* cuando el usuario hace clic en el botón Reset, que se muestra en la Figura 9.7. El constructor de clase *TowerCtrl* también invoca *Reset* para inicializar la matriz *nPanel* en el inicio, amontonando siete bloques en el primer panel y marcando como vacías todas las posiciones en los otros dos paneles. *Reset* invoca la función *COleControl::InvalidateControl* para disparar una invocación a *OnDraw*, refrescando la ventana del control. Para invalidarse a sí mismo, un control ActiveX basado en *COleControl* debería invocar *InvalidateControl*, no la función API *Invalidate*.

```
BOOL CTowerCtrl::PreCreateWindow(CREATESTRUCT& cs)
{
    SetText( "Tower" );                           // Captura predeterminada
    hCrossHairs = ::LoadCursor( NULL, IDC_CROSS ); // Arrastre del cursor
    return COleControl::PreCreateWindow(cs);
}
```

Tower simula el arrastrar y soltar monitorizando el botón izquierdo del ratón. Cuando el usuario pulsa el botón del ratón dentro de la ventana de Tower, el control cambia el cursor a una forma de cruz, proporcionando retroalimentación visual simple al usuario que indica que se está realizando la operación de arrastre. La función *PreCreateWindow*, invocada cuando el contenedor incrusta primero el control Tower, carga el cursor en forma de cruz y almacena el manejador en *hCrossHairs*. La función también invoca *COleControl::SetText* para inicializar la propiedad *Caption*.

```
void CTowerCtrl::OnLButtonDown(UINT nFlags, CPoint point)
{
    short   i=0;

    nFromPanel = GetPanel(point.x); // Panel del cual se toma el bloque

    while (nPanel[nFromPanel][i] == EMPTY && i < NUM_BLOCKS)
        i++;                        // i=ndx del bloque más pequeño
                                    // del panel

    if (i < NUM_BLOCKS)             // ¿Tiene el panel un bloque en él?
    {
        bMoving   = TRUE;           // Si es así, el bloque se mueve
                                    // ahora
        nBlockNdx = i;              // Guardar el ndx del bloque
        ::SetCursor(hCrossHairs);   // Cambiar el cursor para indicar
                                    // arrastre
        FireFromPanel(nFromPanel);  // Indicar al contenedor el número
                                    // de panel
    }

    COleControl::OnLButtonDown(nFlags, point);
}

short CTowerCtrl::GetPanel( int x )
{
```

```
        short    i=0;
        RECT     rect;

        GetClientRect( &rect );             // Ventana de control

        if (x > rect.right/3)               // Prueba de acierto:
            i = 1;                          // i = 0 para el primer panel
        if (x > rect.right*2/3)             //   = 1 para el segundo panel
            i = 2;                          //   = 2 para el tercer panel

        return i;                           // Devuelve el número de panel
}
```

Cuando el usuario pulsa el botón izquierdo del ratón en algún sitio sobre la ventana de Tower, la función *OnLButtonDown* maneja el mensaje WM_LBUTTONDOWN resultante. La primera función examina las coordenadas de clic en el argumento *point* y determina en qué panel tiene lugar el clic. Si el panel está vacío, se ignora el clic. De lo contrario, *OnLButtonDown* cambia el cursor a una forma de cruz y dispara el evento *FromPanel* para informar al contenedor de que se está arrastrando un bloque.

Como sólo se puede mover el bloque más pequeño en un panel, *OnLButtonDown* sólo necesita determinar en qué panel tiene lugar el clic, no en qué bloque. Aunque esto simplifica mucho la prueba de acierto en la función de ayuda *GetPanel*, tiene el efecto de empezar una operación de arrastre para un bloque incluso si el clic no aterriza con precisión en un bloque.

```
void CTowerCtrl::OnLButtonUp(UINT nFlags, CPoint point)
{
    short i=0, nToPanel;

    ToPanel = GetPanel( point.x ); // Panel en el que se suelta el bloque

    if (bMoving   &&   nToPanel != nFromPanel)
    {
        while (nPanel[nToPanel][i] == EMPTY   &&   i < NUM_BLOCKS-1)
        i++;                            // i=ndx del bloque de panel más
                                        // pequeño
    // ¿Es el bloque que se arrastra más pequeño que el bloque más
    // pequeño del panel?
    if (nPanel[nFromPanel][nBlockNdx] < nPanel[nToPanel][i])
    {
        if (nPanel[nToPanel][i] != EMPTY)
           --i;
        nPanel[nToPanel][i] = nPanel[nFromPanel][nBlockNdx];
        nPanel[nFromPanel][nBlockNdx] = EMPTY;
        FireToPanel( nToPanel );              // Indicárselo al contenedor

        if (i == 0   &&   nToPanel == 2)      // Si hemos llenado
        {                                     // el tercer panel,
            FireWinner ();                    // disparar el evento Winner
            Reset ();                         // y resetear el juego
        }

        InvalidateControl();
```

```
        }
        else                          // Si el soltar es inválido,
            FireError ();             // indicárselo al contenedor
    }

    bMoving = FALSE;                  // Ahora no se mueve

    COleControl::OnLButtonUp(nFlags, point);
}
```

La función *OnLButtonUp* recibe el control cuando el usuario suelta el botón izquierdo del ratón para desplegar un bloque en un panel. Esta función tiene más trabajo que hacer que su compañero *OnLButtonDown*. Además de determinar en qué panel se suelta, *OnLButtonUp* debe también confirmar que el panel ya no contiene un bloque más pequeño que el que se está desplegando. Si así es, *OnLButtonUp* dispara el evento *Error* para señalar al contenedor que el usuario ha intentado un soltar ilegal. Si el soltar es legal, *OnLButtonUp* dispara el evento *ToPanel* para anunciar el final de la operación de arrastre. Si el bloque se está desplegando en la parte superior del tercer panel, el juego ha terminado y *OnLButtonUp* dispara el evento *Winner*.

Un efecto lateral conveniente de soltar el botón del ratón es que el cursor vuelve a su forma de flecha original sin que actúe *OnLButtonUp*. Como Tower no procesa el mensaje WM_SETRECURSOR, el sistema restablece automáticamente el cursor de la ventana original cuando el usuario suelta el botón del ratón.

TowerPpg.cpp

En el paso 6 (pág. 327) modificamos la página de propiedad genérica de Tower añadiendo un cuadro de texto que permite al usuario volver a escribir la propiedad *Caption*. Tower almacena los contenidos del cuadro de texto en la variable *strCaption*, que es un objeto *Cstring* creado en ClassWizard. Se necesita un enlace entre la cadena *strCaption* y la propiedad de almacén *Caption*, de modo que cuando el usuario cambia *strCaption* en la hoja de propiedad Tower, el control adelanta el cambio para almacenar la propiedad enterrada en el marco de trabajo.

Este es el propósito de las funciones de transferencia de datos de propiedad de MFC, reconocibles por el prefijo *DDP_*. La función que necesitamos para Tower es la función *DDP_Text*, que copia texto desde una variable de cadena (*strCaption*) para una propiedad de cadena (*Caption*). Para añadir la invocación *DDP_Text*, abra el archivo de implementación TowerPpg.cpp en el editor de texto e inserte la línea sombreada que se muestra aquí:

```
void CTowerPropPage::DoDataExchange(CDataExchange* pDX)
{
    //{{AFX_DATA_MAP(CTowerPropPage)
    DDP_Text(pDX, IDC_EDIT_CAPTION, strCaption, _T("Caption") );
    DDX_Text(pDX, IDC_EDIT_CAPTION, strCaption);
    DDV_MaxChars(pDX, strCaption, 25);
    //}}AFX_DATA_MAP
    DDP_PostProcessing(pDX);
}
```

Tower.rc

Por defecto, ControlWizard etiqueta la página de propiedad genérica, almacenando la etiqueta como un recurso de cadena en el archivo de guión Tower.rc. Para cambiar la etiqueta de pestaña, abra el archivo Tower.rc en el editor de texto y cambie «General» a «Caption» en la línea sombreada que se muestra a continuación:

```
STRINGTABLE DISCARDABLE
BEGIN
    IDS_TOWER                  "Tower Control"
    IDS_TOWER_PPG              "Tower Property Page"
    IDS_TOWER_PPG_CAPTION      "Caption"
END
```

También puede llevar a cabo la misma modificación utilizando el editor de cadena de Visual C++, descrito en el Capítulo 4. La Figura 9.13 muestra el resultado.

Paso 8: Construir y probar el control ActiveX Tower

Si está construyendo el control Tower a partir del código fuente, primero copie los archivos Tower.ico y TowerCtl.bmp de la carpeta Codigo\Capitulo.09\Tower a la carpeta de proyecto. El primer archivo proporciona un recurso de icono único que aparece en el cuadro About del control. El segundo archivo contiene un mapa de bits desde el cual un contenedor puede crear un botón de herramienta personalizada cuando incrusta el control. Visual C++ hace uso del mapa de bits de control, como vimos en el capítulo anterior. Cuando un control ActiveX se añade a un proyecto a través de Gallery, el editor de diálogo extrae el mapa de bits de los recursos de control y utiliza la imagen para pintar un botón de herramienta nueva en la barra de herramientas Controls como este:

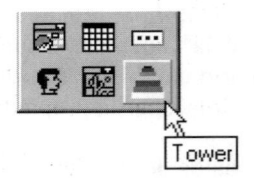

Un icono es generalmente demasiado grande para este propósito, así que los ActiveX estándar sugieren la inclusión de una imagen de mapa de bit de 16 por 16 en unos datos de recurso de control. Los controles que proporcionan dicho recurso lo anuncian a través de la clave ToolboxBitmap32 en los datos Registry de clase. Encontraremos esta clave otra vez en el capítulo siguiente.

Ajuste la configuración de proyecto a Win32 Release y elija el comando Build desde el menú Build. Cuando el código fuente se compila y enlaza con éxito, Visual C++ registra automáticamente el control. Si desea experimentar con Tower sin construirlo como un proyecto, debe registrar el control usted mismo antes de utilizarlo. Para registrar Tower, copie primero el archivo Tower.ocx en su disco duro si es necesario y a continuación ejecute la utilidad RegSvr32:

```
regsvr32 ruta\tower.ocx
```

donde *ruta* representa la ubicación del archivo Tower.ocx en su disco duro.

ESCRITURA DE CONTROLES ACTIVEX UTILIZANDO MFC **339**

El programa Game que se encuentra en el CD que se acompaña proporciona el modo más conveniente de probar el control nuevo Tower. Game tiene botones para visualizar el cuadro About de Tower, resetear un juego y enumerar las reglas del juego. El programa también visualiza continuamente el estado de juego, que aprende monitorizando los sucesos *FromPanel*, *ToPanel*, *Error* y *Winner*. La utilidad Test Container ofrece otro modo de experimentar con el control Tower y es capaz de exponer más trabajos internos del control que el programa Game. Con el control registrado adecuadamente, ejecute el Test Container, haga clic en el botón New Control y seleccione el control Tower de la lista que se enumera aquí:

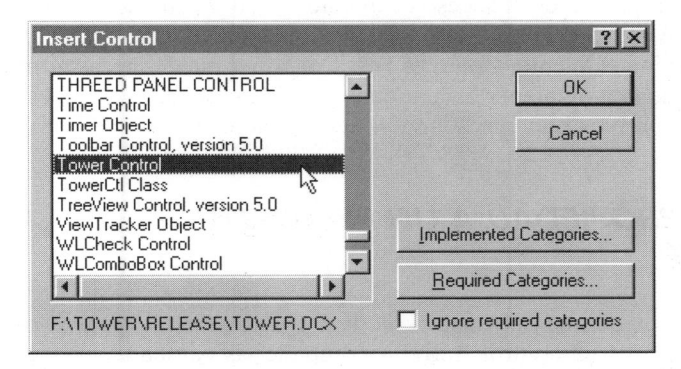

El diálogo Insert Control responde a las entradas de teclado, dejándole desplazarse rápidamente a través de la lista pulsando la letra de una primera letra de nombre de control. Pulsando T, por ejemplo, inmediatamente ajusta la barra de selección en las proximidades de la entrada de control Tower.

Pruebe la hoja de propiedad Tower haciendo dos veces clic en el borde de control. El marco de trabajo ha añadido las páginas de propiedades en las que puede modificar tanto los colores de control como la fuente utilizada para visualizar la captura en la ventana de Tower. La Figura 9.13 muestra la página Fonts expuesta en la hoja de propiedad del con-

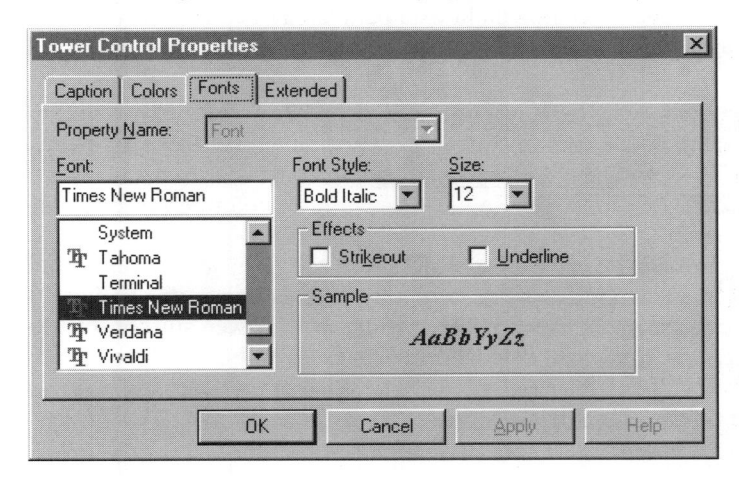

Figura 9.13. La hoja de propiedad Tower Control Properties.

trol. De las otras tres pestañas del diálogo, la etiquetada Caption visualiza la página de propiedad modificada en el paso 6. Cuando teclee el texto nuevo para la captura, el cambio se refleja inmediatamente en la ventana de control.

El Test Container visualiza un registro en tiempo real de los sucesos de Tower y una ayuda de valor incalculable cuando está depurando un control ActiveX. Desplace la barra separadora hacia arriba para mostrar el espacio adicional para el acceso de evento, a continuación arrastre un bloque del primer panel de Tower y despliéguelo en otro panel. Respondiendo a la operación de arrastrar y soltar, Tower dispara los sucesos *Click*, *FromPanel* y *ToPanel*, que se registran en el acceso de evento a medida que tienen lugar. Como se muestra en la Figura 9.14, cada entrada del acceso empieza con una etiqueta que indica desde qué control se origina el evento. Como el Test Container puede incrustar más de un control, las etiquetas ayudan a mantener las entradas de acceso cuando los sucesos tienen lugar en grupos desde controles que puede que no tengan la atención.

AÑADIR PÁGINAS DE PROPIEDAD A UN PROYECTO DE CONTROL ACTIVEX

Como vimos cuando desarrollamos el control Tower, ControlWizard genera una única propiedad de página para que un control ActiveX complete las páginas almacenadas que proporciona MFC. Para el proyecto Tower, una página es suficiente, porque *Caption* es la única propiedad modificable que necesita una página de propiedad personalizada. Un control ActiveX con más datos de propiedad, sin embargo, puede que necesite páginas adicionales para presentar datos al usuario. Cada página adicional necesita su propio recurso de diálogo, clase y entrada en el mapa de propiedad. Esta sección final enumera los pasos necesarios para añadir una propiedad nueva a un proyecto de control ActiveX, utilizando el control Tower como ejemplo.

1. Con el proyecto abierto, haga clic en el comando Resource en el menú Insert y haga dos veces clic en Dialog en la lista para lanzar el editor de diálogo. También puede expandir la lista de recursos de diálogo y seleccionar IDD_OLE_PROP-

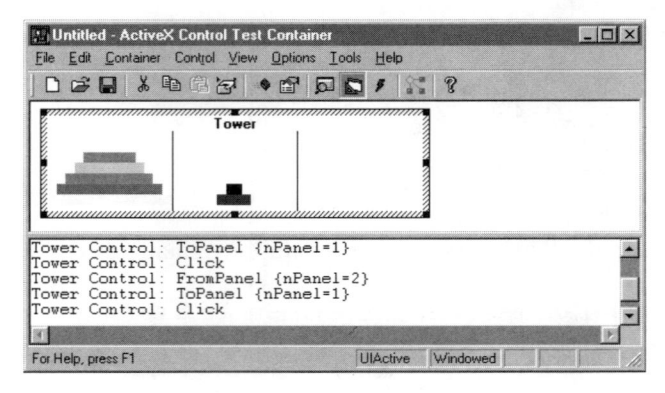

Figura 9.14. Monitorización de eventos en el Test Container.

ESCRITURA DE CONTROLES ACTIVEX UTILIZANDO MFC **341**

PAGE_LARGE. Como antes, el tamaño de la página de propiedad nueva no tiene importancia. Diseñe la nueva página de propiedad como desee, a continuación seleccione la ventana de diálogo en el área de trabajo y haga clic en el comando Properties en el menú View para mostrar el cuadro Dialog Properties. En la pestaña Styles, deseleccione el cuadro de comprobación Titlebar, ajuste el estilo de diálogo a Child y deseleccione los bordes. Si ha seleccionado IDD_OLE_PROP-PAGE_LARGE para iniciar el editor de diálogo, estos ajustes ya se han hecho. La pestaña Styles debería ser así:

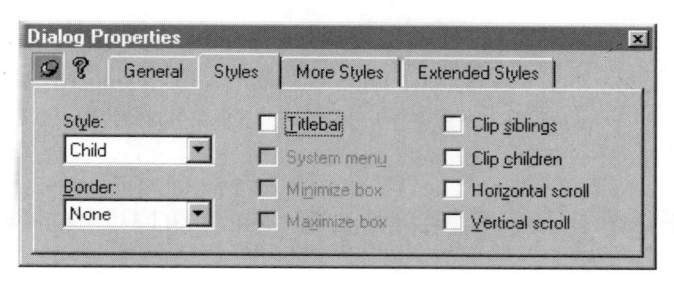

2. Pulse CTRL+S para guardar el recurso de diálogo nuevo, a continuación haga clic en el comando ClassWizard en el menú View. Cuando se le pregunte si le gustaría crear una clase nueva para el recurso de diálogo, haga clic en el botón OK para aceptar. Teclee un nombre para la clase nueva y seleccione *COlePropertyPage* como la clase base:

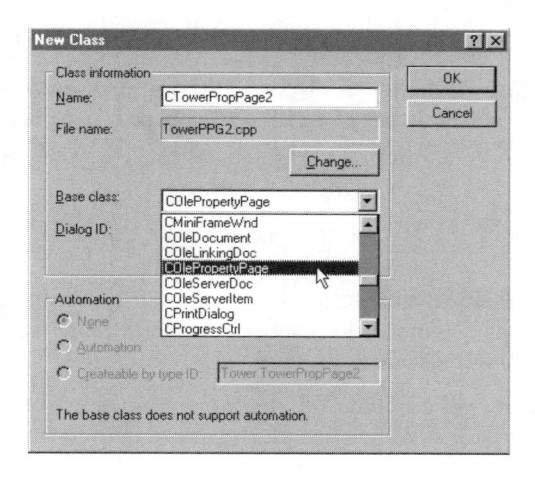

3. Añada cualquier variable de número necesario para la página nueva, a continuación salga de ClassWizard. En el archivo de implementación TowerCtl.cpp, añada una sentencia **#include** para la clase de página de propiedad del archivo de cabecera que ClassWizard acaba de crear, como se muestra aquí:

```
#include "TowerPPG2.h"
```

El nombre de archivo correcto aparece en el cuadro File Name del diálogo New Class. Añada también una entrada para la página nueva al mapa de página de propiedad en el archivo TowerCtl.cpp. Para el control Tower, la adición es así:

```
BEGIN_PROPPAGEIDS(CTowerCtrl, 4)
    PROPPAGEID(CTowerPropPage::guid)
    PROPPAGEID(CTowerPropPage2::guid)
    PROPPAGEID( CLSID_CColorPropPage )
    PROPPAGEID( CLSID_CFontPropPage )
END_PROPPAGEIDS(CTowerCtrl)
```

Recuerde incrementar la cuenta de página en la macro BEGIN_PROPPAGEIDS en la primera línea del mapa. La cuenta de página nueva es ahora 4.

4. Abra el archivo RC de proyecto en el editor de texto o en el editor de cadena y añada dos recursos de cadena. La primera cadena identifica la página de propiedad registrada en el sistema Registry y la segunda cadena mantiene la etiqueta de pestaña que aparece en el diálogo de hoja de propiedad:

```
STRINGTABLE DISCARDABLE
BEGIN
    IDS_TOWER                "Tower Control"
    IDS_TOWER_PPG            "Tower Property Page"
    IDS_TOWER_PPG2           "Tower Property Page 2"
    IDS_TOWER_PPG_CAPTION    "Caption"
    IDS_TOWER_PPG_NEWPAGE    "New Page"
END
```

5. Si ha utilizado el editor de texto en el paso anterior para crear los recursos de cadena nuevos, añada definiciones al archivo Resource.h para las constantes manifiestas IDS_TOWER_PPG2 e IDS_TOWER_PPG_NEWPAGE:

```
#define IDS_TOWER_PPG2       300
#define IDS_TOWER_PPG_NEWPAGE 301
```

Añadir estas líneas no es necesario si ha utilizado el editor de cadena en el paso precedente, porque Visual C++ escribe las definiciones automáticamente cuando guarda el recurso de cadena.

6. En el editor de texto, abra el archivo CPP de implementación que ClassWizard ha creado para la clase de página de propiedad. Busque el código fuente que se muestra a continuación aquí, y en cada una de las líneas sombreadas sustituya el parámetro 0 con un identificador de cadena:

```
BOOL CTowerPropPage2::CTowerPropPage2Factory
                ::UpdateRegistry(BOOL bRegister)
{
    if (bRegister)
        return AfxOleRegisterPropertyPageClass(
            AfxGetInstanceHandle(),
```

```
                    m_clsid, IDS_TOWER_PPG2);
        else
            return AfxOleUnregisterClass(m_clsid, NULL);
}
    ⋮
CTowerPropPage2::CTowerPropPage2() :
    COlePropertyPage(IDD, IDS_TOWER_PPG_NEWPAGE)
{
    ⋮
```

Reconstruir el control Tower ActiveX después de haber hecho estos cambios añade la página de propiedad nueva a los recursos de control. Aquí tiene un ejemplo de cómo puede que sea la página de propiedad nueva, dependiendo del diseño que creó en el paso 1 de este ejercicio:

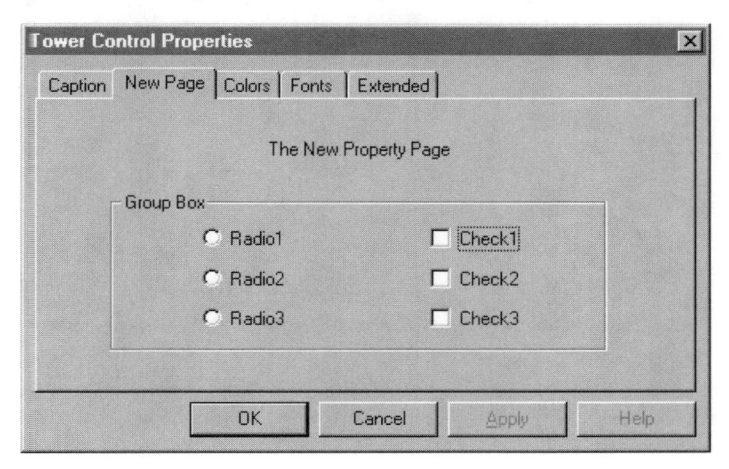

Capítulo

10

Escritura de controles ActiveX utilizando ATL

El Capítulo 9 muestra la facilidad con que puede escribir controles ActiveX utilizando MFC, pero también señala que la comodidad tiene como precio un tamaño de ejecutable poco flexible. Una imagen de archivo pequeño es una cualidad deseable para un control ActiveX, pero es particularmente importante para los controles pensados para servicios en el World Wide Web. Afortunadamente, Visual C++ ofrece otras herramientas además de MFC para el desarrollo de software de componente. Este capítulo examina una alternativa conocida para MFC, llamada Biblioteca de plantilla activa.

La Biblioteca de plantilla activa, más conocida como ATL, proporciona un conjunto extenso de plantillas[1] diseñado para el desarrollo de objetos de servidor que se puedan incrustar en una aplicación a través de servicios COM. Actualmente en su tercer lanzamiento, ATL ayuda en la programación de distintos tipos de objetos COM, y puede incluso contribuir a la creación de programas de contenedor; sin embargo, este capítulo se centra en cómo utilizar ATL para desarrollar controles ActiveX. El intento aquí es equilibrar las explicaciones del Capítulo 9, mostrando otro acceso además de MFC para el desarrollador que quiera crear controles ActiveX.

MFC simplifica el desarrollo de los controles ActiveX, pero los resultados están inseparablemente unidos a la gran DLL de biblioteca de MFC, generalmente descalificando dichos controles para su uso en una página Web. En respuesta a este problema, Microsoft

---

[1] Una plantilla de clase C++, también conocida como tipo parametrizado, es una forma sofisticada de macro que el compilador convierte en una definición de clase normal basada en parámetros pasados a la plantilla. Al contrario que las macros creadas con la sentencia **#define**, las plantillas se convierten en tipos normales, haciéndolas seguras del tipo. El compilador puede supervisar el uso del programa de una clase convertida en plantilla como lo hace con una clase normal y reconoce correctamente cualquier tipo de disparidad.

ha mejorado ATL añadiendo un soporte especial para los controles ActiveX. Hoy, la sabiduría que prevalece sugiere estas pautas cuando elija una herramienta de desarrollo para los proyectos de control ActiveX:

- Considere MFC sólo para crear controles pensados para aplicaciones de contenedor normal, como el programa Game del Capítulo 9. MFC adquiere más atractivo como una herramienta de desarrollo cuando el propio contenedor enlaza dinámicamente con MFC, ya que el control no es entonces responsable de cargar la biblioteca. La condena ya se ha cumplido, por así decirlo.
- Para los controles ActiveX que puedan servir para Internet, utilice en su lugar ATL.

Encontrará que este capítulo explica los asuntos COM con más detalle que los dos capítulos anteriores, pero también muestra cómo ATL le permite escribir controles ActiveX sofisticados sin sumergirle en COM. Más aún que MFC, ATL coloca al desarrollador más cerca de la superficie COM, pero no necesariamente bajo ella.

ATL Y APLICACIONES DE CONTENEDOR

Aunque no sea el tema central de este capítulo, el soporte de ATL para la programación de contenedor garantiza unas cuantas palabras antes de abandonar completamente el tema. ATL corta una amplia franja de la programación COM, pero se apoya pesadamente sobre el desarrollo de los servidores, no clientes. Sin embargo, la biblioteca proporciona dos plantillas de clase, llamadas *CComPtr* y *CComQIPtr*, que a menudo resultan eficaces cuando escriben código de cliente. Estas plantillas crean punteros de interfaz inteligentes, diseñados para asegurar si un cliente lanza interfaces de control incluso cuando un error de excepción interrumpe el curso normal de la ejecución.

Vamos a ver primero el problema y después la solución. Un contenedor invoca un método *QueryInterface* para solicitar punteros para interfaces que el control proporciona. La única limitación es que cuando se termina de utilizar una interfaz, el contenedor debe invocar el método *Release* de la interfaz para informar al control que la interfaz ya no se necesita. Si se falla al hacer esta regla fundamental de COM, puede abandonar el objeto de control aislado en el pozo de memoria del sistema después de que haya terminado el control. Un fragmento demuestra cómo un contenedor solicita un puntero para una de las interfaces de control, utilizando un ejemplo de *IOleObject*:

```
void Function1( IUnknown* pUnk )
{
    IOleObject *pOleObject;
    pUnk->QueryInterface( IID_OleObject, (PVOID*) &pOleObj );
    :                          // Utiliza la interfaz IOleObject
    pOleObj->Release();        // Cuando termina, lo lanza
}
```

Este código tiene problemas si la aplicación termina a través de un error de excepción antes de que la línea final pueda invocar *IOLeObject::Release* para retirar la interfaz. Lanzar *pOleObj* como un puntero inteligente resuelve el problema potencial, porque el destructor del puntero, que invoca el método *Release* de la interfaz, se ejecuta incluso si el programa termina de forma abrupta mientras que *IOleObjects* está en uso:

```
void Function1( IUnknown* pUnk )
{
    CComPtr<IOleObject> pOleObject;
    pUnk->QueryInterface( &pOleObj );
    :                             // Utiliza la interfaz IOleObject
}                                 // Lanza la invocación automáticamente
```

Una diferencia notable entre los dos fragmentos es que la versión revisada no invoca explícitamente *IOleObject::Release* cuando termina de utilizar *IOleObject*. Cuando *pOleObj* sale del ámbito, ya sea porque *Function1* vuelve normalmente o porque tiene lugar un error, el destructor del puntero se encarga de soltar la interfaz.

La función tiene otra ventaja en lanzar *pOleObj* como un puntero inteligente. Recuperar el puntero de interfaz *pUnk* es más simple ahora, porque *CComPtr* proporciona su propia función *QueryInterface*, que deduce el identificador de interfaz del propio *pOleObj*. Además de la conveniencia de codificación, esto también le asegura la seguridad de tipo, garantizándole que tanto el identificador (IID_OleObject) como el puntero de objeto (*pOleObj*) se refieren a la misma interfaz (*IOleObject*). De este modo, se le previene para que no cometa errores como:

```
pUnk->QueryInterface( IID_ThisObject, (PVOID*) &pThatObject );
```

CComPtr::QueryInterface es capaz de escoger el identificador de interfaz desde el puntero aplicando el operador **__uuidof** (la abreviatura UUID quiere decir identificador único universal, otro término para los identificadores GUID que vimos en el Capítulo 8). Para determinar el identificador en tiempo de compilación, **__uuidof** obvia la necesidad de enlazar código adicional a la aplicación que define el identificador. El efecto de red es una reducción en tamaño de ejecutable. Podríamos haber utilizado **__uuidof**, por ejemplo, en la primera versión de *Function1* en la página anterior, sustituyendo la invocación por *QueryInterface* por cualquiera de estas líneas:

```
pUnk->QueryInterface( __uuidof( IOleObject ), , (PVOID*) &pOleObj );
pUnk->QueryInterface( __uuidof( pOleObj ), , (PVOID*) &pOleObj );
```

IUnknown es rara vez la interfaz que un cliente necesita en última instancia, pero es la única interfaz de la que el cliente puede estar seguro y que soporta controles ActiveX. Obtener una interfaz es normalmente un proceso de dos pasos en el que el invocador obtiene primero un puntero *IUnknown* —*pUnk* en el código de fragmento—, luego invoca *IUnknown::QueryInterface* para recuperar el puntero de interfaz que se necesita actualmente. ATL proporciona otro puntero inteligente que combina estos dos pasos en uno. La plantilla *CComQIPtr* incorpora una invocación a *IUnknown::QueryInterface* en uno de los constructores. Aquí tiene una lista condensada de la plantilla *CComQIPtr* de ATL que muestra cómo el constructor obtiene el puntero de interfaz deseado y cómo el destructor lo recupera más tarde:

```
template<class T, const IID* piid = &uuidof(T)>
class CComQIPtr
{
public:
    T* p;
    ⋮
    CComQIPtr( IUnknown* lp )
    {
        p = NULL
        if (lp !=NULL)
            lp->QueryInterface( *piid, (void **) &p );
    }
    ~CComQIPtr()
    {
        if (p)
            p->Release();
    }
    ⋮
}
```

La plantilla *CComQIPtr* da al invocador un método más claro de obtener un puntero de interfaz desde el control. Si el control no soporta la interfaz solicitada, el miembro *p* de la clase de puntero tiene un valor de NULL:

```
CComQIPtr<IoleObject> pOleObj;
pOleObj = pUnk;
if (pOleObj.p)
{
    ⋮                         // Utiliza la interfaz IOleObject
}
```

Un invocador puede utilizar *CComQIPtr* para crear un puntero para cualquier interfaz, excepto *IUnknown*. Para crear un puntero inteligente para *IUnknown*, utilice *CComPtr* en su lugar.

Las plantillas *CComPtr* y *CComQIPtr* de ATL están inspiradas en la clase de puntero inteligente *auto_ptr* de la Biblioteca de plantillas estándar, lo que asegura que un objeto reservado mediante **new** se devuelve de forma adecuada al almacén libre de la aplicación. Aunque las plantillas obtienen beneficio principalmente de las aplicaciones de cliente que utilizan controles ActiveX, ellas mismas pueden dar servicio a controles con la misma facilidad, y son particularmente útiles cuando un control agrega o contiene otro control. Un proyecto de ejemplo más adelante en este capítulo demuestra cómo un control ActiveX puede hacer uso de punteros inteligentes.

El soporte de ATL para la programación de cliente es estrictamente pasivo, consistiendo sólo en archivos de código fuente para inclusión en un proyecto. Estos archivos, reconocibles por su prefijo Atl, residen en la carpeta VC98\ATL\Include. Por ejemplo, el proyecto de contenedor que hace uso de *CComPtr* y *CComQIPtr* se refiere al proyecto

AtlCon en la carpeta Samples\VC98\ATL de MSDN. ATL tiene mucho más para contribuir al desarrollo de los servidores COM como los controles ActiveX, y para el resto del capítulo nos centraremos en este aspecto de ATL.

ATL Y CONTROLES ACTIVEX

Técnicamente, los estándares de ActiveX exigen poco de las habilidades de un control. Para operar como un control ActiveX, un componente sólo necesita implementar *IUnknown*, ser incrustable y ser capaz de autorregistrarse. Los rasgos tales como las propiedades, métodos y eventos son opcionales. Pero tan mínimos (y aletargados) que un objeto COM tiene poco uso fuera de las explicaciones académicas. Siendo realistas, un control ActiveX mantiene un conjunto de datos, dispara eventos y soporta las interfaces suficientes para que una aplicación de cliente pueda interactuar con él satisfactoriamente. La utilidad ActiveX Test Container sirve como prueba de fuego para los controles ActiveX. Los dos proyectos de control desarrollados en este capítulo se pueden ejecutar satisfactoriamente en el Test Container porque implementan las interfaces descritas en la Tabla 10.1. Las interfaces enumeradas representan el soporte mínimo que un control ActiveX puede ofrecer para cumplir con los estándares de las pautas publicadas por Microsoft. Compare la Tabla 10.1 con la Tabla 8.2 (pág. 288), que enumera las interfaces correspondientes que un contenedor debería soportar para incrustar un control ActiveX.

Si está esperando que ATL cree fácilmente controles ActiveX minúsculos de unos cuantos kilobytes de tamaño, prepárese para una decepción. La biblioteca incorpora un número de técnicas que ayudan a reducir el tamaño del ejecutable, pero implementar las interfaces enumeradas en la Tabla 10.1 supone mucho código en juego. El único modo de producir código más pequeño es utilizar programación COM simple, sin el beneficio de ATL o cualquier otro soporte de biblioteca (la carpeta Samples\VC98\ATL de Visual C++ contiene una demostración del proyecto ATL llamado Minimal que crea un servidor COM de sólo 5.600 bytes de tamaño. Sin embargo, el servidor Minimal carece de varias características esenciales y no pretende ser un control ActiveX verdadero). Igual que con MFC, la conveniencia de ATL se hace inevitable a expensas de algo de código superfluo que encuentra su camino en su producto terminado, que no se debe eliminar nunca. Verá que un simple control ActiveX sin ventana, por ejemplo, tiene alrededor de 40 Kb de tamaño, algo menos que si quiere hacer trabajo extra. Un proyecto de ejemplo que veremos más tarde en el capítulo demuestra unos cuantos métodos que ayudan a reducir el tamaño de un control ActiveX creado utilizando ATL.

Por otro lado, un control ActiveX escrito con ATL es mucho más pequeño que un control equivalente que utiliza MFC cuando considera la pesada masa de DLL de biblioteca de MFC que el control arrastra con él. Un control ActiveX construido con la biblioteca ATL puede utilizar MFC, pero esto casi destruye el sentido de ATL. Si piensa escribir su control utilizando MFC, puede que prefiera quedarse con el ControlWizard de MFC y utilizar ATL sólo para sus clases de puntero inteligente *CComPtr* y *CComQIPtr*. El principal beneficio de ATL es que puede producir componentes que no necesitan ni MFC ni la biblioteca en tiempo de ejecución de C. Dichos componentes se pueden distribuir por Internet como entidades autónomas que no se basan en la disponibilidad de otros archivos de soporte en la máquina de usuario.

Tabla 10.1. Interfaces que debe soportar un control ActiveX para que cumpla las directrices

Interfaz	Descripción
IOleObject	Necesario para la comunicación con el sitio cliente de un control, excepto a través de los eventos. Los eventos se manejan mediante la interfaz *IconnectionPointContainer*, descrita abajo.
IOleInPlace-Object	Implementado por controles que se pueden activar y que suministran su propia interfaz de usuario. Necesita soporte para *IOleObject*.
IOleInPlace-ActiveObject	Necesario sólo para los controles que suministran una interfaz de usuario y que soportan *IOleInPlaceObject*.
IDataObject	Necesario para los controles que transfieren datos de cualquier forma a un contenedor, como memoria compartida o un archivo. *IDataObject* suministra los medios para la transferencia uniforme de datos de COM, un protocolo que ajusta las reglas para el intercambio de datos de cualquier tipo.
IViewObject2	Implementado por controles visibles que visualizan una ventana.
IDispatch	Necesario para los controles con métodos personalizados que un cliente puede acceder a través de *IDispatch::Invoke*.
IConnection-PointContainer	Necesario para los controles que disparan eventos. Esta interfaz enumera para un cliente los eventos que puede disparar un objeto de control.
IConnection-Point	Necesario para los controles que soportan *IConnectionPoint-Container*.
IProvideClass-Info	Implementado por los controles que contienen información de biblioteca tipo, o lo que es lo mismo, la mayor parte de controles ActiveX. Mediante su método *GetClassInfo*, la interfaz suministra un puntero a una implementación *ITypeInfo* desde la que el cliente puede extraer la información del tipo de control. La interfaz parecida *IProvideClassInfo2* es una extensión que añade el método *GetGUID*, a través del cual el cliente obtiene un puntero a un identificador para el evento predeterminado del control.
IPersistStorage	Necesario para los controles que se pueden guardar y cargar a partir de una instancia *IStorage* suministrada por el contenedor.
IClassFactory	Instancia un objeto de clase solicitado y devuelve un puntero al mismo. El objeto se identifica por un identificador de clase registrado en el sistema Registry.
IClassFactory2	Igual que *IClassFactory*, pero también añade soporte para licencia (véase «Licencias» [pág. 313] en el Capítulo 9).

Como MFC, ATL produce una sola clase representativa para cada objeto que el control contiene. La clase deriva de todas las interfaces que el objeto soporta, un truco que hace MFC anidando clases. ATL cumple el mismo resultado con más flexibilidad utilizando herencia múltiple en la que la clase deriva de varias clases base, heredando datos de miembro y funciones de cada una. La lista de clases base, llamada lista de herencia, es así en la declaración de clase:

```
Class CmyClass :
    public CClass1,
    public CClass2,
    public IInterface1,
    public IInterface2,
    ⋮
{
```

El servicio más importante que proporciona ATL para el desarrollo de controles ActiveX es el código de implementación de biblioteca para muchas interfaces COM que normalmente soportan los controles. Tomando la forma de plantillas de clase, el código de biblioteca le ahorra tener que escribir su propio código para soportar interfaces comunes. ATL proporciona código de implementación con plantillas para cada interfaz enumerada en la Tabla 10.1 (y unas cuantas más), dándole a cada plantilla el nombre de la interfaz seguida por un sufijo *Impl*. La plantilla *IQuickActivateImpl*, por ejemplo, proporciona código para los métodos *IQuickActivate*, como *SetExtent* y *GetExtent*. Como lo requiere COM, aparecen todos los métodos de una interfaz soportada, pero no dan servicio necesariamente. Muchos métodos simplemente invocan la macro ATLTRACENOTIMPL, que escribe un mensaje de pista escueto a la pestaña Debug de la ventana Output de Visual C++ y devuelve E_NOTIMPL al invocador. Si desea que su control ActiveX dé servicio a métodos semejantes, debe añadir código usted mismo.

Junto con su biblioteca de código, ATL también proporciona un AppWizard que le inicia en un proyecto de servicio y otro asistente que genera código de clase necesario para su control ActiveX. Una vez que se familiarice con ATL, no lo encontrará más difícil que utilizar MFC, pero ATL espera que vigile más detalles de proyecto que MFC y que trate con más asuntos COM. Antes de apresurarnos a la construcción de un proyecto de demostración con ATL, vamos a pararnos aquí y adquirir un poco de fondo en tres aspectos de ATL que encontraremos más tarde: mapas de interfaz, mapas de objeto y modelos de hilos.

Mapas de interfaz

Los mapas de interfaz surgen del modelo común típico de la mayor parte de las implementaciones de la función *QueryInterface*. Todas las interfaces de un objeto COM soportan esta función, permitiendo que una aplicación de contenedor invoque *QueryInterface* en cualquier interfaz y reciba un puntero para cualquier otra interfaz soportada. Si el control no soporta la interfaz solicitada, devuelve un valor E_NOINTERFACE. El fragmento siguiente ilustra cómo puede ser una función *QueryInterface* cuando no se utiliza ATL. El parámetro *riid* es una referencia al identificador de la interfaz que el invocador está solicitando, y el parámetro *ppvObject* recibe el puntero de interfaz.

```
STDMETHODIMP MyClass::QueryInterface( REFIID riid, PVOID *ppvObject )
{
    switch( riid )
    {
        case IID_UNKNOWN:
        case IID_IInterface1:
            *ppvObject = (IInterface1*) this;
            break;
```

```
            case IID_IInterface2:
                *ppvObject = (IInterface2*) this;
                break;

            case IID_IInterface3:
                *ppvObject = (IInterface3*) this;
                break;

            default:
                *ppvObject = 0;
                return E_NOINTERFACE;
    }
    (IUnknown*) *ppvObject->AddRef();
    return S_OK;
}
```

Este tipo de modelo repetitivo está dispuesto para prestarle macros él mismo, una explicación de lo cual aclarará la composición física del mapa de interfaz. Cuando un cliente invoca el método *QueryInterface* de objeto de clase, el mapa de interfaz encamina la invocación a través de la función ATL *CComObjectRootBase::InternalQueryInterface*, prototipada en el archivo AtlCom.h así:

```
Static HRESULT WINAPI InternalQueryInterface( PVOID pThis,
    const _ATL_INTMAP_ENTRY *pEntries, REFIID riid, PVOID *ppvObject )
```

Como antes, *riid* identifica la interfaz y *ppvObject* recibe su puntero. El segundo parámetro de la función *pEntries* apunta al principio del mapa de interfaz, que consiste en una matriz de las estructuras _ATL_INTMAP_ENTRY. Cada estructura de la matriz contiene un identificador de interfaz, una variable DWORD y un puntero de función:

```
Struct _ATL_INTMAP_ENTRY
{
    const IID*              piid;       // Identificador de interfaz
    DWORD                   dw;         // Desplazamiento
    _ATL_CREATORARGFUNC*    pFunc;      // Puntero de función
};
```

El valor de *pFunc* determina cómo interpreta *InternalQueryInterface* el valor de *dw*. Si *pFunc* es ATL_SIMPLEMAPENTRY (definido como 1), *dw* contiene un desplazamiento en el objeto de clase, permitiendo que *InternalQueryInterface* cumpla la invocación como esta:

```
*ppvObject = pThis + pEntries->dw;
*ppvObject->AddRef();
```

donde *pEntries* se ha incrementado para apuntar a la estructura _ATL_INTMAP_ENTRY de interfaz en la matriz. Si *pFunc* tiene un valor mayor que 1, *InternalQueryInterface* supone que apunta a una función. *InternalQueryInterface* invoca la función, pasando *dw* como un parámetro:

```
pEntries->pFunc( pThis, riid, ppvObject, pEntries->dw );
```

ESCRITURA DE CONTROLES ACTIVEX UTILIZANDO ATL 353

La función invocada es responsable de escribir en *ppvObject*. El miembro *pFunc* puede tener también un valor NULL. Este valor especial se reserva para la última estructura _ATL_INTMAP_ENTRY de la matriz, sirviendo como un marcador para el final del mapa de interfaz. No tiene que preocuparse por esto, porque ATL asegura que la estructura final es correcta a pesar de la macro especial. De lo contrario, no hay límites sobre cómo ordena las estructuras en _ATL_INTMAP_ENTRY en la matriz de mapa. Aquí tiene cómo puede ser el mapa de interfaz para la ficticia *CMyClass* citada anteriormente. Tenga en cuenta cómo una estructura _ATL_INTMAP_ENTRY finaliza la matriz:

```
{ &IID_Interface1, 0, 1 },
{ &IID_Interface2, 4, 1 },
{ &IID_Interface3, 8, 1 },
{ 0, 0, 0 }
```

En el código que utiliza ATL se forma un mapa de interfaz mediante una serie de macros COM_INTERFACE, cada una de las cuales se expande en una estructura ATL_INTMAP_ENTRY. ATL proporciona 17 macros diferentes COM_INTERFACE identificadas por sufijos, como por ejemplo _ENTRY y _TEAR_OFF, que indican el tipo de interfaz que maneja la macro. El nombre de macro se forma uniendo la cadena de sufijo a COM_INTERFACE, como en COM_INTERFACE_ENTRY. La Tabla 10.2 describe las macros de COM_INTERFACE y explica cuándo las utiliza el usuario; para ayudar a mantener la tabla despejada, la primera columna enumera sólo el sufijo de macro. Para más información sobre las macros, consulte el artículo «COM_INTERFACE_ENTRY Macros» en la ayuda en línea.

Tabla 10.2. Macros COM_INTERFACE de ATL

Macro COM_INTERFACE	Descripción
_ENTRY	Muestra una interfaz de la que deriva la clase.
_ENTRY_IID	Igual que COM_INTERFACE_ENTRY, pero también especifica el identificador de la interfaz.
_ENTRY2	Para una clase derivada de dos o más interfaces duales, resuelve la ambigüedad de qué interfaz debería suministrar el puntero a la interfaz *IDispatch*. Las interfaces duales se describen más tarde en este capítulo.
_ENTRY2_IID	Igual que COM_INTERFACE_ENTRY2, pero también especifica el identificador de la interfaz.
_ENTRY_IMPL	Alternativa a COM_INTERFACE_ENTRY.
_ENTRY_IMPL_IID	Igual que COM_INTERFACE_ENTRY_IMPL, pero también especifica el identificador de la interfaz. Esta macro y COM_INTERFACE_ENTRY_IMPL son antiguas en la versión 3 de ATL; utilice COM_INTERFACE_ENTRY en su lugar.
_ENTRY_FUNC	Especifica una función gancho que obtiene el control cuando ATL procesa *QueryInterface*. La función gancho puede cancelar el proceso devolviendo E_NOINTERFACE, escondiendo así la interfaz que de otra forma devolvería ATL.

(Continúa)

Tabla 10.2. (*Continuación*)

Macro COM_INTERFACE	Descripción
_ENTRY_FUNC_BLIND	Igual que COM_INTERFACE_ENTRY_FUNC, excepto que al solicitar cualquier interfaz resulta una llamada a la función gancho.
_ENTRY_TEAR_OFF	Declara una entrada al mapa COM para una interfaz recortable, que se instancia sólo cuando el cliente solicita la interfaz a través de *QueryInterface*. El recortable no ocupa memoria hasta que es necesario, haciéndolo adecuado para una interfaz como *ISupportErrorInfo* que da una buena oportunidad de no utilizarse durante la vida del control. Una desventaja de la interfaz recortable es que requiere algo más de sobrecarga para crearse que una interfaz normal. La clase que implementa la interfaz recortable se debe derivar de *CComTearOffObjectBase* y debe tener su propio mapa COM.
_ENTRY_CACHED_TEAR_OFF	Igual que la macro COM_INTERFACE_ENTRY_TEAR_OFF, excepto que los datos de la interfaz se guardan (en la caché) después de la primera instancia. Si se instancia la interfaz recortable, guardarlos en la caché la convierte en una interfaz normal.
_ENTRY_AGGREGATE	Declara una entrada de mapa COM para una interfaz suministrada por un objeto agregado. Esta macro solicita un identificador de interfaz redireccionada a la interfaz *IUnknown* del objeto agregado. La agregación se discute más tarde en este capítulo.
_ENTRY_AGGREGATE_BLIND	Igual que COM_INTERFACE_ENTRY_AGGREGATE, excepto que todas las solicitudes se redireccionan a la interfaz especificada *IUnknown*.
_ENTRY_AUTOAGGREGATE	Igual que COM_INTERFACE_ENTRY_AGGREGATE si se suministra el puntero *IUnknown*. En otro caso, la macro crea automáticamente el agregado indicado por un identificador de clase dado.
_ENTRY_AUTOAGGREGATE_BLIND	Igual que COM_INTERFACE_ENTRY_AUTOAGGREGATE, a menos que se suministre el puntero *IUnknown*, en cuyo caso todas las solicitudes se redireccionan a la interfaz *IUnknown*. Si no se suministra el puntero *IUnknown*, la macro crea el agregado indicado por un identificador de clase dado.
_ENTRY_CHAIN	Permite que continúe el procesamiento en el mapa COM de una clase base especificada. La clase base debe aparecer en la lista de herencia de la clase, es decir, debe ser una base de la clase actual. La COM_INTERFACE_ENTRY_CHAIN debe ser la primera entrada de un mapa COM.
_ENTRY_BREAK	Invoca *DebugBreak* cuando se solicita una interfaz específica. Utilice esta macro para disparar un punto de ruptura del depurador (que se describe en el Capítulo 11, «El depurador»).
_ENTRY_NOINTERFACE	Devuelve E_NOINTERFACE y finaliza el procesamiento de mapa de COM cuando se solicita una interfaz específica. La macro deshabilita así la interfaz, evitando que sea procesada por cualquier macro COM_INTERFACE que sigue en el mapa COM.

ATL se refiere a las series de macros en el código fuente como un mapa COM, un término a menudo utilizado de forma intercambiable con el mapa de interfaz que crean las macros. Un mapa COM en ATL comienza invocando la macro BEGIN_COM_MAP y termina con la macro END_COM_MAP. Entre ellos hay una serie de macros COM_IN-TERFACE, uno para cada interfaz que la soporta:

```
BEGIN_COM_MAP(CMyClass)
    COM_INTERFACE_ENTRY(IMyClass)
    COM_INTERFACE_ENTRY(IDispatch)
    COM_INTERFACE_ENTRY2(IPersist, IPersistStreamInit)
    :
END_COM_MAP()
```

La forma del mapa se parece mucho al mapa de mensaje estándar de MFC (MFC proporciona sus propias macros para la creación de un mapa de interfaz, aunque no los vimos en el Capítulo 9. Un mapa de interfaz en MFC comienza y acaba con las macros BEGIN_INTERFACE_MAP y END_INTERFACE_MAP). El orden de las estructuras de mapa COM no es importante, pero la primera interfaz en la lista debe utilizar una entrada de mapa simple, es decir, COM_INTERFACE_ENTRY o cualquier otra macro COM_IN-TERFACE que se expanda a una estructura _ATL_INTMAP_ENTRY con un valor *pFunc* de ATL_SIMPLEMAPENTRY. Esta necesidad brota del uso de la primera interfaz en el mapa que responde a las solicitudes para la interfaz *IUnknown* del objeto.

Mapas de objeto

Un control ActiveX puede contener varios objetos, cada uno representado por una clase y cada uno proporcionando su propio mapa de interfaz. La Figura 10.1 muestra la relación jerárquica entre un control, el objeto que contiene y las interfaces implementadas por los objetos. Igual en concepto a un mapa de interfaz, un mapa de objeto sigue la pista de objetos de control, asociando cada objeto con su identificador de clase (CLSID). ATL administra un mapa de objeto como una matriz de las estructuras _ATL_OBJMAP_ENTRY,

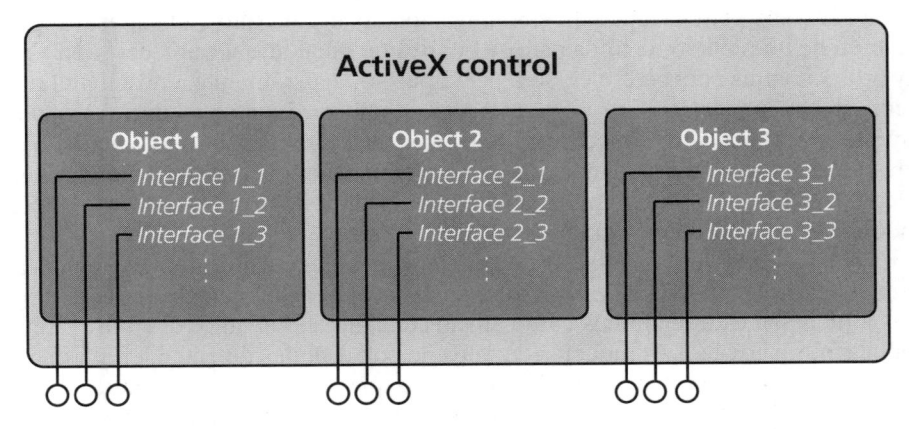

Figura 10.1. Elementos de un control ActiveX.

cada una de las cuales define una serie de funciones de asistente. Aquí tiene una forma abreviada de la estructura _ATL_OBJMAP_ENTRY que muestra los prototipos de función.

```
Struct _ATL_OBJMAP_ENTRY
{
    HRESULT UpdateRegistry( BOOL bRegister );
    HRESULT GetClassObject( void* pv, REFIID riid, PVOID* ppv );
    HRESULT CreateInstance( void* pv, REFIID riid, PVOID* ppv );
    LPCTSTR GetObjectDescription();
    HRESULT RevokeClassObject();
    HRESULT RegisterClassObject( DWORD dwClsContext, DWORD dwFlags );
};
```

Cuando un cliente solicita primero un objeto de clase, se invoca la función *GetClassObject* para crear un ejemplo de objeto y proporcionar al invocador un puntero a la interfaz *IClassFactory* o *IClassFactory2* solicitada. La función almacena el puntero de clase de fábrica dentro de la estructura de mapa de objeto, haciendo que las solicitudes subsiguientes para un ejemplo nuevo del objeto se lleven a cabo más rápidamente. Como la clase de objeto se instancia en la pila o en la pila de memoria en lugar de en los datos estáticos de control, los controles ActiveX construidos con ATL no necesitan enlazarse a una biblioteca de tiempo de ejecución de C. Al evitar que las funciones de tiempo de ejecución y constructores estáticos de C asegura que el tamaño del ejecutable del control terminado permanece pequeño, libre de código de inicialización extra que de otro modo enlazaría la biblioteca de C.

Modelos de hilos

ATL soporta cuatro modelos de hilos, llamados sencillo, apartamento, libre y ambos. Un modelo de hilos describe el tipo y grado de la seguridad de hilos que implementa un control, aunque cualquier aplicación de cliente, independientemente de su propia administración de hilos, puede acceder de forma segura al control construido desde cualquier modelo de hilo. Si el hilo de cliente no es compatible con el del servidor, COM se interpone entre los dos para asegurar la comunicación segura de hilos. Dada esta seguridad, la selección de un modelo de hilos para su control no tiene que ser una decisión agonizante. Hay pros y contras para cada elección, por supuesto; generalmente, enfrentar el rendimiento con el tamaño del código y eficacia con simpleza. El código que ATL añade a un proyecto soporta cualquier modelo de hilos que seleccione, así que sólo necesita asegurarse de que el código que usted mismo escribe también cumple con los requisitos del modelo seleccionado. Esta sección explica las diferencias entre los cuatro posibles modelos, ayudándole a decidir el mejor para su proyecto.

Es más fácil prever los hilos desde la perspectiva del cliente. Vamos a empezar echando un vistazo a los modelos de hilos tal y como se aplican a una aplicación de contenedor, y a continuación examinaremos cómo afecta cada modelo de hilos al control ActiveX que la aplicación incrusta. Los modelos de hilos no son difíciles de entender, pero las reglas a veces son complicadas. Un ejemplo de proyecto que veremos más adelante en este capítulo aplica algo de la teoría explicada aquí para ilustrar cómo se comporta un control bajo los diferentes modelos de hilos.

Hilos únicos

El modelo de hilo único es el más simple de los cuatro, porque no es necesario que se evite el control del uso simultáneo de sus datos, incluso si son datos estáticos. El modelo permite a un cliente crear cualquier número de ejemplos de un objeto de control, pero confina a un hilo único todos los accesos de cliente a esas instancias. Los hilos únicos no restringen el número de hilos que un cliente puede ejecutar, y por supuesto un control ActiveX debería asumir que muchos de sus clientes son multihilos. El modelo sólo dicta que todas las invocaciones a las interfaces de objeto se hacen desde un hilo de cliente que primero invoca *CoInitializeEx* para inicializar el marco de trabajo COM. Como el control ActiveX no requiere esfuerzo extra para asegurar el acceso seguro de hilo a sus interfaces u otros datos, el hilo único proporciona el tamaño de objeto más pequeño de los cuatro modelos de hilo. La comunicación entre cliente y servidor es directa y rápida, siempre que el cliente se adhiera a las restricciones de modelo.

Pero considere lo que sucede cuando dos hilos en el cliente utilizan el mismo control ActiveX. El hilo A, que no es necesariamente el hilo principal del cliente, inicializa COM a través de *CoInitializeEx,* a continuación invoca *CoCreateInstance* para crear un ejemplo del objeto de control. Como consecuencia, el hilo B necesita los servicios del control, y al igual que el hilo A, crea un nuevo ejemplo del control. Pero esta vez COM no devuelve un puntero de interfaz que apunte directamente al código de control, como hizo cuando el hilo A invocó *CoCreateInstance.* En su lugar, el puntero devuelto hace referencia a un objeto proxy invisible que se ejecuta en el hilo B. Cuando el cliente utiliza el puntero para invocar un método desde el hilo B, el proxy envía un mensaje a un objeto matriz que se ejecuta en el hilo A. Cada matriz invoca directamente al control ActiveX en el mismo hilo, entonces vuelve a pasar el valor de retorno por medio de otro mensaje. Este intercambio de mensajes cambia entre los hilos y asegura que el control ActiveX siempre se ejecute dentro del contexto del hilo A, un hilo que inicializó por primera vez a COM.

Volver a encaminar una invocación desde un hilo y completarla en otro se conoce como clasificación entre hilos, que es conceptualmente similar a la clasificación entre procesos, explicada en el Capítulo 8. La diferencia principal es que el proxy y los objetos matriz que llevan a cabo la clasificación entre hilos están ocultos en las ventanas ajustadas por COM, no bibliotecas dinámicas de enlace ajustadas en procesos separados. Los mensajes entre las ventanas son análogos a las invocaciones de procedimiento remoto que pasan en un sentido y en otro entre un proxy en proceso de cliente y su matriz fuera de proceso. La clasificación entre hilos es normalmente más rápida que la clasificación entre procesos, pero intercambiar mensajes y cambiar los contextos de hilo todavía ralentiza el acceso a un ejemplo de objeto varios cientos de veces si se compara con la invocación directa al objeto. Cada vez que el cliente invoca uno de los métodos de control desde el hilo B, se repite el mismo proceso tortuoso para clasificar la invocación al hilo A. Todavía peor, el hilo A puede que esté ocupado lejos de su bucle de mensaje, en cuyo caso los mensajes enviados al proxy deben esperar en la cola hasta que se extraigan y encaminen a la matriz. Todas las invocaciones de métodos que el cliente hace desde el hilo A van directamente al control y no se clasifican, dando al hilo A unos privilegios especiales no concedidos a otros hilos que utilicen el control. El modelo único de hilos tiene una penalización de rendimiento sólo cuando el cliente invoca el control desde los hilos que no son el primer hilo que se registra a sí mismo con COM a través de *CoInitializeEx.*

Hilos de apartamento

El modelo de hilo de apartamento recorre un largo camino para eliminar la necesidad de clasificación entre hilos. Bajo esta administración, todos los hilos de cliente disfrutan de los mismos privilegios y son capaces de interactuar directamente con un ejemplo de un control ActiveX sin primero ir a través de los servicios proxy y matriz. En otras palabras, cada hilo de apartamento es como el hilo A de la explicación anterior y ninguno como el hilo B. Cada hilo que requiere que los servicios de control invoquen primero *CoInitializeEx* como antes, a continuación invoca *CoCreateInstance* para crear un ejemplo de control. Bajo el hilo de apartamento, el puntero de interfaz devuelto apunta directamente a la v-tabla de interfaz en el objeto instanciado y no a un proxy. Cada hilo tiene su propio ejemplo de objeto, y no tiene lugar ninguna clasificación siempre y cuando un hilo acceda sólo al ejemplo que creó.

La confusión a veces se plantea porque existen dos tipos de hilos de apartamento. El modelo que ATL llama «apartamento» se expresa más correctamente como modelo de apartamento de hilo único, a menudo abreviado STA. Este es el modelo descrito en el párrafo anterior; una instancia de objeto por hilo, cada hilo invoca sólo su propia instancia. El modelo de apartamento multihilo, o MTA, es lo que ATL llama modelo libre, que veremos en un momento. Un apartamento es un concepto abstracto que tiene poca correlación con el mundo físico de la forma de procesar y hacer hilos, así que no malgaste mucho tiempo intentando visualizarlo. La idea se plantea a partir de la analogía de que un proceso es como un edificio en el que los hilos representan las habitaciones separadas. Un apartamento se restringe a una única instancia de objeto junto con el hilo o hilos que pueden guardarse con seguridad en ese ejemplo.

Aunque a menudo hablamos de las aplicaciones de cliente STA o MTA, el diseño más correcto de modelo se aplica a los hilos dentro de una aplicación, porque un proceso puede contener tanto hilos STA como MTA. Cuando un hilo de cliente invoca *CoInitializeEx*, pasa un valor que especifica para qué modelo de apartamento se ha diseñado el hilo. Un valor de COINIT_APARTMENTTHREADED registra el hilo bajo el modelo STA, único ocupante de un apartamento de un solo hilo. Un valor COINIT_MULTITHREADED registra el hilo como parte de un apartamento multihilo. Un proceso puede contener un número cualquiera de apartamentos de un solo hilo, pero sólo un apartamento multihilo, al que pueden pertenecer un número cualquiera de hilos. Los punteros de interfaz obtenidos a partir del objeto no se clasifican cuando se invocan en hilos dentro de un apartamento, pero siempre se clasifican cuando se utilizan por hilos en otros apartamentos. Cuando se habla de un modelo de apartamento de hilo único, las palabras apartamento e hilo se utilizan a menudo de forma intercambiable sin causar confusión, pero la práctica es totalmente incorrecta cuando se aplica al modelo de apartamento multihilo, que se describe a continuación.

Hilos libres

Hilos libres es sólo otro nombre para el modelo de apartamento multihilo. Los hilos dentro de un apartamento multihilo pueden compartir con seguridad punteros de interfaz aplicados por una única instancia de un objeto independientemente de qué hilo creó el ejemplo.

COM queda al margen y no clasifica invocaciones que tengan lugar dentro de los confines del apartamento. Sin embargo, al igual que en el modelo de apartamento de hilo único, es necesaria la clasificación cuando un hilo invoca un objeto instanciado en otro apartamento.

Esto suena bastante simple, pero el hilo libre deposita una gran responsabilidad sobre sus espaldas, el desarrollador. Elegir el soporte del modelo de hilo libre quiere decir escribir código que se pueda acceder de forma segura en cualquier momento y por cualquier número de hilos. La sección siguiente echa un vistazo a algunos de los requisitos que cada modelo impone en un control ActiveX.

Elegir un modelo de hilo para su control ActiveX

Entender los modelos de hilos en el cliente COM le permite elegir el mejor modelo de hilo para su control ActiveX. Afortunadamente, los hilos en los servidores implican más código y menos teoría. Sólo necesita seleccionar un modelo de hilo para su control y escribir el código correspondiente, estando seguro de que COM resolverá cualquier error de concordancia mediante la clasificación. Un hilo de cliente se ajusta al modelo STA o MTA, pero un control ActiveX adopta uno de los cuatro modelos enumerados anteriormente: único (sin hilo), apartamento (STA), libre (MTA) o ambos. El modelo de hilos ambos significa STA y MTA; es decir, el control debe escribirse para ajustarse a cualquiera de los dos modelos posibles de un hilo de cliente sin necesidad de que COM clasifique las interacciones.

Hemos visto cómo un hilo de cliente identifica su modelo para COM cuando invoca *CoInitializeEx*, pero el hilo principal de un control ActiveX, que es el hilo que recibe las invocaciones de cliente, no se registra a sí mismo. Esto tiene sentido porque, después de todo, estamos hablando de sólo un hilo junto con el que la lógica de programa fluye del cliente en el control ActiveX y de nuevo de vuelta, sin pasar a través del clasificador. Un control identifica su modelo de hilo a través de una entrada en el registro de sistema, ya sea de *apartamento*, *libre* o *ambos*. Si no aparece la entrada, COM supone que el control se ajuste al modelo de hilo único. Los proyectos que veremos más tarde en el capítulo muestran cómo un control ActiveX diseña su modelo de hilo en el registro.

Al habernos metido tan de lleno en el laberinto de los modelos de hilos, podemos finalmente abordar una cuestión importante: ¿cómo sabe por anticipado un control ActiveX qué modelo utiliza un cliente? La respuesta es de hermosa simpleza: no lo sabe, ni tampoco necesita saberlo. El modelo de hilos que selecciona para su control le dice a COM el tipo de hilo de cliente para cuyo manejo está diseñado su control sin la necesidad de clasificación. COM reconoce cuándo sucede cualquier error de concordancia y ajusta de forma transparente la clasificación sólo cuando es necesario resolver las diferencias. Por ejemplo, un cliente de hilos STA que instancia el control marcado *apartment* interactúa directamente con el ejemplo de control. Cuando un hilo MTA instancia el control, sin embargo, COM debe clasificar todas las invocaciones para asegurar tanto al cliente como al control que corren en el mismo hilo. Registrando el modelo de hilo de apartamento, el control ha informado a COM de que cada ejemplo puede acomodar sólo las invocaciones en un único hilo; la clasificación asegura que esto es lo que pasa. La Tabla 10.3 resume bajo qué condiciones COM clasifica las invocaciones entre un cliente y su control incrustado.

Qué modelo de hilo es el mejor para su control depende del tipo de aplicación cliente que anticipe que utilizará su control y de cuánto trabajo extra quiere realizar para asegurar

Tabla 10.3. Condiciones bajo las que las clasificaciones COM invoca entre cliente y control

Cuando un hilo de cliente de este modelo...	...accede a un control ActiveX de este modelo...	...¿es necesaria la clasificación?
STA	Único	No para el primer hilo que inicializa COM; sí para todos los demás hilos.
MTA	Único	Sí.
STA	Apartamento	No.
MTA	Apartamento	Sí.
STA	Libre	Sí.
MTA	Libre	No.
STA	Ambos	No.
MTA	Ambos	No.

el acceso seguro a los hilos. El modelo de hilos no único no necesita código extra en absoluto para adquirir la seguridad de hilo, ya que un único hilo de cliente puede acceder directamente a todos los ejemplos del control. Los hilos libres, por otro lado, sirven mejor sólo si sabe por adelantado que su control lo utilizarán exclusivamente aplicaciones MTA. Sin embargo, rara vez tiene esta seguridad, a no ser que escriba al cliente usted mismo. Como la gran mayoría de aplicaciones cliente hoy día se ajustan a los hilos STA, el modelo de apartamento generalmente representa la mejor opción para un control ActiveX diseñado para servir a muchos clientes diferentes. Internet Explorer y Netscape Navigator son aplicaciones STA, como los programas de contenedor que utilizan MFC y aquellos escritos en las versiones 5 de Visual Basic y posteriores. Microsoft Transaction Server también se ajusta a las reglas de STA, así que un control debería utilizar el modelo de apartamento si soporta MTS.

La seguridad de hilo se programa fácilmente bajo el modelo de apartamento, que necesita sólo garantía contra la escrita simultánea de datos estáticos, normalmente a través de secciones críticas o algunos mecanismos similares. Si desea asegurar el acceso rápido a su control independientemente del modelo de hilos de cliente, elija el modelo ambos. Ajustar el acceso a STA y MTA sin clasificación requiere trabajo extra, especialmente para controles que ejecuten más de un hilo. Para echar un vistazo a lo más profundo de los hilos MTA, lea detenidamente el artículo de David Platt en *Microsoft Systems Journal*, volumen 12, número 8. Puede localizar el artículo en la ayuda en línea de MSDN bajo la entrada Periodicals en la pestaña Contents.

EJEMPLO 1: EL CONTROL ACTIVEX PULSE

El control Pulse que se presenta en esta sección ilustra cómo utilizar ATL para producir un control ActiveX simple. Pulse es selectivo en lo que respecta a la biblioteca. La meta aquí es no sólo mostrar el código fuente de ATL, sino mostrar algunos caminos que pueden reducir el tamaño de un control modificando el código fuente de ATL o reordenando las propias instrucciones COM. El resultado debería darle una idea de lo pequeño que puede esperar que sea un control ActiveX cuando se crea utilizando ATL.

Pulse es simplemente un control de tiempo que dispara un evento en un intervalo programable, comportándose de este modo de forma muy parecida al control IETimer que utilizamos en el Capítulo 8 cuando construimos el programa Hour. Al igual que IETimer, Pulse es completamente autosuficiente, sin utilizar MFC ni la biblioteca de tiempo de ejecución de C. Pero con 37 Kb, Pulse es menos de la mitad del tamaño que IETimer.ocx, aun así proporciona el mismo servicio. La principal razón por la que Pulse es tan pequeño es porque opera de forma invisible sin visualizar una ventana.

El control Pulse contiene un solo objeto gobernado por una clase llamada *CPulseCtl*. Además de implementar las interfaces enumeradas en la Tabla 10.1, el objeto proporciona estos elementos de control:

- Una variable de propiedad que contiene el intervalo de pulso en milisegundos.
- Métodos que permiten al contenedor iniciar y finalizar el disparo de un evento.
- Un evento que notifica al contenedor cada vez que aparece un intervalo de pulso.

Los diez pasos descritos aquí ilustran cómo el proyecto Pulse toma forma. Las explicaciones toman un enfoque general del tema sobre la creación de un proyecto de control ActiveX utilizando ATL, y no son específicas de los controles invisibles como Pulse. No deje que las discusiones le persuadan de que lo que estamos haciendo aquí es difícil. La creación de un control ActiveX utilizando ATL es asombrosamente fácil.

Paso 1: Ejecutar ATL COM AppWizard

Un proyecto de control ActiveX creado con ATL siempre empieza con el primero de los asistentes de ATL, ATL COM AppWizard. Haga clic en el comando New del menú File, seleccione ATL COM AppWizard como se muestra en la Figura 10.2, y teclee *Pulse* para el nombre de proyecto.

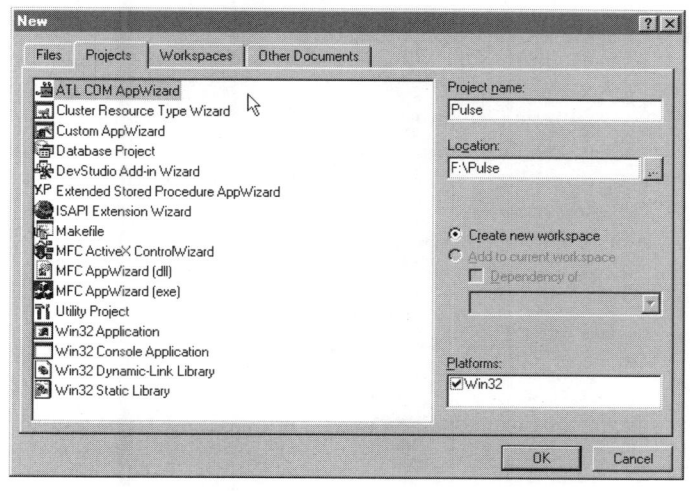

Figura 10.2. Lanzamiento de ATL COM AppWizard.

Cuando aparezca el diálogo único de la página enumerando las opciones de control (Fig. 10.3), haga clic en el botón Finish para aceptar los ajustes predeterminados. Estos ajustes especifican que el control nuevo se ejecuta como una biblioteca dinámica de enlace que no utiliza MFC. Deje sin seleccionar la opción etiquetada Allow Merging Of Proxy/Stub Code, que está disponible sólo para los tipos de servidor DLL. Al seleccionar esta opción, indica a COM AppWizard que configure el proyecto para enlazar el código clasificado en la imagen ejecutable del control, produciendo un solo archivo DLL que contiene tanto el control como sus instrucciones proxy/matriz. Al deseleccionar la opción, indica a COM AppWizard que en su lugar escriba código clasificado a un archivo separado llamado DllData.c, reduciendo de este modo el tamaño general del ejecutable final. Hablaremos más sobre un código proxy/matriz de control en el paso 5 de este ejercicio.

COM y ATL se refieren consistentemente a un control ActiveX en proceso como a una biblioteca dinámica de enlace. Como vimos en el Capítulo 9, un control ActiveX es verdaderamente una biblioteca dinámica de enlace, pero de una forma especializada. A medida que lea el código fuente de los pasos que vienen a continuación, tenga en cuenta que «DLL» se refiere al control Pulse ActiveX que estamos creando.

A la hora de ajustar un proyecto de control ActiveX, COM AppWizard genera varios archivos fuente que contienen código necesario. El archivo Pulse.cpp implementa la función *DllMain* que invoca el sistema operativo cuando carga por primera vez la biblioteca, junto con cuatro funciones adicionales que dan servicio a COM. Como COM no proporciona las funciones, un control ActiveX en proceso como Pulse debe exportarlas él mismo:

- **DllGetClassObject.** Se invoca desde *CoGetClassObject* cuando el cliente solicita que COM instancie primero un objeto de control en memoria. La función da servicio a la invocación creando una instancia de la factoría de clase y devolviendo un puntero a la interfaz *IClassFactory* o *IClassFactory2*.

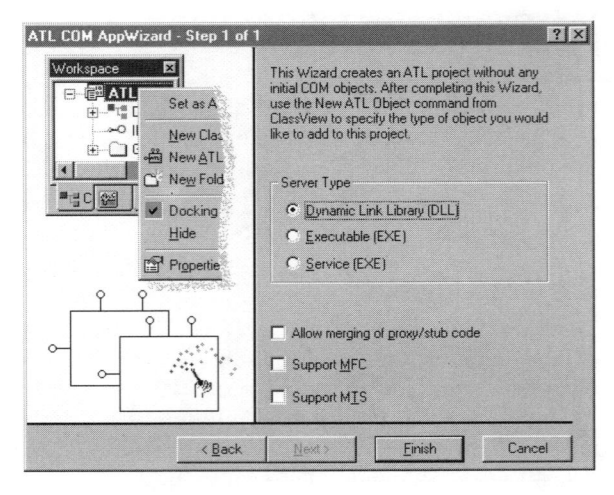

Figura 10.3. Selección un tipo de proyecto en COM AppWizard.

- **DllCanUnloadNow.** Se invoca desde *CoFreeUnusedLibraries* cuando el cliente ha terminado de utilizar el servidor de control. La función informa al invocador si está todavía en servicio cualquier objeto administrado por el control ActiveX, indicado por la cuenta de referencia interna del control de los objetos que destacan. Si la cuenta es cero para todas las interfaces, la función *DllCanUnloadNow* devuelve S_OK para permitir a COM descargar el control de la memoria.

- **DllRegisterServer.** Inserta información sobre el control ActiveX en el sistema Registry. Lo más importante de los datos Registry de un control es una entrada bajo HKEY_CLASSES_ROOT\CLSID que especifica la ubicación del archivo ejecutable de control. Dado sólo el identificador de clase de control proporcionado por la aplicación de contenedor, COM escanea la carpeta CLSID para localizar el control de modo que pueda cargarlo en la memoria. Esta administración permite a un control ActiveX residir en cualquier sitio del disco duro o de la red, en contraste con un archivo DLL normal, que debe normalmente estar restringido a ubicaciones específicas reconocidas por el sistema operativo.

- **DllUnregisterServer.** Elimina los datos Registry insertados por *DllRegisterServer* para cada uno de los objetos de control.

Estas cuatro funciones son ajustadores cortos, sólo una línea cada una. Todas invocan un objeto llamado *_Module*, que es un ejemplo de clase *CComModule* de ATL. Es el objeto *_Module* el que proporciona las implementaciones principales para las funciones.

COM AppWizard da al control terminado una extensión de DLL en lugar de OCX, sin dar opción a elegir la extensión de archivo. Puede que encuentre que el mundo está lo suficientemente poblado de archivos DLL y que los controles ActiveX deberían tener una extensión OCX para permitir a los usuarios deducir el propósito del archivo. Si así es, es necesario algo de edición en este punto para cambiar la extensión del archivo. Cierre el espacio de trabajo del proyecto temporalmente, abra el archivo Pulse.dsp en el editor de texto y utilice el comando Replace para volver a nombrar todas las coincidencias de «dll» a «.ocx». A continuación vuelva a abrir el proyecto y cambie la extensión de archivo en la pestaña Link del diálogo Project Settings. Sin embargo, no intente esto si su control se ejecuta en el entorno de Microsoft Transaction Server.

COM AppWizard crea un proyecto esqueleto, pero no añade código fuente para el propio objeto de clase ActiveX. El paso siguiente después de ejecutar COM AppWizard es insertar código para una clase de objeto utilizando el segundo asistente de ATL, llamado ATL Object Wizard.

Paso 2: Ejecutar ATL Object Wizard

El Object Wizard de ATL genera una declaración de clase y funciones de implementación matriz para una clase de objeto, relacionándolo íntimamente con ClassWizard de MFC. Ejecute Object Wizard como se muestra en la Figura 10.4, eligiendo el comando New ATL Object del menú Insert, o haciendo dos veces clic en el botón derecho del ratón en el nombre del proyecto del panel ClassView y eligiendo el comando del menú contextual. El menú WizardBar también proporciona acceso al mismo comando.

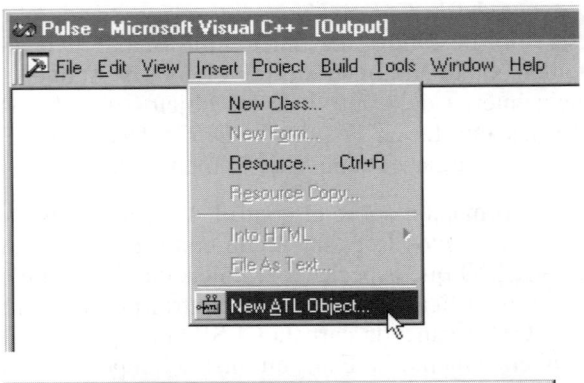

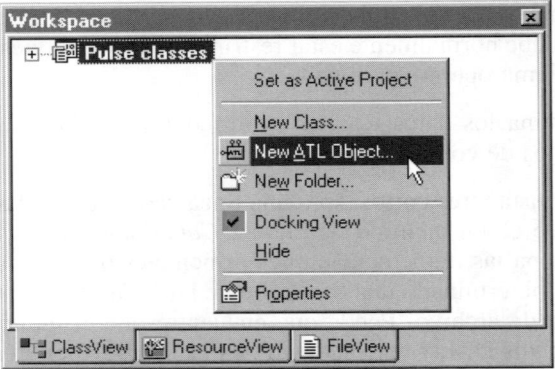

Figura 10.4. Dos métodos de invocar el ATL Object Wizard.

Object Wizard añade automáticamente código ATL a proyecto para cualquiera de los 17 tipos de objetos diferentes, algunos de los cuales se enumeran en la Tabla 10.4. La opción Full Control se selecciona de forma normal cuando desarrolla un proyecto de control ActiveX, pero la opción presupone que el control visualiza una ventana y soporta lujos tales como una hoja de propiedad y un icono representativo. Para un control invisible pequeño como Pulse, normalmente es preferible elegir uno de los tipos de componente y construirlo a partir de ahí, en lugar de tener que eliminar más tarde el código no deseado. El proyecto Pulse no necesita mucho código inicial, así que seleccione Objects en el panel de la izquierda del diálogo del asistente y haga dos veces clic en el icono etiquetado Simple Object, como se muestra en la Figura 10.5.

Object Wizard visualiza a continuación el diálogo Properties (Fig. 10.6), que consulta las características del control. En la pestaña Names, teclee *PulseCtl* para el nombre corto, desde el que el Object Wizard rellena los otros cuadros de edición con entradas apropiadas. El cuadro de edición Class contiene el nombre de la clase *CPulseCtl* que implementa sólo el objeto de control. Esta clase es importante porque hereda todas las interfaces que el control Pulse soporta.

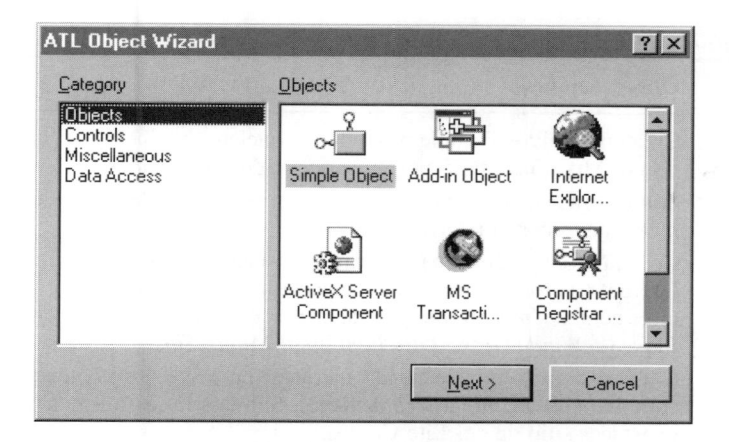

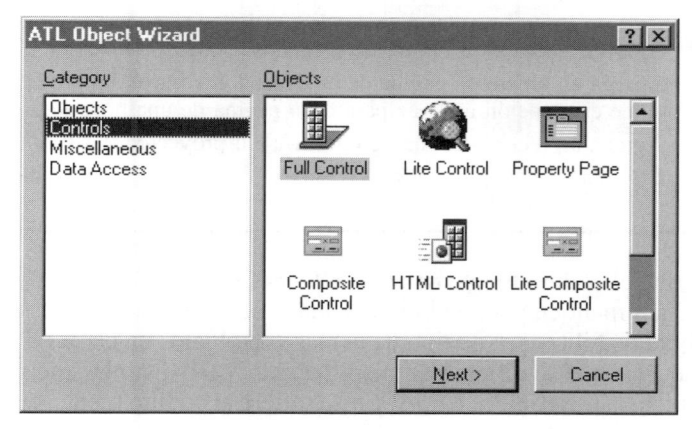

ESCRITURA DE CONTROLES ACTIVEX UTILIZANDO ATL **365**

Figura 10.5. El diálogo ATL Object Wizard.

Tabla 10.4. Tipos de objeto común que soporta ATL Object Wizard

Tipo de objeto	Observaciones
Simple Object	Crea un simple objeto COM. Se debe añadir manualmente la interfaz de soporte.
Add-in Object	Crea un simple objeto añadido que conecta con la interfaz *IApplication* de Developer Studio. El Capítulo 13, «Personalización de Visual C++», explica con más detalle los añadidos de Developer Studio.
Internet Explorer Object	Crea un objeto COM que soporta las interfaces esperadas por Internet Explorer, pero sin soporte adicional para una interfaz de usuario.
ActiveX Server Component	Añade soporte para *OnStartPage* y *OnEndPage*, con punteros a interfaces ASP, tales como *IRequest*, *IResponse* y *IServer*.

(*Continúa*)

Tabla 10.4. (*Continuación*)

Tipo de objeto	Observaciones
Microsoft Transaction Server	Crea un archivo de implementación esqueleto que incluye el archivo cabecera Mtx.h necesario por un servidor de transacciones.
Component Registrar	Suministra acceso al sistema Registry mediante el Registrar de ATL implementado por la interfaz *IRegistrar*.
Lite Control	Crea un control con una interfaz de usuario que se puede incrustar en Internet Explorer, pero que no soporta interfaces necesarias por muchos otros contenedores. Suministra punteros a las interfaces de cliente *IOleInPlaceSiteWindowless*, *IOleClientSite* e *IAdviseSink*.
Full Control	Crea un control que se puede incrustar en todos los contenedores que cumplen con las directrices ActiveX. Suministra los mismos punteros a interfaces sitio que el Lite Control.
Composite Control	Crea un control similar a un cuadro de diálogo que puede contener otros controles ActiveX y controles normales.
Property Page	Agrega un objeto de página de propiedad al control del proyecto. Seleccione esta opción una vez para cada página de una hoja de propiedad.
Dialog	Agrega un recurso de diálogo genérico al proyecto.
Provider	Crea un objeto que realiza los servicios de traducción de datos de un proveedor OLE DB.

Object Wizard escribe el código fuente de clase *CPulseCtl* a los archivos H y CPP. El cuadro de edición CoClass mantiene el nombre de la clase de componente de control, que sirve como el equivalente de biblioteca de tipo de la clase de objeto. La clase *CPulseCtl* y la clase de componente *PulseCtl* se refieren al mismo objeto, pero distinguiendo entre los dos lugares donde el objeto está definido. *CPulseCtl* se refiere al código fuente de C++ que

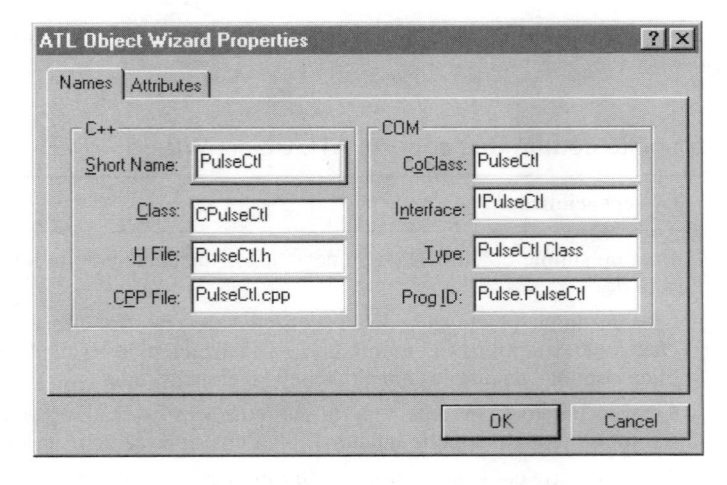

Figura 10.6. Especificación de nombres para un objeto en el diálogo ATL Object Wizard Properties.

implementa el objeto, mientras que la clase de componente *PulseCtl* se refiere a la definición del objeto en la biblioteca de tipo de control. El cuadro Interface muestra el nombre de la interfaz sobre la que el control muestra al mundo sus métodos y propiedades personalizadas. Los cuadros de edición etiquetados Type y ProgID mantienen cadenas que describen el objeto *CPulseCtl* y su identificador programático.

Algunos nombres que se muestran en la Figura 10.6 terminan como entradas en el sistema Registry, colocados ahí por la función *DllRegisterServer* de Pulse. Los identificadores programáticos *PulseCtl.PulseCtl* y *PulseCtl.PulseCtl.1,* por ejemplo, se convierten en cadenas bajo las claves de Registry llamadas VersionIndependentProgID y ProgID, respectivamente. La única diferencia entre los dos identificadores es que el segundo contiene el número de versión de control, 1 en este caso. Ambas cadenas actúan como alternativas legibles por humanos al identificador de clase de control, proporcionando un medio para que una aplicación de contenedor solicite un objeto de control sin utilizar la cadena CLSID. La función *CWnd::CreateControl* de MFC, por ejemplo, acepta una cadena de identificador programático como esta:

```
CreateControl( "PulseCtl.PulseCtl.1", NULL, 0, &rect,
               pParentWnd, IDC_PULSECTL );
```

De igual forma, un contenedor de Visual Basic o VBA pasa el identificador a la función *CreateObject*:

```
Dim PulseCtl As Object
PulseCtl = CreateObject ("PulseCtl.PulseCtl.1")
```

Un cliente que posea sólo un identificador programático para un control, puede determinar el identificador de clase correspondiente invocando la función OLE *CLSIDFromProgID*. La función *ProgIDFromCLSID* lleva a cabo la traducción opuesta.

En la pestaña Attributes, seleccione el cuadro de comprobación Support Connection Points, que se muestra en la Figura 10.7. Los puntos de conexión son necesarios para los

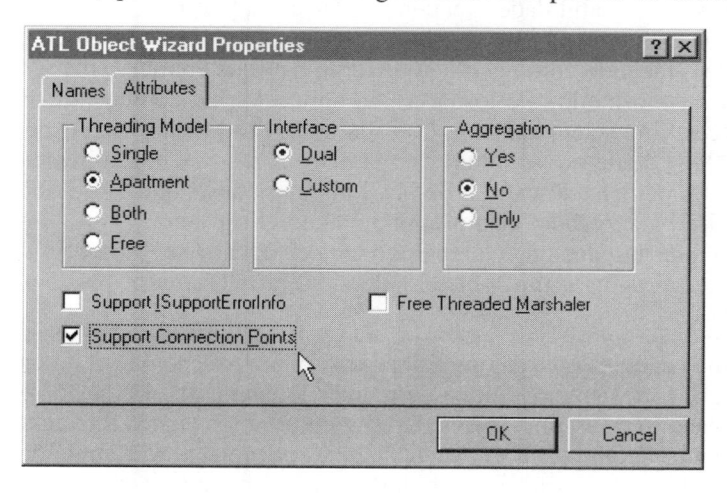

Figura 10.7. Atributos de objeto en el diálogo ATL Object Wizard Properties.

controles ActiveX como Pulse que dispara eventos. La misma pestaña visualiza botones de radio que determinan el modelo de hilo de control, tipo de interfaz y si soporta agregación. Ya hemos visto los modelos de hilos que soporta ATL, pero las interfaces duales y la agregación merecen más explicación.

- **Dual interface.** Vimos en el Capítulo 8 que Microsoft extendió el diseño de OLE para soportar controles personalizados, que pretenden que dichos componentes actúen como sustitutos de 32 bits para los componentes VBX. Sin embargo, debido al modo en que se pasaron los parámetros de función, Visual Basic antes de la versión 4 no podía invocar un método de control directamente. Para resolver este problema, Microsoft incorporó en OLE la interfaz *IDispatch* para proporcionar el enlace necesario. La interfaz *IDispatch* hoy sirve más a menudo como un conducto para los clientes de guión, como por ejemplo VBScript y JavaScript, permitiéndoles invocar los métodos de control a través de servicios de función *IDispatch::Invoke*, que convierte los parámetros y devuelve valores hacia y desde el tipo de datos nativos de cliente. Aunque es una solución viable, las conversiones extras e indirectas de invocar *Invoke* ralentizan las interacciones de contenedor con un control.

  Para los guiones de páginas Web y los clientes más antiguos de Visual Basic, *IDispatch* es un acuerdo necesario. Sin embargo, las aplicaciones de contenedor escritas en lenguajes como C++ pueden acceder directamente a los métodos de un control invocando a través de punteros. No son necesarias *IDispatch::Invoke* y sus conversiones que llevan mucho tiempo. Para alojar clientes que soporten tipos de datos que no sean **Variant**, OLE soporta la idea de dos interfaces diferentes. A una función de método de una interfaz dual se puede acceder o bien indirectamente a través de *IDispatch::Invoke* o bien directamente invocando un puntero al método, dando de este modo servicio a todas las aplicaciones de contenedor, independientemente de en qué lenguajes estén escritas.

- **Aggregation.** A través de la agregación, otro objeto puede aparecer a sus invocadores para tener todas las habilidades del control Pulse, cualesquiera que sean los servicios nuevos que proporciona el segundo objeto. El objeto que se agrega, al que se hace referencia a menudo como el objeto externo o el que contiene, incrusta el control Pulse del mismo modo que lo haría una aplicación de contenedor. El control externo entonces filtra selectivamente las solicitudes *QueryInterface* desde su cliente, pasando a Pulse cualquier solicitud para la interfaz *IPulseCtl*. El cliente de objeto externo recibe el puntero deseado e invoca Pulse, sin saber que Pulse ahora, no el objeto que Pulse ha agregado, está proporcionando el servicio.

  La selección de agregación en el diálogo Object Wizard Properties no determina si su control puede agregar otro objeto, sólo si su propio control puede agregarse.

Si no pretende que su control sirva para las antiguas aplicaciones de Visual Basic o estar guionado en una página Web o página activa de servidor, seleccione el botón de radio Custom en el diálogo. Esto tiene la ventaja de reducir ligeramente el tamaño del control terminado, porque cada interfaz implementada no incorpora los cuatro métodos de *IDispatch*. Aunque un control con interfaces personalizadas puede aparecer en un documento HTML, no puede programarse a través de un guión. El intérprete de guiones debe encontrar la interfaz *IDispatch* en el objeto de control o no puede acceder al control.

Para el control Pulse, acepte los ajustes predeterminados para activar los hilos del modelo apartamento y añada soporte para interfaces duales, pero no agregación. Después de reflexionar un momento, vamos a hacer Pulse no agregable seleccionando el botón de radio No del grupo Aggregation. Esto añade una única línea a la definición de clase *CPulseCtl*, como se muestra aquí:

```
DECLARE_NOT_AGGREGATABLE(CPulseCtl)
```

Aunque la agregación es normalmente una característica deseable para un control ActiveX, soportar la agregación añade alrededor de 2 kilobytes al tamaño ejecutable del control. Como una de las metas de este proyecto es mostrar cómo minimizar el tamaño de un control creado con ATL, privarse de la agregación parece un acuerdo razonable.

El acuerdo no es tan serio como podría parecer en principio, porque la agregación no es la única técnica por la que un control ActiveX puede hacer uso de otro. Nada impide que un control actúe como cliente e incruste el control Pulse. En esta técnica, conocida como contención, el control de contención proporciona sus propias funciones de método para ejecutar Pulse y anuncia los métodos a través de su biblioteca tipo. Cuando una aplicación de cliente solicita uno de los servicios Pulse, el control que contiene, pongamos por caso Outer, pasa la invocación a Pulse. Cuando Pulse dispara su evento, el control viaja de nuevo a la función de manejador Outer, que a su vez propaga el evento disparándolo en su cliente de aplicación. Al igual que con la agregación, la aplicación de cliente no es consciente de que otro control está proporcionando el servicio. Pero al contrario que con la agregación, la contención ralentiza la comunicación entre Pulse y la aplicación de cliente, porque el control Outer debe servir como un intermediario entre los dos.

Deje en blanco el cuadro de comprobación etiquetado Free Threaded Marshaler. Esta opción añade al proyecto un objeto conocido como el clasificador de hilos libres, descrito en la barra lateral.

El clasificador de hilos libres

Al seleccionar el cuadro de comprobación Free Threaded Marshaler en el ATL Object Wizard, genera una invocación a la función *CoCreateFreeThreadedMarshaler* de COM:

```
HRESULT FinalConstruct()
{
    return CoCreateFreeThreadedMarshler(
        GetControllingUnknown(), &m_pUnkMarshaler, p );
}
```

La función crea un objeto llamado el clasificador de hilos libres que se agrega al control y supervisa las operaciones de clasificación. Su propósito principal es mejorar el rendimiento cuando una aplicación de contenedor que utiliza el modelo de apartamento de hilo único incrusta un control ActiveX utilizando el modelo de hilos

(Continúa)

El clasificador de hilos libres (*Continuación*)

ambos. Para ver cómo el clasificador de hilos libres puede beneficiar a ese control, es necesario acceder a un cliente típico que ejecute dos hilos STA, donde el Hilo B debe invocar a la instancia de objeto poseída por el Hilo A. El Hilo A invoca primero a *CoMarshalInterThreadInterfaceInStream*, recibiendo como devolución un puntero a un flujo (un flujo es simplemente una colección de datos). El Hilo A dirige el puntero de flujo hacia el Hilo B, que lo utiliza para invocar *CoGetInterfaceAndReleaseStream*, recibiendo un puntero a un proxy que representa la instancia deseada. El Hilo B puede ahora invocar con seguridad al proxy para acceder a métodos de las interfaces del objeto, incluso aunque la instancia se haya creado en un apartamento distinto.

Si un control ActiveX que verifica los dos modelos de hilos puede manejar con seguridad las invocaciones directas de cualquier apartamento, incluso apartamentos diferentes de STA, encaminar las invocaciones del Hilo B del cliente a través del clasificador es un gasto innecesario de tiempo, porque el cliente podría simplemente invocar correctamente (y más eficientemente) la instancia del objeto directamente desde el Hilo B. El cliente no puede suponer con seguridad que exista esta opción, por lo que debe solicitarlo a un proxy a través de *CoGetInterfaceAndReleaseStream*. Pero como el control se ha escrito para permitir con seguridad el acceso simultáneo en diferentes hilos STA, invoca *CoCreateFreeThreadedMarshaler* para implementar su propia clasificación personalizada mediante el clasificador de hilos libres. Este objeto actúa como una matriz que copia al flujo un puntero directo a la interfaz que ha solicitado el cliente mediante *CoGetInterfaceAndReleaseStream*. El resultado es que el Hilo B obtiene su interfaz de puntero sin tener que cambiar entre hilos o pasar a través de los tortuosos caminos del clasificador de COM. El cliente no puede darse cuenta de la diferencia, excepto que las invocaciones a la instancia son mucho más rápidas, porque acceden métodos directamente y no se clasifican mediante código de proxy. Un control que adopta esta técnica, sin embargo, debe asegurarse de que el objeto puede manejar un uso simultáneo.

Haga clic en el botón OK para quitar el diálogo ATL Object Wizard, momento en el que el asistente genera tres archivos:

- **PulseCtl.h y PulseCtl.cpp.** Código de definición e implementación para la nueva clase *CPulseCtl*.
- **PulseCtl.rgs.** Archivo de texto que contiene un guión de información de registro de control. El guión de registro en el archivo RGS se convierte en parte de los datos de recurso contenidos en el archivo ejecutable de control, que la función *DllRegisterServer* lee e instala en Registry. Object Wizard añade una línea al archivo RC de proyecto para referenciar el guión de registro:

```
IDR_PULSECTL    REGISTRY DISCARDABLE    "PulseCtl.rgs"
```

e inserta una sentencia **#define** en Resource.h para la constante IDR_PULSECTL.

Object Wizard también añade varias sentencias **#include** a los archivos StdAfx.cpp y StdAfx.h. Las sentencias aportan al proyecto archivos fuente ATL necesarios, como AtlImpl.cpp, AtlCtl.cpp y AtlWin.cpp. Aunque los nombres de los archivos StdAfx recuerden a los proyectos MFC, referencian sólo a las cabeceras MFC sólo si selecciona la opción MFC en el paso 1.

Para cada objeto que añada a un control, Object Wizard coloca una entrada en el mapa de objeto de control. Pulse contiene sólo el objeto *CPulseCtl,* así que su mapa de objeto en el archivo Pulse.cpp aparece del modo siguiente cuando el asistente termina:

```
BEGIN_OBJECT_MAP(ObjectMap)
    OBJECT_ENTRY(CLSID_PulseCtl, CPulseCtl)
END_OBJECT_MAP()
```

Finalmente, ATL Object Wizard hace los cambios necesarios al archivo IDL de proyecto, desde el que se genera la biblioteca de tipo de control. IDL quiere decir lenguaje de descripción de interfaz, y el archivo IDL sirve como entrada para la herramienta compiladora de Microsoft IDL, MIDL. Echaremos un vistazo al archivo IDL de proyecto con más detalle cuando añadamos la función evento de Pulse.

Paso 3: Añadir la propiedad nInterval

Pulse muestra una única propiedad personalizada llamada *nInterval* que contiene la velocidad en milisegundos a la que el control dispara su evento. Para añadir la propiedad a la interfaz, expanda la lista de clases Pulse en la ventana ClassView, haga clic en el botón derecho del ratón en la entrada *IPulseCtl,* y elija el comando Add Property:

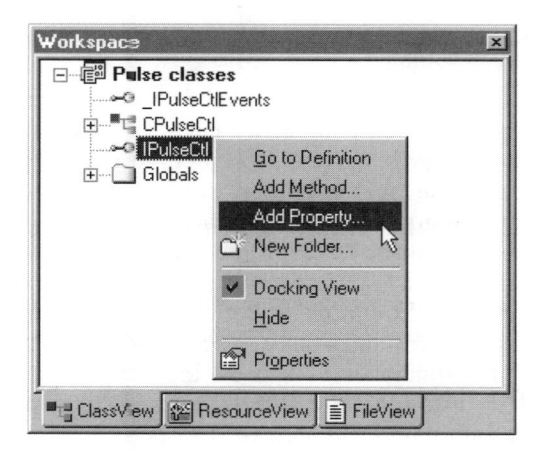

Esto invoca el diálogo Add Property To Interface que se muestra en la Figura 10.8, que solicita la misma información que el diálogo Add Property de ClassWizard que se encuentra en el Capítulo 9. Teclee *nInterval* para el nombre de propiedad Pulse, dándole un tipo

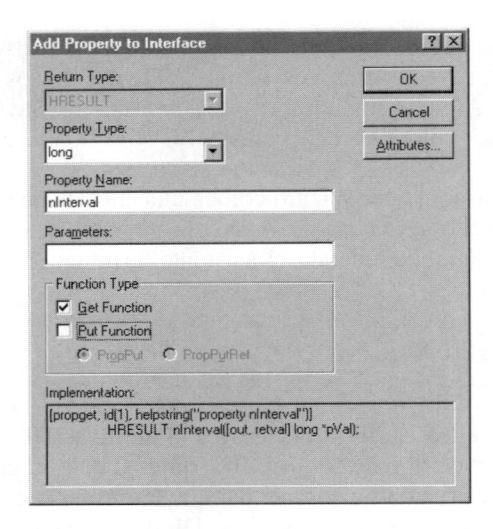

Figura 10.8. Adición de la propiedad personalizada *nInterval* al control ActiveX Pulse.

de propiedad **long** (la propiedad podría igualmente ser **short**, pero eso restringiría el intervalo de máximo del tic de reloj a poco más de un minuto). Los prototipos IDL predeterminados para los métodos get/put de propiedad aparecen en la parte inferior del diálogo:

```
[propget, ...]
    HRESULT nInterval([out, retval] long *pVal);
[propput, ...]
    HRESULT nInterval([in] long newVal);
```

Los métodos get/put de COM son el equivalente de bajo nivel de las funciones Get/Set de MFC, proporcionando los medios para que un contenedor lea y escriba los datos de propiedad de control. Cuando el compilador MIDL compila el archivo IDL de proyecto, define los dos métodos en la interfaz anteponiendo el nombre *get_* y *put_* al nombre de propiedad. El parámetro *pVal* de la función get apunta al valor actual de la propiedad; el parámetro *newVal* de la función put contiene un valor de propiedad nuevo que reemplaza al antiguo. Si sus métodos get/put requieren una lista de parámetros más amplia, añada las variables en el cuadro Parameters del diálogo. El diálogo inserta cualquier adición delante de los parámetros *pVal* y *newVal*, y los hace comunes tanto a los métodos get como a los put. Si no quiere la misma lista para ambas funciones, debe hacer los cambios más adelante editando manualmente el archivo IDL utilizando el editor de texto. No tenga reparo en cambiar el orden de los parámetros o los nombres en el archivo IDL, pero deje los parámetros *pVal* y *newVal* los últimos en la lista de parámetros junto con sus atributos **[out, retval]** y **[in]**.

El cuadro de comprobación Put Function va acompañado de dos botones de radio etiquetados PropPut y PropPutRef. PropPutRef es parecido a la opción PropPut predeterminada, excepto que indica al contenedor que la función put de propiedad acepta el parámetro *newVal* por referencia en lugar de por valor. En este caso, el contenedor ajusta la propiedad invocando *IDispatch::Invoke* con la etiqueta DISPATCH_PROPERTY-PUTREF en lugar de DISPATCH_PROPERTYPUT. Los clientes de Visual Basic, por ejemplo, utilizan la palabra clave **Set** para indicar que una asignación de propiedad es por referencia y no por valor:

```
Set PulseCtl.nInterval = x
```

Deseleccione el cuadro de comprobación Put Function como se muestra en la Figura 10.8 para impedir que el compilador MIDL genere una entrada de método put para la propiedad *nInterval*. Un contenedor no debería estar permitido para cambiar *nInterval*, y al despejar el cuadro de comprobación Put Function en el diálogo, mantiene la variable de sólo lectura. Otro de los métodos del control proporciona al cliente un medio más lógico de instalar la propiedad *nInterval*.

El botón Attributes del diálogo abre un diálogo que le permite seleccionar características de propiedad tales como el identificador de lanzamiento, una descripción opcional y etiquetas especiales. Los atributos seleccionados terminan en el archivo IDL y en última instancia en la biblioteca de tipo, donde describen la propiedad para contenedores prospectivos. Haga clic en el cuadro de combinación que se muestra en la Figura 10.9 para visualizar una lista de ajustes de atributos disponibles descritos en la Tabla 10.5. Tenga presente que los atributos se refieren a las funciones get/put de propiedad, en lugar de a la propia variable. En COM, la propiedad de palabra se utiliza a menudo como un término de abreviatura para los métodos get/put que proporcionan un acceso de cliente a la propiedad.

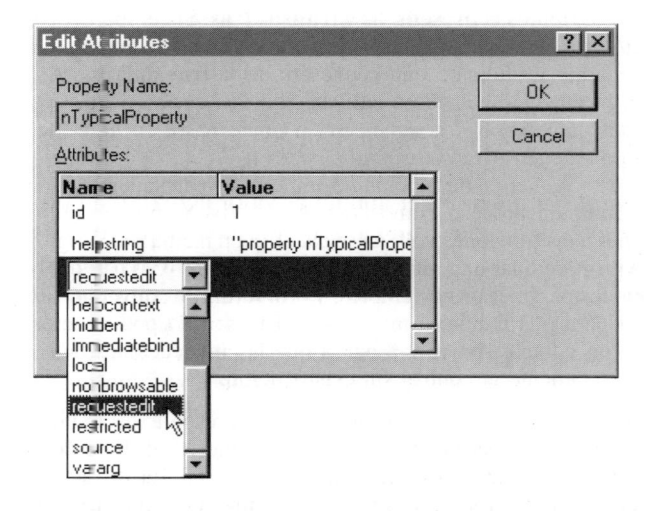

Figura 10.9. Selección de atributos de propiedad en el diálogo Edit Attributes.

Tabla 10.5. Atributos Property

Atributo	Descripción
id	Especifica un identificador de salida (DISPID) para el método get o put de la propiedad.
helpstring	Especifica una cadena de texto corta que describe la propiedad. El contenedor puede obtener la cadena mediante el método *ITypeInfo::GetDocumentation* del control. Aunque el texto de ayuda se almacena dentro del control como parte de su información tipo, si se borra una entrada **helpstring** en el diálogo Edit Attributes, no reduce el tamaño de la imagen ejecutable del control.
bindable	Utiliza vinculación de datos para unir la propiedad a un campo específico en una base de datos. Esto significa que siempre que la propiedad cambie de valor, el control notifica a la base de datos y solicita que se actualice el campo del registro vinculado con el nuevo valor. Para obtener más información sobre este potente concepto, consulte en la MSDN el artículo titulado «ActiveX Controls: Using Data Binding in an ActiveX Control». Puede localizar el artículo buscando por su título en la pestaña Search de MSDN con el cuadro de comprobación Search Titles Only seleccionado.
call_as	Permite a un cliente acceder a las funciones get/put de la propiedad mediante un nombre diferente. Esto resulta de ayuda para funciones con muchos tipos de parámetros «no-remotos», como pueden ser **int** o **void**. Una variable no-remota no aparece exactamente igual en sistemas operativos de máquinas diferentes. Un valor **int**, por ejemplo, es no-remoto porque COM no tiene garantía de que cada máquina (o incluso cada cliente) atribuya el mismo tamaño a la variable. Por el contrario, las variables **short** y **long** son remotas porque todas las máquinas reconocen que ocupan 2 y 4 bytes. Por esta razón, las listas de tipos de variables en Object Wizard incluyen los tipos **short** y **long** pero nunca **int**, que es demasiado ambiguo para COM. También se pueden especificar los parámetros individuales no-remotos mediante los atributos **represent_as** y **transmit_as**. Sin embargo, para las funciones get/put que toman varios parámetros de tipos no-remotos, **call_as** es más conveniente y eficiente que **represent_as** y **transmit_as**. Al dar a una función de propiedad un atributo **call_as** significa que su control puede realizar todas las conversiones posibles en un único paso, en lugar de en varios pasos, uno para cada parámetro. El uso de parámetros de función no-remotos es particularmente ineficiente para servidores en proceso como controles ActiveX, porque obliga que las invocaciones a las funciones **call_as** se clasifiquen mediante código proxy/matriz. Debe proporcionar una rutina de conversión al proxy DLL del contenedor que maneje los parámetros no-remotos, y otra rutina de conversión en la matriz del control para que reciba la invocación. El uso de tipos remotos para una función en un control ActiveX asegura que las invocaciones del contenedor acceden directamente al control sin clasificación.
defaultbind	Identifica la propiedad vinculable que mejor representa al objeto de control. Sólo una de las propiedades del control puede tener el atributo **defaultbind** y también debe tener el atributo **bindable**. El atributo **defaultbind** permite a un contenedor vincularse a todo el objeto de control en lugar de a propiedades individuales.

Atributo	Descripción
defaultcollelem	Permite a los clientes escritos en Visual Basic for Applications acceder directamente a las funciones de las propiedades get/put.
displaybind	Indica al contenedor que la propiedad debería visualizarse al usuario como vinculable. La propiedad también debe tener el atributo **bindable**.
helpcontext	Especifica un número de 32 bits que identifica información en el archivo de ayuda de control que pertenece a la propiedad.
hidden	Solicita que el contenedor no debería visualizar la propiedad al usuario.
immediatebind	Solicita que se notifique a la base de datos a la propiedad en lugar de esperar hasta que el control pierda la atención de entrada. La propiedad también debe tener el atributo **bindable**.
local	Especifica que el compilador MIDL debería generar únicamente los archivos cabecera de la interfaz, no el código matriz. El atributo **local** no es relevante para controles ActiveX en proceso como Pulse.
nonbrowsable	Indica al contenedor que no incluya la propiedad en el explorador de propiedades del contenedor.
requestedit	Indica que el control pedirá al contenedor permiso antes de cambiar el valor de la propiedad. El permiso se solicita mediante la función *IPropertyNotifySink::OnRequestEdit*, que notifica al contenedor de que la propiedad está a punto de cambiar y que el objeto solicita permiso para continuar. Un valor devuelto de S_FALSE a partir de *OnRequestEdit* deniega la solicitud; un valor devuelto de S_OK concede permiso para cambiar el valor de la propiedad. Cuando se reciba S_OK, el control debe entonces invocar *IPropertyNotifySink::OnChanged* si la propiedad también tiene el atributo **bindable**.
restricted	Especifica que los métodos de las propiedades get/put no se deben invocar desde una macro.
source	Indica que las funciones get/put devuelven un objeto o **Variant** que es una fuente de eventos. El atributo **source** se utiliza raramente para propiedades, pero se aplicará brevemente a la lista de interfaces de Pulse.
vararg	Indica que los métodos de las propiedades get/put pueden aceptar un número variable de argumentos. El último argumento del método debe ser una matriz segura del tipo **Variant** que contiene valores predeterminados para cada valor no especificado.

Paso 4: Añadir métodos

Al cerrar el diálogo Add Property To Interface, escribe la información de propiedad al archivo IDL. El paso siguiente para añadir las tres funciones de método llamadas *StartPulse*, *EndPulse* y *_OnTimer*. Invocando el método *StartPulse,* el contenedor le indica a Pulse que comience el disparo de eventos metronómicos. El parámetro de función especifica en milisegundos el intervalo de tiempo en el cual el contenedor recibe las notificaciones de evento. El contenedor invoca *EndPulse* para detener el disparo de eventos, después del cual el control se vuelve inactivo, sin utilizar tiempo de CPU. La función *_OnTimer* se utiliza por la clase *CTimer*, que se describe en el paso 6. Para cada método, haga clic en el botón derecho del ratón en la interfaz *IPulseCtl* del panel ClassView como hicimos antes, pero esta vez elija el comando Add Method:

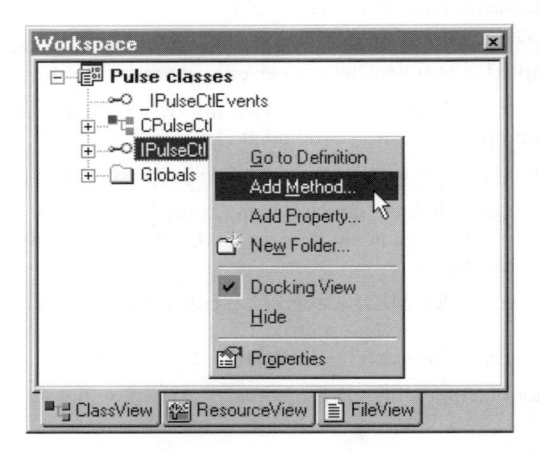

El parámetro *nRate* de *StartPulse* se convierte en el nuevo valor para la propiedad *nInterval*. Esto explica el porqué en el paso anterior decidimos que un cliente no necesita acceder a una función *put_nInterval*, porque la invocación *StartPulse* sirve para el mismo propósito. Introduzca el nombre de la función y del parámetro en el diálogo Add Method To Interface que se muestra en la Figura 10.10, a continuación haga clic en OK para hacer desaparecer el diálogo. Repita el proceso para añadir los métodos *EndPulse* y *_OnTimer*. Ni *EndPulse* ni *_OnTimer* toman un parámetro, por lo que deje el cuadro Parameters en blanco. Cierre el diálogo Add Method To Interface, momento en el que Visual C++ añade código apropiado para los tres métodos al archivo Pulse.idl. También escribe funciones matriz para los métodos en el archivo Pulse.cpp, que editaremos después añadiendo una función de evento al control.

Figura 10.10. El diálogo Add Method to Interface.

Paso 5: Añadir el evento Pulse

La adición final al proyecto antes de empezar la codificación es el evento *Pulse,* que se dispara en cada lapso de milisegundos de *nInterval*. En las versiones anteriores de ATL, la adición de un evento a un control requería una labor manual, lo que implicaba la generación de un identificador GUID para la interfaz de control, edición del archivo IDL y ejecución de una herramienta llamada ATL Proxy Generator. Pero con la tercera versión de la biblioteca, el procedimiento se ha vuelto mucho más fluido y más amigable al usuario. Los eventos son ahora casi tan fáciles como añadirlos a un proyecto de control como métodos y propiedades, necesitando sólo un pequeño rodeo para compilar el archivo IDL del proyecto.

Aquí tiene una lista de los pasos necesarios para generar código para el evento nuevo, después del cual explicaremos lo que está pasando entre bastidores. La Figura 10.11 ilustra los cuatro pasos.

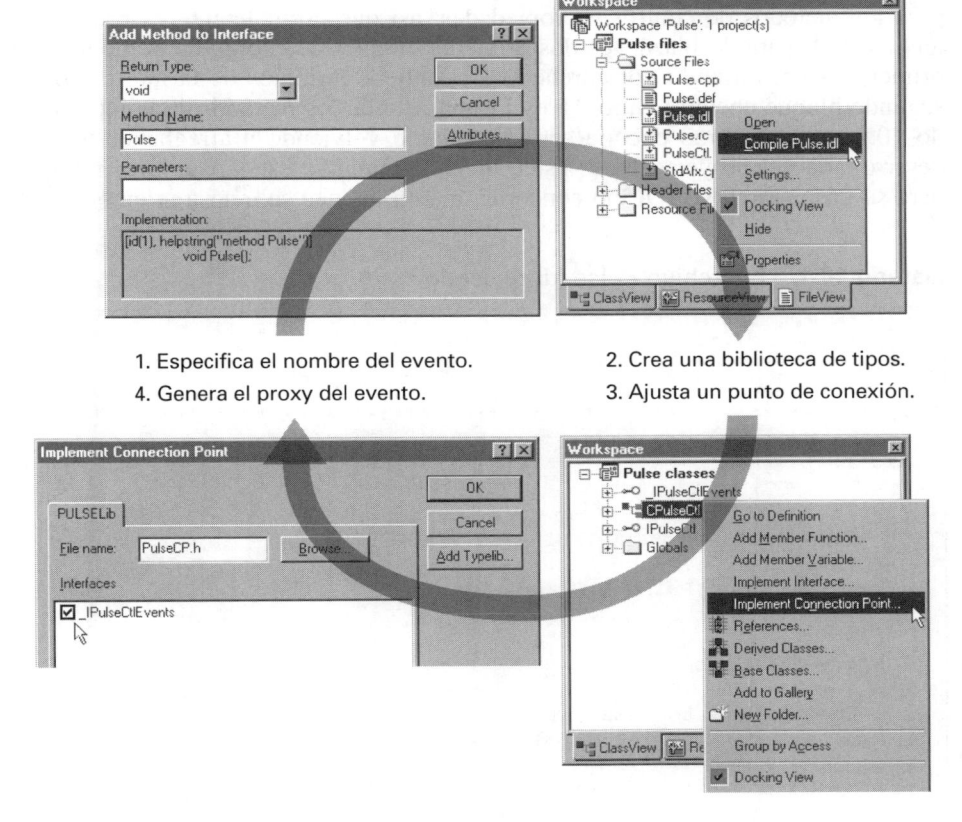

Figura 10.11. Adición de un evento al proyecto de control ActiveX ATL.

1. Haga clic en el botón derecho del ratón en la entrada _IPulseCtlEvents del panel ClassView y elija el comando Add Method desde el menú contextual. En el diálogo Add Method To Interface, seleccione un tipo de vuelta **void**, nombre la función del evento como *Pulse* y haga clic en OK para cerrar el diálogo.
2. Muestre el panel FileView en la ventana Workspace, haga clic en el botón del ratón en la entrada Pulse.idl y elija el comando Compile Pulse.idl. Esto lanza el compilador MIDL, que produce el archivo de biblioteca de tipo Pulse.tlb y lo añade al proyecto.
3. Cuando el compilador MIDL termina, vuelva a cambiarse al panel ClassView y haga clic en el botón derecho del ratón en la entrada *CPulseCtl*. Elija el comando Implement Connection Point del menú para mostrar un diálogo del mismo nombre.
4. Ajuste el cuadro de comprobación etiquetado _IPulseCtlEvents y haga clic en OK para cerrar el diálogo.

La mitad inferior del archivo IDL del proyecto enumera un bloque **library** titulado PULSELib, que describe el nuevo evento *Pulse* para el compilador MIDL. Algunas aplicaciones de contenedor sólo leen el bloque **library** cuando buscan una biblioteca de tipo para los métodos de control y propiedades, así que normalmente es prudente editar el archivo IDL para desplazar los dos primeros bloques de código en el bloque **library**. El primer bloque, formado por corchetes [], contiene atributos de la interfaz *IPulseCtl*; el segundo bloque encierra entre llaves { } una lista de los métodos de la interfaz. El Listado 10.1 muestra cómo debería ser el resultado volviendo a arreglar el código. Si está desarrollando el proyecto Pulse usted mismo siguiendo estos pasos, los números GUID para su propio archivo IDL no concordarán con los que se muestran en el listado.

Listado 10.1. El archivo Pulse.idl revisado

```
import "oaidl.idl";
import "ocidl.idl";

// ***************************************************************
// Los primeros dos bloques se han desplazado desde aquí...
// ***************************************************************

[
    uuid(3B365F9D-C3AE-11D1-BEC9-E0F4E352507A),
    version(1.0),
    helpstring("Pulse 1.0 Type Library")
]

library PULSELib
{
    importlib("stdole32.tlb");
    importlib("stdole2.tlb");

    // ***************************************************************
    // ...hasta aquí:
```

```
[
    object,
    uuid(3B365FA9-C3AE-11D1-BEC9-E0F4E352507A),
    dual,
    helpstring("IPulseCtl Interface"),
    pointer_default(unique)
]
interface IPulseCtl : IDispatch
{
    [propget, id(1), helpstring("property nInterval")] HRESULT
                        nInterval([out, retval] long *pVal);
    [id(2), helpstring("method StartPulse")] HRESULT
                                    StartPulse(long nRate);
    [id(3), helpstring("method EndPulse")] HRESULT EndPulse();
    [id(4), helpstring("method _OnTimer")] HRESULT _OnTimer();
};
// *************************************************************
[
    uuid(3B365FAA-C3AE-11D1-BEC9-E0F4E352507A),
    helpstring("_IPulseCtlEvents Interface")
]
dispinterface _IPulseCtlEvents
{
    properties:
    methods:
    [id(1), helpstring("method Pulse")] void Pulse();
};
[
    uuid(8C9BABDD-BCE5-11D1-BEC9-D43CA8CB2F51),
    helpstring("PulseCtl Class")
]
coclass PulseCtl
{
    [default] interface IPulseCtl;
    [default, source] dispinterface _IPulseCtlEvents;
};
};
```

La directiva **importlib** aporta información de tipo precompilado desde las bibliotecas de tipo OLE StdOle32.tlb y StdOle2.tlb, que se ubican normalmente en el directorio Windows System o System32. Aunque no es necesario, el nombre de interfaz *_IPulseCtlEvents* empieza con subrayado. Esta convención sirve como una notificación que indica a los exploradores de interfaz que la interfaz _IPulseCtlEvents es privada para el control, y que el explorador no debería visualizar la interfaz al usuario. Sin embargo, no todos los exploradores cumplen los estándares de convención. Las líneas

```
[default] interface IPulseCtl;
[default, source] dispinterface _IPulseCtlEvents;
```

identifican *IPulseCtl* como la interfaz de lanzamiento predeterminada de control, e *_IPulseCtlEvents* como la interfaz fuente predeterminada de control, a través de la cual el contenedor recibe la notificación de evento. El atributo **source** le indica al compilador

MIDL que se espera que el contenedor, no el control, proporcione una implementación *IDispatch* para *_IPulseCtlEvents*. El control es la fuente de invocaciones en la interfaz *_IPulseCtlEvents*, y el evento de contenedor *IDispatch* es el evento sink.

Una sola línea identifica el evento de control por su nombre interno, y asocia el evento con un valor de identificador de lanzamiento único especificado por la contraseña **id**:

```
[id(1), helpstring("method Pulse")] void Pulse();
```

El control no invoca la función *Pulse* directamente para disparar eventos, pero en su lugar invoca una función de ajuste llamada *Fire_Pulse* que añade ATL al proyecto. La función que ajusta, llamada un proxy, a su vez invoca el método *IDispatch::Invoke* del contenedor, proporcionando el número de identificador de lanzamiento para identificar el evento que se está disparando. Así es como una función proxy obtiene su nombre. La función *Fire_Pulse* actúa como un sustituto o como un proxy para la función de manejador de eventos de contenedor, sirviendo como lugar para que el control invoque cuando dispare un evento sin tener que preocuparse de los detalles de cómo le llega la invocación en última instancia al cliente. Las funciones proxy son miembros de una clase proxy única que sirve como una de las clases base de la cuales deriva *CPulseCtl*, permitiendo que el control lance su evento en cualquier parte dentro de su implementación *CPulseCtl*. El papel de la clase proxy es diferente del de un objeto proxy que COM ajusta para clasificar invocaciones entre hilos. Tanto los objetos de clase como los de clasificación reciben a menudo el nombre de «proxy» para abreviar, así que algunas veces es fácil confundirlos. Pero no son la misma cosa.

En la ejecución del comando Implement Connection Point, hemos añadido al proyecto una implementación de la interfaz *IConnectionPoint*, a través de la que el contenedor determina qué conexión apunta los soportes de ActiveX. El comando examina el archivo de biblioteca de tipo de control desde el que extrae los nombres de interfaz *_IPulseCtlEvents* y *IPulseCtl* para crear la clase proxy. Un control ActiveX normalmente incluye su biblioteca de tipo como información de recurso contenida en el archivo ejecutable de control, permitiendo que exploradores como ClassWizard accedan a la información. Sin embargo, durante el estadio de desarrollo del control, la biblioteca de tipo existe como un archivo separado con una extensión TLB.

La plantilla *IConnectionPointImp* de ATL define una base para la nueva clase de proxy *CProxy_IPulseEvents*. El código para esta clase, que reside en el archivo Pulse.CP.h, contiene el único proxy de evento de Pulse como función de miembro:

```
template <class T>
class CProxy_IPulseCtlEvents : public IConnectionPointImpl<T,
                              &DIID__IPulseCtlEvents,
                              CComDynamicUnkArray>
{
    //Se avisa que esta clase puede ser creada de nuevo por un asistente.
public:
    VOID Fire_Pulse()
    {
        T* pT = static_cast<T*>(this);
        int nConnectionIndex;
        int nConnections = m_vec.GetSize();
```

```
            for (nConnectionIndex = 0; nConnectionIndex < nConnections;
                  nConnectionIndex++)
            {
                pT->Lock();
                CComPtr<IUnknown> sp = m_vec.GetAt(nConnectionIndex);
                pT->Unlock();
                IDispatch* pDispatch = reinterpret_cast<IDispatch*>(sp.p);
                if (pDispatch != NULL)
                {
                    DISPPARAMS disp = { NULL, NULL, 0, 0 };
                    pDispatch->Invoke(0x1, IID_NULL, LOCALE_USER_DEFAULT,
                              DISPATCH_METHOD, &disp, NULL, NULL, NULL);
                }
            }
        }
    };
```

Tenga en cuenta que la función proxy *Fire_Pulse* es de tipo **void**. Los eventos, al contrario que los métodos, nunca devuelven un valor.

A través de su clase base, *CProxy_IPulseCtlEvents* implementa el punto de conexión para la interfaz identificada por el segundo parámetro de plantilla. En nuestro caso, la interfaz es *_IPulseCtlEvents* y su identificador de interfaz de lanzamiento es DIID__IPulseCtlEvents, definida en el archivo Pulse_i.c. El parámetro de la tercera plantilla especifica una clase ATL que maneja las conexiones. La clase *CComDynamicUnkArray* permite un número ilimitado de conexiones; la clase alternativa *CComUnkArray* sólo permite un número fijo de conexiones.

Paso 6: Añadir la clase CTimer

Pulse podría capturar simplemente los mensajes WM_TIMER para activar su disparo de eventos, pero eso requeriría la creación de una ventana para recibir los mensajes. Una ventana implica un gran esfuerzo en recursos de sistema, necesitando mucho tiempo para iniciarse y desactivarse, y un control Active X aerodinámico como Pulse debería evitar la creación de ventanas siempre que fuera posible. Afortunadamente, el proyecto de ejemplo AtlButton incluido con Visual C++ contiene una clase segura *CTimer* de hilo único que hace justo lo que necesitamos. Como el código no se genera por un asistente ATL, aparece en su totalidad como Listado 10.2.

Listado 10.2. El archivo Timer.h

```
// Timer.h : Declaración de la clase CTimer (tomado prestado del
//           archivo Samples\VC98\ATL\AtlButto\AtlButto.h)

template <class Derived, class T, const IID* piid>
class CTimer
{
```

(Continúa)

Listado 10.2. (*Continuación*)

```cpp
public:
    CTimer() { m_bTimerOn = FALSE; } // El cronómetro está desactivado

    HRESULT TimerOn( DWORD dwTimerInterval ) // Activar el cronómetro
    {
        Derived* pDerived = ((Derived*) this);
        m_dwTimerInterval = dwTimerInterval;
        if (m_bTimerOn) // Si todavía está activo, cambie la pausa
            return S_OK;

        m_bTimerOn        = TRUE;
        m_dwTimerInterval = dwTimerInterval;
        m_pStream         = NULL;

        HRESULT hRes = CoMarshalInterThreadInterfaceInStream(
                  *piid, (T*)pDerived, &m_pStream );

        // Crea el hilo y pasa el proc hilo este ptr
        m_hThread = CreateThread(NULL, 0, &_Apartment,
                  (PVOID) this, 0, &m_dwThreadID);
        return S_OK;
    }

    void TimerOff()           // Desactiva el cronómetro
    {
        if (m_bTimerOn)
        {
            m_bTimerOn = FALSE;
            AtlWaitWithMessageLoop( m_hThread );
        }
    }

// Implementación
private:
    static DWORD WINAPI _Apartment( PVOID pv )
    {
        CTimer<Derived, T, piid>* pThis = (CTimer<Derived, T, piid>*) pv;
        pThis->Apartment();
        return 0;
    }

    DWORD Apartment()
    {
        CoInitialize(NULL);
        HRESULT hRes;
        m_spT.Release();

        if (m_pStream)
            hRes = CoGetInterfaceAndReleaseStream(
                    m_pStream, *piid, (PVOID*) &m_spT );

        // Bucle principal del cronómetro que invoca periódicamente
        // a _OnTimer
        while(m_bTimerOn)
        {
            Sleep( m_dwTimerInterval );
```

```
                    if (!m_bTimerOn)
                        break;
                    m_spT->_OnTimer();
            }

            m_spT.Release();        // Cuando se ajusta la función TimerOff
            CoUninitialize();       // m_bTimerOn = FALSE, elimina el registro
            return 0;               // y sale
        }
    public:
        DWORD           m_dwTimerInterval;
        BOOL            m_bTimerOn;

    private:
        HANDLE          m_hThread;
        DWORD           m_dwThreadID;
        LPSTREAM        m_pStream;
        CComPtr<T>      m_spT;
    };
```

Un rápido vistazo a través del listado muestra *CTimer* dando varios pasos para los que las razones pueden no ser inmediatamente aparentes. La clase arma el cronómetro a través de su función *TimerOn,* que crea un nuevo hilo que invoca la función *Sleep* para la duración solicitada. Cuando el hilo se despierta, invoca el método *_OnTimer* que añadimos en el paso 4 para anunciar que el intervalo había transcurrido. El hilo vuelve a continuación al estado de reposo otra vez, un proceso que se repite continuamente en un bucle hasta que se invoque la función *TimerOff.* La clase es interesante, porque lleva a cabo su propia clasificación por los hilos, asegurando que la función *_OnTimer* recibe la invocación no en el hilo nuevo, sino en el hilo original que inició el cronómetro. En nuestro caso es el hilo principal del control Pulse, desde donde *_OnTimer* puede disparar con seguridad el evento *Pulse.* Volver a clasificar el hilo principal es un paso necesario para un control de hilos de apartamento como Pulse, porque las reglas de COM dictan que un objeto debe disparar sus eventos dentro del apartamento de cliente, es decir, en el mismo hilo de cliente STA que instanció el objeto.

Si está creando Pulse como un proyecto nuevo, simplemente copie el archivo Timer.h desde el CD que acompaña a su propia carpeta de proyecto. El archivo es una cabecera, así que no hay necesidad de añadirla al proyecto utilizando el comando Add To Project.

Paso 7: Editar el archivo PulseCtl.h

El proyecto volvió a empezar en el paso 2 con la selección del tipo de objeto disponible más simple desde el ATL Object Wizard, que ajustó la clase *CPulseCtl* para heredar sólo las tres clases base y dos interfaces. Un control ActiveX real debe implementar más interfaces que éstas, así que en este paso expandiremos la lista de herencia de clase para incluir interfaces adicionales que los contenedores típicos esperan que un control implemente.

384 MICROSOFT VISUAL C++ 6.0. MANUAL DEL PROGRAMADOR

Abra el archivo PulseCtl.h en el editor de texto y añada las dos sentencias **#include** que se muestran aquí en gris, una para la clase *CTimer* que creamos en el paso anterior y la otra para aportar implementaciones de interfaz adicionales que el proyecto requiere:

```
#include "resource.h"      //símbolos principales
#include "PulseCP.h"
#include "timer.h"
#include <atlctl.h>
```

A continuación, añada las siguientes líneas a la lista de herencia *CPulseCtl*. El orden real de las líneas no tiene importancia, pero tenga en cuenta que todas las entradas en la lista, excepto la última, terminan con una coma:

```
class ATL_NO_VTABLE CPulseCtl :
    public CComObjectRootEx<CComSingleThreadModel>,
    public CComCoClass<CPulseCtl, &CLSID_PulseCtl>,
    public IConnectionPointContainerImpl<CPulseCtl>,
    public IDispatchImpl<IPulseCtl, &IID_IPulseCtl, &LIBID_PULSELib>,
    public CTimer<CPulseCtl, IPulseCtl, &IID_IPulseCtl>,
    public IObjectWithSiteImpl<CPulseCtl>,
    public CComControl<CPulseCtl>,
    public IPersistStreamInitImpl<CPulseCtl>,
    public IOleControlImpl<CPulseCtl>,
    public IOleObjectImpl<CPulseCtl>,
    public IViewObjectExImpl<CPulseCtl>,
    public IOleInPlaceObjectWindowlessImpl<CPulseCtl>,
    public IPersistStorageImpl<CPulseCtl>,
    public IProvideClassInfo2Impl<&CLSID_PulseCtl,
                    &DIID__IPulseCtlEvents, &LIBID_PULSELib>,
    public CProxy_IPulseCtlEvents< CPulseCtl >
{
```

Aunque el control Pulse sea invisible en lugar de sin ventana, la clase *CPulseCtl* debe de todos modos derivar de *IOleInPlaceObjectWindowlessImpl* (recuerde del Capítulo 9 que los controles sin ventana se basan en el cliente para los servicios de visualización). Esto es un ejemplo de cómo ATL no se optimiza para los controles invisibles como Pulse. En lugar de ofrecer una implementación separada de la interfaz *IOleInPlaceObject* que nuestro control necesita, ATL proporciona sólo *IOleInPlaceObjectWindowless,* que es una extensión de *IOleInPlaceObjec* que añade soporte para los mensajes de ventana y las operaciones de arrastrar y desplegar. Pulse no requiere métodos extras, pero debe incluirlos, sin embargo, para obtener la implementación de *IOleInPlaceObject*.

Siguiendo la lista de herencia de clase, añada una propiedad para la función miembro de *FinalRelease,* que invoca *CComObject* de ATL cuando carga el control Pulse:

```
public:
    HRESULT FinalRelease();
    CPulseCtl()
    {
    }
```

Tenga en cuenta que *CPulseCtl* no declara un destructor de clase. Esto es porque los destructores no son virtuales en las clases base de ATL desde las que deriva *CPulseCtl*, así que la clase no puede presuponer con certeza que se invoque su destructor alguna vez. En su lugar una clase de control ActiveX que utilice ATL debería llevar a cabo cualquier tarea necesaria de limpieza en la función *FinalRelease,* que se invoca justo antes de que se destruya la instancia del objeto. Su corolario es la función *FinalConstruct*, para la que un control debería confinar sus tareas de inicialización. Un segundo proyecto más adelante en este capítulo muestra *FinalConstruct*.

Para hacer concordar las plantillas de interfaz colocadas en la lista de herencia *CPulseCtl*, debemos añadir las entradas correspondientes al mapa COM de clase que se muestra a continuación:

```
BEGIN_COM_MAP(CPulseCtl)
    COM_INTERFACE_ENTRY_IMPL(IConnectionPointContainer)
    COM_INTERFACE_ENTRY(IPulseCtl)
    COM_INTERFACE_ENTRY(IDispatch)
    COM_INTERFACE_ENTRY(IConnectionPointContainer)
    COM_INTERFACE_ENTRY(IObjectWithSite)
    COM_INTERFACE_ENTRY(IViewObjectEx)
    COM_INTERFACE_ENTRY(IViewObject2)
    COM_INTERFACE_ENTRY(IViewObject)
    COM_INTERFACE_ENTRY(IOleInPlaceObjectWindowless)
    COM_INTERFACE_ENTRY(IOleInPlaceObject)
    COM_INTERFACE_ENTRY2(IOleWindow, IOleInPlaceObjectWindowless)
    COM_INTERFACE_ENTRY(IOleControl)
    COM_INTERFACE_ENTRY(IOleObject)
    COM_INTERFACE_ENTRY(IPersistStreamInit)
    COM_INTERFACE_ENTRY2(IPersist, IPersistStreamInit)
    COM_INTERFACE_ENTRY(IPersistStorage)
    COM_INTERFACE_ENTRY(IProvideClassInfo)
    COM_INTERFACE_ENTRY(IProvideClassInfo2)
END_COM_MAP()
```

IProvideClassInfo2 es nuevo en las interfaces OLE, sustituye al antiguo *IProvideClassInfo*. Algunos contenedores no reconocen *IProvideClassInfo2*, así que el mapa incluye una entrada para *IProvideClassInfo*. Como *IProvideClassInfo2* delega en la interfaz más antigua, la adición no incrementa el tamaño de código Pulse. *IProvideClassInfo* e *IProvideClass2* soportan el disparado de evento de Pulse. Ambas interfaces proporcionan el método *GetClassInfo,* que proporciona la información de tipo que pertenece al objeto de clase de componente *PulseCtl*. La información de tipo, que viene de la biblioteca de tipo de control, le indica al cliente cómo instalar su función de manejador para el evento Pulse.

Además de formar el centro de Uniform Data Transfer, la interfaz *IDataObject* proporciona los medios para las notificaciones de cambio de datos para el cliente. Un cliente que implementa la interfaz *IAdviseSink* invoca el método *IDataObject::Advise* del control para empezar a recibir notificaciones cuando se alteran los datos de control. Esto no se aplica a Pulse, y el control puede operar normalmente sin soportar *IDataObject*. Sin embargo, algunos clientes, como por ejemplo la utilidad Test Container, necesitan que la interfaz ajuste la conexión de consejo.

Asegúrese de que el mapa COM incluye una entrada para *IConnectionPointContainer*:

```
COM_INTERFACE_ENTRY(IConnectionPointContainer)
```

Si no seleccionó la opción Support Connection Points en Object Wizard en el paso 2, teclee la entrada en el mapa COM y añada *IConnectionPointContainerImpl* para la lista de herencia de clase. Un contenedor consulta el objeto a través de su interfaz *IConnection-PointContainer* para aprender qué interfaces sociables soporta el objeto, que en nuestro caso es la interfaz de evento *_IPulseCtlEvents*. La conexión y desconexión del **sink event** de contenedor hacia y desde el objeto tiene lugar a través de la interfaz *IConnectionPoint*. El mapa COM no requiere una entrada separada para *Iconnection Point* porque *Iconnection Point* proporciona el método *FindConnectionPoint*, que devuelve un puntero a la implementación de ATL de *IConnectionPoint* que representa *_IPulseCtlEvents*. La Figura 10.12 ilustra los pasos en los que un contenedor conecta su evento sink a una función de evento Pulse.

FindConnectionPoint y su método hermano *EnumConnectionPoints* leen una matriz conocida como el mapa de punto de conexión, que contiene una lista de los identificadores de interfaz para cada punto de conexión que el control ofrece. Pulse soporta sólo un punto de conexión para *_IPulseCtlEvents,* especificado en el mapa de punto de conexión que sigue al mapa COM:

```
BEGIN_CONNECTION_POINT_MAP( CPulseCtl )
    CONNECTION_POINT_ENTRY( DIID__IPulseCtlEvents )
END_CONNECTION_POINT_MAP()
```

Debajo del mapa de punto de conexión, añada el mapa de propiedad que se muestra a continuación. El mapa está vacío porque Pulse no soporta una hoja de propiedad, pero algunas implementaciones de interfaz que hemos añadido a la clase *CPulseCtl* esperan que el mapa exista:

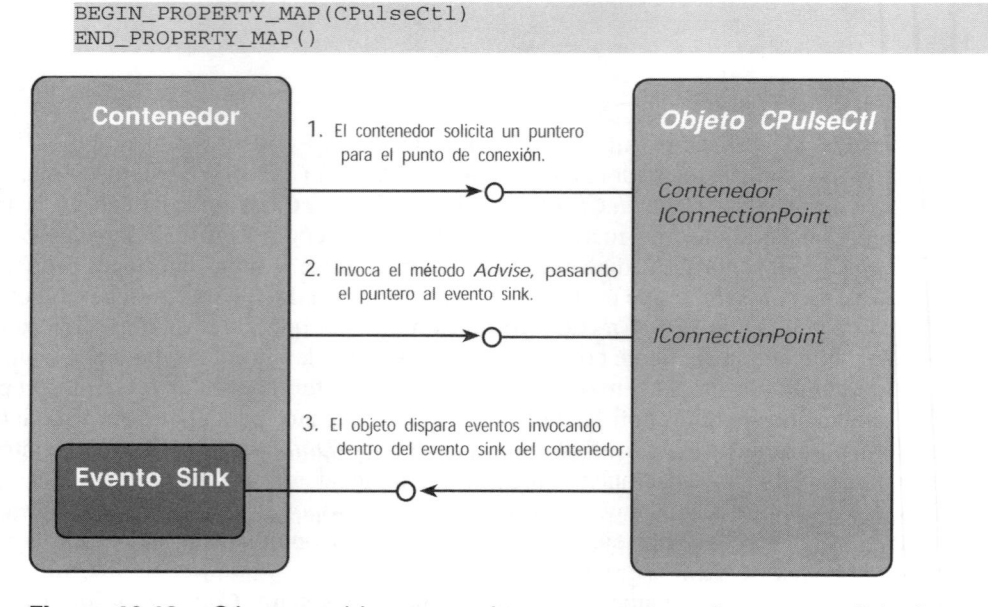

```
BEGIN_PROPERTY_MAP(CPulseCtl)
END_PROPERTY_MAP()
```

Figura 10.12. Cómo establece conexiones un contenedor para recibir disparos de eventos.

Paso 8: Editar el archivo PulseCtl.cpp

Añada las instrucciones que se muestran en gris para completar las funciones matriz en el archivo PulseCtl.cpp:

```cpp
////////////////////////////////////////////////////////////////
// CPulseCtl

#define    MIN_RATE    10       // Mínimo rango de disparo

STDMETHODIMP CPulseCtl::get_nInterval( long *pVal )
{
    *pVal = m_dwTimerInterval;
    return S_OK;
}

STDMETHODIMP CPulseCtl::StartPulse( long nRate )
{
    if (!m_bTimerOn)
    {
        if (nRate < MIN_RATE)           // Asegurarse de que el rango de
            nRate = MIN_RATE;           // disparo no es bajo

        TimerOn( nRate );               // Iniciar el cronómetro
        m_dwTimerInterval = nRate;
        return S_OK;
    }
    return S_FALSE;
}

STDMETHODIMP CPulseCtl::EndPulse()
{
    TimerOff();
    m_dwTimerInterval = 0;
    return S_OK;
}

STDMETHODIMP CPulseCtl::_OnTimer()
{
    Fire_Pulse();
    return S_OK;
}

HRESULT CPulseCtl::FinalRelease()
{
    return EndPulse();
}
```

El método *get_nInterval* informa al invocador del intervalo actual del cronómetro, que está almacenado en la variable de miembro *CTimer::m_dwTimerInterval*. No hay función put que concuerde, porque hemos especificado la propiedad *nInterval* como de sólo lectura en el paso 2. *StartPulse* y *EndPulse* implementan los dos métodos de control, ajustando y deteniendo el cronómetro. En el caso de que el contenedor no invoque *EndPulse* cuando se termina con el control, la función *FinalRelease* invoca *EndPulse* para asegurar que se sale correctamente del hilo trabajador del cronómetro antes de que termine el control.

Paso 9: Editar el archivo Pulse.rgs

Vimos anteriormente que el archivo RGS de proyecto contiene información de guiones que la función *DllRegisterServer* de control escribe en el sistema Registry. Al seleccionar la opción Simple Object en el paso 2 hace que el Object Wizard de ATL deje parte de información Registry necesaria por un control ActiveX normal, como por ejemplo una lista de las etiquetas OLEMISC. En el recuadro tramado de la página siguiente se explican las etiquetas en detalle, pero por ahora sólo necesitamos añadir un valor a los datos de registro de Pulse que especifique las etiquetas necesarias en la clave MiscStatus Registry. Abra el archivo Pulse.rgs en el editor de texto y añada estas líneas:

```
ForceRemove (8C9BABDD-BCE5-D43CA8CB2F51) = s 'PulseCtl Class'
{
    ProgID = s 'Pulse.PulseCtl.1'
    VersionIndependentProgID = s 'Pulse.PulseCtl'
    ForceRemove 'Programmable'
    InprocServer32 = s '%MODULE%'
    {
        val ThreadingModel = s 'Apartment'
    }
    ForceRemove 'Control'
    'MiscStatus = s '0'
    {
        '1' = s 148624'
    }
    'TypeLib' = s '{7C7E1682-C2F1-11D1-BEC9-E4F4ACA02373}'
}
```

La entrada Control anuncia Pulse como un control ActiveX incrustable. El valor MiscStatus 148.624 representa el valor combinado de las cinco etiquetas:

OLEMISC_SETCLIENTSITEFIRST, OLEMISC_INSIDEOUT, OLEMISC_CANTLINKINSIDE, OLEMISC_INVISIBLEATRUNTIME y OLEMISC_NOUIACTIVATE, todas descritas en la barra lateral.

Normalmente, ATL Object Wizard añade un mapa de bits predeterminado a un proyecto de control, pero no para tipos de objeto simples como Pulse. Si quisiera mejorar el control Pulse añadiendo un mapa de bits pequeño, aquí tiene cómo hacerlo. Hemos visto cómo algunos contenedores —el editor de diálogo de Visual C++, por ejemplo— pueden visualizar un mapa de bits en una herramienta para representar un control para el usuario. El contenedor extrae la imagen de mapa de bits desde los propios datos del control ActiveX, en los que se identifica el mensaje por la clave ToolBoxBitmap32 de control en el sistema Registry. Para insertar la clave ToolboxBitmap32, incluya esta línea junto con las otras que hemos añadido al archivo PulseCtl.rgs:

```
ForceRemove 'ToolboxBitmap32' = s '%MODULE%, 1'
```

Un mapa de bits de control es completamente opcional, pero añade un toque de profesionalidad a los controles pensados para el mercado. El tamaño del mapa de bits es de 16 por 15 píxeles, así que una imagen de color ocupa 512 bytes de la sección de datos de recurso del control. Elija el comando Resource del menú Insert, elija Bitmap y pulse ALT+INTRO para mostrar el diálogo Bitmap Properties. Cambie las dimensiones del área de trabajo a 16 por 15 y asigne al identificador de recurso el mismo identificador dado en la sentencia **ForceRemove** para la clave ToolBoxBitmap32. En nuestro caso, el valor es 1:

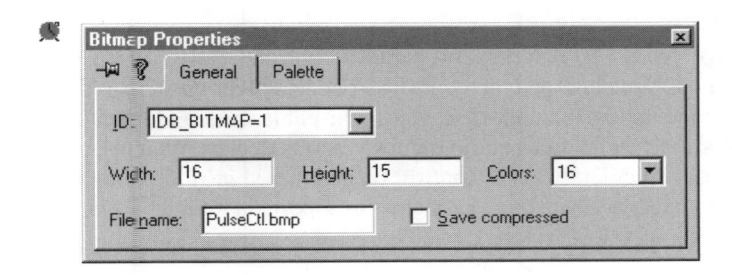

Etiquetas OLEMISC

Un control ActiveX registra un conjunto de etiquetas de bit OLEMISC almacenados como valores de 32 bits en el Registry del sistema. Las etiquetas publican información sobre un control, informando a un contenedor de las características del control, preferencias de operación y capacidades. Haciendo pública esta información en el Registry, significa que un contenedor prospectivo no es necesario que incruste primero el control para determinar sus requisitos y capacidades. Si un control necesita servicios que no puede ofrecer el contenedor, éste determina que la concordancia no es adecuada, habiendo malgastado tiempo y recursos a la hora de cargar el control.

Para determinar los ajustes de etiqueta OLEMISC de un control, un contenedor puede invocar la función *IOleObject::GetMiscStatus*. La invocación no implica que el control sea cargado, porque OLE proporciona una implementación predeterminada para la función que lee las etiquetas OLEMISC del control a partir del Registry. Como una alternativa que implique la biblioteca de tiempo de ejecución OLE, el propio contenedor puede leer las etiquetas del control directamente desde el Registry, accediendo a la carpeta \MiscStatus\1 bajo la entrada CLSID del control.

ATL Object Wizard genera un valor MiscStatus sólo en el archivo RGS para controles ActiveX, no para objetos simples como Pulse. Un control ActiveX visible normal, por ejemplo, recibe un valor MiscStatus de 131.473, que representan estas cinco etiquetas de bits OLEMISC:

(*Continúa*)

Etiquetas OLEMISC (*Continuación*)

- **OLEMISC_RECOMPOSEONRESIZE.** Indica que cuando se cambia el tamaño, el control quiere recomponer su visualización más allá de simplemente cambiar su tamaño. Por lo tanto, el contenedor debería activar el objeto cuando cambie su tamaño e invocar el método *IOleObject::SetExtent* del control con su nuevo tamaño de ventana.

- **OLEMISC_CANTLINKINSIDE.** Indica que si se copia el objeto al Portapapeles, el contenedor no debe permitir al usuario activar el objeto enlazado al Portapapeles.

- **OLEMISC_INSIDEOUT.** Necesario para los controles ActiveX. La etiqueta indica al contenedor que el objeto de control se puede activar en su sitio dentro de la ventana del contenedor, teniendo que visualizar cualesquiera elementos de la interfaz de usuario especial, tales como menús y barras de herramientas, para permitir al usuario que interactúe con el control. La activación *in situ*, también conocida como edición visual, necesita que el contenedor soporte la interfaz *IOleInPlaceSite*.

- **OLEMISC_ACTIVATEWHENVISIBLE.** Indica que el objeto desea ser activado cuando se hace visible.

- **OLEMISC_SETCLIENTSITEFIRST.** Se utiliza sólo con controles ActiveX, esta etiqueta indica que el control prefiere utilizar *IOleObject::SetClientSite* como su función de inicialización, incluso antes de una invocación a *IPersistStreamInit::InitNew* o *IPersistStorage::InitNew*, para obtener los datos de propiedad del control a partir del disco. Esto permite al control acceder a las propiedades de ambiente de un contenedor antes de cargar la información del almacenamiento persistente. Tenga en cuenta que las implementaciones actuales de *OleCreate*, *OleCreateFromData*, *OleCreateFromFile*, *OleLoad* y el manejador predeterminado no entienden este valor. Los contenedores de control que desean hacer honor a la etiqueta deben implementar actualmente sus propias versiones de estas funciones para establecer la secuencia de inicialización correcta para el control.

Un control invisible como Pulse, normalmente sustituye estas dos etiquetas por OLEMISC_ACTIVATEWHENVISIBLE:

- **OLEMISC_INVISIBLEATRUNTIME.** Informa de que el contenedor no posee interfaz de usuario y no se visualiza en la pantalla.

- **OLEMISC_NOUIACTIVATE.** Indica que el control no necesita elementos compartidos de interfaz de usuario tales como menús, y no necesita la atención de entrada para funcionar.

Si su control tiene otros requisitos de tiempo de ejecución no identificados por las etiquetas que configura Object Wizard, realice el cambio apropiado al valor MiscStatus en el archivo RGS antes de construir el proyecto. Para obtener una lista completa de las etiquetas y sus valores de bit, consulte el artículo «OLEMISC» en la ayuda en línea de Visual C++.

Paso 10: Construir y probar el control ActiveX Pulse

El paso final supervisa la finalización del proyecto Pulse y presenta unas cuantas ideas sobre cómo ejercitar el control nuevo. Primero debemos seleccionar un destino de construcción. El ATL COM AppWizard ajusta un proyecto ATL con cuatro configuraciones de lanzamiento:

Configuracion	Definiciones de preprocesador
Release MinSize	_ATL_DLL
Release MinDependency	_ATL_STATIC_REGISTRY
Unicode Release MinSize	_UNICODE, _ATL_DLL
Unicode Release MinDependency	_UNICODE, _ATL_STATIC_REGISTRY

Para los dos proyectos de control ANSI y Unicode, los destinos MinSize y MinDependency ofrecen una elección de si el control se basa en un archivo de tiempo de ejecución auxiliar para los servicios ATL o incorpora todo el código que necesita dentro de su propio archivo ejecutable. La elección está entre el archivo reducido y la dependencia de tiempo de ejecución reducida, muy parecida a un proyecto MFC para el que debe elegir si enlazar estáticamente o dinámicamente con la biblioteca MFC.

La configuración MinSize reduce el tamaño de un control enlazándolo dinámicamente a Atl.dll, un archivo de biblioteca de 54 Kb que Visual C++ instala en la carpeta Windows/System. Cuando el control se ejecuta, se invoca en Atl.dll para las funciones de servicio que el control necesita. Esta administración resulta, en uso de memoria, de lo más eficaz cuando varios controles ActiveX enlazados a Atl.dll se ejecutan juntos. En este caso, el destino MinSize también puede llevar a tiempos de carga más rápidos cuando transfiera los controles a una red o a Internet, porque el tamaño de archivo combinado de los controles está reducido, incluso teniendo en consideración la adición de Atl.dll, que también se puede transferir con los controles.

La configuración MinDependency instala el proyecto de control de modo que el compilador expanda las plantillas de clase a clases enteras, en lugar de funciones matriz, que se invocan en Atl.dll. En esta configuración, el propio control contiene el código de implementación de interfaz que necesita, como si los servicios ATL estuviesen enlazados estáticamente (esto es sólo una analogía, porque no hay archivo LIB de biblioteca estática o ATL como lo hay para MFC). El control ActiveX resultante no se basa en el archivo Atl.dll, una independencia cuyo precio es una imagen de ejecutable más grande. El destino MinDependency es mejor para los controles únicos que no se espera que operen junto con otros controles ATL. Como esta descripción se aplica a Pulse, seleccione la configuración Release MinDependency en la barra de herramientas Build:

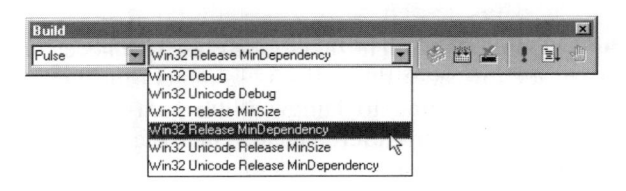

Los archivos Project instalados del CD-ROM que se acompaña abrevian los nombres de destino a MinSize y MinDep, manteniendo los nombres de carpeta a menos de ocho caracteres. Puede que prefiera nombres de destino cortos para sus propios proyectos ATL, ni más ni menos que porque ocupan menos espacio en el sistema Registry. Para modificar los nombres de destino que instala COM AppWizard, cierre temporalmente el área de trabajo y abra el archivo de proyecto DSP en el editor de texto. Utilizando el comando Replace, sustituya todas las apariciones de *Release MinDependency* y *ReleaseMinDependency* con «MinDep». Abrevie el nombre de destino MinSize a través de pasos similares. Guarde el archivo DSP y vuelva a abrir el proyecto. Debería ver los nombres de destino nuevos enumerados en la barra de herramientas Build.

Todavía no hemos hablado de las optimizaciones de la compilación —ese es el tema del Capítulo 12—, pero el optimizador de Visual C++ puede incrementar la velocidad de ejecución o reducir el tamaño de código. Lo segundo es casi siempre la mejor opción para los controles ActiveX, así que COM AppWizard preselecciona el ajuste de optimización de tamaño de código. Si no es esto lo que quiere, cambie la selección en la pestaña C++ del diálogo Project Settings. Una vez que ha seleccionado la configuración de destino, haga clic en el comando Build Pulse.dll del menú Build para compilar y enlazar el control Pulse. Si los distintos pasos de enlace y compilación finalizan con éxito, Visual C++ ejecuta servicialmente RegSvr32.exe para registrar el control y visualizar los resultados en la ventana Output:

```
Registering ActiveX Control...
RegSvr32; DllRegisterServer in, \MinDep\Pulse.ocx succeded.
```

Nota: Si su control ActiveX requiere los servicios de tiempo de ejecución de C, primero elimine la definición del preprocesador que impide la vinculación a la biblioteca de tiempo de ejecución. En la pestaña C++ del diálogo Project Settings, borre la constante _ALT_MIN_CRT en el cuadro etiquetado Preprocessor Definitions.

El documento Tumble2.htm que se da en el Listado 10.3 muestra el control nuevo. Si ha creado el control Pulse usted mismo siguiendo los pasos esquematizados aquí, tiene un identificador de clase diferente del que utilizó para el control Pulse.ocx en el CD que se acompaña. En este caso, debe actualizar la sentencia **classid** para el objeto Pulse en el documento Tumble2.htm:

```
<OBJECT
    classid="clsid:xxxxxxxx-xxxx-xxxx-xxxx-xxxxxxxxxxxx"
    id=pulse1
>
```

El archivo IDL de proyecto proporciona el identificador de clase que necesita. Simplemente copie en el Portapapeles el identificador de la última sentencia **uuid** en el archivo Pulse.idl, a continuación péguelo en el documento Tumble2.htm para actualizar el valor **classid**. Aunque Tumble2 utiliza un cronómetro diferente, su visualización animada duplica el documento Tumble original que se muestra en la página 278.

Listado 10.3. El documento Tumble2.htm

```
<HTML>
<HEAD>
<TITLE>Ejemplo 2 de texto que se balancea (Capítulo 10)</TITLE>
</HEAD>
<BODY>

<OBJECT
    classid="clsid:99B42120-6EC7-11CF-A6C7-00AA00A47DD2"
    id=label
    width=150
    height=150
>
<PARAM NAME="Angle"      value="0">
<PARAM NAME="Alignment"  value="7">
<PARAM NAME="BackStyle"  value="1">
<PARAM NAME="BackColor"  value="255">
<PARAM NAME="FontBold"   value="-1">
<PARAM NAME="Caption"    value="Click Here">
<PARAM NAME="FontName"   value="Times New Roman">
<PARAM NAME="FontSize"   value="18">
</OBJECT>

<OBJECT
    classid="clsid:8C9BABDD-BCE5-11D1-BEC9-D43CA8CB2F51"
    id=pulse1
>
</OBJECT>

<SCRIPT LANGUAGE="VBSCRIPT">
sub label_Click
    label.Caption       = "Tumbling text!"
    label.FontBold      = "0"
    label.FontUnderline = "-1"
    label.FontItalic    = "-1"
    pulse1.StartPulse( 100 )
end sub

sub pulse1_Pulse
    label.Angle = (label.Angle + 5) mod 360
end sub
</SCRIPT>
</BODY>
</HTML>
```

La utilidad Test Container también puede incrustar con éxito nuestro control nuevo, como se prueba en la Figura 10.13. Inicie Test Container, a continuación cargue el control Pulse seleccionando la herramienta New Control y haga dos veces clic en la entrada PulseCtl Class en la lista (la lista se clasifica por orden alfabético; pulsando P en el teclado se desplaza automáticamente al primer control que empiece por P). Una vez que el control esté cargado en el Test Container, haga clic en la herramienta Invoke Methods, seleccione el método *StartPulse* en el cuadro Method Name como se muestra en la Figura 10.13,

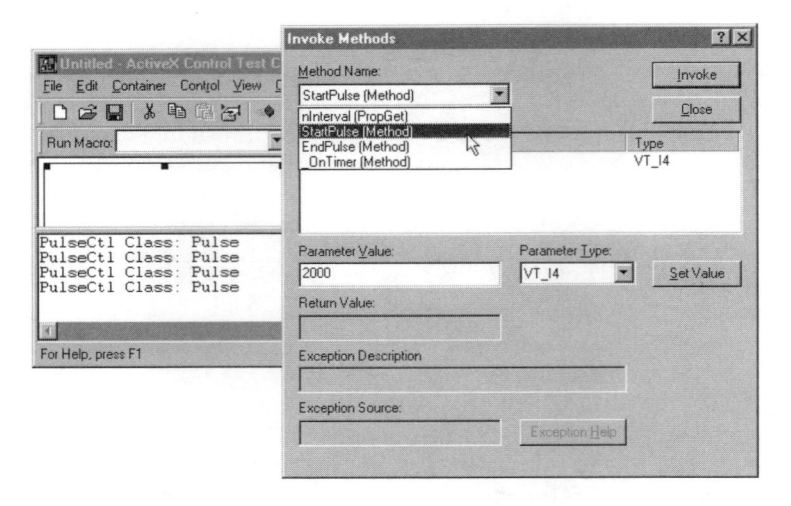

Figura 10.13. Prueba del control ActiveX Pulse en el Test Container.

ajuste el parámetro *nRate* a 2000 y haga clic en el botón Invoke. Esto hace que el control dispare su evento *Pulse* cada 2 segundos, lo que resalta el Test Container añadiendo una entrada nueva al registro de evento. Al invocar el método *EndPulse*, finaliza el disparo.

Si quisiera ver cómo Pulse.ocx puede estar incrustado en una aplicación de contenedor normal, ejecute el programa Hour2 proporcionado en el CD que se acompaña en la carpeta Codigo\Capitulo.10\Hour2. Hour2 es un duplicado del programa Hour del Capítulo 8, excepto que utiliza el control Pulse para su control de tiempo en lugar del control IETimer.

EJEMPLO 2: EL CONTROL ACTIVEX TOWERATL

El proyecto Pulse demuestra que ATL puede ayudarle a crear controles ActiveX que son más pequeños que los producidos por MFC, pero el único medio seguro de comparar ATL con MFC es escribir el mismo control utilizando ambas herramientas. Esto es lo que haremos en esta sección. Como su nombre sugiere, el control TowerATL duplica el proyecto Tower del Capítulo 9, exportando las mismas propiedades, métodos y eventos. Pero TowerATL está creado totalmente a través de los servicios de ATL y no hace uso de MFC.

TowerATL es un control ActiveX más sofisticado que Pulse, incorporando propiedades de almacenamiento, una hoja de propiedad y un cuadro About. Sin embargo, el proyecto parece más fácil de ensamblar, porque las explicaciones son más compactas y menos dedicadas al tipo de consideraciones dadas en el proyecto Pulse. Ahora que se ha apartado la mayor parte de las generalidades, este proyecto refleja con mayor precisión el tiempo y el esfuerzo necesarios para crear un control ActiveX típico utilizando ATL.

Paso 1: Crear el proyecto TowerATL

Ejecute el ATL COM AppWizard otra vez, esta vez nombrando el proyecto como *TowerATL*. Haga clic en el botón Finish para aceptar los ajustes predeterminados, haciendo de

TowerATL una biblioteca dinámica de enlace que no utiliza MFC. Cuando COM App-Wizard termine, elija New ATL Object del menú Insert para lanzar ATL Object Wizard. Seleccione Controls en la primera lista de diálogo y haga dos veces clic en el icono etiquetado Full Control. TowerATL soporta más interfaces que el control Pulse, y necesitaremos más interfaces como *IQuickActivate* y *ISpecifyPropertyPages* que la opción Full Control añade al código fuente.

Tenga en cuenta que el diálogo ATL trata una página de propiedad de control como un proyecto separado. Volveremos a Object Wizard de nuevo para añadir un objeto de página de propiedad antes de terminar el proyecto. Teclee *TowerCtl* para el nombre abreviado en la pestaña Names del diálogo Properties, aceptando los nombres predeterminados en los otros cuadros. En la pestaña Attributes, seleccione el cuadro de comprobación Support Connection Points como hicimos para el proyecto Pulse. Acepte otros ajustes predeterminados en la pestaña para activar el hilo de apartamento, interfaces duales y agregación.

La pestaña Miscellaneous contiene cambios que ajustan distintas etiquetas OLEMISC. Al seleccionar el cuadro de comprobación Acts Like Button, por ejemplo, ajusta la etiqueta OLEMISC_ACTSLIKEBUTTON, que indica al contenedor que el control responde a los clics del ratón y generalmente se comporta como un botón. El cuadro de comprobación ajusta la etiqueta OLEMISC_ACTSLIKELABEL, informando al contenedor que el control sirve como un rótulo para el control que le sigue en el orden de tabulación, es decir, el control enumerado en el guión RC del contenedor. El cuadro de comprobación The Invisible At Runtime activa la etiqueta OLEMISC_INVISIBLE-ATRUNTIME, apropiada para los controles como Pulse que permanecen invisibles incluso cuando están activados.

Sáltese la pestaña Miscellaneous para aceptar sus ajustes predeterminados y continúe hacia la pestaña Stock Properties. Al igual que la versión MFC de Tower, el control ATL de Tower contiene cuatro propiedades de almacenamiento, llamadas *BackColor*, *ForeColor*, *Caption* y *Font*. Añada estas propiedades al cuadro Supported seleccionando cada una de la lista y haciendo clic en el botón >, como se muestra en la Figura 10.14 (las propiedades *BackColor* y *ForeColor* están etiquetadas Background Color y Foreground Color en la lista). Haga clic en el botón OK para cerrar el diálogo Object Wizard de ATL.

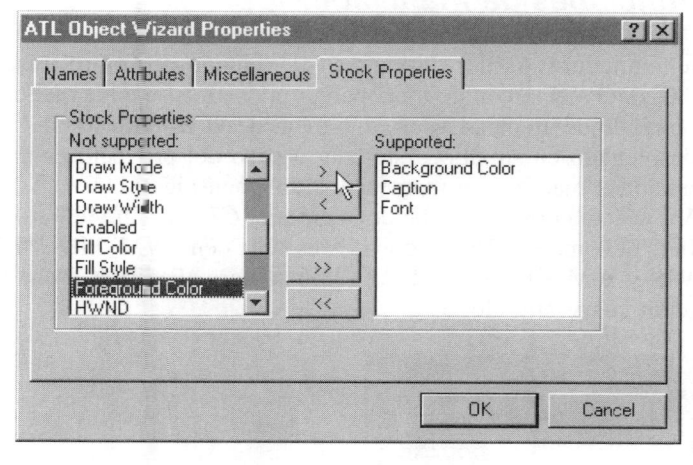

Figura 10.14. Elección de propiedades de almacenamiento en ATL Object Wizard.

Paso 2: Añadir la propiedad personalizada nCurrentBlock

Junto con sus cuatro propiedades de almacenamiento, TowerATL muestra una propiedad personalizada llamada *nCurrentBlock* que mantiene un número que identifica el bloque que se está arrastrando. Técnicamente, es la interfaz *ITowerCtl* heredada por el objeto que muestra la propiedad a través de su método *get_nCurrentBlock*. Para añadir la propiedad personalizada a la interfaz *ITowerCtl*, expanda la lista de clases de TowerATL en la ventana ClassView, haga clic en el botón derecho del ratón en la entrada *ITowerCtl* y elija el comando Add Property para invocar el diálogo Add Property To Interface. Seleccione **short** como el tipo de propiedad y teclee *nCurrentBlock* para el nombre de propiedad. Como hicimos en el Capítulo 9, haga la propiedad *nCurrentBlock* de sólo lectura para impedir que una aplicación de contenedor cambie su valor. Deseleccione el botón de radio etiquetado Put Function para indicar a Object Wizard que no genere un método put para la propiedad, y luego cierre el diálogo.

Paso 3: Añadir el método Reset

Tower ATL exporta una función de método llamada *Reset*, por la que una aplicación de contenedor indica al control que inicie el juego terminado, volviendo a apilar todos los bloques en el panel izquierdo. Haga clic en el botón derecho de la interfaz *ITowerCtl* en ClassView otra vez, elija el comando Add Method, luego teclee *Reset* como el nombre de función en el diálogo Add Method To Interface. El método no toma parámetros, así que deje el cuadro Parameters en blanco.

Haga clic en OK para destituir el diálogo Add Method, en cuyo punto Visual C++ añade código apropiado para el método en el archivo IDL de proyecto y también escribe una función matriz *Reset* en el archivo TowerCtl.cpp. Editaremos el código después de añadir funciones de manejador de mensaje y eventos al control.

Paso 4: Añadir funciones de manejador

Recuerde Add Handler Functions As del Capítulo 9, la ventana de control responde al mensaje WM_LBUTTONDOWN iniciando una operación de arrastre en la que el usuario desplaza un bloque coloreado de un panel a otro. Un mensaje WM_LBUTTONUP señala que el bloque se ha desplegado en su sitio. Este cuarto paso del proyecto es muy fácil, simplemente añada funciones matriz para manejar los dos mensajes.

En el panel ClassView, haga dos veces clic en la entrada *CTowerCtl* y elija Add Window Message Handler del menú. Haga dos veces clic en WM_MOUSEMOVE, WM_LBUTTONDOWN y WM_LBUTTONUP en la lista para añadirlos al cuadro de la derecha, y a continuación cierre el diálogo:

Paso 5: Añadir eventos

Igual que el control original Tower, TowerATL dispara cinco eventos, llamados *Click*, *FromPanel*, *ToPanel*, *Error* y *Winner*, que mantienen colectivamente al contenedor informado sobre qué está pasando en el control. La adición de eventos al proyecto implica los mismos pasos que seguimos para el control Pulse:

1. Haga clic en el botón derecho del ratón en la entrada *_ITowerCtlEvents* en el panel ClassView y elija el comando Add Methods del menú contextual, seleccione a continuación el tipo de retorno **void** e introduzca un nombre de función en el diálogo. Repita lo mismo para cada una de las funciones de evento. Sólo *FromPanel* y *ToPanel* toman parámetros, llamados *nFromPanel* y *nToPanel*, respectivamente, ambos del tipo **short**:

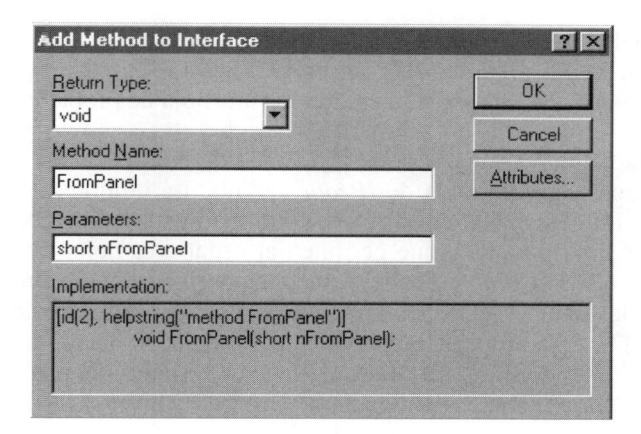

```
Add Method to Interface
Return Type:
  void
Method Name:
  FromPanel
Parameters:
  short nFromPanel
Implementation:
  [id(2), helpstring("method FromPanel")]
          void FromPanel(short nFromPanel);
```

2. Muestre el panel FileView en la ventana Workspace, haga clic en el botón derecho del ratón en la entrada de TowerATL.idl, y elija el comando Compile para crear el archivo de biblioteca de tipo del proyecto. Ignore los mensajes de advertencia del compilador MIDL que afirman que «la interfaz no se ajusta al atributo [oleautomation]». Las advertencias nacen de la creencia del compilador de que el parámetro *pFont*, un puntero para una interfaz *IfontDisp,* no es un tipo compatible de Automation. Pero como *IFontDisp* deriva de *IDispatch,* una interfaz de Automation válida, las advertencias no son correctas.
3. En el panel ClassView, haga clic en el botón derecho del ratón en *CTowerCtl* y elija el comando Implement Connection Point del menú.
4. Instale el cuadro de comprobación etiquetado *_ITowerCtlEvents* y haga clic en OK para cerrar el diálogo.

Puede que no lo parezca, pero los pasos que estamos dando aquí en la adición de eventos para el proyecto son muy parecidos a los que dimos en el capítulo anterior, cuando utilizamos MFC para desarrollar el control Tower. Entre bastidores, ControlWizard del Capítulo 9 creó un archivo ODL (similar a IDL) que contiene estas instrucciones:

```
//{{AFX_ODL_EVENT(CTowerCtrl)
[id(DISPID_CLICK)] void Click();
[id(1)] void FromPanel(short nPanel);
[id(2)] void ToPanel(short nPanel);
[id(DISPID_ERROREVENT)] void Error();
[id(3)] void Winner();
//}}AFX_ODL_EVENT
```

A partir de esta información, ClassWizard genera funciones proxy tales como *FireClick* y *FireWinner*, que invocan la función *COleControl::FireEvent* de MFC. *FireEvent*, a su vez, invoca el método *IDispatch::Invoke* del contenedor, exactamente igual que las funciones proxy que genera ATL.

Paso 6: Añadir una hoja de propiedades

El control Tower del Capítulo 9 proporciona una hoja de propiedades para permitir el cambio de la captura, fuente y colores del control. La Figura 9.13 (pág. 339) muestra cómo es la hoja de propiedades. En esta sección crearemos una hoja de propiedades muy similares para TowerATL.

ATL ajusta cada página de una hoja de propiedad de control como objeto separado, implementado por una clase derivada de *IPropertyPage*. La biblioteca Msstkprp.dll del sistema proporciona implementaciones de clase predeterminadas para dos páginas de propiedades etiquetadas Font y Colors, que permiten al usuario cambiar las propiedades de almacenamiento *Font*, *BackColor* y *ForeColor*. Estas propiedades de almacenamiento, a su vez, determinan la fuente y el color del título visualizado en la parte superior de la ventana de TowerATL. Para proporcionar acceso a la propiedad de almacenamiento *Caption*, que contiene el texto del título del control, debemos añadir una página de propiedad más, etiquetándola *Caption*, como hicimos para el control Tower. La adición de páginas de propiedad a un control requiere los servicios Object Wizard de ATL otra vez, ejecutándolos una vez para cada página que desee añadir. Para añadir la página nueva *Caption* de TowerATL, seleccione Controls en el cuadro izquierdo de Object Wizard y haga dos veces clic en el icono Property Page:

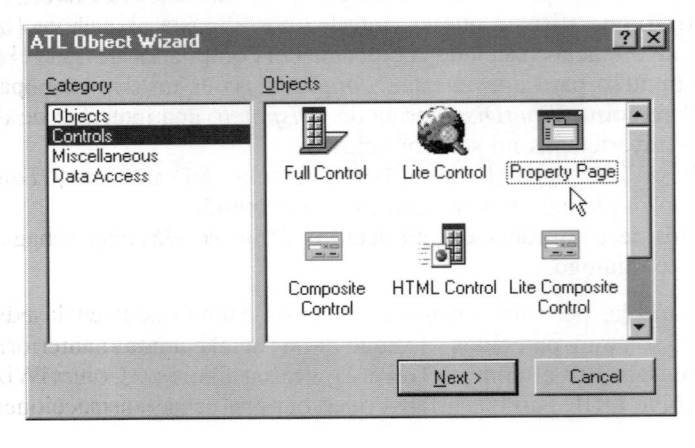

ESCRITURA DE CONTROLES ACTIVEX UTILIZANDO ATL 399

Cuando aparece el diálogo Object Wizard Properties de ATL, teclee *TowerPPG* para el nombre corto del objeto:

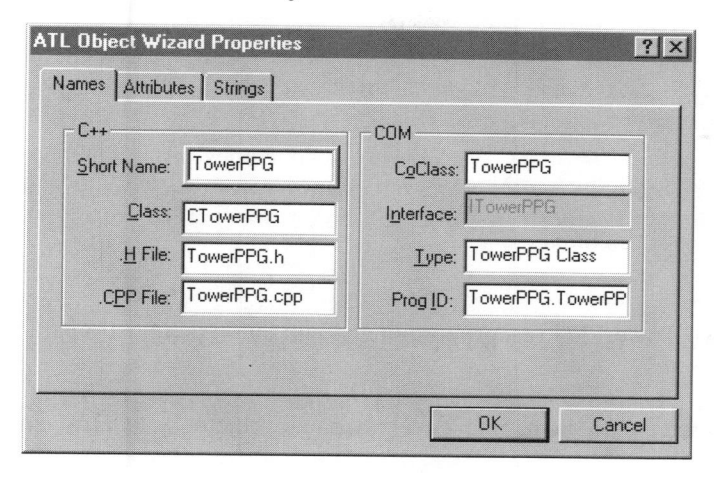

Como antes, el asistente rellena servicialmente los cuadros con nombres sugeridos. El cuadro Interface está en gris porque el objeto de página de propiedad no necesita una interfaz personalizada. Acepte los ajustes predeterminados en la pestaña Atributes y muestre la pestaña Strings. Teclee *&Caption* para el título de página y *Caption property* en el cuadro etiquetado Doc String. TowerATL no proporciona un archivo de ayuda, así que borre el texto en el cuadro de edición tercero para dejarlo en blanco.

Object Wizard escribe la cadena de título y documento en el archivo RC de proyecto, donde forman parte de los datos de recurso de la cadena de control. El título especifica la etiqueta que aparece en la pestaña de la nueva página de propiedad. La cadena de documento está pensada para servir como texto de herramienta de consejo de pestaña, describiendo el propósito de una página cuando el cursor del ratón se detiene sobre la pestaña, pero la cadena casi siempre queda sin utilizar y no aparece como herramienta de consejo ni ninguna otra cosa. Esto es porque la función *OleCreatePropertyFrame* de tiempo de ejecución de OLE responsable de la creación de la ventana de hoja de propiedad, conocida como marco de propiedad en el lenguaje OLE, no soporta herramientas de consejos de soporte.

Haga clic en el botón OK para hacer desaparecer el diálogo, entonces Object Wizard hace estas adiciones al proyecto:

- Añade los archivos TowerPPG.cpp y TowerPPG.h para implementar la nueva clase *CTowerPPG*.

- Escribe recursos de cadena para el título y el texto de consejo de herramienta en TowerATL.rc:

```
IDS_TITLETowerPPG        "&Caption"
IDS_DOCSTRINGTowerPPG    "Caption property"
```

e inserta definiciones de identificador en el archivo Resource.h.

- Agrega un identificador y entrada **coclass** en el archivo TowerATL.idl para la nueva página de propiedad:

```
[
    uuid(05D2BAA4-C471-11D1-BEC9-FB1AF66FCC79),
    helpstring("TowerPPG Class"
]
coclass TowerPPG
{
    interface IUnknown;
};
```

- Añade el archivo TowerPPG.rgs, proporcionando un guión de registro para el objeto nuevo.

- Inserta una entrada para la página en el mapa de objeto de control en TowerATL.cpp:

```
BEGIN_OBJECT_MAP(ObjectMap)
       ⋮
    OBJECT_ENTRY(CLSID_TowerPPG, CTowerPPG)
END_OBJECT_MAP()
```

El editor de diálogo aparece automáticamente cuando termina Object Wizard, preparado para que diseñe la nueva página de propiedades. Utilizando las herramientas de control estáticas y de edición, edite el diálogo de modo que aparezca como algo así:

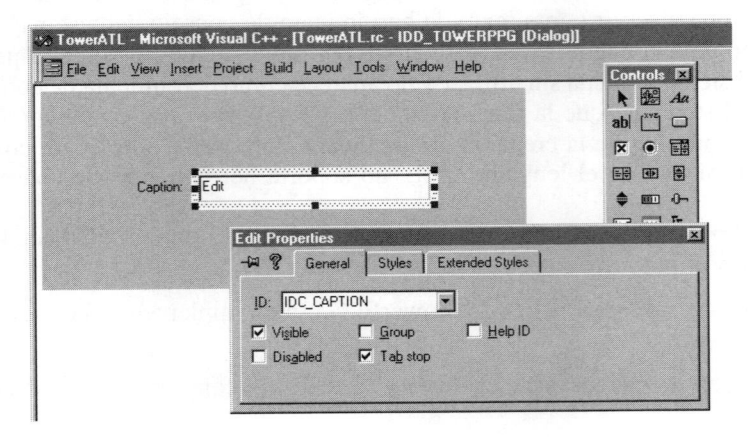

La composición precisa de su propia página de propiedades no es importante, pero asigne al cuadro de edición un identificador de IDC_CAPTION como se muestra en la imagen (para invocar al diálogo Properties, seleccione el cuadro de edición y haga clic en Properties en el menú Edit). Guarde su trabajo y cierre el editor de diálogo.

El control TowerATL está casi terminado en este punto. El único trabajo significativo que queda implica adición de código a los archivos esqueletos fuente que ATL ha generado. Esto es lo que sigue.

Paso 7: Editar el archivo TowerPPG.h

El archivo TowerPPG.h contiene código para la clase *CTowerPPG* que maneja el objeto de página de propiedad *Caption* de control. Sólo necesitamos añadir instrucciones a la clase que monitoriza el cuadro de edición de la página e invoca el método *put_Caption* siempre que el usuario introduce una cadena *Caption* nueva. Haga clic en la clase *TowerPPG* en el panel ClassView y elija el comando Add Windows Message Handler. Cuando aparece el diálogo New Windows Message, seleccione IDC_CAPTION en el cuadro pequeño etiquetado Class Or Object To Handle y haga dos veces clic en EN_CHANGE en la lista. Acepte el nombre de función sugerido de *OnChangeCaption* y cierre el diálogo New Windows Message.

La función *OnChangeCaption* se ejecuta siempre que el usuario teclee en el cuadro de edición de la página de propiedad que añadimos en el paso precedente, señalando de este modo un intento de modificar la propiedad *Caption*. La función simplemente activa el botón Apply de diálogo pasando un valor de TRUE a la función miembro *SetDirty*. Haciendo clic en cualquiera de los botones OK o Apply en el diálogo de la hoja de propiedades, ejecuta la función *Apply*, que requiere el código adicional. Abra el archivo TowerPPG.h en el editor de texto y añada estas líneas:

```
#include "resource.h"      // Símbolos principales
#include "TowerAtl.h"
    :
STDMETHOD(Apply)(void)
{
    USES_CONVERSION;
    char szCaption[256];

    CComQIPtr<ITowerCtl> pTower( m_ppUnk[0] );
    if (GetDlgItemText( IDC_CAPTION, szCaption, 256 ))
        pTower->put_Caption( A2BSTR( szCaption ) );

    m_bDirty = FALSE;
    return S_OK;
}
LRESULT OnChangeCaption(WORD wNotifyCode, WORD wID,
                        HWND hWndCtl, BOOL& bHandled)
{
    SetDirty( TRUE );          // Habilitar el botón Apply
    return 0;
}
```

La función *Apply* invoca *GetDlgItemText* para copiar la cadena de captura nueva del cuadro de edición al buffer *szCaption*, y a continuación invoca el método *put_Caption* del control para actualizar la propiedad *Caption* con la cadena nueva. El método *put_Caption* espera un parámetro BSTR, así que el código utiliza la macro de ATL A2BSTR para **recast** la cadena ANSI en *szCaption* a un tipo BSTR. Como la función *Apply* demuestra, es necesario incluir la macro USES_CONVERSION antes de invocar una macro de conversión como A2BSTR. Al hacer esto sorprende un error de compilador que de otro modo resulta de la conversión.

El código también demuestra cómo un control ActiveX puede hacer uso de la clase de plantilla de puntero inteligente *CComQIPtr*. Como *put_Caption* es una función miembro de *CTowerCtl*, no de *CTowerPPG*, la función debe obtener primero un puntero para *ITowerCtl* a través de *QueryInterface*. **Casting** *pTower* como un puntero inteligente le asegura que se invoca *ITowerCtl::Release* en el caso improbable que *GetDlgItemText* o *put_Caption* lance un error.

Paso 8: Editar el archivo TowerCtl.h

El terminar el proyecto TowerATL implica un poco más de trabajo de edición que utiliza el editor de texto, añadiendo código de fuente muy parecido a como hicimos para el proyecto Tower del Capítulo 9. Abra el archivo TowerCtl.h y empiece con las sentencias **#define** para los distintos colores que TowerATL visualiza:

```
#include "resource.h"       // Símbolos principales
#include <atlctl.h>
#include "TowerCP.h"

#define     NUM_BLOCKS   7
#define     EMPTY        NUM_BLOCKS
#define     BLACK        RGB(   0,   0,   0 )
#define     BLUE         RGB(   0,   0, 255 )
#define     CYAN         RGB(   0, 255, 255 )
#define     GREEN        RGB(   0, 255,   0 )
#define     MAGENTA      RGB( 255,   0, 255 )
#define     RED          RGB( 255,   0,   0 )
#define     YELLOW       RGB( 255, 255,   0 )
#define     WHITE        RGB( 255, 255, 255 )
#define     GRAY         RGB( 128, 128, 128 )
```

A continuación, añada declaraciones a la clase *CTowerCtl* para las mismas variables de miembro en el proyecto Tower original:

```
Class ATL_NO_VTABLE CtowerCtl :
   :
   :
{
private
    short    nPanel[3][NUM_BLOCKS]; // Contenido del panel
    short    nBlockNdx, nFromPanel; // nPanel índice del bloque movido
    BOOL     bMoving;               // La etiqueta se ajusta al arrastrar
    COLORREF color[NUM_BLOCKS];     // bloques de colores
    HCURSOR  hArrow, hCrossHairs;   // El cursor maneja
    int      iLeft, iWidth, iHeight; // las dimensiones de la ventana
    short    GetPanel( int i );
```

```
public
    HRESULT  FinalConstruct();
CtowerCtl()
{
}
```

Un objeto como *CTowerCtl* que inicializa datos debería anular la función de miembro *CComObjectRootEx::FinalConstruct* como se muestra aquí. Más o menos análogo a la útil función *OnInitDialog* de MFC, *FinalConstruct* se invoca después de que ATL haya terminado la instalación del objeto pero antes de que el objeto llegue a activarse. Es aquí, en lugar de en el constructor de la clase, donde el control debería realizar la mayor parte de su trabajo de inicialización. La función *FinalRelease* correspondiente mostrada anteriormente en el control Pulse permite al control llevar a cabo cualquier limpieza necesaria.

Modifique el mapa de propiedad para establecer el orden en que las páginas Caption, Color y Font aparecen en la hoja de propiedad del control:

```
BEGIN_PROP_MAP(CTowerCtl)
    PROP_PAGE( CLSID_TowerPPG )
    PROP_PAGE( CLSID_StockColorPage )
    PROP_ENTRY( "Font", DISPID_FONT, CLSID_StockFontPage )
END_PROP_MAP()
```

El mapa de mensaje contiene entradas para los tres manejadores de mensaje de control añadidos en el paso 4:

```
BEGIN_MSG_MAP(CTowerCtl)
    MESSAGE_HANDLER(WM_MOUSEMOVE, OnMouseMove)
    MESSAGE_HANDLER(WM_LBUTTONDOWN, OnLButtonDown)
    MESSAGE_HANDLER(WM_LBUTTONUP, OnLButtonUp)
    ⋮
END_MSG_MAP()
```

Las funciones *OnLButtonDown* y *OnLButtonUp* reciben el control siempre que el usuario pulsa y suelta el botón izquierdo del ratón para arrastrar un bloque coloreado entre paneles. *OnMouseMove* obtiene el control cuando el ratón se desplaza y sirve sólo para asegurar que el cursor retiene su forma de cruz mientras que el usuario arrastra un bloque.

Todas las funciones enumeradas en un mapa de mensaje con una macro MESSAGE_HANDLER deben tener la misma lista de parámetro:

```
LRESULT MessageHandler( UINT uMsg, WPARAM wParam,
                        LPARAM lParam, BOOL &Bhandled );
```

Los tres primeros parámetros son estándar para los mensajes. El manejador *OnLButtonDown*, por ejemplo, recibe el valor WM_LBUTTONDOWN en el parámetro *uMsg*, el estado actual de la clave en *wParam*, y las coordenadas del cursor del ratón en *lParam*. La macro MESSAGE_HANDLER le da a la etiqueta *bHandled* un valor de TRUE antes de invocar la función de manejador. Un manejador que no da pleno servicio al mensaje debería despejar la etiqueta antes de devolver:

```
*bHandled = FALSE;
```

De lo contrario, el código generado por la macro MESSAGE_HANDLER vuelve inmediatamente, indicando al sistema operativo que el mensaje ha dado servicio por completo.

Un mapa de mensaje ATL tiene la misma forma que en MFC. ATL concuerda además con MFC al proporcionar las macros COMMAND_HANDLER y NOTIFY_HANDLER para los mensajes WM_COMMAND y WM_NOTIFY. Para manejar un grupo de mensajes diferentes con una sola función, utilice una de las macros RANGE en lugar de MESSAGE_RANGE_HANDLER, COMMAND_RANGE_HANDLER, o NOTIFY_RANGE_HANDLER. Parecida a ON_COMMAND_RANGE y ON_NOTIFY_RANGE de MFC, estas macros se encaminan a una sola función de manejador que está dentro del rango de los valores especificados.

Visual C++ define las funciones *OnDraw*, *OnMouseMove*, *OnLButtonDown* y *OnLButtonUp* como funciones en línea dentro de la declaración de clase *CTowerCtl*. Para mantener código de implementación en un lugar y facilitar comparaciones con los archivos fuente originales Tower, he desplazado estas cuatro funciones al archivo TowerCtl.cpp, que se explican a continuación. Cortar y pegar es completamente opcional, por supuesto; si está creando este proyecto siguiendo el texto y prefiere dejar las funciones en el archivo de cabecera, simplemente edite su código como se describe en la sección siguiente.

Antes de dejar el archivo TowerCtl.h, puede que sea necesaria una corrección final. Al final de la declaración de clase, algunas versiones de Visual C++ escriben una variable de miembro llamada *m_spFont*. El nombre se debe cambiar a *m_pFont* para impedir que la implementación ATL de la página de almacenamiento Font cause un error:

```
CComPtr<IfontDisp> m_pFont;
```

Paso 9: Editar el archivo TowerCtl.cpp

El código fuente para TowerCtl.cpp es muy similar al código que hemos añadido al mismo archivo para el proyecto Tower original; tan similar, en realidad, que la descripción de código que empieza en la página 328 del Capítulo 9 todavía se aplica a esta nueva versión del control. Como el archivo requiere adiciones extensivas, el Listado 10.4 muestra toda la versión editada.

Una diferencia importante entre las versiones MFC y ATL del control está en cómo se manejan las inicializaciones en TowerCtl.cpp. Donde el control Tower utilizó el constructor de clase y la función virtual *PreCreateWindow* para inicializar sus datos, TowerAtl ahora utiliza la función *FinalConstruct* de ATL. El trabajo de inicialización permanece igual; sólo se ha cambiado la ubicación.

Listado 10.4. El archivo TowerCtl.cpp

```
// TowerCtl.cpp : Implementación de CTowerCtl

#include "stdafx.h"
#include "TowerATL.h"
#include "TowerCtl.h"
#include "TowerBox.h"          // Cuadro de diálogo About
```

```cpp
///////////////////////////////////////////////////////////////////
// CTowerCtl

HRESULT CTowerCtl::FinalConstruct()
{
    color[0]        = BLACK;        // Inicializar colores de bloque
    color[1]        = BLUE;
    color[2]        = CYAN;
    color[3]        = GREEN;
    color[4]        = MAGENTA;
    color[5]        = RED;
    color[6]        = YELLOW;

    m_clrBackColor  = GRAY;         // Color de fondo predeterminado,
    m_clrForeColor  = WHITE;        // color frontal,
    m_bstrCaption   = "TowerATL";   // y captura
    m_bAutoSize     = FALSE;        // El control se puede cambiar de tamaño
    m_sizeExtent.cx = 7000;         // Iniciar tamaño de HIMETRIC para
    m_sizeExtent.cy = 2500;         // proporción de 4 x 1,5 ancho/alto
    Reset();                        // Inicializar paneles

    // Manejadores de cursor para normal (flecha) y arrastrar (cruz)
    hArrow      = LoadCursor( NULL, IDC_ARROW );
    hCrossHairs = LoadCursor( NULL, IDC_CROSS );
    return S_OK;
}

HRESULT CTowerCtl::OnDraw( ATL_DRAWINFO& di )
{
    RECT&       rc = *(RECT*)di.prcBounds;
    RECT        rect;
    TEXTMETRIC  tm;
    HPEN        hPen, hPenOld;
    HBRUSH      hBrush, hBrushOld;
    HFONT       hFont, hFontOld;
    int         i, j, k, yCaption;
    USES_CONVERSION;

    // Control de pintura de fondo
    hBrush    = CreateSolidBrush( m_clrBackColor );
    hBrushOld = (HBRUSH) SelectObject( di.hdcDraw, hBrush );
    FillRect( di.hdcDraw, &rc, hBrush );

    // Ajustar color de captura y fuente
    SetBkMode( di.hdcDraw, TRANSPARENT );
    SetTextColor( di.hdcDraw, m_clrForeColor );
    if (m_pFont)
    {
        CComQIPtr<IFont> pFont( m_pFont );
        pFont->get_hFont( &hFont );
        hFontOld = (HFONT) SelectObject( di.hdcDraw, hFont );
    }
```

(*Continúa*)

Listado 10.4. (*Continuación*)

```
        else
        {
            hFont    = (HFONT) GetStockObject( SYSTEM_FONT );
            hFontOld = NULL;
        }

        // Visualización de captura
        CopyRect( &rect, &rc );
        DrawText( di.hdcDraw, OLE2A( m_bstrCaption ), -1,
                  &rect, DT_CENTER | DT_TOP );

        // Calcular la altura y el área de la captura
        GetTextMetrics( di.hdcDraw, &tm );
        yCaption = tm.tmHeight + tm.tmExternalLeading;

        // Calcular anchura y altura de un panel
        iLeft   = rc.left;
        iWidth  = (rc.right - rc.left)/3;
        iHeight = rc.bottom - rc.top - yCaption;

        // Dibujar divisores de columna
        hPen    = CreatePen( PS_SOLID, 1, m_clrForeColor );
        hPenOld = (HPEN) SelectObject( di.hdcDraw, &hPen );
        MoveToEx( di.hdcDraw, rc.left+iWidth,   rc.top+yCaption, 0 );
        LineTo(   di.hdcDraw, rc.left+iWidth,   rc.bottom );
        MoveToEx( di.hdcDraw, rc.left+iWidth*2, rc.top+yCaption, 0 );
        LineTo(   di.hdcDraw, rc.left+iWidth*2, rc.bottom );

        // Bucle externo: para cada panel...
        for (i=0; i < 3; i++)
        {
            rect.top    = rc.top + yCaption;
            rect.bottom = rect.top + iHeight/NUM_BLOCKS;

            // Bucle interno: para cada bloque coloreado del panel...
            for (j=0; j < NUM_BLOCKS; j++)
            {
                if (nPanel[i][j] != EMPTY)
                {
                    // Determinar los bloques derecho e izquierdo del bloque
                    // coloreado
                    k = NUM_BLOCKS - 1 - nPanel[i][j];
                    rect.left = rc.left + iWidth*i +
                            (iWidth*k)/(2*NUM_BLOCKS) + 1;
                    rect.right = rect.left +
                            iWidth*(nPanel[i][j]+1)/NUM_BLOCKS - 1;

                    // Rellenar el rectángulo con el control del bloque
                    hBrush = CreateSolidBrush( color[nPanel[i][j]] );
                    SelectObject( di.hdcDraw, &hBrush );
                    FillRect( di.hdcDraw, &rect, hBrush );
                }
```

```
                    rect.top = rect.bottom;
                    rect.bottom += iHeight/NUM_BLOCKS;
            }
    SelectObject( di.hdcDraw, &hPenOld );
    SelectObject( di.hdcDraw, &hBrushOld );
    if (hFontOld)
        SelectObject( di.hdcDraw, &hFontOld );

    DeleteObject( hPen );
    DeleteObject( hBrush );
    return S_OK;
}

STDMETHODIMP CTowerCtl::get_nCurrentBlock( short *pVal )
{
    *pVal = nPanel[nFromPanel][nBlockNdx];
    return S_OK;
}

STDMETHODIMP CTowerCtl::Reset()
{
    int i;

    for (i=0; i < NUM_BLOCKS; i++)    // Inicializar la matriz panel
    {
        nPanel[0][i] = i;             // Panel 0 = 0,1,2,3,4,5,6
        nPanel[1][i] = EMPTY;         // Panel 1 = 7,7,7,7,7,7,7
        nPanel[2][i] = EMPTY;         // Panel 2 = 7,7,7,7,7,7,7
    }

    nBlockNdx   = 0;                  // Ndx del bloque que se desplaza
    nFromPanel  = 0;
    FireViewChange();

    return S_OK;
}

////////////////////////////////////////////////////////////////////
// Manejadores de mensaje de CTowerCtrl

LRESULT CTowerCtl::OnLButtonDown( UINT uMsg, WPARAM wParam,
                                  LPARAM lParam, BOOL& bHandled )
{
    short i = 0;
    int   x = LOWORD( lParam );

    nFromPanel = GetPanel( x );       // Panel del que se toma el bloque

    while (nPanel[nFromPanel][i] == EMPTY &&  i < NUM_BLOCKS)
        i++;                          // i = ndx del bloque más pequeño

    if (i < NUM_BLOCKS)               // ¿Tiene el panel un bloque?
    {
```

(*Continúa*)

Listado 10.4. (*Continuación*)

```cpp
            bMoving = TRUE;                 // Si es así, el bloque se mueve ahora
            nBlockNdx = i;                  // Guardar ndx del bloque
            Fire_FromPanel(nFromPanel);     // Indicar el número del panel
                                            // de contenedor

            // Cambiar el cursor a forma de cruz mientras se arrastra
            SetCursor( hCrossHairs );
        }

        return 0;
    }

    LRESULT CTowerCtl::OnLButtonUp( UINT uMsg, WPARAM wParam,
                                    LFARAM lParam, BOOL& bHandled )
    {
        short i = 0, nToPanel;
        int   x = LOWORD( lParam );

        nToPanel = GetPanel( x );   // Panel en el que se suelta el bloque

        if (bMoving && nToPanel != nFromPanel)
        {
            while (nPanel[nToPanel][i] == EMPTY && i < NUM_BLOCKS-1)
                i++;                // i = ndx del bloque más pequeño del panel

            // ¿Es el bloque que se arrastra más pequeño que el bloque más
            // pequeño del panel?
            if (nPanel[nFromPanel][nBlockNdx] < nPanel[nToPanel][i])
            {
                if (nPanel[nToPanel][i] != EMPTY)
                    --i;
                nPanel[nToPanel][i] = nPanel[nFromPanel][nBlockNdx];
                nPanel[nFromPanel][nBlockNdx] = EMPTY;
                Fire_ToPanel( nToPanel );   // Indicar al contenedor

                if (i == 0 && nToPanel == 2)// Si hemos rellenado
                {                           // el tercer panel,
                    Fire_Winner ();         // disparar el evento Winner
                    Reset ();               // y volver a iniciar el juego
                }

                FireViewChange();
            }
            else                            // Si el soltar es inválido,
                Fire_Error ();              // indicárselo al contenedor
        }


        // Restablecer el cursor original a su forma de flecha
        SetCursor( hArrow );
    bMoving = FALSE;                        // Ahora no se desplaza
        return 0;
    }
```

```
        short CTowerCtl::GetPanel( int x )
{
    short i = 0;
    x -= iLeft;                 // Convertir x a coordenadas de ventana
    if (x > iWidth)             // Prueba de aciertos:
        i = 1;                  // i = 0 para el primer panel
    if (x > iWidth*2)           //   = 1 para el segundo panel
        i = 2;                  //   = 2 para el tercer panel

    return i;                   // Devolver el número del panel
}

LRESULT CTowerCtl::OnMouseMove( UINT uMsg, WPARAM wParam,
                                LPARAM lParam, BOOL& bHandled )
{
    if (bMoving)                            // Mientras se arrastra,
        SetCursor( hCrossHairs );           // mantener el cursor de cruz
    return 0;
}

STDMETHODIMP CTowerCtl::AboutBox()
{
    CTowerBox dlgAbout;
    dlgAbout.DoModal();
    return S_OK;
}
```

Paso 10: Añadir un cuadro About

Además de las páginas de propiedad, ATL Object Wizard puede también añadir a un proyecto de control un recurso de diálogo como un objeto individual. Esta sección explica cómo incorporar un objeto de diálogo en un control ActiveX, que se manifiesta mediante la creación de un cuadro About para el proyecto TowerATL. Muchos desarrolladores están comprensiblemente incómodos con la idea de cuadros About en los controles ActiveX, porque incluso un diálogo simple añade al menos 2 Kb de datos de recurso al archivo OCX. Pero un cuadro About sirve como una buena ilustración para cualquier tipo de diálogo que sus propios controles puedan necesitar. Además, el diseño del proyecto nos obliga a duplicar tanto como sea posible el control Tower, que contiene su propio cuadro About proporcionado por el MFC ControlWizard.

Esta sección es deliberadamente autocontenida, permaneciendo independiente de otras partes del ejercicio. Ilustra en el mismo sitio todos los pasos necesarios para incluir el recurso de diálogo, así que puede ignorar la sección si lo desea sin afectar al resto del proyecto. Para añadir el cuadro About de TowerATL, ejecute ATL ObjectWizard, seleccionando esta vez Miscellaneous en el cuadro izquierdo y haciendo dos veces clic en el icono Dialog. Nombre el objeto *TowerBox* como se muestra en la Figura 10.15 y haga clic en OK para hacer desaparecer el diálogo.

ObjectWizard genera código fuente para la clase *CTowerBox,* contenida en los archivos TowerBox.cpp y TowerBox.h. Si ya tiene un recurso de cuadro About en otro proyecto

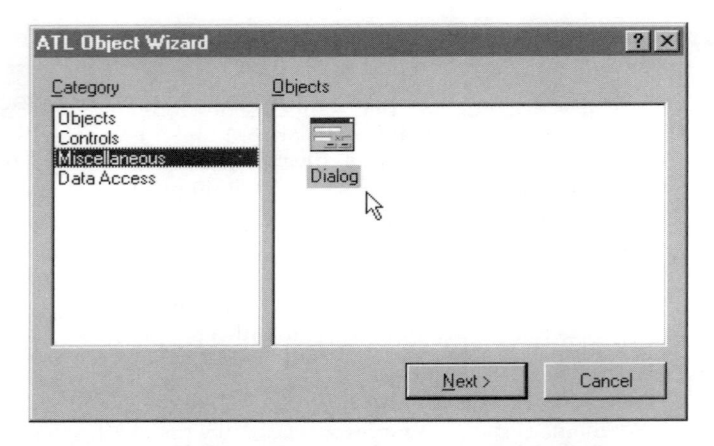

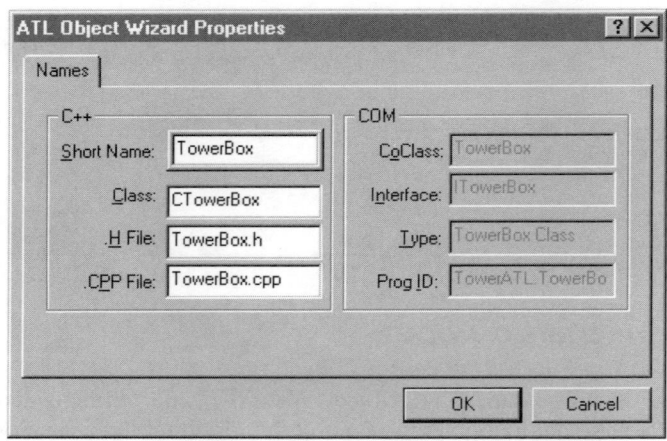

Figura 10.15. Adición de un recurso de diálogo a un proyecto de control ActiveX ATL.

que desee utilizar, simplemente incorpore el guión del diálogo a TowerATL.rc, añadiendo cualquier sentencia **#define** al archivo Resource.h. De lo contrario, diseñe el cuadro About en el editor de diálogo, que se inicia automáticamente cuando cierra ObjectWizard. Aquí tiene una idea de cómo debe aparecer el diálogo:

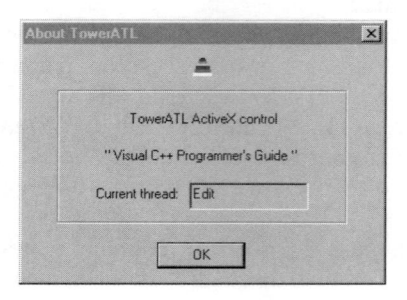

El diálogo toma prestados el mapa de bits de proyecto, así que la decoración no representa una pérdida derrochadora del espacio de recurso. Primero copie a su proyecto el archivo TowerCtl.bmp de la carpeta Codigo\Capitulo.10\TowerATL, superponiendo el archivo BMP genérico del mismo nombre pro porcionado por ATL Object Wizard. Utilice la herramienta Picture para colocar la imagen en el editor de diálogo, entonces traiga el diálogo Properties y seleccione Bitmap en el cuadro Type y el identificador en el cuadro Image. El cuadro de edición de la última línea es opcional, simplemente sirve como un lugar conveniente para visualizar el identificador del hilo en el que está ejecutando el control. Esto nos permitirá confirmar más tarde el comportamiento de un control de hilo de apartamento como TowerATL cuando se ejecuta en apartamentos separados. Asigne al cuadro de edición un identificador IDC_THREAD_ID y ajuste el cuadro de comprobación Read Only en su diálogo Properties.

Guarde el recurso de diálogo cuando termine de diseñar el cuadro About, a continuación haga clic en el botón derecho del ratón sobre *ITowerCtl* en el panel ClassView y elija el comando Add Method. Introduzca *AboutBox* para el nombre del método nuevo que se muestra a continuación. Al igual que el método *Reset*, *AboutBox* no toma parámetros.

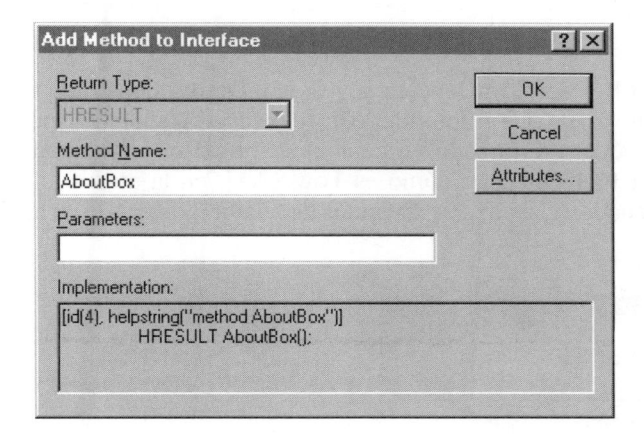

Abra el archivo TowerBox.b en el editor de texto y añada la instrucción que se muestra aquí en gris para la función *OnInitDialog*. Antes de que aparezca el diálogo About, el código recupera el identificador de hilo del sistema y lo escribe en el cuadro de edición IDC_THREAD_ID:

```
LRESULT OnInitDialog( UINT uMsg, WPARAM wParam,
                LPARAM lParam, BOOL& bHandled )
{
    SetDlgItemInt( IDC_THREAD_ID,
            (UINT) ::GetCurrentThreadId(), FALSE );
    return 1; //Permite al sistema ajustar el centro de atención
}
```

A continuación, vuelva a abrir el archivo TowerCtl.cpp y añada estas líneas a la función *About-Box*:

```
STDMETHODIMP CTowerCtl::AboutBox()
{
    CTowerBox dlgAbout;
    DlgAbout.DoModal();
    return S_OK
}
```

Cuando una aplicación de contenedor invoca el método del control *AboutBox*, la función crea un objeto *CTowerBox* e invoca el diálogo. El programa Game2 descrito en la sección siguiente muestra cómo una aplicación señala a TowerATL para visualizar el cuadro About.

Paso 11: Construir y probar el control ActiveX Tower ATL

Seleccione la configuración Release MinDependency (o MinDep) y construya el control TowerATL. Después de que Visual C++ compile, enlace y registre satisfactoriamente el control, puede probar el producto terminado en cualquier aplicación de contenedor que soporte ActiveX. La Figura 10.16 muestra cómo es TowerATL en la utilidad Test Container con su hoja de propiedades visualizada. Después de añadir TowerATL a la ventana

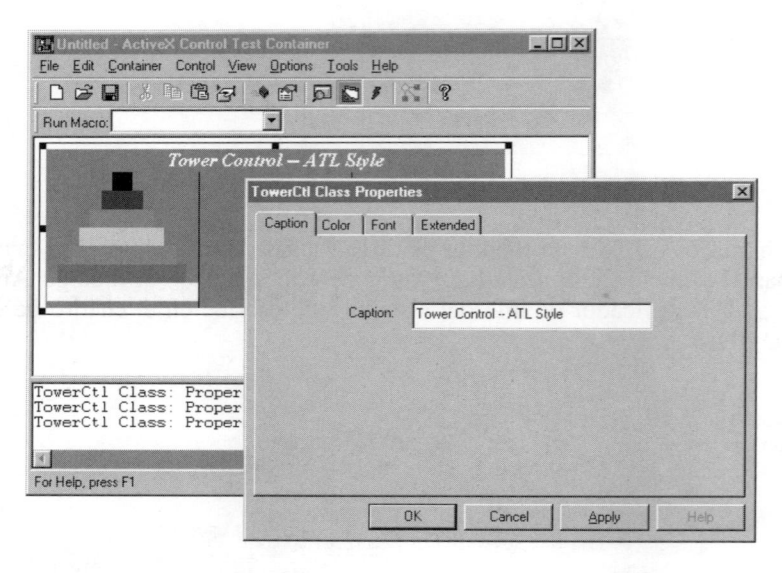

Figura 10.16. La hoja de propiedades de TowerATL visualizada en el Test Container.

Test Container, haga clic en la herramienta Properties para mostrar la hoja de propiedades del control.

Resulta ilustrativo cargar otro ejemplo de control TowerATL en el Test Container e invocar el cuadro About para cada ejemplo utilizando la herramienta Invoke Methods. Encontrará que los identificadores de hilo visualizados en los cuadros About son los mismos para ambos ejemplos, mostrando que Test Container crea todos los ejemplos de control en un solo hilo. Internet Explorer, por otro lado, ejecuta cada ventana en un hilo separado, que podemos probar utilizando el documento TowerCtl.htm simple que se muestra en el Listado 10.5. Coloque su documento en la carpeta Codigo\Capitulo.10\TowerAtl del CD que se acompaña. Si ha creado su propia versión de TowerATL, primero modifique la entrada **classid** de documento con su identificador de clase de control, copiando la cadena del archivo IDL de proyecto como hicimos anteriormente para el documento Tumble2.htm. A continuación siga estos pasos para llevar a cabo el experimento:

- Ejecute Internet Explorer, elija el comando Open del menú File, a continuación explore TowerCtl.hm. Al abrir el documento, visualice la ventana TowerATL si el control está registrado correctamente en su sistema.

- Elija New del mismo menú para abrir una ventana duplicada que visualice el control.

- En cada una de las dos ventanas, arrastre un bloque coloreado a un bloque más pequeño para disparar el evento de control *Error*. El guión de documento está escrito para invocar el cuadro de control About siempre que se dispare el evento.

Al comparar los identificadores de hilo visualizados en cada cuadro About (Figura 10.17), muestra que Internet Explorer ejecuta cada ejemplo de control en apartamentos STA. **Marshaling interthreaded** no se requiere para ningún ejemplo, porque TowerATL

Listado 10.5. El archivo TowerCtl.htm

```
<HTML>
<HEAD>
<TITLE>Página de prueba ATL 3.0 para el objeto TowerCtl</TITLE>
</HEAD>
<BODY>

<OBJECT
    classid="clsid:3B365FBA-C3AE-11D1-BEC9-E0F4E352507A"
    id=tower
>
</OBJECT>

<SCRIPT LANGUAGE="VBSCRIPT">
sub tower_Error
    tower.AboutBox()
end sub
</SCRIPT>
</BODY>
</HTML>
```

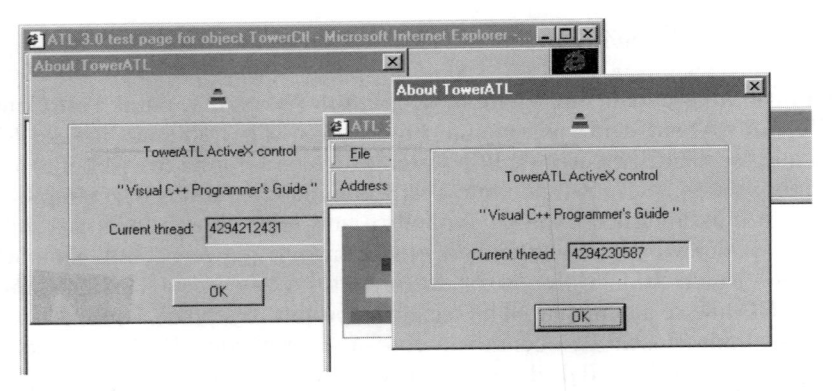

Figura 10.17. Ejecución del control TowerATL en apartamentos separados STA.

adopta el modelo de hilo de apartamento, que es perfecto para los clientes STA como Internet Explorer. Pero si hubiésemos seleccionado en su lugar el único modelo sin hilos para Tower ATL, el segundo ejemplo de control correría más despacio que el primero, porque COM estaría forzado a **marshall** en todas las interacciones con él.

El CD adjunto proporciona un programa nombrado Game2 diseñado específicamente para exhibir el control TowerATL nuevo. El archivo rc, ubicado en la carpeta Code\Chapter.10\Game2, referencia el valor de identificador de clase del control TowerATL.ocx proporcionado en el CD. Si prefiere ejecutar Game2 utilizando una versión de TowerATL que haya creado usted mismo, copie de nuevo el identificador de clase correcta desde su archivo TowerCtl.idl para sustituir la cadena de identificador en Game2.rc. Pegue la cadena de identificador nueva en la sentencia IDC_TOWERATL de guión de diálogo antes de construir el programa Game2:

```
IDD_GAME2_DIALOG DIALOGEX 0, 0, 295, 125
⋮
CONTROL       "",IDC_TOWERATL," (xxxxxxxx-xxxx-xxxx-xxxx-xxxxxxxxxxxx)",
              WS_TABSTOP, 5, 20, 225,100
END
```

Comparado con el proyecto Tower del Capítulo 9, TowerATL ha conllevado un poco más de esfuerzo y atención para los detalles que MFC nos oculta. Así que merece la pena en este punto hacer recuento de nuestras pérdidas y ganancias en la escritura del control utilizando ATL en lugar de MFC. Las pérdidas son fáciles de identificar: más trabajo. Sin embargo, en compensación ganamos una imagen de ejecutable mucho más pequeña, aunque puede que no piense así en un primer vistazo rápido. Con 70 Kb, el nuevo TowerATL.ocx es tres veces más grande que el archivo Tower.ocx que creamos en el Capítulo 9. Pero cuando tiene en consideración las bibliotecas en tiempo de ejecución que Tower.ocx necesita, la huella de memoria efectiva de la versión de control ATL es más de un megabyte *más pequeña* que la versión MFC original. TowerATL.ocx puede viajar por el World Wide Web y ejecutarse en un explorador de usuario sin tener que arrastrar otros archivos con él.

Ni siquiera en un módem rápido, sin embargo, podemos esperar un tiempo de carga para Tower-ATL.ocx de menos de 20 segundos. Esta es una inversión significativa de tiempo para el usuario, cuya paciencia puede que ya se haya erosionado por otros componentes e imágenes grandes que salpican la página. Los controles ActiveX para Internet hacen frente a un obstáculo único en que el usuario normalmente no sabe qué esperar, y por ello puede que esté menos dispuesto a invertir mucho tiempo en averiguaciones. Como es comprensible, la impaciencia a menudo gana a la curiosidad. El truco para escribir un control ActiveX para Internet es hacerlo lo suficientemente pequeño para que aparezca en la página Web, preparado para ejecutarse, antes de que la curiosidad pierda la batalla.

Hoy ATL ofrece el mejor enfoque para escribir controles ActiveX pequeños, escasos de programación COM clara. La biblioteca representa un acuerdo entre el tamaño y el trabajo, entre lo que es posible y lo que es práctico. Pero el acuerdo tiene éxito, porque ATL recompensa un esfuerzo de desarrollo razonable con excelentes resultados.

COMPARACIÓN DE MODELOS DE COMPONENTE

Al cerrar esta parte del libro que trata sobre los controles ActiveX, vamos a volver hacia atrás un momento y considerar el tema desde una distancia prudente. Cuando nos embarquemos en un proyecto de componente, un desarrollador debe no sólo sopesar los pros y los contras de una tecnología de soporte como ATL, sino que debería primero considerar si acaso debería utilizar ActiveX. Como cualquier otra tecnología de software, los controles ActiveX son adecuados en algunas situaciones, pero no en otras. Si el componente está pensado únicamente como una extensión de una aplicación incrustada y no va a dar servicio nunca en una página Web, entonces ActiveX supone un coste elevado. Al arrastrar en las bibliotecas de servicio COM y de ActiveX, incluso un simple control como Pulse instala muchos kilobytes de código en memoria y puede que degraden significativamente el proceso de carga de la aplicación de invocación.

Hay otra solución. Desechar Pulse como una biblioteca de enlace normal en lugar de un control ActiveX mantiene el software en la forma de un hilo seguro, componente reutilizable sin incurrir en el gasto de ActiveX y COM. En lugar de instalar una función de manejador para recibir eventos, la aplicación de cliente pasa un puntero a una función de retrollamada que invoca la biblioteca a cada lapso del intervalo solicitado. Como un manejador de evento es sólo una retrollamada con ropa nueva, el efecto es el mismo. Si está interesado en ver cómo puede ser una versión DLL de Pulse, puede encontrar archivos fuente para dicho proyecto en la carpeta Capitulo.10\PulseDLL en el CD que se acompaña. La característica más importante de la versión de biblioteca dinámica de Pulse es su tamaño: 3 Kb, comparado con los 37 Kb para la versión de control ActiveX. Y PulseDLL no necesita COM.

Esta breve comparación sólo pretende dar luz sobre todos los aspectos del asunto, sirviendo como recordatorio de que al menos en algunos casos la pobre biblioteca dinámica de enlace aparece en el mundo del software de componente. Esto no sugiere que todos los componentes que no son de Internet se debieran desechar como las bibliotecas dinámicas de enlace. Nada más lejos. ActiveX ofrece ventajas distintas que las bibliotecas dinámicas de enlace, en particular al asumir el conocido problema de «las versiones». El atractivo de una biblioteca dinámica de enlace a menudo tiende a desvanecerse con su segundo lanzamiento, un problema que no afecta ni con mucho a los controles ActiveX. Por ejemplo, imagine que decidimos que Pulse fuese un cronómetro de mayor precisión si invocase a las funciones API *timeSetEvent* y *timeKillEvent* en lugar de confiar en las excentricidades del cronómetro *Sleep* del sistema. La versión modificada puede que ofrezca nuevos objetos y capacidades a los nuevos clientes, mientras que las aplicaciones de clientes antiguos como Hour2 incrustarían el nuevo Pulse como antes, no sería muy sabio que nada hubiera cambiado. Incluso al superponer el antiguo archivo Pulse.ocx con la versión nueva no afecta a las aplicaciones de cliente, estén o no escritas para hacer uso de los rasgos extendidos. Este tipo de estabilidad es difícil de adquirir con versiones progresivas de la biblioteca dinámica de enlace.

Parte V

Temas avanzados

Capítulo

11 El depurador — 419

12 Optimización de la compilación — 463

13 Personalización de Visual C++ — 497

Capítulo

11

El depurador

Después de diseñar y codificar viene la depuración, el tercer paso del desarrollo de software. Su programa de 3.000 líneas puede compilarse sin apenas una advertencia, sin embargo fallan con regularidad, y lo que es mucho peor, a veces sólo lo hacen ocasionalmente. Cuando su programa no trabaja correctamente y no está seguro del porqué, es hora de recurrir al depurador para obtener una vista interna del programa tal y como se ejecuta.

El depurador de Visual C++ es una de las mejores características del producto entero. Inteligente y fácil de utilizar, el depurador puede ayudarle a encontrar cualquier error que probablemente encontrará en el desarrollo de software de Windows. Pero la depuración es a menudo más un arte que una ciencia, necesitando claridad mental y buen conocimiento. El depurador es como un microscopio en el que puede expandir su visualización, pero sólo si sabe dónde mirar.

Las bibliotecas dinámicas de enlace, incluyendo los controles ActiveX, no son casos especiales para el depurador de Visual C++. El depurador cruza sin esfuerzo el límite entre proyectos, lo que significa que puede empezar a depurar un programa en un proyecto, y luego continuar depurando cuando el programa invoque la función exportada de una biblioteca dinámica, incluso si la biblioteca y sus archivos fuente existen como otro proyecto o subproyecto. Lo contrario también se aplica. Puede empezar una sesión de depuración en el proyecto de biblioteca dinámica de enlace, en cuyo caso el depurador automáticamente ejecuta la aplicación de invocación y le devuelve el control cuando el flujo de ejecución alcanza una de las funciones de la biblioteca.

El depurador maneja aplicaciones ActiveX y multihilos y tiene la habilidad para correr en un ordenador mientras que el programa que está depurando corre en otro ordenador. Veremos estos casos especiales más adelante en el capítulo. Primero vamos a conocer el depurador.

VERSIÓN DE DEPURACIÓN FRENTE A VERSIÓN FINAL

Un proyecto en Visual C++ puede producir dos tipos de código ejecutable, llamados versión de depuración y versión final o «destino». La versión de depuración es la que trabaja durante el desarrollo y prueba para hacer el programa sin errores; la versión definitiva es el resultado final, distribuido a sus clientes. La versión de depuración es mayor y normalmente más lenta que la versión definitiva, llena de información de símbolos que el compilador coloca en el archivo objeto. La información de símbolo es un registro de todo lo que el compilador sabe sobre los nombres de funciones y variables del programa y las direcciones de memoria que identifican. Al leer tanto los archivos fuente originales como la información de símbolo contenido en el archivo ejecutable, el depurador puede asociar cada línea de código fuente con las instrucciones binarias correspondientes en la imagen del ejecutable. El depurador corre el ejecutable pero utiliza el código fuente para mostrar el progreso del programa.

La versión definitiva contiene sólo instrucciones ejecutables optimizadas por el compilador, sin la información de símbolo. Puede ejecutar una versión definitiva dentro del depurador, pero si lo hace, el depurador informa que el archivo no tiene símbolo de datos. Del mismo modo, puede ejecutar la versión de depuración de un programa sin el depurador. Esto tiene consecuencias prácticas, debido a una característica de Visual C++ conocida como depuración Just-in-time, que se muestra más adelante en el capítulo. Cuando ejecuta una versión de depuración del programa sin el depurador, el cargador de Windows ignora la información de símbolo extra en el archivo, permitiendo que el programa se ejecute con normalidad. Sin embargo, si el programa comete un error, el manejo de excepciones del sistema hace que el control se devuelva a Visual C++, que a continuación ejecuta el depurador. El depurador muestra la instrucción que provocó el fallo y visualiza valores de datos tal y como existían cuando se detuvo el programa. Esta característica sobresaliente es especialmente útil para seguir el rastro de los errores que son difíciles de reproducir, la pesadilla permanente en programación.

A propósito, si conservar su propiedad intelectual es importante para usted, debería tratar de depurar la versión de su programa a medida que hace código fuente. Un archivo de programa con la información de símbolo es mucho más fácil de devolver al ingeniero, ya que el archivo contiene los nombres de todas las variables de programa y funciones. En lugar de sentencias anónimas inconexas como estas:

```
004017ae      push      ebp
004017af      mov       ebp, esp
```

el depurador incluye eficazmente nombres de función de la información de símbolo:

```
MyClass::InitInstance:
004017ae      push      ebp
004017af      mov       ebp, esp
```

Aunque el código fuente no está disponible, cualquiera puede reconocer el código de prólogo de una función llamada *InitInstance*.

USO DEL DEPURADOR

Cuando depura un programa con problemas, algunas veces llamado el programa que se va a depurar, el depurador empieza primero a correr y a continuación se ejecuta (o se genera, en lenguaje UNIX) el programa que desea depurar. El depurador le permite volver a tener el control cuando el programa que corre alcanza una instrucción seleccionada o altera una variable particular. Esto le da la oportunidad de comprobar los valores de datos actuales mientras que el programa está suspendido y le asegura que el flujo del control discurre por un camino esperado.

El depurador puede darle mucha información, hacerlo parece más complicado de lo que es. Si es nuevo en programación, no se sienta intimidado por el depurador. Pronto averiguará lo que aprende cada programador, que el depurador es un verdadero amigo. Una operación de depuración típica se compone de varios pasos. Identifique una sección de su programa que falla donde sospecha que está la raíz del problema, a continuación marque la primera instrucción de la sección. Inicie el depurador, que ejecuta el programa hasta que el control alcance la marca que instaló al principio de la sección cuestionable. Cuando el depurador detiene la ejecución del programa, puede dar a continuación un solo paso en cada instrucción, comprobando el efecto de cada paso.

Entonces, ¿cómo sabe el depurador cuándo interrumpir el programa? Bueno, no lo sabe exactamente. El programa se interrumpe sólo cuando choca con el marcador que instaló. El marcador se llama punto de ruptura.

PUNTOS DE RUPTURA

La relación entre el depurador y el programa que corre es única en Windows; no hay otros dos programas que operen tan bien compenetrados enlazados juntos. El depurador y el programa no corren de forma simultánea en el mismo sentido que las aplicaciones normales lo hacen en un entorno multitarea. Mientras el programa corre, el depurador está en reposo, sin tener nada que hacer. Vuelve a tener el control cuando el programa que se ejecuta dispara un punto de ruptura.

El depurador le permite instalar dos tipos diferentes de puntos de ruptura: uno basado en la ubicación en el código y otro basado en los datos de programa. Un punto de ruptura de ubicación es un marcador adjuntado a una instrucción particular en su código fuente, parecido a un marcador en el editor de texto. Instale un punto de ruptura de ubicación en el principio de cualquier sección de código sospechoso que desee investigar en detalle para ver cómo surge el error. Cuando el programa que se ejecuta intenta ejecutar la instrucción marcada, se para o se «rompe» (veremos cómo en la sección siguiente).

Un punto de ruptura de datos depende de los datos en lugar de depender del código. Utilice un punto de ruptura de datos cuando sospeche que se está modificando una variable de forma incorrecta en su programa pero no está seguro dónde. Los puntos de ruptura de datos le indican al depurador que rompa la ejecución cuando la variable cambie o se vuelva de un cierto valor, como, por ejemplo, cuando un puntero se vuelva a asignar o cuando la variable x supere un valor de 500.

Cuando se dispara una ubicación o punto de ruptura de datos, el control vuelve al depurador. Éste actualiza su ventana mostrando los valores actuales de variables y la sección de código fuente donde la ruptura tuvo lugar. Ahora puede caminar a placer por el código, un instrucción cada vez, para ver cómo las variables cambian y cómo se comporta el programa.

CÓMO DEVUELVE EL CONTROL AL DEPURADOR UN PUNTO DE RUPTURA

Para darle una idea de cómo funcionan los puntos de ruptura, esta sección examina los pasos en los que el depurador instala un punto de ruptura para interrumpir un programa y vuelve a obtener el control cuando se dispara el punto de ruptura. La explicación se concentra en Intel y los procesadores compatibles, pero el procedimiento resumido aquí es similar para otros procesadores. En la explicación siguiente, la palabra «programa» se refiere sólo a su aplicación, nunca al propio depurador. Esto le evita la frase «el programa que se está depurando», que resulta pesada, y la palabra «debuggee», que suena demasiado parecida a depurador.

Cuando instala un punto de ruptura de ubicación o de un solo paso desde una instrucción de C/C++ a la siguiente, el depurador superpone un único byte en el segmento de código del programa que se ejecuta en la ubicación de ruptura. Guarde el valor original del byte, y a continuación escriba el valor 0xCC en su lugar. El procesador interpreta 0xCC como una instrucción INT 3, que le indica al procesador que ejecute la rutina de manejador de sistema que corresponde a la interrupción 3. No es coincidencia que las invocaciones de Intel de la interrupción 3 sean las interrupciones de puntos de ruptura.

Después de escribir la instrucción INT 3, el depurador se queda en reposo invocando la función API *WaitForDebugEvent*. El sistema devuelve el control al programa, que se ejecuta normalmente hasta que alcanza la instrucción INT 3. Al ejecutar la instrucción, el procesador escribe los valores actuales de los registros CS y EIP en la pila e invoca la rutina de manejador de la interrupción 3 del sistema. Así es cómo se devuelve el control al depurador. El núcleo regresa de *WaitForDebugEvent*, despertando al depurador, que entonces actualiza sus ventanas y espera sus instrucciones (vea en la página siguiente una descripción de los registros CS y EIP).

En este punto, su programa está congelado. No recibe tiempo de la CPU y no puede continuar ejecutándose más allá del punto de ruptura cuando interactúa con el depurador. Normalmente, el depurador controla directamente sólo un hilo en su programa, así que puede que otros hilos continúen recibiendo el tiempo de la CPU. Veremos más adelante en este capítulo cómo posponer los hilos que no se depuran.

Cuando sigue con la ejecución del programa, el depurador sustituye el byte superpuesto por el valor 0xCC para restablecer la instrucción original en la que instala el punto de ruptura. Como el valor EIP en la pila apunta ahora al byte después de la instrucción temporal INT 3, el depurador disminuye el valor de modo que apunta otra vez a la instrucción original. El depurador vuelve a continuación a reposo invocando la función API *ContinueDebugEvent*. El sistema operativo restablece los registros a sus valores originales y ejecuta una instrucción IRET (retorno interrumpido) desde su manejador de interrupción 3 para devolver el control al programa. El procesador coloca el CS y los valores modificados de EIP de la pila y continúa con la ejecución del programa en la instrucción interrumpida como si nada hubiese pasado.

Los registros CS y EIP

Un procesador contiene un pequeño número de áreas de almacenamiento en el propio chip, llamadas registros, que guardan temporalmente toda la información necesaria para procesar una instrucción. Un procesador Intel tiene dos registros, llamados CS y EIP, que apuntan continuamente a la siguiente instrucción en línea a ser procesada. Aquí tiene una breve descripción de cómo los punteros de estos registros devuelven el procesador al programa después de que haya tenido lugar una interrupción.

CS significa segmento de código —o en procesamiento de 32 bits, selector de código—, porque el registro guarda un valor llamado selector asignado por el sistema operativo que referencia a la dirección base del código de programa. El registro EIP (puntero de instrucción extendida) guarda un desplazamiento de 32 bits que apunta al área de código de la siguiente instrucción que el procesador piensa ejecutar. Cuando responde a una interrupción (como una instrucción INT 3), un procesador Intel escribe primero el contenido de los registros CS y EIP en la pila antes de saltar al manejador de función que realiza la tarea de interrupción. Cuando finaliza la rutina de interrupción, los valores originales de CS y EIP se vuelven a restaurar de la pila, informando al procesador dónde debe ir a continuación, es decir, regresar a la instrucción del programa que estaba a punto de ejecutar cuando se envió a atender la interrupción. Además de CS y EIP, también se restablece otro registro que contiene las etiquetas actuales del procesador, de forma que el programa original continúe la ejecución como si no hubiera tenido lugar (y no le hubiera afectado) la interrupción.

Las interrupciones tienen lugar continuamente a un ritmo enfurecedor, originando tanto instrucciones INT en un programa en ejecución como eventos de hardware. Presionar una tecla del teclado, por ejemplo, dispara una interrupción; otra interrupción tiene lugar cuando suelta la tecla. El reloj del sistema interrumpe normalmente al procesador 18 veces por segundo, devolviendo el control al sistema operativo de forma que pueda redireccionar al procesador al siguiente hilo en línea para un momento de tiempo. Las interrupciones normalmente se atienden rápidamente, pero el punto de ruptura es una excepción. El sistema operativo y el depurador mantienen el control hasta que regresa a la depuración, momento en el que el sistema sale del manejador de la interrupción 3 y permite al procesador que continúe ejecutando el programa que se está depurando.

Hay una complicación que surge del hecho de que todos los ejemplos de un programa Windows que se ejecute comparten normalmente la misma sección de memoria que contiene el código del programa. Como el depurador escribe una instrucción INT 3 en el código del programa, puede que espere un ejemplo del programa que corre fuera del depurador para disparar también la interrupción e ir a parar al depurador. Pero eso no ocurre. Windows proporciona un mecanismo conocido como copia en escritura que maneja ordenadamente estas situaciones. Cuando el depurador invoca la función *WriteProcessMemory* del sistema para escribir la instrucción INT 3 en una página del código de programa, Windows ubica un bloque de memoria que se pueda escribir, copia la página de código al bloque nuevo, vuelve a mapear la dirección de memoria virtual de la página y completa la operación de escritura del depurador utilizando la página copiada. Cualquier otro ejemplo del programa que se ejecute fuera del depurador continúa corriendo a partir del código original, y por ello no encuentra la instrucción INT 3.

El depurador emplea un método diferente para capturar un punto de ruptura adjuntado a una variable en sus datos de programa. No es práctico colocar un código INT en cada instrucción que pueda alterar la variable, así que el depurador puede pasar a través de cada instrucción del programa, comprobando la variable cada vez. Si la variable sí cambia, el depurador ejecuta la siguiente instrucción, continuando hasta que una instrucción cambie la variable. Como puede imaginar, este ciclo continuo de interrumpir y comprobar puede ralentizar enormemente la ejecución del programa que se está depurando. Su programa puede incluso parecer que se cuelga cuando depura con puntos de ruptura de datos, debido a los muchos miles de interrupciones que pueden ocurrir.

Algunos procesadores proporcionan registros de depuración especiales en el propio chip para ayudar al depurador con esta tediosa tarea. Un procesador Intel tiene ocho registros de depuración, aunque pueda monitorizar un máximo de cuatro puntos de ruptura de datos, porque sólo los cuatro primeros registros de depuración, DR0 hasta DR3, guardan direcciones de memoria. Cuando coloca un punto de ruptura de datos para una variable, el depurador escribe la dirección de la variable en uno de los registros de depuración del procesador. A continuación programa el registro de control de depuración DR7 con un bit de etiqueta que indique al procesador que monitorice instrucciones de escribir en memoria. A medida que el procesador ejecuta su programa, comprueba continuamente cada instrucción para ver si escribe en la memoria a la que apunta el registro de depuración. Si así es, el procesador genera una interrupción 1, llamada interrupción de seguimiento o de depuración, volviendo a entregar el control al sistema operativo a través de su rutina de manejador de interrupciones. Cuando el sistema regresa de *WaitForDebugEvent*, el depurador lee el registro de estado DR6 para determinar cuál de los cuatro puntos de ruptura ha disparado la interrupción. El depurador a continuación actualiza sus ventanas y le informa de que se ha alterado la variable.

Es interesante constatar que un procesador Intel también se puede programar para que se rompa siempre que el programa acceda a una variable, es decir, escriba o lea de la variable. Sin embargo, el depurador de Visual C++ no aprovecha esta opción porque las instrucciones de programa que leen una variable son normalmente de mucho menos interés cuando está depurando que las instrucciones que escriben la variable. Es posible programar los registros de depuración del procesador para monitorizar los puntos de ruptura de ubicación, así como los puntos de ruptura de datos, guardando el trabajo extra de superponer código con una instrucción INT 3. Pero los registros de depuración son un recurso escaso, así que el depurador de Visual C++ se restringe a utilizar la interrupción 3 para monitorizar los puntos de ruptura de ubicación y reserva los registros de depuración para los puntos de ruptura de datos.

Al utilizar registros de depuración, el depurador coloca la carga de comprobar los puntos de ruptura de datos en el procesador, eliminando de forma efectiva el aumento de rendimiento que resultaría en otro caso de pasar por cada instrucción para monitorizar los cambios de datos. Sin embargo, un punto de ruptura de datos puede afectar a la velocidad del programa, a pesar del uso de los registros de depuración cuando el punto de ruptura incluye una condición, como por ejemplo si la variable x excede un cierto valor. Una variable asignada a un punto de ruptura puede cambiar muchos miles de veces en el curso de un solo bucle. Cada vez que la variable cambia, el procesador se interrumpe y el control debe devolverse al depurador, que a continuación debe evaluar la condición. Una expresión condicional que nunca (o rara vez) se convierte en realidad puede de este modo degradar la velocidad del programa desviando hacia el programa el tiempo del procesador. Y como veremos a continuación dentro del capítulo, en ciertas circunstancias el depurador no utiliza los registros de depuración para monitorizar puntos de ruptura de datos, basándose en su lugar en el método mucho más lento de avanzar paso a paso por el programa.

CONSTRUIR UNA VERSIÓN DE DEPURACIÓN

Para crear una versión ejecutable de depuración de un programa, primero asegúrese de que la configuración activa es Win32 Debug. Por defecto, Visual C++ ajusta la configuración como Win32 Debug cuando crea un proyecto nuevo, visualizando la configuración actual en la barra de herramientas Build:

También puede hacer clic en el comando Set Active Configuration del menú Build para ver la configuración actual y si es necesario cambiarla a la versión de depuración. La configuración Win32 Debug modifica los ajustes del programa de forma automática, visualizado en el diálogo Project Settings. Abra el diálogo Project Settings haciendo clic en el comando Settings del menú Project y muestre las pestañas C/C++ y Link. Los ajustes en el diálogo deberían ser semejantes a los que se muestran en la Figura 11.1, en la que:

- El cuadro de combinación Optimizations en la pestaña C/C++ visualiza la opción Disable (Debug).

- Aparece una marca de comprobación en el cuadro de comprobación Generate Debug Info en la pestaña Link.

Con estos ajustes en su sitio, puede construir el proyecto normalmente. El resultado es una versión de depuración de su programa que contiene la información de símbolo para el depurador.

LA INTERFAZ DEL DEPURADOR

Al igual que los editores de Visual C++, el depurador está disponible sólo desde dentro del entorno de Developer Studio. La depuración de un programa requiere que el proyecto esté abierto y que haya creado una versión ejecutable de depuración del programa.

El editor de texto proporciona un buen lugar para empezar la depuración. Abra uno o más de los archivos fuente del programa y encuentre la línea donde desea interrumpir la ejecución cuando ejecute el programa. Haga clic en cualquier sitio en una línea para colocar el cursor, a continuación pulse F9 para colocar un punto de ruptura de ubicación. El editor marca la línea colocando un octágono pequeño rojo simulando una señal de tráfico de

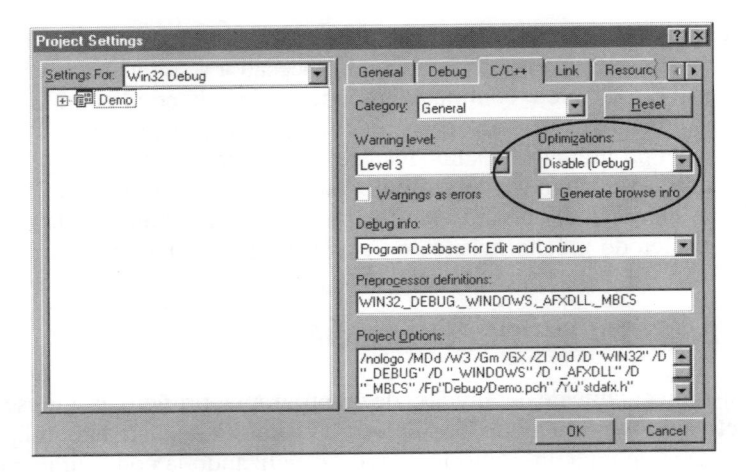

Ajustes en la pestaña C/C++.

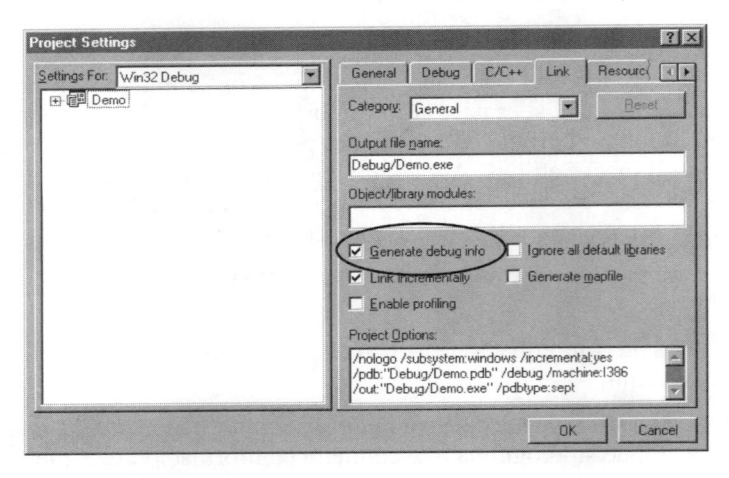

Ajustes en la pestaña Link.

Figura 11.1. Configuración de una construcción de depuración en el diálogo Project Settings.

stop en el margen de selección a la izquierda de la línea. Si tiene el margen de selección inhabilitado, como se describe en el Capítulo 3, en lugar de esto, el editor destaca la línea entera en rojo. Para eliminar el punto de ruptura de ubicación, coloque el cursor en cualquier sitio en la línea y pulse F9 otra vez para desactivar el punto de ruptura.

Si prefiere el ratón al teclado, puede colocar o eliminar el punto de ruptura de ubicación haciendo clic en el botón derecho del ratón sobre la línea. Aparece un menú contextual según se muestra en la Figura 11.2, desde el que puede elegir el comando Insert/Remove Breakpoint para eliminar o colocar un punto de ruptura. El menú también proporcio-

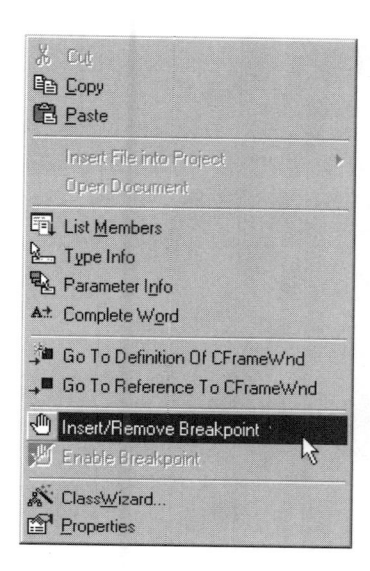

Figura 11.2. Elección del comando Insert/Remove Breakpoint del menú contextual.

na un comando Disable Breakpoint que le permite desactivar un punto de ruptura sin eliminarlo.

Aunque menos conveniente, también puede colocar un punto de ruptura de ubicación a través del diálogo Breakpoints. Este diálogo proporciona el único medio para colocar puntos de ruptura de datos y otras dos variaciones, llamadas puntos de ruptura condicionales y puntos de ruptura de mensaje.

El diálogo Breakpoints

Para visualizar el diálogo Breakpoints que se muestra en la Figura 11.3, pulse CTRL+B o haga clic en el comando Breakpoints del menú Edit. Las tres pestañas del diálogo le permiten colocar puntos de ruptura de ubicación, de datos, condicionales y de mensaje. Los siguientes párrafos describen estos cuatro tipos de puntos de ruptura.

Puntos de ruptura de ubicación

Ajustar un punto de ruptura de ubicación en el diálogo Breakpoints es menos conveniente que pulsar la tecla F9 o elegir un comando del menú contextual del editor, pero el diálogo proporciona varias mejoras para los puntos de ruptura de ubicación que a menudo resultan útiles. Por ejemplo, puede teclear el nombre de una función en el control Break At para ajustar el punto de ruptura de ubicación en la primera línea de la función; tecleando el nombre de una etiqueta ajusta un punto de ruptura en la línea etiquetada (hay muy poca diferencia entre las dos, puesto que un nombre de función es, después de todo, una mera etiqueta). El nombre de la función o etiqueta debe concordar con las mayúsculas o minúsculas del control Break At, y un nombre de función C++ debe incluir el nombre de

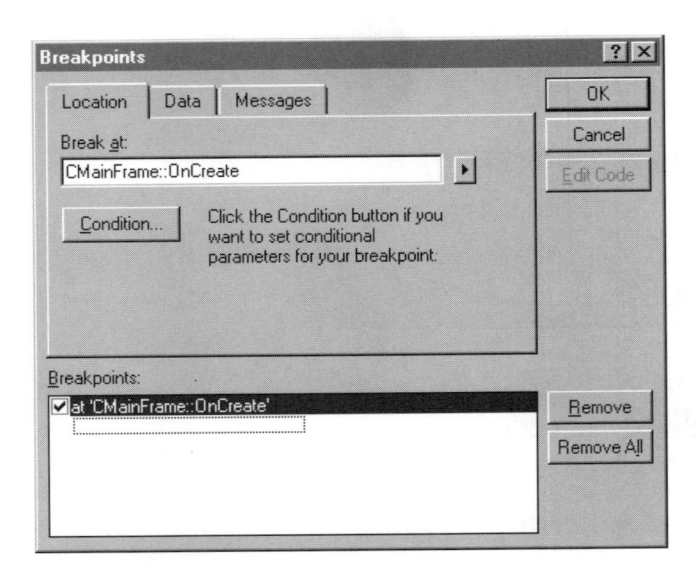

Figura 11.3. El diálogo Breakpoints.

clase y el operador de resolución de ámbito. De este modo, la entrada *OnCreate* no especifica una ubicación de punto de ruptura válida, pero *CMainFrame::OnCreate* sí.

Al teclear un nombre o etiqueta de función en el diálogo Breakpoints, ajusta un punto de ruptura válido en la fuente, pero no proporciona al editor de texto un número de línea. Como el editor de texto necesita un número de línea para visualizar el símbolo de punto de ruptura, no marca la línea en la ventana de documento ni da cualquier otra indicación visual de que la línea etiquetada tenga ahora un punto de ruptura de ubicación. Una lista de puntos de ruptura actuales en la parte inferior del diálogo Breakpoints le proporciona los medios de confirmar la existencia del punto de ruptura nuevo. El símbolo de punto de ruptura de la señal de stop aparece en la lista fuente sólo cuando el depurador está activo.

Para colocar un punto de ruptura de ubicación en una línea particular, teclee un punto seguido del número de línea en el control Break At. Para la línea actual, es decir, la línea en el editor de texto que contiene el cursor, haga clic en el botón pequeño de flecha a la derecha del control y seleccione el número de línea dado. Este botón también le lleva al diálogo Advanced Breakpoint en el que puede especificar una función o etiqueta en un archivo fuente que no sea el visualizado en el editor de texto.

Los puntos de ruptura de ubicación tienen características similares a los marcadores de editor de texto, y Visual C++ implementa puntos de ruptura y marcadores utilizando la misma lógica. Además de marcar una línea específica, un punto de ruptura de ubicación, igual que un marcador con nombre, queda como parte integrante y permanente de su documento hasta que lo elimine. Si edita un documento fuera del entorno de Developer Studio, tanto los puntos de ruptura como los marcadores se desplazan a otra línea. Editar un documento dentro del entorno mientras que el depurador esté activo puede que implique la descolocación de un punto de ruptura de ubicación fuera de su posición, porque el punto de ruptura va adjunto a un número de línea. A medida que el documento crece o decrece de tamaño con la edición, se puede incluir una nueva sentencia fuente en el número de línea asignado al punto de ruptura. Si la nueva línea no contiene una instrucción de programa válido, Visual C++ le advierte de lo que ha pasado cuando inicie la próxima vez el depurador:

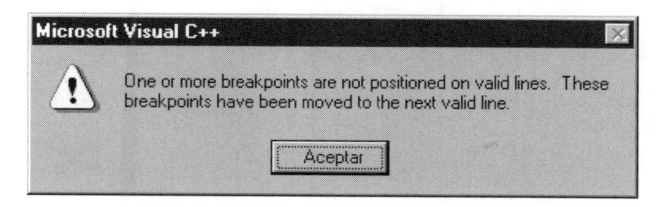

> **Microsoft Visual C++**
>
> ⚠ One or more breakpoints are not positioned on valid lines. These breakpoints have been moved to the next valid line.
>
> [Aceptar]

Al aparecer este mensaje debería escanear el código fuente utilizando el editor de texto, elimine los puntos de ruptura no ubicados y reinstale los nuevos en sus ubicaciones originales. Si edita su código fuente fuera del entorno de Visual C++ o hace cambios mientras que el depurador esté activo, espere ver el mensaje con frecuencia. Es difícil ver una solución práctica al problema de puntos de ruptura descolocados, en particular cuando practica cambios en otro editor. Igual que los señaladores, los puntos de ruptura son punteros más que caracteres incrustados en el documento de código fuente (que sólo harían que se confundiese el compilador), así que modificando el texto fuera del entorno, inevitablemente corre el riesgo de volver a colocar los destinos del puntero. Sin embargo, el problema de descolocación no afecta los puntos de ruptura de ubicación adjuntos a las etiquetas o nombres de funciones que utilizan el diálogo Breakpoints.

Los puntos de ruptura de ubicación permanecen anclados a sus etiquetas, independientemente de cómo cambie el contenido del documento, porque cada vez que corre, el depurador escanea primero el código fuente para las etiquetas, etiquetando con un punto de ruptura cada línea etiquetada. Esta es a menudo una razón atractiva para instalar puntos de ruptura utilizando el diálogo Breakpoints en lugar del método más conveniente de pulsar la tecla F9. Utilizaremos el método de diálogo más adelante en este capítulo para instalar los puntos de ruptura de ubicación con un ejemplo de problema de depurado.

Puntos de ruptura de datos

El diálogo Breakpoints proporciona el único medio para ajustar un punto de ruptura de datos. Un punto de ruptura de datos se dispara cuando una variable especificada cambia de valor o cuando se hace realidad una expresión condicional. Si ha utilizado el antiguo depurador CodeView de Microsoft, probablemente reconozca un punto de ruptura de datos como un nombre nuevo para lo que CodeView llamaba punto de traza. Haga clic en la pestaña Data del diálogo Breakpoints y teclee el nombre de la variable o la expresión que desea que el depurador monitorice (consulte la Figura 11.4). Introduzca una expresión en forma de expresión condicional estándar de Visual C/C++, como por ejemplo *i==100* o *nCount > 25*.

Mientras que el depurador esté activo, puede ajustar un punto de ruptura de datos para una variable fuera del ámbito si teclea primero la expresión en el diálogo Breakpoints y hace a continuación clic en el botón de flecha a la derecha del cuadro de texto etiquetado Enter The Expression To Be Evaluated. Haga clic en el comando Advanced que aparece e introduzca la información de contexto solicitada para permitir al depurador hacer un seguimiento de la variable cuando aparece dentro del ámbito.

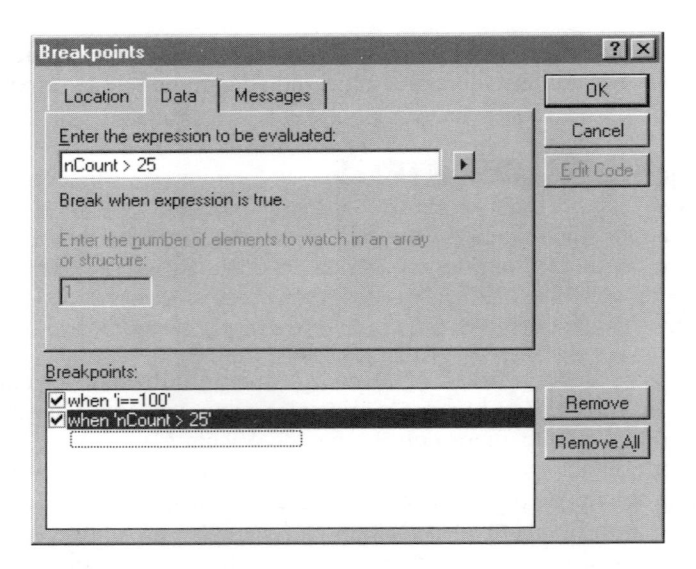

Figura 11.4. Introducción de un punto de ruptura de datos en el diálogo Breakpoints.

El depurador no puede monitorizar un rango de variables identificadas por un puntero, como por ejemplo una matriz o un nombre de estructura, siempre que elimine la referencia al puntero en la expresión. Por ejemplo, al teclear un nombre de matriz tal como *iArray* en el cuadro de texto Enter The Expression no ajusta un punto de ruptura de datos para el primer elemento de la matriz como puede esperar. Debe primero eliminar la referencia al puntero de matriz tecleando *iArray[0]*. Para monitorizar sólo el primer elemento de la matriz, ajuste el número de elementos en el control más pequeño etiquetado Enter The Number Of Elements To Watch. Tenga en cuenta que éste es el número de elementos, no el número de bytes. Si *iArray* contiene números enteros, por ejemplo, al teclear *iArray[0]* en el primer control y el número *10* en el segundo control, hace que el programa se rompa si tiene lugar cualquier cambio en los primeros 40 bytes de la matriz (los números enteros *iArray[0]* hasta *iArray[9]*).

De forma similar, para monitorizar una cadena de bytes de caracteres a la que apunta la variable *pString*, teclee **pString* en el control Enter The Expression. En el control más pequeño, teclee el número de bytes que desea que el depurador monitorice. Al teclear *pString* sin el operador de eliminación de referencia de asterisco, significa que el punto de ruptura se dispara sólo si *pString* se cambia para apuntar a otro sitio. En este caso el depurador monitoriza el propio *pString*, no los contenidos de la cadena a la que apunta.

Como se mencionaba anteriormente, la velocidad de ejecución del programa puede disminuir significativamente cuando esté depurando con puntos de ruptura de datos. La velocidad del programa se degrada cuando coloca más puntos de ruptura de los que el procesador puede alojar en sus registros de depuración, o si ajusta puntos de ruptura de datos para una variable con clase de almacenamiento automático. Los datos automáticos incluyen argumentos de función y variables definidas en una función sin la palabra clave **static**. Esta información reside en una pila de reserva con una existencia parpadeante que depende de si el programa se ejecuta o no. Aunque puede colocar un punto de ruptura de datos para una variable automática, el depurador no utiliza los registros de depuración de proceso para monitorizar el punto de ruptura, así que la ejecución puede disminuir la velocidad mientras que la variable esté dentro del ámbito. El depurador utiliza los registros de depuración sólo para monitorizar los puntos de ruptura de datos para las variables estáticas que existen en la sección de datos del programa, no para los datos locales automáticos en la pila de reserva.

La velocidad de ejecución alargada impuesta por los puntos de ruptura de datos puede ser tan elevada que puede pensar que su programa se ha colgado. Tenga paciencia cuando utilice puntos de ruptura de datos. Si cree que su programa verdaderamente ha dejado de responder por alguna razón, haga clic en el comando Break en el menú Debug de Visual C++. Esto interrumpe el programa y devuelve el control al depurador.

Puntos de ruptura condicionales

Un punto de ruptura condicional es una versión extendida de un punto de ruptura de ubicación. Ajuste el punto de ruptura a una instrucción condicional sólo si una condición especificada se vuelve realidad cuando el control alcanza la instrucción marcada. Los puntos de ruptura condicionales son incalculables en bucles donde la misma instrucción puede que se ejecute muchos cientos de veces. Un punto de ruptura de ubicación colocado en el bucle para la ejecución en cada iteración, lo cual puede que no sea lo que usted desea. Un punto de ruptura condicional le permite romper con la instrucción sólo cuando tenga lugar alguna condición, como cuando el contador de bucle alcance un valor de 100.

Ajuste un punto de ruptura condicional en la pestaña del diálogo Breakpoints. Después de especificar la instrucción de código fuente que desee marcar con el punto de ruptura, haga clic en el botón Condition que se muestra en la Figura 11.3 para visualizar el cuadro de diálogo Breakpoint Condition:

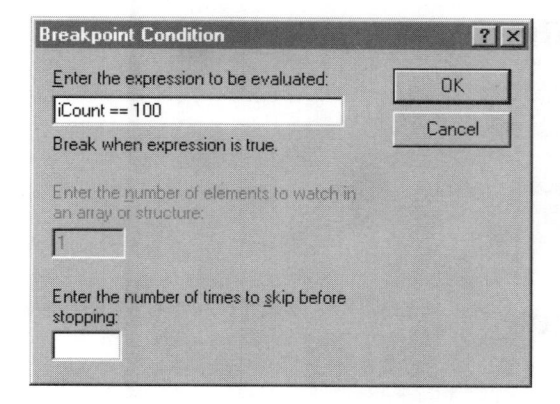

En el control superior del diálogo, teclee la condición de punto de ruptura en la forma de una expresión condicional de Visual C++. Cada vez que se ejecuta la instrucción marcada, el depurador evalúa la expresión y rompe el flujo del programa sólo si la expresión es TRUE o no nula. El cuadro de texto en la parte inferior del diálogo Breakpoint Condition le permite especificar el número de veces que la condición debe aparecer antes de que el depurador interrumpa el programa.

Puntos de ruptura de mensaje

Un punto de ruptura de mensaje se adjunta a un procedimiento de ventana. La ejecución se rompe cuando el procedimiento de ventana recibe un mensaje específico, como por ejemplo WM_SIZE o WM_COMMAND. Los puntos de ruptura de mensaje no son de mucho uso en los programas de C++ que utilizan MFC, porque los procedimientos de ventana normalmente yacen enterrados dentro del marco de trabajo de MFC en lugar de en el código fuente del programa. Para interrumpir un mensaje específico en un programa MFC, ajuste un punto de ruptura de ubicación para la función que maneja el mensaje, que está identificada en el mapa de mensaje de clase.

La Figura 11.5 ilustra cómo ajustar un punto de ruptura de mensaje para un procedimiento de ventana hipotético llamado *ButtonProc,* cuyo prototipo se presenta a continuación:

```
Int CALLBACK ButtonProc( HWND hwnd, UINT msg,
                         WPARAM wParam, LPARAM lParam );
```

Cuando el sistema operativo invoca el procedimiento *ButtonProc,* pasa un valor de mensaje tal como WM_COMMAND o WM_CREATE en el parámetro *msg* que informa al procedimiento del porqué se ha invocado. Para romper la ejecución cuando *ButtonProc* recibe un mensaje específico, haga clic en la pestaña Messages del diálogo Breakpoints y teclee *ButtonProc* en el control Break At WndProc. Haga clic en la flecha en el segundo cuadro de combinación para mostrar la lista desplegable de los identificadores de mensaje y seleccione un mensaje, como por ejemplo el mensaje WM_CREATE que se muestra en la Figura 11.5. Cuando ejecute el programa en el depurador, la ejecución se inicia en la primera línea de *ButtonProc* cuando Windows invoca el procedimiento con el mensaje WM_CREATE.

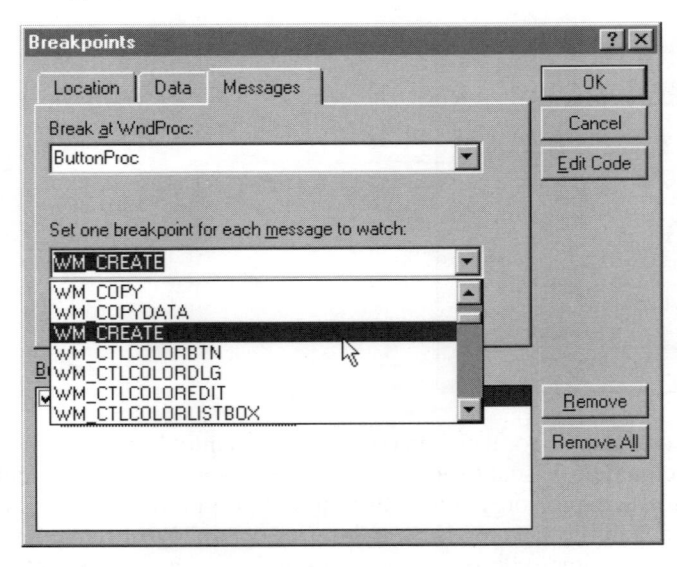

Figura 11.5. Ajuste de punto de ruptura de mensaje en el diálogo Breakpoints.

Como puede ver, un punto de ruptura de mensaje es una forma especializada de punto de ruptura condicional. Puede obtener los mismos resultados en la pestaña Location ajustando un punto de ruptura de ubicación en la etiqueta *ButtonProc* junto con esta condición:

```
msg = WM_CREATE
```

Ejecutar el depurador

Una vez que haya establecido dónde y bajo qué condiciones desea que su programa se detenga, está preparado para ejecutarlo. En este punto el editor de texto, no el depurador, está activo. El ejecutar la versión de depuración de su programa es una cuestión de iniciar el depurador, que a su vez ejecuta el programa.

Elija el comando Start Debug del menú Build, que le presenta cuatro opciones, llamadas Go, Step Into, Run To Cursor y Attach To Process, que se muestran en la Figura 11.6. Utilice el comando Go cuando haya colocado al menos un punto de ruptura en el código fuente. El depurador ejecuta el programa normalmente, parando cuando (y si) el flujo de la ejecución de su programa alcanza un punto de ruptura de ubicación o dispara un punto de ruptura de datos. El comando Step Into hace sólo lo que su nombre indica: se introduce en el programa y se detiene en el primer comando. La primera instrucción de un programa de Windows es el inicio de la función *WinMain*, o para un programa MFC, la función *_tWinMain*. En cualquier caso, el depurador abre el módulo fuente —que para *_tWinMain* es el archivo Appmodul.cpp en la carpeta MFC— y lo visualiza en la ventana fuente.

El comando Run To Cursor detiene la ejecución en la línea fuente sobre la que descansa el cursor. Si no hay ningún archivo fuente abierto en el editor de texto, se deshabilita el comando Run To Cursor. De lo contrario, le proporciona un medio adecuado de saltar rápidamente a un programa sin ajustar un punto de ruptura. Si el flujo del programa dispara un punto de ruptura antes de alcanzar el cursor, la ejecución se para en el punto de ruptura, no en la línea donde esté el cursor. Para continuar la ejecución, vuelva a colocar el cursor en la línea destino y haga clic en Run To Cursor otra vez. El comando Attach To

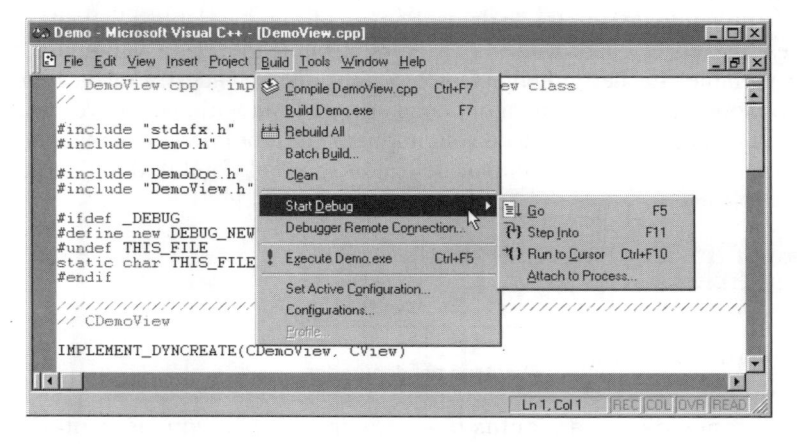

Figura 11.6. Inicio del depurador desde el menú Build.

Process le permite lanzar el depurador y adjuntarlo a un programa que se esté ejecutando actualmente. El depurador lleva a cabo esta proeza a través de los servicios de la función API *DebugActiveProcess,* descrita en la ayuda interactiva.

El depurador proporciona teclas de atajo para los tres primeros subcomandos de Start Debug, así que no tiene que desplegar el menú Build para iniciar la depuración. Las teclas de atajo son F5 para Go, F11 para Step Into y CTRL+F10 para Run To Cursor.

Las ventanas del depurador

Cuando el programa que está depurando se para en un punto de ruptura, el depurador actualiza sus ventanas con información sobre el estado actual del programa. Quizá la más importante de las ventanas del depurador es la ventana fuente, que muestra el código fuente donde se para el programa. Una flecha amarilla pequeña llamada puntero de instrucción aparece en el margen de selección a la izquierda de la instrucción interrumpida (si el margen de selección está deshabilitado, la línea entera aparece realzada en amarillo). La marca identifica la instrucción que no se ha ejecutado todavía, pero es la siguiente de la línea en hacerlo cuando el programa reanuda la ejecución.

La barra de herramientas Debug, que se muestra en la Figura 11.7, aparece en la pantalla cuando el depurador vuelve a tener el control. Los seis botones de la figura etiquetada Debugger Windows actúan como interruptores que muestran u ocultan ventanas acoplables que contienen información sobre el estado actual del programa. La Tabla 11.1 describe el tipo de información visualizado en cada ventana. La barra de herramientas Debug no contiene un botón similar para la ventana fuente, porque el depurador sólo toma prestada la ventana del editor de texto. Abra o cierre la ventana fuente como lo haría con cualquier vista de documento.

La ventana Watch proporciona una visualización de variables especificadas, mostrando los valores actuales a medida que existen mientras que el programa permanece postergado. Las variables de la ventana Watch no tienen nada que ver con la interrupción del flujo del programa, así que no confunda una variable de observación con una variable en la que ha instalado un punto de ruptura de datos. Para añadir una variable a la ventana Watch, haga dos veces clic en el cuadro de nueva entrada punteado en la ventana y teclee el nombre de la variable. La herramienta QuickWatch, que se muestra en la Figura 11.7, proporciona un modo de solicitar un valor actual sin añadir la variable a la ventana Watch. Lo último a tener en cuenta es que puede solicitar al depurador un valor actual simplemente deteniendo momentáneamente el cursor del ratón sobre el nombre de la variable en la

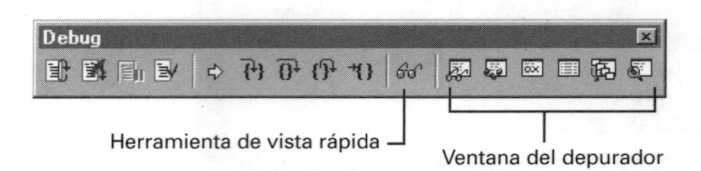

Figura 11.7. Botones de herramientas que activan y desactivan las ventanas del depurador.

Tabla 11.1. Información contenida en las seis ventanas del depurador activadas por botones de la barra de herramientas Debug

Ventana	Botón	Visualiza
Watch		Valores actuales de variables y expresiones seguidas mediante el depurador. Especifica en la ventana Watch aquellas variables de las que siempre desea saber su valor actual siempre que se suspenda el programa.
Variables		Valores actuales de variables accedidas o cerca del lugar de ruptura. La ventana Variables tiene tres pestañas: ❏ **Auto**. Visualiza las variables y los valores de retorno de la función. ❏ **Locals**. Muestra las variables locales de la función actual. ❏ **this**. En un programa C++, identifica el objeto al que apunta actualmente este puntero.
Registers		Contenido actual de los registros de la CPU.
Memory		Copia de memoria de la dirección especificada.
Call Stack		Lista de funciones invocadas que todavía no se han devuelto. La invocación de pila muestra la ruta principal de ejecución a través de las invocaciones de funciones anidadas a la ubicación del punto de ruptura.
Disassembly		Traducción a lenguaje ensamblador del código compilado que complementa la ventana fuente en la pantalla. «Disassembly» significa convertir el código máquina del programa en sus equivalentes instrucciones ensambladas.

ventana fuente. Esto visualiza una ventana emergente de herramienta de consejo que contiene el valor actual:

```
if (bCreateFlag && iID > 1)
{          bCreateFlag = 1
```

Para algunas variables, como los elementos de estructura y los miembros de clase, el nombre solo puede que no proporcione la resolución suficiente al depurador para identificar inequívocamente la variable. En estos casos, debe primero seleccionar los nombres de las variables y de los objetos junto con el operador de punto que conecta (como en *MyClass.Member*) y a continuación detener el cursor del ratón sobre la selección en la ventana fuente.

Mientras que la ventana Watch proporciona una visualización de variables en ámbito independientemente de dónde se accedan en el programa, la ventana Variables se centra en el punto congelado de ejecución. Cualquier variable referenciada en la última instrucción ejecutada antes de que el programa fuese suspendido, y quizás una o dos instrucciones previas, aparecen en la ventana Variables. Puede cambiar el valor de la variable haciendo dos veces clic en la ventana Variables y tecleando un valor nuevo.

La ventana Registers generalmente sólo se utiliza cuando la ventana Disassembly está activa, muestra el estado del registro de procesador tal y como estaba cuando se suspendió el programa. Las etiquetas del procesador Intel descritas en la Tabla 11.2 son etiquetas de bits, cuyos valores puede calcular haciendo dos veces clic en la etiqueta en la ventana Registers. La columna Símbolo de la tabla muestra los símbolos de etiqueta conforme aparecen en la ventana Registers.

Las ventanas del depurador pueden almacenar mucha información, pero normalmente no necesita verlas a todas al mismo tiempo. Las ventanas compiten por el espacio de pantalla con el código fuente visualizado en la ventana fuente, que debería ser siempre visible de modo que sepa dónde está en el programa.

Como se mencionaba en el Capítulo 1, el depurador utiliza la ventana Output del entorno para visualizar los datos de la función *OutputDebugString* o la clase *afxDump*. La ventana Output también muestra los códigos de terminación de los hilos, las notificaciones de excepción de primer nivel y la información de carga. No hay ningún botón de la barra de herramientas Debug para controlar la visualización de la ventana Output porque la ventana pertenece al entorno de Developer Studio, no al depurador. Cambie la visibili-

Tabla 11.2. Etiquetas del procesador Intel

Nombre de etiqueta	Símbolo	Descripción
Overflow	OV	Se ajusta cuando una instrucción entera produce un resultado demasiado pequeño o demasiado grande para que quepa en el registro destino o dirección de memoria.
Direction	UP	Determina la dirección de la cadena repetida y compara instrucciones tales como MOVS (Mover cadena) y CMPS (Comparar cadena).
Enable interrupt	EI	Cuando no hay nada, el procesador ignora las interrupciones hardware tales como la actividad del teclado.
Sign	PL	Contiene el bit de orden alto de una instrucción aritmética (no está claro por qué los diseñadores de Visual C++ eligieron las letras PL para representar el símbolo de etiqueta. No se confunda con la etiqueta de niveles de privilegio de E/S del procesador).
Zero	ZR	Se ajusta cuando el resultado de una instrucción aritmética es cero.
Auxiliary carry	AC	Contiene el acarreo de los cuatro bits de orden bajo del registro AL (conocido como un trozo) después de una instrucción aritmética.
Parity	PE	Se ajusta cuando el valor binario del resultado de una instrucción aritmética tiene un número par de un bit.
Carry	CY	Parecido a la etiqueta Overflow, pero indica un desbordamiento sin signo. Se puede manipular de forma explícita con las instrucciones STC (Ajustar acarreo) y CLC (Eliminar acarreo).

dad de la ventana Output haciendo clic en el botón Output de la barra de herramientas Standard.

Es un poco difícil obtener una impresión de las ventanas del depurador hasta que realmente las utilice. Un programa de ejemplo puede, más adelante en el capítulo, mostrar cómo ayudan las ventanas del depurador en el proceso de depuración.

Ir paso a paso a través de un programa

Cuando siga la pista de un error de programa con el depurador, identifique la sección de código donde cree que surge el problema y coloque el punto de ruptura de ubicación en o justo antes de esa sección. Cuando el depurador detiene el programa en el punto de ruptura, puede a continuación dar un solo paso por el área del problema una instrucción cada vez, comprobando las variables a medida que cambian.

La barra de herramientas Debug tiene un grupo de cuatro botones que se muestran en la Figura 11.8 que le permiten ir paso a paso por un programa detenido. Puede reconocer las herramientas Step por sus flechas y llaves; como veremos, las imágenes expresan muy bien lo que hacen los botones. En el orden mostrado, los botones activan los comandos Step Into, Step Over, Step Out y Run To Cursor. Ya hemos explicado el comando Run To Cursor. Los otros tres necesitan un poco más de explicación.

Los comandos Step Into y Step Over (o sus teclas de atajo equivalentes F11 y F10) le permiten dar unos pasos simples en el programa. Cuando elija Step Into o Step Over, el depurador permite al programa reanudar la ejecución, pero sólo para una instrucción. Después de terminada la instrucción, el depurador detiene otra vez la ejecución. Puede que se pregunte qué constituye una instrucción porque un solo comando en un lenguaje de alto nivel como C++ puede que se traduzca en una docena de instrucciones máquina a nivel del procesador. Depende de si la visualización Disassembly está habilitada. Si lo está, los comandos de un solo paso sólo se ejecutan en la instrucción máquina actual, desplazando el puntero en forma de flecha a la instrucción siguiente en la lista desensamblada. Si la vista Disassembly está desactivada, Step Into o Step Over ejecutan la instrucción de C/C++ en la ventana fuente, procesándose como un grupo, cualquiera que sea el código máquina que construya la instrucción.

Los nombres de Step Into y Step Over tienen más sentido cuando los comandos se utilizan en una instrucción que invoca una función. Tenga en cuenta lo que sucede cuando el depurador detiene la ejecución en la sentencia **if** que se muestra a continuación:

```
If (Function1( hdc, Function2( msg )))
    x = 3
else
    y = 100
```

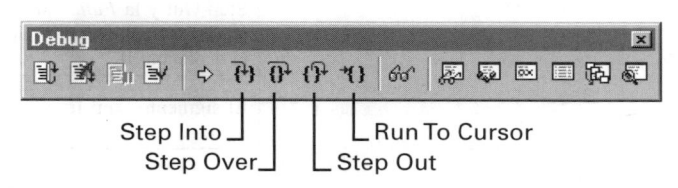

Figura 11.8. Las cuatro herramientas Step de la barra de herramientas Debug.

El comando Step Over hace como su nombre implica, procesar toda la sentencia **if** incluyendo las invocaciones a *Function1* y *Function2*. El programa se detiene otra vez en la sentencia *x=3* o *y=100*, dependiendo del resultado de la expresión **if**. El comando Step Into maneja la situación de forma diferente. Cuando hace clic en el botón Step Into de la sentencia **if**, el depurador da un paso en *Function2* y se detiene en la primera instrucción. Si comprueba la ventana Call Stack en este punto, verá *Function2* en la parte superior de la lista y más abajo del nombre de la función que acaba de dejar.

Aquí tiene dónde resulta útil el comando Step Out. Este comando ejecuta el resto de la función actual y a continuación se detiene en la siguiente sentencia después de la invocación de la función. En otras palabras, cuando se aplica a una invocación de función los comandos Step Into y Step Out juntos tienen el mismo efecto que Step Over. Sin embargo, si la instrucción contiene más de una invocación de función como en nuestro ejemplo, las cosas se complican. Cuando hace clic en el botón Step Into de la sentencia **if** para detener la primera instrucción de *Function2* y a continuación hace clic en Step Out, la flecha del puntero de instrucción se queda apuntando a la sentencia **if**. Esto es así porque *Function2* ha terminado de ejecutarse, pero *Function1* no se ha invocado todavía. Al activar Step Into otra vez, implica que avanza hasta la primera instrucción de *Function1*. Si hace clic en Step Out para volver desde *Function1*, la flecha de instrucción todavía apunta a la sentencia **if** porque la propia prueba **if** no se ha procesado todavía.

Una vista desmontada del código muestra más claramente lo que está sucediendo. Las líneas sombreadas indican las sentencias de fuente C, que están seguidas de las instrucciones equivalentes desmontadas (las líneas desmontadas sirven sólo para ilustrar la cadena interna de sucesos dentro de la sentencia **if**, y no están destinadas a sugerir que la ventana Disassembly está visible). Al principio de la secuencia de código, la flecha del puntero de instrucción amarilla apunta a la sentencia **if**.

```
if (Function1( hdc, Function2( msg )))
    mov     eax, dwrod ptr [msg]
    push    eax
    mov     ecx, dword ptr [this]
    call    @ILT+30(CMyClass::Function2) (0040101e)
    push    eax
    mov     eax, dword ptr [hdc]
    push    eax
    mov     eax, dword ptr [this]
    call    @ILT+85(CMyClass::Function1) (00401055)
    test    eax, eax
    je      CMyClass::Caller+00000071
X = 3;
    mov     dword ptr [x], 00000003
else
    jmp     CMyClass::Caller+00000078
y = 100;
    mov     dword ptr [y], 00000064
```

- La flecha del puntero de instrucción está aquí.
- Primeros procesos Step-Into-Step-Out y la *Function2* termina aquí. La flecha todavía apunta a la sentencia **if**.
- Siguientes procesos Step-Into-Step-Out y la *Function1* termina aquí. La flecha todavía apunta a la sentencia **if**.
- El siguiente Step-Into termina aquí...
- ....o aquí, dependiendo del valor de retorno de *Function1*.

Windows 95 no permite que se den pasos en las funciones API del sistema como los que se muestran aquí:

```
::SelectObject( hdc, ::GetStockObject( BLACK_PEN ) );
```

Si selecciona Step Into en esta instrucción, *GetStockObject* y *SelectObject* ejecutan antes de que el depurador pare la ejecución en la sentencia siguiente. En este caso, Step Into y Step Over tienen el mismo efecto.

Detener y reiniciar el depurador

El botón Restart que se muestra en la Figura 11.9 le permite cancelar la ejecución y reiniciar el programa desde el principio, desechando cualquier reserva actual, tal como recursos del sistema o memoria. El resultado es un panorama limpio, sin que tenga que salir y reiniciar el depurador. Haga clic en el botón Stop Debugging para salir del depurador inmediatamente, eliminando tanto el depurador como el programa en un solo paso. El botón Break Execution tiene el mismo efecto que el comando Break en el menú Debug, deteniendo la ejecución del programa y devolviendo el control al depurador. Utilice el botón Break Execution para detener un programa extraído de un bucle infinito.

La herramienta de flecha pequeña amarilla etiquetada Show Next Statement resuelve claramente un antiguo problema. El seguimiento de un error mientras que el programa está suspendido a menudo requiere la investigación de otras partes del documento y puede que incluso le lleve a otros archivos fuente. Al hacer clic en la flecha Show Next Statement en la barra de herramientas Debug le vuelve a colocar inmediatamente en la instrucción detenida de la ventana fuente. El icono de herramienta propone la flecha del puntero de instrucción que aparece en el margen de selección adyacente a la instrucción detenida.

Correcciones sobre la marcha

Cuando encuentra un error mientras que depura su programa, Visual C++ en muchos casos le permite incorporar correcciones sin detener el depurador. El descubrimiento de que una variable contiene un valor equivocado, por ejemplo, se resuelve a menudo fácilmente tecleando el valor correcto en la ventana Variables antes de continuar la ejecución del programa. Si prefiere reanudar la ejecución del programa desde una nueva instrucción,

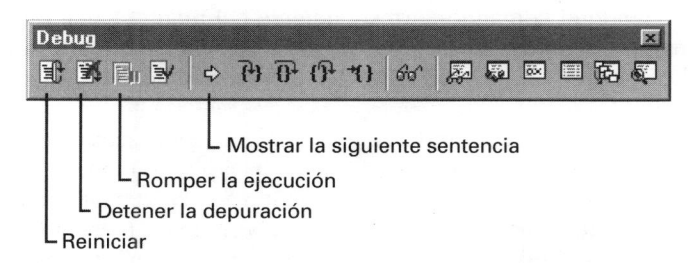

Figura 11.9. Herramientas del depurador que controlan el punto de ejecución.

haga clic en el botón derecho del ratón en la línea deseada de la ventana fuente y elija el comando Set Next Statement del menú contextual:

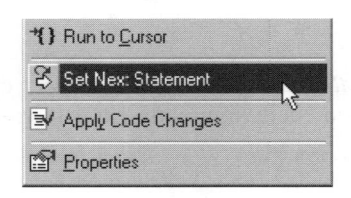

   Esto reinicia el puntero de instrucción a la línea en la que se hace clic, permitiéndole rehacer o saltarse las instrucciones en el programa. Sin embargo, la carga recae sobre usted para asegurar que el desplazamiento del puntero de instrucción no tiene consecuencias adversas. Las asignación de instrucciones son seguras de repetir, como lo son las muchas invocaciones a las funciones API, pero sea prudente al volver a ejecutar una instrucción **new** u otro código que coloque un recurso.
   Teclear un valor nuevo durante una sesión de depuración es la mejor solución temporal. Se supone que con el tiempo saldrá del depurador, fijará el código fuente defectuoso utilizando el editor de texto y volverá a compilar para establecer la corrección de forma permanente. Pero Visual C++ ofrece ahora una alternativa mucho más conveniente para estos pasos tan utilizados, permitiéndole solucionar muchos problemas justo en la ventana fuente del depurador. Cuando reanude la ejecución del programa después de editar la fuente, Visual C++ primero compila el código modificado y reemplaza las instrucciones máquina afectadas por la versión corregida. La solución es permanente, exactamente igual que si hubiese cerrado el depurador, recompilado el código fuente corregido y reiniciado el depurador otra vez.
   Conocido como Edit and Continue, esta característica siempre está disponible durante la depuración, aunque tiene la opción de aplicarla automática o manualmente. Por defecto, la característica se activa automáticamente cuando elige Go o uno de los comandos Step para reanudar la ejecución de un programa interrumpido después de modificar su fuente. Si prefiere tener más control sobre si el código modificado se recompila durante una sesión de depuración, muestre la pestaña Debug del diálogo Options y deseleccione el cuadro de comprobación etiquetado Debug Commands Invoke Edit And Continue. Esto no desactiva la característica Edit and Continue, sino que sólo asegura que el depurador no la invoca sin su permiso. Puede recompilar el código modificado en el depurador siempre que lo desee haciendo clic en el botón Apply Code Changes en la barra de herramientas Debug (Fig. 11.10) o eligiendo el comando correspondiente del menú Debug o del menú contextual de ventana fuente. El comando Apply Code Changes está habilitado sólo cuando ha hecho cambios al código, en la ventana fuente del depurador o en otro editor de texto fuera del entorno de Visual C++.
   El punto de ejecución algunas veces cambia después de que haya recompilado código editado, en cuyo caso el depurador se lo notifica con un mensaje. Si el puntero de instrucción no está donde debiera, reinícielo utilizando el comando Set Next Statement.
   Hay ciertas limitaciones para Edit and Continue que debería tener presentes. Esta característica no reconoce los cambios fuente que son imposibles, impracticables o poco seguros de compilar mientras que se depuran, como por ejemplo:

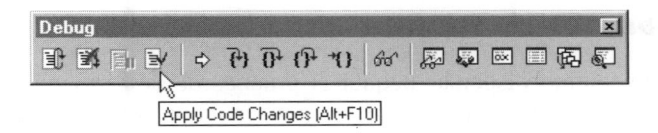

Figura 11.10. Invocación de la característica Edit y Continue del depurador.

- Alteraciones a bloques de manejadores de excepción.
- Eliminación completa de funciones.
- Cambios a definiciones de función y de clase.
- Cambios a funciones estáticas.
- Cambios a datos de recurso en el archivo RC de proyecto.

Intentar reanudar la ejecución a través de Edit and Continue después de hacer cualquiera de estos cambios provoca que el depurador visualice un mensaje de error en la barra de estado explicando el problema. Tiene la opción de seguir depurando utilizando el código original o cerrando el depurador y recompilando el código modificado normalmente. Por razones de seguridad, Edit and Continue posterga la aplicación de cambios a una función hasta que la pila de invocación se «desenrolle» completamente. Si edita la función sobre la que está detenida actualmente la ejecución, y si (como es lo normal) esa función se ha invocado por otra función, el depurador visualiza el mensaje cuando intenta reanudar la ejecución:

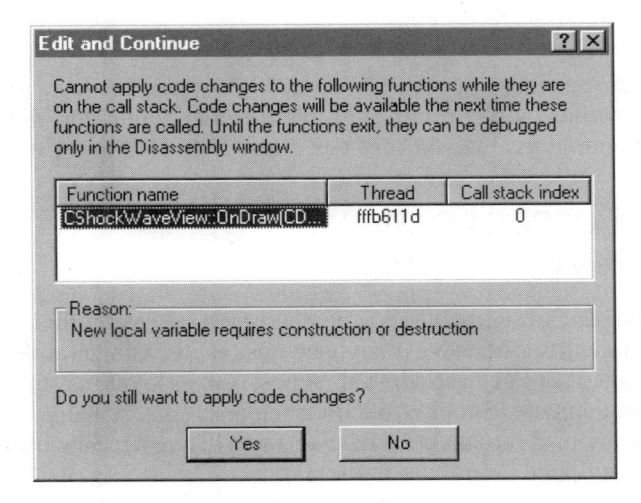

El diálogo no es un mensaje de error. Sólo sirve para recordarle que la función terminará ejecutando su código original, y sus modificaciones no tendrán efecto hasta que la próxima vez la función se ejecute a través de la misma cadena de invocaciones. Haga clic en el botón Yes para continuar la ejecución; haga clic en No para cancelar Edit and Continue y volver al depurador.

Programación de puntos de ruptura

Algunas veces es más conveniente dispersar pequeñas pruebas de confirmación por su programa en lugar de intentar colocar puntos de ruptura en muchos sitios diferentes. La macro ASSERT se utiliza normalmente para este propósito, deteniendo la ejecución sólo si tiene lugar un error. Es instructivo programar nuestros puntos de ruptura creando una simple macro de prueba llamada CHECK que visualiza un mensaje y se detiene si falla una prueba. El punto de ruptura es fácil de programar en la macro, simplemente codificándola como una instrucción utilizando el ensamblaje en línea. Como vimos anteriormente en este capítulo, esta instrucción dirige el control hacia el depurador cuando el procesador la ejecuta.

La macro CHECK dispara el punto de ruptura INT 3 sólo si falla una condición. La macro toma dos parámetros —una expresión que prueba la condición y un puntero a una cadena que explica el error:

```
#ifdef DEBUG
  #define CHECK( b, s ) \
    if (b) \
    { \
      ::MessageBox( NULL, s, "CHECK Error", MBICONINFORMATION ); \
      _asm int 3 \
    }
#else
  #define CHECK (b, s)
#endif
```

Con la macro en su sitio, puede probar la lógica de su programa de este modo:

```
iRet = Function1();
CHECK( iRet != 1, "Valor de retorno equivocado de Function1" );
```

Si la prueba falla, el macro visualiza el mensaje de error y detiene la ejecución en el punto de ruptura. Puede a continuación corregir el problema en el depurador, reinicie el puntero de instrucción, e intente la instrucción otra vez a través de Edit and Continue.

EJEMPLO: DESARROLLO Y DEPURACIÓN DEL PROGRAMA SHOCKWAVE

El programa ShockWave introducido en esta sección proporciona una oportunidad para aplicar parte de estos conocimientos. ShockWave no hace más que visualizar anillos concéntricos en un modelo de onda de colores variados; al menos, esto es lo que se supone que hace. Aunque se compila limpiamente, ShockWave no se ejecuta correctamente. El programa tiene dos errores; uno obvio, el otro un poco menos. Todo lo que necesita hacer para que el programa funcione es un poco de trabajo particular.

ShockWave muestra cómo conseguir una imagen tridimensional a través de las gradaciones de colores. Necesitará un adaptador de vídeo con capacidad de 24 bits de color y al menos un megabyte de memoria de vídeo para ver la imagen 3D, pero como el propósito del programa es demostrar el depurador, no se preocupe sobre cómo aparece en su pantalla. La Figura 11.11 muestra cómo es el programa cuando se ejecuta después de haberse depurado satisfactoriamente.

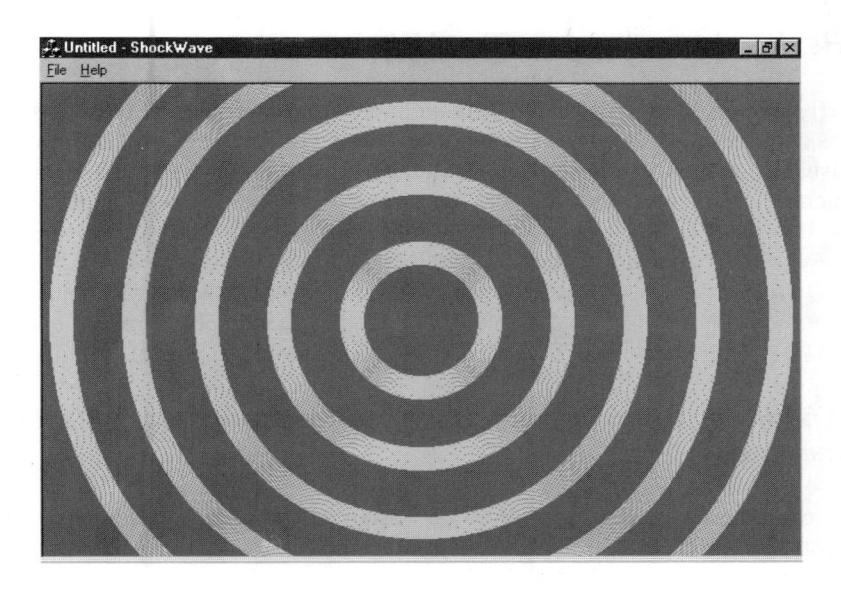

Figura 11.11. El programa de ejemplo ShockWave.

Desarrollo de ShockWave

ShockWave es una aplicación MFC creada con la ayuda de AppWizard. Puede instalar el proyecto desde los archivos de construcción en la subcarpeta Codigo\Capitulo.11\Shock-Wav copiada desde el CD que se acompaña. Los archivos en esta subcarpeta contienen el código fuente defectuoso; la versión corregida del programa está en la carpeta Shock_OK. También puede desarrollar ShockWave usted mismo siguiendo estos seis pasos. El programa es lo suficientemente simple que sólo requiere edición su clase de visualización, así que desarrollar el proyecto partiendo de cero es un ejercicio interesante que no requiere una cantidad inconmensurable de tecleado.

Paso 1: Ejecutar AppWizard para crear el proyecto ShockWave

Haga clic en New del menú File de Visual C++, seleccione el icono MFC AppWizard (exe) en la pestaña Projects, y teclee *ShockWave* como el nombre de proyecto. Haga clic en OK para ejecutar AppWizard y cree el nuevo proyecto ShockWave. Cuando especifique las opciones del proyecto, seleccione el botón de radio Single Document en el paso 1 de AppWizard y deshabilite la barra de herramientas de acoplamiento, la barra de estado inicial e imprima el soporte en el paso 4.

Los nombres de los archivos fuente que AppWizard crea difieren ligeramente de los del CD, que están restringidos a ocho letras o menos para que se ajusten a los editores de texto más antiguos que no reconocen nombres de archivo largos. Aunque los nombres de archivo difieran, el código fuente en los archivos concuerda exactamente con el código descrito en estos seis pasos.

Paso 2: Revisar los menús de ShockWave

ShockWave requiere sólo un comando de menú para salir del programa, por ello no necesita los otros comandos que AppWizard añade al recurso de menú. Al utilizar el editor de menú de Visual C++, modifica los menús de ShockWave, de modo que sólo tiene un menú File y un menú Help como estos:

Paso 3: Añadir las funciones de manejador de mensaje utilizando ClassWizard

ShockWave cambia el tamaño del modelo de onda para rellenar la ventana de cliente, realizando cambios en el tamaño de la ventana. También centra modelos de onda nuevos con los clics de ratón dentro del área de cliente. Para responder a estos eventos, ShockWave captura los mensajes de WM_SIZE y WM_LBUTTONDOWN con funciones de manejador llamadas *OnSize* y *OnLButtonDown*.

Añada estas funciones de manejador a la clase *CShockWave* haciendo clic en el comando ClassWizard en el menú View. En la pestaña Message Maps, ajuste *CShockWaveView* como el nombre de clase y seleccione WM_SIZE en el cuadro de mensaje. Haga clic en el botón Add Function para crear automáticamente la función *OnSize*, que maneja el mensaje WM_SIZE. Haga lo mismo para que el mensaje WM_LBUTTONDOWN añada la función *OnLButtonDown*, como se muestra en la Figura 11.12. Añadiremos código a las

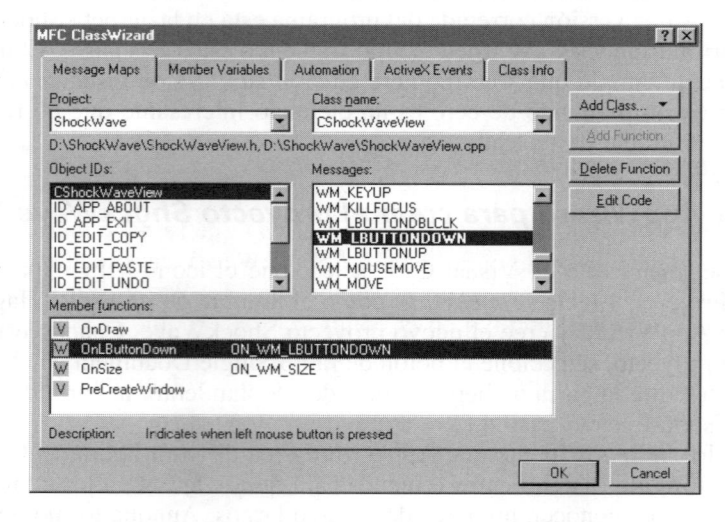

Figura 11.12. Creación de las funciones de manejador *OnSize* y *OnLButtonDown* en ClassWizard.

funciones de manejador en breve. Cierre el diálogo ClassWizard antes de ir al paso siguiente.

Paso 4: Editar el archivo ShockWaveView.h

Abra el archivo ShockWaveView.h en el editor de texto y ubique la declaración de clase *CShockWaveView* (en el CD adjunto, el archivo se llama ShockVw.h). Añada las líneas de código sombreadas que se muestran aquí:

```
// ShockVw.h : interfaz de la clase CShockWaveView
//
/////////////////////////////////////////////////////////////////////
#define     NUM_COLORS   6
#define     RED          0
#define     GREEN        1
#define     BLUE         2
#define     CYAN         3
#define     MAGENTA      4
#define     GRAY         5

class CShockWaveView : public CView
{
private:
    CPoint      center;
    CRect       rectClient;
    COLORREF    rgb[NUM_COLORS];
    int         iColor;

protected:                         // crear sólo a partir de la serialización
    CShockWaveView();
    DECLARE_DYNCREATE(CShockWaveView)
    :
```

Paso 5: Editar el archivo ShockWaveView.cpp

El archivo ShockWaveView.cpp (o ShockVw.cpp en el CD que se acompaña) contiene todos los detalles de implementación para la clase *CShockWaveView*. Requiere también algunos añadidos, que se muestran en las líneas sombreadas. La WizardBar proporciona un modo conveniente de abrir el archivo en el editor de texto. Como el editor de texto actualmente visualiza el archivo de cabecera de clase, haciendo clic en el icono de varilla en la WizardBar, abre el archivo CPP de implementación. Puede volver inmediatamente al archivo de cabecera haciendo clic en la misma herramienta.

La lista siguiente muestra el código fuente para todo el archivo ShockWaveView.cpp. He intercalado comentarios después de cada función importante para explicar lo que sucede.

```
// ShockVw.cpp : implementación de la clase CShockWaveView
//
```

```
#include "stdafx.h"
#include "ShockWav.h"

#include "ShockDoc.h"
#include "ShockVw.h"
#include <math.h>

#ifdef _DEBUG
#define new DEBUG_NEW
#undef THIS_FILE
static char THIS_FILE[] = __FILE__;
#endif

/////////////////////////////////////////////////////////////////////////////
// CShockWaveView

IMPLEMENT_DYNCREATE(CShockWaveView, CView)

BEGIN_MESSAGE_MAP(CShockWaveView, CView)
    //{{AFX_MSG_MAP(CShockWaveView)
    ON_WM_SIZE()
    ON_WM_LBUTTONDOWN()
    //}}AFX_MSG_MAP
END_MESSAGE_MAP()

/////////////////////////////////////////////////////////////////////////////
// CShockWaveView construcción/destrucción

CShockWaveView::CShockWaveView()
{
    SYSTEMTIME st;
    ::GetSystemTime( &st );
    srand( (int) st.wMilliseconds );        // Calcula el número aleatorio

    rgb[0] = RGB( 128,   0,   0 );          // Rojo
    rgb[1] = RGB(   0, 128,   0 );          // Verde
    rgb[2] = RGB(   0,   0, 128 );          // Azul
    rgb[3] = RGB(   0, 128, 128 );          // Cian
    rgb[4] = RGB( 128,   0, 128 );          // Magenta
    rgb[5] = RGB( 128, 128, 128 );          // Gris

    iColor = 1;                             // Inicia con verde
}

CSshockWaveView::~CShockWaveWiew()
{
}
```

El constructor de *CShockWaveView* inicializa la matriz *rgb* con valores COLORREF para seis colores. ShockWave selecciona aleatoriamente uno de estos colores cuando visualiza un modelo de onda de choque. La variable *iColor* mantiene un valor de índice para *rgb* que determina qué color utiliza el programa para pintar las ondas de choque.

El constructor invoca la función API de Windows *GetSystemTime* para recuperar el componente de milisegundos del tiempo del sistema actual. Este valor, que va desde 0 a 999, proporciona un valor inicial conveniente para la función *srand*, la generadora de números aleatorios en tiempo de ejecución de C.

```
BOOL SShockWaveView::PreCreateWindow(CREATESTRUCT& cs)
{
    HCURSOR hCur = ::LoadCursor( NULL, IDC_CROSS );

    cs.lpszClass = AfxRegisterWndClass( CS_HREDRAW | CS_VREDRAW,
                                        hCur, NULL );
    ::DeleteObject( hCur );

    return TRUE;
}
```

ShockWave visualiza el cursor del ratón en forma de cruz en vez de en forma de flecha normal. Este ligero refinamiento expresa más claramente al usuario la idea de apuntar algún punto en el área de cliente con el cursor del ratón y hacer a continuación clic en ellas. ShockWave utiliza las coordenadas de clic como el centro para el nuevo modelo de onda. Para cambiar la forma de cursor de ventana, *CShockWaveView* anula la función virtual *PreCreateWindow*. El marco de trabajo invoca *PreCreateWindow* justo antes de crear la ventana principal del programa, pasando a la función un puntero para una estructura CREATESTRUCT. La estructura contiene los ajustes que MFC planea utilizar para la ventana. Al anular *PreCreateWindow* le da al programa la oportunidad de modificar cualquiera de las características de la ventana, como por ejemplo su forma de cursor, antes de que MFC cree la ventana.

En la implementación de *CShockWaveView*, *PreCreateWindow* carga primero la forma del cursor en forma de cruz estándar de Windows, que tiene un valor de identificación de IDC_CROSS. La función a continuación registra una clase de ventana, asignándole el cursor en forma de cruz y un pincel de fondo con un valor de NULL. Un color de fondo NULL indica al sistema operativo que no debería volver a pintar el fondo de la ventana cuando cambia el tamaño de la ventana. Como el color de ventana cambia de forma aleatoria con cada onda de choque nueva, el propio ShockWave asume la responsabilidad de pintar el fondo.

Puede que se acuerde de que el programa de ejemplo Color presentado en el Capítulo 5 también pinta su propio fondo. El programa Color no ajusta las etiquetas de creación de ventana como lo hace ShockWave, pero en su lugar consigue el mensaje WM_ERASEBKGND para impedir que el sistema operativo pinte la ventana. Los dos programas demuestran técnicas diferentes que consiguen el mismo resultado.

```
////////////////////////////////////////////////////////////////
// Dibujo de CShockWaveView

#define PI         3.1415926
#define NUM_RINGS  5
```

```cpp
void CShockWaveView::OnDraw(CDC* pDC)
{
    CPen        pen;
    CRect       rect;
    COLORREF    color;
    int         i, j, iPeriod;
    double      Angle;

    // Ajusta el sistema de coordenadas para la onda más grande

    i = min( rectClient.right, rectClient.bottom ); // i = diámetro
    pDC->SetMapMode( MM_ISOTROPIC );
    pDC->SetWindowExt( i, i );
    pDC->SetViewportExt( rectClient.right, -rectClient.bottom );
    pDC->SetViewportOrg( center.x, center.y );

    i = max( rectClient.right, rectClient.bottom )/2; // i = radio
    rect.SetRect( -i, -i, i, i );
    iPeriod = i/(2*NUM_RINGS);

    // Dos bucles: el bucle 1 visualiza una onda por iteración
    //             el bucle 2 dibuja una gradación de color
    //             por iteración

    for (j=0; j < NUM_RINGS; j++)
    {
        for (Angle=0.0, i=1; i < iPeriod; i++)
        {
            Angle += PI/iPeriod;
            color = 128 + (DWORD)(128.0 * sin( Angle ));
            if (color > 255)
             color = 255;

            switch (iColor)
            {
             case GREEN:
                color <<= 8;
                break;

             case BLUE:
                color <<= 16;
                break;

             case CYAN:
                color = RGB( 0, (int) color, (int) color );
                break;

             case MAGENTA:
                color = RGB( (int) color, 0, (int) color );
                break;

             case GRAY:
                color = RGB( (int) color, (int) color, (int) color );
                break;
            }
            rect.InflateRect( -1, -1 );
            pen.CreatePen( PS_SOLID, 1, color );
            pDC->SelectObjetc( &pen );
            pDC->Ellipse( rect );
            pDC->SelectStockObject( BLACK_PEN );
```

```
            pen.DeleteObject();
        }
        rect.InflateRect( -iPeriod, -iPeriod );
    }
}
```

La función *OnDraw* asume todo el trabajo de visualizar un modelo de onda. Traza cada onda en una serie de finos círculos concéntricos, cada círculo tiene un píxel de ancho, empezando en el extremo externo de la onda y trabajando hacia el centro (por esta razón, el modelo de onda parece implosionar en lugar de explosionar, conforme aparece en la pantalla). Para cada círculo de un píxel de ancho, el código aumenta o disminuye ligeramente la intensidad (luminosidad) del color actual. Las gradaciones resultantes de intensidad le dan a las ondas su apariencia tridimensional distintiva.

La función traza el modelo de onda en dos bucles, uno anidado dentro del otro. El bucle externo se repite cinco veces, trazando una onda completa en cada iteración. El bucle interno traza un círculo de un píxel de ancho a cada iteración, continuando hasta que ha trazado los círculos suficientes para formar una onda entera. Para cada círculo, el bucle interno crea una pluma de contexto de mecanismo nuevo que adopta el color actual indexado por *iColor*, ajustando ligeramente la intensidad del color. Una sola línea de código varía la intensidad por iteración desde un valor de luminosidad media de 128 hasta un valor máximo de 255:

```
color = 128 + (DWORD))(128.0 * sin( Angle ));
```

Como el color de fondo de la ventana tiene un valor de intensidad de 128, cada onda parece emerger del fondo como una curva sinusoidal.

```
/////////////////////////////////////////////////////////////////
// Manejadores de mensaje de CShockWaveView

void CShockWaveView::OnSize(UINT nType, int cx, int cy)
{
    CView::OnSize(nType, cx, cy);
    rectClient.SetRect(22, 0, cx, cy );
    center.x = cx/2;                        // Centro de la onda de choque
    center.y = cy/2;
}
void CShockWaveView::OnLButtonDown(UINT nFlags, CPoint point)
{
    CView::OnLButtonDown(nFlags, point);
    center = point;
    iColor = rand();
    Invalidate( FALSE );
}
```

El paso 3 de este ejercicio ha utilizado ClassWizard para añadir funciones de manejador para los mensajes WM_SIZE y WM_LBUTTONDOWN. Aquí añadimos códigos a las funciones tope que ClassWizard ha creado.

Cuando el tamaño de la ventana cambia, el manejador *OnSize* centra la onda en la ventana de cliente y registra las nuevas dimensiones de ventana en *rectClient*. La función *OnDraw* utiliza más adelante estas dimensiones para asegurar que el modelo de onda rellena la ventana. La función *OnLButtonDown* registra las coordenadas de un clic de ratón dentro del área de cliente, que determina el centro del siguiente modelo de onda. La función selecciona también al azar un color nuevo de los seis disponibles en la matriz *rgb* e invoca *Invalidate* de modo que la ventana se vuelve a pintar con el nuevo modelo de onda.

Paso 6: Construir y ejecutar el programa ShockWave.exe

Asegúrese de que la barra de herramientas Build muestra Win32 Debug como la configuración de programa actual:

Haga clic en el botón Build en la barra de herramientas (o elija el comando desde el menú Build) para crear una versión de depurado de ShockWave, y a continuación haga clic en el comando Execute para ejecutar el programa.

Depuración de ShockWave

El primer error es obvio (aunque no fatal) cuando ejecuta por primera vez ShockWave. La ventana de cliente parece ser transparente, permitiendo a las barras de herramientas en el texto en Visual C++ aparecer dentro de la ventana ShockWave. Probablemente ya haya visto lo que está mal, pero vamos a ver de todos modos el programa con el depurador para identificar claramente la causa del problema. Cierre el programa ShockWave aquejado de problemas utilizando su comando Exit.

Para empezar a depurar, utilice el editor de texto para ver el documento ShockWaveView.cpp (o ShockVw.cpp). El error probablemente surge en algún sitio de la clase de visualización porque contiene la única parte del código fuente que requiere amplias modificaciones. Como hay algo que no funciona en la ventana de ShockWave, deberíamos sospechar al principio de las funciones *PreCreateWindow* y *OnDraw,* las dos funciones modificadas anteriormente en el paso 5 de este ejercicio. La primera función ajusta las características de la ventana; la segunda función traza los contenidos de la ventana.

Haga clic en el comando Breakpoints en el menú Edit y teclee *CShockWaveView::PreCreateWindow* en la pestaña Location del diálogo Breakpoints. Pulse INTRO y teclee *ShockWaveView::OnDraw* en el mismo lugar. Esto instala un punto de ruptura de ubicación al principio de cada presunta función. Haga clic en el botón OK para volver al editor. Ahora pulse F5 para iniciar el depurador. La actividad de disco indica que Visual C++ está lanzando el depurador, que a su vez corre ShockWave.exe. La ventana fuente del depurador aparece entonces con la flecha de instrucción apuntando a la primera línea de la función *CShockWaveView::PreCreateWindow.* El programa ShockWave se ha detenido en el primero de los dos puntos de ruptura de ubicación que instalamos. La ventana de Visual C++ ahora aparece como muestra la Figura 11.13.

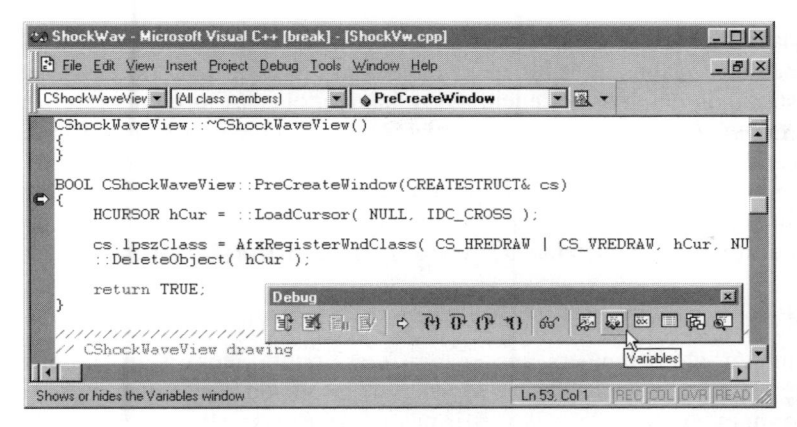

Figura 11.13. El programa ShockWave detenido en un punto de ruptura en el depurador de Visual C++.

La función PreCreateWindow *a fondo*

Haga clic en la herramienta Variables de la barra de herramientas Debug, que se muestra en la Figura 11.13, para mostrar la ventana Variables. La ventana Variables enumera las variables referenciadas por la última línea ejecutada, que en este caso significa el argumento sencillo *cs* accedido por el prólogo de la función. El argumento *cs* apunta a la estructura CREATESTRUCT que MFC utilizará para crear la ventana ShockWave. Haciendo clic en el botón más (+) adyacente al nombre de *cs* en la ventana Variables amplía la lista para mostrar las variables de miembro de la estructura.

Puede hacer la columna Name más ancha en la ventana Variables si algunos de los nombres son demasiados largos para que quepan en la columna. Coloque el cursor del ratón en el divisor entre las dos etiquetas de columna, justo a la izquierda de la etiqueta Value, y arrastre el divisor a la derecha o a la izquierda para cambiar el tamaño de las columnas. Haciendo dos veces clic en el divisor, ajusta la anchura de la columna automáticamente para ajustar el nombre más largo a la columna:

Pulse la tecla F10 o haga clic en el botón de la herramienta Step Over para ejecutar el código de prólogo de la función. El puntero se detiene en la línea siguiente de la función *PreCreateWindow*:

```
HCURSOR hCur = ::LoadCursor( NULL, IDC_CROSS );
```

La ventana Variables ahora incluye el valor actual de *hCur*, pero como la instrucción no se ha ejecutado todavía, el valor que se muestra en la ventana no tiene significado. Ejecute la instrucción pasando por encima de ella, dándole a *hCur* el valor devuelto por la función API *LoadCursor*. El valor nuevo aparece en rojo para indicar que la última instrucción ha cambiado el valor de *hCur*. La codificación de color es un bonito rasgo de algunas ventanas del depurador, que le permite ver rápidamente cuáles de los valores de variables enumerados ha cambiado la instrucción.

Pulse F10 otra vez para ejecutar la invocación para *AfxRegisterWndClass*:

```
cs.lpszClass = AfxRegisterWndClass( CS_HREDRAW | CS_VREDRAW, hCur, NULL );
```

La ventana Variables muestra que *cs.lpszClass* apunta ahora a un nombre de clase válido —algo así como *Afx:400000:3:13ce:0:0*—, asignado por el marco de trabajo de MFC. El valor nuevo para *cs.lpszClass* afirma que *AfxRegisterWndClass* se ha ejecutado correctamente. Esto no es ninguna sorpresa; debido a que el sistema operativo crea la ventana ShockWave correctamente, la clase se debe registrar debidamente. El trazado de la ventana, no su creación, es el problema, así que el error debe aparecer en la función *OnDraw*. Vamos a desplazarnos al punto de ruptura siguiente pulsando la tecla F5 o eligiendo Go del menú Debug. A medida que lo haga, observe la pantalla cuidadosamente.

La función OnDraw a fondo

La ejecución continúa brevemente hasta que el flujo del programa alcanza el siguiente punto de ruptura, que colocamos anteriormente en la función *OnDraw*. Al llegar a este punto del programa, probablemente vio la ventana ShockWave dar una señal de vida y a continuación desaparecer. La ventana ShockWave todavía existe, pero al volver a obtener el control, las ventanas del depurador la han anulado. Puede mostrar la ventana de ShockWave minimizando Visual C++. Tenga en cuenta que ShockWave está completamente inactivo; ni siquiera tiene todavía una barra de menú. El control en este punto pertenece al depurador.

Vuelva al depurador y pulse F10 repetidamente para dar un solo paso sobre las declaraciones de datos a esta sección de código:

```
pDC->SetMapMode( MM_ISOTROPIC );
pDC->SetWindowExt( i, i );
pDC->SetViewportExt( rectClient.right, -rectClient.bottom );
pDC->SetViewportOrg( center.x, center.y );
```

La primera línea ajusta el modo de mapeado a MM_ISOTROPIC, asegurando que las ondas aparecen en la pantalla como círculos, no como elipses. Las dos líneas siguientes del fragmento ajusta la extensión de la ventana y del puerto de visualización para que cubran toda el área de cliente de ShockWave. La última línea instala el origen de puerto de visualización al centro de la ventana. Como muchas funciones MFC, estas funciones de miembro *CDC* devuelven un valor positivo cuando son satisfactorias, o devuelven NULL para indicar un problema. Sería sorprendente que estas funciones fallasen, así que no garantizan el restablecimiento del programa con código adicional para comprobar los valores de retorno. Aunque ShockWave no almacena los valores de retorno de la función, puede visualizar los valores en la ventana Variables para asegurarse de que las funciones se ejecutan correctamente. Conforme pasa por cada función, la ventana visualiza un valor de retorno como este:

```
Variables
Context: CShockWaveView::OnDraw(CDC *)
Name                          Value
                              hWnd=0x00000464}
  CDC::SetMapMode returned    1
Auto   Locals   this
```

Si una función devuelve un código de error cuando pasa sobre ella, el depurador puede traducir el valor de retorno en un mensaje significativo. En la ventana Watch, haga dos veces clic en el cuadro de la entrada punteado en la columna Name y teclee *err,hr*. Al determinar el valor para esta entrada, el depurador invoca la función API *GetLastError* y convierte los resultados en texto útil, como por ejemplo «The handle is invalid» (El manejador no es válido).

La ventana Registers también proporciona otro modo de comprobar los valores de retorno. En los procesadores basados en Intel, una función Win32 que devuelve un valor lo coloca en el registro EAX justo antes de salir (los valores de retorno de 64 bits ocupan el par de registros EDX:EAX). Para comprobar un valor de retorno de función, simplemente eche un vistazo a EAX en la ventana Registers inmediatamente después de pasar sobre la invocación de la función. Como la ventana Variables, la ventana Registers visualiza valores nuevos en rojo, indicando qué registros ha cambiado la última instrucción. Como ninguna de las funciones anteriores devuelve un valor de cero, sabemos que esta sección de código se ejecuta correctamente. En este punto, ShockWave está en el aire en el inicio de los dos bucles que trazan el modelo de onda.

Pero falta algo. El programa no debería trazar las ondas circulares todavía, porque el fondo del área de cliente de ShockWave todavía permanece sin pintar.

Recuerde que la función *PreCreateWindow* modificada en el paso 5 indica a Windows que vuelva a pintar el fondo de ShockWave. Este era el propósito del valor del pincel NULL dado a *AfxRegisterWndClass* cuando registra la clase de ventana. Así que como se ha solicitado, Windows crea correctamente la ventana sin rellenar el área de cliente. El problema es que ShockWave no cumple su parte del trato. Alguien tiene que volver a pintar el fondo de la ventana; si no el sistema, el propio ShockWave deberá hacerlo. Hay una solución para el primer error: ShockWave debe pintar el fondo de la ventana antes de trazar el modelo de onda.

Tenemos aquí la elección de corregir el código fuente y reanudar la ejecución a través de Edit and Continue, pero al mostrar la ventana Call Stack vemos que la función *OnDraw* es la última línea de las distintas invocaciones de función anidadas a través del núcleo y el marco de trabajo de MFC. Esto significa que cualquier corrección no tendrá efecto inmediatamente, sino sólo cuando la función se vuelva a ejecutar. Para nuestros propósitos, resulta igual de fácil parar el depurador y volver al editor.

Esto trae a luz una situación interesante. Puede suponer que continuar con la ejecución de ShockWave sea un modo prudente de detener el depurador. Podríamos salir de ShockWave normalmente utilizando su comando Exit y el depurador se pararía, devolviéndonos al editor de texto. Bien, inténtelo. Pulse F5 para continuar ejecutando ShockWave.

Nunca puede alcanzar el menú ShockWave de este modo, porque cada vez que pulsa la tecla F5, la ventana de ShockWave aparece sólo de forma muy breve antes de que vuelva de dejarla en el punto de ruptura en la función *CShockWaveView::OnDraw*. No es difícil ver lo que está pasando. Cuando ShockWave vuelve a tener la atención, debe aparecer en la parte superior de Visual C++ y cualquier otra ventana en la pantalla. Windows envía a ShockWave un mensaje WM_PAINT indicándole que se vuelva a pintar a sí mismo. Pero al volverse a pintar, el marco de trabajo invoca la función *OnDraw* de ShockWave, disparando el punto de ruptura. El depurador a continuación obtiene la atención y Visual C++ lo visualiza justo sobre la ventana de ShockWave. Cada vez que pulsa F5 para continuar la ejecución de ShockWave, el proceso se repite en un ciclo interminable. Puede romper el ciclo eliminando o desactivando el punto de ruptura antes de pulsar la tecla F5, pero el botón Stop Debugging en la barra de herramientas Debug (o su comando equivalente en el menú Debug) proporciona un medio mejor de terminar el depurador:

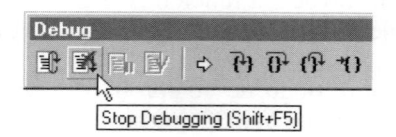

El comando le devuelve al editor, dejando todos los puntos de ruptura en su lugar.

Revisar y reconstruir de ShockWave

El pintar el fondo de la ventana no requiere mucho código. En el editor de texto, añada las líneas que se muestran en gris de modo que la función *OnDraw* aparezca del modo siguiente:

```
void CShockWaveView::OnDraw(CDC* pDC)
{
    CPen       pen;
    CRect      rect;
    COLORREF   color;
    int        i, j, iPeriod;
    double     Angle;
    CBrush     brush

    // Pinta el área de cliente con el color actual

    brush.CreateSolidBrush( rgn[iColor] );
    pDC->FillRect( rectClient, &brush );
    pDC->SelectStockObject( NULL_BRUSH );
    brush.DeleteObject();
    ⋮
```

Las líneas en gris ubican un pincel con el color actual indexado por *iColor*, pinte el área de cliente con él y a continuación destruya el pincel. Con el código nuevo en su lugar, construya una versión de depuración de ShockWave otra vez y ejecútela utilizando el comando Execute en el menú Build. Debería aparecer correctamente esta vez, esto es, su fondo pintado con una intensidad media de verde.

El segundo error

ShockWave todavía tiene otro error en él. Este error es más interesante que el primero, porque demuestra cómo Visual C++ le permite encontrar los errores de programa incluso cuando el depurador no está activo. Para ver el segundo depurador, haga clic en el ratón en cualquier sitio en la ventana de ShockWave. Según el diseño del programa, esta acción debería eliminar la ventana, volver a pintarla con uno de los seis colores disponibles y volver a trazar el modelo de onda centrado en las coordenadas del clic del ratón. Puede que tenga que hacer clic varias veces, pero con el tiempo Windows visualiza este mensaje:

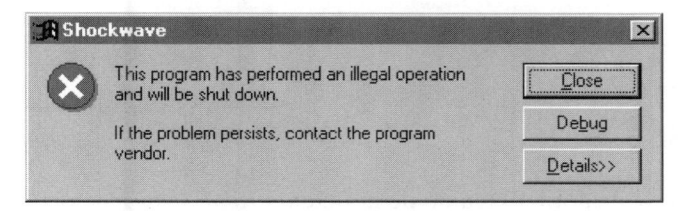

En algún sitio ShockWave ha intentado acceder a la memoria que no le pertenece. Cuando esto sucede a una versión definitiva de un programa, no tiene otra opción que hacer clic en el botón Close para terminar el programa, construir una versión de depuración equivalente, lanzar el depurador otra vez y esperar que pueda volver a crear el error. Pero el mensaje anterior le da otra opción. Si hace clic en el botón Debug, Windows automáticamente inicia el depurador, incluso si Visual C++ no está actualmente ejecutándose. Todavía mejor, se encuentra mirando el programa ShockWave tal y como existe inmediatamente después del error. No tiene necesidad de adivinar qué línea provocó el defecto de protección; la flecha del puntero de instrucción amarillo está señalándola. Microsoft llama a este rasgo depuración Just-in-time.

Según la ventana fuente, el programa se rompió con la primera instrucción de la función *CShockWaveView::OnDraw*:

```
brush.CreateSolidBrush( rgb[iColor] );
```

Esta es una de las líneas que acabamos de añadir; crea un pincel que *OnDraw* utiliza para pintar el fondo de la ventana de cliente de ShockWave. La variable *iColor* mantiene un índice para la matriz *rgb*, que está declarada en ShockWaveView.h, como se muestra a continuación:

```
#define     NUM_COLORS 6
⋮
COLORREF    rgb[NUM_COLORS];
```

El valor actual de *iColor* determina de este modo el color utilizado para el pincel de fondo. Eche un vistazo a *iColor* en la ventana Variables. Debería tener un valor de 6 o más, lo que significa que el color actual para el pincel es el elemento $iColor^{-ésimo}$ de la matriz *rgb*, que es...

Ahí está el problema. Dándole a *iColor* un valor mayor de 5 significa que el programa intenta acceder a un elemento de la matriz *rgb* que no existe, una receta segura para un error de protección. Hemos encontrado un error, pero ¿cuál es la causa? La variable *iColor* recibe un valor sólo en la función *CShockWaveView::OnLButtonDown*, que se ejecuta cuando el sistema detecta un clic de ratón en el área de cliente:

```
void CShockWaveView::OnLButtonDown(UINT nFlags, Cpoint point)
{
    CView OnLButtonDown(nFlags, point);

    center = point;
    iColor = rand()
    Invalidate( False )
}
```

La línea

```
iColor = rand();
```

asigna a *iColor* un número aleatorio obtenido de la función *rand*. Esta función de tiempo de ejecución de C devuelve un valor desde 0 hasta RAND_MAX, que el archivo de cabecera Stdlib.h define como 0x7FFF o 32.767. ¡Caramba! No se preocupe por qué *iColor* termine con un valor tan elevado. Necesitamos asegurar que el valor de *iColor* nunca supere el número de elementos de la matriz *rgb* de modo que la función *OnDraw* acceda sólo a elementos de color válidos. Puede limitar el valor de *iColor* reemplazando la línea defectuosa por esta:

```
iColor = rand() % NUM_COLORS;
```

Esto soluciona el segundo error restringiendo *iColor* a un valor de 0 a 5. Si reconstruye ShockWave y lo ejecuta otra vez a través del comando Execute, verá que el programa corre del modo que se pretendía.

CASOS ESPECIALES DE DEPURACIÓN

Los programas Win32 cubren una amplia gama de tareas, y los ejemplos simples descritos en este capítulo casi seguro que no se aplican directamente a sus propios programas. Eso es por lo que he intentando concentrarme en la técnica en lugar de en lo específico. Tenga la seguridad de que por muy inusual o sofisticado que sea su aplicación Win32, el depurador de Visual C++ puede ayudarle a conocer su interior.

Aquí tiene algunos consejos sobre cómo depurar un programa que utiliza características Win32. El depurador de Visual C++ puede interceptar excepciones, manejar aplicaciones con múltiples hilos y depurar cliente de ActiveX y aplicaciones de servidor, todo antes del desayuno. El depurador también puede correr en un ordenador mientras que controla el programa que se está depurando conforme corre en un segundo ordenador.

Excepciones de depuración

La facilidad de manejo de excepciones de C++ permite a los programas retener el control cuando aparecen errores insospechados. Cuando una función detecta un error, lo notifica al manejador de excepciones invocando la palabra clave **throw**. El manejador de excepciones recibe la notificación utilizando **catch**. Si no existe ningún manejador catch para una excepción, el depurador le notifica que la excepción no se capturó. Los programas C también pueden llevar a cabo el manejo de excepciones de forma estructurada con **_try** y las sentencias **_except** en lugar de **throw** y **catch**.

El cuadro de diálogo Exceptions que se muestra en la Figura 11.14 le permite especificar cómo el depurador debería manejar cada tipo de excepción. Invoque el diálogo haciendo clic en el comando Exceptions del menú Debug. Puede ajustar una de las dos opciones, Stop Always o Stop If Not Handled, para cada tipo de excepción que pueda aparecer en su programa.

Si especifica Stop If Not Handled para una excepción, el depurador escribe un mensaje a la ventana Output cuando tiene lugar la excepción, pero no detiene el programa o le notifica con un cuadro de diálogo a no ser que el manejador de excepciones no consiga resolver la excepción. En ese punto, es demasiado tarde para solucionar el problema o examinar el código fuente para ver dónde tuvo lugar la excepción, debido a que el programa ya ha desechado la excepción y está ejecutando el manejador de excepciones.

Si especifica Stop Always para una excepción, le da más control sobre el proceso de excepciones. Cuando tiene lugar la excepción, el depurador detiene inmediatamente el programa, actualiza la ventana fuente para mostrar la instrucción defectuosa y le notifica antes de que la función de manejador obtenga el control. En algunos casos, puede manejar la excepción usted mismo modificando cualquier variable errónea en la ventana Variable. Si pulsa a continuación F5 para continuar ejecutando el programa, aparece un cuadro de diálogo preguntándole si quiere volver a pasar la excepción a la función de manejador de excepciones del programa. Si ha solucionado el problema, haga clic en el botón No. De lo

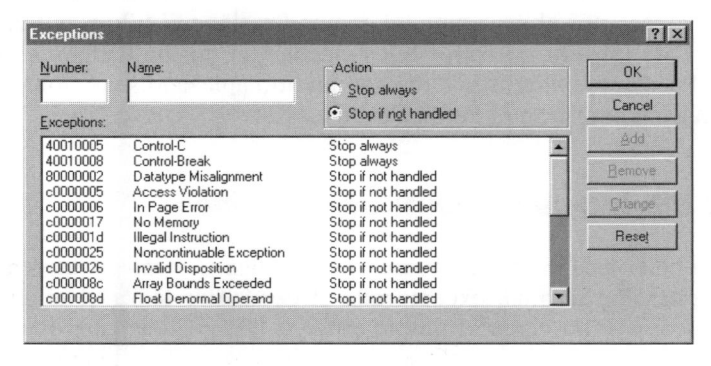

Figura 11.14. El diálogo Exceptions.

contrario, haga clic en el botón Yes para pasar el control al manejador de excepciones. Si el manejador de excepciones no puede solucionar el problema, el depurador detiene el programa y le notifica otra vez como si hubiese seleccionado Stop If Not Handled. Como la opción Stop Always utiliza los registros de depuración del procesador, la opción no está disponible para depurar un programa en procesadores que no tiene registros de depuración.

El cuadro de lista Exceptions que se muestra en la Figura 11.14 contiene una lista predeterminada de las excepciones del sistema. Puede añadir o eliminar excepciones de la lista, en cuyo caso Visual C++ guarda la nueva lista en el archivo OPT del proyecto. El depurador trata cualquier excepción que no esté en la lista como una excepción Stop If Not Handled. Cada excepción tiene un número único. Las excepciones de sistema están definidas en el archivo de cabecera Winbase.h con el prefijo EXCEPTION, como por ejemplo EXCEPTION_ACCESS_VIOLATION.

Para añadir una excepción nueva al cuadro de lista Exceptions, invoque el diálogo Exceptions y teclee el número de excepción en el control Number y el nombre de excepción en el control Name. Haga clic en el botón de radio Stop Always o Stop If Not Handled y a continuación haga clic en el botón Add. Para eliminar una excepción, selecciónela de la lista Exceptions y haga clic en el botón Remove. Si cambia de idea y quiere restablecer todas las excepciones del sistema borradas, haga clic en Reset. Si cambia una opción por una excepción, como por ejemplo su nombre, haga clic en el botón Change para hacer el cambio permanente.

Depuración de hilos

Un hilo es un camino de ejecución dentro de una aplicación que está ejecutándose. Cada aplicación ejecuta al menos un hilo, conocido como el hilo principal o raíz, que puede a su vez generar otros hilos secundarios. Cuando depure un programa con múltiples hilos, simplemente seleccione qué hilo desea depurar y siga su curso de ejecución.

Puede seleccionar un hilo sólo después de que el depurador haya comenzado la ejecución. Primero inicie un punto de ruptura en la ubicación deseada. Cuando la ejecución se para en el punto de ruptura, todos los hilos que pasan a través del punto quedan postergados. Haga clic en Threads del menú Debug para invocar el diálogo Threads, seleccione el hilo que desea seguir de la lista de hilos y haga clic en el botón Set Focus. Conforme continúe para ir paso a paso por el programa, el depurador sigue el hilo sobre el que ha centrado la atención. Para impedir que otros hilos ejecuten el mismo código, elimínelos del diálogo Threads. Puede continuar más tarde con un hilo aplazado seleccionándolo en el mismo diálogo y haciendo clic en el botón Resume.

Depuración de bibliotecas dinámicas de enlace

La depuración de una biblioteca dinámica de enlace en Visual C++ no es diferente de la depuración de una aplicación normal, excepto que el depurador lanza el programa de invocación de la biblioteca y no carga el propio archivo DLL. El sistema operativo se ocupa de cargar la biblioteca cuando la aplicación que invoca así lo requiere; cuando el control alcanza un punto de ruptura en el código de biblioteca, se suspende la ejecución tanto del invocador como del DLL. El único paso extra en la depuración de una biblioteca dinámica de enlace es identificar la aplicación a invocar de modo que el depurador pueda ejecutarla. Muestre la pestaña Debug del diálogo Project Settings, invocada a través del comando Settings del menú Project, y a continuación teclee o explore el camino y el nombre de archivo de la aplicación que invoca:

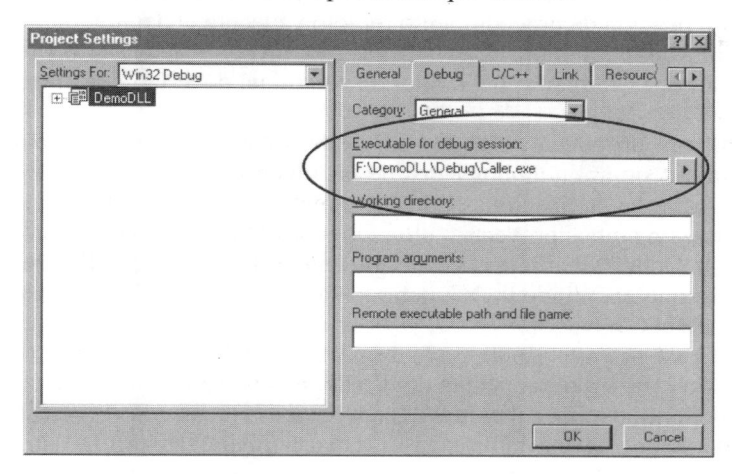

Si deja sin seleccionar el cuadro Executable For Debug Session, el depurador le pide el nombre de archivo cuando inicia el depurador de la biblioteca dinámica de enlace. La ayuda interactiva le recomienda que también seleccione las DLL adicionales en el cuadro Category, haga dos veces clic en el cuadro de entrada azul en la columna Local Name y busque el archivo DLL que pretende depurar. Sin embargo, dependiendo de los ajustes de la ruta, el sistema operativo puede fracasar en el intento de ubicar el archivo DLL cuando empieza la depuración. Puede ahorrarse estos problemas simplemente ignorando el ajuste de las DLL Additional y colocando una copia del archivo ejecutable del programa que invoca en su carpeta Debug del proyecto. Al colocar el invocador y el DLL en la misma carpeta, asegura que Windows siempre pueda cargar el DLL.

Después de ajustar puntos de ruptura en el código fuente de la biblioteca, elija el comando Go o pulse F5 para iniciar el depurador. No cambia nada si el programa que invoca está en forma de depuración o en forma final, pero en el último caso Visual C++ visualiza un mensaje informándole que el programa no tiene símbolo de información. Como se está depurando el archivo DLL, no el programa que invoca, este mensaje es sólo una formalidad, que le recuerda que no podrá devolver el flujo de la ejecución al programa que invoca. Haga clic en el botón OK para iniciar el proceso de depuración.

Depuración de aplicaciones OLE/ActiveX

Excepto para los servidores en proceso tales como los controles ActiveX, COM funciona como las invocaciones de mecanismo de procedimiento remoto (RPC) de una aplicación a otra. En términos generales, la aplicación que invoca es el cliente y la aplicación invocada es el servidor. Si desarrolla sólo un servidor o un cliente, uno sin el otro, normalmente se ocupa sólo de lo que ocurre en su lado de la invocación de procedimiento remoto. En este caso, no hay nada especial sobre la depuración de una aplicación OLE/ActiveX. Para un cliente, ajuste sólo un punto de ruptura en la invocación que los parámetros han inicializado correctamente. A continuación pase sobre la invocación y compruebe cualquier valor de retorno. Cuando depure un servidor, instale un punto de ruptura en la función de manejador que recibe la invocación de procedimiento remoto y ejecute el depurador para lanzar el servidor. A continuación cambie a la aplicación que invoca e inicie la invocación al servidor. Cuando vuelva a cambiar al depurador, el programa debería interrumpirse en el punto de ruptura.

Si está desarrollando un cliente y un servidor que trabajan juntos, el depurador de Visual C++ le permite depurar en ambos lados de las invocaciones de procedimiento remoto. Aunque desarrolle las aplicaciones como proyectos separados, el depurador sólo necesita un paso extra. En ambos proyectos, elija Options del menú Tools, a continuación haga clic en la pestaña Debug y habilite el cuadro de comprobación OLE RPC Debugging. Esto es todo, excepto que en Windows NT debe tener privilegios de administrador para habilitar el cuadro de comprobación.

Como se describe en la Parte IV de este libro, un control ActiveX actúa como una biblioteca dinámica de enlace que se ejecuta dentro del mismo espacio de dirección como el proceso de contenedor que utiliza el control. La depuración de un control ActiveX no es diferente de la depuración de una biblioteca de enlace dinámica normal. Un servidor OLE/ActiveX que se ejecuta como una aplicación en lugar de como una DLL, corre sin embargo en un espacio de dirección diferente que el cliente, comunicándose por los límites de proceso a través de RPC. Visual C++ maneja esta situación corriendo dos ejemplos del depurador, uno para el cliente y otro para el servidor. Hay dos requisitos cuando depura en ambos lados de una invocación de procedimiento remoto, ninguna de ellas es restrictiva: primero debe habilitar el cuadro de comprobación OLE RPC Debugging como se explica anteriormente, y segundo, la aplicación de servidor debe ser local; es decir, debe correr en la misma máquina que el cliente. El depurador de Visual C++ no puede lanzar un servidor remoto que corra en una máquina diferente, actuando como interfaz con el cliente a través de una red.

Para depurar la aplicación de cliente, siga su camino de ejecución hasta el punto donde invoca al servidor. Si a continuación pasa a la invocación, Visual C++ inicia un segundo ejemplo del depurador, que carga el código fuente de servidor si está disponible. Entonces puede dar el paso a por el servidor conforme vaya respondiendo a la invocación remota. Cuando el servidor vuelva de RPC, el control se restablece al primer ejemplo de depurador y se encontrará de nuevo en el cliente a la siguiente instrucción después de la invocación. El segundo ejemplo del depurador no termina hasta que usted pare el servidor, así que pasando otra vez desde el cliente hasta el servidor, cruza el puente RPC inmediatamente, sin tener que esperar que se lance un nuevo ejemplo de depurador.

También puede empezar la depuración desde el servidor, aunque debe empezar manualmente la aplicación de cliente usted mismo. Instale un punto de ruptura en la ubicación donde desea interrumpir el servidor, a continuación pulse F5 para iniciar el depurador y lanzar el servidor. Cambie a la aplicación de cliente e invoque la llamada, a continuación vuelva a cambiar al depurador para continuar la depuración del servidor. Si sale de la función de manejador de RPC para entrar en la aplicación de cliente, Visual C++ lanza un segundo ejemplo del depurador y lo adjunta al cliente que está ejecutando. De nuevo, el nuevo ejemplo de depurador no termina hasta que usted salga de la aplicación de cliente, permitiéndole continuar la depuración tanto de cliente como de servidor en lados opuestos de una invocación de procedimiento remoto, independientemente de qué aplicación usted empezó a depurar.

Depuración con dos ordenadores

Un problema con la depuración ha sido siempre que el depurador debe competir por espacio de pantalla con el programa que se está depurando. A medida que se ejecuta el programa que se está depurando, visualiza su salida normalmente en la pantalla. Pero el depurador debe también utilizar la pantalla para interactuar con el usuario. Los depuradores basados en DOS como Code View tenían una solución efectiva para este problema. Como el depurador corre sólo en modo texto, el programador podría adjuntar al sistema un monitor monocromo separado para visualizar la ventana fuente del depurador, registros y variables de observación. Mientras tanto, el programa que se está depurando se visualiza con normalidad en el monitor de sistema EGA o VGA. Dos monitores a menudo saturaban un poco el ordenador, pero la depuración era mucho más simple y más eficaz.

Esta solución no es posible bajo Windows, porque el depurador ya no corre en modo texto. Tanto el depurador como el programa que se ejecuta utilizan la misma memoria de vídeo, y como cualquier otro programa de Windows, ambos deben mostrar su salida en una o más ventanas. Esto significa que cuando el programa que se ejecuta se interrumpe y el depurador obtiene el control, las ventanas del depurador recubren cualquier ventana que pertenezca al programa que se está depurando. Vimos que esto sucedió cuando estábamos depurando el programa ShockWave anteriormente en el capítulo.

Como su antecesor CodeView, el depurador de Visual C++ ofrece una solución que separa las visualizaciones que compiten por la pantalla, dirigiendo cada una a su propio monitor. Pero en lugar de un solo monitor monocromo de sobra, necesita todo un ordenador extra capaz de correr su programa y su entorno huésped, ya sea en Windows 95 o en Windows NT (Power Macintosh ya no se soporta). Los dos ordenadores deben enlazarse mediante una red, porque Visual C++ ya no soporta la depuración mediante una conexión serie de módem. Un ordenador sirve como huésped que visualiza las ventanas del depurador mientras que el otro ordenador, llamado remoto o ordenador de destino, visualiza la salida del programa que se está depurando. Visual C++ llama a este acuerdo depuración remota.

La depuración remota es un proceso de tres pasos:

1. Copiar archivos al ordenador remoto.
2. Configurar el ordenador huésped.
3. Configurar el ordenador remoto.

Paso 1: Copiar archivos al ordenador remoto

Copie los archivos Msvcmon.exe, Msvcrt.dll, Tln0t.dll, Dm.dll, Msvcp60.dll y Msdis110.dll a la carpeta Windows en el ordenador remoto. Si el programa que se está depurando corre bajo Windows NT, también copie el archivo PsAPI.dll. Estos archivos operan el programa monitor remoto del depurador. Los archivos están en las subcarpetas Common\MSDev98\Bin y VC98\Redist de su carpeta de Visual C++.

Paso 2: Configure el ordenador huésped

La configuración del ordenador huésped es una cuestión de indicar a Visual C++ dónde encontrar el programa que desea depurar, el tipo de máquina remota en la que corre y el tipo de conexión entre dos máquinas. Primero haga clic en Settings del menú Project. En la pestaña Debug del cuadro de diálogo Project Settings, especifique el camino entero al programa en el cuadro de texto etiquetado Remote Executable Path And File Name. Este es el camino tal y como se visualiza desde el ordenador huésped en el que el depurador está corriendo. En el cuadro etiquetado Remote Executable Path And File Name, introduzca el camino al programa como el programa Msvcmon.exe lo ve desde su posición en el ordenador remoto. A continuación elija Debugger Remote Connection desde el menú Build para visualizar el diálogo Remote Connection. Seleccione TCP/IP como el tipo de conexión de ordenador remoto, a continuación haga clic en el botón Settings en el diálogo Remote Connection. Esto visualiza otro diálogo que solicita ajustes de comunicación, incluyendo la contraseña del ordenador remoto.

Paso 3: Configurar el ordenador remoto

Ejecute el programa monitor de depuración Msvcmon.exe en el ordenador remoto. Cuando aparezca el diálogo Monitor Debug de Visual C++, haga clic en el botón Settings e introduzca la misma palabra clave que en el paso anterior. Haga clic en OK para salir del diálogo, a continuación inicie el depurador con normalidad en la máquina huésped.

Capítulo

12

Optimización de la compilación

El compilador de Microsoft Visual C++ traduce el código fuente de C y C++ a código máquina. Para una versión de depuración de un programa la traducción es literal, produciendo una serie de instrucciones máquina de bajo nivel en el programa ejecutable terminado que representa exactamente las instrucciones de alto nivel de la fuente. Una construcción final le da al compilador mucha más amplitud sobre la que trabajar, porque no es necesaria una traducción literal de la fuente, ni siquiera siempre es deseable. El compilador tiene una misión diferente cuando crea una construcción final: generar el código objeto más pequeño o más rápido que pueda sin introducir nuevos comportamientos no deseados en el programa.

Este capítulo tiene dos objetivos. El primero es darle a conocer los modos en que Visual C++ optimiza el código y maneja las distintas situaciones que pueden afectar a las optimizaciones. El saber algo sobre los detalles internos del proceso puede ayudarle a trabajar con el compilador, en lugar de pelearse con él, mientras programa, evitando el código fuente, que es difícil o imposible de mejorar para el compilador mediante la optimización. El segundo objetivo es explicar los muchos cambios y opciones en Visual C++ que gobiernan el proceso de optimización, de modo que entienda precisamente cómo se comportará el compilador cuando active o desactive un cambio.

Para cumplir estos dos objetivos, el capítulo se divide en líneas generales en dos partes. La primera mitad presenta una vista general de las optimizaciones del compilador, explicando las técnicas y debatiendo sus ventajas e inconvenientes. La segunda mitad conecta las generalidades de la primera sección con cambios de compilador específicos en el diálogo Project Settings. Una sección final pone la optimización bajo el microscopio, examinando un ejemplo del código optimizado a nivel de ensamblador.

INTRODUCCIÓN A LA OPTIMIZACIÓN

Las explicaciones de este capítulo se encargan de distinguir cuidadosamente entre las cualidades de velocidad y tamaño, y algunos lectores puede que se pregunten por qué existe tal distinción. ¿No es el código más pequeño inherentemente más rápido? La intuición dice esto. Por eso la publicidad promete productos que son «¡escuetos y rápidos!» o «¡pequeños y ágiles!». Pero en realidad no hay una correspondencia estricta entre el tamaño y la velocidad del código ejecutable, y una optimización que mejore una cualidad puede afectar adversamente a la otra.

Existen tres niveles de optimización de código sobre el que el programador y compilador comparten jurisdicción. El nivel más elevado, conocido como nivel algorítmico, pertenece al programador. Un algoritmo de ordenación rápida, por ejemplo, supera fácilmente en rendimiento a uno de ordenación por inserción, y utilizar un método de árbol binario para buscar en una tabla de búsqueda es mucho más rápido que simplemente escanear la tabla de principio a fin. Desafortunadamente, los algoritmos más rápidos casi siempre requieren más código que los más simples y métodos más directos.

El nivel de optimización más bajo, llamado optimización de mirilla, pertenecen al compilador. En este nivel, el compilador aprovecha los trucos específicos de máquina para ahorrar un byte o ciclo de reloj de aquí y de allí, ahorros que serán más significativos cuando se acumulen en todo un programa. Las optimizaciones de mirilla normalmente producen código que es más pequeño y más rápido, aunque no siempre. Por ejemplo, la instrucción Intel

```
and     dword ptr [iVar], 0
```

es 3 bytes más pequeña pero tres veces más lenta que

```
mov     dword ptr [iVar], 0
```

Con todo, ambas instrucciones escriben cero en el número entero *iVar* igual de bien. En los procesadores 80486 y Pentium, las instrucciones

```
push    1
pop     eax
```

suponen 3 bytes y 2 ciclos de reloj, casi la mitad del tamaño pero sólo la mitad de velocidad de la instrucción equivalente:

```
mov eax, 1
```

El nivel medio de optimización yace entre el algorítmico y los niveles de mirilla. Cubre las técnicas de optimización tradicional que tienen nombres como eliminación de subexpresión, propagación de copia y extracción de bucle, todas las cuales se describen en la sección siguiente. Este nivel medio se deja a menudo al compilador, aunque el programador es libre de colaborar. Por ejemplo, el programador puede que note que dos bucles separados pueden funcionar como un solo bucle (una técnica conocida como mezcla de bucles) y volver a escribir el código en consecuencia. Considere bucles típicos como estos:

```
for (i=0; i < 10; i++)
    nArray1[i] = i;
for (j=0; j < 10; j++)
    nArray2[j] = j;
```

La mezcla combina los bucles en un solo bucle que hace el mismo trabajo, evitando la sobrecarga del segundo bucle:

```
for (i=0; i < 10; i++)
{
    nArray1[i] = i;
    nArray2[i] = i;
}
```

Visual C++ no reconoce una posibilidad de mezclar bucles como ésta, así que sin intervención humana la oportunidad de optimizar se pasaría por alto.

Cuando decida si optimizar para velocidad o tamaño, debería tener en cuenta que mientras que los ahorros en velocidad son casi siempre conmensurables, no son siempre discernibles. Existe una amplia laguna entre lo que el reloj del ordenador puede medir y lo que la mente humana puede distinguir. El aumento de la velocidad del programa que el usuario final no puede detectar representa un esfuerzo inútil.

Generalmente, sólo las optimizaciones algorítmicas resultan en mejoras notables en velocidad de ejecución. Los niveles más bajos de optimización normalmente no ahorran los millones de ciclos de reloj necesarios para la detección humana, a no ser que se apliquen a bucles específicos o funciones que se ejecuten muchos cientos de veces. Por esta razón, una escuela de práctica de programación ha evolucionado dictando los algoritmos eficaces de escritura al nivel fuente y ajustando el compilador para optimizar el tamaño en lugar de la velocidad. Los sistemas operativos multitarea tales como Windows invitan especialmente a esta práctica. Un programa con una imagen de memoria más pequeña se ejecuta con menos riesgo de incurrir en defectos de página en condiciones de memoria saturada. Los defectos de página, en los que el sistema operativo debe volver a cargar memoria desde el disco, son operaciones caras. Ponga los suficientes juntos y un programa, independientemente de lo que optimizase su velocidad, aparece impasible y lento.

Técnicas de optimización

Visual C++ nace de una colección de técnicas de optimización, muchas de las cuales se han utilizado por compiladores durante décadas. La Tabla 12.1 enumera las técnicas de optimización más importantes que Visual C++ utiliza e indica si el propósito de cada una es reducir el tamaño de código, aumentar la velocidad de código, o ambas cosas. Como hay tantas variables indicadas, es a veces difícil de predecir con exactitud el efecto general de una técnica de optimización. Por lo tanto, la tabla refleja sólo las intenciones del compilador, no necesariamente el resultado. Los mejores ajustes de optimización para un programa particular pueden a menudo estar determinados sólo por el tanteo.

Aquí empezamos una serie de cortas subsecciones que examinan catorce métodos de optimización enumerados en la Tabla 12.1. Cada subsección describe cómo funciona una optimización, cuándo se utiliza y cuáles son sus ventajas y desventajas.

Tabla 12.1. Técnicas de optimización del compilador de Visual C++

Optimización	Reduce tamaño	Incrementa velocidad
Uso de los registros del procesador	✓	✓
Propagación constante y propagación copia	✓	✓
Eliminación de código muerto y almacenamiento muerto	✓	✓
Eliminación de subexpresiones comunes	✓	✓
Optimizaciones de bucle	✓	✓
Planificación de instrucciones		✓
Reducción de fuerza	✓	✓
Expansión en línea	✓	✓
Conjunto de cadenas	✓	
Supresión de punteros marco	✓	✓
Deshabilitar comprobación de pila	✓	✓
Superposición de pilas	✓	✓
Suponer no alias	✓	✓
Enlace a nivel de función	✓	

Uso de los registros del procesador

En los viejos tiempos de programación C, el buen uso dictaba el uso de la palabra clave **register** para «grabar» una o dos de las variables locales de una función. La clase de almacenamiento de registro representaba una solicitud desde el programador al compilador para mantener una variable local en un registro del procesador, si hubiese alguna disponible, en lugar de en la memoria ubicada en el marco de la pila. Además de ahorrar una pequeña cantidad de espacio de almacenamiento, al mantener una variable en un registro se asegura el acceso posible más rápido al mismo, porque el procesador lee y escribe en sus propios registros mucho más rápido de lo que lee y escribe en memoria. La administración de una variable en un registro en lugar de en memoria puede también resultar en un ligero descenso en lo concerniente a tamaño de código.

Hoy ya no se utiliza **register**, porque un compilador de optimización como Visual C++ maneja la tarea de forma automática (en realidad, Visual C++ ignora la palabra clave **register**). Casi cualquier objeto de datos es un candidato para el registro, como por ejemplo las variables locales y globales, los valores constantes, los elementos de estructura y los argumentos de función, incluyendo punteros para los argumentos pasados por referencia. El compilador escanea una función para determinar cómo utiliza sus datos, asignando a cada variable una puntuación que representa el beneficio derivado del almacenamiento de la variable en un registro. Cuando escriba el código de objeto de función, el compilador coloca las variables de puntuación más elevadas en los registros siempre que puede. El resultado es el aumento de la velocidad de ejecución, que en circunstancias favorables puede ser significativo.

Los registros son una comodidad muy escasa, y el compilador debe tomar decisiones inteligentes para determinar cuándo utilizar un registro para almacenar una variable. El código optimizado pasa una parte de su tiempo haciendo malabarismos con los datos entre los registros y la memoria. El código puede liberar un registro escribiendo sus contenidos a la dirección de memoria inicial de variable, pero el compilador de optimización debe primero decidir si el acceso a memoria merece la pena. Al liberar un registro sólo para volverlo a cargar más tarde otra vez con el mismo valor, puede que no merezca la pena si deja el registro disponible sólo durante una sección breve de código.

Propagación constante y propagación de copia

Un principio de guía en optimización de código es que los registros son más rápidos que las constantes y las constantes son más rápidas que la memoria. Si no hay suficientes registros disponibles para contener todas las variables en una sección de código, reemplazar una expresión con una constante sirve como la mejor alternativa siguiente. El compilador tiene una oportunidad de utilizar constantes cuando encuentra propagación constante, en la que un valor constante asignado se adelanta o se propaga a través del código. El compilador puede optimizar el código reemplazando expresiones que evalúan un valor constante con el propio valor. Por ejemplo, las líneas

```
x = 255;
y = x;
```

se expresan mejor así:

```
x = 255;
y = 255;
```

Al volver a escribir la segunda línea con un valor constante, el compilador guarda un acceso de memoria innecesario. Aunque a menudo se hace referencia a la técnica de optimización propiamente dicha como «propagación», el término describe más correctamente la condición que la optimización está destinada a corregir.

La propagación de copia es similar a la propagación constante. La propagación de copia tiene lugar cuando se adelanta un solo valor desde una variable a otra en una serie de asignaciones en las que los asignadores intermedios no utilizan el valor, excepto para pasarlo a la variable siguiente. Es más eficaz que asignar simplemente el valor directamente a la última variable de la serie y saltar las otras. Aquí tiene un ejemplo en el que eliminando la propagación de copia, renderiza una sentencia de forma innecesaria. El compilador hace una sustitución simple, cambiando este código secuencial:

```
i = nParam;
Function( i );
i = j;
```

en este:

```
i = nParam;
Function( nParam );
i = j;
```

En este fragmento, el valor *nParam* se propaga a través de *i* para convertirse en el parámetro de *Function*. Pero como *i* nunca utiliza el valor *nParam*, la propagación de copia no es necesaria. El compilador puede sustituir con tranquilidad *nParam* como el parámetro de función. Dada esta optimización, la primera sentencia de asignación ahora se vuelve inútil «almacén muerto», que se explica a continuación.

Eliminación de código muerto y almacenamiento muerto

Como vimos en el ejemplo anterior, la propagación de copia a menudo deja una sentencia de asignación interminable como almacén muerto, una condición en la que un programa escribe información a una variable sin leer de ella. Cuando reconoce una asignación de almacén muerto, el compilador de optimización simplemente salta sobre la instrucción de modo que no se convierte en parte de la imagen objeto. Las tres instrucciones originales en el fragmento, por ejemplo, quedan reducidas a dos instrucciones después de que el compilador elimine el almacenamiento muerto:

```
Function( nParam );
i = j;
```

Las oportunidades de eliminar una copia de propagación y almacenamiento muerto se muestran a menudo después de que el compilador haya expandido una macro complicada.

Hay una condición relacionada con el almacenamiento muerto conocida como código muerto. El código muerto es una instrucción o un bloque de instrucciones que el procesador no puede alcanzar cuando el programa se ejecuta. Semejante código inaccesible es normalmente el producto intermedio de una optimización previa. Como el compilador no genera ninguna instrucción de objeto para código muerto o almacenamiento muerto, la eliminación de estas condiciones representa la optimización perfecta.

Eliminación de subexpresiones comunes

Cuando el compilador reconoce que una serie de subexpresiones reflejan todas el mismo valor, calcula la subexpresión una vez y sustituye el resultado para todas las subexpresiones en las series. Por ejemplo, considere un fragmento en el que aparezca la subexpresión *y * z* dos veces:

```
x = y * z;
w = y * z;
```

Añadiendo una asignación y reemplazando las dos subexpresiones con una variable, el compilador elimina una de las dos operaciones de multiplicación:

```
temp = y * z;
x = temp;
w = temp;
```

Dependiendo de las circunstancias y de si la subexpresión aparece lo suficientemente a menudo, la sustitución puede reducir el tamaño de código del fragmento; sin embargo, la eliminación de la subexpresión común resulta casi siempre en mayor velocidad.

Optimizaciones de bucle

La optimización dentro de un bucle es particularmente ventajosa, porque cualquier ganancia en velocidad se multiplica por el número de iteraciones del bucle. Las optimizaciones descritas en los párrafos anteriores sólo se mejoran cuando se aplican al código dentro del bucle, pero hay otras técnicas de optimización disponibles para el compilador que son específicas de los bucles. Quizá la técnica de optimización de bucle más común se conoce como desplazamiento de código invariante o extracción; «extracción» significa desplazar código desde dentro de un bucle a la parte externa, e «invariante» se refiere a una expresión que permanece constante a través de todas las iteraciones del bucle. Aquí tiene un ejemplo típico de una expresión invariante dentro de un bucle:

```
for (i=0; i < 10; i++)
    nArray[i] = x + y;
```

Desplazando la expresión invariante fuera del bucle, el compilador produce código que calcula la expresión sólo una vez en lugar de diez veces sin ningún aumento significativo (si acaso hubiera alguno) en el tamaño de código:

```
temp = x + y;
for (i=0; i < 10; i++)
    nArray[i] = temp;
```

Planificación de instrucciones

Los procesadores superescalares como la serie Pentium pueden ejecutar dos instrucciones simultáneamente en conductos gemelos, siempre que una instrucción no dependa del resultado de la otra. Una dependencia conlleva a una condición llamada detención del conducto por sobrecarga. Utilizando la planificación de instrucciones, también conocida como ordenamiento de instrucciones, el compilador evita semejantes dependencias volviendo a organizar el orden de las instrucciones máquina donde sea posible. Por ejemplo, considere las tres instrucciones etiquetadas A, B y C:

```
add     ax, iShort          ;Instrucción A
movsx   ebx, ax             ;Instrucción B
xor     ecx, ecx            ;Instrucción C
```

Las instrucciones A y B no se pueden ejecutar de forma simultánea porque B depende del resultado de A; es decir, antes de que se pueda ejecutar la instrucción B, el procesador debe saber el valor del registro AX y el estado de su bit de signo. Sin embargo, la instrucción C no depende ni de A ni de B. Invirtiendo el orden de las instrucciones B y C, el compilador evita la posible detención, permitiendo que las instrucciones A y C se ejecuten simultáneamente:

```
add     ax, iShort          ;Instrucción A
xor     ecx, ecx            ;Instrucción C
movsx   ebx, ax             ;Instrucción B
```

La planificación de instrucciones no afecta al tamaño del código y sólo beneficia a los programas que corren en un procesador superescalar. Una explicación en la sección final del capítulo tiene más que decir sobre la planificación de instrucciones.

Reducción de fuerza

Los procesadores son rápidos en sumar y restar pero relativamente lentos en multiplicar y dividir. El procesador Pentium, por ejemplo, puede sumar registros de 32 bits en un solo ciclo de reloj, e incluso así necesita 10 ciclos para multiplicar y alrededor de 40 para dividir. Cuando se optimiza, el compilador de Visual C++ busca oportunidades para reducir la complejidad aritmética o «fuerza» de una instrucción sin afectar al resultado final del cálculo.

Por ejemplo, la fuerza de una instrucción que multiplica o divide por un potencia de 2 se puede reducir sustituyendo una operación de desplazamiento equivalente. Suponiendo que *y* es un número entero sin signo, el compilador puede expresar mejor la instrucción

```
y = y/16;
```

así:

```
y = y >> 4;
```

El reemplazo produce el mismo resultado que la instrucción original, porque dividir una variable por 16 (2^4) tiene el mismo efecto que cambiar sus bits cuatro posiciones a la derecha. El cambio funciona también en la otra dirección, así que multiplicar una variable de número entero entre 2^n es equivalente a cambiar los bits que le quedan por *n* posiciones.

La optimización es digna de más admiración cuando se visualiza el nivel de ensamblaje. Aquí se muestra cómo es la instrucción original cuando no está ensamblada, con tiempo de ejecución para cada instrucción de máquina enumerada como comentarios:

```
// Intrucciones para y = y/16;
    mov     ecx, 16                 ; 1 ciclo en un Pentium
    mov     eax, dword ptr [y]      ; 1 ciclo
    cdq                             ; 3 ciclos
    idiv    ecx                     ;46 ciclos
    mov     dword ptr [y], eax      ; 1 ciclo
                                    ;52 ciclos en total
```

La reducción de fuerza reemplaza las líneas con una sola instrucción:

```
// Instrucción para y = y >> 4;
sar     dword ptr [y], 4        ; 3 ciclos en total
```

Este ejemplo es puramente académico en el caso del compilador de Visual C++. Reemplazar una operación de multiplicar o dividir por una instrucción equivalente de desplazamiento es una mejora tan obvia que Visual C++ hace la sustitución incluso cuando las optimizaciones están desactivadas.

Expansión en línea

Hay varias razones por las que el acto de invocar una función ralentiza el progreso del flujo de ejecución de un programa. Como el procesador salta a una nueva ubicación en el código, la lista de instrucciones de próxima aparición almacenada en la cola de instrucciones del procesador puede que ya no sea válida. Si el procesador no lleva a cabo una predicción de rama (como lo hace el Pentium), debe detenerse mientras que la cola esté en funcionamiento y se obtiene de memoria la primera instrucción de la función. Peor, la invocación puede generar una serie de escrituras en memoria a medida que los parámetros de función se desplacen hacia arriba en la pila junto con el registrado EIP del procesador (para una descripción del registro EIP, consulte el texto tramado de la página 423 del Capítulo 11, «El depurador»). Después de que la función termine, el procesador se detiene de nuevo cuando la dirección de retorno se devuelve de la pila al registro EIP, se pone en funcionamiento, si es necesario, la cola de precaptura, y se lee de la memoria la siguiente instrucción a la que apunta. En pocas palabras, las funciones son costosas de obtener y de abandonar.

La expansión en línea resuelve estos problemas, pero algunas veces al precio de aumento de tamaño del código. En esta técnica de optimización, el compilador inserta el código de función en el cuerpo del programa, reemplazando la invocación de función con una copia de la propia función. Una instrucción máquina CALL no se genera nunca, permitiendo que el procesador siga un camino secuencial de las instrucciones sin que se desvíe hacia otro sitio. Siguiendo un camino lógico secuencial, el procesador puede precapturar instrucciones con más exactitud, un ahorro que es más significativo cuando la expansión tiene lugar dentro de un bucle.

Puede parecer sorprendente, pero la expansión en línea a menudo reduce el tamaño de un programa. La expansión en línea (también conocida como colocación en línea) es más efectiva cuando se aplica a funciones pequeñas, especialmente a aquellas con parámetros que son constantes y que se pasan por referencia en vez de valor. En tales casos el compilador puede suministrar secciones enteras de código que escribe valores de parámetro a la pila. La colocación en línea de una función ahorra el gasto de una sección de prólogo y epílogo y la creación de un puntero de pila separado. La colocación en línea también muestra los efectos secundarios de una función —cambios a una variable global, por ejemplo— que de otra manera sería invisible al compilador. Esto permite una optimización más agresiva que puede que sea posible sin colocación en línea.

Conjunto de cadenas

El compilador puede determinar cuándo un programa crea la misma cadena más de una vez. El conjunto de cadenas es una técnica de optimización en la que el compilador reserva espacio de datos sólo para la primera cadena y vuelve luego a apuntar las referencias a cualquier cadena de duplicados a la primera.

Supresión de punteros marco

La supresión de punteros marco es una optimización para sistemas Intel que ahorra el gasto del código de prólogo y epílogo; un ahorro considerable para programas que tienen muchas funciones. Sin supresión de punteros marco, el compilador genera código de prólogo para cada función que requiere puntero de pila, apuntando al registro EBP del procesador en la parte superior del marco:

```
push    ebp                     ;Guardar el registro EBP
mov     ebp, esp                ;Apuntar a la parte superior del marco
sub     esp, local_space        ;Guardar estado de la pila
```

Cuando la función termina, el código de epílogo destruye el marco:

```
mov     esp, ebp                ;Restablecer el puntero de pila
pop     ebp                     ;Restablecer el registro EBP
```

Utilizado de este modo, el registro EBP se llama puntero de marco. Las variables con clase de almacenamiento automático se referencian en el puntero de pila por medio de desplazamientos relativos a EBP. El uso de EBP como el puntero de marco es un legado innecesario de las versiones más antiguas de Windows diseñadas para correr en el procesador Intel 80286. Cuando se activa la supresión del puntero de marco, las referencias del compilador amontonan los datos relativos al registro ESP en lugar de al registro EBP. Un prólogo de función se convierte en una instrucción simple que ajusta el puntero de pila ESP para crear el marco de pila:

```
sub     esp, local_space        ;Reservar puntero de pila
```

El epílogo desmonta el marco simplemente añadiendo *local_space* de nuevo a ESP. Todavía mejor, la omisión del puntero de marco libera el registro EBP para su uso en otras optimizaciones. La desventaja de la supresión del puntero marco es que la codificación de referencia de memoria relativa a ESP lleva un byte más que la misma referencia relativa a EBP.

Deshabilitar comprobación de pila

La comprobación de pila en Win32 no es el mismo que en los entornos de 16 bits. En Windows de 16 bits, la comprobación de pila implica una invocación a una función de tiempo de ejecución de C conocida como un sondeo de pila. Invocada al principio de cada función en el programa, el sondeo de pila confirma que la pila tiene espacio suficiente para dar cabida a las necesidades de almacenamiento automático de función. Si existe suficiente espacio de pila, vuelve el sondeo y la función continúa. De lo contrario, el sondeo alerta al desarrollador que la función no se puede ejecutar porque excedería las posibilidades de la pila.

Las aplicaciones Win32 no necesitan este tipo de sondeo de pila, debido al servicio del sistema que impide la sobrecarga de la pila. Cuando un programa (o hilo) accede a memoria cerca de la parte inferior de su pila, el sistema operativo presupone que el espacio de pila es inadecuado y responde aumentando el tamaño de la misma. Esto aumenta la distancia entre el acceso más profundo del programa y la parte inferior de la pila. Aunque el cambio de tamaño automático de la pila hace que las antiguas investigaciones de 16 bits caigan en desuso, la comprobación de pila sirve como un propósito en las aplicaciones Win32. Para entender ese propósito es necesario examinar cómo añade el sistema memoria a la pila.

El espacio de pila para una aplicación o hilo individual se realiza en las páginas. El tamaño de una página depende del sistema destino; para Intel, MIPS y los sistemas Power-PC, una página ocupa 4 Kb. El sistema comparativo reconoce la sobrecarga de pila sólo cuando un acceso «se sale del borde» de la pila a una área llamada la página de guarda. La página de guarda es la última página realizada de la pila (Windows NT ajusta una página de guarda ligeramente diferente que Windows 95, pero el efecto es el mismo). Cuando el programa accede a la memoria de pila en la pági na de guarda, el sistema lleva a cabo otra página para aumentar el tamaño de la pila, un proceso al que se hace referencia como «crecimiento» de la pila. La Figura 12.1 muestra cómo crece la pila mediante páginas realizadas por el sistema operativo.

Página realizada	La aplicación accede a la pila normalmente en todas las páginas realizadas.
⋮	Otras páginas realizadas de la pila.
Página de guarda	Tiene éxito un acceso a la página de guarda, pero se dispara una respuesta del sistema que lleva otra página a la pila. Entonces la nueva página se convierte en la página de guarda de la pila.
Memoria reservada	Un acceso aquí pasa sobre la página de guarda y recae en la memoria reservada no realizada. El sistema termina la aplicación debido a una violación.

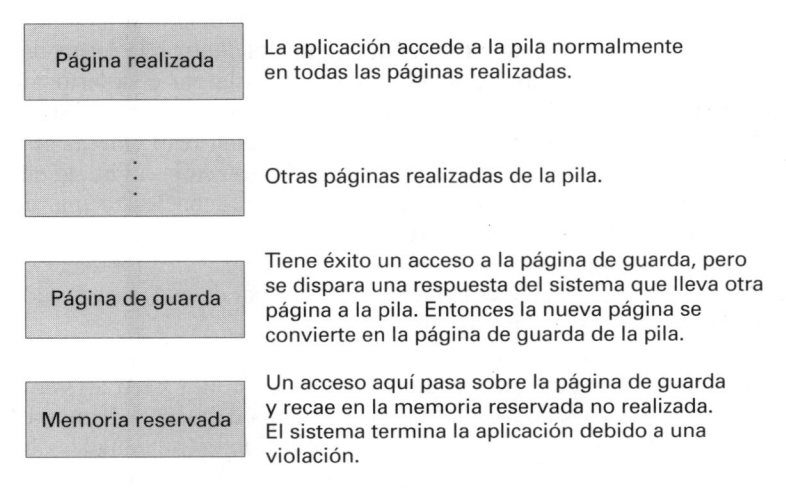

Figura 12.1. Crecimiento de la pila de la aplicación.

Como muestra la Figura 12.1, es posible que una aplicación exceda las posibilidades de la página de guarda de la pila e intente probar suerte en la memoria reservada. Esto puede suceder cuando una función reserva más de una página de pila para sus variables locales:

```
void BigLocal ( )
{
    char chArray[3*4096];       // Reserva tres páginas (12 Kb) de pila
    chArray[12000] = -1;        // Esta asignación puede fallar
    ⋮
}
```

En esta simple ilustración, *chArray* consume tres páginas (12 Kb) de pila. La función reserva espacio para los datos automáticos disminuyendo el puntero de pila del procesador ESP mediante los 12 Kb solicitados, pero esto sólo no realiza más pila. Si el espacio reservado para *chArray* empieza cerca de la parte inferior de la pila, el acceso de un elemento elevado de *chArray* puede que sobrepase la página de guarda de la pila hasta la memoria de reserva. Esto dispara una violación de acceso que el sistema soluciona terminando la aplicación.

La comprobación de pila en Win32 evita este tipo de escenario. Cuando se habilita la comprobación de pila, el compilador computa el tamaño total de los datos locales de cada función. Las funciones con variables locales que consumen menos de una página de pila no pueden alcanzar la página de guarda, y por ello no necesitan comprobación de pila. Cada función con más de una página de datos automáticos va precedida, sin embargo, por una invocación a la rutina de comprobación en la biblioteca de tiempo de ejecución de C. La rutina de comprobación de pila simplemente alcanza las páginas secuenciales de la pila; es decir, introduce un bucle que lee un byte en el montón a incrementos de 4.096 bytes. El ciclo comienza en la parte superior de la pila y continúa hacia abajo hasta que la rutina de la comprobación de pila ha pasado por las páginas suficientes para cumplir las necesidades de pila de la función.

Un vistazo a la Figura 12.1 muestra cómo la comprobación de pila soluciona el problema de la función *BigLocal*. Antes de que *BigLocal* obtenga el control, la rutina de comprobación de pila alcanza la pila en las páginas 1, 2, y 3 bajo la parte superior de la pila. Suponiendo que la colocación para *chArray* empiece en la última página asignada de la pila, el primer toque accede a la página de guarda. El sistema responde asignando otra página, haciéndola la nueva página de guarda. La segunda iteración del bucle en la rutina de comprobación de pila alcanza la página de guarda nueva, haciendo que el sistema asigne otra página. El proceso se repite una tercera vez, añadiendo tres páginas a la pila antes de que la rutina de comprobación de pila devuelva *BigLocal* y obtenga el control. Ahora, cuando *BigLocal* accede a un elemento cercano al final de *chArray*, el acceso recae en una página asignada de la pila y no dispara un error.

Entonces, ¿podría *BigLocal* resolver su propio problema sin la comprobación de pila? Por supuesto. Simplemente accediendo a elementos tales como *chArray[4000]* y *chArray[8000]* antes que *chArray[12000]*, la función se ocupa de asignar la memoria necesaria y asegurar que la pila no esté saturada. La comprobación de pila añade sobrecarga a un programa, y deshabilitándola ahorra código y mejora la velocidad para las aplicaciones con grandes demandas de almacenamiento automático. Tales aplicaciones no necesitan comprobación de pila siempre que se acceda a datos de pila en páginas secuenciales yendo desde la parte superior de la pila hacia la inferior.

Superposición de pilas

La optimización de la superposición de la pila puede o no tener ventajas. Depende de la extensión del uso de la pila. Utilizando la superposición de la pila, el compilador vuelve a utilizar espacio de la pila para almacenar variables locales cuyas vidas no se superponen. Esto significa que si el último acceso de *x* tiene lugar en una función antes del primer acceso de *y*, tanto *x* como *y* pueden ocupar con seguridad la misma posición del marco de pila.

Minimizando la profundidad de la pila ocupada, el compilador reduce la posibilidad de saturación de pila cuando se ejecuta el programa. Aunque la respuesta del sistema de hacer crecer la pila permanece transparente al usuario, la operación puede llevar mucho tiempo. La superposición de la pila puede también reducir el tamaño del ejecutable de la función minimizando la distancia entre una variable local de la pila y la parte superior del marco de pila. Recuerde que el puntero de marco de función apunta a la parte superior del marco. Si una variable local ocupa una posición en la pila menor de 128 bytes desde el puntero marco, la codificación de cada referencia a la variable utiliza 3 bytes menos que si el desplazamiento es mayor de 128 bytes.

```
mov eax, [EBP + 4]      ; Esta instrucción es 3 bytes menor
mov eax, [EBP + 256]    ; que esta instrucción.
```

Cualquier beneficio derivado de las variables de superposición en la pila depende de las circunstancias, pero entonces la superposición de la pila tampoco tiene coste.

Suponer no alias

Aliasing significa el uso de más de un nombre para referirse a un solo objeto de memoria. Los punteros y uniones ofrecen al programa oportunidades infinitas para los alias, como se muestra en este ejemplo típico en el que *c* y **cptr* se refieren al mismo byte de memoria:

```
char   c;
char   *cptr = &c;
```

Aliasing inhibe la habilidad del compilador de llevar a cabo ciertas optimizaciones, como por ejemplo el registro de variables. En este fragmento de código, por ejemplo, el compilador no puede almacenar con seguridad la variable *c* en un registro si existe la posibilidad de que el programa escriba más tarde un valor nuevo para la memoria utilizando *cptr* en lugar de *c*. Si eso sucediera, el valor en el registro ya no sería válido. El compilador puede a menudo seguir con éxito el uso de *c* y *cptr*, sin embargo, y todavía puede registrar *c* cuando sea seguro hacerlo a pesar del aliasing (la variable *cptr* se puede registrar en cualquier caso).

Aliasing puede presuponer formas sutiles que un compilador no puede identificar. El código siguiente ilustra un caso en el que dos variables, *ptr1* y *ptr2*, apuntan ambas a la misma matriz. Aun así, el compilador no reconoce el alias porque *ptr2* obtiene su valor de otra función fuera del ámbito de *main*.

```
char chArray[5];                        // Ámbito global

main ()
{
    char *ptr1 = chArray;               // puntos ptr1 para chArray
    char *ptr2 = GetPointer();          // Igual que ptr2
    ⋮
}
char * GetPointer (void)
{
    return chArray;
}
```

Cuando se optimiza con cautela, el ejemplo anterior funciona correctamente. Como el compilador no puede saber el valor de *ptr2* con antelación, permite la posibilidad de que tanto *ptr1* como *ptr2* puedan tener como alias el mismo objeto de memoria, y por ello no lleva a cabo optimizaciones que impliquen a cada puntero. Esta presuposición es con certeza segura, pero puede hacer que el compilador pase por alto oportunidades de optimización legítimas.

El compilador de Visual C++ ofrece un cambio de optimización de Assume No Aliasing que trata situaciones como ésta. Utilizando este cambio, el programador promete al compilador que las variables no tendrán alias ocultos, como en el caso de *chArray* del ejemplo. El cambio permite al compilador optimizar agresivamente código que implica punteros, despreocupándose de los alias no vistos.

Visual C++ también ofrece una forma menos agresiva de opción de Assume No Aliasing, llamada Assume Aliasing Across Function Calls. Este cambio de optimización indica al compilador que presuponga que no existe aliasing en el código, excepto en la invocación de función. El cambio da al compilador sólo permiso cualificado para optimizar código implicando punteros, pero es mejor que ningún permiso en absoluto. Una sección más adelante en este capítulo explica cómo los dos cambios de optimización se aplican a menudo sobre una base de ensayo y error.

Enlace a nivel de función

Es posible que se optimice una función fuera de la existencia, ya sea a través de la colocación en línea o porque el compilador haya deducido cómo compilar el programa de tal modo que la función no se invoque nunca. Sin embargo, la función todavía debe compilarse e incluirse en la imagen del objeto, porque el compilador no tiene modo de determinar si otros módulos fuente acceden a la función. Sólo el enlazador puede reconocer cuándo una función permanece sin referenciar en un programa. Si el compilador escribe una función no referenciada de forma «empaquetada», el enlazador la omite del ejecutable terminado.

El enlace a nivel de función asegura que todas las funciones en un módulo de fuente están empaquetadas, es decir, identificadas en el código objeto por un registro COMDAT. Los registros COMDAT están en Formato de archivo de objeto común (COFF) y contienen información que permite al enlazador reconocer funciones no referenciadas y eliminarlas de la imagen del ejecutable, un procedimiento llamado eliminación COMDAT transitiva. Sin un registro COMDAT, una función no referenciada permanece en la imagen después del enlace, ocupando espacio.

CAMBIOS DE OPTIMIZACIÓN

Ahora vamos a ir de lo general a lo particular. Esta sección conecta lo que hemos aprendido hasta ahora sobre las optimizaciones de compilador con los cambios en Visual C++ que controlan el proceso de optimización. Los cambios están contenidos en el diálogo Project Settings que se muestra en la Figura 12.2, que se invoca utilizando el comando Settings del menú Project. El diálogo Project Settings es una madriguera de cambios y opciones que afectan al proceso de construcción y a la eficacia del ejecutable terminado. Esta sección se concentra en la pestaña C/C++ del diálogo, que contiene todos los cambios que controlan cómo (o si) el compilador optimiza los archivos fuente del proyecto.

Los ajustes de optimización predeterminados dependen del destino de construcción. Visual C++ desactiva las optimizaciones cuando construye una versión de depuración, asegurando que el programa ejecutable es una traducción literal del fuente. Para una versión final, el compilador optimiza por defecto en favor de la velocidad, incluso a expensas de aumentar el tamaño del código. Para muchos proyectos, los ajustes de la optimización

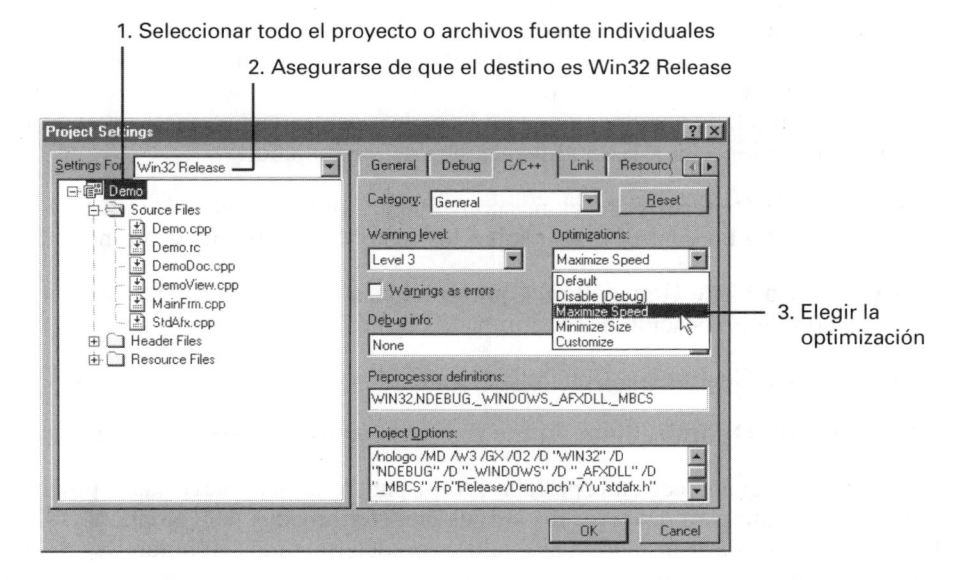

Figura 12.2. La forma rápida de elegir un objetivo de optimización en el diálogo Project Settings.

predeterminada son aceptables, y como han demostrado los programas de ejemplo a lo largo de todo el libro, puede crear y desarrollar fácilmente un proyecto sin introducir nunca el diálogo Project Settings. Pero, como veremos, hay buenas razones por las que puede que no desee sintonizar manualmente los ajustes de optimización de un proyecto.

La Figura 12.2 muestra que la mitad izquierda del diálogo Project Settings contiene una lista de los archivos fuente de proyecto, similar al panel FileView de la ventana Workspace. Antes de ajustar un cambio de optimización, seleccione el nombre del proyecto en la parte superior de la lista o un archivo individual. Para seleccionar un grupo de archivos, haga clic en los nombres de archivo deseados mientras que pulsa la tecla CTRL. La selección en la lista de archivos indica para qué archivo o grupo de archivos desea que se aplique un cambio de optimización. La selección del nombre de proyecto realiza un ajuste de optimización universal para todos los archivos fuente; la selección de los módulos individuales le permite optimizar algunos para obtener máxima velocidad, algunos para obtener el tamaño mínimo y otros con una mezcla de criterios de optimización de selección. El destino de construcción inicial que se muestra en el ángulo superior izquierdo del diálogo depende de la configuración activa actual para el proyecto. El destino debería ser Win32 Release cuando ajuste las optimizaciones del compilador. La selección de destino en el diálogo Project Settings no cambia la configuración activa del proyecto.

Para controlar todavía mejor las optimizaciones, inserte la directiva **optimize** en ubicaciones clave de su código fuente. Esta directiva ajusta los cambios de optimización del compilador para funciones individuales, anulando los ajustes de proyecto actuales. Puede optimizar la velocidad de una función específica, por ejemplo, mientras que optimiza el resto del módulo fuente para mejorar el tamaño. Consulte la ayuda en línea para más información sobre la directiva **optimize**.

El aspecto de la pestaña C/C++ del diálogo Project Settings depende de la selección actual en el cuadro Category en la parte superior del diálogo. De las ocho categorías de los ajustes del compilador enumeradas en el cuadro, cuatro categorías contienen todos los cambios que pertenecen a las optimizaciones del compilador:

- **Categoría General.** Selecciones convenientes para una meta de optimización general, pero sin un control bueno sobre los métodos de optimización individuales.

- **Categoría Code Generation.** Optimizaciones específicas del procesador y la convención de invocación predeterminada del proyecto.

- **Categoría Customize.** Conjunto de cadenas y enlace a nivel de función.

- **Categoría Optimizations.** Ajuste fino para optimizaciones de un proyecto.

El botón Reset aparece en la pestaña C/C++ para todas las categorías, y proporciona un modo conveniente para devolver los ajustes predeterminados del compilador. Cuando todos los cambios están ajustados a sus valores predeterminados, el botón Reset está deshabilitado, volviéndose activo sólo cuando usted lleva a cabo un cambio en cualquier categoría. Haciendo clic en el botón Reset restablece los valores predeterminados de todas las categorías, no sólo la categoría que está visible.

Categoría General

La categoría General le permite elegir rápidamente entre varios ajustes de optimización de grano grueso llamadas Default, Disable, Maximize Speed, Minimize Size y Customize (Fig. 12.2). Como el ajuste Disable representa el único modo de suprimir completamente todas las optimizaciones del compilador, se utiliza para las construcciones de depuración. El ajuste Default elimina todos los cambios de optimización, incluyendo el cambio Disable, lo que significa que el compilador todavía lleva a cabo algunas optimizaciones que hacen el código más rápido (en un momento veremos lo que supone facilitar código más rápido). El ajuste Default no es por lo tanto muy útil. Seleccione el ajuste Customize sólo si desea controlar manualmente los cambios para el conjunto de cadenas y las optimizaciones de vinculación de nivel de función. Estos cambios aparecen en la categoría Customize, que se describe en breve.

Los ajustes de optimización más importantes en la categoría General son Minimize Size y Maximize Speed. Estos cambios sirven como atajos que se activan en la mayor parte (pero no en todas) de las técnicas de optimización disponibles, permitiéndole seleccionar un objetivo de optimización sin obtener los detalles implicados. La Tabla 12.2 muestra las optimizaciones específicas habilitadas por los ajustes Maximize Speed y Minimize Size.

Los ajustes Maximize Speed y Minimize Size son convenientes pero algo conservadores. Como indica la Tabla 12.2, ningún ajuste habilita las optimizaciones aliasing (la optimización Assume No Aliasing es parte de la categoría Optimizations). Aunque el ajuste Maximize Speed incluye optimizaciones para el conjunto de cadenas y enlace de nivel de función, estas técnicas de optimización generalmente proporcionan sólo tamaño de código, no velocidad.

Todavía no nos hemos encontrado con la primera de las cuatro entradas de la Tabla 12.2, así que puede que sea necesaria una pequeña explicación. «Las optimizaciones

Tabla 12.2. Optimizaciones habilitadas para los ajustes Maximize Speed y Minimize Size

Optimización	Minimize Size	Maximize Speed
Optimizaciones globales	✓	✓
Genera funciones intrínsecas en línea		✓
Favorece código pequeño	✓	
Favorece código rápido		✓
Supresión del puntero de marco	✓	✓
Deshabilita la comprobación de pila	✓	✓
Conjunto de cadenas	✓	✓
Enlace a nivel de función	✓	✓

globales» es un término comodín para las optimizaciones del compilador descritas en la primera mitad del capítulo, como por ejemplo optimizaciones de mirilla, uso de los registros del procesador, optimizaciones de bucle, reducción de fuerza y eliminación de elementos innecesarios tales como el almacén muerto y el código muerto. Las primeras ocho optimizaciones enumeradas en la Tabla 12.1 están dentro de las fronteras de las optimizaciones globales.

Normalmente proporcionadas por las bibliotecas de tiempo de ejecución, las funciones enumeradas en la Tabla 12.3 tienen formas especiales apodadas intrínsecas. El compilador escribe funciones intrínsecas en línea —es decir, sin una invocación de función— cuando selecciona la opción Maximize Speed. Colocando las funciones intrínsecas en línea puede ayudar a aumentar la velocidad del programa, pero también puede resultar en un tamaño de programa mayor, dependiendo de con qué frecuencia el programa utiliza funciones intrínsecas. Por ejemplo, la forma intrínseca de la función *strcpy* ocupa 41 bytes de código en una aplicación que corre en un procesador Intel. La invocación de la versión de tiempo de ejecución normal de la función lleva como mucho 18 bytes, incluyendo las instrucciones para pasar los dos punteros de cadena a la pila y la eliminación de la pila subsiguiente, que maneja el invocador. El uso de la versión de tiempo de ejecución de *strcpy* en lugar de su forma intrínseca puede resultar en una reducción sustancial de tamaño de código para una aplicación que hace mucho uso de la función. Los ahorros puede que parezcan menos importantes cuando se aplican sólo a una o dos invocaciones.

Además de las invocaciones de colocación en línea enumeradas en la Tabla 12.3, volviendo a la optimización intrínseca también acelera las invocaciones a las funciones de biblioteca matemáticas *asin, cosh, acos, fmod, pow, sinh* y *tanh*. Aunque estas funciones no son verdaderamente intrínsecas, el compilador optimiza su rendimiento escribiendo código que coloca los argumentos de función directamente en el chip de coma flotante en lugar de llevarlos a la pila. El resultado es menos tiempo gastado dentro de la función pero al precio de un poco más de código.

Las optimizaciones Favor Small Code y Favor Fast Code influencian la decisión del compilador cuando se encuentra con ciertas secuencias de código que se pueden optimizar para mejorar la velocidad o el tamaño, pero no ambas cosas. Por ejemplo, considere una instrucción que multiplica la variable *x* por 71. Como el compilador no puede llevar a cabo la multiplicación a través de cambios simples, tiene dos elecciones válidas cuando decide cómo traducir la operación a código máquina. Mostradas aquí con tiempo de ejecución para un procesador Pentium, la primera elección es más lenta pero requiere menos código:

Tabla 12.3. Funciones de tiempo de ejecución intrínsecas de Visual C++

_disable	_lrotr	_strset	exp	memcp	strcat
_enable	_outp	abs	fabs	memcpy	strlen
_inp	_outpw	atan	labs	memset	strcmp
_inpw	_rotl	atan2	log	sin	strcpy
_lrotl	_rotr	cos	log10	sqrt	tan

```
// Instrucciones para x *= 71;
mov     eax, dword ptr [x]          ;            1 ciclo      4 bytes
imul    eax, eax, 71                ;           10 ciclos     3 bytes
mov     dword ptr [x], eax          ;            1 ciclo      4 bytes
                                    ;Total:     12 ciclos    11 bytes
```

La segunda elección utiliza un truco específico de Intel para evitar la cara instrucción IMUL, resultando en una secuencia de código más larga pero más rápida:

```
// Instrucciones para x *= 71;
mov     ecx, dword ptr [x]          ;            1 ciclo      4 bytes
lea     eax, dword ptr [ecx+ecx*8]  ;            1 ciclo      3 bytes
shl     eax, 3                      ;            1 ciclo      3 bytes
sub     eax, ecx                    ;            1 ciclo      2 bytes
mov     dword ptr [x], eax          ;            1 ciclo      4 bytes
                                    ;Total:      5 ciclos    16 bytes
```

Comparar las velocidades auténticas de dos fragmentos de código es difícil a veces, porque los ciclos de reloj rara vez cuentan toda la historia. Los ciclos miden sólo el tiempo que el procesador pasa ejecutando una instrucción, no el tiempo necesario para leer la instrucción ni ninguna información necesaria de la memoria al procesador. Aunque la segunda secuencia de código es claramente mucho más rápida que la primera en términos de tiempo de procesamiento, el aumento de velocidad en la red puede ser menor que el indicado estrictamente por los números. Como la segunda secuencia es más larga, el procesador debe pasar más tiempo accediendo y descodificando los bytes extras de código. Sin embargo, esto no supone un problema si la secuencia aparece dentro de un bucle, porque después de la primera iteración de bucle, el procesador, a partir de entonces, saca el código de su instrucción de la caché en lugar de la memoria.

Cuando intente decidir cuál de las dos secuencias representa el código más rápido, considere otro factor que más adelante nubla el asunto. La segunda secuencia utiliza un registro más que la primera, un registro que de otra manera podría estar disponible para ayudar a optimizar otra parte del código. El intento de adivinar los efectos generales de las optimizaciones alternativas es a menudo un camino espinoso. Generalmente, está en terreno más seguro cuando hace presuposiciones sobre el tamaño en lugar de sobre la velocidad.

Categoría Code Generation

Seleccione Code Generation en el cuadro Category para elegir las opciones mostradas en la Figura 12.3, que incluyen:

- El tipo de procesador para el que optimizar.

- La convención de invocación predeterminada que el compilador debería presuponer.

- El tipo de biblioteca de tiempo de ejecución que utiliza la aplicación.

- La alineación de miembros de estructura.

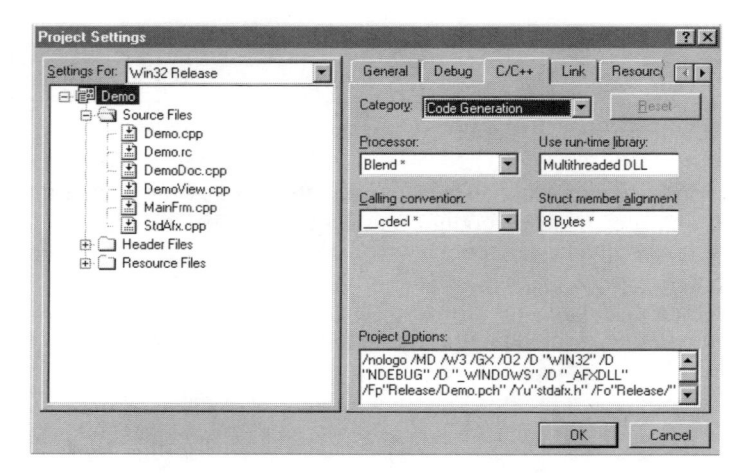

Figura 12.3. Opciones en la categoría Code Generation.

Procesador

El cuadro Processor le permite seleccionar el nivel del procesador Intel para el que optimizar. El ajuste predeterminado, llamado Blend, representa un compromiso que es parte de un destino oscilante hoy en día. En la versión 4 de Visual C++, el ajuste Blend hizo que el compilador optimizase principalmente para el Intel 80486, añadiendo optimizaciones para el 80386 y los procesadores Pentium que no dificultan el rendimiento en 80486. En las versiones 5 y 6 el ajuste Blend apunta al Pentium, añadiendo optimizaciones seleccionadas para el procesador 80486 de más bajo nivel.

Independientemente del ajuste del procesador, el compilador genera sólo instrucciones máquina reconocibles para el 80386. Esto le asegura que un programa optimizado puede correr en un procesador de nivel más bajo incluso si es compilado con el ajuste Pentium o Pentium Pro. En realidad, los ajustes Pentium y Blend tienen el mismo efecto.

Convención de invocación

La selección en el cuadro Calling Convention determina la convención predeterminada de invocación para el proyecto o archivos fuente seleccionados. El ajuste especifica sólo la convención predeterminada de invocación; cualquier convención incluida de forma explícita en un prototipo de función anula el ajuste predeterminado. La convención de invocación traza las reglas para el invocador y la función que se está invocando, especificando en qué orden se colocan los parámetros en la pila, cómo se decoran los nombres externos y quién borra la pila cuando vuelve la función.

Visual C++ reconoce las convenciones de invocación **_cdecl**, **_fastcall** y **_stdcall**, que se nombran para las contraseñas C que especifican una convención en una declaración de función. Las convenciones se resumen aquí:

Convención de invocación	Orden de parámetro	Limpieza de pila	Decoración de nombre
_cdecl	De derecha a izquierda	Invocador	_function
_fastcall	De derecha a izquierda	Función invocada	@function@nnn
_stdcall	De derecha a izquierda	Función invocada	_function@nnn

La columna más a la derecha de la tabla describe cómo aparece el nombre de función en la lista de objeto, donde *function* representa el nombre de función tal y como aparece en la fuente y *nnn* representa el tamaño de la lista de parámetro en bytes. Los esquemas de decoración de nombre se resumen en la tabla que se aplica sólo a los programas C y a las funciones C++ declaradas con las palabras clave **extern «C»**. Sin las palabras clave, C++ utiliza un sistema diferente de decoración (también conocido como nombre deformado).

El ajuste **_cdecl** especifica la convención de invocación C. Esta convención permite las listas de parámetro variable porque el invocador asume la responsabilidad de eliminar la pila después de que vuelva la función. Eliminar la pila después de una invocación de función requiere únicamente una sola instrucción máquina para reiniciar el puntero de pila. Esto no es mucho código, especialmente si la función toma un solo parámetro, en cuyo caso una instrucción POP de un byte sirve para reiniciar el puntero. Pero cuando se multiplica por muchas invocaciones de función, las instrucciones que limpian la pila pueden sin embargo añadir una cantidad de sobrecarga a un programa.

La convención **_fastcall** mejora la velocidad de invocaciones a las funciones C que toman al menos un parámetro. En esta convención, los primeros dos valores adecuados de parámetros de una función se pasan en registros del procesador. Todos los otros parámetros se pasan a la función colocándolos en la pila de derecha a izquierda. Visual C++ utiliza los registros ECX y EDX para pasar parámetros para las funciones **_fastcall** en los sistemas Intel. Aunque los registros ECX y EDX se hayan utilizado para **_fastcall** desde tiempos de C 7, Microsoft no garantiza que las versiones futuras de Visual C++ continuarán utilizando los mismos registros (esta advertencia sólo atañe a las funciones **_fastcall** que contienen código de ensamblador en línea). Además de mejorar la velocidad de ejecución, la convención **_fastcall** provoca típicamente una pequeña disminución en el tamaño de código. La única desventaja de la convención es que no permite listas de parámetro de variable.

La convención **_stdcall** es la convención de invocación utilizada por las API de Windows. Cuando se aplican a funciones que han fijado una lista de parámetros, **_stdcall** es parecida a **_fastcall**, excepto que no pasa parámetros a registros. La convención ayuda a reducir un tamaño de código de programa, porque la responsabilidad de la limpieza de pila pertenece a la función invocada en lugar de a la del invocador. Las funciones bajo **_stdcall** y **_fastcall** limpian eficazmente la pila a través de una instrucción (de retorno) RET sin tener que ajustar explícitamente el registro de puntero de pila ESP. La convención **_stdcall** también permite las listas de parámetro variable para funciones, en cuyo caso la invocación se implementa del mismo modo que **_cdecl**, forzando al invocador a limpiar la pila.

Biblioteca de tiempo de ejecución

La selección de una buena biblioteca de tiempo de ejecución puede ayudar a reducir el tamaño de código de la aplicación, aunque normalmente no hay necesidad de realizar los ajustes predeterminados. No malinterprete el significado de los ajustes de Multithreaded DLL y Debug Multithreaded DLL. Lo de «DLL» en el ajuste hace referencia a la biblioteca de tiempo de ejecución, no al proyecto, y no significa que el tiempo de ejecución se aplica sólo a los proyectos que creen una biblioteca de enlace dinámico. Los ajustes Multithreaded DLL enlazan el proyecto a una biblioteca de importación para Msvcrt.dll, que es una biblioteca dinámica de enlace redistribuible que contiene una versión que soporta hilos de la biblioteca de tiempo de ejecución de C. El enlace estático o dinámico con una biblioteca de tiempo de ejecución implica las mismas consideraciones que el enlace estático o dinámico a la biblioteca MFC. El enlace estático aumenta el tamaño del archivo ejecutable; el enlace dinámico hace el código más pequeño, pero puede que requiera distribución de Msvcrt.dll con la aplicación terminada.

La Tabla 12.4 resume los ajustes en el cuadro Use Run-Time Library de la categoría Code Generation que especifica una biblioteca de tiempo de ejecución de un proyecto.

Alineación de estructura

El ajuste final en la categoría Code Generation especifica el límite sobre el que están alineados la estructura y los miembros de unión. Después del primer miembro de una estructura, cada miembro siguiente recae en el límite de memoria determinado por el tamaño del miembro o por el ajuste de alineación, lo que sea más pequeño. Ajustar un valor de estructura de línea a 1 le asegura que no se desperdicia memoria en huecos entre los miembros de estructura, una técnica conocida como empaquetamiento de estructura.

El empaquetamiento se puede reducir al uso de la pila para estructuras con clase de almacenamiento automático, o reducir el tamaño de programa cuando se aplique a las estructuras con clase de almacenamiento estático. Sin embargo, para que el empaquetado tenga algún efecto, una estructura debe contener al menos un elemento que abarque 1 o 2 bytes colocados ante un elemento de multibyte mayor tal como un número entero. Por ejemplo, considere el efecto del empaquetamiento en esta estructura simple:

Tabla 12.4. Ajustes en el cuadro Use Run-Time Library que determinan cómo un programa se adjunta a la biblioteca de tiempo de ejecución de C

Ajuste	Biblioteca de tiempo de ejecución	Descripción
Single-Threaded	Libc.lib	Enlace estático a la biblioteca, un solo hilo.
Multithreaded	Libcmt.lib	Enlace estático a la biblioteca, múltiples hilos.
Multithreaded DLL	Msvcrt.lib	Importa biblioteca para Msvcrt.dll.
Debug Single-Threaded	Libcd.lib	Enlace estático, un solo hilo (versión de depuración).
Debug Multithreaded	Libcmtd.lib	Enlace estático, múltiples hilos (versión de depuración).
Debug Multithreaded DLL	Msvcrtd.lib	Importa biblioteca para Msvcrtd.dll.

```
struct s
{
    char ch;            // Elemento de un byte
    int i;              // Elemento de 4 bytes
};
```

Una alineación de valor de 4 o más desperdicia 3 bytes de memoria entre los dos elementos, porque el compilador coloca el elemento *i* en un límite de palabra doble. Sin embargo, un valor de alineación de 1 empaqueta *i* adyacente en la memoria para *ch*:

Alineación = 4	Alineación = 2	Alineación = 1
s.ch	s.ch	s.ch
		s.i (byte 1)
	s.i (byte 1)	(byte 2)
	(byte 2)	(byte 3)
s.i (byte 1)	(byte 3)	(byte 4)
(byte 2)	(byte 4)	
(byte 3)		
(byte 4)		

Aunque el empaquetado puede reducir el tamaño de una estructura, el ahorro puede que no se traduzca en una reducción general en el tamaño del área de datos de un programa. Depende de la mezcla de elementos en la estructura y del objeto de datos que sigue a la estructura en memoria. Si aparece un número entero en memoria después de la estructura *s*, por ejemplo, el compilador alinea el número entero en el siguiente límite de dos palabras después de *s.i*, desperdiciando por consiguiente los bytes ahorrados en el empaquetado de la estructura.

El empaquetado de estructura puede multiplicar el coste en velocidad de ejecución porque el procesador se para cuando lee datos que no están bien alineados en la memoria. Tanto los procesadores Intel 80486 como los procesadores Pentium pueden buscar un número entero de 4 bytes en un solo ciclo de referencia de memoria, siempre que el número entero esté alineado en un límite de palabra doble. Si el número entero yace desplazado de su límite óptimo, el procesador debe esperar tres ciclos adicionales para la búsqueda. Como se muestra en la ilustración anterior, los ajustes de alineación de 1 o 2 puede que guarden espacio cuando almacenen el número entero *s.i*, pero el coste es cuatro veces mayor en tiempo de acceso cuando se lee o escribe el número entero.

El empaquetado de estructura puede también llevar a sutiles problemas para las bibliotecas de enlace dinámico y el software de componente, como por ejemplo los controles ActiveX. Si la biblioteca exporta una función que toma una estructura como un argumento o devuelve un puntero a la estructura, tanto la aplicación de invocación como la función exportada deben coincidir en la alineación de la estructura. Si echamos un vistazo al diagrama anterior, se convencerá de los problemas que puede acarrear cuando una aplicación de invocación compilada con un ajuste de alineación de 4 o más intentos intenta pasar la estructura *s* a una biblioteca de enlace dinámico que se ha compilado con un ajuste de alineación de 1 o 2. Cuando esto sucede, la función que invoca la biblioteca no tiene como punto de mira la misma posición de memoria para el número entero *s.i*.

Si su biblioteca pasa una estructura o un puntero a una estructura, piense en las ramificaciones de empaquetado. Visual Basic presupone alineación de estructuras en los límites de WORD, así que el ajuste de alineación de 2 es necesario para una biblioteca y sus invocadores de Visual Basic para compartir con éxito la estructura. Debería considerar también el uso de la directiva **pack** cuando declare la estructura en un archivo de cabecera, y a continuación hace el archivo de cabecera disponible para los desarrolladores que escriben aplicaciones de C/C++ que invocan su biblioteca. La compilación de la aplicación de invocación y de biblioteca con el mismo archivo de cabecera le asegura el acuerdo en la alineación de la estructura, independientemente de la selección en el diálogo Project Settings:

```
#pragma pack( push, PACK_S )   // Guarda el ajuste actual de alineación
#pragma pack( 2 )              // Ajusta la alineación de la estructura
struct s
{
    char ch;
    int i;
};
#pragma pack( pop, PACK_S )    // Restablece la alineación original
```

Categoría Customize

La categoría Customize (Fig. 12.4) controla las optimizaciones que permiten el enlace a nivel de función y la eliminación de cadenas duplicadas (conjunto de cadenas). Ambas optimizaciones son parte integral de la opción Maximize Speed. Si selecciona Maximize

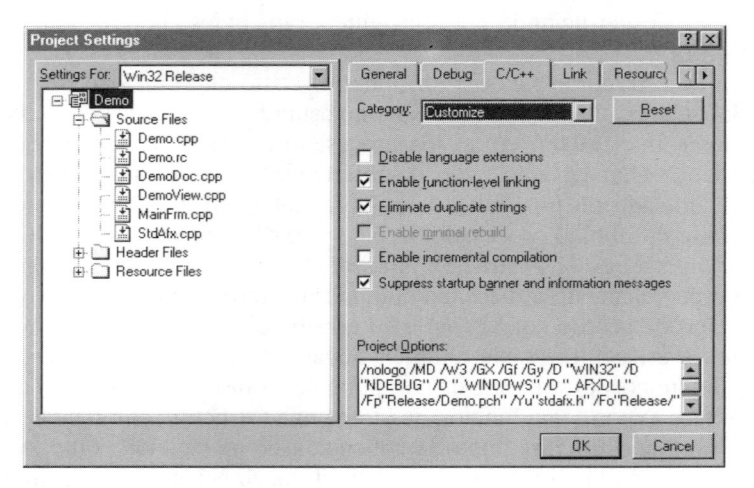

Figura 12.4. Opciones en la categoría Customize.

Speed en la categoría General, los cuadros de comprobación etiquetados Enable Function-Level y Eliminate Duplicate Strings están deshabilitados en la categoría Customize. Esto parece indicar que las optimizaciones también están deshabilitadas, pero no es el caso; la selección de Maximize Speed conecta ambas optimizaciones. Para habilitar los cuadros de comprobación, primero seleccione Minimize Size o Customize en la categoría General, como se describía anteriormente.

El enlace a nivel de función se aplica sólo a las funciones empaquetadas, es decir, las funciones identificadas para el enlazador a través del registro COMDAT en la lista de objeto. Las funciones de miembro en línea definidas dentro de una declaración de clase de C++ se empaquetan automáticamente, aunque otras funciones miembro no lo hagan. Para compilar todas las funciones de la forma empaquetada, el cuadro de comprobación debe estar seleccionado (o dejarse deseleccionado si está seleccionado el ajuste Maximize Speed).

Categoría Optimizations

La categoría Optimizations ofrece mejor control sobre los tipos de optimizaciones aplicados al proyecto y también le permite especificar si el compilador debería expandir funciones en línea. La categoría visualiza el mismo ajuste de optimización seleccionado en la categoría General. El ajuste debe ser Customize para habilitar los cuadros de comprobación que se muestran en la Figura 12.5, que le permiten elegir de entre la lista de optimizaciones de compilador. El ajuste Customize proporciona el único camino de activar la optimización Assume No Aliasing.

El último cambio del cuadro de comprobación en la lista, etiquetado Full Optimization, activa una serie de optimizaciones que incluyen la expansión en línea, funciones intrínsecas, favorece el código rápido, no hay comprobación de pila ni optimizaciones globales. El otro cuadro de comprobación de la lista que puede necesitar alguna explica-

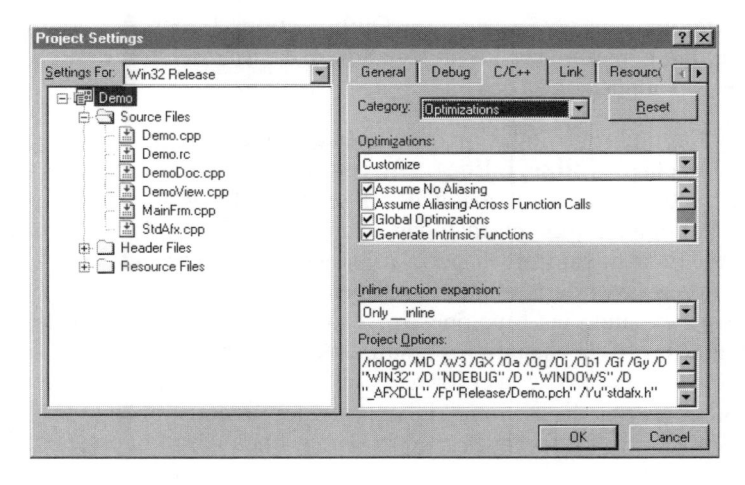

Figura 12.5. Opciones en la categoría Optimizations.

ción está etiquetado como Improve Float Consistency. Este cambio es en realidad una optimización cuando se desactiva. Al precio de más código y operaciones más lentas de coma flotante, al activar el cambio hace que el compilador recorra los pasos siguientes para reducir la posibilidad de errores de redondeo:

- Añade instrucciones que copien datos de la memoria a los registros de coma flotante antes de cada operación de coma flotante. Aunque esto ralentiza la operación de forma considerable, se garantiza que el resultado del cálculo no tiene más precisión que el tipo de datos que puede guardar.

- Inhabilita la forma intrínseca en línea de funciones de tiempo de ejecución que lleve a cabo los cálculos de coma flotante, que se enumeran en la Tabla 12.3. El programa utiliza las funciones de tiempo de ejecución en su lugar.

- Inhabilita otras optimizaciones que puedan permitir un resultado de cálculo para persistir en la precisión de 80 bits del procesador de coma flotante.

Estos pasos mantienen los resultados de cálculos de coma flotante en precisión de 32 o 64 bits y ayudan a asegurar que los números de coma flotante se pueden probar para una igualdad exacta. Sin embargo, incluso si activa el cambio Improve Float Consistency, es una buena idea permitir una pequeña tolerancia cuando compara números de tipo **float** o **double**, como estos:

```
#define TOLERANCE 0.00001

double x = 2.0, y = sqrt( 4.0 );
if (x + TOLERANCE > y && x - TOLERANCE < y)
{
    // x e y son iguales
}
```

Un cuadro de combinación en la categoría Optimizations le permite controlar algo sobre cómo el compilador reemplaza las invocaciones de función con código en línea equivalente. Las tres opciones son:

- **Only __inline.** Reemplaza sólo las invocaciones que apuntan a las funciones marcadas con la palabra clave **_inline, inline** o **_forceinline**, o para las funciones de miembro definidas dentro de la declaración de clase. Cuando optimice en favor de la velocidad, el compilador reemplaza todas estas invocaciones de funciones con el código en línea. Esto mismo no es necesariamente verdadero cuando Visual C++ está optimizando en favor del tamaño. Si la opción Favor Small Code está activada, el compilador no expande las funciones marcadas como **_inline** o **inline**, que son demasiado grandes. Esto le asegura los resultados de optimización correctos incluso cuando se hace uso excesivo de la colocación en línea. La nueva palabra clave **_forceinline** anula la potencia discrecional del compilador, aunque no en todos los casos. No es posible, por ejemplo, forzar la colocación en línea para funciones que toman una lista de argumentos variables o para funciones recursivas no identificadas por la directiva **inline recursion**.

- **Any Suitable.** Además de las funciones cubiertas por el ajuste Only_inline, esta selección también reemplaza las invocaciones a funciones que el compilador considera lo suficientemente pequeñas como para garantizar la colocación en línea. Microsoft no documenta los criterios del compilador para elegir semejantes funciones.

- **Disable.** No se hace colocación en línea alguna, ni siquiera para invocaciones a funciones marcadas **_inline** o **_forceinline**.

DE DEPURACIÓN A FINAL

Construir una versión final de una aplicación normalmente es poco frecuente durante el ciclo de producción. La primera construcción final puede que llegue después de pasar semanas o meses desarrollando la versión de depuración. Normalmente, la creación del destino final no implica más que una construcción nueva, pero puede que surjan problemas. Esta sección trata algunas de las dificultades potenciales que pueden aparecer cuando pasa de los destinos de depuración a los de final y explica cómo evitarlos.

Para construir una versión final de un programa, haga clic en el comando Set Active Configuration en el menú Build y selecciones Win32 Release, o seleccione el destino en la barra de herramientas Build:

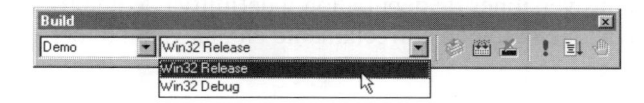

Ajuste los cambios de optimización deseados en el diálogo Project Settings, a continuación haga clic en el comando Build. Puede que note que la compilación de una versión definitiva lleva más tiempo que la compilación de una versión de depuración. Esto es porque el compilador lleva a cabo más trabajo cuando optimiza.

No es inusual que una aplicación que funciona correctamente en su forma de depuración se rompa cuando se recompila como destino final, difundiendo una sospecha inmediata en el optimizador. Rara vez se confirma la sospecha, y ello sólo en el caso de aliasing. Puede que exista el aliasing oculto en el código sin que lo sepa el programador. Si una aplicación depurada falla cuando se activa la opción Assume No Aliasing, el problema puede que surja de la presencia de aliasing oculto. La condición se comprueba fácilmente reconstruyendo la versión final con Assume No Aliasing desactivado. Si la aplicación falla con todo, debería dejar de culpar al optimizador. Existen otras razones más remotas del porqué una aplicación puede romperse cuando pasa de versiones de depuración a versiones definitivas.

ASSERT, por ejemplo. En el modo final, el compilador ignora el código en las macros ASSERT. Esto conlleva problemas si el código reivindicado invoca una función o lleva a cabo alguna otra tarea necesaria por el código fuera de ASSERT. Tenga en cuenta el siguiente ejemplo:

```
ASSERT ((ptr = GetPointer()) != NULL);
x = *ptr;
```

En la forma de depuración, este código funciona correctamente. En la forma definitiva, el código puede producir un error porque *ptr* nunca se inicializa. La solución es invocar la función *GetPointer* antes de ASSERT o utilizar la macro VERIFY en lugar de ASSERT. Un problema similar puede aparecer con el código condicional prefijado por **#ifdef** _DEBUG. Como el compilador no predefine _DEBUG en el modo definitivo, el código en el bloque condicional no debe llevar a cabo ninguna acción que afecte al código fuera del bloque. Aunque parece un punto obvio, muchos programadores han cometido este simple error.

Si deshabilita la comprobación de pila, puede también causar problemas a una función que requiera más de una página de espacio de pila para sus variables locales. Aunque la función puede ejecutarse con éxito en la versión de depuración del programa invocando primero una rutina de comprobación de pila, la función puede fallar cuando se deshabilite la comprobación de pila como optimización. La solución es volver a escribir la función para tocar la memoria de pila en las páginas secuenciales, o insertar una directiva **check stack** para habilitar selectivamente la comprobación de pila para la función.

El comportamiento del compilador puede cambiar de otros modos más sutiles entre los modos definitivo y de depuración. Por ejemplo, en una versión de depuración, el operador **new** añade bytes extra de guarda para las ubicaciones de memoria. Un programa que se basa de forma inadvertida en la presencia de estos bytes extra puede fallar en su versión definitiva.

Los parámetros de función pueden evaluarse en cualquier orden, y no tiene garantía de que el orden sea el mismo en las versiones de depuración y definitiva de un programa. Por ello el ejemplo siguiente puede que funcione correctamente en una versión, pero no así en la otra:

```
Function1( ptr = GetPointer(), *ptr );
```

Los problemas de hilo oculto algunas veces afloran a la superficie en una construcción final de programa. Considere el error común de dos hilos que acceden simultáneamente a una función que escribe una variable estática. En una versión de depurador la variable siempre permanece en memoria, así que el conflicto potencial entre los hilos nunca puede surgir debido a las ligeras diferencias de los tiempos. En una construcción final, sin embargo, la posibilidad de error es más amplia, porque la variable puede registrarse durante la duración de la ejecución de la función. Esto hace más probable que un hilo sobrescriba los resultados del otro.

Un programa optimizado puede fallar debido a muchos otros tipos de problemas de código fuente, algunos de los cuales se enumeran en la Tabla 12.5. Para hacer el seguimiento de un problema, intente activar estas optimizaciones individualmente para determinar bajo qué circunstancias surge el error. La segunda columna de la tabla ofrece sugerencias de qué buscar cuando examine su código.

Es quizás inherente a la condición humana el sospechar del optimizador cuando se rompe la versión definitiva. Después de todo, el compilador vuelve a escribir nuestro código de modos desconocidos. Pero el arte de la optimización de código ha alcanzado un elevado grado de fiabilidad en el compilador de Visual C++. Microsoft concede la confianza suficiente en su propio producto que los desarrolladores de Microsoft optimizan las versiones definitivas de productos mayores escritos en C/C++, como por ejemplo Windows 95, Windows NT y Microsoft Office. El hecho por sí solo debería aplacar cualquier preocupación persistente sobre si la optimización es de algún modo insegura.

Tabla 12.5. Problemas normales de código fuente que pueden aflorar de la optimización de código

Optimización	Posible causa del problema
Expansión en línea	Variable local no inicializada.
Optimizaciones globales	Variable local no inicializada.
Generar funciones intrínsecas en línea	Variable local no inicializada.
Mejorar la consistencia de coma flotante	Confiar en la precisión exacta de las comparaciones.
Supresión del puntero de marco	Corrupción de pila debida al prototipo incorrecto de función.

EVALUACIÓN DEL RENDIMIENTO DE VISUAL C++

Cuando la versión 4.0 de Visual C++ estaba en prueba beta, Microsoft me pidió que dirigiese una prueba de rendimiento del nuevo producto y produjese un documento oficial discutiendo los métodos y resultados de la prueba de rendimiento. La prueba comparaba Visual C++ con tres productos en competencia para ver qué compilador, dado el mismo código fuente, producía el ejecutable más rápido o más pequeño. Las diferencias deberían ser una medida fiable de cada habilidad de compilador para descubrir cómo optimizar de la mejor manera el código fuente.

Visual C++ obtuvo muy buenos resultados en la prueba de rendimiento; extremadamente buenos, en realidad, aunque no es el tema de esta sección. Resulta esclarecedor, sin embargo, revisar una sola función del código de prueba de rendimiento que implicó el cálculo de los números complejos. Esta función particular, que representaba la mayor divergencia de los resultados encontrados durante la prueba de rendimiento, demuestra vivamente algunas de las ganancias potenciales de las optimizaciones del compilador más inteligente. Aunque los cuatro compiladores se ajustaron para optimizar la función a la velocidad máxima, el ejecutable que Visual C++ produjo para esta parte de la prueba corrió más de tres veces más rápido que el código que ocupó el segundo lugar. El código desmontado muestra las razones de lo ocurrido:

Microsoft Visual C++ 4	**Competidor más cercano**
`?Fnx9@@YAXXZ PROC NEAR`	`?Fnx9@@YAXXZ:`
`sub     esp, 8` ❶	`push    EBP`
`xor     edx, edx`	`mov     EBP, ESP` ❶
`push    ebx`	`sub     ESP, 038h`
`push    esi`	`push    EBX`
`push    edi`	`push    ESI`
`$L1220:`	`mov     dword ptr -038h[EBP], 5`
`mov     ebx, DWORD PTR ?X@@3PAVTest@@A[edx]`	`mov     dword ptr -034h[EBP], 8`
`mov     edi, DWORD PTR ?X@@3PAVTest@@A[edx+4]`	`mov     ESI,offset FLAT:?Y@@3QAVTest@@A`

(Continúa)

(*Continuación*)

Microsoft Visual C++ 4		Competidor más cercano	
lea	esi, DWORD PTR ?Y@@3PAVTest@@A[edx]	mov	EBX,offset FLAT:?X@@3QAVTest@@A
add	edx, 8 ❺	mov	EDX, -034h[EBP]
lea	eax, DWORD PTR [ebx+ebx*4]	mov	EAX, -038h[EBP]
lea	ecx, DWORD PTR [edi*8]	mov	-020h[EBP], EAX
sub	eax, ecx	mov	-01Ch[EBP], EDX
mov	ecx, DWORD PTR ?Y@@3PAVTest@@A[edx-4]	L352:	
add	eax, DWORD PTR [esi]	mov	EDX, 4[ESI]
mov	DWORD PTR $T1455[esp+20], eax	mov	EAX, [ESI]
lea	eax, DWORD PTR [ecx+ebx*8]	mov	-010h[EBP], EAX
lea	ebx, DWORD PTR [edi+edi*4] ❸	mov	-0Ch[EBP], EDX
mov	edi, DWORD PTR $T1455[esp+20]	mov	EDX, 4[EBX]
add	eax, ebx	mov	EAX, [EBX]
mov	DWORD PTR [esi], edi	mov	-018h[EBP], EAX
mov	DWORD PTR [esi], edi	mov	-018h[EBP], EAX
mov	DWORD PTR [esi+4], eax	mov	-014h[EBP], EDX
cmp	edx, 8000	mov	ECX, -020h[EBP]
jl	SHORT $L1220	imul	ECX, -018h[EBP]
pop	edi	mov	EDX, -01Ch[EBP]
pop	esi	imul	EDX, -014h[EBP]
pop	ebx	sub	ECX, EDX
add	esp, 8 ❶	mov	-030h[EBP], ECX
ret	0	mov	ECX, -020h[EBP]
		imul	ECX, -014h[EBP]
		mov	EDX, -01Ch[EBP]
		imul	EDX, -018h[EBP]
		add	ECX, EDX
		mov	-02Ch[EBP], ECX
		mov	EDX, -02Ch[EBP] ❹
		mov	EAX, -030h[EBP]
		mov	-8[EBP], EAX
		mov	-4[EBP], EDX
		mov	ECX, -010h[EBP]
		add	ECX, -8[EBP]
		mov	-028h[EBP], ECX
		mov	ECX, -0Ch[EBP]
		add	ECX, -4[EBP]
		mov	-024h[EBP], ECX
		mov	EDX, -024h[EBP]
		mov	EAX, -028h[EBP]
		mov	[ESI], EAX
		mov	4[ESI], EDX
		mov	ECX, 3
		add	ESI, ECX
		add	EBX, ECX
		cmp	EBX,offset FLAT:?Y@@3QAVTest@@A
		jb	L352
		pop	ESI
		pop	EBX
		mov	ESP, EBP ❷
		pop	EBP
		ret	

Además de la disparidad obvia en el tamaño, aparece una diferencia inmediata entre las dos listas en las secciones de prólogo y epílogo, marcadas ❶ y ❷. Optimizado mediante supresión de punteros marco, el código producido por Visual C++ simplemente coloca 8 bytes de pila y accede al marco de pila de la función utilizando un desplazamiento desde el registro ESP. El otro compilador, que no ofrece la supresión de punteros marco como optimización, debe empujar y hacer emerger el registro para que esté disponible como el puntero marco. Sin embargo, una inspección más cercana revela que el marco de pila no es ni siquiera necesario para la función, y Visual C++ pierde una oportunidad de optimizar más el código marcado ❸ en la lista. Aunque el registro EBP está ahora libre debido a la supresión del puntero marco, el código todavía utiliza la pila para mantener un cálculo intermedio. Esto desperdicia lo que a menudo es la ganancia principal de la supresión del puntero marco: liberando el registro EBP para uso en otras optimizaciones. La secuencia en el marcador ❸ debería ser ligeramente más rápida y más pequeña si se escribiese del modo siguiente:

```
mov     ebp, eax                        ;Almacena el cálculo intermedio
lea     eax, DWORD PTR [ecx+ebx*8]      ;Con el valor guardado temporalmente,
lea     ebx, DWORD PTR [edi+edi*4]      ; podemos utilizar EAX
mov     edi, ebp                        ;Reconstruir el cálculo en EDI
```

El uso de EBP para almacenar el cálculo intermedio ahorraría dos accesos de memoria en cada iteración de bucle.

La versión de Visual C++ ahorra espacio de código y gana velocidad combinando modos de direcciones en una única instrucción. Esto permite utilizar la instrucción LEA (carga de dirección efectiva) para simple aritmética, un rasgo conocido de los procesadores Intel. Utilizando el desplazamiento izquierdo y la adición, la instrucción LEA puede manipular registros de índice y de base para llevar a cabo ciertas operaciones de multiplicación más rápidas que las instrucciones de multiplicar MUL e IMUL del procesador. Por ejemplo, aquí tiene cómo una única instrucción LEA puede multiplicar el valor almacenado en el registro EAX:

Instrucción	Descripción
`lea eax, [eax*2]`	Multiplicar EAX por 2.
`lea eax, [eax + eax*2]`	Multiplicar EAX por 3.
`lea eax, [eax*4]`	Multiplicar EAX por 4.
`lea eax, [eax + eax*4]`	Multiplicar EAX por 5.
`lea eax, [eax*8]`	Multiplicar EAX por 8.
`lea eax, [eax + eax*8]`	Multiplicar EAX por 9.

Aunque el uso de LEA de este modo está bien documentado por Intel, el otro compilador recurrió a cuatro instrucciones IMUL, que como tienen lugar en un bucle que se itera mil veces, son particularmente caras. La longitud del bucle producida por el otro compilador es también contundente, abarcando 39 instrucciones máquina. La versión de Visual C++ del bucle requiere sólo 18 instrucciones y no tiene instrucciones IMUL en absoluto.

Para nuestra sorpresa, el otro compilador no ponía ningún cuidado en el uso de los registros. Tenga en cuenta esta secuencia tomada desde el código en el marcador ❹, en la que un valor se escribe en la pila y a continuación se accede otra vez inmediatamente:

```
mov    -02Ch[EBP], ECX
mov    EDX, -02Ch[EBP]
```

Como el registrador ECX está ya cargado, no es necesaria la lectura del valor otra vez desde la memoria. La secuencia debería ser más pequeña si se compilase de este modo:

```
mov    -02Ch[EBP], ECX         ;Almacena el valor ECX
mov    EDX, ECX                ;También lo copia a EDX
```

Ambos compiladores parecían hacer intentos razonables para evitar detenciones de conductos mediante el ordenamiento de instrucción adecuado. No se debería esperar la ordenación perfecta desde un compilador porque requeriría demasiadas pasadas por el código, resultando en tiempos de construcción inaceptablemente largos. Buscando el orden de instrucción óptima, el compilador de Visual C++ se deslizó sólo una vez, produciendo esta secuencia de tres instrucciones en el marcador ❺:

```
lea    esi, DWORD PTR ?Y@@3PAVTest@@A[edx]
add    edx, 8
lea    eax, DWORD PTR [ebx+ebx*4]
```

La segunda instrucción no puede alterar el registro EDX hasta que la primera instrucción haya terminado de leerla. Al cambiar el orden de la segunda y tercera instrucción se evita el paro potencial, asegurando que las instrucciones adyacentes en la secuencia se puedan ejecutar simultáneamente:

```
lea    esi, DWORD PTR ?Y@@3PAVTest@@A[edx]
lea    eax, DWORD PTR [ebx+ebx*4]
add    edx, 8
```

Hasta aquí la versión 4. La versión 5 incorporó avances significativos al optimizador, estableciendo firmemente Visual C++ como un estado del arte de compilador de optimización para ordenadores personales. El lanzamiento actual introduce incluso más mejoras, pero se concentra menos en la nueva tecnología y más en sintonizar la habilidad del compilador para encontrar oportunidades de hacer el código más pequeño y más rápido. Microsoft estima que Visual C++ 6 reduce el tamaño del ejecutable en más del 10 por 100 que la versión 4, y la recompilación del código explicada en esta sección muestra que hay verdaderamente una mejora significativa. El tamaño del código se reduce el 16 por 100 y el compilador ahora deduce cómo eliminar el marco de pila por completo, prescindiendo de código de prólogo y epílogo:

```
?Fnx9@@YAXXZ PROC NEAR
    push   esi
    push   edi
    xor    eax, eax
```

OPTIMIZACIÓN DE LA COMPILACIÓN **495**

```
$L1621:
    mov     edx, DWORD PTR ?X@@3PAVTest@@A[eax+4]
    mov     ecx, DWORD PTR ?X@@3PAVTest@@A[eax]
    add     eax, 8
    lea     edi, DWORD PTR [edx*8]
    lea     edx, DWORD PTR [edx+edx*4]
    lea     esi, DWORD PTR [ecx+ecx*4]
    lea     ecx, DWORD PTR [edx+ecx*8]
    mov     edx, DWORD PTR ?Y@@3PAVTest@@A[eax-8]
    sub     esi, edi
    mov     edi, DWORD PTR ?Y@@3PAVTest@@A[eax-4]
    add     edx, esi                                         ❻
    add     ecx, edi
    mov     DWORD PTR ?Y@@3PAVTest@@A[eax-8], edx
    mov     DWORD PTR ?Y@@3PAVTest@@A[eax-4], ecx
    cmp     eax, 8000
    jl      SHORT $L1621
    pop     edi
    pop     esi
    ret     0
```

La sección de código marcada ❻ ofrece mayor entendimiento en los trabajos del compilador de optimización. El optimizador escribe esta sección en estos tres pasos, en la que el código lee dos números enteros de la memoria, los añade a los valores de los registros y a continuación escribe las sumas de nuevo en memoria. Una alternativa es añadir simplemente los registros directamente a los números enteros en memoria, reemplazando todo el código en el marcador ❻ con estas tres líneas:

```
    sub     esi, edi
    add     DWORD PTR ?Y@@3PAVTest@@A[eax-8], esi
    add     DWORD PTR ?Y@@3PAVTest@@A[eax-4], ecx
```

La modificación hace innecesarias las operaciones de lectura y además reduce el tamaño de la función un 21 por 100, aunque no mejora la velocidad de ejecución. La adición de un valor de registro a memoria es más lento que copiar el valor, pero el número reducido de instrucciones compensa porque el procesador tiene menos código que leer. Esta función modificada, aunque es más pequeña, se ejecutaría de esta forma a la misma velocidad que el original producido por el compilador de Visual C++.

Si está interesado en estudiar los efectos de las optimizaciones del compilador en sus propios programas, Visual C++ puede producir las listas de lenguaje ensambladas como las que se muestran en esta sección. En la pestaña C/C++ del diálogo Project Settings, seleccione la categoría Listing Files, a continuación elija el tipo de lista de ensamblaje que desea en el cuadro Listing File Type.

Capítulo

13

Personalización de Visual C++

A medida que se familiariza con Visual C++, puede que desee cambiar parte de sus características para que se ajuste mejor con su estilo de trabajo. Muchos aspectos del entorno se pueden modificar para que se ajusten a sus preferencias, desde detalles de la ventana del editor de texto hasta la apariencia de una barra de herramientas personalizada. Y utilizando su sofisticado lenguaje de macros y las bibliotecas añadidas, puede expandir el gran repertorio de comandos del entorno, programando nuevas capacidades en Visual C++ en las que nunca pensaron los diseñadores. Este capítulo explica algunos de los muchos modos de personalizar Visual C++ para hacerlo un entorno más eficaz en el que trabajar.

La mayor parte de los aspectos de comportamiento del entorno tienen «memoria», que significa que sólo necesita realizar el ajuste una vez. El ajuste después de eso se convierte en la conducta predeterminada la próxima vez que Visual C++ se inicia. Así, por ejemplo, si las ventanas del documento en el editor de texto están a tamaño completo cuando se sale de Visual C++, automáticamente aparecerán de nuevo a tamaño completo la próxima vez que se inicie el programa. Algunos ajustes de personalización son menos obvios y otros pueden incluso ser difíciles de encontrar si no sabe dónde buscarlos.

Los comandos Options y Customize, ambos colocados en el menú Tools, ofrecen acceso directo a los cambios y opciones que gobiernan el comportamiento del entorno Developer Studio. Aunque estos comandos no proporcionan acceso a los ajustes personalizados, son un buen punto de partida.

EL DIÁLOGO OPTIONS

El comando Options visualiza el diálogo de pestañas que se muestra en la Tabla 13.1. El diálogo Options contiene una colección de gran variedad de ajustes que abarca el comportamiento y la apariencia de los editores de Visual C++ y el depurador, el espacio entre tabuladores y las sangrías en el editor de texto, las ubicaciones de directorios de archivos include y las bibliotecas utilizadas durante la compilación y vinculación, y las fuentes y colores de texto para distintas ventanas. La Tabla 13.1 enumera algunas de las opciones de diálogo.

Tabla 13.1. Ajustes en el diálogo Options, invocado haciendo clic en Options del menú Tools

Pestaña del diálogo Options	Descripción
[Diálogo Options – pestaña Editor]	**Editor de texto.** Habilita las barras de desplazamiento y el margen de selección en el editor de texto. Selecciona los ajustes que afecten a cómo el editor guarda un documento y si la característica de finalización de sentencias aparece de forma automática en una ventana de documento.
[Diálogo Options – pestaña Tabs]	**Espaciado entre tabuladores en documentos de texto.** Ajusta la anchura de los tabuladores en documentos de texto y la sangría automática para el código fuente. Determine si el editor debería aceptar tabuladores como el carácter ASCII #9 o convertirlos a un número equivalente de espacios según teclea.
[Diálogo Options – pestaña Debug]	**Ajustes del depurador.** Selecciona la visualización hexadecimal o decimal y la apariencia de varias ventanas del depurador. Especifica la dirección predeterminada que se visualiza en la ventana Memory. Selecciona Just-in-time debugging y elige entre aplicación manual o automática de la característica Edit o Continue.

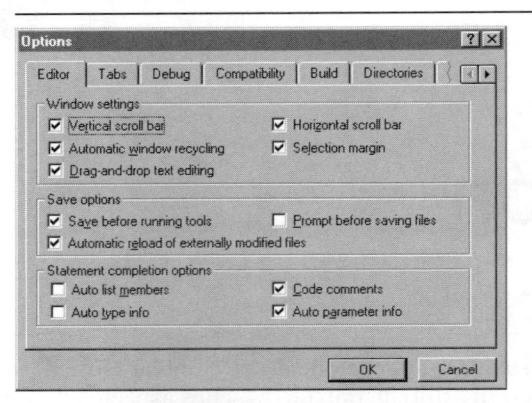

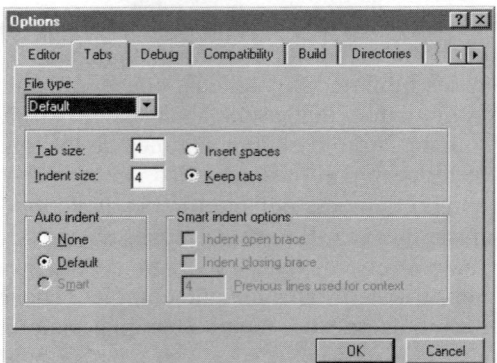

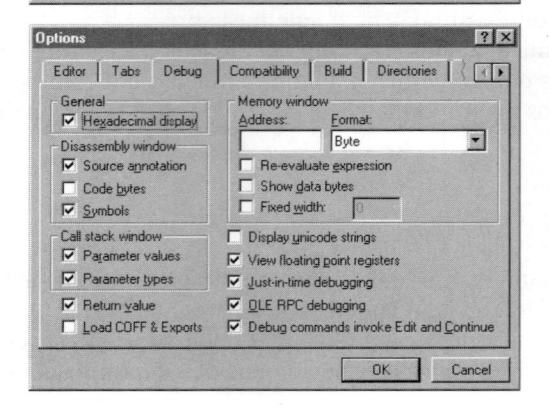

PERSONALIZACIÓN DE VISUAL C++ **499**

Pestaña del diálogo Options	Descripción
	Opciones del editor de texto. Selecciona la emulación del editor de texto (Developer Studio, BRIEF, Epsilon). Habilita otras opciones, tales como espacio virtual y el comportamiento del doble clic en el editor de diálogo.
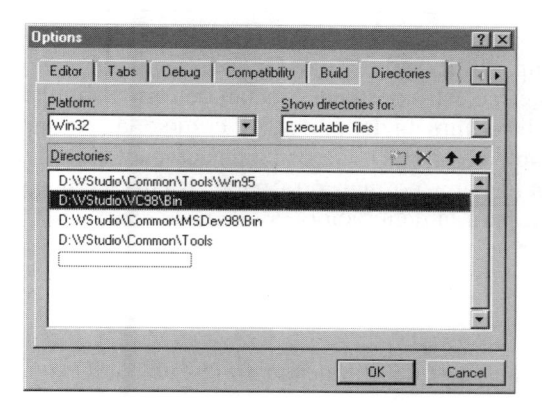	**Directorios para localizar archivos.** Selecciona Executable files (archivos ejecutables), Include files (archivos Include), Library files (archivos biblioteca) o Source files (archivos fuente), luego añade o elimina rutas a los archivos. Visual C++ busca archivos escaneando cada ruta en el orden listado.
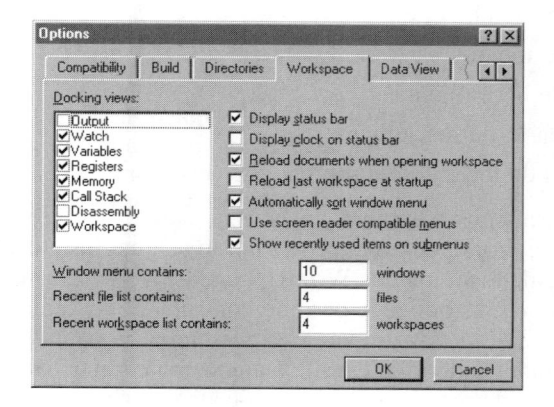	**Opciones de espacio de trabajo.** Habilita o deshabilita el acoplamiento de las ventanas. Ajusta la carga automática del proyecto más reciente cuando se inicia Visual C++. Determina si el menú Window ordena su lista de documentos en orden alfabético. Ajusta la extensión de las listas visualizadas por las órdenes Recent Files y Recent Workspaces del menú File.

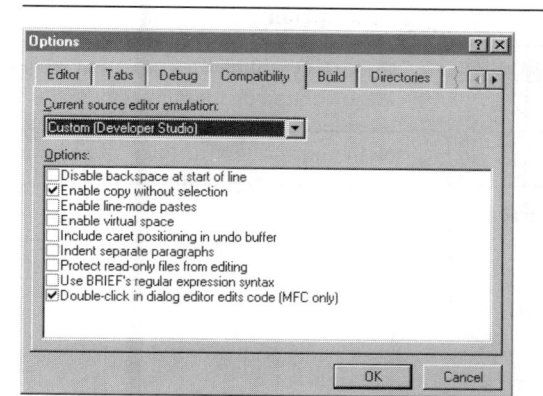

(*Continúa*)

Tabla 13.1. (*Continuación*)

Pestaña del diálogo Options	Descripción
[imagen del diálogo Options con pestaña Format seleccionada]	**Fuentes y colores en las ventanas de texto.** Ajusta el tipo de fuente y tamaño para la ventana seleccionada. Ajusta los colores de varios elementos de texto, tales como comentarios, palabras clave y etiquetas de HTML.

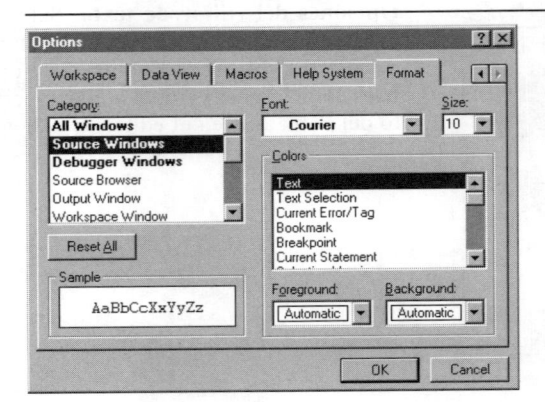

Las pestañas Editor, Tabs y Compatibility del diálogo Options se aplican sólo al editor de texto. La mayor parte de los ajustes en estas pestañas afectan de forma simultánea a las visualizaciones normales y de pantalla completa del editor, así como a la ventana de texto fuente del depurador. Esto hace posible crear tres composiciones de pantalla diferentes en el entorno: una para editar en visualización normal, otra para visualización de pantalla completa y una tercera composición para la depuración.

EL DIÁLOGO CUSTOMIZE

El comando Customize visualiza el diálogo que se muestra en la Tabla 13.2, que proporciona el medio para:

- Añadir o borrar comandos de menú.
- Añadir iconos a comandos de menú.
- Activar y desactivar barras de herramientas.
- Añadir o borrar botones de barra de herramientas.
- Crear comandos de pulsación de tecla con nombre.

Ya nos hemos encontrado de forma breve algunos de estos comandos en otros capítulos. Por ejemplo, el Capítulo 3, «El editor de texto», mostró cómo asignar las pulsaciones de tecla para dos comandos no vinculados llamados WordUpperCase y WordLowerCase.

La pestaña Commands del diálogo Customize le permite controlar el contenido de los menús del entorno. Mientras que el diálogo Customize está visible en la pantalla, puede visualizar los menús, pero los comandos individuales en los menús no están activos. En su lugar, el entorno actúa como un editor de menú en el que puede añadir o borrar comandos de menú de datos, cambiar el orden de los comandos y añadir iconos para los comandos existentes.

Tabla 13.2. Ajustes en el diálogo Customize, que se invoca al hacer clic en Customize del menú Tools

Pestaña en el diálogo Customize	Descripción
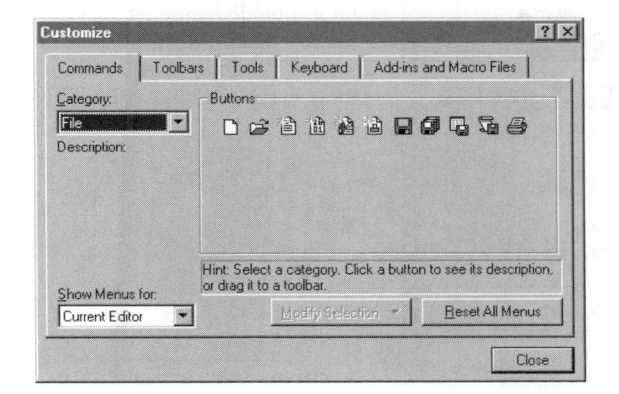	**Añadir comandos a los menús.** Modifica un comando de menú o restablece los menús a sus valores predeterminados.
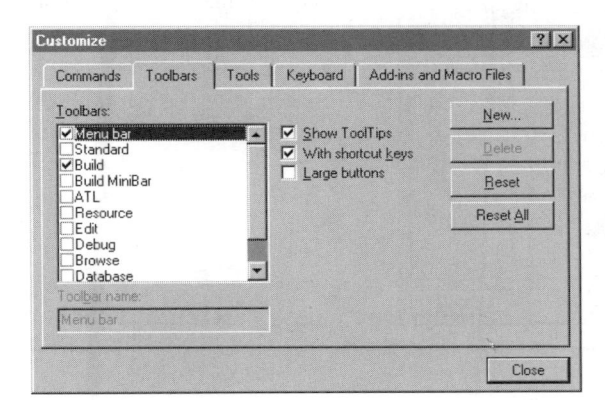	**Barras de herramientas.** Hacen visibles o invisibles las barras de herramientas, habilitan las herramientas de consejo, visualizan teclas aceleradoras en los mensajes de herramientas de consejo y seleccionan entre botones de barras de herramientas grandes y pequeños.
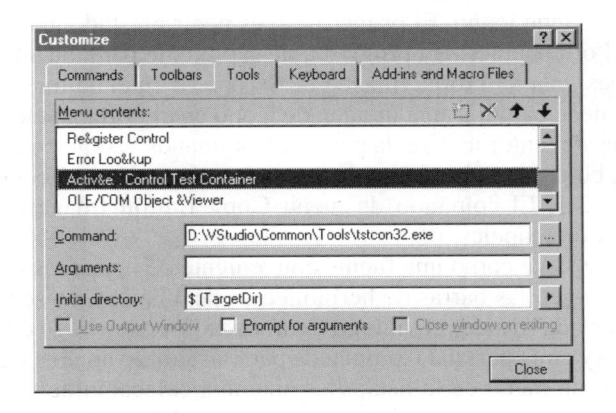	**Comandos del menú Tools.** Añade o elimina comandos para programas de utilidad, especificando el camino, nombre de archivo y argumentos de línea de comandos para cada programa. Especifica el directorio inicial que utiliza la utilidad.

(*Continúa*)

Tabla 13.2. (*Continuación*)

Pestaña en el diálogo Customize	Descripción
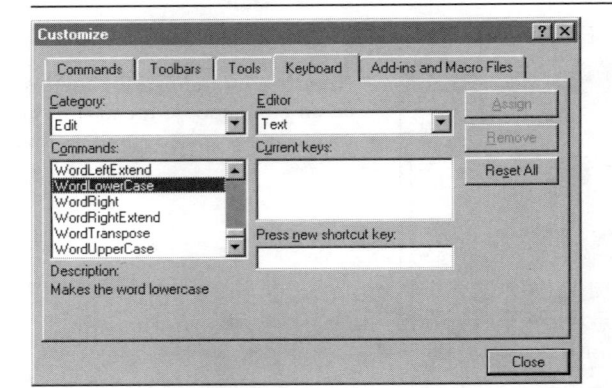	**Desvincula comandos de teclado.** Asigna nuevas pulsaciones de tecla a comandos de Visual C++.
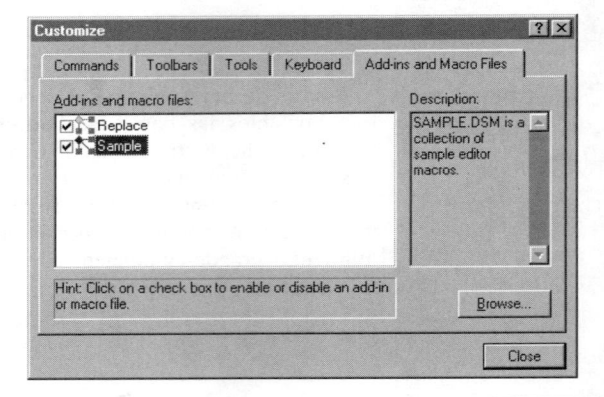	**Archivos macro.** Habilita o deshabilita un archivo macro o utilidad añadida.

Por ejemplo, aquí tiene cómo añadir imagen de icono al comando Page Setup en el menú File, que normalmente no tiene icono. El primer paso es pedir prestado una imagen adecuada y almacenarla en el Portapapeles. Un programa de captura de pantalla sirve bien para este propósito, o puede designar su propia imagen de 16 por 16 en el editor de gráficos de Visual C++. También puede capturar una imagen de icono en el Portapapeles desde cualquier barra de herramientas del entorno. Con la pestaña Commands visible en el diálogo Customize, haga clic en el botón derecho del ratón para visualizar el menú contextual que se muestra en la Figura 13.1. El comando de menú Copy Button Image copia la imagen del icono de botón al Portapapeles.

El propio diálogo Customize sirve como una fuente conveniente de imágenes de botones. Todas las imágenes de icono en las barras de herramientas de Visual C++ se pueden visualizar dentro (y pedirse prestadas desde) el diálogo Customize. Primero haga clic en el cuadro de combinación Category en la pestaña Commands para visualizar una lista desplegable de menús. Al seleccionar un menú en la lista, visualiza una colección de pequeños iconos para comandos en el menú. Para nuestro ejemplo, seleccione File de la lista desple-

Figura 13.1. Cuando está visible el diálogo Customize, si hace doble clic en un comando de menú o botón de barra de herramientas, muestra este menú contextual.

gable Category y haga clic en el botón derecho del ratón sobre las imágenes de icono en la lista que expresa de forma aproximada la idea de «ajustar página». Esto visualiza el mismo menú contextual que se muestra en la Figura 13.1, desde el que puede elegir el comando Copy Button Image para copiar la imagen al Portapapeles.

Una vez que tiene almacenada la imagen de 16 por 16 en el Portapapeles, transfiera la imagen al comando Page Setup en el menú File. Con la pestaña Commands todavía visible, haga clic en File en la barra de menú para exponer el menú, a continuación haga clic en el botón derecho del ratón sobre el comando Page Setup para visualizar el menú de contexto que se muestra en la Figura 13.1. Elija el comando Paste Button Image para colocar la nueva imagen de icono a la izquierda del comando Page Setup en el menú File:

Si cambia de idea sobre el resultado, puede deshacer su trabajo de dos maneras. La primera es hacer clic en el botón Reset All Menus en el diálogo Customize, que restablece todos los comandos de menú a su estado original. Si desea eliminar sólo una imagen de icono de un comando de menú particular, haga clic a la derecha en el comando y elija Text Only del menú de contexto. Otra vez, el diálogo Customize debe estar visible en la pantalla para hacer este trabajo.

También puede añadir imágenes de icono a la propia barra de menú. Haga clic en el botón derecho del ratón para visualizar su menú de contexto, a continuación elija Paste Button Image como antes. Aquí tiene una posibilidad de personalizar una barra de menú personalizada, creada con imágenes de icono que se toman prestadas de distintas ubicaciones en el entorno de Visual C++:

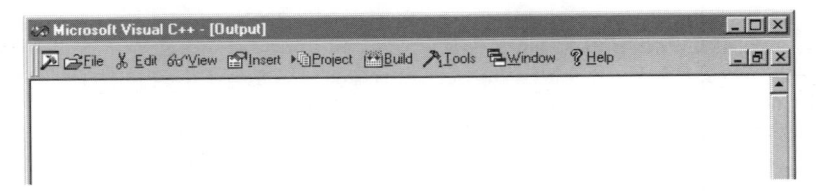

Añadir un comando nuevo a uno de los menús de entorno sólo lleva dos pasos:

1. Sacar el menú mientras que la pestaña Commands del diálogo Customize aparece en la pantalla.
2. Seleccionar el grupo deseado de herramientas de la lista desplegable Category y arrastrar el icono de herramienta o el nombre de comando desde el diálogo al menú. Una barra de colocación horizontal indica la posición del menú.

Para borrar el comando nuevo del menú, haga clic en el botón derecho del ratón y elija Delete del menú emergente. También puede añadir las entradas de menú para macros y comandos no vinculados. Elija All Commands de la lista desplegable Category, coloque el nombre de comando en la lista, a continuación arrastre el nombre de comando de la lista a la posición deseada en el menú. La Figura 13.2 muestra el procedimiento para añadir el comando WordUpperCase al menú Edit.

BARRAS DE HERRAMIENTAS

El aspecto de las barras de herramientas en la pantalla depende del editor activo y de si el editor está en modo de pantalla completa. Por defecto, las barras de herramientas permanecen invisibles en las visualizaciones de pantalla completa; para hacer visible una barra de herramientas, active la visualización de pantalla completa y pulse ALT+T para mostrar el menú Tools. Haga clic en el comando Customize y en la pestaña Toolbars, a continuación active el cuadro de comprobación adyacente a la barra de herramientas deseada en la lista. También puede hacer el menú visible en modo de pantalla completa de esta forma. Como el cambio tiene lugar en modo de pantalla completa, el aspecto de la barra de herramientas y su posición en la pantalla se aplican sólo a la visualización de pantalla completa. Cuando pulsa ESC para volver a la visualización normal, la barra de herramientas vuelve a su posición original y puede que incluso no sea visible.

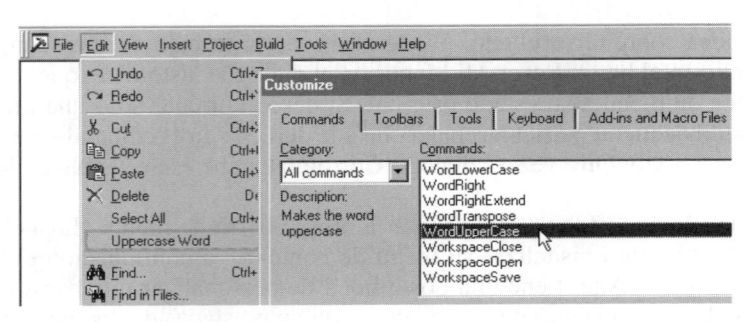

Figura 13.2. Colocación de un comando nuevo en un menú.

Si prefiere una barra de herramientas que flote en lugar de que se acople con otra ventana o al borde de la pantalla, haga dos veces clic en el botón derecho del ratón sobre cualquier área en blanco en la barra de herramientas. Para devolver una barra de herramientas flotante a su posición acoplada anterior, haga dos veces clic en la barra de título de la barra de herramientas. Como se menciona en el Capítulo 1, «El entorno», al mantener pulsada la tecla CTRL mientras que se arrastra la barra de herramientas a una posición acoplada, cambia la ventana de la barra de herramientas entre las orientaciones horizontal y vertical.

Visual C++ le permite modificar fácilmente la apariencia y contenidos de las barras de herramientas, así que puede copiar los botones de una barra de herramientas a otra, almacenando en una sola barra de herramientas las herramientas que utilice más frecuentemente. Primero visualice el diálogo Customize, utilizando el menú Tools o haciendo clic en el botón derecho del ratón sobre la barra de herramientas y eligiendo Customize de su menú contextual. Si la barra de herramientas que desea modificar no aparece en la pantalla, haga clic en la pestaña Toolbars y muestre la barra de herramientas. En la pestaña Commands del diálogo, seleccione un nombre de menú desde el cuadro Category para visualizar botones de herramientas que pertenecen a los comandos en el menú seleccionado. Haciendo clic en un botón de herramienta en el diálogo, visualiza una breve descripción de la herramienta, así que siempre puede identificar el propósito de un botón. Asegúrese de que la barra de herramientas y el diálogo Customize no se superponen en la pantalla, y a continuación arrastre las herramientas que desee del diálogo a la barra de herramientas. Puede incluso colocar los botones de herramienta en la barra de menú del entorno si lo prefiere.

Al igual que los comandos de menú, los botones de la barra de herramientas no están activos cuando aparece el diálogo Customize en la pantalla. Esto le permite arrastrar un botón de barra de herramientas y colocarlo en una posición diferente en la misma barra de herramientas, o arrastrar el botón a una barra de herramientas diferente. Puede insertar un espacio entre botones desplazando un botón a la izquierda o a la derecha sobre la mitad de la anchura de un botón. Haga clic en el botón Close del diálogo cuando haya terminado. En realidad, ni siquiera necesita el diálogo Customize para desplazar herramientas de una barra de herramientas a otra. Muestre las barras de herramientas y arrastre el botón de herramienta que desea de una barra de herramientas a otra mientras que pulsa la tecla ALT. La pulsación simultánea de las teclas ALT y CTRL le permite copiar un botón en lugar de desplazarlo.

Barras de herramientas personalizadas

Si para su gusto algunas de las barras de herramientas grandes ocupan demasiado espacio en la pantalla, puede que desee que Visual C++ le ofrezca una o dos barras de herramientas pequeñas que se podrían arrinconar discretamente en un ángulo, proporcionando acceso a sólo unas cuantas herramientas que usted realmente necesita. La respuesta es una barra de herramientas personalizada cuya creación sólo requiere unos cuantos pasos. El Capítulo 3 introdujo el tema de las barras de herramientas personalizadas, mostrando los comandos WordUpperCase y WordLowerCase. Aquí tiene una revisión ampliada del procedimiento.

Primero ajuste el modo de pantalla a normal o a pantalla completa, dependiendo de si desea utilizar la barra de herramienta nueva, a continuación haga clic en el comando Customize en el menú Tools y muestre la pestaña Commands del diálogo. Para un comando no vinculado como WordUpperCase, elija All Commands del cuadro Category para visualizar una lista de nombres de comandos. Coloque el comando deseado en la lista, a continuación arrastre la entrada desde la lista y despliéguela en una barra de herramientas. Para copiar uno de los botones predefinidos del entorno, seleccione un menú de la lista Category y arrastre un botón del diálogo Customize a la barra de herramientas.

No tiene que utilizar una barra de herramientas predefinida para recibir el botón de herramienta nueva, porque el entorno ofrece dos métodos para crear una barra de herramientas personalizada. El primer método es hacer clic en el botón New en la pestaña Toolbars del diálogo Customize, a continuación dar un nombre a la barra de herramientas:

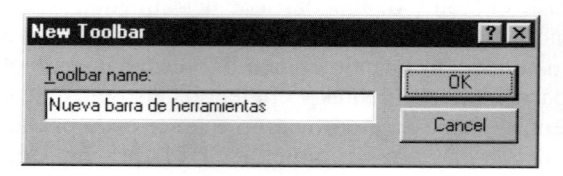

Cuando hace clic en OK, Visual C++ crea una barra de herramientas en blanco en la que puede colocar botones tal y como se ha descrito.

El segundo método para la creación de una barra de herramientas nueva es incluso más fácil; simplemente, arrastre un comando fuera del diálogo Customize y suéltelo en cualquier área de la pantalla que no esté cubierta por una barra de herramientas. Para un comando nuevo como WordUpperCase, seleccione All Commands de la lista Category y arrastre una entrada deseada fuera de la lista Commands. El procedimiento es similar al modo en que colocamos WordUpperCase en un menú anteriormente. Seleccione un icono de botón en el diálogo Button Appearance, añada texto apropiado para etiquetar el botón y haga clic en OK. Visual C++ crea automáticamente una barra nueva para mantener el botón:

Para copiar uno de los comandos predefinidos del entorno, seleccione un nombre de menú de la lista Category y arrastre un icono fuera del diálogo Customize al área en blanco de la pantalla como se muestra en la Figura 13.3. Este método tiene la ventaja de copiar una imagen de icono y texto de botón en un solo paso. Para visualizar tanto imagen como texto en el botón nuevo de la barra de herramientas, haga clic en el botón derecho en la barra de herramientas y elija Image And Text del menú contextual.

Es fácil eliminar un botón de cualquier barra de herramientas, tanto personalizado como predefinido. Aunque el diálogo esté visible, arrastre un botón de la barra de herramientas y suéltelo en una área en blanco de la pantalla. Al mismo tiempo, puede volver a nombrar una barra de herramientas o cualquiera de las capturas de botón. Para modificar una captura de botón, haga clic en el botón derecho del ratón sobre el botón en su barra de herramientas, elija el comando Button Appearance del menú emergente y a continuación vuelva a teclear la captura de botón en el cuadro de edición en la parte inferior del diálogo Button Appearance. Puede cambiar un icono de botón en cualquier momento cortando y pegando en el Portapapeles.

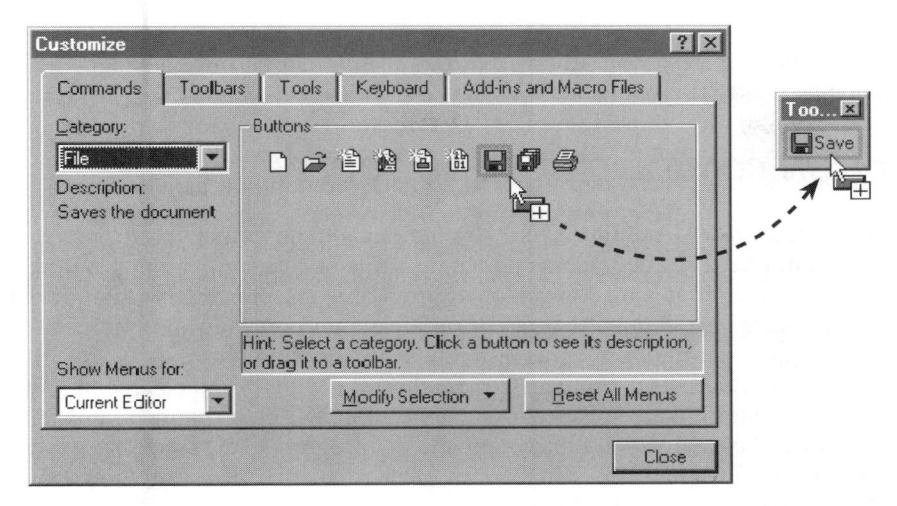

Figura 13.3. Creación de una nueva barra de herramientas personalizada.

El cambio de nombre de una barra de herramientas personalizada requiere una visita a la pestaña Toolbars del diálogo Customize (puede volver a nombrar sólo las barras de herramientas que ha creado, no las barras Developer Studio predefinidas). Seleccione la barra de herramientas de la lista y teclee un título nuevo en el cuadro Toolbar Name. El nombre nuevo aparece en el área de título de la barra de herramientas y en la lista Toolbars del diálogo Customize, así que puede activar y desactivar la nueva barra de herramientas del mismo modo que cualquier otra barra de herramientas. Si la nueva barra de herramientas tiene sólo unos cuantos botones, conserve el nombre corto o puede que no haya espacio para el mismo en la barra de título. La Figura 13.4 muestra cómo cambiar el nombre de la barra de herramientas creada en el Capítulo 3 desde Toolbar1 hasta Word Case.

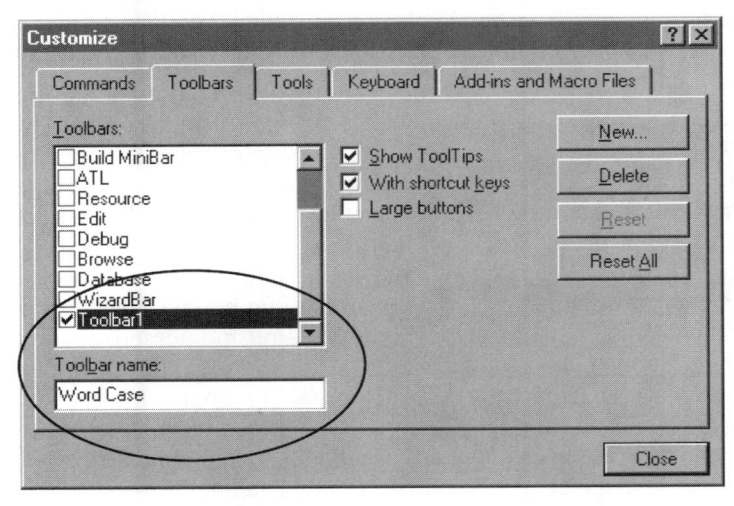

Figura 13.4. Renombrar una barra de herramientas en el diálogo Customize.

Al seleccionar una barra de herramientas personalizada de la lista, habilita el botón Delete. Este botón proporciona el único medio de eliminar permanentemente una barra de herramientas personalizada.

ADICIÓN DE UN COMANDO AL MENÚ TOOLS

La última sección del Capítulo 3 mostró cómo añadir un comando al menú Tools para lanzar un editor de texto de terceras partes mientras que está en el entorno de Developer Studio. Puede hacer lo mismo con cualquier programa, no sólo con un editor de texto. Esta sección trata con más detalle el proceso de añadir un comando, describiendo opciones disponibles que le permiten integrar otra aplicación en el entorno.

Primero vamos a revisar el proceso de añadir una utilidad simple al menú Tools que no necesita argumentos o manejo especial. La aplicación MfcTree3 enumera una jerarquía de clases de MFC y es una versión más completa del programa MfcTree2 basado en diálogo desarrollado en el Capítulo 5, «Cuadros de diálogo y controles». El código fuente para MfcTree3 no ha cambiado mucho desde sus orígenes anteriores, excepto que el programa ahora almacena nombres de clase como recursos de cadena en lugar de codificarlos en una lista larga de invocaciones a *CTreeCtrl::InsertItem* en la función de diálogo *OnInitDialog*. Puede encontrar todos los archivos fuente en la carpeta Capitulo.13\MfcTree3 en el CD que se acompaña, pero para la demostración siguiente sólo necesita el archivo de programa MfcTree3.exe copiado del CD a cualquier sitio de su disco duro.

Añada la herramienta MfcTree3 al entorno invocando el diálogo Customize. En la pestaña Tools, haga dos veces clic en el cuadro de elemento nuevo, que aparece como un rectángulo punteado después de la última herramienta en la lista (Fig. 13.5). Teclee el texto de elemento de menú *&MFC Tree List* para especificar la entrada de menú con la letra «M» que sirve como letra mnemotécnica del comando.

Pulse la tecla INTRO, y en el tipo de cuadro Command teclee toda la ruta y nombre de archivo para MfcTree3 incluyendo la extensión EXE. Cuando cierre el diálogo Customize, Visual C++ añade el comando a la parte inferior del menú Tools. Al hacer clic en el comando MFC Tree List lanza la aplicación MfcTree3, que visualiza la lista de clases MFC que se muestra en la Figura 13.6.

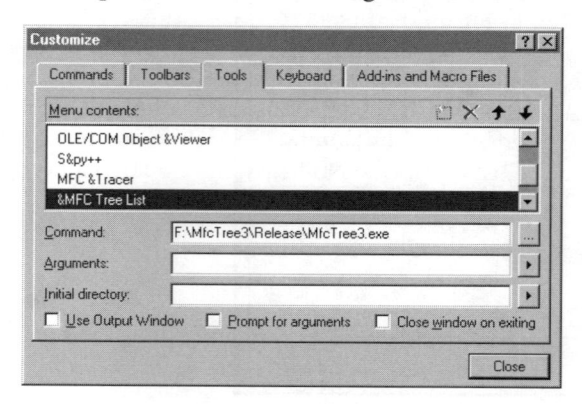

Figura 13.5. Adición del comando nuevo MFC Tree List al menú Tools.

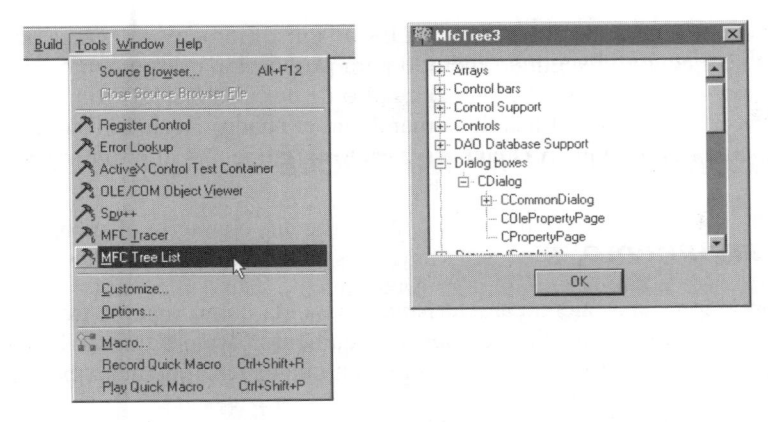

Figura 13.6. El nuevo comando MFC Tree List del menú Tools y la aplicación MfcTree3.

MfcTree3 es fácil de añadir al menú Tools, porque el programa no toma argumentos de línea de comando y visualiza su salida en una única ventana. Otros programas de utilidad no son tan simples, como veremos en la sección siguiente.

Argumentos de línea de comando

Algunas aplicaciones, especialmente los programas basados en consola, utilizan argumentos de línea de comando especificados por el usuario cuando ejecuta el programa. Estos son dos métodos para proporcionar argumentos de línea de comando a un programa iniciado desde el menú Tools. El primer método configura Visual C++ para consultar los argumentos cada vez que ejecute la utilidad. Ajuste la configuración en el diálogo Customize seleccionando el cuadro de comprobación Prompt For Arguments que se muestra en la Figura 13.5. Cuando está activado, el cuadro de comprobación hace que Visual C++ solicite los argumentos cuando ejecute la utilidad del menú Tools y a continuación pasa los argumentos al programa mediante la línea de comando.

Como si fuera una ilustración, vamos a ver qué pasa cuando se añade la utilidad Bloc de Notas de Windows al menú Tools del entorno con el cuadro de comprobación Prompt For Arguments seleccionado. Al ejecutar el Bloc de Notas desde el menú Tools, primero visualiza una solicitud en la que puede teclear un nombre de archivo, como se muestra en la Figura 13.7. Cuando hace clic en OK, el Bloc de Notas se inicia y carga automáticamente el archivo especificado.

Figura 13.7. Solicitud de argumentos de línea de comando cuando se ejecuta un programa desde el menú Tools.

Si desea que un programa de utilidad reciba los mismo argumentos de línea de comando cada vez que se ejecuta, el segundo método para proporcionar argumentos demuestra ser mucho más conveniente. Deseleccione el cuadro de comprobación Prompt For Arguments y teclee los argumentos de línea de comando en el cuadro Arguments que se muestra en la Figura 13.5. Por lo tanto, Visual C++ pasa los argumentos al programa sin solicitar nada.

Macros de argumento

Visual C++ proporciona una buena característica conocida como macros de argumento, que puede facilitar mucho las especificaciones de argumento para programas Tools. Como se describe en la Tabla 13.3, cada macro se amplía en una cadena que describe una característica del proyecto actual o archivo.

Un ejemplo simple ilustra la flexibilidad de las macros de argumento. Ponga por caso que desea que la herramienta Bloc de Notas abra el documento que está actualmente activo en el editor de texto. En lugar de solicitar cada vez el nombre de archivo, es mucho más fácil utilizar la macro $(FilePath). Esta macro se amplía en toda la especificación de archivo del documento que actualmente tiene la atención de entrada. Si ningún documento tiene la atención, la macro genera una cadena vacía. Para utilizar la macro con la herramienta Bloc de Notas, deseleccione el cuadro de comprobación Prompt For Arguments en el diálogo Customize y teclee *$(FilePath)* en el cuadro Arguments como sigue:

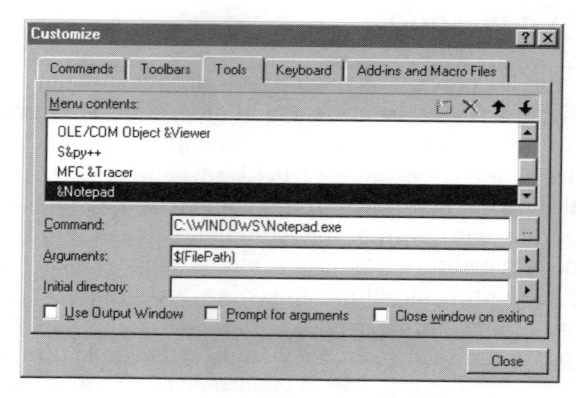

Tabla 13.3. Macros de argumento disponibles en la pestaña Tools

Macro	Nombre	Descripción
$(CurCol)	Current Column	Número de columna de la posición del cursor en la ventana de texto.
$(CurDir)	Current Directory	Directorio de trabajo actual, expresado como *d:ruta*.
$(CurLine)	Current Line	Número de fila de la posición del cursor en la ventana de texto.
$(CurText)	Current Text	Texto actual, que es la palabra sobre la que está el cursor o una única línea de texto seleccionada.

Macro	Nombre	Descripción
$(FileDir)	File Directory	Directorio del archivo fuente de la ventana activa, expresado como *d:ruta*.
$(FileExt)	File Extension	Extensión del nombre de archivo de la ventana activa.
$(FileName)	File Name	Nombre de archivo del archivo fuente de la ventana activa.
$(FilePath)	File Path	Especificación completa del archivo fuente en la ventana activa, expresado como *d:\ruta\nombredearchivo*.
$(TargetArgs)	Target Arguments	Argumentos de línea de comando pasados a la aplicación proyecto.
$(TargetDir)	Target Directory	Ruta al proyecto ejecutable contenido en el subdirectorio Debug o Release, expresado como *d:\ruta*.
$(TargetExt)	Target Extension	Extensión del nombre de archivo del proyecto ejecutable, tal como EXE o DLL.
$(TargetName)	Target Name	Nombre de archivo del proyecto ejecutable (normalmente el nombre del proyecto).
$(TargetPath)	Target Path	Especificación completa del proyecto ejecutable, expresada como *d:\ruta\nombredearchivo*.
$(WkspDir)	Workspace Directory	Directorio que contiene los archivos de proyecto, expresados como *d:\ruta*.
$(WkspName)	Workspace Name	Nombre del proyecto.

Cuando lanza la herramienta mientras que edita un documento en el editor de texto, el Bloc de Notas automáticamente abre el mismo documento. La Tabla 13.3 proporciona una lista completa de las 15 diferentes macros de argumento disponibles en la pestaña Tools.

Puede utilizar macros de argumento cuando consulta Visual C++ para argumentos de línea de comando, como se muestra en la Figura 13.7, pero las macros son más útiles en los cuadros de texto Arguments e Initial Directory. No necesita memorizar las macros, porque haciendo clic en los botones de flecha adyacentes a los cuadros de texto visualiza un menú con una lista completa de nombres de macro. Haga clic en un nombre de macro en la lista y aparece en el cuadro de texto adyacente. Los nombres de macros no son sensibles a las mayúsculas, por ejemplo, $(FileDir) y $(filedir) amplían la misma cadena. Las cadenas de ruta producidas por macros tales como $(FileDir) y $(TargetDir) terminan en una barra invertida.

Ejemplo: La herramienta de utilidad Struct

Las macros de argumento proporcionan un medio de integrar más estrechamente un programa de utilidad en el entorno de Developer Studio. Automatizando los argumentos de línea de comando que son apropiados para el proyecto o documento actual, las macros de argumento le permiten crear utilidades de añadidos para el menú Tools diseñadas específicamente para su uso en Visual C++.

Aquí tiene un ejemplo de cómo un programa de herramienta puede responder a la posición actual del cursor en el editor de texto, e incluso visualizar la salida dentro del entorno de Developer Studio. La utilidad Struct descrita aquí recibe un argumento de línea de comando que contiene una palabra tomada del documento de texto actual. Si el argumento mantiene el nombre de una de las estructuras API Win32 representadas en la pequeña base de datos del programa, Struct visualiza la declaración de estructura en la ventana Output de Developer Studio. El argumento de línea de comando que genera la macro $(CurText) puede ser o bien texto seleccionado en el documento o bien, si no hay texto seleccionado, la palabra sobre la que descansa el cursor. Si Struct no reconoce el nombre de estructura facilitado, visualiza un mensaje diciendo que la estructura es desconocida.

La Figura 13.8 visualiza cómo configurar el programa Struct en el diálogo Customize como una herramienta en el menú Tools. Struct tiene acceso a la ventana Output porque el cuadro de comprobación Use Output Window está activado. Este cuadro de comprobación sólo se habilita para programas basados en consola. Al ajustar el cuadro de comprobación, provoca que Developer Studio intercepte toda salida estándar desde la utilidad y la visualice en una pestaña separada de la ventana Output. El nombre de la herramienta aparece en la pestaña para identificar la fuente de la salida.

Struct es un programa muy simple que reconoce sólo unas cuantas estructuras API Win32, como por ejemplo RECT y POINT. Escrito en C como un programa basado en consola, Struct es poco más que un programa shell, pero puede expandirse fácilmente para incluir estructuras adicionales y otra información tal como prototipos de funciones y parámetros de mensaje. A pesar de sus limitaciones, el programa demuestra claramente algunas de las posibilidades para integrar herramientas en Visual C++. Puede instalar y probar la utilidad Struct siguiendo estos pasos:

1. Si no ha ejecutado el programa Instalar para copiar los proyectos desde el CD que se acompaña, copie el archivo de programa Struct.exe en un lugar conveniente de su disco duro. El archivo de programa está ubicado en la subcarpeta Codigo\Capitulo.13\Struct\Release del CD.

2. En la pestaña Tools del diálogo Customize, añada un comando para Struct al menú Tools, como se ilustra en la Figura 13.8. En el cuadro Command, teclee la ruta y nombre de archivo de Struct.exe, incluyendo la extensión EXE, especificando la

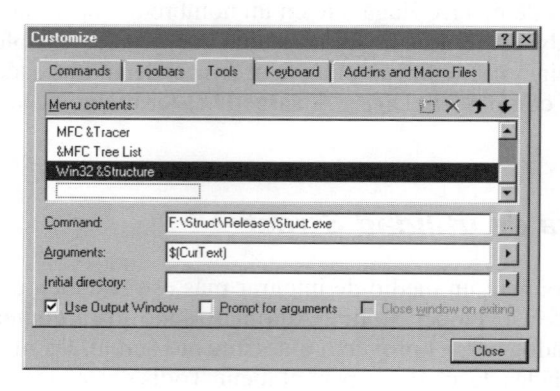

Figura 13.8 Ajuste de un comando de menú para el programa de utilidad Struct.

PERSONALIZACIÓN DE VISUAL C++   **513**

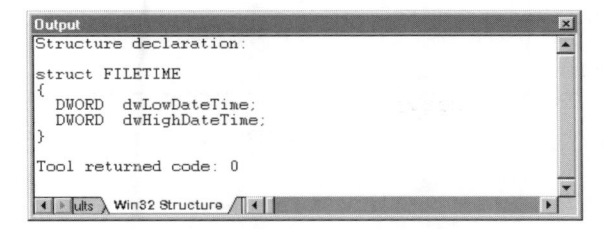

```
Output
Structure declaration:

struct FILETIME
{
  DWORD   dwLowDateTime;
  DWORD   dwHighDateTime;
}

Tool returned code: 0

  ults  Win32 Structure
```

Figura 13.9. La salida de la utilidad Struct aparece en su propia pestaña de la ventana Output.

carpeta de su disco duro en la que copió el programa. Teclee *$(CurText)* en el cuadro Arguments o haga clic en el botón de flecha adyacente y seleccione Current Text de la lista. Asegúrese de que selecciona el cuadro de comprobación Use Output Window en el ángulo inferior izquierdo del diálogo.

3. Abra el archivo fuente Struct.c (Listado 13.1) en el editor de texto o utilice el comando New del menú File para crear un nuevo documento de texto. Teclee una única línea en el documento que contiene algunos de los nombres de estructuras API que Struct reconoce; así:

```
RECT   RECTL   POINT   POINTL   SIZE   POINTS   FILETIME   SYSTEMTIME
```

4. Coloque el cursor en cualquier sitio sobre uno de los nombres de función del documento y haga clic en el comando Win32 Structure del menú Tools. La Figura 13.9 muestra que el mensaje de utilidad es como la pestaña Win32 Structure de la ventana Output.

Listado 13.1. El archivo fuente Struct.c

```
// Struct.c    Visualiza declaraciones de estructura de Win32 en la ventana
//             Output Copyright (c) 1998, Beck Zaratian

#include <stdio.h>
#include <string.h>

char *pszStruct[] =
{
    "FILETIME\n{\n  DWORD   dwLowDateTime;\n  DWORD " \
    "dwHighDateTime;\n}",

    "OVERLAPPED\n{\n  DWORD   Internal;\n  DWORD " \
    "InternalHigh;\n  DWORD   Offset;\n  DWORD " \
    "OffsetHigh;\n  HANDLE  hEvent;\n};",

    "POINT\n{\n  LONG   x;\n  LONG   y;\n};",

    "POINTL\n{\n  LONG   x;\n  LONG   y;\n};",

    "POINTS\n{\n  SHORT  x;\n  SHORT  y;\n};",
```

(Continúa)

Listado 13.1. (*Continuación*)

```
        "PROCESS_INFORMATION\n{\n HANDLE hProcess;\n HANDLE " \
        "hThread;\n DWORD dwProcessId;\n DWORD dwThreadId;\n};",

        "RECT\n{\n LONG  left;\n LONG  top;\n LONG right;" \
        "\n LONG  bottom;\n};",

        "RECTL\n{\n LONG left;\n LONG top;\n LONG right;" \
        "\n LONG bottom;\n};",

        "SECURITY_ATTRIBUTES\n{\n DWORD nLength;\n LPVOID " \
        "lpSecurityDescriptor;\n BOOL bInheritHandle;\n};",

        "SIZE\n{\n LONG  cx;\n LONG  cy;\n};",

        "SYSTEMTIME\n{\n WORD wYear;\n WORD wMonth;\n WORD " \
        "wDayOfWeek;\n WORD wDay;\n WORD wHour;\n WORD " \
        "wMinute;\n WORD wSecond;\n WORD wMilliseconds;\n};"
};

main( int argc, char *argv[], char *envp[] )
{
    char    sz;
    size_t  iLen;
    int     i, iCount = sizeof(pszStruct)/sizeof(char*);

    if (argc > 1)
    {
        for (i=0; i < iCount; i++)
        {
            // Determina la longitud del nombre de estructura
            sz = pszStruct[i];
            iLen = (size_t) (strchr( sz, '\n' ) - sz);

            // Si la estructura está en una base de datos, visualiza
            // la declaración
            if (strlen( argv[1] ) == iLen &&
                !strncmp( sz, argv[1], iLen ))
            {
                printf( "Structure declaration:\n\n" );
                printf( "struct %s\n\n", pszStruct[i] );
                break;
            }
        }

        if (i == iCount)
            printf( "Structure not recognized\n\n" );
    }

    return 0;
}
```

MACROS

Visual C++ incorpora un lenguaje de macros excelente en la forma de Visual Basic Scripting Edition, más conocida como VBScript. Almacenando guiones de macro en archivos, el entorno le permite hacer una colección permanente de macros útiles que se pueden compartir con otros. Puede crear una macro grabando una secuencia de tareas o escribiendo un guión programado. Y como veremos en esta sección, VBScript proporciona una biblioteca de funciones que le permite ejecutar una macro para solicitar entrada de usuario, visualizar cuadros de mensaje, llevar a cabo cálculos matemáticos, manipular cadenas y llevar a cabo muchas otras tareas que están más allá de las habilidades de la interfaz de usuario.

VBScript es un subconjunto reducido de Microsoft Visual Basic for Applications (VBA), el lenguaje de programación para programas de Microsoft tales como Access. Diseñado como un lenguaje de guiones para documentos Web escritos en Lenguaje de marcas de hipertexto (HTML), VBScript proporciona un modo de que las páginas de HTML incrusten controles ActiveX y otros objetos. Pero VBScript también funciona como un lenguaje de guiones general que puede interpretar una lista de comandos específicos para una aplicación y ejecutar los comandos a través de Automatización. En otras palabras, VBScript puede servir como un lenguaje de macros. Es en este contexto donde Visual C++ utiliza VBScript.

Una macro representa un conjunto de instrucciones reunidas en un solo comando. Las macros escritas en VBScript son en todos los sentidos programas para los que el guión de macro sirve como código fuente. Al ejecutar una macro, ejecuta todas las instrucciones contenidas en el guión. Vimos en el Capítulo 3 cómo crear una macro de VBScript registrando pulsaciones de tecla y clics de ratón. La grabación le da una macro que pone a funcionar otra vez una secuencia de comandos grabados. Sólo necesita pasar manualmente a través de los comandos una vez para grabar una macro. Por lo tanto, Developer Studio duplica los mismos pasos de forma automática siempre que ejecute la macro registrada.

La macro de quitar tabuladores del Capítulo 3 se creó utilizando el comando Record Quick Macro. Aunque conveniente, el comando Record Quick Macro crea sólo una macro temporal que se pierde para siempre la próxima vez que invoque el comando y registre otra macro. Por el contrario, el comando Macro del menú Tools le permite registrar macros permanentes, almacenando varias macros relacionadas en un solo archivo. Como demostración, aquí tiene cómo crear una visión permanente de la macro de eliminar tabuladores y mejorarla con una macro correspondiente de colocar tabuladores. Las macros amplían la TabifySelection y los comandos UntabifySelection para colocar y eliminar tabuladores en todo un documento, no sólo en el texto seleccionado. El primer paso es crear un archivo de macro, a continuación añada guiones para las nuevas macros de colocar y eliminar tabuladores. Con un documento abierto en el editor de texto, elija el comando Macro del menú Tools para abrir el diálogo Macro, haga clic en el botón Options y a continuación haga clic en el botón New File. Introduzca un nombre de archivo y descripción para el archivo de macro, como se muestra a continuación:

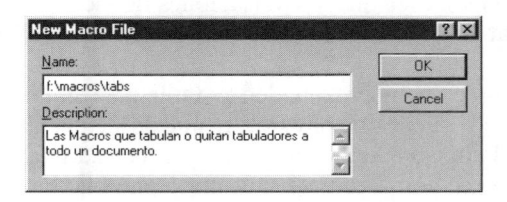

Haga clic en OK y a continuación teclee *UntabifyAll* para el nombre de la primera macro. Haga clic en el botón Record y una descripción opcional en el diálogo Add Macro, como por ejemplo *Convierte los tabuladores en espacios*. Cuando hace clic en el botón OK, se cierra el diálogo principal de Macro y le devuelve al documento en el editor de texto. La barra de herramientas Record está ahora visible y el cursor del ratón incluye la imagen de una cinta de casete, indicando que Visual C++ está grabando ahora cada pulsación de tecla y clic de ratón. Siga los mismos tres pasos que en el Capítulo 3 para crear la macro:

1. En el menú Edit, haga clic en el comando Select All para seleccionar el documento entero.

2. Elija Advanced del menú Edit y haga clic en el comando Untabify Selection.

3. Pulse CTRL+INICIO para devolver el cursor a la parte superior del documento.

Haga clic en el botón Stop Recording en la barra de herramientas Record para terminar la grabación, en ese momento el editor de texto abre automáticamente el nuevo archivo de macro VBScript, llamado Tabs.dsm, en caso de que desee editar la macro (la extensión de archivo significa la macro de Developer Studio). Para volver al documento de texto original, haga clic en el nombre de archivo en el menú Window.

Cuando visualiza el diálogo Macro otra vez, el nombre de archivo Tabs aparece en el cuadro de combinación Macro File. Para añadir una macro que coloque tabuladores, siga los mismos pasos de antes, excepto que esta vez no haga clic en los botones Options y New File, porque está añadiendo al archivo de macro, no creando uno nuevo. Simplemente teclee *TabifyAll* para nombrar la segunda macro, haga clic en el botón Record, e introduzca una descripción para la macro nueva, como por ejemplo *Convertir espacios en tabuladores*. A continuación siga los pasos anteriores para crear la segunda macro, esta vez utilizando el comando Tabify Selection. El archivo de macro Tabs contiene ahora dos macros, enumeradas en el diálogo Macro como UntabifyAll y TabifyAll. Para ejecutar una macro, selecciónela de la lista en el diálogo y haga clic en el botón Run. El efecto es el mismo que volver a teclear las pulsaciones de tecla grabadas manualmente.

Durante la grabación, Visual C++ compila una lista de cada comando que ejecuta y los escribe en código VBScript al archivo DSM. Puede trabajar en cualquier editor mientras que graba, e incluso cambiar de editor. Haciendo clic en el segundo botón en la barra de herramientas Record detiene la grabación, permitiéndole realizar operaciones que no están incluidas dentro de la macro terminada. Para reanudar la grabación, haga clic en el mismo botón otra vez. Normalmente, antes de correr una macro, debería primero desplazar el cursor a la ubicación del documento donde desea que las pulsaciones de tecla grabadas se vuelvan a poner en funcionamiento, aunque este paso no es necesario para las macros TabifyAll y UntabifyAll.

La mayor parte de las necesidades de su macro pueden completarse grabando una secuencia de comandos de este modo. Pero puede que haya veces que desee que una macro realice tareas que no se pueden grabar. Para crear semejante macro, debe escribir un guión y guardarlo como un archivo DSM. La sección siguiente muestra cómo hacerlo.

Ejemplo: Una macro para búsqueda y reemplazo en columnas

VBScript comprende tanto un compilador como una biblioteca de tiempo de ejecución. El compilador de VBScript interpreta los comandos enumerados en una macro y la biblioteca proporciona funciones que el marco puede invocar. El Apéndice C contiene un breve tutorial de VBScript, que describe los elementos de lenguaje y las funciones de biblioteca de VBScript. VBScript es lo suficientemente simple para aprender muy rápido, y afortunadamente muchas de sus características de programación son similares a las del lenguaje C.

Un ejemplo simple muestra algunas de las capacidades de una macro de VBScript. El Capítulo 3 mencionaba que aunque es posible seleccionar un bloque de columna de texto en un documento, el editor de texto no proporciona medios de restringir una operación de búsqueda y reemplazo a la columna seleccionada. Si marca una columna de texto y elige Replace del menú Edit, el diálogo Replace deshabilita el botón de radio Selection. El reemplazo de texto sólo dentro de una columna marcada es un rasgo muy deseable para un editor. Con una macro podemos programar el editor de texto de Developer Studio para hacer justamente eso.

A menudo es conveniente iniciar una macro grabando tanto como sea posible, a continuación utilice el editor de texto para añadir al archivo de guión de macro otros comandos que no se pueden grabar. Para este ejemplo no grabaremos nada, porque el archivo de macro Replace.dsm se ha codificado a partir de cero. Para probar la macro, copie Replace.dsm de la carpeta Capitulo.13 del CD que se acompaña a la carpeta Visual C++ Macros en su disco duro. El camino predeterminado a la carpeta es Common\MsDev98\Macros.

Elija el comando Macro del menú Tools, haga clic en el botón Options, y a continuación haga clic en el botón Loaded Files. Esto muestra el familiar diálogo Customize en el que aparece el nuevo archivo Replace.dsm en una lista de archivos de macro almacenada en la carpeta Macros. Seleccione el cuadro de comprobación Replace en la lista, cierre el diálogo e invoque de nuevo el comando Macro. El archivo de macro Replace aparece ahora en la lista desplegable del diálogo Macro. Al seleccionar el archivo como se muestra en la Figura 13.10, añade la macro simple a la lista ColumnarReplace.

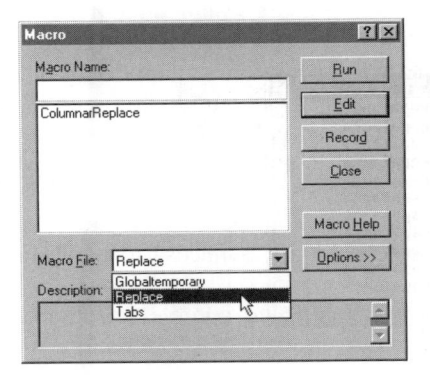

Figura 13.10. Invocación de la macro ColumnarReplace.

Si prefiere teclear la macro usted mismo, empiece con el comando New y haga dos veces clic en el icono MacroFile de la pestaña Files. Teclee el guión como se muestra en el Listado 13.2, a continuación guarde el archivo como Replace.dsm en la carpeta Common\MsDev98\Macros. Developer Studio todavía no reconoce el archivo de macro nuevo, así que debe seleccionar su cuadro de comprobación en el diálogo Customize como se explica en el párrafo anterior.

La carpeta Capitulo.13 del CD que se acompaña contiene un archivo de texto llamado Columna.txt que proporciona una área de prueba simple para mostrar la macro ColumnarReplace (puede utilizar cualquier documento de texto que desee para experimentación). Para cambiar una columna de palabras en el texto, seleccione un bloque de columnas arrastrando el cursor del ratón como se muestra en la Figura 13.11 mientras que pulsa la tecla ALT. Normalmente, puede marcar un bloque arrastrando en la dirección opuesta desde el ángulo inferior derecho al ángulo superior izquierdo, pero la macro ColumnarReplace presupone que el cursor del ratón se desplaza de la parte superior izquierda a la inferior derecha.

A continuación, haga clic en el comando Macro en el menú Tools, seleccione Replace de la lista desplegable Macro File si es necesario y haga dos veces clic en ColumnarReplace en el cuadro que se muestra en la Figura 13.10. A medida que se ejecuta la macro, consulta tanto la cadena de búsqueda como la cadena de reemplazo. Teclee *palabra* en la primera consulta:

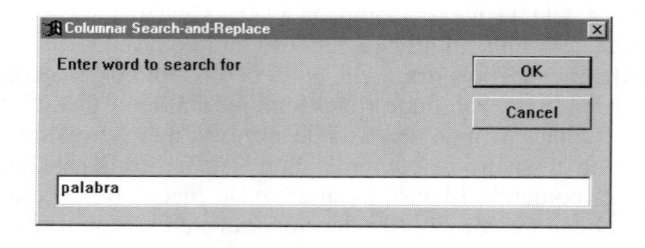

Figura 13.11. Marcado de un bloque de texto en columnas.

Teclee el texto de reemplazo, como por ejemplo *NUEVA*, en la segunda consulta:

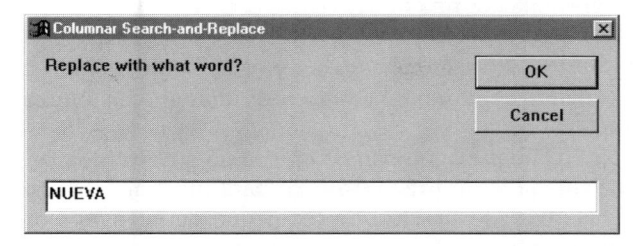

Cuando pulse la tecla INTRO o haga clic en OK en la segunda consulta, la macro reemplaza cada vez que aparece «palabra» en el bloque seleccionado, dejando las otras cadenas «palabra» intactas:

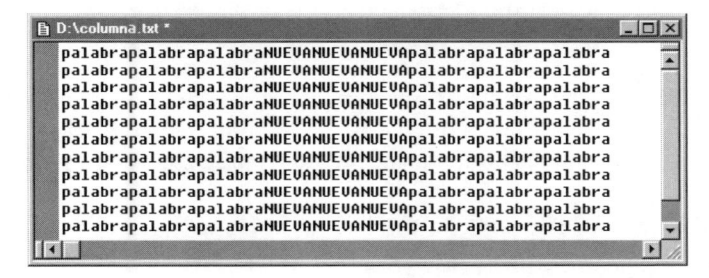

Al asignar la combinación de pulsación de tecla a la macro, le permite acceder de forma instantánea a la misma. En la pestaña Keyboard del diálogo Customize, seleccione Macros del cuadro Category y ColumnarReplace de la lista Commands. Haga clic en el cuadro etiquetado Press New ShortCut Key y teclee una combinación de pulsación de tecla, como por ejemplo ALT+R (para «reemplazo»), que mejor le recuerde el propósito de la macro. También puede añadir un comando de macro a una barra de herramientas o menú del mismo modo que añade cualquier otro comando de Visual C++. En la pestaña Commands del diálogo Customize, seleccione Macros de la lista Category, y a continuación arrastre el nombre de la macro de la lista visualizada en una barra de herramientas o menú como se describe anteriormente en este capítulo.

El Listado 13.2 muestra el guión de macro ColumnarReplace. Para una explicación de los elementos VBScript utilizados en el guión, consulte el tutorial en el Apéndice C. Una breve discusión sigue al listado que pasa a través de las secciones y describe cómo funciona la macro.

Active Document.Selection es una propiedad de VBScript que contiene todo el texto seleccionado en el documento actual (la palabra «propiedad» es un término de Visual Basic que se refiere a un valor de un objeto, que se utiliza aquí en el mismo sentido que en el Capítulo 8, «Uso de controles ActiveX». Esto tiene sentido cuando recuerda que los controles ActiveX hacen el seguimiento de su número de línea para los controles personalizados de Visual Basic). Si no se selecciona texto en el documento, *ActiveDocument.Selection* contiene una cadena vacía. La macro ColumnarReplace primero le asegura que el texto se ha seleccionado en el documento comprobando los contenidos de *ActiveDocument.Selection*. Si la cadena está vacía, la macro termina sin realizar ninguna acción.

Listado 13.2. El guión de macro ColumnarReplace

```
'---------------------------------
'Macro: Búsqueda y reemplazo en columnas
'---------------------------------

Sub ColReplace ()
  'Si no hay texto seleccionado, salir
  If ActiveDocument.Selection = "" Then Exit Sub

  strTitle = "Columnar Search-and-Replace"
  'Obtener coordenadas de la columna: (x1,y1) = upper-left corner
  '                                   (x2,y2) = lower-right corner
  y2 = ActiveDocument.Selection.CurrentLine
  x2 = ActiveDocument.Selection.CurrentColumn
  y1 = ActiveDocument.Selection.TopLine
  x1 = Int( x2 - InStrB(ActiveDocument.Selection, vbCR)/2 + .5)

  'Solicitar cadenas de búsqueda/reemplazo
  strFind = InputBox( "Introduzca palabra a buscar", strTitle )
  If strFind = "" Then Exit Sub
  strReplace = InputBox( "¿Por qué palabra se reemplaza?", strTitle )

  'Añadir temporalmente una cadena de búsqueda al final de la
  'línea. Esto evita que ReplaceText vuelva a la parte superior
  'del documento después del último reemplazo.
  ActiveDocument.Selection.EndOfLine
  ActiveDocument.Selection = ActiveDocument.Selection + strFind

  'Empieza desde la línea superior de la selección y va hacia abajo
  Do While y1 <= y2
    ActiveDocument.Selection.GoToLine y1
    ActiveDocument.Selection.StartOfLine

    Do While ActiveDocument.Selection.CurrentColumn < x1
      ActiveDocument.Selection.CharRight dsMove, 1
    Loop

    Do While ActiveDocument.Selection.CurrentColumn < x2
      ActiveDocument.Selection.CharRight dsExtend, 1

      ActiveDocument.Selection.ReplaceText strFind, strReplace
      y1 = y1 + 1
  Loop

  'Elimina cadena temporal al final de la línea
  ActiveDocument.Selection.EndOfLine
  For i = 1 To Len( strFind )
    ActiveDocument.Selection.BackSpace
  Next

End Sub
```

La macro determina a continuación las coordenadas del bloque de columna seleccionada. Las coordenadas son las posiciones de fila y de columna de los ángulos superior izquierdo e inferior derecho del bloque. Las propiedades *ActiveDocument.Selection. CurrentLine* y *ActiveDocument.Selection.CurrentColumn* le dan a la fila y a la columna la posición de signo de intercalación en las coordenadas ($x2$, $y2$) en el ángulo inferior derecho del bloque. Esto explica el porqué la macro solicita que arrastre el cursor del ratón hacia abajo en lugar de hacia arriba para seleccionar el bloque de columna; el signo de intercalación debe estar en la esquina inferior derecha del bloque cuando comience la macro. *ActiveDocument.Selection.TopLine* proporciona la fila superior del bloque, almacenada en la coordenada *y1*. No existe ninguna propiedad correspondiente a la columna en la que comienza el bloque, así que la macro se basa en el hecho de que Developer Studio inserta un carácter devuelto para marcar el final de cada línea de una selección de columna contenida en *ActiveDocument.Selection*. Al colocar el primer carácter devuelto de la cadena (representado por la constante vbCR), la macro determina la anchura del bloque en las columnas de pantalla. A continuación calcula la primera columna de bloque *x1* sustrayendo la anchura del bloque desde la coordenada *x2*.

Las invocaciones por separado a la función de biblioteca *InputBox* piden al usuario la cadena de búsqueda y su cadena de reemplazo. Si el usuario pulsa el botón Cancel o no especifica una cadena de búsqueda, la macro termina. No hay una prueba similar para la cadena de reemplazo, porque la macro permite una cadena de reemplazo vacía como una entrada válida. Si la cadena de reemplazo está vacía, la macro simplemente no reemplaza la cadena de búsqueda por nada, es decir, borra la cadena de texto. La función *InputBox* no proporciona un medio de distinguir entre hacer clic en OK con una cadena de reemplazo vacía y hacer clic en Cancel, así que la macro trata ambas acciones del mismo modo.

Developer Studio proporciona sus propios medios para cancelar una macro en ejecución. Cuando una macro está activa, el icono de macro de Developer Studio aparece en la bandeja de la derecha de la barra de tareas de Windows:

Haciendo dos veces clic en el icono, visualiza un mensaje de confirmación para terminar la macro. Como la macro continúa ejecutándose mientras que se visualiza el mensaje, debe responder al mensaje rápidamente.

Cada iteración del bucle principal en ColumnarReplace reemplaza texto en una línea del bloque seleccionado. El bucle empieza en la línea superior (*y1*) del bloque y a continuación desciende a lo largo del documento una línea cada vez hasta que alcanza la línea inferior (*y2*) del bloque:

```
Do While y1 <= y2
    ⋮
    ActiveDocument.Selection.ReplaceText strFind, strReplace
    y1 = y1 + 1
Loop
```

El primer bucle anidado desplaza el signo de intercalado desde el principio de la línea a la primera columna del bloque:

```
'Encuentra el borde izquierdo de la columna seleccionada
Do While ActiveDocument.Selection.CurrentColumn < x1
    ActiveDocument.Selection.CharRight dsMove, 1
Loop
```

El segundo bucle anidado mueve a continuación el signo de intercalado a través del bloque un carácter cada vez, seleccionando texto según la marcha:

```
' Selecciona texto a lo largo de la anchura de la columna
Do While ActiveDocument.Selection.CurrentColumn < x2
    ActiveDocument.Selection.CharRight dsExtend, 1
Loop
```

El resultado es una banda de texto seleccionado que abarca el bloque original, como se muestra aquí:

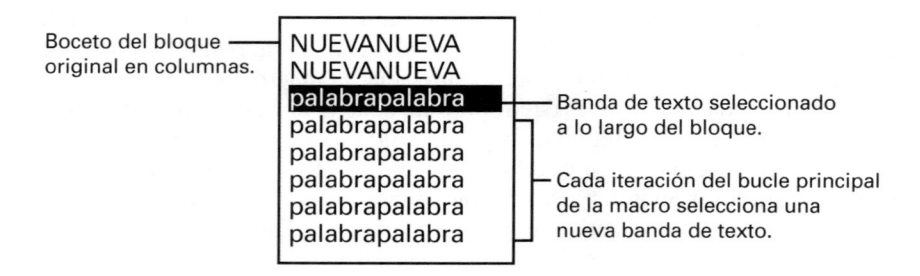

Boceto del bloque original en columnas.

NUEVANUEVA
NUEVANUEVA
palabrapalabra — Banda de texto seleccionado a lo largo del bloque.
palabrapalabra
palabrapalabra
palabrapalabra — Cada iteración del bucle principal de la macro selecciona una nueva banda de texto.
palabrapalabra
palabrapalabra

Una vez que se ha seleccionado una banda en una línea, la macro invoca *ReplaceText*. El método Developer Studio reemplaza cada ejemplo de cadena de búsqueda *strFind* con la cadena de reemplazo *strReplace*. La búsqueda no es sensible a las mayúsculas, aunque ColumnarReplace podría modificarse para ajustar búsquedas sensibles a las mayúsculas. La clave de toda la macro es que *ReplaceText* actúa sólo en la banda de texto seleccionada, no en la línea entera. Cuando se itera el bucle principal, el proceso se repite para la línea siguiente a lo largo de la última fila del bloque de columna.

AÑADIDOS DE DEVELOPER STUDIO

Puede mejorar más el entorno de Developer Studio creando añadidos, que son bibliotecas de enlace dinámico ActiveX que Visual C++ carga al inicio y con las que interactúa en respuesta a los comandos de usuario. Los añadidos pueden proporcionar características integradas para el entorno no accesibles desde macros. Como tienen acceso a toda la API de Windows, los añadidos pueden llevar a cabo tareas tales como entrada/salida de archivos, comunicaciones, impresión, soporte de Internet; cualquier cosa que desee programar. Aunque una macro pueda interactuar con el usuario sólo a través de diálogos visualizados por las funciones *InputBox* y *MsgBox*, los añadidos contienen sus propios datos de recurso y pueden de este modo visualizar diálogos y hojas de propiedades de su propio diseño. La desventaja de los añadidos es que llevan más trabajo en su creación que las macros.

Esta sección sólo es una visión general de los añadidos de Developer Studio. Describe cómo funcionan los añadidos y cómo dar los primeros pasos en la escritura de uno, pero el tema de los añadidos es bastante profundo, porque muchos objetos, propiedades, métodos y eventos deben estar documentados. Para obtener información más detallada, consulte la ayuda en línea de Visual C++ o estudie el código fuente para el proyecto de ejemplo Api2Help con Visual C++. Para copiar el proyecto Api2Help a su disco duro, siga los pasos resumidos en el artículo en línea titulado «Copying the Samples Add-Inns», que se encuentran en la entrada de índice *sample add-ins*.

Inicie el proyecto de añadido eligiendo el comando New del menú File y haga clic en la pestaña Projects. Introduzca un nombre de proyecto y haga dos veces clic en el icono DevStudio Add-in Wizard para lanzar un asistente de un solo paso que crea el proyecto:

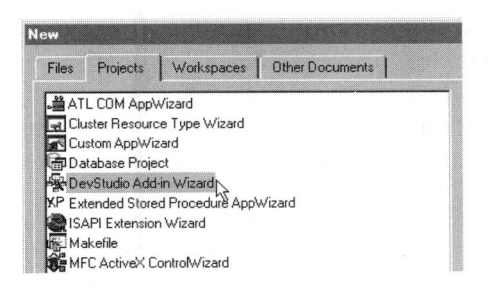

El Add-in Wizard configura automáticamente el proyecto y genera código fuente que se basa tanto en MFC como en ATL para la mayor parte del trabajo rutinario de escribir un añadido. Para un proyecto añadido que no requiere MFC, comience el proyecto utilizando ATL COM AppWizard en lugar de DevStudio Add-in Wizard, elija el comando New ATL Object del menú Insert y haga dos veces clic en el icono Add-in Object en el diálogo ATL Object Wizard. También puede escribir un añadido utilizando C o Visual Basic, pero debe dar preferencia a las ventajas y conveniencia de los asistentes.

Después de codificar y construir su biblioteca dinámica de enlace de añadido, el paso siguiente es informar al Developer Studio sobre el archivo DLL de modo que cargue la biblioteca y las invocaciones que recibe. Invoque el diálogo Customize y haga clic en la pestaña etiquetada Add-Ins And Macro Files, a continuación explore el archivo DLL y haga dos veces clic en el archivo de la lista. También puede copiar el archivo a la carpeta Common\MsDev98\Addins, que hace la exploración innecesaria. Para cargar la biblioteca de añadido en la sesión actual de Developer Studio, active el cuadro de comprobación para el archivo de añadido en el diálogo Customize. Al dejar el cuadro de comprobación activado, provoca que Visual C++ cargue automáticamente el archivo de biblioteca de enlace dinámico al inicio.

El diagrama de la Figura 13.12 ilustra cómo interactúa un añadido y Developer Studio. Un añadido muestra dos objetos al Developer Studio, llamados *Commands* y *DSAddIn,* para los que el Add-in Wizard crea código fuente de clase en Commands.cpp y los archi-

Añadido

Objeto *DSAddIn*

Método *OnConnection*

Método *OnDisconnection*

Objeto *Commands*

MiComando1
MiComando2
⋮
MiComandoN

Developer Studio

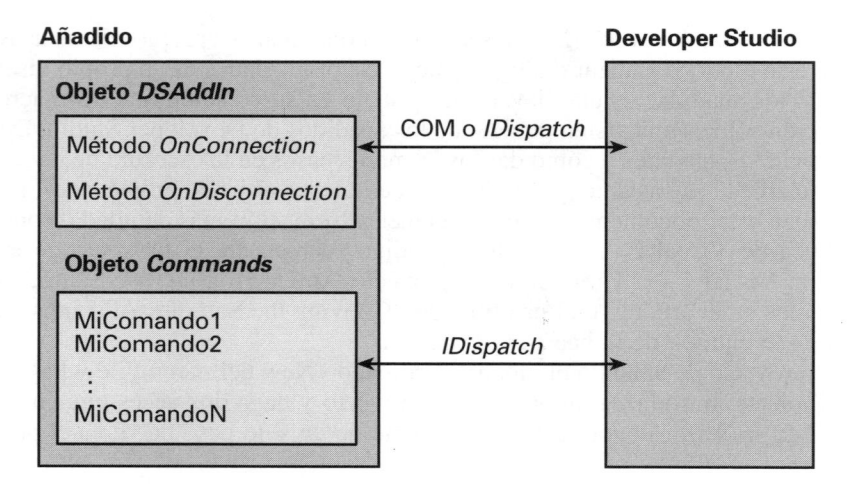

COM o *IDispatch*

IDispatch

Figura 13.12. Cómo Developer Studio interactúa con una biblioteca de enlace dinámico añadido.

vos DSAddIn.cpp. El objeto *Commands* contiene todos los métodos que implementan cualquier comando que el añadido proporciona. El objeto *DSAddIn* contiene dos métodos llamados *OnConnection* y *OnDisconnection*.

Developer Studio invoca el primer método cuando carga (o «conecta») el añadido, e invoca el segundo método cuando se descarga el añadido. Cuando el añadido inicia la ejecución, el método *OnConnection* obtiene el control e invoca la función *AddCommand* de Developer Studio. La invocación de *AddCommand* añade un comando nuevo al entorno y proporciona toda la información sobre el comando que Developer Studio necesita presentar al usuario. El comando nuevo lo sirve la biblioteca de enlace dinámico añadido, pero para el usuario aparece como cualquier otro comando en el conjunto de comandos internos de Developer Studio. Los parámetros para *AddCommand* especifican información tal como el nombre del comando, el texto que aparece en la barra de estado de Developer Studio cuando el comando está seleccionado en un menú, texto para las herramientas de consejo y botón de barra de herramientas de comando, y el nombre del método exportado por la biblioteca de enlace dinámico añadido que Developer Studio debería invocar cuando el usuario invoca el comando.

Developer Studio exporta otros dos métodos que le permiten al añadido hacer el comando más inmediatamente accesible al usuario. *AddCommandBarButton* le enseña a Developer Studio cómo crear un botón de barra de herramientas para un comando exportado por el añadido. *AddKeyBinding* asigna una combinación de teclas a un comando. Aunque crear una tecla para una pulsación de tecla le ahorra al usuario el problema de asignar una tecla, la invocación de *AddKeyBinding* no se recomienda, porque corre el riesgo de anular la pulsación de tecla existente, causando potencialmente una confusión al usuario. Generalmente es mejor dejar un comando de añadido no vinculado y dejar que el usuario asigne una pulsación de tecla en el diálogo Customize después de que el añadido comience. Un añadido no puede de ningún modo solicitar a Developer Studio una lista de combinaciones de tecla actuales.

Developer Studio proporciona un conjunto de objetos que representan aspectos del entorno, como por ejemplo información de instrucción y configuración de información, apertura de documentos, el depurador, ventanas y mucho más (el Apéndice C explica cómo las macros de Visual C++ pueden utilizar estos mismos objetos). A través de las propiedades y métodos de un objeto, un añadido puede obtener o establecer información detallada que pertenece al entorno. Por ejemplo, el objeto principal de Developer Studio (llamado *Application*) contiene la colección extendida de propiedades y métodos enumerados en la Tabla 13.4 y en la Tabla 13.5. Puede familiarizarse con las cadenas de propiedad y otros valores visualizándolos en un guión de macro simple. Por ejemplo, ejecutando esta línea en una macro:

```
MsgBox( Application.Name + " version " + Application.Version )
```

produce este mensaje:

```
Visual Basic
Microsoft Developer Studio version 6.0
    Aceptar
```

Tabla 13.4. Propiedades del objeto Application

Propiedad	Descripción
Active	Valor booleano que indica si está activo Developer Studio.
ActiveConfiguration	Cadena que contiene la configuración actual del proyecto, normalmente *Win32 Release* o *Win32 Debug*.
ActiveDocument	Nombre de la ventana de documento activo.
ActiveProject	Nombre del proyecto actual.
ActiveWindow	Título de la ventana activa actual de Developer Studio.
CurrentDirectory	Directorio actual utilizado por el comando Open.
Debugger	Objeto que representa el depurador de Visual C++.
Documents	Objeto que representa la colección de documentos abiertos.
FullName	Ruta y nombre de archivo del ejecutable de Developer Studio. Normalmente es C:\Archivos de Programa\Microsoft Visual Studio\Common\MsDev98\Bin\MsDev.exe.
Height	Valor del tipo **long** que contiene la altura en píxeles de la ventana principal de Developer Studio.
Left	Valor del tipo **long** que contiene la coordenada *x* del lado izquierdo de la ventana principal.
Name	Cadena que contiene el texto *Microsoft Developer Studio*.
Parent	Objeto padre de *Application*.

(Continúa)

Tabla 13.4. (*Continuación*)

Propiedad	Descripción
Path	Ruta del ejecutable de Developer Studio. Normalmente es C:\Archivos de programa\Microsoft Visual Studio\Common\MsDev98\Bin.
Projects	Objeto de colección que representa todos los proyectos del espacio de trabajo actual.
TextEditor	Objeto que representa el editor de texto de Visual C++.
Top	Valor del tipo **long** que contiene la coordenada *y* del borde superior de la ventana principal.
Version	Cadena que contiene la versión actual de Developer Studio, como por ejemplo *6.0*.
Visible	Valor booleano que determina si está visible la ventana principal de Developer Studio.
Width	Valor del tipo **long** que contiene la anchura en píxeles de la ventana principal de Developer Studio.
Windows	Objeto de colección que representa todas las ventanas abiertas.
WindowState	Un valor **long** que representa el estado de la ventana principal. Los valores posibles son las constantes dsWindowStateMaximized y dsWindowStateMinimized, que indican si Developer Studio está maximizado o minimizado.

Tabla 13.5. Métodos del objeto Application

Método	Descripción
AddCommand	Añade a Visual C++ un comando definido por un añadido.
AddCommandBarButton	Crea una barra de herramientas para un añadido.
AddKeybinding	Asigna una combinación de tecla a un comando añadido.
Build	Construye un proyecto procesando sólo los archivos que han cambiado.
EnableModeless	Habilita o deshabilita las ventanas sin modo de Developer Studio.
ExecuteCommand	Ejecuta un comando especificado o macro de VBScript.
ExecuteConfiguration	Ejecuta el programa creado por el proyecto.
GetPackageExtension	Permite el acceso a otros objetos fuera de Developer Studio.
PrintToOutputWindow	Escribe una cadena a la pestaña Macro de la ventana Output (para un ejemplo, véase la página 554 del Apéndice C).
Quit	Solicita al usuario que guarde los documentos si es necesario, cierra cualquier ventana de documento y cierra Developer Studio.
RebuildAll	Ejecuta el comando Rebuild All de Developer Studio.
SetAddInInfo	Suministra información sobre un añadido.

Application y *Debugger* son sólo objetos que disparan eventos. *Debugger* dispara sólo el evento *BreakPointHit,* que notifica el añadido que un punto de ruptura se ha disparado en el depurador (vea la sección titulada «Puntos de ruptura», en la página 421 del Capítulo 11, para una descripción de los puntos de ruptura del depurador). El objeto *Application* dispara 12 eventos enumerados en la Tabla 13.6. La clase *CCommands* generada por Add-in Wizard contiene función de manejador **shell** para todos los eventos disparados. Si desea que su añadido esté notificado en el estado actual de Developer Studio, añada código de implementación a las funciones de manejador de eventos seleccionadas en el archivo Commands.cpp.

Tabla 13.6. Eventos del objeto Application

Evento Application	Cuándo se dispara
BeforeApplicationShutDown	Justo antes de que cierre Developer Studio.
BeforeBuildStart	Justo después de que el usuario seleccione el comando Build de Developer Studio, pero antes de que comience la compilación.
BeforeDocumentClose	Justo antes de que se cierre un documento. El documento todavía está abierto cuando se dispara el evento.
BuildFinish	Cuando finaliza una construcción con éxito o sin el.
DocumentOpen	Justo después de que se abra un documento.
DocumentSave	Justo después de que se guarde un documento. El documento antiguo se sobrescribe cuando se dispara el evento.
NewDocument	Cuando se crea un documento nuevo. El documento se abre cuando se dispara el evento.
NewWorkspace	Cuando se crea un nuevo espacio de trabajo.
WindowActivate	Cuando una ventana pasa a ser activa. Este evento se aplica a ambas ventanas del documento en las ventanas de editores y de la aplicación Developer Studio, tales como las ventanas del depurador.
WindowDeactivate	Justo después de que se cierra o desactiva una ventana.
WorkspaceClose	Justo después de que se cierra el espacio de trabajo.
WorkspaceOpen	Justo después de que se abre el espacio de trabajo.

Parte VI

Apéndices

Apéndice

A	Formatos de archivo ASCII y ANSI	531
B	Clases MFC soportadas por ClassWizard	537
C	Introducción a VBScript	543

Apéndice

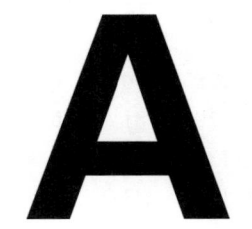

A

Formatos de archivo ASCII y ANSI

El editor de texto de Visual C++ almacena los archivos en formato ANSI, que es el formato preferido por los editores de texto basados en Windows, tal como la utilidad Bloc de Notas incluida con Windows95. Los editores de texto DOS generalmente utilizan el formato similar ASCII. Tanto el formato ANSI como el ASCII asignan un número entre 0 y 255 para cada uno de los 255 caracteres.

Los editores de texto casi siempre almacenan los archivos en cualquiera de los dos formatos ASCII o ANSI más que en un formato propietario como un procesador de textos. Originariamente, el acrónimo ASCII se refería a una convención que asignaba un número entre 32 y 127 a cada uno de los 96 caracteres, incluyendo numerales, signos de puntuación y letras mayúsculas y minúsculas. Este número se ajustaba adecuadamente al rango de valores posibles con siete bits (porque 2^7 es igual a 128). La convención ASCII deja aparte los restantes valores entre 0 y 31 para códigos de control de la impresora y reserva el octavo bit de cada byte para comprobar la paridad. Como la memoria de hoy en día no requiere comprobación de paridad, el octavo bit de cada byte está libre para datos, doblando a 256 el número de caracteres que puede representarse con un solo byte. Hoy día, lo que pensamos como el conjunto de caracteres ASCII es una combinación de caracteres para valores entre 0 y 31, los originales 96 caracteres ASCII, más 128 caracteres adicionales agregados por los diseñadores originales del PC de IBM para utilizar el octavo bit extra. Estos 128 caracteres extra, referidos como ASCII superiores o el conjunto de caracteres de IBM, se muestran en la Tabla A.1.

Algunos de los caracteres del conjunto ASCII superior, particularmente el conjunto de caracteres para el dibujo de cuadros, no sirven del todo en un entorno gráfico como Windows, que prefiere el estándar ANSII. ANSII y ASCII coinciden en la mayoría de los primeros 128 caracteres, pero asignan diferentes caracteres a los números altos. Eso es por lo que si utiliza un editor de textos basado en DOS para crear un documento que contenga

Tabla A.1. Conjunto de caracteres del ASCII Alto, valores entre 128 y 255

Dec	Hex	Car	Dec	Hex	Car	Dec	Hex	Car	Dec	Hex	Car
128	80	Ç	160	A0	á	192	C0	└	224	E0	α
129	81	ü	161	A1	í	193	C1	┴	225	E1	β
130	82	é	162	A2	ó	194	C2	┬	226	E2	Γ
131	83	â	163	A3	ú	195	C3	├	227	E3	π
132	84	ä	164	A4	ñ	196	C4	─	228	E4	Σ
133	85	à	165	A5	Ñ	197	C5	┼	229	E5	σ
134	86	å	166	A6	ª	198	C6	╞	230	E6	μ
135	87	ç	167	A7	º	199	C7	╟	231	E7	γ
136	88	ê	168	A8	¿	200	C8	╚	232	E8	Φ
137	89	ë	169	A9	⌐	201	C9	╔	233	E9	θ
138	8A	è	170	AA	¬	202	CA	╩	234	EA	Ω
139	8B	ï	171	AB	½	203	CB	╦	235	EB	δ
140	8C	î	172	AC	¼	204	CC	╠	236	EC	∞
141	8D	ì	173	AD	¡	205	CD	═	237	ED	ø
142	8E	Ä	174	AE	«	206	CE	╬	238	EE	∈
143	8F	Å	175	AF	»	207	CF	╧	239	EF	∩
144	90	É	176	B0	░	208	D0	╨	240	F0	≡
145	91	æ	177	B1	▒	209	D1	╤	241	F1	±
146	92	Æ	178	B2	▓	210	D2	╥	242	F2	≥
147	93	ô	179	B3	│	211	D3	╙	243	F3	≤
148	94	ö	180	B4	┤	212	D4	╘	244	F4	⌠
149	95	ò	181	B5	╡	213	D5	╒	245	F5	⌡
150	96	û	182	B6	╢	214	D6	╓	246	F6	÷
151	97	ù	183	B7	╖	215	D7	╫	247	F7	≈
152	98	ÿ	184	B8	╕	216	D8	╪	248	F8	°
153	99	Ö	185	B9	╣	217	D9	┘	249	F9	·
154	9A	Ü	186	BA	║	218	DA	┌	250	FA	-
155	9B	¢	187	BB	╗	219	DB	█	251	FB	√
156	9C	£	188	BC	╝	220	DC	▄	252	FC	ⁿ
157	9D	¥	189	BD	╜	221	DD	▌	253	FD	²
158	9E	₧	190	BE	╛	222	DE	▐	254	FE	■
159	9F	ƒ	191	BF	┐	223	DF	▀	255	FF	

los caracteres ASCII altos, los caracteres aparecen como algo distinto en el editor de textos de Visual C++.

Técnicamente, cualquier archivo consiste en caracteres ASCII (o ANSII). Pero en los formatos ASCII o ANSI, cada carácter se toma por su valor de apariencia. Z, é y ¼ significan «Z», «é» y «¼». Los caracteres se representan sólo a sí mismos, sin códigos, instrucciones ni ninguna otra cosa. La única excepción a esta regla son los caracteres de tabulación y retorno de carro. Un tabulador es un carácter simple (valor ASCII 9) que representa un número variable de espacios. La forma del carácter retorno de carro, que marca el final de una línea de texto, depende del editor y del sistema operativo. En el mundo del DOS y Windows, un retorno consiste en un par de caracteres con los valores ASCII 10 y 13. El ASCII 13, llamado retorno de carro, señala el movimiento del cursor al principio de la línea, mientras que el ASCII 10, llamado salto de línea, indica el movimiento hacia abajo a la siguiente fila. El orden de los caracteres es importante; el ASCII 13 debe preceder al ASCII 10, o el retorno no será reconocido con normalidad. En el sistema operativo UNIX, el salto de línea sólo sirve como la marca de final de línea, que implica tanto una nueva línea como un retorno de carro. El editor de textos de Visual C++ reconoce ambos estilos de retorno, tanto el par ASCII 13-10 como el solitario ASCII 10.

La Tabla A.2 enumera los 256 caracteres del conjunto ANSI de EE.UU., algunos de los cuales no visualiza Windows. Estos caracteres ANSI no visualizables, que normalmente aparecen en la pantalla como un cuadrado o espacio en blanco, aparecen el la Tabla A.2 como un cuadro genérico como este □. La tabla enumera valores octales más que hexadecimales para cada carácter. Conocer el valor del carácter en base octal le permite incluir el carácter en una cadena de recursos o en un cuadro de texto estático tecleando la barra invertida seguida del valor octal del carácter. Por ejemplo, para incluir el carácter ANSI ½ en una cadena, teclee \275. Observe que Windows puede visualizar algunos caracteres, tal como el símbolo de marca registrada ™, solamente en fuentes TrueType.

Tabla A.2. Conjunto de caracteres ANSI, valores entre 0 y 255

Dec	Octal	Car	Dec	Octal	Car	Dec	Octal	Car	Dec	Octal	Car
0	000	□	12	014	□	24	030	□	36	044	$
1	001	□	13	015	□	25	031	□	37	045	%
2	002	□	14	016	□	26	032	□	38	046	&
3	003	□	15	017	□	27	033	□	39	047	'
4	004	□	16	020	□	28	034	□	40	050	(
5	005	□	17	021	□	29	035	□	41	051	)
6	006	□	18	022	□	30	036	□	42	052	*
7	007	□	19	023	□	31	037	□	43	053	+
8	010	□	20	024	□	32	040	□	44	054	,
9	011	□	21	025	□	33	041	!	45	055	-
10	012	□	22	026	□	34	042	"	46	056	.
11	013	□	23	027	□	35	043	#	47	057	/

(*Continúa*)

Tabla A.2. (*Continuación*)

Dec	Octal	Car	Dec	Octal	Car	Dec	Octal	Car	Dec	Octal	Car
48	060	0	87	127	W	126	176	~	165	245	¥
49	061	1	88	130	X	127	177	□	166	246	¦
50	062	2	89	131	Y	128	200	□	167	247	§
51	063	3	90	132	Z	129	201	□	168	250	¨
52	064	4	91	133	[	130^{TT}	202	,	169	251	©
53	065	5	92	134	\	131^{TT}	203	f	170	252	^{a}
54	066	6	93	135	]	132^{TT}	204	„	171	253	«
55	067	7	94	136	^	133^{TT}	205	…	172	254	¬
56	070	8	95	137	_	134^{TT}	206	†	173	255	-
57	071	9	96	140	`	135^{TT}	207	‡	174	256	®
58	072	:	97	141	a	136^{TT}	210	^	175	257	¯
59	073	;	98	142	b	137^{TT}	211	‰	176	260	°
60	074	<	99	143	c	138^{TT}	212	Š	177	261	±
61	075	=	100	144	d	139^{TT}	213	‹	178	262	^{2}
62	076	>	101	145	e	140^{TT}	214	Œ	179	263	^{3}
63	077	?	102	146	f	141	215	□	180	264	´
64	100	@	103	147	g	142	216	□	181	265	µ
65	101	A	104	150	h	143	217	□	182	266	¶
66	102	B	105	151	i	144	220	□	183	267	·
67	103	C	106	152	j	145	221	'	184	270	¸
68	104	D	107	153	k	146	222	'	185	271	^{1}
69	105	E	108	154	l	147^{TT}	223	"	186	272	º
70	106	F	109	155	m	148^{TT}	224	"	187	273	»
71	107	G	110	156	n	149^{TT}	225	□	188	274	¼
72	110	H	111	157	o	150^{TT}	226	–	189	275	½
73	111	I	112	160	p	151^{TT}	227	—	190	276	¾
74	112	J	113	161	q	152^{TT}	230	~	191	277	¿
75	113	K	114	162	r	153^{TT}	231	™	192	300	À
76	114	L	115	163	s	154^{TT}	232	š	193	301	Á
77	115	M	116	164	t	155^{TT}	233	›	194	302	Â
78	116	N	117	165	u	156^{TT}	234	œ	195	303	Ã
79	117	O	118	166	v	157	235	□	196	304	Ä
80	120	P	119	167	w	158	236	□	197	305	Å
81	121	Q	120	170	x	159^{TT}	237	Ÿ	198	306	Æ
82	122	R	121	171	y	160	240	□	199	307	Ç
83	123	S	122	172	z	161	241	¡	200	310	È
84	124	T	123	173	{	162	242	¢	201	311	É
85	125	U	124	174	|	163	243	£	202	312	Ê
86	126	V	125	175	}	164	244	¤	203	313	Ë

Dec	Octal	Car	Dec	Octal	Car	Dec	Octal	Car	Dec	Octal	Car
204	314	Ì	217	331	Ù	230	346	æ	243	363	ó
205	315	Í	218	332	Ú	231	347	ç	244	364	ô
206	316	Î	219	333	Û	232	350	è	245	365	õ
207	317	Ï	220	334	Ü	233	351	é	246	366	ö
208	320	Ð	221	335	Ý	234	352	ê	247	367	÷
209	321	Ñ	222	336	Þ	235	353	ë	248	370	ø
210	322	Ò	223	337	ß	236	354	ì	249	371	ù
211	323	Ó	224	340	à	237	355	í	250	372	ú
212	324	Ô	225	341	á	238	356	î	251	373	û
213	325	Õ	226	342	â	239	357	ï	252	374	ü
214	326	Ö	227	343	ã	240	360	ð	253	375	ý
215	327	×	228	344	ä	241	361	ñ	254	376	þ
216	330	Ø	229	345	å	242	362	ò	255	377	ÿ

☐ Indica que Windows no visualiza este carácter.
TT Indica que solamente se visualiza con fuentes TrueType.

Apéndice

B

Clases MFC soportadas por ClassWizard

Como se describió en el Capítulo 6, ClassWizard es una herramienta diseñada para ayudarle a crear clases derivadas de MFC. Este apéndice enumera y describe brevemente las clases MFC desde las que ClassWizard puede generar código de inicio para las clases derivadas. La lista incluye cinco clases nuevas de esta versión de MFC: *CComboBoxEx, CDateTimeCtrl, CHtmlView, CIPAddressCtr* y *CMonthCalCtr*.

ClassWizard visualiza el cuadro de diálogo New Class para solicitar el nombre y base de la nueva clase, como se ilustró en la Figura 6.4 (pág. 227). Los botones de radio en la caja de grupo del diálogo Automation determina si la nueva clase debería soportar Automatización o proporcionar un identificador de tipo:

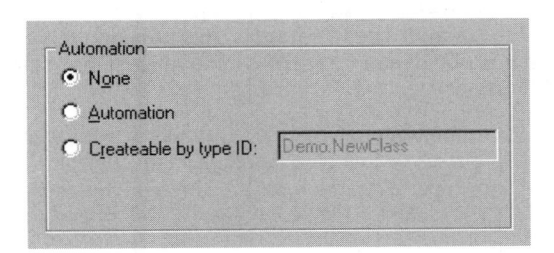

El identificador es un nombre, conocido más correctamente como un identificador programático o ProgID, mediante el que las aplicaciones cliente pueden crear un objeto de la clase utilizando Automatización. La macro MFC IMPLEMENT_OLECREATE registra el identificador programático en el Registro del sistema como un alias del número de identificación de clase única de la clase.

No todas las clase MFC soportan opciones de Automatización, en cuyo caso los botones radiales se desactivan en el cuadro de diálogo New Class. La columna Soporte de la Tabla B-1 incluye un código A o I para indicar qué clases soportan Automatización o identificación de tipos. El código D en la columna Soporte señala clases basadas en cuadros de diálogo, tal como *CDialog*, que requiere un recurso diálogo.

Tabla B.1. Clases MFC reconocidas por ClassWizard

Clase MFC	Soporte*	Descripción
CAnimateCtrl	A, I	Control común de Animación.
CAsyncMonikerFile		Proporciona soporte para *monikers* asíncronos en un control ActiveX.
CAsyncSocket		Encapsula los Sockets Windows del API. Véase además *CSocket*.
CButton	A, I	Objeto Botón de control.
CCachedData-PathProperty		Permite a un control ActiveX transferir asíncronamente datos de propiedad y almacenar en la caché los datos de la memoria. Véase además *CDataPathProperty*.
CCmdTarget	A, I	Clase base para objetos que pueden recibir y responder a mensajes.
CColorDialog		Cuadro de diálogo común para la selección de color, proporcionar una lista de colores que se definen para el sistema de visualización.
CComboBox	A, I	Objeto cuadro Combo.
CComboBoxEx	A, I	Derivación de la clase *CCombBox* que soporta listas de imágenes en el control de la caja de combinación.
CDaoRecordset		Representa un conjunto de registros seleccionados de una fuente de datos. Los objetos *CDaoRecordset* están disponibles de tres formas: registros tipo tabla, registros de tipo dynaset y registros tipo imagen instantánea snapshot.
CDaoRecordView	D, A	Proporciona una vista de formulario para visualizar los registros de una base de datos en un control. El formulario es parte de un objeto *CDaoRecordset*. Véase además *CFormView* y *CRecordView*.
CDataPathProperty		Implementa un control ActiveX capaz de cargar sus datos de forma asíncrona. Esta clase permite que un control ActiveX se haga activo mientras descargamos datos de propiedad en segundo plano.
CDateTimeCtrl	A, I	Encapsula el nuevo control de captura de fecha/hora (que se muestra en el programa de ejemplo DirList2 del Capítulo 7, «La Gallery»).

CLASES MFC SOPORTADAS POR CLASSWIZARD 539

Clase MFC	Soporte*	Descripción
CDialog	D, A	Objeto cuadro de diálogo para contener las ventanas de control.
CDocument	A	Clase para manejar datos de programa.
CDragListBox	A, I	Cuadro de ventanas con lista que permite al usuario arrastrar elementos a diferentes posiciones.
CEdit	A, I	Control de ventana hijo para introducir texto.
CEditView	A	Proporciona la funcionalidad de la edición Windows. Como *CEditView* se deriva de *CView*, los objetos pueden ser utilizados con documentos y plantillas.
CFileDialog		Cuadro de diálogo común de archivos, que proporciona la implementación de los diálogos Open y Save As.
CFontDialog		Diálogo común de fuentes, que visualiza una lista de fuentes actualmente instaladas en el sistema.
CFormView	D, A	Ventana que contiene controles de cuadros de diálogo.
CFrameWnd	A	Marco de ventana de la interfaz de documento simple (SDI).
CHeaderCtrl	A, I	Control común de cabecera.
CHotKeyCtrl	A, I	Control común de tecla activa.
CHtmlView	A	Una clase vista que implementa el control del Explorador Web, capaz de acceder a documentos HTML localmente o en el Web. Véase también el control Microsoft Web Browser en la Galería.
CHttpFilter		Crea y maneja un objeto filtro del Protocolo de transferencia de hipertexto, que filtra las notificaciones del servidor de solicitudes HTTP.
CHttpServer		Clase envoltorio del API del Servidor de Internet (ISAPI).
CIPAddressCtrl	A, I	Control de dirección IP. Similar a un cuadro de edición, el control acepta una dirección en formato del Protocolo de Internet.
CListBox	A, I	Objeto cuadro de lista.
CListCtrl	A, I	Control común de vista de lista. Por ejemplo, véase el proyecto MfcTree en el Capítulo 5, «Cuadros de diálogo y controles».
CListView		Simplifica el uso de *CListCtrl*, añadiendo soporte para documentos y vistas.
CMDIChildWnd	A	Ventana marco hija de la Interfaz de documento múltiple (MDI).

(*Continúa*)

Tabla B.1. (*Continuación*)

Clase MFC	Soporte*	Descripción
CMiniFrameWnd	A	Un marco de ventana de media altura, utilizado normalmente para barras de herramientas flotantes. Una ventana con marco mínimo no tiene botones de minimizar y maximizar, pero en lo demás es similar a un marco de ventana normal.
CMonthCalCtrl	A, I	Control de calendario mensual, que visualiza un calendario desde el cual el usuario puede seleccionar una fecha.
COleDocument	A	Trata un documento como una colección de objetos *CDocItem*. Tanto los contenedores como los servidores necesitan esta arquitectura, porque sus documentos deben ser capaces de contener elementos OLE.
COleLinkingDoc	A	Clase base de los documentos que contienen OLE y que soportan enlaces a los elementos incrustados que contienen.
COleServerDoc	A	Clase base para los documentos servidores de OLE.
COleServerItem	A	Proporciona una interfaz servidor para elementos OLE.
CPrintDialog		Cuadro de diálogo común para imprimir, que proporciona implementación para los diálogos Print y Print Setup.
CProgressCtrl	A, I	Control común de indicador de progreso.
CPropertyPage	D, A	Representa una página individual de una hoja de propiedades. Véase el ejemplo del proyecto DirList1 en el Capítulo 5.
CPropertySheet	A	Hoja de propiedades, conocida de otro modo como cuadro de diálogo con pestañas. Una hoja de propiedades consiste en un objeto *CPropertySheet* y uno o más objetos *CPropertyPage*.
CRecordset		Clase para acceder a una tabla o consulta de una base de datos.
CRecordView	D, A	Ventana que contiene controles de cuadros de diálogo mapeados a campos de registro.
CRichEditCtrl	A, I	Ventana en la que el usuario puede introducir y editar texto, proporcionando formato de carácter y párrafo y soporte para objetos OLE incrustados.
CScrollBar	A, I	Objeto barra de desplazamiento.
CScrollView	A	Ventana con desplazamiento, derivada de *CView*.
CSliderCtrl	A, I	Proporciona una ventana que contiene un desplazador y marcas opcionales de señalar. Como ejemplo de cómo utilizar *CSliderCtrl*, véase el proyecto Color en el Capítulo 5.

Clase MFC	Soporte*	Descripción
CSocket		Clase encapsulada para el API de Sockets Windows.
CSpinButtonCtrl	A, I	Proporciona botones con flechas en los que el usuario puede hacer clic para incrementar o disminuir un valor en un control. Véase el proyecto ejemplo DirList2 del Capítulo 7.
CStatic	A, I	Un simple cuadro de texto que etiqueta otro control o proporciona otra información al usuario.
CStatusBarCtrl	A, I	Proporciona una ventana horizontal, normalmente colocada en la parte inferior de la ventana padre, para visualizar información de estado sobre una aplicación.
CTabCtrl	A, I	Permite a una aplicación visualizar múltiples páginas en la misma área de una ventana o de un cuadro de diálogo.
CToolBarCtrl	A, I	Control común de barra de herramientas.
CToolTipCtrl	A, I	Proporciona la funcionalidad de un control de herramienta de consejo, que aparece como una pequeña ventana emergente que contiene una simple línea de texto que describe el propósito de la herramienta.
CTreeCtrl	A, I	Visualiza una lista jerárquica de elementos.
CTreeView		Simplifica el uso de *CTreeCtrl*.
CView	A	Clase para visualizar los datos del programa.
CWinThread		Representa un hilo de ejecución dentro de una aplicación.
CWnd genérica	A, I	Ventana personalizada.
splitter	A	Una ventana hija MDI que contiene una clase *CSplitterWnd*. El usuario puede dividir la ventana resultante en múltiples paneles.

* Códigos de soporte: D = Diálogo.   A = Automatización.   I = Identificador programático.

Apéndice

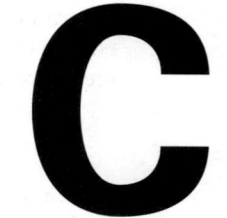

C

Introducción a VBScript

Visual Basic Scripting Edition, más conocido como VBScript, es un subconjunto de Visual Basic para Aplicaciones (VBA), que a su vez es un dialecto de Visual Basic. Incorporado en Visual C++ como su lenguaje de macros, VBScript ha traído finalmente serias posibilidades de macros a Visual C++. VBScript incluye un compilador (con más precisión un intérprete) y una librería de tiempo de ejecución. Un guión macro escrito en el lenguaje VBScript puede recrear una serie de comandos de Developer Studio, automatizar casi cualquier tarea que puede hacer a mano. Y utilizando la librería de tiempo de ejecución de VBScript, una macro puede realizar muchas otras tareas que no son posibles de otro modo en Visual C++, tal como visualizar información en un cuadro de mensaje Windows y consultar la entrada del usuario.

Visual C++ proporciona dos técnicas para crear una macro: registrar y programar. La mayoría de las macros pueden crearse simplemente grabando una secuencia de acciones, una técnica que no requiere una comprensión de VBScript. Entre bastidores, el entorno crea automáticamente un archivo macro de VBScript que replica las órdenes grabadas. Pero como se mostró en el Capítulo 13, «Personalización de Visual C++», grabar una macro tiene sus limitaciones. Una macro grabada está «integrada», bien establecida para duplicar un conjunto específico de acciones pero no suficientemente general como para reaccionar a diferentes circunstancias cuando la macro se ejecuta. Flexibilidad en una macro requiere programación, y eso requiere conocimiento de VBScript. Afortunadamente, VBScript es muy fácil de aprender, y los programadores C/C++ inmediatamente reconocerán muchas de sus características. Ya conoce mucho de VBScript, incluso aunque no haya visto el lenguaje antes. Este apéndice rellena algunas de las lagunas, proporcionando un tutorial introductorio sobre programación de macros adaptado a los programadores de C/C++. Para aprender más sobre VBScript —particularmente su uso en documentos—, consulte uno de los numerosos libros disponibles o visite el sitio Web de Microsoft en

http://www.microsoft.com/vbscript

544 MICROSOFT VISUAL C++ 6.0. MANUAL DEL PROGRAMADOR

La primera mitad de este apéndice describe varios elementos del lenguaje VBScript, tales como variables, sentencias de flujo de programa y procedimientos. Cada discusión se ilustra con fragmentos de código comentado. Los comentarios en VBScript comienzan con un carácter de comilla simple y continúan hasta el final de la línea. VBScript también reconoce la vieja sentencia **Rem** del lenguaje BASIC, pero **Rem** se utiliza rara vez:

```
         Esto es un documento
Rem      Y esto también
```

La segunda mitad del apéndice se concentra en las funciones de la librería de VBScript, ofreciendo una breve descripción de cada función y a menudo mostrándolo con ejemplos de código.

VARIABLES

VBScript reconoce un tipo de datos, llamado **Variant**, que contiene cualquier información numérica o de texto, dependiendo del contexto. Si asigna datos numéricos a una variable en VBScript, la variable toma un tipo de datos numérico adecuado al dato. La asignación de texto a una variable **Variant** la cambia a cadena. VBScript proporciona varias funciones para convertir un tipo de datos interno en otro. La Tabla C.1 enumera algunos de los tipos de datos que **Variant** puede imitar.

Un nombre de variable debería dar una indicación de su subtipo interno. Utilice la notación Húngara o una convención similar cuando dé nombre a una variable para indicar el tipo de datos que contiene la variable. Nombres como *bFlag, iNumber* y *strString* se autodocumentan, haciendo fácil reconocer variables que contienen BOOL, **int** y datos texto.

Tabla C.1. Tipos de datos que simula **Variant**

Tipo de datos	Descripción
BOOL	Tanto TRUE (no cero) como FALSE (cero).
BYTE	Valor entero no asignado de 8 bits de 0 a 255.
int	Valor entero asignado de 16 bits de −32.768 a 32.767.
long	Valor entero asignado de 32 bits desde −2.147.483.648 hasta 2.147.483.647.
float	Valor flotante de precisión simple con valores negativos que varían desde −3,402823E38 hasta −1,401298E−45 y valores positivos desde 1,401298E−45 hasta 3,402823E38.
double	Valor flotante de doble precisión con valores negativos que varían desde −1,79769313486232E308 hasta −4,94065645841247E−324 y valores positivos desde 4,94065645841247E−324 hasta 1,79769313486232E308.
Date	Representa fecha y hora desde el 1 de enero del 100 hasta el 31 de diciembre del 9999.
String	Cadena de tipo BSTR, hasta aproximadamente 2.000 millones de caracteres de longitud.

Un nombre de variable debe cumplir con estas reglas:

- Empezar con un carácter alfabético.
- No puede contener un punto insertado.
- Tener una longitud máxima de 255 caracteres.
- Ser único en el ámbito en que es declarado.

Exceptuando las matrices, no es necesario declarar una variable antes de utilizarla. Si prefiere declarar variables al comienzo de un procedimiento, utilice la sentencia **Dim** (reducción de «dimensión») como esto:

```
Dim    x

x = 3
y = x    ' Esta sentencia es legal, incluso aunque no se haya declarado y
```

Para ayudar a capturar los errores tipográficos, puede exigir la declaración de variables obligatoria en una macro mediante la inclusión de la sentencia Option Explicit. Realizada esta sentencia, utilizar una variable es legal solamente si el guión ha declarado la variable previamente con la sentencia **Dim**. Coloque la sentencia Option Explicit al principio del archivo de macro como se muestra aquí:

```
Option Explicit
  ⋮
Dim    x

x = 3       ' Legal
y = x       ' No legal, por que y no se ha declarado con anterioridad
```

La palabra clave **Const** tiene el mismo efecto en VBScript que en el lenguaje C. Para una variable dirigida a contener sólo datos incambiables, utilice **Const** en la asignación inicial de la variable. Después de eso, el intérprete VBScript no permite otra asignación a esa variable:

```
Const x = 3
x = 5                      ' Esta sentencia provoca un error
```

Matrices

Una macro debe específicamente declarar una matriz utilizando la sentencia **Dim**:

```
Dim iArray(10)             ' Una matriz unidimensional
```

Como en el lenguaje C, las matrices en VBScript comienzan en 0. Pero a diferencia con las declaraciones de C, el subíndice de la matriz de una sentencia **Dim** especifica el elemento de índice más alto, no el número de elementos. La declaración anterior, por tanto, asigna realmente 11 elementos, accedidos como *iArray(0)* a *iArray(10)*. Una matriz puede tener hasta 60 dimensiones, que se indican en la sentencia **Dim** utilizando una lista de subíndices separados por comas:

```
Dim iArray(5, 10)           ' Una matriz bidimensional
Dim iArray(5, 10, 15)       ' Una matriz tridimensional
```

Una matriz asignada sin una lista de subíndices es dinámica, lo que significa que la macro puede redimensionar la matriz en tiempo de ejecución. Utilice la sentencia **ReDim** para redimensionar una matriz dinámica, como esta:

```
Dim iArray                  ' Define pero no asigna una matriz
    ⋮
ReDim iArray(100)           ' Asigna espacio para 101 elementos
    ⋮
ReDim Preserve iArray(50)   ' Cambia el tamaño de la matriz a 51 elementos
```

ReDim puede redimensionar un array para hacerlo o bien más grande o bien más pequeño. El array *iArray* del fragmento inicial tiene 101 elementos enteros, pero es consecutivamente reducido en tamaño hasta 51 elementos. La palabra clave **Preserve** asegura que reducir el array mantiene los valores de los primeros 51 elementos, aunque los elementos *iArray(51)* hasta *iArray(100)* se pierden cuando el array es redimensionado. Sin la palabra clave **Preserve**, redimensionar un array para hacerlo más grande o más pequeño borra los contenidos originales. VBScript no impone un límite en el número de veces que una macro puede redimensionar un array. Sin embargo, si el código declara un array con un subguión en la sentencia **Dim**, el array no puede ser redimensionado con una sentencia **ReDim**. El intento de hacerlo causa un error.

Cadenas

Asigne valores a variables de cadenas como lo haría en C, encerrando el texto entre comillas dobles:

```
StrName = "Juan J. García"
```

Utilice el signo de libra para encerrar cadenas que contienen fechas:

```
DateBirth = #07-04-76#
```

OPERADORES

Todos los operadores de VBScript, excepto uno, se ajustan a tres categorías, llamadas aritmética, comparación y lógica. Cuando operadores de categorías diferentes aparecen en la misma expresión, los operadores aritméticos tienen la precedencia más alta, esto es, VBScript evalúa los operadores aritméticos tal como suma y multiplicación antes que los operadores de otras categorías. Los operadores de comparación son los siguientes, seguidos por los operadores lógicos. Como en el lenguaje C, los operadores entre paréntesis son evaluados antes que los operadores fuera de los paréntesis, a pesar de la categoría. Estas dos líneas demuestran cómo los paréntesis pueden cambiar el orden en el que VBScript evalúa los operadores de una expresión:

```
x + y AND z        ' Hace un AND entre la variable z y la suma x + y
x + (y AND z)      ' Añade a la variable x el resultado de y AND z
```

El orden de precedencia también existe dentro de las categorías aritmética y lógica. Los operadores de comparación tienen todos la misma precedencia y son evaluados de izquierda a derecha en el orden en que aparecen en una expresión. La Tabla C.2 enumera los operadores de VBScript, ordenando los operadores aritméticos y lógicos en orden descendente de precedencia. El orden general de precedencia de la tabla de este modo decrece en las direcciones derecha y hacia abajo.

Como el lenguaje de programación C, los operadores de multiplicación y división tienen igual precedencia. Lo mismo ocurre con los operadores sumar y restar. VBScript proporciona un operador de concatenar cadenas (&) que no se ajusta a ninguna de las tres categorías enumeradas en la Tabla C.2. En su orden de precedencia, el operador de concatenación se sitúa entre los operadores aritméticos y de comparación.

CONTROL DEL FLUJO DEL PROGRAMA

Una macro controla el flujo del programa utilizando saltos condicionales y bucles y llamando a procedimientos. VBScript no reconoce etiquetas y no tiene el equivalente a la sentencia **goto**, que significa que una macro no puede saltar incondicionalmente de una

Tabla C.2. Operadores de VBScript listados en orden descendente de precedencia

Operadores aritméticos		Operadores de comparación		Operadores lógicos	
Descripción	**Símbolo**	**Descripción**	**Símbolo**	**Descripción**	**Símbolo**
Exponenciación	^	Igualdad	=	Negación	Not
Negación unitaria	-	Desigualdad	<>	AND lógico	And
Multiplicación	*	Menor que	<	OR lógico	Or
División	/	Mayor que	>	OR exclusivo	Xor
División entera	\	Menor que o igual a	<=	Equivalencia	Eqv
Módulo aritmético	Mod	Mayor que o igual a	>=		
Suma	+				
Resta	-				

posición del guion a otra. Existe un método llamado *GoToLine*, pero *GoToLine* sirve sólo para mover el cursor de intercalación en un documento y no tiene nada que ver con el control del flujo de programa en la ejecución de una macro.

Saltos condicionales

El grupo de sentencias **If...Then...Else** es funcionalmente equivalente a las sentencias C **if...else**, excepto en que VBScript no utiliza llaves {} para encerrar bloques de código:

```
If ActiveDocument.Selection = "" Then str = "No selection"
Else str = ActiveDocument.Selection
```

Una condición que abarque dos o más líneas debe finalizar con la sentencia **End If**:

```
If x < y Then
    iLine = ActiveDocument.Selection.CurrentLine
    iCol = ActiveDocument.Selection.CurrentColumn
End if
```

Cuando una condición se hace demasiado compleja para la prueba simple de sí o no de **If...Then...Else**, la orden **Select Case** de VBScript ofrece una alternativa mejor. La orden proporciona un método limpio de salto condicional basado en el valor de la variable, muy parecido a la sentencia **switch** de C. Como en C, las opciones de salto se marcan cada una con una sentencia **Case** y un único valor. El control pasa a la sentencia **Case** cuando su valor coincide con el dado en la orden **Select Case**:

```
Select Case 1
    Case 1
    ' Viene aquí cuando i = 1

    Case 2
    ' Viene aquí cuando i = 2

    ' Y así sucesivamente
End Select
```

VBScript no proporciona una palabra clave **break**, por lo que cada sentencia **Case** implica el final del bloque **Case** precedente. Después de que un bloque finalice, el flujo del programa continúa en la siguiente sentencia que sigue a la sentencia **End Select** con la que termina la sección **Select Case**. La sentencia **Case Else** realiza la misma función que la palabra clave de C **default**, que marca un bloque de código que se ejecuta si el control no salta a ninguna de las sentencias **Case**:

```
Select Case strColor
    Case "red"    strHiLite = "magenta"
    Case "blue"   strHiLite = "cyan"
    Case "brown"  strHiLite = "yellow"
    Case Else     strHiLite = "undefined"
End Select
```

Bucles

VBScript reconoce varias construcciones de bucles que no ofrecen sorpresas al programador C/C++:

- **Do While...Loop** o **Do...Loop While.** Itera mientras una condición es cierta.
- **Do Until...Loop** o **Do...Loop Until.** Itera hasta que una condición sea cierta.
- **For...Next.** Itera mientras lo indique la variable contador del bucle.

La palabra clave **Do** comienza un bloque repetitivo de código que finaliza con una sentencia **Loop**. Las palabras clave **While** y **Until** pueden aparecer en cualquiera de las dos, en la línea **Do** al principio del bloque o en la línea **Loop** al final del bloque, dependiendo de si quiere que el intérprete de VBScript examine la condición antes o después de ejecutar el bucle. Unos pocos fragmentos de código ilustran los formatos correctos de bucles en VBScript:

```
Do While x < y
    ' No se entra en el bucle a no ser que x sea menor que y
Loop

Do
    ' El bucle se ejecuta al menos una vez y se repite sólo si i
    ' es menor que j
Loop While i < j
Do Until x = 10
    ' No se entra en el bucle si x es igual a 10
    ' Cuando x alcanza un valor de 10, existe el bucle
Loop

Do
    ' El bucle se ejecuta al menos una vez y se repite sólo
    ' hasta que i no es igual a j
Loop Until i <> j
```

Por defecto, el contador de bucle en un bucle **For...Next** se incrementa en 1:

```
For i = 1 To 10
    Este bucle se itera 10 veces, incrementando i de 1 a 10
Next
```

Utilice la palabra clave **Step** en un bucle **For...Next** para especificar un valor del incremento diferente para el contador del bucle:

```
For i = 1 To 10 Step 2
    ' Este bucle itera cinco veces
Next

For i = 10 To 2 Step -2
    ' Este bucle también itera cinco veces
Next
```

El primer bucle **For...Next** del fragmento itera cinco veces. Inicializa el contador del bucle *i* con un valor de 1, luego lo incrementa en las sucesivas iteraciones a los valores 3, 5, 7 y 9. Durante la pasada final del bucle, *i* tiene un valor de 9; el bucle acaba cuando *i* alcanza un valor de 11. El segundo bucle **For...Next** también itera cinco veces, pero *i* se decrementa en vez de incrementarse en las repeticiones del bucle, porque el valor **Step** es negativo. Inicializado con un valor de 10, *i* se decrementa en cada iteración del bucle a los valores 8, 6, 4 y 2. Cuando el bucle acaba, *i* tiene un valor de 0.

Procedimientos

Además de su propia librería de funciones construidas, VBScript reconoce dos tipos de procedimientos en un guión macro, etiquetadas **Sub** y **Function**. Ambos tipos aceptan argumentos, pero solamente **Function** puede devolver un valor. Además de esto, hay poca diferencia entre los dos tipos.

Cada guión macro tiene un procedimiento **Sub**, el nombre del cual determina el nombre de la macro que aparece en el diálogo Macro de Visual C++. El procedimiento principal **Sub** aparece primero en el guión macro y no toma argumentos. Los procedimientos que se pueden llamar desde el guión siguen al procedimiento principal en orden arbitrario. Como se muestra aquí, cada procedimiento **Sub** (incluido el primero) finaliza con una sentencia **End Sub**:

```
Sub MacroName ()            ' Procedimiento principal
    ⋮
End Sub

Sub Subroutine1( arg1, arg2 )
    ' El código del primer procedimiento que se puede invocar va aquí
End Sub

Sub Subroutine2( arg1, arg2 )
    ' El código del segundo procedimiento que se puede invocar va aquí
End Sub
```

Un procedimiento **Sub** que se puede invocar, esto es, cualquier procedimiento **Sub** salvo el primero, puede invocarse o bien a través de una sentencia **Call** o bien a través del nombre de procedimiento como una sentencia de programa sola. Esto imita la forma en que se invocan a las funciones en C/C++. El formato difiere ligeramente para los dos métodos. La sentencia **Call** requiere los argumentos del procedimiento **Sub** sean encerrados entre paréntesis después del nombre del procedimiento. Sin la sentencia **Call**, los argumentos siguen al nombre del procedimiento separados por comas sin paréntesis. Estas dos líneas tienen, de este modo, el mismo efecto:

```
Call AnySub( param1, param2 )
AnySub param1, param2
```

Como un procedimiento **Function** devuelve datos, puede servir como valor óptimo de la misma forma que una función C. Para devolver un valor, un procedimiento **Function** debe contener una variable que tiene el mismo nombre que el procedimiento mismo. El intérprete devuelve el valor de esta variable al invocador cuando el procedimiento acaba. Como todos los valores son del tipo **Variant**, el intérprete no realiza comprobación de tipos para valores devueltos. A diferencia de los procedimientos **Sub**, la lista de argumentos de un procedimiento **Function** siempre aparece encerrada entre paréntesis. Si un procedimiento **Function** no tiene argumentos, debe incluir un conjunto vacío de paréntesis. Aquí tenemos un ejemplo simple que calcula el área de un círculo a partir de su radio:

```
Sub Main ()
    iRadius = InputBox("Introduzca el radio del círculo:" )
    MsgBox( "El área es un cuadrado de " &Area( iRadius ) & " unidades" )
End Sub

Function Area( iRadius )
    Area = iRadius * iRadius * 3.1415926
End Function
```

El intérprete de VBScript determina la precisión de la variable *Area* por la máxima precisión de los valores a partir de la cual se calcula *Area*. Si *iRadius* tiene un valor de 2, por ejemplo, el valor de pi se aproxima hasta siete lugares decimales en el ejemplo superior implica la misma precisión para *Area*.

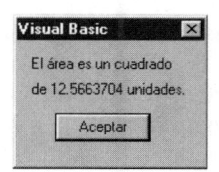

Los argumentos se pasan por valor en VBScript, no por referencia. Ni el procedimiento **Sub** ni el procedimiento **Function** pueden alterar los datos externos, excepto para las variables de ámbito global. VBScript se refiere al ámbito como nivel, por lo que las variables locales se dice que son del «nivel de procedimiento». Una variable de nivel de procedimiento existe solamente desde el momento en que se declara y hasta que el procedimiento termina. Como una variable de nivel de procedimiento tiene ámbito local, no retiene su valor la siguiente vez que se invoca al procedimiento. Las variables de ámbito global son del «nivel guión» y existen durante toda la vida de la ejecución de la macro. VBScript sigue las mismas reglas que C para establecer el ámbito: declarar un variable dentro de un procedimiento le da ámbito de nivel de procedimiento. Cualquier variable declarada fuera de un procedimiento tiene ámbito de nivel de guión, como se ilustra aquí:

```
Dim iGlobal        ' Esta variable tiene ámbito de nivel de guión
Sub Main ()
 Dim iLocal        ' Esta variable tiene ámbito de nivel de procedimiento
 ⋮
End Sub
```

Un procedimiento no puede mantener más de 127 variables; una matriz cuenta como una variable simple.

OBJETOS

Varios aspectos de Developer Studio pueden aparecer en una macro en ejecución como una colección de 17 objetos diferentes. Por ejemplo, el depurador puede representarse como un objeto, como pueden ser los editores de Visual C++, las ventanas, y cosas así. Cada objeto soporta propiedades y métodos a través de los cuales una macro conoce o ajusta el estado actual del objeto. El principal objeto de Developer Studio se llama *Application*, cuyas propiedades, métodos y eventos se enumeran en las Tablas 12.4, 12.5 y 12.6. *Application* es el objeto por defecto de un guión macro, por lo que puede utilizar elementos de *Application* sin nombrar específicamente el nombre del objeto. Por ejemplo, esta orden visualiza la configuración activa del proyecto actual, cualquier versión definitiva o de depuración de Win32, sin referirse al objeto *Application*:

```
MsgBox( "La Configuración es " & ActiveConfiguration )
```

Para darle una visión de los objetos, esta sección trata el objeto *TextSelection*, que representa texto seleccionado en una ventana de documento abierto en el editor de textos. Una macro determina el texto seleccionado en el documento activo utilizando la propiedad *ActiveDocument.Selection*. Encontramos esta propiedad en la macro ColumnarReplace del Capítulo 13 (véase el Listado 13.2, pág. 520). Las Tablas C.3 y C.4 enumeran las propiedades y métodos de *TextSelection*, que una macro puede utilizar para manipular texto seleccionado, mover el signo de intercalación, desplazar y realizar muchas otras tareas. Cada propiedad y método debe aparecer en el guión macro adjuntado a la propiedad *ActiveDocument.Selection* con un operador de punto. Por ejemplo, esta línea utiliza el método *Copy* para copiar texto seleccionado al Portapapeles:

```
ActiveDocument.Selection.Copy
```

Tabla C.3. Propiedades de *TextSelection*

Propiedad	Descripción
BottomLine	El número de línea de la última línea de la selección.
CurrentColumn	El número de la columna en la que el cursor está actualmente colocado.
CurrentLine	El número de línea en la que el cursor está actualmente colocado.

Text	Una cadena que contiene el texto seleccionado. Si la selección abarca dos o más líneas, la cadena incluye un carácter de nueva línea al final de cada línea seleccionada, excepto en la última. Como la propiedad por defecto es *Text*, no es necesario especificar la propiedad. De este modo, estas dos líneas dan el mismo resultado:
	`str = ActiveDocument.Selection`
	`str = ActiveDocument.Selection.Text`

TopLine	El número de línea de la línea más alta de la selección.

Tabla C.4. Métodos de *TextSelection*

Método	Descripción
Backspace	El mismo efecto que pulsar la tecla de RETROCESO.
Cancel	El mismo efecto que pulsar la tecla ESC.
ChangeCase	Cambia las letras de texto seleccionadas a mayúsculas, minúsculas o sólo la primera mayúscula.
CharLeft	Mueve el cursor a la izquierda un número de posiciones.
CharRight	Mueve el cursor a la derecha un número especificado de posiciones.
ClearBookmark	Borra un marcador sin nombre de la línea actual.
ClearBookmarks	Borra todas las marcas sin nombre del documento.
Copy	Copia el texto seleccionado al Portapapeles.
Cut	Copia el texto seleccionado al Portapapeles, y luego borra el texto del documento.
Delete	Borra el texto seleccionado del documento.
DeleteWhitespace	Borra todos los espacios y tabuladores (espacios en blanco) adyacentes al cursor. No se necesita seleccionar texto.
DestructiveInsert	Reemplaza el texto seleccionado con el nuevo texto.
EndOfLine	Mueve el cursor al final de la línea actual. Véase también *StartOfLine*.
EndOfDocument	Mueve el cursor al final del documento. Véase también *StarOfDocument*.
FindText	Busca una cadena especificada en el documento, y si la encuentra, coloca el cursor al principio de la cadena localizada.
GoToLine	Mueve el cursor al principio de la línea especificada.
Indent	Agrega un nivel de indentación a línea actual. Esto tiene el mismo efecto que colocar el cursor al principio de la línea y pulsar la tecla TAB. Tenga cuidado cuando utilice *Indent*, porque la función borra el texto seleccionado.
LineDown	Mueve el cursor hacia abajo un número de líneas especificado.
LineUp	Mueve el cursor hacia arriba el número de líneas especificado.
MoveTo	Mueve el cursor a la línea y columna especificadas.
NewLine	El mismo efecto que pulsar la tecla INTRO.
NextBookmark	Mueve el cursor hacia delante hasta la siguiente marca con o sin nombre. Véase además *PreviousBookmark*.
PageDown	El mismo efecto que pulsar la tecla PGDN.
PageUp	El mismo efecto que pulsar la tecla PGUP.
Paste	Pega el contenido actual del Portapapeles en el documento en la posición del cursor.
PreviousBookmark	Mueve el cursor hacia atrás a la marca precedente con nombre o sin nombre. Véase además *NextBookmark*.

(Continúa)

Tabla C.4. (*Continuación*)

Método	Descripción
ReplaceText	Busca y reemplaza el texto de la selección. Para ver un ejemplo de cómo se utiliza *ReplaceText*, véase la macro ColumnarReplace descrita en el Capítulo 13.
SelectAll	Selecciona el documento completo.
SelectLine	Selecciona la línea que contiene el cursor.
SetBookmark	Establece una marca sin nombre para la línea que contiene el cursor.
SmartFormat	Formatea el texto seleccionado de acuerdo a la configuración de formateo actual.
StartOfDocument	Mueve el cursor al comienzo del documento. Véase además *EndOfDocument*.
StartOfLine	Mueve el cursor al comienzo de la línea actual. Véase además *EndOfLine*.
Tabify	Inserta un tabulador a la selección. Para más información sobra la orden Tabify de Developer Studio, véase la página 78 del Capítulo 3, «El editor de texto».
Unindent	Elimina un nivel de indentación de todas las líneas de una selección. Esto tiene el mismo efecto que pulsar MAYÚS+TAB.
Untabify	Elimina una tabulación a la selección.
WordLeft	Mueve el cursor a la izquierda un número de palabras especificado.
WordRight	Mueve el cursor a la derecha un número de palabras especificado.

DEPURACIÓN DE UNA MACRO VBSCRIPT

Normalmente, puede depurar una macro con efectividad visualizando los valores actuales de las variables en puntos clave durante la ejecución de la macro. Visualizar cadenas de depuración utilizando cualquiera de las dos, la función *MsgBox* o el método *PrintToOutputWindow*, que escribe un mensaje en la pestaña Macro de la ventana Output de Visual C++, descrita en el Capítulo 1, «El entorno». Mientras la función *MsgBox* detiene la ejecución de la macro y solicita al usuario una entrada, el método *PrintToOutputWindow* no interrumpe la macro.

Este fragmento de código produce las tiras de depuración mostradas en la Figura C.1.

```
x = 3
MsgBox( "x = " & x)                  ' Visualiza un cuadro de mensaje
PrintToOutputWindow("x = " & x)      ' Escribe a la ventana Output
```

Cuando necesite más poder depurador, puede a veces recrear partes de la macro en Visual Basic, lo que le permite ejecutarla paso a paso, situar puntos de ruptura, inspeccionar variables, y todo eso. Estas mismas ventajas están también disponibles en el Microsoft Script Debugger. Aunque se diseñó para el código VBScript incrustado en páginas HTML que se abren con Microsoft Internet Explorer, el Script Debugger puede manejar algo de código VBScript que aparezca en macros de Visual C++.

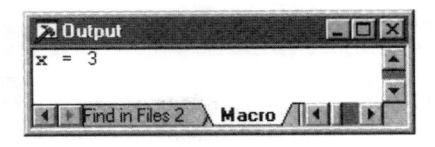

Figura C.1. Visualización de una cadena de depuración con *MsgBox* y *PrintToOutputWindow*.

Para obtener más información sobre el Script Debugger, diríjase al artículo de ayuda en línea titulado *script debugging*. Puede además descargar una copia de la página Web de VBScript de Microsoft citada al principio de este apéndice. El paquete Script Debugger incluye documentación.

FUNCIONES DE LIBRERÍA

El resto de este apéndice está dedicado a las descripciones de las funciones de la librería VBScript disponibles para un guión macro de Visual C++. La Tabla C.5 organiza las funciones de librería en varios grupos, permitiéndole determinar qué funciones pertenecen a una necesidad particular de programación. La Tabla C.6 enumera las funciones en orden alfabético y proporciona una breve descripción y fragmentos de códigos de ejemplo. Busque la función que necesita en la Tabla C.5, y luego consulte la Tabla C.6 o la ayuda en línea de Visual C++ para obtener una descripción de la función. Las funciones de librería se contienen en el archivo VBScript.dll, que está normalmente ubicado en la carpeta Sistema o System32 de Windows.

Por convenio, los nombres de las funciones aparecen en un guión macro como una combinación de mayúsculas y minúsculas. El intérprete VBScript no considera el caso, sin embargo, y reconoce adecuadamente los nombres de las funciones, a pesar del caso. Un prefijo «C» identifica las funciones de conversión, tal como las funciones *CByte* y *CDate*.

Tabla C.5. Librería de funciones de VBScript ordenadas por categoría

Matriz, aritmética y trigonométrica

Abs	*Cos*	*Hex*	*Log*	*Round*	*Sqr*
Array	*Exp*	*Int*	*Oct*	*Sgn*	*Tan*
Atn	*Fix*	*LBound*	*Rnd*	*Sin*	*UBound*

Conversión y tipos de variables

CBool	*CDate*	*CInt*	*CStr*	*IsEmpty*	*TypeName*
CByte	*CDbl*	*CLng*	*IsArray*	*IsNull*	*VarType*
CCur	*Chr*	*CSng*	*IsDate*	*IsNumeric*	

(Continúa)

Tabla C.5. (*Continuación*)
Fecha y hora

Date	DateValue	MonthName	TimeValue
DateAdd	Day	Now	WeekDay
DateDiff	Hour	Second	WeekDayName
DatePart	Minute	Time	Year
DateSerial	Month	TimeSerial	

Formateo

FormatCurrency	FormatNumber	FormatPercent	FormatDateTime

Cadenas y texto

Asc	Join	Mid	ScriptEngine	StrComp
Filter	LCase	MsgBox	ScriptEngine-BuildVersion	String
InputBox	Left	Replace	ScriptEngine-MajorVersion	StrReverse
InStr	Len	Right	Space	Trim
InstrRev	LTrim	RTrim	Split	UCase

Tabla C.6. Librería de funciones de VBScript

Función	Descripción
Abs	Devuelve el valor absoluto (magnitud sin signo) de un número. Por ejemplo, *Abs(-2)* y *Abs(2)* devuelven ambos el valor 2.
Array	Devuelve un **Variant** que contiene una matriz. En el siguiente ejemplo, la primera sentencia crea una variable llamada *x*. La segunda sentencia asigna una matriz a la variable *x* e inicializa los elementos de la matriz. Las sentencias restantes demuestran cómo se organizan los valores dados en la nueva matriz *x*: ```\nDim x\nx = Array(10, 20, 30)\na = x(0) 'a = 10\nb = x(1) 'b = 20\nc = x(2) 'c = 30\n```
Asc	Devuelve el código de carácter ANSI de la primera letra de una cadena. Una función similar llamada *AscB* devuelve el primer byte de una cadena. La función relacionada *AscW* devuelve el byte y el código de carácter Unicode (amplio) del primer carácter de una cadena, por ello se evita la conversión de Unicode a ANSI.
Atn	Devuelve el arcotangente (en radianes) de un valor. El rango del resultado es -pi/2 y pi/2 radianes. Para convertir grados a radianes, multiplique el número de grados por pi/180. *Atn* es la función inversa trigonométrica de *Tan*, que toma un ángulo como argumento y devuelve el cociente de los dos lados de un triángulo rectángulo.

Función	Descripción
CBool	Devuelve el valor booleano de una expresión.
CByte	Devuelve el valor byte de una expresión.
CCur	Convierte una expresión al subtipo Currency. La función *CCur* proporciona conversiones correctas basadas en la configuración internacional actual del sistema huésped. Utilice esta función para asegurarse de que su macro visualiza correctamente los valores de la moneda local.
CDate	Convierte una expresión al subtipo Date:

```
str = mm & "-" & dd & "-" & yy
date = Cdate( str )
```

CDbl	Devuelve el valor de doble precisión de una expresión.
Chr	Devuelve el carácter ANSI correspondiente a un código de carácter. Los códigos de carácter del 0 al 127 son los mismos que los códigos ASCII. Por ejemplo, *Chr(10)* devuelve un carácter de cambio de línea. Para ver la discusión de los códigos de caracteres ASCII y ANSI, véase el Apéndice A. Una función similar llamada *ChrB* debería utilizarse con cadenas que contienen datos de tipo byte. En lugar de devolver un carácter, que puede ser uno o dos bytes, *ChrB* siempre devuelve un único byte. La función *ChrW* se proporciona para plataformas de 32 bits que utilizan caracteres Unicode.
CInt	Convierte una expresión al subtipo Integer. *CInt* difiere de las funciones *Fix* e *Int*, que truncan más que redondean la parte fraccionaria de un número. Cuando la parte decimal es exactamente 0,5, la función *CInt* siempre redondea el resultado al número par más cercano. Por ejemplo, 0,5 se redondea a 0 y 1,5 se redondea a 2.
CLng	Convierte una expresión al subtipo Long. *CLng* redondea la parte decimal de un número. Cuando la parte decimal es exactamente 0,5, la función *CLng* siempre redondea el resultado al número par más cercano.
Cos	Devuelve el coseno de un ángulo:

```
Cosx = Cos( x )  ' Donde x está en radianes
```

Véase además las descripciones de las funciones *Sin* y *Tan*.

CSng	Convierte una expresión al subtipo Single (simple precisión).
CStr	Convierte una expresión al subtipo String:

```
X = 111
str = "El valor numérico es " + CSrt(x)
MsgBox( str )

str = "El valor booleano es " + CStr( CBool(x) )
MsgBox( str )
```

Date	Devuelve la fecha actual del sistema:

```
MsgBox( "La fecha actual es " & Date )
```

(Continúa)

Tabla C.6. (*Continuación*)

Función	Descripción
DateAdd	Devuelve una fecha en la que se ha añadido un intervalo de tiempo especificado. La función *DateAdd* no devuelve una fecha inválida, como 31 de febrero. Tiene en cuenta los años bisiestos y reconoce el número de días de cada mes. No permite fechas anteriores al 1 de enero del 100 o posteriores al 31 de diciembre del 9999. Especifica el intervalo usando una de las cadenas especiales listadas aquí:

Cadena	Significado	Cadena	Significado
«d»	Día	«q»	cuarto
«ww»	Semana del año	«yyyy»	Año
«m»	Mes	«h»	Hora
«w»	Día de la semana	«m»	Minuto
«y»	Día del año	«s»	Segundo

Aquí tiene algunos ejemplos de la función *DateAdd*:

```
str = DateAdd( "d", -1, Date )
MsgBox( "Ayer fue " & str )

str = DateAdd( "ww", -1, Date )
MsgBox( "La última semana fue " & str )

str = DateAdd( "m", 1, Date )
MsgBox( "El próximo mes será " & str )

str = DateAdd( "q", 1, Date )
MsgBox( "Tres meses a partir de ahora será " & str )
```

DateDiff   Devuelve el número de intervalos entre dos fechas. Véase la descripción de la función *DateAdd* para repasar la lista de cadenas especiales utilizadas para indicar el intervalo:

```
Str = DateDiff( "d", Date, #12-25# )
MsgBox( "Sólo faltan " & str & "días hasta Navidad" )
```

DatePart   Devuelve una parte especificada de una fecha dada:

```
str = DatePart( "ww", Date )
MsgBox( "Esta semana es la número " & str & " del año")
day1 = DatePart( "d", Date )
day2 = day1
Do While day2 > 9
    day2 = day2 > 9
Loop
suffix = "th"
If (day1 = 1) Then suffix = "st"
If (day1 = 2) Then suffix = "nd"
If (day1 = 3) Then suffix = "rd"
MsgBox( " Hoy es el " & day1 " suffix )
```

Función	Descripción
DateSerial	Devuelve una cadena que contiene un año, mes y día especificados. *DateSerial* permite a la macro calcular una fecha absoluta a partir de una expansión serie de tiempo. Por ejemplo, la siguiente invocación a *DateSerial* devuelve la fecha de 100 días a partir de la fecha actual: ```\niYear = DatePart("yyyy", Date)\niMonth = DatePart("m", Date)\niDay = DatePart("d", Date)\nstr = DateSerial(iYear, iMonth, iDay + 100)\nMsgBox("100 días a partir de ahora será " & str)\n``` Cuando el parámetro año contiene un valor entre 0 y 99, *DateSerial* supone que el valor representa un año entre 1900 y 1999. Para el resto de argumentos de año, utilice un año completo de cuatro dígitos tal como 2010.
DateValue	Devuelve una cadena que contiene una fecha formateada. La función *DateValue* es capaz de reconocer fechas en varios formatos, dependiendo de la configuración regional. Con la configuración de España, por ejemplo, todas estas líneas devolverían la cadena «31/12/99»: ```\nDateValue("31 de diciembre de 1999")\nDateValue("31 dic, 1999")\nDateValue("31-12-1999")\nDateValue ("31 12 1999")\n```
Day	Lee una cadena de fecha y extrae el día del mes como un número entre 1 y 31.
Exp	Devuelve *e* (la base de los logaritmos naturales) elevado a una potencia. La constante *e* es aproximadamente 2,718282.
Filter	Extrae de una matriz de cadenas o bien las cadenas que contienen una subcadena especificada o bien las cadenas que no contienen la subcadena. La matriz que devuelve *Filter* contiene solamente las cadenas que coinciden con el criterio. En este ejemplo, la matriz *x* contiene la cadena «string2», ya que esa es la única cadena de la matriz *str* que contiene la subcadena «2»: ```\nDim str(3)\n\nstr(0) = "string0"\nstr(1) = "string1"\nstr(2) = "string2"\nstr(3) = "string3"\nx = Filter(str, "2")\nMsgBox(x(0))\n``` En este caso, intentar acceder a otro elemento tal como *x(1)* resulta erróneo.
Fix	Devuelve la parte entera de un número en coma flotante. Tanto la función *Int* como la función *Fix* truncan la parte decimal de un número y devuelven la parte entera. Considere la variable *x* como ejemplo. Si *x* es positiva, ambas funciones tienen el mismo efecto. Si *x* es negativa, *Int* devuelve el primer entero negativo menor o igual a *x*, mientras que *Fix* devuelve el primer entero negativo mayor o igual a *x*. Si *x* es −5,6, por ejemplo, *Int* devuelve −6 y *Fix* devuelve −5.

(*Continúa*)

Tabla C.6. (*Continuación*)

Función	Descripción
FormatCurrency	Devuelve una expresión con el formateo adecuado de moneda utilizando la configuración regional establecida en el Panel de control del sistema.
FormatDateTime	Devuelve una expresión formateada como una fecha u hora que esté conforme con la configuración regional actual.
FormatNumber	Devuelve un número expresado como una cadena. La cadena está formateada de acuerdo a la configuración regional, por lo que, por ejemplo, los valores de 1.000 se formatean con comas en Estados Unidos y con puntos en Europa.
FormatPercent	Devuelve una expresión formateada como un porcentaje (multiplicado por 100) con un carácter % de final.
Hex	Devuelve una cadena que representa un número en forma hexadecimal. Una macro puede expresar un número hexadecimal añadiendo el prefijo &H al número. Véase además la descripción de *Oct*.
Hour	Devuelve un número entre 0 y 23, que representa la hora del instante dado. Entre las 6:00 y las 7:00 de la tarde, por ejemplo, el siguiente fragmento devuelve el número 18:

```
hr = Hour( Time )
Msgbox( "La hora actual es " & hr )
```

	Véase también las descripciones de las funciones *Minute* y *Second*.
InputBox	Visualiza un diálogo con un mensaje indicador especificado y devuelve la cadena tecleada en el diálogo por el usuario. Para ver un ejemplo de la función *InputBox*, véase la macro ColumnarReplace descrita en el Capítulo 13.
InStr	Devuelve la posición de la primera coincidencia de una cadena dentro de otra.
InstrRev	Similar a la función *InStr*, *InstrRev* devuelve la posición de una cadena dentro de otra, y funciona en sentido inverso a partir del final de la cadena.
Int	Véase la descripción de la función *Fix*.
IsArray	Devuelve un valor booleano que indica si una variable dada es una matriz.
IsDate	Devuelve un valor booleano que indica si una expresión dada puede ser convertida a fecha.
IsEmpty	Devuelve un valor booleano que indica si una variable dada ha sido inicializada. *IsEmpty* devuelve True cuando la variable no ha sido inicializada o explícitaente puesta a Empty; de otro modo, la función devuelve False. Véase la descripción de *IsNull*.
IsNull	Devuelve un valor booleano que indica si una variable dada contiene datos válidos. *IsNull* devuelve True cuando la variable es Null (no contiene datos válidos); de otro modo, la función devuelve False. VBScript reconoce la diferencia entre variables Null y Empty. Empty significa que una variable no se ha inicializado todavía. Una cadena de longitud cero, algunas veces se denomina cadena nula, que no es una variable Null.

Función	Descripción
IsNumeric	Devuelve un valor booleano que indica si una expresión dada es un número.
Join	Forma una nueva cadena concatenando cadenas en una matriz.
LBound	Devuelve el subíndice más pequeño disponible para la dimensión de una matriz. El límite más bajo por defecto para la dimensión de una matriz es 0.
LCase	Convierte todas las letras de una cadena a minúsculas. Véase también la descripción de la función *UCase*.
Left	Devuelve una cadena formada por los caracteres más a la izquierda de una cadena. Una macro puede determinar la longitud de una cadena llamando a la función *Len*. Véase también la descripción de la función *Right*.
Len	Devuelve el número de caracteres de una cadena.
Log	Devuelve el logaritmo natural (base *e*) de un número. Los logaritmos de base *n* de un número *x* es el cociente entre el logaritmo natural de *x* y el logaritmo natural de *n*:

```
lognx = Log(x) / Log( n )
```

LTrim	Corta una cadena dejando espacios. Véase las descripciones de *RTrim* y *Trim*.
Mid	Extrae una subcadena de una cadena dada.
Minute	Devuelve un número entero entre 0 y 59 para el minuto de una hora dada. Para las 6:47:53, por ejemplo, el siguiente fragmento devuelve el número 47:

```
Min = Minute( Time )
MsgBox( "El minuto actual es " & min )
```

Véase además las descripciones de las funciones *Hour* y *Second*.

Month	Devuelve un número entero entre 1 y 12 para el mes de un año dado:

```
Dim mnth(11)
mnth(0) = "Enero"
mnth(1) = "Febrero"
⋮
mnth(11) = "Diciembre"
m = Month( Date )
MsgBox( "El mes actual es " & mnth(m-1) )
```

MonthName	Devuelve una cadena que contiene el mes especificado por un número entre 1 y 12. Utilizando la función *MonthName*, el fragmento del ejemplo anterior puede rescribirse de este modo:

```
m = Month( Date )
MsgBox( "El mes actual es " & MonthName(m) )
```

(*Continúa*)

Tabla C.6. (*Continuación*)

Función	Descripción
MsgBox	Visualiza un cuadro de mensaje estándar de Windows con los botones de las opciones Aceptar, Cancelar, Abortar, Reintentar, Ignorar, Sí y No. *MsgBox* devuelve uno de los siguientes valores para indicar qué botón utilizó el usuario para cerrar el cuadro de mensaje:

Constante	Valor	Botón
vbOK	1	Aceptar
vbCancel	2	Cancelar
vbAbort	3	Abortar
vbRetry	4	Reintentar
vbIgnore	5	Ignorar
vbYes	6	Sí
vbNo	7	No

MsgBox puede visualizar un botón opcional de Ayuda en el cuadro de mensaje que, al hacer clic sobre él, muestre la ayuda sensible al contexto preparada en un archivo de ayuda especificado. El usuario puede además pulsar la tecla F1 para ver el tema de Ayuda correspondiente al contexto.

Función	Descripción
Now	Devuelve una cadena que contiene la fecha y la hora actuales en el formato apropiado a la configuración regional actual. Para la configuración de España, por ejemplo, la cadena devuelta tiene el formato «31/12/99 15:33:57». Véase además las descripciones de las funciones *Time* y *Date*.
Oct	Devuelve una cadena que representa un número en forma octal (base 8). Un número octal puede expresarse en una macro añadiendo el prefijo &O al número. Véase además la descripción de *Hex*.
Replace	Toma una cadena como entrada y devuelve una nueva versión de la cadena en la que una subcadena especificada ha sido reemplazada por otra. Véase también la función *ReplaceText* que aparece en la lista de la Tabla C.4.
Right	Devuelve una cadena formada por los caracteres más a la derecha de una cadena. Una macro puede determinar la longitud de una cadena llamando a la función *Len*. Véase además la descripción de la función *Left*.
Rnd	Devuelve un número aleatorio que es menor que 1 pero mayor o igual que 0. Para generar un entero aleatorio entre un límite menor y uno mayor, utilice esta fórmula:

```
iRange = iUpperBound - iLowerBound + 1
Int( iRange * Rnd + iLowerBound )
```

Utilice la sentencia *Randomize* para sembrar al generador de números aleatorios de VBScript con un valor a partir del temporizador del sistema.

```
Randomize
iRandom = Rnd
```

Función	Descripción
Round	Redondea un número en coma flotante a una precisión especificada.
RTrim	Reduce los espacios de final de una cadena. Véase también *LTrim* y *Trim*.
ScriptEngine	Devuelve una cadena que identifica el lenguaje de guionado en uso. Para Visual Basic Scripting Edition, la función devuelve «VBScript».
ScriptEngine-BuildVersion	Devuelve el número de versión de construcción del motor de guiones en uso.
ScriptEngine-MajorVersion	Devuelve el número de versión principal del motor de guiones en uso.

Second   Devuelve un número entero entre 0 y 59 que representa el componente segundos de una hora dada. Para 6:47:53, por ejemplo, el siguiente fragmento devolvería el número 53:

```
Sec = Second( Time )
MsgBox( "El segundo actual es " & sec )
```

Véase además las descripciones de las funciones *Hour* y *Minute*.

Sgn   Determina el signo de un número dado. *Sgn* devuelve un entero que contiene un valor de −1, 0 o 1, que indica que el número dado es menor que cero, igual a cero o mayor que cero:

```
Dim str(2)
str(0) = "menor que cero"
str(1) = "igual a cero"
str(2) = "mayor que cero"
i     = InputBox( "Introduzca un nombre" )
MsgBox( "El número es " & str(Sgn( i )+1) )
```

Sin   Devuelve el seno de un ángulo.

```
Sinx = Sin( x )        'Donde x está en radianes
```

Véase además las descripciones de las funciones *Cos* y *Tan*.

Space   Devuelve una cadena que contiene un número de espacios especificados.

Split   Crea una matriz de cadenas a partir de una cadena simple en la que las subcadenas están delimitadas por cualquier carácter especificado. El siguiente ejemplo divide una cadena en tres cadenas separadas por el signo más (+):

```
x = Split( "string1+string2+string3", "+" )
MsgBox( x(0) )      'Visualiza "string1"
MsgBox( x(1) )      'Visualiza "string2"
MsgBox( x(2) )      'Visualiza "string3"
```

Sqr   Devuelve la raíz cuadrada de un número.

(Continúa)

Tabla C.6. (*Continuación*)

Función	Descripción
StrComp	Compara dos cadenas y devuelve un valor que indica si las cadenas difieren. El uso y sintaxis de *StrComp* es similar a la función *strcmp* de la librería en tiempo de ejecución de C:

```
If StrComp( string1, string2 ) = 0 Then
    MsgBox( "Las cadenas son iguales" )
End If
```

StrComp devuelve uno de los siguientes valores:

Valor devuelto	Significado
−1	*string1* es menor que *string2*
0	*string1* y *string2* son iguales
1	*string1* es mayor que *string2*

Función	Descripción
StrReverse	Invierte el orden de los caracteres de una cadena dada.
String	Crea una cadena de una longitud dada compuesta por un solo carácter que se repite.

```
Str = String( 10, "a" )  'str = "aaaaaaaaaa"
```

Tan	Devuelve la tangente de un ángulo.

```
Tanx = Tan( x )      ' Donde x está en radianes
```

Véase también las descripciones de las funciones *Sin* y *Cos*.

Time	Devuelve una cadena que contiene la hora actual del sistema, formateada adecuadamente según la configuración regional. En España, por ejemplo, la cadena devuelta tiene el formato «15:33:57». Con la configuración estadounidense, la misma hora se representa como «03:33:57 PM». Véase además la descripción de la función *Now*.
TimeSerial	Devuelve una cadena que contiene la hora para una hora, minuto y segundo dados, formateada adecuadamente para la configuración regional. Para la configuración de España, la siguiente línea asigna la cadena «18:47:53» a la variable *x*:

```
x = TimeSerial(18, 47, 53 )
```

TimeValue	Devuelve una cadena que contiene una hora formateada. Como la función *DateValue*, *TimeValue* reconoce varios formatos, dependiendo de la configuración regional. Para la configuración de España, por ejemplo, estas líneas devuelven todas la cadena «18:47:53»:

```
TimeValue( "6:47:53PM" )
TimeValue( "18:47:53" )
TimeValue( "6:47:53 pm" )
```

Función	Descripción
Trim	Reduce los espacios de cabecera y de final de una cadena. Véase también *RTrim* y *LTrim*.
TypeName	Toma una variable como parámetro y devuelve uno de los siguientes valores que indican el subtipo de la variable:

Cadena devuelta	Subtipo de la variable
«Byte»	Valor Byte
«Integer»	Valor Integer
«Long»	Entero largo
«Single»	Coma flotante de simple precisión
«Double»	Coma flotante de doble precisión
«Currency»	Cadena de moneda
«Decimal»	Valor decimal
«Date»	Cadena de fecha y hora
«String»	Cadena de caracteres
«Boolean»	Valor booleano
«Empty»	No inicializado
«Null»	Datos no válidos

Este fragmento demuestra la función *TypeName*:

```
x = 3
MsgBox( TypeName( x ) )      'Visualiza "Integer"
y = "string"
MsgBox( TypeName( y ) )      'Visualiza "String"
z = #31-12-99#
MsgBox( TypeName( z ) )      'Visualiza "Date"
MsgBox( TypeName( w ) )      'Visualiza "Empty"
```

UBound	Devuelve el límite más grande disponible para la dimensión de una matriz. Por ejemplo:

```
Dim A(100, 3, 4)
x = Ubound(A, 1)  'x = 99
y = Ubound(A, 2)  'y = 2
z = Ubound(A, 3)  'z = 3
```

UCase	Convierte todas las letras de una cadena a mayúsculas. Véase además la descripción de la función *LCase*.
VarType	Toma una variable como parámetro y devuelve uno de los siguientes valores enteros que indican el subtipo de la variable. Observe que esta función es similar a la función *TypeName*.

(Continúa)

Tabla C.6. (*Continuación*)

Función	Descripción		
	Constante	**Valor**	**Subtipo de la variable**
	vbEmpty	0	No inicializada
	vbNull	1	Datos no válidos
	vbInteger	2	Entero
	vbLong	3	Entero largo
	vbSingle	4	Coma flotante de simple precisión
	vbDouble	5	Coma flotante de doble precisión
	vbCurrency	6	Cadena de moneda
	vbDate	7	Cadena de fecha y hora
	vbString	8	Cadena de caracteres
	vbBoolean	11	Valor booleano
	vbVariant	12	Una matriz de tipo **Variant**
	vbByte	17	Valor byte
	vbArray	8192	Matriz. La función *VarType* devuelve la suma del valor de la matriz (8192) más el valor del subtipo de la matriz que llena la matriz.
Weekday	Devuelve un entero entre 1 y 7, que representa el día de la semana, que comienza con el 1 para el domingo. Véase el fragmento de ejemplo de la función *WeekDayName*.		
WeekDayName	Devuelve la cadena que indica el día especificado de la semana:		

```
D = Weekday( Date )
MsgBox( "Hoy es " & WeekdayName(d) )
```

Year	Extrae el año de una fecha dada y lo devuelve como un valor entero.

```
MsgBox( "El año es " & Year( Date ) )
```

McGRAW-HILL/INTERAMERICANA DE ESPAÑA, S. A. U.
División profesional - C/ Basauri, 17 - Edificio Valrealty, 1.ª planta
28023 Aravaca (MADRID)
Avda. Josep Tarradellas, 27-29, 6.ª planta
08029 BARCELONA

Nombre y apellidos _____
Empresa _____ *Departamento* _____
Dirección _____ *C. P.* _____
Localidad _____ *País* _____
C.I.F./D.N.I. (Indispensable) _____ *Teléfono/Fax* _____
Correo electrónico _____

☐ *Ruego me envíen información del fondo de McGraw-Hill* ☐ Español ☐ Inglés
Materias de interés _____

4 FORMAS FÁCILES Y RÁPIDAS DE SOLICITAR SU PEDIDO

EN LIBRERÍAS ESPECIALIZADAS

Ruego me envíen el/los siguiente/s título/s:
ISBN _____ Autor/Tít. _____
ISBN _____ Autor/Tít. _____

FAX:
(91) 372 85 13
(93) 430 34 09

INDIQUE LA FORMA DE ENVÍO:
☐ Correo
☐ Agencia/Mensajería. *(Gastos de envío no incluidos en el precio del libro. Consulte con nosotros.)*

TELÉFONOS:
(91) 372 81 93
(93) 439 39 05

INDIQUE LA FORMA DE PAGO:
☐ American Express ☐ VISA ☐ 4B ☐ MasterCard

Autorizo a McGRAW-HILL/INTERAMERICANA DE ESPAÑA, S. A. U. a cargar en mi tarjeta el importe del presente pedido:

N.º tarjeta: ☐☐☐☐ ☐☐☐☐ ☐☐☐☐ ☐☐☐☐

E-MAIL:
profesional@mcgraw-hill.es
WWW:
http://www.mcgraw-hill.es

Fecha caducidad _____ / _____ *Nombre del titular* _____

Firma

MVC++MP

Sí, envíenme el catálogo de las novedades de McGRAW-HILL en

☐ Informática ☐ Economía/Empresa ☐ Ciencia/Tecnología
☐ Español ☐ Inglés

Nombre .... Titulación ....
Empresa .... Departamento ....
Dirección .... Código postal ....
Localidad .... País ....
C.I.F./N.I.F. (Indispensable) .... Teléfono/Fax ....
Correo electrónico ....

¿Por qué elegí este libro?

☐ Renombre del autor
☐ Renombre McGraw-Hill
☐ Reseña en prensa
☐ Catálogo McGraw-Hill
☐ Buscando en librería
☐ Requerido como texto
☐ Precio
☐ Otros

Temas que quisiera ver tratados en futuros libros de McGraw-Hill:
....
....
....
....
....
....

Este libro me ha parecido:

☐ Excelente ☐ Muy bueno ☐ Bueno ☐ Regular ☐ Malo

Comentarios ....

Por favor, rellene esta tarjeta y envíela por correo o fax a la dirección apropiada.

MVC++MP

Los datos que figuran en este cupón se incluirán en un archivo automatizado que se conservará de forma confidencial y al que usted, de acuerdo con la LORTAD, podrá acceder en cualquier momento para exigir su actualización, cancelación o rectificación. En un futuro es posible que transfiramos dichos datos a compañías y organizaciones cuidadosamente seleccionadas, cuyos productos y servicios puedan ser de su interés. Asimismo, a través de nuestra empresa, podrá recibir informaciones comerciales de otras empresas del sector. Si usted no está interesado en recibir estos envíos, por favor, señale con una **X** la casilla ☐.

McGraw-Hill Le ofrece

- Administración
- Arquitectura
- Biología
- Contabilidad
- Derecho
- Economía
- Electricidad
- Electrónica
- Física
- Informática
- Ingeniería
- Marketing
- Matemáticas
- Psicología
- Química
- Serie McGraw-Hill de Divulgación Científica
- Serie McGraw-Hill de Electrotecnologías
- Serie McGraw-Hill de Management
- Sociología
- Textos Universitarios

OFICINAS IBEROAMERICANAS

ARGENTINA
McGraw-Hill/Interamericana, Ltda.
Suipacha 760 - 5.º Piso, Of. 26
(1008) Buenos Aires
Tel.: (541) 322 05 70. Fax: (541) 322 15 38

BRASIL
McGraw-Hill do BRASIL
Rua da Assembléia, 10/2319
20011-000 Río de Janeiro
Tel. y Fax: (5521) 531 23 18
E-mail: internet!centroin.com.brlaaff

CARIBE
McGraw-Hill/Interamericana del Caribe
Avenida Muñoz Rivera, 1121
Río Piedras
Puerto Rico 00928
Tels.: (809) 751 34 51 - 751 24 51. Fax: (809) 764 18 90

CHILE, PARAGUAY Y URUGUAY
McGraw-Hill/Interamericana de Chile, Ltda.
Seminario, 541 Providencia
Santiago (Chile)
Tel.: (562) 635 17 14. Fax: (562) 635 44 67

COLOMBIA, ECUADOR, BOLIVIA Y PERÚ
McGraw-Hill/Interamericana, S. A.
Apartado 81078
Avenida de las Américas, 46-41
Santafé de Bogotá, D. C. (Colombia)
Tels.: (571) 368 27 00 - 337 78 00. Fax: (571) 368 74 84
E-mail: Divprofe@openwag.com.co

ESPAÑA
McGraw-Hill/Interamericana de España, S. A. U.
Edificio Valrealty, Planta 1.ª
Basauri, 17
28023 Aravaca (Madrid)
Tel.: (341) 372 81 93. Fax: (341) 372 85 13
E-mail: profesional@mcgraw-hill.es

GUATEMALA
McGraw-Hill/Interamericana Editores, S. A.
11 Calle 0-65, Zona 10
Edificio Vizcaya, 3er. nivel
Guatemala, Guatemala
Tels.: (502) 332 80 79 al 332 80 84. Fax: (502) 332 81 14
Internet: mcgraw-h@guate.net

MÉXICO Y CENTROAMÉRICA
McGraw-Hill/Interamericana Editores, S. A. de C. V.
Atlacomulco 499-501
Fracc. Ind. San Andrés Atoto
53500 Naucalpan de Juárez
Edo. de México
Tels.: (525) 628 53 53. Fax: (525) 628 53 02
Cedro, 512 - Col. Atlampa
06460 México D. F.
Tels.: (525) 541 67 89. Fax: (525) 547 33 36
Centro Telemarketing
Tels.: (525) 628 53 52 / 628 53 27. Fax: (525) 628 83 60
Lada. sin costo 91 8834 540

PANAMÁ
McGraw-Hill/Interamericana de Panamá, S. A.
Edificio Banco de Boston, 6.º piso. Oficina 602,
Calle Elvira Méndez
Panamá, Rep. de Panamá
Tel.: (507) 269 01 11. Fax: (507) 269 20 57

PORTUGAL
Editora McGraw-Hill de Portugal, Ltda.
Estrada de Alfragide, lote 107,
bloco A-1 Alfragide
2720 Amadora (Portugal)
Tel.: (3511) 472 85 00. Fax: (3511) 471 89 81

USA
McGraw-Hill Inc.
28th. floor 1221 Avenue of the Americas
New York, N.Y. 10020
Tel.: (1212) 512 26 91. Fax: (1212) 512 21 86

VENEZUELA
McGraw-Hill/Interamericana de Venezuela, S. A.
Apartado Postal 50785
Caracas 1050
Final calle Vargas. Edificio Centro Berimer. P. B. Ofic. P1-A1
Boleíta Norte, Caracas 1070
Tels.: (582) 238 24 97 - 238 34 94 - 238 59 72. Fax: (582) 238 23 74